國家社科基金
GUOJIA SHEKE JIJIN HOUQI ZIZHU XIANGMU
後期資助項目

章太炎語源學理論

朱樂川 著

中華書局

圖書在版編目（CIP）數據

章太炎語源學理論/朱樂川著. —北京:中華書局,2024.7
（國家社科基金後期資助項目）
ISBN 978-7-101-16604-0

Ⅰ.章…　Ⅱ.朱…　Ⅲ.漢語-詞源學-研究　Ⅳ.H139

中國國家版本館 CIP 數據核字（2024）第 078941 號

書　　名	章太炎語源學理論
著　　者	朱樂川
叢 書 名	國家社科基金後期資助項目
責任編輯	朱兆虎
文字編輯	楊延哲
責任印製	管　斌
出版發行	中華書局
	（北京市豐臺區太平橋西里 38 號　100073）
	http://www.zhbc.com.cn
	E-mail:zhbc@ zhbc.com.cn
印　　刷	三河市宏盛印務有限公司
版　　次	2024 年 7 月第 1 版
	2024 年 7 月第 1 次印刷
規　　格	開本/710×1000 毫米　1/16
	印張 29¼　插頁 2　字數 430 千字
國際書號	ISBN 978-7-101-16604-0
定　　價	148.00 元

國家社科基金後期資助項目出版説明

後期資助項目是國家社科基金設立的一類重要項目，旨在鼓勵廣大社科研究者潛心治學，支持基礎研究多出優秀成果。它是經過嚴格評審，從接近完成的科研成果中遴選立項的。爲擴大後期資助項目的影響，更好地推動學術發展，促進成果轉化，全國哲學社會科學工作辦公室按照"統一設計、統一標識、統一版式、形成系列"的總體要求，組織出版國家社科基金後期資助項目成果。

全國哲學社會科學工作辦公室

序：存亡繼絶，開拓創新

近年來，樂川經常給我送書，大部分是樂川（朱希祖之曾孫）與他的父親朱元曙先生（朱希祖之孫）所整理的朱希祖先生的遺著或是編集的紀念朱希祖先生的相關文集。作爲章太炎先生的重要弟子、史學大師朱希祖先生目前仍活躍在文史領域的後裔——樂川與他父親爲弘揚章黄之學作出了自己的貢獻。2008年樂川成爲我的碩士生，2011年又繼續跟隨我攻讀博士學位，在商定博士論文題目時，考慮到樂川自小耳濡目染受到的影響，考慮到樂川一家與章太炎先生的淵源關係，論文題目決定爲《章太炎語源學理論研究》，經過兩年多的努力，博士論文順利完成，我當時給他寫的論文評語是：

> 章太炎先生乃一代國學大師，他的國學成就首先表現在小學方面，他有著深厚的傳統語言文字學功底，又熟諳西方語言學理論和社會學原理，故能在語言文字的研究上突破了古學的框架，融會貫通中西文化，取得了突破性成就。

> 章太炎語言學理論中，有關語源學的理論佔據中心位置（包括他的音韻學理論也有不少是爲此服務的）。然而由於太炎先生相關著述卷帙浩繁，文字艱深，故研究者雖眾卻不夠全面深入，由此而出現各持一端，褒貶不一的現象。

> 朱樂川的論文《章太炎語源學理論研究》，首先將太炎先生置於"清代樸學的最後一人，又是近代學者的第一人"這樣一個承前啟後的歷史地位，然後從他的語源學理論對於傳統同源詞研究，對於現代語源學研究的意義兩個方面展開討論，闡明他的同源詞理論代表著對傳統學術的繼承和發展，對新的學術的開創與啟迪，這一把握是比較準確的。

論文分別對章太炎與同源詞理論相關的"轉注假借理論""變易孳乳理論""右文學説""音轉理論"進行了細緻的分析闡述,並結合《章太炎説文解字授課筆記》《文始》中的大量同源詞系聯的具體例證,來闡述、驗證他的同源詞理論的合理性,這對於正確認識、評價章太炎的同源詞理論具有非常積極的意義與價值。

更爲難能可貴的是,通過研究,作者不僅高度評價了章太炎在語源學研究理論與實踐方面的巨大成就(創新性、系統性、理論性、傳承性、質疑性、高遠性),同時,也以現代的眼光,實事求是地指出了章太炎語源學理論的失誤與不足。由於材料豐富,考證嚴密,持論客觀公正,因此結論也令人信服。

論文順利經過外審並通過答辯,也得到了外審專家及答辯委員的一致好評,最終被評爲了"優秀"等第。

但毋庸諱言,對於當時才二十多歲的一個年青人來説,把握這樣一個令人望而生畏的論題,難度是不小的。從一個年青博士的要求來衡量,樂川已經作出了相當大的努力,其間的艱辛亦可以想見。因而論文被評爲優秀,亦屬當然。但以學術研究的更高標準來衡量,論文無論在廣度、深度上還都存在著差距,還有很大的拓展空間。於是建議他不要急於出版,應該假以時日,作進一步的修改與充實。

關於畢業後的去向問題,我與樂川曾有過幾次深談:我曾想介紹他到日本去作兩年博士後(因爲章太炎先生、朱希祖先生早年都曾講學、留學日本,在那裏可以實際感受當時的氛圍、尋找到更多的一手資料),然後來由於種種原因未能成行。於是我又極力推薦他到北京師範大學王寧先生那裏去做博士後,因爲王寧先生不僅是一流的語言文字學家,而且是國內著名的章黃傳人。王寧先生爽快地接受了樂川,於是樂川又在王寧先生的親自指導下,在北京師範大學這一非常適合研究章黃的環境中繼續進行章太炎研究。兩年的博士後流動站研究,樂川的傳統語言文字學功底更加扎實,現代語言學素養也明顯提高。2016年,樂川從北京師範大學出站,受聘於南京師範大學,在國際文化教育學院任教。從南到北、從北到南,樂川一直沒有暫停研究章太炎語源學理論的步伐。

一晃間,樂川博士畢業已經八年,博士後出站到南師大國教院任教也已六年。六年來，樂川在國教院工作得風生水起，無論是行政工作（預科部主任）還是教學、科研，都得到了師生的贊揚。應該説，在年青教師中他是將這三者結合得比較好的，瑣碎的行政工作、繁重的課務都没有影響他科研的進展。2018 年樂川以博士論文爲基礎成功申報了國家社科基金後期資助項目，而今他的國家後期資助項目也已結項。當他將結項成果——《章太炎語源學理論》這部厚厚的書稿發給我並向我索序時，我被深深地感動了，首先浮現在我腦際的便是"八年辛苦非尋常"（如果算上博士論文寫作的兩年，當是"十年辛苦非尋常"）這七個字！試問：在普遍存在浮躁情緒，在急於出成果、評職稱的功利主義氾濫的當今學界，有多少人能做到用八年時間對一部論文進行反復修改、充實？

對照原來的博士論文，書稿不但明顯地增大了篇幅（由原來的二十萬字增加到現在的三十多萬字），更重要的是質的提高，是在内容充實與修訂上所下的功夫：

（一）原博士論文分八個大部分，分別爲"緒論""第一章　語源與語源學""第二章　章太炎的轉注假借理論""第三章　章太炎的變易孳乳理論""第四章　章太炎的右文學説""第五章　章太炎的音轉理論""第六章　章太炎語源學理論實踐"以及"結語"。書稿在"第六章"及"結語"之間，增加了重要的一章"第七章　章太炎語源學理論的歷史地位"。該章從"章太炎語源學理論對現代語源學的影響""章太炎語源學理論對當代語源學的影響""章太炎語源學理論歷史地位的討論"三個方面入手，著重分析了沈兼士、黄侃、朱宗萊、馬宗薌、楊樹達、徐復、陸宗達對章太炎語源學理論的繼承與發展，以及王力對章太炎語源學理論的批判與認可。通過一手文獻挖掘，揭示了這八位學者的二十一種著作中所受章太炎語源學理論的影響，從而進一步總結章太炎語源學理論的成就與不足。這種通過比較而得出的有關章太炎語源學理論地位的判斷應是較爲客觀的，同時也可以在很大程度上看出現當代語源學的發展脈絡。

（二）"緒論"對於一部學術論著猶如一場戲的"序幕"，要明確交代研究的緣起，研究的現狀，自己的研究的途徑、架構和方法。總之要提綱挈領，畫龍點睛。可以明顯看出，樂川在"緒論"的修改充實上下了很大功夫，可以説，書稿的"緒論"較之博士論文有了脱胎换骨的變化。首先在"章太炎及其語源學論著"一節中增加了更爲詳細的章太炎生平介紹,使我們由此可以了解到章氏選擇用語言學(語源學)作爲其治學核心,並用來作爲"激動種性,增進愛國的熱腸"工具的必然性。特別是對章太炎語源學論著的介紹及成書過程的梳理方面,原博士論文只是簡單介紹了章太炎的《國故論衡·小學略說》《新方言》《小學答問》《文始》和《章太炎說文解字授課筆記》等幾部比較常見的語源學著作,而書稿在此之外,還涉及到章太炎的《轉注假借說》《語言緣起說》《小學略說》(1935年)《成均圖》《莊子解故》《管子餘義》《膏蘭室札記》《正名略例》《正名雜義》《與丁竹筠先生書》《與劉光漢書》《與錢玄同書》《與黃侃書》等語源學論著或與語源學有關的信札,使章太炎與語源學相關的著述及言論幾網羅無遺。在成書過程的梳理中,樂川還從《魯迅書信集》《魯迅日記》《朱希祖日記》《錢玄同日記》中尋找相關信息,力求以第一手資料旁證章太炎語源學論著的成書過程,使整個過程顯得更加準確可靠。在"章太炎語源學理論的研究現狀"一節中,除加入近八年的新的研究成果之外,另將章太炎哲孫章念馳先生的《章太炎先生逝世50周年學術討論會綜述》一文列於節首,該文雖短,但全面總結了自1936年太炎逝世到上世紀80年代這50年間學術界對章太炎的研究概況,將此文收入節首,起到了提綱挈領的作用。

(三)將第二章"章太炎的轉注假借理論"第四節"初文的轉注與假借"改爲"初文、準初文的轉注與假借",在其中增加了"準初文的轉注與假借"的內容。因爲《文始》一書是以初文和準初文作爲一切系聯起點的語源學著作,然後通過"義"的變易與孳乳,"音"的韻轉規律,方能衍生出一組組的同源詞。《文始·敘例》中有關初文與準初文的論述,正說明初文與準初文即章太炎所認爲的漢字的字源,如果在這些字源中亦能發現它們之間存在轉注與假借,那麼可見轉注與假借對漢字發展影響深遠。如此一增,就能更加全面地準確地體現了章太炎的語源學思想。

(四)在第六章"章太炎語源學理論實踐"中的《筆記》《文始》中結論基本一致的同源詞"和"《筆記》《文始》中側重點有所不同的同源詞"兩節的基礎上都增加了大量相關的例證(分別增加了約20%和25%的例證),使得結論更加令人信服。

以上,僅就其內容而言,另外,在研究理念、研究方法上,也有不少的創新與突破。總之,書稿與原論文已不可同日而語,從書稿的字裏行間可以看到樂川這八年來在章太炎語源學理論研究方面的前進軌跡。在此序撰寫期間，樂川又發來一份新的國家社科基金項目《章太炎學派百年傳承研究》的申報書徵詢我的意見，可見，在章太炎研究上，他未及暫時歇腳，又向另一個高地發起了衝鋒。在此，我祝願樂川不負韶華，再接再厲，獲得更大的成功！

董志翹

壬寅年春月於京西寓所

目　録

緒　論

第一節　章太炎及其語源學論著

一　章太炎及其國粹思想

章太炎（1869—1936），名炳麟，字枚叔（又作“梅叔”），初名學乘，後因仰慕顧絳（炎武），改名絳，號太炎。浙江餘杭人。章太炎爲我國著名的民主革命家、思想家、經學家、史學家、語言學家，被譽爲近代史上“有學問的革命家”和“有思想的學問家”。他的革命思想、治學態度、學術成果皆爲世人景仰。本部分主要介紹章太炎的學術思想，以語言學爲主，兼及史學，因爲他治史學和治語言學的出發點和最終目的都是一致的，即在那個面對亡國亡種的時代，以“中國獨有之學”來振興民族之文化，喚醒愛國之熱情，正所謂“用國粹激動種性，增進愛國的熱腸”。

章太炎曾於 1906 年 7 月 15 日在《東京留學生歡迎會演説辭》中談到語言學、史學、經學同國粹、國家的關係：

> 次説國粹。爲甚提倡國粹？不是要人尊信孔教，只是要人愛惜我們漢種的歷史。這個歷史，是就廣義説的，其中可以分爲三項：一是語言文字，二是典章制度，三是人物事蹟。近來有一種歐化主義的人，總説中國人比西洋人所差甚遠，所以自甘暴棄，説中國必定滅亡，黃種必定剿絕。因爲他不曉得中國的長處，見得別無可愛，就把愛國愛種的心，一日衰薄一日。若他曉得，我想就是全無心肝的人，那愛國愛種的心，必定風發泉湧，不可遏抑的。[1]

---

[1]《東京留學生歡迎會演説辭》，見馬勇編，《章太炎講演集》，河北人民出版社，2004 年，7 頁。

　　從這段話我們可以看出經學、史學和語言學爲章太炎學術的根本所在。其中"典章制度"屬於經學範疇、"人物事蹟"屬於歷史學範疇,而在這裏,"語言文字"已經與經學、史學並立,這説明在章太炎的學術體系中,小學已從傳統意義上的經學的附庸上升成爲一門獨立的人文學科,這門學科就是由他首次提出的"語言文字之學"。

　　章太炎最初從外祖父朱左卿讀經,朱氏的反滿思想對他影響深遠,章太炎的反滿情結以及民族主義思想也是在此時產生的。朱希祖《本師章太炎先生口授少年事蹟筆記》記録了太炎先生自述從外祖父讀經的往事:

　　　　余十一二歲時,外祖朱左卿(名有泉,海鹽人)授余讀經,偶講蔣氏《東華録》曾靜案,外祖謂:"夷夏之防,同於君臣之義。"余問:"前人有談此語否?"外祖曰:"王船山、顧亭林已言之,尤以王氏之言爲甚。謂歷代亡國,無足輕重,惟南宋之亡,則衣冠文物,亦與之俱亡。"余曰:"明亡於清,反不如亡於李闖。"外祖曰:"今不必作此論,若果李闖得明天下,闖雖不善,其子孫未必皆不善,惟今不必作此論耳。"余之革命思想即伏根於此。依外祖之言觀之,可見種族革命思想原在漢人心中,惟隱而不顯耳。[1]

　　和那個時代的讀書人一樣,章太炎對史學和小學的學習是同時進行的,因爲那時小學還是經學的附庸(很大程度上也是史學的附庸),讀經(史)必學小學,學小學必爲讀經(史)服務。章太炎十七歲時"初讀四史、《文選》、《説文解字》"[2],十八歲時"初讀唐人《九經義疏》。時聞説經門徑於伯兄籛,乃求顧氏《音學五書》、王氏《經義述聞》、郝氏《爾雅義疏》讀之,即有悟"[3]。是年(光緒十一年,1885年),章太炎首次明確提出了小學與史學、經學之關係。章太炎在《自述治學》中談到:"知不明訓詁,不能治《史》《漢》,乃取《説文解字》段氏注讀之,適《爾雅》郝氏義疏初刊成,求得之。二書既遍,已十八歲。讀《十三經注疏》,闇記尚不

---

①朱希祖《本師章太炎先生口授少年事蹟筆記》,載《制言》半月刊第25期,1936年9月16日。
②湯志鈞編,《章太炎年譜長編》,中華書局,1979年,7頁。
③同上,9頁。

覺苦。畢，讀《經義述聞》，始知運用《爾雅》《説文》以説經。"[①]二十一歲
時，章太炎讀書的範圍有所擴大，並開始有著書立説的想法，"是時紬讀
經訓，旁理諸子史傳，始有著述之志"[②]。

　　光緒十六年（1890年），章太炎二十三歲之時是他治學生涯的一個
重大轉折點。是年正月，章父卒。隨後，章太炎前往杭州詁經精舍受業，
拜俞樾門下，研經八年。俞氏治學嚴謹，作爲著名的古文經學家，他"講
求古言古制，由訓詁而名物、而義理，以通聖人之遺經"[③]，使得自己從根
本上與那些傾向理學、好做"明心見性之空談"[④]的治學態度區分開來。
俞氏的治學方法和治學態度都對章太炎的一生有重大的影響，章不論在
治經還是治史方面，都採取了樸學的態度，這與俞樾是一脉相傳的。何
謂樸學的態度？即注重於資料的收集與證據的羅列，主張"無信不徵"，
以漢儒經説爲本宗，從語言文字訓詁入手，主要致力於審訂文獻、辨別真
僞、校勘謬誤、考證典章制度以及地理沿革等，少有理學的闡述和發揮。
這些態度都在章太炎以後的治學中有所體現，比如他對今古文經之分的
標準就可見一斑：

> 若欲明古文與否，不須以傳授爲斷，但以訓故合於《爾雅》，數典
> 合於《周官》，説事合於《左氏》，明爲古文實説而已。[⑤]

從這段文字可知章太炎認爲今古文經的區別不應以師承關係或者説傳
授關係爲標準，而應以"訓故""數典""説事"爲標準，這正是以樸學態
度治經的最好表現。

　　陸宗達、王寧兩位先生[⑥]曾經在《章太炎與中國的語言文字學》一文
中指出"章太炎是清代樸學的最後一人，又是近代學者的第一人"[⑦]，這

---

① 見《自述治學》，其全稱爲《記本師章公自述治學之功夫及志向》，諸祖耿記，載《制言》半月刊
　　第25期，1936年9月16日。
② 湯志鈞編，《章太炎年譜長編》，中華書局，1979年，9頁。
③ 俞樾《重修詁經精舍記》，《春在堂雜文》卷一。
④ 俞樾《詁經精舍四集序》，《春在堂雜文》卷七。
⑤ 引自《章太炎答朱希祖古疑事書》（《朱希祖年譜長編》此文實作《答朱逖先問古文疑義書》，
　　《文獻》2013年第4期作《章太炎答朱希祖古文疑事書》，爲統一計，本書皆引作後者），詳見
　　朱元曙、朱樂川編，《朱希祖先生年譜長編》"1910年"條，中華書局，2013年，47頁。關於此
　　信札的考釋，詳見朱樂川《〈章太炎答朱希祖問古文疑事書〉考釋》，《文獻》2013年第4期。
⑥ 爲行文簡明、流暢計，本書一般不再稱"先生"。
⑦ 陸宗達、王寧，《訓詁與訓詁學》，山西教育出版社，1994年，333頁。

是很高的評價,這説明章太炎繼承了樸學的治學態度,同時又在樸學基礎上得到升華,而這升華具體表現爲他把"小學"從經學的附庸中獨立出來,並作爲一切學問的根本、作爲漢民族的根本,以此來唤醒人們的愛國激情,從而避免亡國亡種的危險。這"第一"就高明在他以一個民族最根本的東西來完成一個最高屋建瓴的設想。

在拜俞樾門下研經期間,章太炎系統閲讀了《説文》及《説文解字注》、《爾雅》及《爾雅義疏》、《音學五書》、《經義述聞》等書,這些都使得章太炎有了很深的小學功底。而章太炎的學術思想逐漸定型,並把小學轉變爲具有現代意義的語言文字之學,是從他 1906 年東渡日本開始的,這是繼受業於俞樾之後,章太炎治學生涯的又一大轉折。1906 年,章太炎出獄,孫中山派人來迎,遂東渡日本,並主《民報》筆政。同時,章太炎認爲國學乃國性之所繫,故於 1908 年 4 月,開設國學講習班,宣講《説文》《爾雅》等國學經典。是年 7 月,章太炎又專爲朱希祖、錢玄同、魯迅、周作人、龔寶銓、許壽裳、朱宗萊、錢家治等八人開設特别班,講授《説文》《莊子》《楚辭》等經典。在日本講學期間,章太炎先後完成了其語言學的代表性著作:《小學答問》《新方言》《文始》和《國故論衡》(與語言學有關的主要見於上卷),其中《小學答問》和《新方言》完成於 1909 年,《文始》完成於 1910 年,《國故論衡》亦完成於 1910 年。這四部書皆可以看做章太炎國粹思想的集中體現[1],四者側重點不同,如前三書爲"《文始》以明語原,次《小學答問》以見本字,述《新方言》以一萌俗"[2],後一書爲"一部有關中國語言文學和哲學思想的概論性著作"[3],它們一同構成了章太炎的語言學思想,缺一不可。爲了從整體上把握章太炎的國粹思想,我們只對《國故論衡》[4]中的《小學略説》進行介紹,因

---

①有人認爲這四部書只是章太炎語言學思想的集中體現,與國粹無關,其實不然。正如上文所説"章太炎認爲國學乃國性之所繫",章太炎正是以中國獨有之語言文字學來振興民族之文化,唤醒愛國之熱情,正所謂"用國粹激動種性,增進愛國的熱腸"。

②章太炎撰,龐俊、郭誠永疏證,《國故論衡疏證·小學略説》,中華書局,2008 年,26 頁。

③章太炎撰,龐俊、郭誠永疏證,《國故論衡疏證》"出版説明",中華書局,2008 年,1 頁。

④《國故論衡》是關於章太炎學術的一部綜合性著作,共分三卷,上卷爲語言學論著,中卷爲文學論著,下卷爲諸子學論著。概括起來,這是"一部有關中國語言文學和哲學思想的概括性著作"。《國故論衡》有兩個版本,一爲初版本,一爲《章氏叢書》本。初版本中的文章不是完成於一時,最早在 1906 年就已出版,如《語言緣起説》《一字重音説》,最晚的在 1910 年才出版,如《原道》。最後,章太炎把諸多文章集結成書,於 1910 年在日本出版,書最後言"庚戌年五月朔日出版,定價日幣七十錢",此版爲《國故論衡》初版,日本秀光舍以鉛字進行排印。(轉下頁)

爲此論著概括性極強，可看做章太炎國粹思想的綱領性論著，而《小學答問》《新方言》《文始》以及《國故論衡》中的其他篇目則針對性極強，又因爲前三書與章太炎的語源學理論關係極密，下文還將有詳細分析，茲不贅述。

章太炎名爲《小學略説》的論著有兩篇，一爲在日期間所作，收於《國故論衡》；一爲1935年10月在蘇州國學講習會上的演講記錄，由王乘六、王謇、諸祖耿記錄，孫世揚校訂。兩篇同名的論著相差將近30年，所以這裏只介紹章太炎在日本所作的《小學略説》，以窺其早期的語言學思想，反映他對語言學所起的先驅作用和指導作用。此文是《國故論衡》全書中的第一篇，可以看做章太炎語言學的綱領性論著，它具有總論性質，其中提出的很多論點可見於《小學答問》《新方言》《文始》等其他著作。此文從大處著眼，而不拘泥於細節，其中的某些觀點，甚爲精要，尤其因爲所處時代的特殊性，所以這篇論著可以看做是具有指導意義的。如：

> 世稱異域之文諧聲，中國之文象形，此徒明其大校，非復刻定之論。徵尋外紀，專任象形者，有西南天教之國。會意一例，域外所無。至於計數之文，始一終九，自印度、羅甸、亞羅比耶，皆爲指事。轉注、假借爲文字繁省之例，語言變異之端，雖域外不得闕也。……並音之用，祇局一方，若令地望相越，音讀雖明，語則難曉。今以六

（接上頁）初版共分三卷，上卷小學十篇：《小學略説》《成均圖》《一字重音説》《古今音損益説》《古音娘日二紐歸泥説》《古雙聲説》《語言緣起説》《轉注假借説》《理惑論》《正言論》；中卷文學七篇：《文學總略》《原經》《明解故》（上下）《論式》《辨詩》《正齋送》；下卷諸子學九篇：《原學》《原儒》《原道》（上中下）《原名》《明見》《辨性》（上下）。初版印行後，章太炎對《國故論衡》又進行了增訂修改，此工作於1915年5月完成。是年7月，增訂修改完畢的《國故論衡》收進上海右文社出版的《章氏叢書》，故稱右文社《章氏叢書》版。此版本在內容上與初版本有所不同，其中中卷、下卷內容一致，上卷則去掉了《古今音損益説》，另增《音理論》和《二十三部音準》。但是右文社版錯字太多，章太炎對此很不滿意，於是年12月19日致其學生（亦爲女婿）龔寶銓的信中説道："聞彼又擬再版，而此書錯亂百出，校亦難清，已書致通一，令將原稿歸足下處。"（《致龔未生書十四》，《章太炎書信集》［馬勇編，河北人民出版社，2003年］未收，此信可見於湯志鈞編，《章太炎年譜長編》"1915年"條，中華書局，1979年，509頁。）並叮囑龔寶銓將《章氏叢書》設法由浙江圖書館刊印。1919年，浙江圖書館出版了《章氏叢書》，當然原來右文社版中的《國故論衡》也得到了精心校勘，此版本和之前右文社《章氏叢書》中的《國故論衡》比起，文字有所修改，錯字也少了很多，但是，因爲所收內容與右文社版沒有區別，故亦稱《章氏叢書》版，但因浙江圖書館出的《國故論衡》質量高，刊印精良，所以後人多用此版本。

書爲貫，字各歸部，雖北極漁陽，南暨儋耳，吐言難論，而按字可知，此其所以便也。海西諸國，土本陋小，尋響相投，嫺用并音，宜無窒礙。至於印度，地大物博，略與諸夏等夷，言語分爲七十餘種，出疆數武，則筆札不通。梵文廢閣，未逾千祀，隨俗學人，多莫能曉。所以古史荒昧，都邑殊風，此則并音宜於小國，非大邦便俗之器明矣。①

這段文字有兩點值得注意：一、章太炎研究小學的著眼點已經從單一走向多元，即從本身的語言走向比較的語言，有了歷史比較語言學的雛形，這在當時傳統的小學界是非常少有的、也是極其珍貴的。其中除了漢語以外，還涉及到印度梵語、拉丁（羅甸）語、阿拉伯（亞羅比耶）語，以及西洋各國語言。二、章太炎認爲中國不適宜用拼音（并音），並舉出印度梵文湮滅的例子，進行論證。雖然論證過於絶對，而且後來章太炎也積極提倡注音字母的使用，也提到"彼欲用羅甸字母以切音者，辨聲有法，猶有規則可求，不至散無友紀"②。如果從研究章太炎語言學史的角度，這兩種觀點應該合在一起進行研究，但是前一種觀點有它產生的特定歷史背景，即針對當時有不少人認爲阻礙中國發展的根源在於漢字，方方正正的字體禁錮了中國人的思維，以致要消滅漢字，改用羅馬字母，而支持以國粹喚醒國民愛國熱腸的章太炎顯然對此是持否定態度的，並加以批判。所以他提出中國當沿用漢字，以"六書爲貫，字各歸部"，而不應使用拼音文字。這樣的文章還有《駁中國用萬國新語說》等。

《小學略說》中還有其他值得注意的觀點，比如：

> 言形體者始《說文》，言故訓者始《爾雅》，言音韻者始《聲類》。三者偏廢，則小學失官。……大凡惑并音者，多謂形體可廢。廢則言語道窒，而越鄉如異國矣。滯形體者，又以聲音可遺。遺則形爲糟魄，而書契與口語益離矣。③

這段文字說明了章太炎治小學非常注意形、音、義的統一。乾嘉學派是我國傳統訓詁學的最高峰，出現了以段玉裁、王氏父子爲代表的一批訓詁大師，他們比起之前的學者來，最值得贊許的是突破了漢字字形

①章太炎撰，龐俊、郭誠永疏證，《國故論衡疏證·小學略說》，中華書局，2008 年，8—10 頁。
②《論漢字統一會》，載《章太炎全集》（四），上海人民出版社，1985 年，321 頁。
③章太炎撰，龐俊、郭誠永疏證，《國故論衡疏證·小學略說》，中華書局，2008 年，12、25 頁。

的束縛，並從語音的角度來研究漢字，進行訓詁實踐，從而獲得了巨大的成就。比如段玉裁利用《六書音均表》來闡釋詞與詞（字與字）之間、義與義之間的關係。朱駿聲《説文通訓定聲》打破《説文》以部首（字形）排列漢字的做法，創造性地以古韻部作爲排列漢字的標準，對人們研究漢字的音義關係有重大貢獻。王氏父子用聲音通假借，以音韻爲線索解決了許多經傳中的問題，很多已成爲不刊之論。但是漢字是形、音、義的綜合體，不能顧此失彼，所謂"三者偏廢，則小學失官"。章太炎敏鋭地發現了乾嘉學派的問題，並從形、音、義三者結合的角度出發，對漢字進行全面系統地研究。陸宗達、王寧在《章太炎與中國的語言文字學》中對此已有過論斷："他（章太炎）認爲，形和音雖然都是語言的外部形式（書面形式和口頭形式），但都是不可忽略的因素，不論在考證語言時或在運用語言進行交際時，它們都是必須加以注意的。"①

二　章太炎的語源學論著

眾所周知，語源學一直是章太炎漢語言文字學的研究重點，而《新方言》《小學答問》《文始》又是其語源學研究的重中之重。本部分，我們將詳細介紹這三部書以及《章太炎説文解字授課筆記》（以下簡稱《筆記》）的成書過程。這四部書從不同的側面系統反映了章太炎關於漢語語源學的理論研究及實際操作，當然這四部書雖各有特色，側重點亦不相同，但是它們的主旨都是一致的，即通過對漢字古音古義的系統性探究，使國人加深對漢語漢字的理解，從而喚醒國人的愛國熱腸，以避免亡國亡種的危險。當然這是上升到國家、民族的高度，本書只是從語言學的角度對章太炎的語源學思想進行闡述。

《新方言》《小學答問》《文始》是章太炎語源學研究的重中之重，在敍述作《新方言》《小學答問》《文始》這三部書的動機時章太炎説道：

> 余以寡昧，屬茲衰亂，悼古義之淪喪，愍民言之未理，故作《文始》以明語原，次《小學答問》以見本字，述《新方言》以一萌俗。②

① 陸宗達、王寧，《訓詁與訓詁學》，山西教育出版社，1994 年，330 頁。
② 章太炎撰，龐俊、郭誠永疏證，《國故論衡疏證·小學略説》，中華書局，2008 年，25—26 頁。

可見章太炎是爲了避免漢語古義的淪喪，又擔心民間常言不合古理而作此三書的，而其中的"明語原""見本字""一萌俗"都直接或間接地體現了他的語源學思想，這也正是章太炎治小學的精髓所在。

這四部書的完成是與章太炎在日本的講學分不開的，可以説是講學與著書相輔相成，一同進行的。1903年，章太炎因爲發表了一系列反滿言論而被捕，清外務部會同各國公使判章太炎監禁三年。1906年，章太炎出獄，孫中山派人來迎，遂東渡日本，主《民報》筆政。同時，章太炎認爲國學乃國性之所繫，於1908年4月，開設國學講習班，宣講《説文》、《爾雅》等國學經典。是年7月，章太炎又專爲朱希祖、錢玄同、魯迅、周作人、龔寶銓、許壽裳、朱宗萊、錢家治等八人開設特別班，講授《説文》《莊子》《楚辭》等經典。

從現存的章門弟子日記（如錢玄同日記、朱希祖日記①、魯迅日記等）中，我們可以發現，章太炎1908年在講學上花的氣力是最大的，講學的目的在於通過對一批國學基礎較好的學生進行授課，把他最精華的學術思想系統、全面地傳遞給他們，使他們在以後的治學生涯中也能把國粹思想發揚光大。事實也是如此，章太炎的這次講學爲中國培養了一大批學養深厚的優秀學者，而這批學者傳承了章太炎國粹思想的精髓，並在小學、經學、史學、文學等各個方面都有所建樹，最終形成了章門一派，這一派直到今天還影響著我國傳統學術的方方面面。

可以説没有這段時間對諸國學經典，尤其是《説文》的系統講授，那麼章太炎的小學著作《新方言》《小學答問》《文始》等書就不會出現。

① 我們以朱希祖日記爲例，一窺太炎先生在這段時間的授課過程："（1908年）4月4日　下午至清風亭，請章先生講段注《説文》，先講《六書音均表》，爲立古合音之旁轉、對轉、雙聲諸例"；"4月8日　下午至帝國教育會聆章先生講《説文》序，先生之講轉注、假借，與許稍異，因舉例數條。燈下，閱章先生所著《論語言文字學》一篇"；"7月25日　下午，至大成中學聆講《説文》，至'亥'部完畢"；"7月28日　上午，至太炎先生寓重上《説文》，自'一'部講起"；"8月5日　上午，講《莊子》第一次"；"8月22日　上午，講《莊子》畢"；"8月26日　上午，講《楚辭》第一次"；"9月5日　上午，講《楚辭》畢"；"9月9日　午後，第一次上《爾雅義疏》，在大成學校"；"10月31日　午後起，講《廣雅疏證》"。而朱希祖1908年7月11日的日記最爲詳細，其言："7月11日　八時起，至太炎先生處聽講音韻之學，同學者七人。先講三十六字母及二十二部古音大略。先生云：音韻之繁簡遞嬗，其現象頗背於進化之理，古音大略有二十二部，至漢則僅有六、七部，至隋唐則忽多至二百六十部，唐以後，變爲百七部，至今韻亦如之，而方音僅與古音相類，不過二十餘部。又北方紐正，南方韻正，漢口等處則當十八省之中樞，故其紐韻皆正。午後，至大成中學校聆講《説文》，至'女'部完。"（以上日記詳見朱元曙、朱樂川整理，《朱希祖日記》"1908年"條，中華書局，2012年，60—84頁。）

許壽裳先生在《紀念先師章太炎先生》中也談到了這段時期的講學對章太炎著書的影響：

> 民元前四年（一九〇八），我始偕朱蓬仙（宗萊）、龔未生（寶銓）、朱逷先（希祖）、錢中季（夏，今更名玄同，名號一致）、周豫才（樹人）啟明（作人）昆仲、錢均夫（家治），前往受業。……先師講段氏《説文解字注》、郝氏《爾雅義疏》等，精力過人，逐字講解，滔滔不絕，或則闡明語原，或則推見本字，或則旁證以各處方言，以故新誼創見，層出不窮。即有時隨便談天，亦復詼諧間作，妙語解頤；自八時至正午，歷四小時毫無休息，真所謂“默而識之，學而不厭，誨人不倦”。其《新方言》及《小學答問》二書，皆於此時著成，即其體大思精之《文始》，初稿亦權輿於此。①

許壽裳提及的“此時”，即章太炎1908年4月後開設國學講習班，爲朱希祖、錢玄同、魯迅、周作人、龔未生、許壽裳等人講授《説文》等國學經典的這段時間，而且通過許壽裳的記録，我們也可以發現章太炎講學的過程中，不是照本宣科，而是旁徵博引，同時“闡明語原”“推見本字”“旁證以各處方言”，這些方法分別即是《文始》《小學答問》《新方言》的精髓所在。可見，在章太炎在講學中就已經開始有針對性地搜集材料，並進行專題性質的研究，從而爲《新方言》《小學答問》《文始》的寫作打下良好的基礎。下面便按照這三本書的成書先後一一進行介紹，最後再介紹《筆記》。這節只介紹它們的大致内容及成書過程，下文將對它們反映的語源學思想再做深入的分析。

（一）《新方言》

章太炎於1906年開始撰寫《新方言》，自1907年秋（光緒三十三年九月二十日）起，連載於《國粹學報》，至次年六月二十日載完，1909年農曆七月，《新方言》出單行本，單行本後附《嶺外三州語》一卷。其實，章太炎對方言的研究在來日本之前就已經開始了，如1902年《訄書》重訂本中的《方言第二十四》②《訂文第二十五》③，另外在他的

---

①陳平原、杜玲玲編，《追憶章太炎》，中國廣播電視出版社，1997年，57—58頁。
②詳見《章太炎全集》（三）《訄書》（重訂本），上海人民出版社，1984年，203—207頁。
③詳見《章太炎全集》（三）《訄書》（重訂本），上海人民出版社，1984年，207—231頁。

演講中、與他人的信札中，以及在他接觸到外國語言後，都有對於方言的研究。現在能見到章太炎最早提及《新方言》爲 1906 年，是年在章太炎致劉師培的信中提到了他對作《新方言》的想法：

> 各省鄉土志，體大物博，誠難驟了。博物學復待專門爲之。鄙意今日所急，在比輯里語，作今方言。昔仁和龔氏，蓋志此矣，其所急者，乃在滿洲、蒙古、西藏、回部之文，徒爲浩侈，抑末也！僕所志獨在中國本部，鄉土異語，足以見古字古言者不少。若山東人自稱侉子，侉从夸聲，本即華字。此可見古語相傳，以國名爲種名也。廬州鄙人謂都市居民爲奮子（讀如泰），奮从大聲，《説文》云：“大者，人也。”亦古語之流傳也。比類知原，其事非一，若能精如楊子，輯爲一書，上通故訓，下諧時俗，亦可以發思古之幽情矣！昔仁和翟灝作《通俗編》，其於小學鄒淺，上比子慎，猶不逮，其去子雲，夐乎遠矣！吾儕於此，猶能致力，亦有意乎？①

如果説作《新方言》的想法以及初期的寫作是於 1906 年開始的話，那麼 1907 年則是《新方言》基本定型的一年。章太炎在 1907 年已經向別人聽取關於《新方言》意見，同時進行再思考和修改。是年 8 月，章太炎將《新方言》一卷寄與孫詒讓，徵求孫的意見：

> 向聞先生所著《周禮正義》已付雕印，高文典冊，蔚爲國光，亦慮知此者希，神寶終祕，念我觺愚，嘗聆言教，側身島嶼，不覩天府球圖之珍，痼寐伏枕，陽如之何？近作《新方言》一卷，略采縣内異言，通以古訓，雖未妙達神恉，庶幾得其摧略。敬緘就正。②

後孫詒讓贈《周禮正義》一部，同時又提及自己略讀《新方言》：“大著略讀數條，精審絕倫，容再細讀尋繹。或有剩誼，當續錄奉質。”③ 是年，在向學界德高望重前輩請教的同時，章太炎也虛心向同輩甚至晚輩請教，並把他們與《新方言》有關的治學成果融入自己的著述中，比如《新方言》中就吸收了劉師培以及黃侃的相關研究成果，在《新方言·序》中，章太

① 馬勇編，《章太炎書信集》，河北人民出版社，2003 年，76 頁。
② 詳見《章太炎全集·書信集》，上海人民出版社，2017 年，264 頁。
③ 鄭振鐸編，《晚清文選》，西苑出版社，2003 年，368 頁。

炎就有相關的記載：

> 會儀徵劉光漢申叔、蘄春黃侃季剛亦好小學，申叔先爲札記三十餘條，季剛次蘄春語及諸詞氣。因比輯余說及二君所診發者，亡慮八百事，爲《新方言》十一篇。①

在《丁未與黃侃書》中，章太炎亦提到：

> 前得《蘄州方言小志》二紙，佳者即采入《新方言》，自餘猶有未了。②

而是年章太炎的《再與黃侃書》中與黃侃商討論方言的六例，這六例也是章太炎治方言所最爲重視以及試圖一一解決的地方：

> 前論方言六例，今疏如右：一曰：一字二音，莫知誰正。……二曰：一語二字，聲近相亂。……三曰：就聲爲訓，皮傅失根。……四曰：餘音重語，迷誤語根。……五曰：音訓互異，凌襍難曉。……六曰：總別不同，假借相貿。③

而這封與黃侃論方言的信中所提出的的六例與後來寫成的《新方言·序》的觀點是完全一致的，只是第一條中的"莫知誰正"改作了"莫知其正"，而且連每一條下所舉的例子都完全一樣，可見章太炎是非常看重與他人論學，《新方言》如此，其他著作亦如此。

1907 年秋，《新方言》以連載的形式刊登於《國粹學報》，分別載於《國粹學報》"第 3 年第 5 冊第 34 期（1907）P1—6；第 35 期 P1—3；第 36 期 P1—4；第 37 期 P1—4；第 4 年第 1 冊第 38 期（文篇）P1—4；第 2 冊第 39 期；第 3 冊第 40 期（文篇）P1—4；第 4 冊第 41 期（文篇）P1—3；第 5 冊第 42 期（文篇）P1—3；第 6 冊第 43 期（文篇）P1—5"④。而通過章太炎是年與錢玄同的信中，我們會發現似乎在《國粹學報》連載之前不久，《新方言》初稿就已經寫成，只是還在不停的修改，內容如下：

---

① 《章太炎全集》（七），上海人民出版社，1999 年，5 頁。
② 馬勇編，《章太炎書信集》，河北人民出版社，2003 年，194 頁。
③ 馬勇編，《章太炎書信集》，河北人民出版社，2003 年，195 頁。
④ 以上具體期數和頁碼引自孫畢《章太炎〈新方言〉研究》，華東師範大學出版社，2006 年，21 頁。

前得手書,所議三事,皆能洞達竅要。《新方言》近已印成,凡國學振起社員,並贈一册,今將此册寄去,幸少訛字,不知闕略當幾何也。①

此信落款時間爲"十八日",此日期爲西曆,即 8 月 18 日,而《國粹學報》連載《新方言》始於是年秋(光緒三十三年九月二十日),西曆 8 月 18 日爲農曆七月十三日,早於連載之時一個多月。故有以上的推斷。

1907 年底、1908 年初,此書仍在修改當中,這時的《新方言》離最後呈於世人眼前的《新方言》還是有一定區別的。《國粹學報》丁未年(光緒三十三年)第十二號載章太炎《某君與人論國粹學書》説道:"今次得《劉子政左氏説》一卷,《新方言》亦著録訖,自謂精審。然皆履蹈繩墨,説義既了,不爲壯論浮詞以自蕪穢。"亦在《國粹學報》丁未年第十二號載章太炎《再與人論國學書》説道:"實事求是之學,慮非可臨時卒辨,即吾作《新方言》,亦尚費歲餘考索。昔子雲把弱翰、齎油素以問衛卒、孝廉,歸乃粊次異語,二十七歲始有成書。吾之比於子雲,已過速矣。"説明《新方言》此時已經寫完,但還是有要修改的地方。而可以肯定的是《新方言·序》是完成於 1908 年的。《新方言·序》開篇便有紀年,爲"維周召共和二千七百四十九年",共和元年爲公元前 841 年,二千七百四十九年當爲 1908 年。1908 年,《新方言》的各個方面均已成熟,所以章太炎是年在寓所給學生授課時,已用《新方言》作爲授課材料。朱希祖在 1908 年留日日記中有此記録:

　　7 月 21 日　　上午,至餘杭先生寓聆講音韻及《新方言·釋詞》一篇。②

可惜朱希祖留日日記中對章太炎講授《新方言》只有這一處記録,然翻閱錢玄同的日記,亦有章太炎講授《新方言》的記録,可做補充③。

是年農曆六月二十日,《新方言》在《國粹學報》連載完畢。1909 年農曆七月《新方言》單行本刊於日本東京。而是年稍早時候,農曆六月二十日,《國粹學報》己酉年第 7 號出版,在"紹介遺書"欄的"近儒新著"裏對《新方言》做了整體性的介紹,可作閲讀指南:

①馬勇編,《章太炎書信集》,河北人民出版社,2003 年,100 頁。
②朱元曙、朱樂川整理,《朱希祖日記》,中華書局,2012 年,79 頁
③楊天石主編,《錢玄同日記》(整理本),北京大學出版社,2014 年,135 頁。

　　《新方言》舊本三百七十餘條，近復重蒐遺語，擇其尤雅訓者，增
訂爲八百餘條，分釋詞、釋言、釋親屬、釋形體、釋宮、釋器、釋天、釋
地、釋植物、釋動物、音表，凡十一卷，外附《嶺外三州語》（惠、潮、嘉
應）一卷。閱此書者，可知中夏言文，肇端皇古，雖展轉遷變，而語不
離其宗。凡南北省界偏黨之見，自此可斷，并音簡字愚誣之説，自此
可消，以此讀周、秦、兩漢之書，向所視爲詰詘者，乃造膝密談，親相
酬對，視杭世駿、翟灝諸家，不啻霄壤矣。①

　　1910 年，《教育今語雜誌》第三册上有關於《新方言》的廣告，名
爲《方言定本附嶺外三州語廣告》，亦可作爲研究《新方言》成書過程的
參考：

　　　本書爲章君所著，前曾出一册，後又增益過半，凡常行俗語，悉
　　以《説文》《爾雅》諸書證之，而注今之誤書俗書於下。其別附三州
　　語者，以惠、潮、嘉應客籍語言，尚多敦古，與南紀諸省稍殊，亦爲客
　　籍刷異族之名也。定價每册龍圓一圓二角，郵費一角。②

　　關於《新方言》的版本，孫畢在《章太炎〈新方言〉研究》中已經有
詳細的介紹，這裏轉引如下：日本明治四十年（1907 年）秀光社印本（收
入于玉安、孫豫仁主編《字典彙編》第二十八册，國際文化出版公司 1993
年版），1909 年日本鉛印本（一册），清宣統三年（1911）文學會社石印本
（兩册），1915 年龍文閣鉛印本（一册），1919 年浙江圖書館校勘《章氏叢
書》本（上海古籍出版社影印之，收入《續修四庫全書》第 195 册），浙江
圖書館刊本（兩册），蔣禮鴻以浙江圖書館刊本爲底本之校點本（收入《章
太炎全集》（七），上海人民出版社 1999 年版）等③。

　　（二）《小學答問》

　　《小學答問》，章太炎於 1909 年（宣統元年）寫成，由錢玄同寫刻付
印。上文已引過許壽裳的《紀念先師章太炎先生》，其中講到《小學答
問》的寫作時間 "其《新方言》及《小學答問》二書，皆於此時著成，即其

---

①引自湯志鈞編，《章太炎年譜長編》，中華書局，1979 年，302 頁。
②引自湯志鈞編，《章太炎年譜長編》，中華書局，1979 年，344 頁。
③孫畢，《章太炎〈新方言〉研究》，華東師範大學出版社，2006 年，21 頁。

體大思精之《文始》,初稿亦權輿於此",可見此書與《新方言》一樣,都是章太炎在 1908 年 4 月開設國學講習班後所作,當然它也與《新方言》一樣,不是寫於一時,而是有一個循序漸進的過程。

《小學答問》爲問答體形式,解説詳細,旁徵博引,材料豐富,上至先秦文獻,下至當時大學者孫詒讓的學説,都有所涉及。書中的答辭,除了幾條注明"黃侃答曰"以外,其餘都是章太炎自己所回答的。《小學答問》是章太炎系統研究《説文》的具體體現,通過他對《説文》的長期研究,以及在給國學講習班的一批學生講授《説文》時發現的問題,才會有此書的寫著。他在談及《小學答問》成書緣由時説到:

> 及亡命東瀛,行篋惟《古經解彙函》《小學彙函》二書。客居寥寂,日披大徐《説文》,久之,覺段、桂、王、朱見俱未諦。適錢夏、黃侃、汪東輩相聚問學,遂成《小學答問》一卷。①

諸祖耿的這段《記本師章公自述治學之功夫及志向》明確説明了《小學答問》成書的緣由有兩方面:一爲章太炎在研究《説文》過程中發現了説文四大家存在的一些問題;二爲錢玄同、黃侃、汪東等一批學生前來問學,使得他對《説文》有更深的理解,故寫成此書。同時在《小學答問》的答辭中,我們可以發現章太炎是從各個方面進行質疑和解答的,這也可以看做此書是根據當時講習班諸生的提問、討論而綜合整理而成的。同樣,在《小學答問·序》中,章太炎也談到了爲何要作此書:

> 近代言小學者眾矣。經典相承,多用通假,治雅訓者,徒以聲義比類相從,不悉明其本字。《説文》之學,段、桂、嚴、王爲上第,輓近又朱氏,三家惟校理形體説解,段君由通假以得本字,猶未宣究,朱氏拘牽同部,暗於雙聲相借,又不明旁轉對轉之條,餉有補苴,猶不免於專斷。又,字者,言其孳乳浸多,《説文》列字九千三百五十有三,然或自一義引申,累十名而同條貫,諸家多未能昭察也。……余以鞅掌之隙,息肩小學,諸生往往相從問字,既爲陳先正故言,亦以載籍成文鈎校枉韋,斷之己意,以明本字借字流變之迹,其聲義相襌別爲數者,亦稍示略例,觀其會通,次爲《小學答問》開而當名辯

物、正言斷辭則備矣，過此以往未之或知也。[①]

這段序中我們可以發現章太炎作《小學答問》的目的和上文諸祖耿的《記本師章公自述治學之功夫及志向》中的記錄基本一致，只是在内容上更加廣泛，加入了自己對《説文》諸家，尤其是段玉裁、朱駿聲治《説文》存在問題的簡單評價。另外我們亦可以從這段序中看出章太炎的國粹思想，即"既爲陳先正故言，亦以載籍成文鉤校枉韋"，尤其是章太炎在序中前後兩次談到"明本字"，正所謂"次《小學答問》以見本字"，這"見（明）本字"的思想正是《小學答問》最爲精髓的地方。

一般認爲，《小學答問》是 1909 年由錢玄同寫刻付印，但直到 1911 年才刻成。寫刻是由錢玄同完成當無疑，但是由章太炎的哪位學生牽頭籌資並最終付印，一直没被人重視，有人認爲亦是錢玄同，其實不然，當爲朱希祖。而付印的過程中還涉及到章太炎的其他弟子，其中包括魯迅、許壽裳等人，這裏一並進行説明。

2004 年 8 月 4 日的《中國讀書報》上有署名倪墨炎的一篇名爲《章太炎的弟子與文字學》的文章，其中對朱希祖有這樣的描述：

> 八人中的朱希祖，後成了著名歷史學家，曾任北京大學等校教授，著有《上古文學史》《中國史學通論》等著作。1911 年他曾集資刻刊章太炎的《小學答問》，魯迅出資 15 元，此書 1912 年印成。接著他又刻印章太炎的《文始》，並將新刻本寄贈魯迅。1913 年他被教育部聘爲"漢字讀音統一會"會員，與魯迅、許壽裳等提議采用章太炎所擬的以舊文爲標音符號的一套注音辦法。1918 年爲教育部采用並頒布施行。這些都説明這位中國史學家並没有忘情於文字學。

查 1911 年的相關資料，可以發現倪墨炎的敘述是可信的、正確的。魯迅在 1911 年有兩封致許壽裳的信中提到了刊印《小學答問》一書，3 月 14 日的信中提到：

> 《小學答問》刊資已寄去，計十五元，與僕相等。聞版已刻成，然方寄日本自校，故未墨印。此款今可不必寄還，近方售盡土地，尚有

---

① 《小學答問·序》，載《章太炎全集》（七），上海人民出版社，1999 年，415 頁。

數文在手。①

同年閏六月初六日，魯迅又致信許壽裳，信中談及《小學答問》似乎已經刊印完成：

> 昨又得遐先②書並《小學答問》一大縳，君應得十五部，因即以一册郵上，其他暫存僕所，如何處置，尚俟來命。遐先云：刻資共百五十金，印三百部計五十金，奉先生一百部，其二百部則分與出資者，計一金適得一部。③

從以上兩封信中可以得知，《小學答問》的刻印一共花費二百金，魯迅、許壽裳各自寄十五金，許壽裳得《小學答問》十五本，那麼魯迅也應該得十五本。當時共印了三百本，按照朱希祖的意思，其中章太炎一百本，其餘二百本分發給出資者。可見朱希祖在《小學答問》一書的刊印過程中，是起到聯繫人、牽頭人的作用。在 1911 年 5 月 24 日，章太炎致信朱希祖，談到刊印《小學答問》一事：

> 《小學答問》若用美濃紙印，自校完善。然今求之者多，望速印二三十部，即用連史可也。④

可此時的《小學答問》還不是最終修訂好的，從 1909 年至 1911 年，此書肯定還經過了不少修改。然而從信中可知在 1911⑤ 年，章太炎讓朱希祖出面牽頭組織刊印此書並最終完成刊印。

---

① 《魯迅書信集》，人民文學出版社，1976 年，10 頁。
② 遐先，即朱希祖，其字逖先，亦作遐先。
③ 《魯迅書信集》，人民文學出版社，1976 年，12 頁。
④ 詳見《章太炎答朱希祖古文疑事書》，朱元曙、朱樂川編，《朱希祖先生年譜長編》"1910 年"條，中華書局，2013 年，47 頁。
⑤ 本人在作博士學位論文的時候，將信札《章太炎答朱希祖古文疑事書》的時間定在 1910 年 5 月 24 日，所以當時認爲早在 1910 年，章太炎就讓朱希祖牽頭組織刊印《小學答問》一事，但同時也提出了疑問，即"但不知爲何直到 1911 年才完成刊印，於史已不可考"。後經北京師範大學董婧宸老師的指正，得知朱希祖對牽頭刊印《小學答問》之時的回憶在時間上有誤，朱希祖在 1937 年 1 月 19 日日記中回憶道："整理太炎先生於宣統元年、宣統二年在日本時寄至杭州、嘉興的論學書札八通，抄錄寄蘇州《制言》半月刊。"宣統二年爲 1910 年，而《章太炎答朱希祖古文疑事書》信後的落款時間爲"陽五月二十四日"，故本人將此信札定爲 1910 年 5 月 24 日，然董婧宸老師在查閱了錢玄同相關日記和書信，特別是書信的郵戳後，證明章太炎讓朱希祖牽頭組織刊印《小學答問》其實是在 1911 年。至此才解決了我之前的疑問。在此特別感謝董婧宸老師的指誤。

（三）《文始》

《文始》同《新方言》《小學答問》一樣，它的寫著亦不是一朝一夕，而是一個較爲長期的過程。此書的寫作時間應該是和其他兩部小學著作同時進行的，完成時間也應該是差不多時間或者稍晚一點，因爲在上文引過許壽裳的《紀念先師章太炎先生》一文中，也涉及到《文始》的寫作時間"其《新方言》及《小學答問》二書，皆於此時著成，即其體大思精之《文始》，初稿亦權輿於此"。"此時"即章太炎 1908 年 4 月後開設國學講習班，爲朱希祖、錢玄同、魯迅、周作人、龔未生、許壽裳等人講授《説文》等國學經典的這段時間。而《文始》當時初稿已成，只是應該比《新方言》《小學答問》的完成要稍微晚一點。1911 年，章太炎撰成《文始》，並於是年在《學林》上進行連載。《學林》爲季刊，每三月出版一册，《文始》連載於《學林》第一册、第二册，（歸於《學林》"名言部"之下），未連載完，後出單行本。後來在 1913 年，章太炎對《文始》進行修改，諸祖耿在《記本師章公自述治學之功夫及志向》中有這樣的記載：

> 民國二年，幽於京師，舍讀書無可事者。《小學答問》《文始》初稿所爲及，與此時足之。

可見，在 1913 年章太炎被袁世凱幽禁北京期間，對《文始》等舊作做了修改。同時，於本年，《文始》手稿石印本刊行。同《小學答問》一樣，《文始》的刊行亦是朱希祖牽頭並組織進行的。早在 1911 年 5 月 24 日，在章太炎致朱希祖的信中已經談及《文始》一書：

> 又欲求《甲乙經》《太素經》二種，若單行本難得，更求明吳勉學所刻《古今醫統》，《學林》下月可出，《文始》亦分期刻入。[1]

在這封信中，章太炎已經談到《文始》的刊刻，不過這是在《學林》上的連載，而且後來此書也沒有連載完。1912 年夏，朱希祖開始正式著手籌畫刊印《文始》一書。章太炎在 1912 年 5 月 25 日致朱希祖、范古農、錢玄同、朱宗萊的信中談到《文始》的印行：

---

[1] 詳見《章太炎答朱希祖古文疑事書》，朱元曙、朱樂川編，《朱希祖先生年譜長編》"1910 年"條，中華書局，2013 年，47 頁。但其實當爲 1911 年，其原因詳見上條腳注。

《文始》舊稿尚在杭州,一時既未能印行,今以五十元付逖先,求善書者移錄兩份。(二百錢一千字,原書十二萬餘字,需二十五元,五十元可鈔兩份。)爲他日印行計,原稿仍覓妥人送來可也。①

同年 6 月 25 日,章太炎又致信朱希祖、范古農,談到《文始》的刻寫和作篆情況:

《文始》如可移寫,刻木上石皆宜。作篆龔父最佳,然聞其遷滬已久,未知曾否歸杭耳。②

朱希祖組織牽頭刊印《文始》一書,始於 1912 年夏,而完成於 1913 年秋。魯迅是年 9 月 4 日日記談到索要《文始》一事:

上午,從錢稻孫處索得《文始》一册,是照原稿石印者。③

同年 9 月 23 日,朱希祖訪魯迅,送《文始》一册,魯迅是日日記對此亦有記録:

朱逷先送《文始》一册。④

以上是《文始》的成書情況,其實後來在《文始》中形成的一些同源詞之間的衍變理論早在章太炎在日本給諸生講授《説文》時已經開始運用了,這也可以看做《文始》中語源學理論的最早實踐。比如貫穿《文始》全文的"變易""孳乳"兩大理論在當時學生的聽課筆記中就已有體現,如"戌"字,朱希祖在記録章太炎講授此字時就有如下筆記:

(戌)即滅也。最初只有戌字,後孳乳爲威、滅。戌從戊,用以威人也。⑤

再如"屯"字,魯迅在記録章太炎講授此字時就有如下筆記:

(屯)難也。易出曰利,難出曰鈍,故利鈍之鈍從屯聲,鈍即屯之

①馬勇編,《章太炎書信集》,河北人民出版社,2003 年,290 頁。
②馬勇編,《章太炎書信集》,河北人民出版社,2003 年,470 頁。
③《魯迅全集》(十四),人民文學出版社,2005 年,72 頁。
④《魯迅全集》(十四),人民文學出版社,2005 年,74 頁。
⑤《章太炎説文解字授課筆記》,中華書局,2008 年,618 頁。

孳乳字也。①

“孳乳”在講授《説文》時章太炎經常運用，而“變易”這個理論在講授《説文》時亦常用，如“冖”字，朱希祖在記録章太炎講授此字時就有如下筆記：

　　　　冖【密】。即變爲幎。②

此處雖是“變”而不是“變易”，但比較《文始》，可知此處的“變”即章太炎後來所歸納的“變易”理論。《文始》“冖”字條：“‘冖，覆也。从一下𠂹。’對轉清變易爲幎，幎也。幎旁轉寒變易爲幔，幕也。”③這裏只是簡單地例舉在章太炎講授《説文》時運用到的“孳乳”“變易”理論，而在《文始》中出現的例子亦出現在《筆記》中（即出現在講授《説文》過程中）更是舉不勝數，經筆者初步統計，《文始》中的463條初文準初文的材料在《筆記》中直接出現的字頭有344條，占74%，間接出現的基本涵蓋了《文始》所有條目。可見《文始》中的很多原始材料在章太炎於日本給諸生講授《説文》時就已大量涉及到了。

　　同《新方言》《小學答問》的寫作目的一致，《文始》亦是章太炎宣揚國粹思想的有力武器，即所謂的“故作《文始》以明語原”，此書與《新方言》的“一萌俗”、《小學答問》“見本字”一道形成了章太炎的漢語言文字學體系，以此來激發當時人們的愛國種性。章太炎在《自述學術次第》④中談到他作《文始》的緣由：

　　　　轉復審念，古字至少，而後代孳乳爲九千，唐、宋以來，字至二三萬矣。自非域外之語，（如伽佉僧塔等字，皆因域外語言聲音而造。）字雖轉緜，其語必有所根本。蓋義相引伸者，由其近似之聲，轉成一語，轉造一字，此語言文字自然之則也。于是始作《文始》，分部爲編，則孳乳浸多之理自見，亦使人知中夏語言不可貿然變革。

可見針對當時要改革漢語的言論，章太炎用語源學的理論和實踐著作

①《章太炎説文解字授課筆記》，中華書局，2008年，25頁。
②《章太炎説文解字授課筆記》，中華書局，2008年，10頁。
③《章太炎全集》（七），上海人民出版社，1999年，267頁。
④見《制言》半月刊第25期，1936年9月16日。

《文始》進行了學術上的探討，而不是簡單地喊幾句口號了事，這也解釋了魯迅爲何稱章太炎爲"最有學問的革命家"的原因。

　　《文始》是章太炎語源學思想和對語源學進行深入實踐的集大成之作，對於此書，章太炎是極爲重視的，認爲此書的學術價值在他所有著作中是數一數二的，他在《自述學術次第》中明確談及《文始》的地位：

> 　　中年以後，著籑漸成，雖兼綜故籍，得諸精思者多。精要之言，不過四十萬字。而皆持之有故，言之成理，不好與儒先立異，亦不欲爲苟同。若《齊物論釋》《文始》諸書，可謂一字千金矣。

而在 1914 年 5 月章太炎被袁世凱軟禁時，與其女婿龔寶銓信中亦談及《文始》的地位：

> 　　今觀僕死之日，家無餘財，其殆可以釋然矣。夫成功者去，事所當然，今亦瞑目，無所吝恨；但以懷抱學術，教思無窮，其志不盡。所著數種，獨《齊物論釋》《文始》，千六百年未有等匹。《國故論衡》《新方言》《小學答問》三種，先正復生，非不能爲也。①

可見章太炎對《文始》一書是極爲珍視的，因爲此書集中體現了他系統研究《説文》的具體成果，並加入他對漢字發展、嬗變的理論思考，選出《説文》中的獨體字以及雖爲獨體，但其實是從其他獨體字發展而來的字共 510 個，前者定爲初文，後者定爲準初文，並把其中 457 個字定爲語根②，把由同一語根衍伸出的派生詞按照孳乳與變易兩大規律列在此語根下，同時展開系統研究。全書以章太炎的《成均圖》作爲語轉標準，按對轉、旁轉等相關語轉現象分爲歌泰寒、隊脂諄、至真、支清、魚陽、侯東、幽冬侵緝、之蒸、宵談盍九卷。並突破漢字字形的束縛，同時吸收聲訓中合理的成份，從音義聯繫的角度出發進行語源學的研究，以聲音爲線索向我們展示字與字（詞與詞）之間的關係，使得漢語的詞彙從一盤散沙而變得有系統、有規律。《文始》一書的寫著，是漢語研究從語文學走向語言學的一個標誌，也是漢語語源學的巔峰之作。這一節我們只談論《文

---

① 馬勇編，《章太炎書信集》，河北人民出版社，2003 年，586 頁。
② 經楊潤陸認定其實《文始》定 447 字爲語根，這裏採用的是章太炎自己的説法，即《文始·敘例》："都五百十字，集爲四百五十七條。"楊潤陸的論證詳見其論文《〈文始〉説略》，《北京師範大學學報》，1989 年第 4 期，43—52 頁。而經本人統計爲 463 字次，詳見本書"附録"。

始》的成書過程,而章太炎通過此書表現的語源學思想以及語源學實踐我們將在下文有詳細分析。

(四)《章太炎説文解字授課筆記》

中華書局於 2008 年 12 月出版了《章太炎説文解字授課筆記》[①]一書,該書是章太炎 1908 年在日本講授《説文》的課堂筆記的彙集,記録者爲朱希祖、錢玄同、周樹人(魯迅)。書中所引筆記,朱希祖的是現場所記,而錢玄同、魯迅的則是課後整理。這本《筆記》系統反映了章太炎先生研究《説文》的具體成果,有不少爲章太炎的創見。此書的出版,爲《説文》,乃至爲整個小學的研究提供了很多新資料、新思路。該書主編王寧在《筆記》前言中説道:

> 這份《筆記》記録了太炎先生研究《説文》的具體成果,反映了太炎先生創建的以《説文》學爲核心的中國語言文字學的思路與方法,也記載了三位原記録者向太炎先生學習《説文》的經歷,是一部中國近現代學術史上難得的原始資料。[②]

此《筆記》中,共有三家七種。朱希祖的筆記三套,第一套二百二十三頁,第二套二百二十七頁,第三套三十五頁。錢玄同的筆記兩套,第一套三百三十六頁,第二套七十七頁。魯迅的筆記兩套,第一套十六頁,第二套二十七頁[③]。其實還有許壽裳的筆記一套,没有編入《筆記》。其筆記現藏於北京魯迅博物館,有《説文轉注考》七頁,《説文部首》六頁,正文第一篇上至第十四篇下一百四十九頁,共六册。許壽裳在《紀念先師太炎先生》中記道:"我聽講時間既短,所得又極微,次年三月,便因事而告歸耳。"王寧在《筆記》前言中説道:

> 這套筆記(筆者按:指許壽裳所記之筆記)抄寫極爲工整清晰,篇目雖全,總量卻很少,内容只撮其大要,且多與朱希祖第一套筆記一致,顯然是後來轉抄摘録的第二手材料;加之未能徵得捐贈者的同意,故整理時未加採用。[④]

---

① 在以下行文中,《章太炎説文解字授課筆記》多省寫作"《筆記》"。
②《章太炎説文解字授課筆記》,中華書局,2008 年,1 頁。
③ 關於三位記録者筆記的詳細情況,可見王寧先生爲《筆記》所作前言。
④《章太炎説文解字授課筆記》,中華書局,2008 年,11 頁。

　　1990 年,王寧拿到錢玄同筆記的複印件和魯迅筆記的影印本,開始著手整理《筆記》,後又得到北京魯迅博物館所藏朱希祖筆記的複印件。三人當中以朱希祖的筆記最爲詳細,共計三次,而且非常完整,這也基本框定了《筆記》一書的體例。需要説明的是,魯迅博物館所藏十册朱希祖所記《説文》筆記,是朱希祖贈與錢玄同的,因朱希祖治學方向爲中國古代歷史,而錢玄同則專治小學,故有是贈。上世紀"文革"初期,錢玄同長子錢秉雄爲防紅衛兵抄家使筆記散失,故將其悉數捐與北京魯迅博物館。1998 年《筆記》整理初稿完成,但出版並不順利,拖了整整十年時間,直到 2008 年末,此書才在中華書局正式出版。

　　説《筆記》是一部語源學著作一點也不爲過。雖然它不像《文始》《新方言》《小學答問》那樣明確地提出"明語原""一萌俗""見本字"的語源學思想,但是從三位記録者的字裏行間中都可以看出對語源的探索是貫穿章太炎講授《説文》始終的。上面在談《文始》時已涉及了《筆記》中所出現的"孳乳"和"變易"理論,現在再舉五例,來一窺《筆記》中所反映的語源學思想[①],如"丌"條:

　　　　朱二[②]:丌,一切之丌,抽象;基,地丌,具體。[③]

再如"䇹"條:

　　　　錢一:人在腹中曰胎,竹在地中曰䇹,意義相同。段注非。段謂筍爲冬筍、䇹爲春筍,亦非。[④]

再如"待"條:

　　　　錢一:竢也。待從寺聲,竢從矣聲,寺、矣皆在第一部,故待、竢實可算是一字。待在之部,等在蒸部,之蒸對轉,故今有"等一等"之語,實即待字。[⑤]

---

① 這裏我們只舉例,在本書第六章"章太炎語源學理論實踐"中將對《筆記》中的語源學思想有詳細闡述,例子也會有詳細分析

② 爲區別各套筆記,每一字頭下分別標以"朱一""朱二""朱三""錢一""錢二""周一""周二",排列的次序朱希祖三套按記録時間先後爲次;錢玄同兩套無法考定記録時間,則以完整的一套放在前面;周樹人(魯迅)兩套以始於"一"的一套放在前面。

③ 《章太炎説文解字授課筆記》,中華書局,2008 年,198 頁。

④ 《章太炎説文解字授課筆記》,中華書局,2008 年,193 頁。

⑤ 《章太炎説文解字授課筆記》,中華書局,2008 年,89 頁。

再如"皛"條：

> 朱一：通白。皎、曉、皦（敫，放光，已从白）三字皆从皛孳乳字。
> 錢一：顯也。皎、曉、皦皆皛之孳乳字。皦恐是俗字，蓋訓放光之"敫"，已从白矣。[①]

再如"宏"條：

> 錢一：屋深響也。段刪響字，誤。空谷傳聲本有響應也。凡从厷聲字皆有深意。[②]

從以上所舉的五例來看，每一條其實都是章太炎對語源的探索，細細分析，都能系聯出或多或少的同源詞，也都能發現它們分化的線索和演變的條件。而這些只是冰山一角，經過筆者的系統研究，共得《筆記》中的同源詞 601 組[③]，而其中不少都是後人所未提及或沒被充分重視的，所以說《筆記》一書對現有的漢語同源詞研究是有積極的推動作用的，而說《筆記》是一部語源學著作也是有理有據的。

除了以上四部著作（材料）外，還有很多論著都體現了章太炎的語源學思想，具有代表性的如：《轉注假借説》《語言緣起説》《小學略説》（1935 年）《成均圖》等，同時亦散見於其他專著或章太炎與他人信札中，如：《莊子解故》《管子餘義》《膏蘭室札記》《正名略例》《正名雜義》《與丁竹筠先生書》《與劉光漢書》《與錢玄同書》《與黃侃書》等。以上材料在下文研究章太炎語源學理論中多有涉及，兹不贅述。

第二節　章太炎語源學理論的研究現狀

對章太炎的研究可謂涉及到他的方方面面，而研究成果也可謂是汗牛充棟，有對他生平的研究、學術史的研究、學術地位的研究、學術思想

---

① 《章太炎説文解字授課筆記》，中華書局，2008 年，328 頁。
② 《章太炎説文解字授課筆記》，中華書局，2008 年，308 頁。
③ 關於對《章太炎説文解字授課筆記》中同源詞的具體系聯詳見本人的碩士學位論文《〈章太炎説文解字授課筆記〉同源詞研究》，2011 年。

的研究、革命思想的研究、史學的研究、經學的研究、語言學的研究、佛學的研究、中醫的研究、章黄學派的研究等等，這一方面説明章太炎學術研究之廣泛，另一方面也説明後人對章太炎學術研究之深入。關於對章太炎先生的研究，章念馳曾在《章太炎先生逝世 50 周年學術討論會綜述》中總結到：

> 回顧一下這 50 年來的研究狀况，大致可以分爲四個時期：（1）自他逝世到解放。這 13 年中（筆者按：即 1936 年到 1949 年），研究大多集中於他的經學與小學，以及逸事的回憶。（2）自解放到文革。這 17 年中，先是經歷了一個很長的沉寂階段，文章寥寥，到 1961 年辛亥革命 50 周年，才出現了一個小小的高潮，但也只是集中於他的思想屬性和階級地位的討論。（3）文革期間。這 10 年浩劫中，太炎先生是被戴上"尊孔"帽子大批一通，後又被戴上"法家"桂冠，鼓噪一時，但這完全背離了實事求是的原則。（4）文革後的 10 年。三中全會以後，章太炎的研究出現了前所未有的熱潮，研究範圍與深度日益擴大。《章太炎全集》的出版和一批令人矚目的研究成果問世，使國内外形成了一股"章學"研究熱，并成爲一門方興未艾的學科。……研究内容擴大到中國近代文化交替和中西文化匯通的新領域，開始深入窺探太炎先生文化觀和對民族文化近代化的影響；論題擴大到哲學思想、經濟思想、法學思想、文學思想、醫學思想、國家説等領域；研究重點擴大到他後期經歷與思想的研究。①

章念馳全面地總結了自 1936 年到二十世紀八十年代這五十年間學術界對於章太炎的研究，當然這篇綜述離現在也過去了近三十年，期間對章太炎的研究又向前邁進了一大步，章太炎之學的"研究熱"並没有因爲時間的推移而沉寂下去，而是依舊火熱，並呈現出越來越熱的趨勢。比如姚奠中、董國炎的《章太炎學術年譜》（1996），姜義華《章炳麟評傳》（2002），馬勇《章太炎書信集》（2003），龐俊、郭誠永《國故論衡疏證》（2008），王寧主持整理的《章太炎説文解字授課筆記》（2008），盧毅《章門弟子與近代文化》（2009），章念馳《章太炎生平與學術》

---

① 詳見章太炎紀念館編，《先驅的蹤跡》，浙江古籍出版社，1988 年，280—288 頁。

（2016）等都是近二十多年來研究章太炎生平及學術的代表性著作，而以單篇形式出現的論文更是不計其數，這些都爲更全面地研究章太炎打下了堅實的基礎。可以説對章太炎的研究已經面面俱到，但是各方面研究的深度又有很大的不同。本書的研究是屬於章太炎語言學範疇下的語源學理論，在這一方面，就呈現出廣而不深的現狀。基於對章太炎的研究開始最早並且持續最久的即是對他小學的研究而言，這種現狀是可惜的。

　　章太炎的語源學理論主要包括以下四個方面：一、轉注與假借理論；二、變易與孳乳理論；三、右文學説；四、以《成均圖》爲代表的音轉理論。這四個理論看似各自獨立，實卻相互聯繫，共同構成了章太炎的語源學理論體系。本節將介紹學界對於章太炎語源學理論這四個方面的研究現狀，另外有關章太炎語源學著述及其語源學理論地位的研究，我們也將進行介紹。

一　轉注與假借理論

　　對於章太炎的轉注與假借理論，學術界主要從理論的貢獻、實質、在傳統轉注假借研究中的分類、以及對理論的質疑四個方面進行研究。陸宗達《説文解字通論》（1981）肯定了章太炎轉注與假借理論的貢獻，他説："章炳麟先生從語言學理論上提高了對轉注、假借的認識，指出這是漢字發展的法則，從而闡明了漢語詞彙發展變化的一些規律，……其功績是不可磨滅的。"汪啟明《章太炎的轉注假借理論和他的字源學》（上、中、下）（1989a，1989b，1990a）雖然作於三十年前，但是它仍是研究章太炎語源學理論不可多得的高品質論文。該文系統闡述了章太炎的轉注假借理論，並把它們與語源研究結合在一起，深入探討了章太炎的語源學理論。另外，通過分析章太炎《轉注假借説》中的 201 組轉注字和《與丁竹筠先生書》中對轉注字的分類，概括了章太炎轉注的實質、分類、判別條件及其與同源字的關係。萬獻初《論章太炎轉注假借理論的實質》（1995），文章認爲章太炎的轉注假借理論就是詞義繁生系統理論，是他詞義源流和語源學研究的理論基礎。白兆麟《轉注説源流述評》（1982）把歷代對轉的研究分爲七類，並把章太炎的轉注理論歸入"形音義兼及説"。牛春生《論轉注及其與同源字的關係——與杜桂林先生商榷》(1991)認爲章太炎針對轉注提出的"語基""聲類"的概念已超出六書的範圍,卻不能解釋許慎六書説中的"轉注"。另外在一些語言學專著中也涉及到對章太炎轉注假借理論的評論與研究,如:裘錫圭《文字學概論》(1988)認爲章太炎的轉注理論反映的是語言孳乳的造字過程,這樣的轉注説雖然有研究的價值,但"其實是在講語言學上的問題",把它放入談"造字之本"的六書中,只會引起混亂。何九盈《中國現代語言學史》(修訂本)(2008)認爲章太炎的轉注理論將傳統詞源學的研究與文字學上的六書理論緊密結合,同時章利用轉注的概念"建成了文字孳乳、語根演變的理論體系"。

二　變易與孳乳理論

章太炎的變易與孳乳理論一直是語言學界研究的熱點之一,而變易與孳乳的異同更是研究的重中之重。關於這一點先後有黃侃、王力(1964)、蔣禮鴻(1982)、陸宗達(1985)、王寧(1985)、楊潤陸(1989)、劉又辛(1990)、汪啟明(1990)、何九盈(1995)、祝鴻熹(2001)、李運富(2004)等人對此進行研究,各位學者都對變易與孳乳進行了定義,不斷修訂章太炎的這一理論。作爲章太炎的學生,黃侃是最先研究他變易與孳乳理論的,其研究論著如:《論變易孳乳二大例》《聲韻通例》(此二文收於《黃侃論學雜著》,1980)、《略論文字變易之條例及字體變遷》《論文字變易孳乳二例》(此二文收於《文字聲韻訓詁筆記》,1983)。黃侃總結並發展了章太炎的變易與孳乳理論,認爲"變易者,聲義全同而別作一字;孳乳者,譬之生子,血脈相連",並詳細論述了變易的六種形式。陸宗達、王寧《淺論傳統字源學》(1984)中有"同根詞的派生與同源字的孳乳及'音近義通'説辨正"一節,其中得出了"詞的派生推動了文字的孳乳"的結論,有助於我們理解章太炎的孳乳理論不是在文字的層面進行研究,而是在訓詁的層面進行研究。汪啟明《章太炎的轉注假借理論和他的字源學》(上、中、下)(1989a,1989b,1990a)雖然是著重研究章太炎轉注假借理論的論文,但在論文中亦研究了章的轉注假借與變易孳乳的關係,認爲:"初文、孳乳字、變易字都可用轉注假借理論分析,反過來也證明,章太炎的轉注字,就是同源字。"陳曉强《論〈文始〉的"變易”觀》（2009）從歷時的角度和詞彙的角度分析了《文始》中的變易，認爲《文始》對“變易”的設置和使用基本合理，但是因爲章太炎的變易與孳乳中既有詞彙系統，又有文字系統，所以後人理解這組概念時會出現困難。韓琳《“變易”“孳乳”的性質與同源字、同源詞的關係問題》（2009）雖然是研究黄侃變易與孳乳理論的論文，但對黄的研究亦有助於我們加深對章太炎變易與孳乳理論的瞭解。另外在一些語言學專著中也涉及到對章太炎變易與孳乳理論的評論與研究，如：孟蓬生《上古漢語同源詞語音關係研究》（2001）中的“同源詞的發生學分析”，任繼昉《漢語語源學》（2004）中的“同族詞的孳乳”和“詞性的變易”，何九盈《中國現代語言學史》（修訂本）（2008）中的“詞源研究”等等。

三　右文學説

　　學術界對章太炎右文學説的研究主要在於質疑。沈兼士《右文説在訓詁學上之沿革及其推闡》（1933）從章太炎的《語言緣起説》入手來分析他的右文學説，對章太炎摒棄右文説並最終走上通轉的道路提出客觀的評價，認爲他“舍八千餘形聲字自然之途徑，從廿三部成均圖假定之學説”實在有些極端。劉又辛《“右文説”説》（1982）對章太炎的右文學説也提出了質疑，認爲他“在右文和語源的推求方面，有些主張和做法是令人懷疑的”，同時文中還提到了章太炎的《文始》，認爲“《文始》中可信的部分還只是那些應用右文材料的地方”。另外學術界也有對章太炎右文學説的總結，如汪啟明《試論章太炎的右文觀》（1989）中把章太炎的右文觀與轉注、假借等語源學理論結合在一起，其中總結“章太炎的右文，是漢字形聲字的標音記號，與完全從漢字形體出發探求漢語詞的親屬關係有本質的區別，在字源學中，既注意形體，又不拘形體，是他右文觀的核心”，甚爲精闢。又如朱樂川《章太炎與劉師培右文説之比較》（2015）中比較了章、劉二人右文學説的異同，認爲二人都發現了右文説所存在的問題，但“章選擇擯棄右文説，劉一直試圖對右文説的漏洞進行修補”。另外臺北中國文化大學賴金旺的博士學位論文《劉申叔先生及其訓詁學研究》（2009）中有專節“推闡右文之説”，雖然是研究劉師培的右文學説，但可與章太炎的右文學説進行比較，從而發現兩者的不同，加深我們對章太炎右文學說的認識。而一些論文和著作也有重要的參考價值，如：劉又辛、李茂康《漢語詞族（字族）研究的沿革》（1990），馬文熙《簡論右文之"義"的三個層面》（1992），殷寄明《漢語同源字詞叢考》（2007）中的"聲符義概説"等。

四　以《成均圖》爲代表的音轉理論

學術界對於章太炎的音轉理論（以《成均圖》爲代表）一直是質疑聲不斷。黃侃、錢玄同本著科學的精神對章太炎的音轉理論提出了商榷。隨後林語堂在《前漢方音區域考》（1927）、張世禄在《中國古音學》（1930）、齊佩瑢在《訓詁學概論》（1943）中也對章太炎的音轉理論提出了批判。而其中以王力《漢語音韻學》（1936）中對章太炎《成均圖》的質疑最爲經典，他説："人們往往不滿意於章氏的《成均圖》，因爲他無所不通，無所不轉，近於取巧的辦法。"這樣的評價是嚴苛的，也是正確的，但如果從訓詁學的層面去分析則另有一説。上世紀70年代以後，學術界對章太炎的音轉理論的看法逐漸有所改變。徐復《章氏〈成韻圖〉疏證》（1977）是研究章太炎《成均圖》價值的必讀論著。徐復在每一組旁轉或對轉下都有大量的文獻作爲佐證，豐富了章太炎語源學體系，也證明了雖然從音理角度來看章太炎的韻轉體系存在問題，但從實際文獻用例出發，卻有很多力證説明章太炎的韻轉理論在訓詁層面是成立的。李開《學習徐復教授〈章氏成韻圖疏證〉》（2012），此文與徐復《章氏〈成韻圖〉疏證》一文一脈相承，它不僅是對徐文的學習，更應該看做是對徐文的進一步闡釋，爲我們讀懂徐文、從而讀懂章太炎的《成均圖》架設了一座橋樑。俞敏的《〈國故論衡·成均圖〉注》（1981）則對《成均圖》隨文加注，爲章太炎的通轉提供了很多新的文獻佐證。靳華《中國學術名著提要·語言文字卷·國故論衡上卷》（1992）認爲："章氏講韻轉，主要是從語言和語義的關係來討論語言演變中的聲音轉變規律，他的韻轉理論已經超越了古音學的範疇而跟訓詁學緊密地聯繫起來了。"許良越在《〈文始〉的音韻學價值》（2011）中認爲章太炎的音轉理論不僅是他古音學的核心，而且還是"漢語詞源研究中最早出現的判定同源詞的語音標準"。其實早在上世紀30年代王力就部分肯定了章太炎音轉理論，他在《漢語音韻學》（1936）中

説：“章氏只根據通轉說以談文字之轉注、假借及孳乳之理，並未因此
而完全泯滅古韻二十三部的疆界。”在研究章太炎音轉理論方面，還有
幾篇論文可以作爲參考，如：沈晉華《章太炎〈成均圖〉對戴震〈轉語〉
的繼承和發展》（2002），李子君《章炳麟的〈成均圖〉及“音轉理論”》
（2004），劉豔梅《章炳麟〈成均圖〉的重新分析》（2008）等等。

五　對章太炎語源學著述的相關研究

　　除了以上四個方面的研究以外，學術界對章太炎語源學著述的研究
也是非常重要的一環，因爲沒有對實際材料的研究，那麼對章太炎語源
學理論的研究就是紙上談兵，毫無依據。可喜的是，章太炎的語源學著
述一直都是學術界關注的焦點之一。如：蔣禮鴻《〈新方言〉〈嶺外三州
語〉〈吳語〉校點説明》（1981），此文是蔣禮鴻先生爲章太炎《新方言》
《嶺外三州語》即太炎弟子汪東《吳語》做的點校説明，收於《章太炎全
集》，其中在談及《新方言》時，認爲它是一部語源學的著作，“《新方言》
則據今之方言俗語上推其根源，……所以《新方言》不僅爲記録方言之
書，而且是就今語依據聲韻轉變的條理以考察語源的語源學著作”。楊
潤陸《〈文始〉説略》（1989），此文從理論和實踐上都系統地探討了《文
始》在語源學研究上的價值，同時肯定了章太炎《成均圖》的價值，並與
某些“誤解”進行了商榷。最後從詞彙系統的多重性、詞彙系統的多向
性以及詞彙系統的民族性三個方面論述《文始》不能被其他語源學著
作所代替的原因。另外，楊潤陸經過自身的實踐和深入的思考對章太
炎的語源學理論的一些方面提出了自己質疑，比如此文對章太炎把《説
文》中的獨體字定爲初文的問題提出了疑問。王寧《論〈説文〉字族研
究的意義——重讀章炳麟〈文始〉與黄侃〈説文同文〉》（1990），此文認
爲《文始》的貢獻主要是在傳統字源學的領域，它的價值，既有理論上的
也有實踐上的，但實踐價值高於理論價值；而《文始》的實踐簡而言之兩
句話，就是“以初文、準初文爲起點，來歸納《説文解字》的字族”，以及
“《文始》在實踐上的價值不在一字一句系聯的得失，而在這個設計方案
的成功”。　另外，王寧對於《文始》的設計方案，也提出了商榷，其中最
重要的一條就是章太炎把字源與詞源混爲一談。萬獻初《〈章太炎説文
解字授課筆記〉的梳理及學術價值》（1994）是學術界較早關注《筆記》

的一篇論文，這是因爲其當時參與了《筆記》的整理工作。此文系統梳理了《筆記》的成書過程及後來的搜集與整理過程，同時爲我們展示了《筆記》三方面的意義和價值，即“倡導革命及學術源流上的意義”、“語言文字本體研究上的理論價值”及“文化闡釋理論上的價值”，其中第二部分就涉及到章太炎在《筆記》中體現的語源學觀念與實踐。祝鴻熹《章炳麟——現代漢語言文字學的開山大師——從〈語言緣起説〉談起》（1996），此文認爲章太炎《語言緣起説》一文可以看作是“現代漢語言文字學開始的顯著標誌”，而且在該文中反映了章太炎已經在“理論上探討純語言的問題”。另外祝文還認爲《語言緣起説》一文變現了太炎在語源方面深刻的理解，而該文中的“聲首”就是《轉注假借説》中的“語基”，也就是章太炎一直強調的“根”。另外，學術界還有不少博碩士學位論文也對章太炎的語源學專著進行過側重點不同的研究，這方面的論文主要有：復旦大學孫畢博士學位論文《章太炎〈新方言〉研究》（2004）、北京語言大學田野碩士學位論文《〈文始〉初文考》（2006）、北京師範大學劉麗群博士學位論文《章太炎〈文始〉研究》（2009）、湖南師範大學劉智鋒碩士學位論文《〈文始·一〉同族詞詞源意義系統研究》（2010）、南京師範大學朱樂川碩士學位論文《〈章太炎説文解字授課筆記〉同源詞研究》（2011）、華中科技大學黃娟娟碩士學位論文《章太炎〈文始〉研究》（2011）、四川大學許良越博士學位論文《章太炎〈文始〉研究》（2012）、復旦大學張虹倩博士學位論文《〈文始〉研究》（2013）、北京師範大學張蒙蒙碩士學位論文《〈章太炎説文解字授課筆記〉學術考》（2013）、杭州師範大學徐曉韻碩士學位論文《章太炎説文解字授課筆記〉古書詞義訓詁研究》（2015）、山西師範大學陳雅琪碩士學位論文《章太炎〈説文解字授課筆記〉研究》（2015）、湖南師範大學宋丹丹碩士學位論文《章太炎〈新方言·釋言第二〉同族詞研究》（2017）等等，兹不贅述。這些都對我們系統研究章太炎的語源學理論有所幫助。總體來說，有關章太炎語源學著述的研究主要還是以《文始》爲主，而自《筆記》出版以來，有不少的學者開始關注此書，而另外一部語源學著作《新方言》也時有論及，但其他的語源學著述則鮮有涉及。

六　章太炎語源學理論的地位

　　王寧《論章太炎、黄季剛的〈説文〉學》（1990）雖然是一篇系統研究章太炎、黄侃《説文》學的論文，但其中對章太炎語源學理論地位有詳細的探討，王寧認爲雖然章太炎（以及黄侃）的語源學實踐和理論"就具體形音義之確定方面，可商榷之處也是不少的，然而如此精博的學術體系，實爲章黄當代其他小學家未能企及者"。這個評價雖然很高，但卻是非常公允的。楊光榮《詞源觀念史》（2008）首次從詞源學史的角度對章太炎的語源學理論的地位作出評價，認爲章是"使皖派詞源學初步成型的第一人，他考辨同源詞的框架至今仍在發揮著重要作用"。另外，北京師範大學董婧宸的博士學位論文《章太炎詞源學研究》（2016）是現在學界鮮有的全面且系統研究章太炎語源學的著作。其在最後一章"章太炎詞源研究的特點及學術地位"中總結了章太炎詞源學（語源學）的整體特點，論證了章太炎詞源（語源）研究的學術影響，同時對章太炎詞源（語源）研究的歷史地位給予了定位。學術界對於章太炎語源學理論地位的爭論一直没有停歇。如：李長仁《漢語同源詞研究的回顧與前瞻》（2000），此文認爲章太炎"在同源詞的研究上也取得了一些值得稱道的成績，他的《文始》可以看做這方面的代表作"，然而"遺憾的是，由於章太炎的研究方法不夠科學，因此《文始》中的錯誤很多，在使用《文始》的材料時，必須認真加以選擇"。黎千駒《歷代轉注研究述評》（2008），此文是研究轉注發展史的，但基於章太炎"轉注"即是"同源"這一觀點，故此文對研究章太炎語源學理論在學術史中的地位有借鑒作用。其他論文包括白兆麟《轉注説源流述評》（1982）、劉景耀《論"轉注"諸説之優劣——兼述筆者拙見》（1990）、袁健惠《漢語同源詞研究方法論略》（2007）等。同時一些專著也對章太炎語源學理論在學術史中的地位有著較爲精闢的闡述，如王力《同源字典》（1982），陸宗達、王寧《訓詁方法論》（1983）和《訓詁與訓詁學》（1994），何九盈《中國現代語言學史》（修訂本）（2008）等。他們對章太炎語源學理論在學術史上的地位也都褒貶不一，值得我們細細分析與研究。

第三節　章太炎語源學理論的研究意義

研究章太炎語源學理論的意義是多方面的,很難從某幾個方面明確地進行定位。雖然複雜,但如果我們把章太炎放在那個特定的歷史時期,即舊時期的終結、新時期的開始這個階段,這樣就對章太炎及其學術會有一個較好的定位。正如陸宗達、王寧對章太炎的總結"章太炎是清代樸學的最後一人,又是近代學者的第一人"①那樣,他代表著對傳統小學、經學、史學的繼承與發展,而且這種繼承與發展往往對新的學術又有開創之功。把握住了這點,就把握住了章太炎學術的特點,而這特點運用在我們所要研究的語源學理論上則表現爲兩點:一對傳統同源詞研究的意義;二對現代語源學研究的意義。下面進行論述。

一　對傳統同源詞研究的意義

章太炎語源學理論對傳統同源詞研究的意義主要有兩個方面:一是對《説文》《段注》的繼承和發展,創新以及大膽質疑;二是對同源詞材料的搜集更加廣泛。下面就從這兩個方面來研究章太炎的語源學理論對傳統同源詞研究的意義。

(一)對《説文》《段注》的繼承和發展,創新以及大膽質疑

在日本講學時,章太炎其實是以徐鉉所校《説文》和《段注》一起作爲講本的(而且很大程度上是以《段注》爲講本,因爲在《章太炎説文解字授課筆記》中朱希祖、錢玄同、魯迅所引《説文》的白文基本是同於《段注》而異於徐鉉所校《説文》的)。可以說没有對《説文》和《段注》的深入研究,章太炎就不可能在小學上獲得如此高的成就,更不用說以《文始》爲代表的一系列著作的寫成。本部份將以《筆記》爲例,一窺章太炎在傳統同源詞系聯和考證方面對《説文》《段注》的繼承和發展以及大膽的質疑。

1. 對於《説文》《段注》的繼承和發展:

(1)鳥

　　《説文·鳥部》:鳥,長尾禽總名也。象形。鳥之足似匕,从匕。

----

①陸宗達、王寧,《訓詁與訓詁學》,山西教育出版社,1994年,333頁。

凡鳥之屬皆从鳥。

《段注・鳥部》：鳥，長尾禽總名也。……象形。鳥之足似匕，从匕。（鳥足以一該二，能、鹿足以二該四。）

錢一：能从𤜼，鹿从𤲃，皆象其四足。鳥、烏皆二足，故从匕，乃俗于下皆作四點，于象形之誼，大相剌謬矣。（《筆記・部首》，2 頁）

按：鳥小篆作𪇰，象形，匕爲鳥足，後隸變爲“灬”。許慎根據小篆，已得出鳥从匕的結論；段玉裁在此基礎上提出“鳥足以一該二，能、鹿足以二該四”；而章太炎在此基礎上又提出了鳥“乃俗于下皆作四點，于象形之誼，大相剌謬”的觀點，他認爲鳥字下的四點（灬），與鳥爪的象形相差甚遠，以致“大相剌謬”。此則材料可以看出章太炎對許慎和段玉裁學說的繼承和發展。筆者認爲鳥隸變後的“灬”，絕非“火”，恐是鳥字下半部“𥄎”（鳥足“匕”加羽毛“丶”）的訛變。當然，如果鳥足不是“以一該二”，而是就作兩足，則更容易變成“灬”。

（2）奞

《説文・奞部》：奞，鳥張毛羽自奮也。从大从隹。凡奞之屬皆从奞。讀若睢。

《段注・奞部》：奞，鳥張毛羽自奮奞也。（“奞”依《篇》《韻》補，奮奞雙聲字。）从大隹。（大其隹也，張毛羽故从大。）

錢一：奞，《説文》云“奞，鳥張毛羽自奮也。讀若睢。”按恣睢之睢，正當作奞。（《筆記・部首》，2 頁）

按：《筆記》言“恣睢之睢，正當做奞”，甚是。睢，有睜大眼睛看之義。《史記・伯夷列傳》：“肝人之肉，暴戾恣睢。”張守節《正義》：“睢，仰白目，怒貌也。”怒貌即怒視，怒視則眼睛大睜。《文選・馬融〈長笛賦〉》：“顑眽睢維，涕洟流漫。”李善注：“《聲類》曰：‘睢，大視也。’”大視亦爲眼睛大睜之義。眼睛睜大與《説文》所言“奞，鳥張毛羽自奮”在意義上有相通之處，即都有奮力做某事之意，如果引入義素分析法[1]的話，則睢、奞的核義素皆爲“奮力”，用義素分析法的公式表達則爲：睢 =/ 睜

----

[1] 義素分析法是王寧將西方詞義學的義素概念引入漢語詞源學研究中而形成的一種新穎的、可操作性强的同源詞詞義關係的分析方法。

眼 /+/ 奮力 /，奞 =/ 打開羽毛 /+/ 奮力 /。而在音韻^①方面，睢、奞音近。首先，許慎言“奞，……讀若睢”是其證。其次，聲母上睢上古爲曉母、奞上古爲心母，曉母、心母關係緊密（如从“血”聲的字，以曉母爲多，如血、洫、洫、侐，而恤、卹，亦从“血”，但爲心母）；韻部上，睢、奞上古皆爲微部。通過以上證明，發現睢、奞在意義上相關，在音韻上相近，故可視它們是以“奮力”爲核義素的一組同源詞。由《筆記》可見，章太炎從許氏、段氏對“奞”的解釋上出發，更進一步指出“恣睢”之“睢”的正字即“奞”；如果我們再從章太炎的觀點出發，就會發現睢、奞同源。這是章太炎對許、段的繼承，也是對許、段的發展。

（3）多

《説文·多部》：多，重也。从重夕。夕者，相繹也，故爲多。重夕爲多，重日爲疊。

《段注·多部》：多，緟也。（緟者，增益也，故爲多。多者勝少者，故引伸爲勝之稱。戰功曰多，言勝於人也。）从緟夕。……夕者，相繹也，故爲多。（相繹者，相引於無窮也。抽絲曰“繹”，夕、繹迭韻。《説》从重夕之意。）緟夕爲多，緟日爲疊。凡多之屬皆从多。

朱一：凡夕有邪。凡从多聲亦有邪，如哆、侈是也。（《筆記·部首》，7 頁）

錢一：夕有邪義，多从重夕，故亦有邪義。而如哆、侈等从多之字，亦皆有邪義。（《筆記·部首》，7 頁）

按：夕者，《説文》言“莫也”；莫者，《説文》言“日且冥也”；冥者，《説文》言“幽也”，即本義爲昏暗。幽冥、昏暗往往和邪（不好的事或物）聯繫在一起。通過遞訓（夕→莫→冥→幽→邪）逆推（夕←莫←冥←幽←邪），則夕亦和邪相關；而多又从重夕，故多亦有邪義。至此，章太炎已經發展了許氏、段氏對夕和多的解釋。接著，章太炎更進一步，認爲从多之字，亦有邪義，如哆、侈。哆，有放縱義，《法言·吾子》：“述正道而稍邪哆者有矣，未有述邪哆而稍正也。”這裏“邪哆”連用。侈，亦有放縱義，

---

①本書採用的是王力先生的聲韻系統，主要是因爲作爲考古派的章太炎，他的韻部系統入聲韻是不獨立的，而“原屬考古派，後來變爲審音派”的王力則把入聲獨立，我們認爲陰陽入三分的韻部劃分對我們處理同源詞音韻上的系聯是更爲準確並且更容易操作的。

《孟子·梁惠王上》："苟無恒心，放辟邪侈，無不爲已。"這裏"邪侈"連用。《荀子·正論》："暴國獨侈，安能誅之。"楊倞注："侈，謂奢汰放縱。"《呂氏春秋·侈樂》："故樂愈侈，而民愈鬱，國愈亂。"高誘注："侈，淫。"淫者，邪也，所謂淫邪。除了章太炎提及的哆、侈有邪義，其他從多的字亦和邪有關。如奓，本義奢張。《詛楚文》："今楚王熊相，庸回無道，淫佚湛亂，宣奓競縱，變渝盟制。"這裏"奓縱"連用，可知奓有放縱義，與哆、侈相同。再如眵，有敗壞、破壞義。《廣雅·釋詁一》："眵，壞也。"陸機《豪士賦序》："眾心日眵，危機將發。"皮日休《奉和魯望讀陰符經見寄》："時代更復改，刑政崩且眵。"可見，章太炎從《說文》出發來探求從夕、從多之字，並發現它們有邪義是正確的①。

2. 對《說文》《段注》的創新：

在繼承和發展許氏、段氏《說文》學說的同時，章太炎還往往能根據自己的閱讀與治學經驗，發許、段所未發，而他所闡發的內容也常爲漢語言文字的研究指引新的思路，下僅舉兩例：

（1）亯

　　《說文·亯部》：亯，度也，民所度居也。從回，象城亯之重，兩亭相對也。或但從口。

　　《段注·亯部》：亯，度也。……民所度居也。（《釋名》曰："郭、廓也。廓落在城外也。"按：城亯字今作郭。郭行而亯廢矣。……）從回，象城亯之重，（內城外亯。）兩亭相對也。（謂上合下𠙻也。內城外亯，兩亭相對。……）或但從口。

　　錢一：《說文》云："亯，度也，民所度居也。"按：度爲宅字之借。度居者，宅居也。今文《尚書·堯典》"宅南交"、"宅西"諸宅字，皆作度。是二字通用之證。　○《漢書》往往借度爲宅。②（《筆

---

① 其實，許慎對"多"的解釋是錯誤的，而段玉裁、章太炎都沿襲了許慎的這一錯誤。許慎認爲"多，從重夕"，其實這裏的夕不爲"夕陽"之夕，而爲"肉塊"，王國維認爲："多從二肉，會意。"（引自《甲骨文字集釋》，2287 頁）徐中舒認爲："多，從二𠂤，𠂤象塊肉形。……古時祭祀分胙肉，分兩塊則多義自見。《說文》以多從二夕，實誤。"（引自徐中舒主編，《甲骨文字典》，四川辭書出版社，2006 年，752 頁）王國維、徐中舒所言甚是。而肉，甲骨文作𠕎（《甲骨文字集釋》1503 頁，《甲骨文字典》468 頁），"多"可視作刀從肉中切開，一分爲二，成爲兩個肉塊。此例也可以看出章太炎從傳統的《說文》學入手得出的本義和引申義有時是值得商榷的。

② 《筆記》中各記錄者的尾批、旁批，且與正文無直接關係的，皆置於"○"符號後。

記·部首》,3頁)

　　朱二:民所度居也。古往借度爲宅,《尚書》古、今文"宅西"、"度西"可證。(《筆記·亯部》,225頁)

　　按:從音韻學上分析,度、宅,上古時聲音相近或相同。聲母方面:兩字上古雙聲,度,中古定母,舌頭音;宅,中古澄母,舌上音。根據古無舌上音的原則,澄母上古歸入定母。韻部方面:度、宅上古皆爲鐸部。同時,章太炎又舉了古文、今文《尚書》中"宅西""度西"對用的例子,可知度、宅通用。許説、段説於此沒有涉及,而章太炎卻在繼承前人學説的基礎上,另闢蹊徑,從音韻和文獻的角度出發,闡明了"度""宅"的關係。

（2）藩

　　《説文·艸部》:藩,屏也。从艸、潘聲。

　　《段注·艸部》:藩,屏也。(屏蔽也。)从艸、潘聲。(甫煩切,十四部。)

　　朱一:藩、屏雙聲,音轉爲疊韻。《詩·采菽》:"平平左右",《左傳·襄公十一年》:"便蕃左右"。(《筆記·艸部》,49頁)

　　朱二:古重唇音,讀爲躇。浙人有"藩【叛】在那里",即屏蔽之義,乃藩之古音耳。(《筆記·艸部》,49頁)

　　按:章太炎對"藩"的解釋,從古音、方言的角度闡發了藩、屏的關係,如果沿此路繼續研究下去,可以發現藩、屏實爲同源關係[1]。在音韻關係上,聲母方面:藩、屏上古皆爲並母;韻母方面:藩上古爲元部,屏爲耕部,元耕旁對轉。在意義關係上,藩,本義爲籬笆。《玉篇·艸部》:"藩,屏也,籬也。"即遮擋之物。後引申爲屏障、護衛。《詩經·大雅·板》:"价人維藩,大師維垣。"毛傳:"藩,屏也。"屏,本義爲當門的小墻,照壁。後引申爲屏障之物。《説文·尸部》:"屏,屏蔽也。从尸,并聲。"《詩經·大雅·板》:"大邦維屏,大宗維翰。"可見藩、屏皆有屏障義,且藩、屏互訓。用義素分析法公式可以表達爲:藩 =/ 籬笆 /+/ 遮擋 /,屏 =/ 小墻、照壁 /+/ 遮擋 /。通過上述分析,可知藩、屏是一組以"遮擋"爲核義

　　　　　　　　　　　　　　　　　　　　　

[1] 關於藩、屏同源,章太炎在《文始》中已有所論述,《文始一·陰聲泰部乙》:"《説文》:'市,韠也。从巾,象連帶之形。篆文作韍。' ……對轉寒又孳乳爲藩,屏也。藩旁轉清變易爲屏、屏,皆蔽也。"見《章太炎全集》(七),上海人民出版社,1999年,188頁。

素的同源詞。

從方言上考察,《漢語方言大詞典》"藩"字條[1]:"〈動〉躲藏。吴語。浙江嘉興、湖州。章炳麟《新方言·釋言》:'《説文》:藩,屏也。屏爲屏蔽,亦爲屏臧。……今浙西嘉興、湖州謂逃隱屏臧爲~,音如畔。'"可見藩、屏皆有屏障義,且藩、屏互訓。其實在其他方言中,比如在閩方言中藩亦有"屏敝"義。《漢語方言大詞典》"藩"字條[2]:"【藩屏】〈名〉屏藩。閩語。福建廈門[p'uan^{44} pin^{24}]。"藩、屏兩字同義連用,皆爲遮蔽義。

3. 對《説文》《段注》的大膽質疑:

"盡信書不如無書",章太炎在繼承和發展許、段《説文》學説之時,並没有一味地迷信前人,而是提出了自己的見解,這的確是可貴的。朱希祖在留日日記中對章太炎不盡信許説也曾有過記録:

（1908 年）四月八日　下午至帝國教育會聆章先生講《説文》序,先生之講轉注、假借,與許稍異,因舉例數多。燈下,閲章先生所著《論語言文字學》一篇。[3]

章太炎的這些質疑許、段的材料爲後人的研究提供了新思路、新方法,同時爲我們現在研究《説文》而又不拘泥於《説文》做了一個很好的榜樣。在《筆記》中,經常能看見"《説文》誤""段説誤""段説牽强""段注無理""段説大謬"等語,如:

朱一:局,《説文》"从口在尺下復局之"亦誤。(《筆記·口部》,70 頁)

朱二:舌,从干不可解。段説亦牽强。　○案:是倒入意。(《筆記·舌部》,99 頁)

朱二:殊,尋常殺曰殊,法律殺人曰誅。漢令所謂"蠻夷長"猶今屬國土司,故有罪當殊。段説誤,誅乃剮耳,服誅乃殺,殊亦然,殛亦然。(《筆記·歺部》,172 頁)

朱三:膏,肥也,凡有膏油皆可稱肥。段云肥當作脂,非。(《筆

①許寶華、宫田一郎等編,《漢語方言大詞典》,中華書局,1999 年,7388 頁。
②許寶華、宫田一郎等編,《漢語方言大詞典》,中華書局,1999 年,7388 頁。
③朱元曙、朱樂川整理,《朱希祖日記》,中華書局,2012 年,61 頁。

記·肉部》,178 頁)

　　朱一:楷,段氏以稽字解之,甚牽強。戛、楷雙聲相轉。戛,法式也。楷即戛之假借字。(《筆記·木部》,236 頁)

　　朱三:刺,"刀束者,刺之也",不可解,段説大謬。此字從束,可解:曲者直之,直者曲之也。(《筆記·束部》,266 頁)

　　錢一:刺,段氏注無理。本曲者曰刺,矯之正亦曰刺,故許曰"刺之"也。(《筆記·束部》,266 頁)

　　錢一:宏,屋深響也。段删響字,誤。空谷傳聲本有響應也。凡從厷聲字皆有深意。(《筆記·宀部》,308 頁)

　　再詳舉一例,此則材料雖没有"《説文》誤""《段注》誤"等語,但細研究之,仍能發現章太炎對許、段的質疑:
　　史

　　《説文·史部》:史,記事者也。從又持中。中,正也。

　　《段注·史部》:史,記事者也。(《玉藻》"動則左史書之,言則右史書之",不云"記言"者,以"記事"包之也。)從又持中。中,正也。(君舉必書,良史書法不隱。)

　　錢一:史上從中。中,古作󰀀,即󰀀字之消文。《國語》"左執鬼中",《禮記·禮器》"升中于天",《周禮·秋官·小司寇》"登中于天府",《論語·子張》"允執厥中",諸"中"字皆册也。又漢有"治中"之官(即秘書官),治中者,亦治册也。○治中即今"主薄"。(《筆記·部首》,1 頁。)

　　按:《説文》《段注》皆解釋"中,正也",觀"史"之古字,甲骨文作󰀀(粹一二四四),金文作󰀀(毛公鼎),小篆作󰀀(《説文·史部》),可知史爲"中"和"又"的合字,"又"爲手,手持中,這裏的"中"顯然爲一實在的物體,而非許氏、段氏所説抽象的"正"。"中"到底爲何物,章太炎給出了一個創造性的解釋——"諸'中'字皆册也"。許、段所謂"記事者",即後世之書記官,此爲史字之本義,歷史之"史",乃引申義。又,手;󰀀,册也,手持册,隨時準備記録,形象的表現了書記官的職能。古文册作󰀀,篆文作󰀀,省作󰀀,後世誤以爲中正之"中"。抽象之"中正",如何手持？許氏之説非是，段氏也没有發現。章太炎發現了，也訂正了[①]。

（二）對同源詞材料的搜集更加廣泛

材料方面，章太炎雖以《説文》爲主，但不囿於《説文》，而延伸到其他先秦著作中，如《莊子解故》就有很多這方面的材料：

> 彼於致福者，未數數然也。章太炎解故：《説文》：福，備也。《祭統》：福者，備也。備者，百順之名也，無所不順之謂備。此福即謂無所不順，御風者當得順風乃可行。[②]（《莊子解故·逍遥遊》，127頁）

按：福、備當爲同源詞。備，本義爲人拿或背爲盛箭之器。觀備之古文，金文作𤰈（㦰簋），𤰈（齊侯壺）。《漢語大字典·人部》備字條言：“按：甲金文爲‘箙’的象形字，盛矢器。”箙，《説文·竹部》：“箙，弩矢箙也。”金文作𤰈（殳簋蓋），即爲用竹、木或獸皮等做成的盛箭器具。盛器引申爲滿義。《國語·楚語上》：“四封不備一同。”韋昭注：“備，滿也。”《荀子·王制》：“上察於天，下錯於地，塞備天地之閒。”福，王力先生《同源字典·職部》：“‘富’‘福’都是古人聲字。‘福’屬長入，後來變爲去聲。古人以富爲福，故‘富’‘福’同源。”[③]《詩經·大雅·瞻卬》：“何神不富？”毛傳：“富，福。”《禮記·郊特牲》：“富也者，福也。”福，從示，可視作祭祀之物滿、完備。在音韻上，聲母方面，備、福上古皆爲重脣音；韻部方面，備上古之部，福上古職部，之、職對轉。

---

①關於“史”字的論述，朱希祖已有詳細論述，見朱希祖，《朱希祖先生文集》，（臺北）九思出版有限公司，1979年，633頁；朱希祖，《中國史學通論》，中華書局，2012年，5頁。兹不贅述。另，關於“史”字，有人認爲史、吏、使、事爲同源關係，王國維認爲：“𤰈板金文不見吏字，吏即事字。事古作事，即由史字中之直畫引長而成事形。史作𤰈，故誤爲吏。尋字之孳乳次序則𤰈一、𤰈二、𤰈三、𤰈四也。”（《劉盼遂記説文練習筆記》）徐中舒亦持此種觀點：“𤰈，實爲事字之初义，後此復分化孳乳爲史、吏、使等字。《説文》‘史，記事者。’‘吏，治人者。’治人亦是治事，‘使，令也。’謂以事任人也，故事、史、吏、使等字應爲同源之字。”（徐中舒主編，《甲骨文字典》，四川辭書出版社，2006年，316—317頁）而持這一觀點的還有李孝定，他認爲：“殷人卜辭皆以史爲事，是商無事字。”（李孝定編述，《甲骨文字集釋》，臺北“中研院”史語所，1965年，960頁）同時李還舉出大量文獻進行佐證。可以説，徐、李的觀點是正確的，章太炎的觀點雖然没有從甲骨文出發，但我們也不能認爲他是錯誤或牽强的，如果把兩者結合起來，那麽對“史”字的理解將更加深入。

②《章太炎全集》（六），上海人民出版社，1986年，127頁。

③王力著，《同源字典》，商務印書館，1982年，265頁。

又如：

　　翹足而陸。《釋文》：司馬云：陸，跳也。章太炎解故：陸訓跳者，古衹作屽。《説文》云：竜，其行屽屽；又云：夌，越也。從夂從屽。屽亦跳也。（《莊子解故·馬蹄》，139頁。）

按：夌、屽、陸當爲同源詞。夌，本義爲超越。《説文·夂部》：“夌，越也。”徐鍇曰：“越，超越也。”《段注》：“凡夌越字當作此。今字或作淩，或作凌，而夌廢矣。《檀弓》：‘喪事雖遽不陵節。’鄭曰：‘陵，躐也。’躐與越義同。”《玉篇·夂部》：“夌，力蒸切，越也，遲也，今作陵。”屽，本義爲地蕈。觀其古字，𡳆（古鉥），𣆷（説文籀文），象形，爲蟾蜍之形。《説文·黽部》云：“先竜，詹諸也。其鳴詹諸，其皮竜竜，其行先先。”先即屽，《字彙補·土部》：“先，力古切，音陸。《雜字韻寶》：‘地蕈曰菌先。’”蟾蜍跳行，故知屽（先）當有跳義，此亦與字形之蟾蜍形暗合。陸，本義爲陸地。《説文·𨸏部》：“陸，高平地。”《爾雅·釋地》：“高平曰陸。”觀陸之古字，甲骨文作𡏇（續三·三〇·七），金文作𡐀（父乙卣），形如蟾蜍在山中跳躍。故從字形上看，陸當有跳躍義。實“陸”有跳義，《莊子·馬蹄》：“齕草飲水，翹足而陸，此馬之真性也。”陸德明《經典釋文》引司馬彪注：“陸，跳也。”晉桓玄《王孝伯誄》：“犬馬反噬，豺狼翹陸。”在音韻上，聲母方面，三字上古皆爲來母；韻部方面，夌上古爲蒸部，屽、陸上古爲覺部，蒸、覺旁對轉。

像這樣的例子還有很多，又如：

　　（1）其名爲弔詭。章太炎解故：弔詭即《天下篇》之諔詭，與俶儻之俶同字。弔、俶古音相近，彝器伯叔字多作弔，不弔亦即不淑，皆其例。郭訓弔當，《釋文》訓至，皆失之。若郭言卓詭者，亦即弔詭之異文。卓字古音在舌頭，與弔同呼，凡言卓犖、恢卓，並與弔詭之弔同字。（《莊子解故·齊物論》，129—130頁）

　　（2）何謂和之以天倪。（《釋文》：天倪，李音崖，云：分也；崔云：或作霓，際也；班固曰：天研。）章太炎解故：段玉裁曰：天倪、端倪，皆借爲題。《説文》：𡵉，物初生之題也。案：《天下篇》言端崖，則倪當借爲崖，李音崖訓是也。作天研者，倪、崖、研皆雙聲，《知北游篇》言崖略，

崖者圻堮,略者經界,皆際義也。(《莊子解故·齊物論》,130頁)

（3）直寓六骸,象耳目。章太炎解故:上言官天地,府萬物,官、府同物也,則寓、象亦同物。《郊祀志》:木寓龍一駟,木寓車馬一駟,寓即今偶像字。偶六骸,像耳目,所謂使形如槁木也。郭說寓爲逆旅,望文生訓。(《莊子解故·德充符》,133頁)

（4）通而不失於兑。章太炎解故:兑者,通之處。《老子》:塞其兑,《檀弓》:亦以兑爲隧,《詩·大雅傳》:兑,成蹊也。又轉爲閲,堀閲、容閲,皆是也。(《莊子解故·德充符》,133—134頁)

（5）不拘一世之利以爲己私分。章太炎解故:拘與鉤同。《天運篇》:一君無所鉤用,《釋文》云:鉤,取也。此拘亦訓取。(《莊子解故·天地》,142頁)

除了《莊子解故》以外,在他的《管子餘義》《膏蘭室札記》《小學答問》以及與他人的一些論學信札中也都能看到很豐富的同源詞材料,這裏就不一一例舉了。

二　對現代語源學研究的意義

先秦的聲訓是漢語同源詞研究的萌芽階段。漢末劉熙的《釋名》是先秦、兩漢聲訓的集大成者,雖然牽强附會處甚多,可以説此書是把聲訓推向了極端,但是它也通過聲訓揭示了漢語部份詞語之間的語源(同源)關係,並開"右文"之先河。西漢揚雄的《方言》,對因時地不同而音有轉變的詞語進行研究,始創"轉語"一説,開"語轉説"之先河。後來南唐徐鍇的《説文解字繫傳》,北宋王聖美的"右文説",宋末元初戴侗的《六書故》,清段玉裁的《説文解字注》,黄承吉的《字義起於右旁之聲説》都是沿著"右文説"這一路子進行的。而晉代郭璞的《方言注》,明末清初方以智的《通雅》,黄生的《字詁》《義府》,清戴震的《轉語》二十章,程瑶田的《果臝轉語記》,王念孫的《廣雅疏證》則是沿著"語轉説"這一路子進行的。"右文説""語轉説"可以視作同源詞研究的兩條腿,缺一不可,不能有所偏廢。但古人研究往往顧此失彼,一條腿走路,這樣同源詞的研究就不可能十分科學。自章太炎《文始》開始,我國的漢語同源詞研究才開始慢慢走上康莊大道;也是從《文始》開始,我國傳統的同源詞研究漸漸進入到現代語源學的研究。章太炎對現代語源學研究的意義大致可以分爲兩點：一在系統性上有所加强；二在理論性上有所加强。下面一一論述之。

（一）系統性上的加强

乾嘉學派是我國小學研究的黄金時代，成果之豐、水平之高，都令人歎爲觀止，而其中又以段玉裁、王念孫爲集大成者。而如果章太炎沿著段、王的路子繼續走下去，毋庸置疑，依然會成爲一名傑出的語言學家，但是要想在傳統的訓詁學上整體超越此二人，這是根本不可能的。所以只有另闢蹊徑，而且這條蹊徑必須是正確的且具有跨時代意義的道路。只有這樣，章太炎才能對段、王有真正意義的超越，而不僅限於在對於某幾個字的訓詁上超越了段、王。章太炎成功地找到了這條道路，那就是在同源詞的研究上（亦可看作詞的訓詁方面）注重對系統性的加强，使得同源詞從一盤散沙變爲一個整體，而找到這條道路的地圖就是對漢字形、音、義的有機統一。

黄侃在《文字聲韻訓詁筆記》中就談到章太炎對形、音、義的統一：

> 小學必形、聲、義三者同時相依，不可分離，舉其一必有其二。清代小學家以聲音、訓詁打成一片，自王念孫始，外此則黄承吉。以文字、聲音、訓詁合而爲一，自章太炎始。由章氏之説，文字、聲韻始有系統條理之學。①

楊潤陸在《〈文始〉説略》中也談到了章太炎對詞彙系統性的加强：

> 太炎先生突破了字形的束縛，吸收了聲訓的合理部份，從音義聯繫的觀點上進行字族的研究，從而闡述語源。……古代的聲訓，不論是劉熙，還是鄭玄、許慎、顔師古、孔穎達等經學大師，他們的聲訓雖然或多或少地揭示了訓釋字與被訓釋字在字源上的關係，但與《文始》講字族的學問根本不同。太炎先生開闢的是一條新路，這就是從聲韻的通轉來考證字義的通轉，它以聲音爲線索展示了詞彙的系統性，指出了訓詁學發展的一個重要的歷史方向。可以説，《文

---

①黄侃述，黄焯編，《文字聲韻訓詁筆記》，上海古籍出版社，1983年，48頁。

始》的問世,標誌著新訓詁學的開始。①

以上是其他學者對章太炎加強詞彙系統性的評價。可以説章太炎在進行小學研究時,形、音、義相結合的原則是貫徹始終的②。他在1922年上海公開講學時,曾談到治國學的方法,共有五點:一爲辨書籍的真僞,二爲通小學,三爲明地理,四爲知古今人情的變遷,五爲辨文學應用。其中在第二點"通小學"中就談到了形音義的結合對小學研究的重要性:

> 研究小學有三法:一、通音韻。……二、明訓詁。……三、辨形體。……歷來講形體的書,是《説文》;講訓詁的是《爾雅》;講音韻的書,是《音韻學》。如能把《説文》《爾雅》《音韻學》都有明確的觀念,那麽,研究國學就不至犯那"意誤""音誤""形誤"等弊病了。③

如果説1922年的這次講學是章太炎較晚時對形、音、義三者必須統一的總結,不能證明這個原則是一以貫之的,那麽1910年時在日本出版的《國故論衡》中的例子應該代表了章太炎早期的思想,而其中的《小學略説》亦談到形、音、義三者統一的必要性:

> 言形體者始《説文》,言故訓者始《爾雅》,言音韻者始《聲類》,三者偏廢,則小學失官。……大凡惑并音者,多謂形體可廢。廢則言語道窒,而越鄉如異國矣。滯形體者,又以聲音可遺。遺則形爲糟魄,而書契與口語益離矣。④

可見在對小學的研究中,形、音、義的結合是章太炎一以貫之的原則。而從他對段玉裁的評價中也體現了他對這一原則的重視。他認爲"段玉裁深通音訓,幼時讀朱子《小學》,其文集中嘗言:小學宜舉全體,文字僅其一端"⑤,"段氏爲《説文注》,與桂馥、王筠並列,量其殊勝,固非

---

①楊潤陸,《〈文始〉説略》,《北京師範大學學報》(人文社會科學版),1989年第4期。
②雖然,章太炎在貫徹這一原則的過程中,會出現牽强、甚至錯誤的地方,有時也因爲拘泥於字形而對字義出現錯誤的解釋,如"爲""也"等字,但這是和歷史的局限性有關的,而這並不影響章太炎在對詞彙系統性上的研究所做出的貢獻。
③章太炎講演,曹聚仁整理,《國學概論》,中華書局,2009年,10—11頁。
④章太炎撰,龐俊、郭誠永疏證,《國故論衡疏證》,中華書局,2008年,12頁、25頁。
⑤章太炎講演,諸祖耿、王謇、王乘六等記録,《章太炎國學講演録·小學略説》,中華書局,2013年,110頁。

二家所逮。何者，凡治小學，非專辨章形體，要於推尋故言，得其經脈。不明音韻，不知一義所由生，此段氏所以爲桀”①。段玉裁之所以高於他人，章太炎認爲正是因其“通音訓”“興全體”。故治小學，章太炎的原則即“括形聲義三者而其義始全”②。

　　以上爲原則，下面我們看看在實踐中，章太炎是如何打破字形的束縛，並貫徹形、音、義統一這一原則的。

　　　　（1）錢一：待，竢也。待從寺聲，竢從矣聲，寺、矣皆在第一部，故待、竢實可算是一字。待在之部，等在蒸部，之蒸對轉，故今有“等一等”之語，實即待字。（《筆記·彳部》，89頁）

　　按：章太炎認爲待、竢當爲同源詞。音上，章太炎從兩字的聲符進行分析，聲符寺、矣都在第一部，即段玉裁的第一部“之部”；而聲紐方面，待上古爲定母、竢上古爲崇母，定、崇鄰紐。義上，待、竢本義皆爲等待。待，《易經·歸妹》：“愆期之志，有待而行也。”《左傳·隱公元年》：“多行不義，必自斃，子姑待之。”竢，《説文·立部》：“竢，待也。從立，矣聲。”《國語·晉語四》：“質將善而賢良贊之，則濟可竢。”《漢書·賈誼傳》：“恭承嘉惠兮，竢罪長沙。”竢，同“俟”，《廣韻·止韻》：“竢，同俟。”《玉篇·人部》：“俟，候也。”《字彙·人部》：“俟，待也。”《詩經·邶風·靜女》：“靜女其姝，俟我於城隅。”鄭玄箋：“俟，待也。”待、竢音近義近，是一組同源詞。章太炎打破字形的束縛，從音出發，因聲求義，證明待、竢同源。

　　　　（2）朱二：塴與封古音誼同。封窆爲本字，塴爲雙聲假借。塴淫乃倗淫之借。（《筆記·土部》，570頁）

　　按：章太炎認爲塴、窆、封當爲同源詞。音上，章太炎認爲塴、封古音同，其實只能説音近，塴上古爲幫母蒸部，封上古爲幫母東部，而窆上古爲幫母談部。蒸、談、東在章太炎的成均圖中均爲陽侈，根據成均圖相轉的原則，“陽侈與陽侈爲同列”，其中蒸、談同列相比，符合“凡同列

---

①章太炎撰，龐俊、郭誠永疏證，《國故論衡疏證》，中華書局，2008年，16—17頁。
②章太炎講演，諸祖耿、王謇、王乘六等記録，《章太炎國學講演録·小學略説》，中華書局，2013年，111頁。

相比爲近旁轉";蒸、東或者談、東同列相遠,符合"凡同列相遠爲近次旁轉"[1]。義上,塴本義爲葬時下棺於土。《段注·土部》:"謂葬時下棺於壙中也。"宋王溥《唐會要》卷三十六:"若壞其室,即平旦而塴;不壞其室,即日中而塴。"封,本義爲推土植樹爲界。由推土義引申爲"聚土爲墳"之義。《廣雅·釋丘》:"封,冢也。"《正字通·寸部》:"封,又築土爲墳。"窆,本義爲葬時下棺於墓穴。《説文·穴部》:"窆,葬下棺也。"《小爾雅·廣名》:"下棺謂之窆。"《周禮·地官·鄉師》:"及窆,執斧以涖匠師。"鄭玄注引鄭司農云:"窆,謂葬下棺也。"《後漢書·獨行傳·范式》:"既至壙,將窆而柩不肯進。"[2]章太炎打破字形的束縛,從音出發,因聲求義,證明塴、窆、封同源。

（3）朱二:擣與築古音同,一字也。(《筆記·手部》,503頁)

朱一:築,擣也。段氏加"所以"二字,未是。"築煮"者,擣煮也,引申爲所以擣也。(《筆記·木部》,244頁)

按:章太炎認爲擣、築當爲同源詞。音上,章太炎認爲擣、築古音同,其實只能説是音近,擣上古爲端母幽部,築上古爲章母覺部。端、章上古皆爲舌頭音,幽、覺對轉。義上,擣,本義爲捶、舂。《説文·手部》:"擣,手椎也。一曰築也。"《詩經·小雅·小弁》:"我心憂傷,惄焉如擣。"《漢書·外戚傳下·孝成趙皇后》:"懟,以手自擣,以頭擊壁户柱。"顏師古注:"擣,築也。"築,本義爲搗土用的杵。《廣雅·釋器》:"築謂之杵。"由杵引申爲"擣土使堅實"。《説文·木部》:"築,擣也。"《釋名·釋言語》:"築,堅實稱也。"《儀禮·既夕禮》:"甸人築坅坎。"鄭玄注:"築,實土其中堅之。"章太炎打破字形的束縛,從音出發,因聲求義,證明擣、築同源。

（二）理論性上的加强

不論是傳統的小學研究,還是現代的漢語言文字研究,理論的缺乏

---

①蒸、談、東的通轉其實較爲少見,王力《同源字典·同源字論》言:"雖不同元音,但是韻尾同屬塞音或同屬鼻音者,也算通轉(罕見)。"詳見王力著,《同源字典》,商務印書館,1982年,16頁。

②窆表下葬義,亦能得到藏語的佐證。窆,施向東擬音爲*bjap,而在藏語中亦有相近的音,如brub、vbrub、brubs皆表示埋藏(葬)。(擬音材料取自施向東,《漢語和藏語同源體系的比較研究》,華語教學出版社,2000年,58頁)

一直都是令學界較爲尷尬的問題。傳統小學包括文字、音韻、訓詁，三者中，音韻研究的理論性强於文字研究的理論性，文字研究的理論性又强於訓詁研究的理論性；現代漢語言文字學包括語音、語法、詞彙，三者中，語音研究的理論性强於語法研究的理論性，語法研究的理論性又强於詞彙研究的理論性。作爲語源學（同源詞），隸屬於傳統小學的訓詁（當然它和音韻、文字的關係也是非常緊密的）和現代漢語言文字學的詞彙（當然它和語音的關係也是非常緊密的）範疇，所以它亦是缺乏理論指導的一門學科。有人認爲，我國典籍浩如煙海，幾千年來對它們的研究，在没有什麽理論指導下依然獲得了豐碩的、令世人矚目的成果，小學就是一個很好的例子。但是小學的成果在乾嘉時期已經到了頂峰，如果想超越乾嘉學派，有兩條路：一是出現新的材料，一是出現新的理論。新的材料，比如後來的甲骨文、敦煌文獻、出土簡牘等等。這些材料發現靠運氣、研究靠機遇，而這樣的研究又往往是不成系統，雖然可能會有顛覆性的發現，但更多的是對以往的研究進行補充。而利用新的理論來指導研究，則是打破瓶頸、超越前人的一條捷徑。在理論的指導下，訓詁不再是隨文釋義，詞彙不再是一盤散沙，而且會更加系統、更加深入。其實語源學也是一門非常需要理論指導的學科，這是由於它研究的目標以及所處的層次所決定的。

　　語源學的目標是弄清語言的起源和發展的規律，而語源學在訓詁學的各子學科中又是占據較高的地位（地位的高低不代表研究價值的高低，這是由本身屬性所決定的）。任繼昉在《漢語語源學》中談到：“可以説，探求語源，系聯詞族，是訓詁學向縱深發展，走向系統化的必由之路；語源明，詞族清，這是訓詁學的最高境界。”[①] 是否爲“最高境界”我們不作討論，但語源學卻的確對其它相關研究起到指導性的作用，黄侃就在《訓詁學定義及訓詁名稱》中指出語源學的重要性：

　　　　真正之訓詁學，即以語言解釋語言。初無時地之限域，且論其法式，明其義例，以求語言文字之系統與根源是也。[②]

　　這樣高屋建瓴式的學科，應該有强大的理論作爲支撑，但事實上卻

①任繼昉著，《漢語語源學》，重慶出版社，2004 年，18 頁。
②黄侃述，黄焯編，《文字聲韻訓詁筆記》，上海古籍出版社，1983 年，181 頁。

並非如此,這使得語源學並沒有達到它應有的高度。雖然成果豐碩,但卻不成體系;雖然材料豐富,但卻沒有像樣的理論。這樣的局面到了章太炎爲之一變,尤其是《文始》的出現,它的突破就是全篇皆以理論指導實踐。雖然王寧認爲"《文始》的價值,如果從理論方面的和實踐方面的來比較,應當説,實踐方面的價值要更大一些"①,但是《文始》用理論指導實踐的初創之功是不能磨滅的。《文始》理論爲何? 簡單地説就是:從語根出發,以轉注和假借兩大規律來研究漢字的變易與孳乳。

黄侃在《聲韻通例》中用精闢的語言總結了《文始》的理論性:

> 《文始》之爲書也,所以説明叚借、轉注之理。……《文始》總集字學、音學之大成,譬之梵教,所謂最後了義。或者以爲小學入門之書,斯失之矣。若其書中要例,惟變易、孳乳二條。②

可見在黄侃看來,《文始》的理論依據在於轉注與假借,《文始》一以貫之的條例是變易與孳乳,抓住它們,就抓住了以《文始》作爲代表的章太炎語源學的精髓。而汪啟明也曾經寫過一篇長文《章太炎的轉注假借理論和他的字源學》,來探討轉注與假借在章太炎語源學思想中所占據的核心地位,其中談到章太炎與其他訓詁學家在對待轉注與假借上的不同:

> 清代曹仁虎作《轉注古義考》,輯録晉代衛恒以來數十家説法。他們研究轉注假借,都沒有脱離"引筆畫篆"的"《説文》學"範疇,只有我國語言文字學的奠基人——章太炎,才從語言學理論的角度,把轉注假借改造爲漢字運動的兩大規律,在系統化理論化的研究基礎上,以之考察漢字的發生、發展和演變,從而開闢了字源學的研究領域。③

《文始》是章太炎轉注與假借理論的實踐著作,如果的確像王寧所説的"《文始》的價值,如果從理論方面的和實踐方面的來比較,應當説,實

---

① 王寧,《論〈説文〉字族研究的意義——重讀章炳麟〈文始〉與黄侃〈説文同文〉》,《南京師範大學學報》(社會科學版)1986年第1期。
② 黄侃撰,《黄侃論學雜著》,上海古籍出版社,1980年,164頁。
③ 汪啟明,《章太炎的轉注假借理論和他的字源學》(上),《楚雄師專學報》(社會科學版)1989年第2期。

踐方面的價值要更大一些",那麼章太炎的《轉注假借説》則是一篇徹徹底底的理論性論著,它比起《文始》來,理論方面的價值要更大一些,它可以看作是章太炎語源學的理論基礎。

章太炎在《轉注假借説》對轉注、假借以及它們對漢字演變的影響有非常經典的論述:

> 余以轉注、假借悉爲造字之則,汎稱同訓者,後人亦得名轉注,非六書之轉注也。同聲通用者,後人雖通號假借,非六書之假借也。蓋字者孳乳而寖多,字之未造,語言先之矣。以文字代語言,各循其聲,方語有殊,名義一也。其音或雙聲相轉,疊韻相迤,則爲更制一字,此所謂轉注也。孳乳日緐,即又爲之節制。故有意相引申,音相切合者,義雖少變,則不爲更制一字,此所謂假借也。[1]

> 轉注者,緐而不殺,恣文字之孳乳者也。假借者,志而如晦,節文字之孳乳者也。二者消息相殊,正負相待,造字者以爲緐省大例。知此者希,能理而董之者鮮矣。[2]

同時在《轉注假借説》中,章太炎根據轉注理論,例舉了 201 組轉注字,按照義同、義近、義相反或相對分成三類,每一類中又按照聲韻關係進行歸納,其中義同類爲 133 組、義近類爲 12 組、義相反或相對類 56組。義同類如蒩:苗,蕭:萩,走:趨,逆:迎,遺:遂,幺:幼,眖:曠,晏:曀。義近類如"榖不孰爲饑,音變則疏不孰爲饉""地氣發天不應爲霧,音變則天氣下地不應爲霧""娣從弟聲,音變則爲姪"。義相反或相對類如"先言天,從聲以變則爲地""先言易,從聲以變則爲㑹""先言始,從聲以變則爲冬"。

《轉注假借説》對章太炎在日本講授《説文》以及後來《文始》的寫成影響深遠,可以説,在日本講小學時,章太炎經常有意識地圍繞著《轉注假借説》來講授《説文》,而《文始》更是在《轉注假借説》的理論指導下進行寫作的。經統計我們發現:《轉注假借説》中 201 組轉注字中,章太炎在日本講授《説文》的課堂實録《筆記》中直接出現的有 158 組,占 78.6%;義同類 133 組轉注字中,《筆記》中直接出現的有 100 組,

---

①章太炎撰、龐俊、郭誠永疏證,《國故論衡疏證·轉注假借説》,中華書局,186—187 頁。
②章太炎撰、龐俊、郭誠永疏證,《國故論衡疏證·轉注假借説》,中華書局,205 頁。

占 75.1%；義近類 12 組轉注字中，《筆記》中直接出現的有 10 組，占
83.3%；義相反或相對類 56 組轉注字中，《筆記》中直接出現的有 48 組，
占 87.2%。比較如表一：

	《轉注假借説》中轉注字（組）	《筆記》中直接出現（組）	《筆記》所占比例
義同類	133	100	75.1%
義近類	12	10	83.3%
義相反或相對類	56	48	87.2%
總計	201	158	78.6%

（表一）

　　另外經汪啟明統計：“《轉注假借説》中義同、義近類 145 組轉注字
中，除其中 12 組未系入《文始》，4 組只系其中的一字或二字，6 組是系而
不同源，其他的每組轉注字在《文始》中都是同族的字。”[1] 這樣《轉注假
借説》中義同、義近類 145 組轉注字中，《文始》中直接出現且皆爲同族
字的有 127 組，占 87.5%。

　　章太炎的轉注假借理論除了在《轉注假借説》《文始・敘例》中有
詳細的闡述，在《文始》中進行理論實踐以外，在《與丁竹筠先生書》《正
名略例》《正名雜義》中也皆有論述。另外在這些著作中我們可以看出，
章太炎的轉注假借理論並不是一成不變的，而是不斷發展改進的，這些
都將在下文進行詳細論述，兹不贅述。

　　正是因爲在理論上有所突破，並且用理論來指導實踐，所以章太炎
在語源學上才獲得了如此大的成就。雖然説他的理論還有待完善，他的
實踐還有不少問題，但初創之功不可没。在章太炎的努力下，語源學的
研究走上了康莊大道；而他的弟子黄侃、沈兼士，再傳弟子陸宗達，三傳
弟子王寧等人正是在這條正確的道路上不斷地前行著，使得學術界對漢
語語源學的研究蒸蒸日上，從而不斷結出豐碩的成果。或許我們可以用
何九盈在《中國現代語言學史》（修訂本）中對章太炎“轉注”的總結來
作爲這一章的總結：

---

[1]汪啟明，《章太炎的轉注假借理論和他的字源學》（下），《楚雄師專學報》（社會科學版）1990
　年第 1 期。

　　總之，章氏認爲"轉注一科，爲文字孳乳之要例"，"轉注者，繁而不殺，恣文字之孳乳者也。"這種造字理論的提出，將傳統詞源學的研究與文字學上的"六書"理論緊密結合起來，將字原與語根冶爲一爐，使本世紀早期的語源研究前進了一大步，至於章氏這樣解釋"轉注"是否與許慎的本意相符，我以爲用不著去計較。我們感興趣的是章氏利用"轉注"這個概念建成了文字孳乳、語根演變的理論體系。①

①何九盈著，《中國現代語言學史》（修訂本），商務印書館，2008年，582頁。

第一章　語源與語源學

何爲"語源"? 何爲"語源學"? 兩者有何關係? 這都是值得研究的,也是我們在研究章太炎語源學理論前不得不面對的問題。因爲本書的重點應落實在"語源學理論"上,所以沒有對"語源"和"語源學"的深入探討,則不可能完成這一課題。所謂"磨刀不誤砍柴工",只有把"語源"和"語源學"弄明白了,才能使我們進一步深入研究章太炎語源學理論。本章試圖從學界對"語源"和"語源學"的定義出發,結合章太炎的語源學實踐及其他材料,對何爲"語源"、何爲"語源學"進行探討,同時也可管窺章太炎的語源學理論。

第一節　語源

語源學,顧名思義,就是一門研究語源的學科。但何爲語源,語源學是否就是"語源"和"學"兩個概念的簡單累加,語源學與同源詞的研究又有什麼樣的關係? 這些都是在對章太炎語源學理論進行全面研究前需要解決的問題,所謂"名正則言順"。

語源,亦作語原,又稱詞源、語根。何爲語源,這是值得研究的。下面結合各大工具書以及各家對"語源"的定義,相互比較,進行分析,概括出我們認爲較爲合理的"語源"定義。

首先介紹並分析英語工具書對"語源"的定義:

英國《不列顛百科全書》(*Encyclopedia Britannica*)對單詞 etymology 的解釋爲:the history of a word or word element, including its origins and derivation.[①](關於一個單詞或者詞素的歷史,包括他的起源以及衍生。)

《牛津高階英漢雙解詞典》(*Oxford Advanced Learner's English-*

---

① *The New Encyclopædia Britannica* (15Edition), Volume 4, 587.

Chinese Dictionary）對單詞 etymology 的解釋爲 :account of the origin and history of a particular word.[1]（對某一特定單詞的起源及其歷史的解釋。）

etymology，譯爲語源、詞源、語源學、詞源學，英語 etymology 起源於希臘語 ἐτυμολογία，直譯爲 "關於詞的真意的科學"，何爲 "詞的真意"，我們認爲應當爲本義，或者爲殷寄明總結的 "語源義"[2]，從兩本英語工具書也可以看出，它們雖然對 etymology 的定義有所區別，但是共同點都指向詞的 "起源"。另外，除了 "起源"，對 "語源" 的定義還共同指向詞的 "歷史"，這是非常重要的一點，也是把 etymology 翻譯準確的關鍵。歷史有源有流，有開始有發展，那麼從這一點上來説《不列顛百科全書》比《牛津高階英漢雙解詞典》要更準確些，因爲後者把 "歷史" 與 "起源" 並列在了一起，而前者則把 "起源" 包括在 "歷史" 中，可見前者的邏輯性顯然强於後者。另外前者還强調 derivation 這一概念，這是需要肯定並引起注意的，同樣這個詞也是把 etymology 翻譯準確的關鍵。因爲這個詞是在反映詞語或者説語言發展的一般規律。derivation，我們翻譯作 "衍生"，其實它的意思非常豐富，有 :起源、發展、派生、衍生等義，而且它尤指詞語的派生，它反映的是一個過程，而語源學正是研究這個過程的一門學科，不僅僅只研究源頭這個點時間，更要研究發展、派生這樣一個段時間。讓我們回過頭來再看 etymology，這裏究竟翻譯爲 "語源" 準確，還是翻譯成 "語源學" 準確？ 我們認爲應當是後者。語源肯定是指語言的起源，而它的發展、派生則不屬於源的範疇，而是屬於流的範疇，從源到流，就是從現象進入到本質、從結果進入到原因的過程，也就是從 "語源" 進入 "語源學" 的過程。這是英語的 etymology 一詞給我們的啟發，但是英語屬於印歐語系中日耳曼語族下的西日耳曼語支，因爲歷史的原因，它的形成以及與同一語族中其他語支的關係比較複雜，而印歐語系的語源學很大程度上是基於歷史比較語言學（historical comparative linguistics）的基礎而進行研究的，這與來源和發

---

[1]《牛津高階雙解英漢詞典》（第四版增補本）（*Oxford Advanced Learner's English-Chinese Dictionary*），商務印書館，牛津大學出版社，2002 年。

[2] "語源義" 雖不源自於殷寄明，但在其《漢語語源義初探》一書中，關於 "語源義" 的研究已進入較爲成熟的階段，故這裏我們説是 "殷寄明總結的 '語源義'"。

展都較爲單一的漢語是不同的,漢語的語源學更多的是基於歷史語言學(historical linguistics ）的基礎而進行研究的,主要從歷史文獻以及方言中尋找材料,同時輔以親屬語言的研究。從這一點看,英語對 etymology 的定義顯然是不能照搬到漢語的“語源”中來,但亦起到非常大的參考作用。

　　下面介紹並分析日語工具書對“語源”的定義:

　　《廣辭苑》“語源·語原”條作:個々の単語の成立·起源。単語の原義。「鍋なべ」を「肴な瓶へ」とする類。「—を探る」[1]（語源·語原,每一個詞的出現與起源。詞的原義。類似的例子:將“鍋”解釋爲“裝菜的器皿”。）

　　《學研漢和大字典》“語源”條作:語源＝語原。ある語の最も古い形と意味。また、ある語の成立の起源とその歴史[2]。（語源＝語原。某個詞語最古老的形態和意義,以及該詞語起源及其歷史。）

　　日語隸屬於何種語系雖然仍有爭議,或説隸屬於阿爾泰語系,或説單爲日本語系,雖然漢語與日語分屬不同的語系,但因爲歷史上日語受漢語的影響深遠,所以日語與漢語不論從形態、語音、詞義都有著密不可分的關係,尤其是日本大多數漢字的本義(語源義),就是我國漢字的本義(語源義),所以日語工具書中“語源”一詞的釋義對我們的研究也是非常重要的。“語源”在日語中亦作“語原”,兩本工具書在對“語源”進行解釋時都指向了“出現”與“起源”,這一點與英語工具書對 etymology 的解釋的重點一致。而《廣辭苑》沒有提到詞語的發展或者歷史演變,而《學研漢和大字典》則涉及到這一點,即“該詞語出現的起源及其歷史”,説明在《學研漢和大字典》的編者看來,“語源”是一個變化發展的過程,而從字面就可以看出“語源”是相對固定的,而非不斷變化發展的,所以説在這一點上,《學研漢和大字典》顯然不如《廣辭苑》的邏輯性強。《廣辭苑》科學地指出“語源”是“每一個詞的出現與起源。詞的原義”,這樣的指向性就很明確,即“源”。下面我們用章太炎語源學實踐來

①新村出編,《廣辭苑》(第五版),岩波書店,1998 年,783 頁。
②藤堂明保編,《學研漢和大字典》,學習研究社,昭和 55 年(1980 年）。

進行驗證：

> 《説文》："入，内也"；"内，入也。"古文以入爲内。入者象從上
> 俱下，爲初文，内乃變易字也。……内又孳乳爲汭，水相入也。爲
> 軜，驂馬内轡繫軾前車也。爲訥，言之難也。(《文始二・陰聲隊部
> 甲》，207 頁)

　　其中"入"當爲源，即爲"由外到内"這一意義最古老的文字形態，
它是相對固定的。而内、汭、軜、訥等字都是從"入"發展而來的，卻不能
取代"入"的源頭地位，因爲它們雖然都包含"由外到内"這一意義，但
是比起"入"來要具體，内指入門、汭指入水、軜指馬内側繫於軾上的韁
繩、訥指言入口(言難出)，所以不能完全表達"由外到内"這一抽象的意
義。又如：

> 《説文》："八，別也。象分別相背之形。"變易爲分，別也。……
> 又變易爲必，分極也。……次對轉諄又變易爲分，別也。……又旁轉
> 泰孳乳爲別，分解也。(《文始三・陰聲至部甲》，241 頁)

　　其中"八"當爲語源，即表示"分開"這一意義最古老的文字形態，
徐中舒《甲骨文字典》"八"字條言："甲骨文乃以二畫相背，分相張開，
以表示分別之義。"[1] 它是相對固定的，而分、必、分、別都是從"八"發展
而來的，卻不能取代"八"的源頭地位。

　　但如果按照《學研漢和大字典》所説的語源包括"該詞語起源及其
歷史"，那麼就是把入與内、汭、軜、訥，八與分、必、分、別放到同樣的地
位，這樣一來誰都可以當源頭，這顯然是與邏輯和事實不相符的，因爲相
對入和八而言，其他字肯定出現的較晚。所以在這一點上，《廣辭苑》要
優於《學研漢和大字典》。

　　我們再回到《學研漢和大字典》對"語源"的解釋，其中"某個詞語
最古老的形態和意義"也是有問題的。眾所周知語言最大的載體是語
音，但也是有其他載體存在的，比如手勢，而且手勢的起源可能比語音
還要早，美國手語研究之父和手語學研究的奠基人——威廉姆・斯多
基(William C. Stokoe)就從人類進化的角度證明了手語語言爲有聲語言

---

[1]徐中舒主編，《甲骨文字典》，四川辭書出版社，2006 年，67 頁。

的産生和發展奠定了基礎①。那麼一般意義的語源指的是指口語形式還是指手語形式呢？當然應該是前者。這樣《學研漢和大字典》就不能把"語源"定義爲"某個詞語最古老的形態"，而應該定義爲"某個詞語最古老的語音形態"。

　　通過對英語和日語工具書中"語源"定義的分析，我們可以確定"語源"的要素有以下三個方面：1. 詞的起源；2. 最古老的語音形態；3. 僅指源而不涉及流。

　　我們再看看我國的語言學家是如何定義"語源"的：

　　《漢語大詞典》"語源"條作：語源，語詞的聲音和意義的起源②。"詞源"條作：詞源，語詞的源頭③。

　　任繼昉在《漢語語源學》中對"語源"的定義：語源，是語言中的詞和詞族的音義來源。語源是一個總概念，它又可分爲詞的語源和詞族的語源這兩個層次④。

　　殷寄明在《語源學概論》中對"語源"的定義：語源是文字産生之前口頭語言中語義與語音的結合體，是後世語言中的語詞音義的歷史淵源，是語詞增殖、詞彙發展的語言學内在根據⑤。

　　雖然我國語源理論方面的研究不見得比英、日兩國走得遠，但從以上三則材料可以看出，我國的語言學家最起碼在對"語源"的定義的確有值得稱道的地方，主要表現在以下兩個方面：1. 三者皆明確指向語詞的起源，而且皆没有出現"發展""派生"等字眼，雖然殷寄明涉及到"歷史"一詞，但他是指向"歷史淵源"，即"源"，而非"流"，可見我國的語言學家清楚地明白"語源"和"語源學"的區別，"語源"重在"源頭"，而"語源學"既重"源頭"又重"流變"；2. 三者皆涉及到"音""義"兩個概念，而英、日兩國卻對此毫無涉及，這方面，我國的語言學家顯然有過人之處。這兩個概念對"語源"的定義太爲重要，這是它之所以區別語言

①詳見威廉姆·斯多基著作《用手表達的語言——爲何手語先於口語出現》。William C. Stokoe. *Language in Hand.* Gallaudet University Press Washington D.C. 2001。
②《漢語大詞典》，漢語大詞典出版社，1993 年，11 卷 225 頁。
③《漢語大詞典》，漢語大詞典出版社，1993 年，11 卷 124 頁。
④任繼昉著，《漢語語源學》，重慶出版社，2004 年，1 頁。
⑤殷寄明著，《語源學概論》，上海教育出版社，2000 年，4 頁。

學其他範疇的關鍵所在。語源一定是語詞音和義的結合體，而且是某個語詞約定俗成後的最古老的語音和意義的結合體，而這個結合體是與字形無關的。作爲象形文字的漢語，我們的語言學家能突破字形的束縛，從語詞的語音形態去探尋語源，反而比有拼音文字背景的外國語言學家走得遠，這是非常不容易的。這説明我國的語源學雖然在理論層面"先天不足"，但是我們對小學研究的優秀傳統，特別是清代小學家因聲求義的突破，對我國語源學的發展是極爲有利的。

當然我國的語言學家對"語源"的定義也存在一定的問題。首先看《漢語大詞典》的定義：語源，語詞的聲音和意義的起源。這裏存在兩個問題：1. 定義過於簡單，只是進行簡單的擴詞性質的解釋，而沒有任何描述性的內容；2. 聲音的起源和意義的起源不是同時的，一般情況下是意義早於聲音，一種意義可以由多種聲音進行表示，那這樣是無法進行語源研究的，因爲這是沒有確定性的研究，爲了避免這種問題，必須把音義作爲一個結合體後再來探索這個結合體的源頭。另外《漢語大詞典》對"詞源"的定義"語詞的源頭"，太過簡單，同時沒有指出語詞哪一方面的源頭，在這裏就不再進行分析了。

再看任繼昉對"語源"的定義。"語源，是語言中的詞和詞族的音義來源。語源是一個總概念，它又可分爲詞的語源和詞族的語源這兩個層次。"他的定義有兩方面的內容，一爲對"語源"的概括，二爲對"語源"的分類，這樣的定義顯然比《漢語大詞典》更具有説服力，但依然存在兩個問題：1. 對"語源"的概括爲："語言中的詞和詞族的音義來源。"這和《漢語大詞典》是同一個問題，即音的來源和義的來源往往不一致，必須成爲一個結合體後再去探求這個結合體的源頭；2. 任繼昉把語源分類成"詞的語源"和"詞族的語源"，這是值得商榷的。讓我們先看看殷寄明對任繼昉關於語源的分類提出的質疑：

> 另外，語源也没有必要劃分爲詞的語源和詞族的語源。因爲同源詞族是同源詞的集合體，而同源詞是由相同的語源孳乳分化出來的語詞。[1]

---

[1]殷寄明著，《語源學概論》，上海教育出版社，2000 年，2 頁。

　　我們同意殷寄明的觀點，即這樣的劃分是沒有必要的。同時我們認爲，不僅是沒有必要的，很可能還是錯誤的。因爲"詞"有語源是毋庸置疑的，而"詞族"是不能説有沒有語源的。某個詞族由若干同源詞構成，這些同源詞又是從同一個語源發展、衍生下來的，關係如下圖：

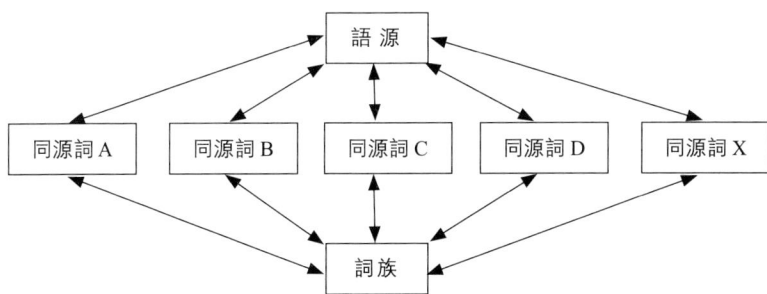

（圖一）

　　從上圖可以看出語源和詞族如要發生關係必須通過同源詞（A、B、C、D……X）進行中介，而缺少了同源詞這個環節，語源、詞族這兩者是無法形成直接關係的，既然形不成直接的關係，那麽"詞族的語源"這個概念就是不存在的。爲了方便理解，我們仍然舉章太炎《文始》中以"入"和"八"爲語源的例子：

　　　　《説文》："入，内也"；"内；入也。"古文以入爲内。入者象從上俱下，爲初文，内乃變易字也。……内又孳乳爲汭，水相入也。爲軜，驂馬内轡繫軾前車也。爲訥，言之難也。（《文始二·陰聲隊部甲》，207 頁）

　　　　《説文》："八，別也。象分別相背之形。"變易爲公，別也。……又變易爲必，分極也。……次對轉諄又變易爲分，別也。……又旁轉泰孳乳爲別，分解也。（《文始三·陰聲至部甲》，241 頁）

　　在例子中，以"入"爲語源的同源詞共有五個，分別爲入（同源詞A）、内（同源詞B）、汭（同源詞C）、軜（同源詞D）、訥（同源詞E），它們共同構成了表"由外到内"的一組詞族。以"八"爲語源的同源詞共有五個，分別爲八（同源詞A）、公（同源詞B）、必（同源詞C）、分（同源詞D）、別（同源詞E），它們共同構成了表"分開"的一組詞族。"入"爲語源的同源詞表示爲下圖：

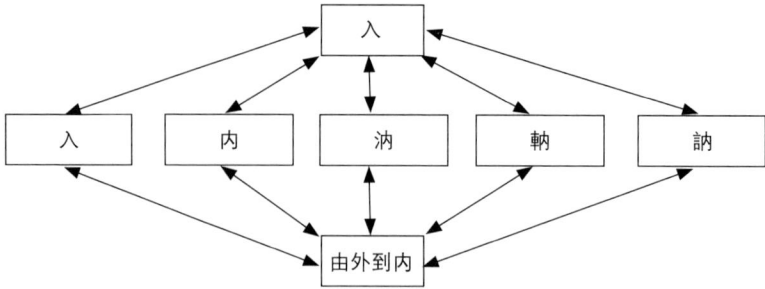

（圖一 a）

"八"爲語源的同源詞表示爲下圖：

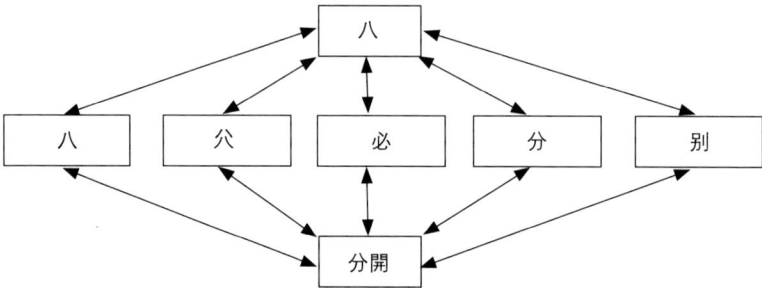

（圖一 b）

　　再進一步研究的話，我們可以發現圖中理論上一共存在六組關係，即：

　　1. 詞的語源；

　　2. 同一語源的詞；

　　3. 詞的詞族；

　　4. 同一詞族的詞；

　　5. 詞族的語源；

　　6. 語源的詞族

　　這六組理論上的關係，前面四組關係顯然是存在的，因爲不論在邏輯上還是實際操作上都是説得通的，在以上所舉章太炎《文始》二例中，詞的語源爲"入"和"八"；同一語源的詞爲"入：內：汭：軜：訥"和"八：分：必：分：別"；詞的詞族爲"由外到內"和"分開"；同一詞族的詞亦爲"入：內：汭：軜：訥"和"八：分：必：分：別"。

　　但是不論在邏輯上還是實際操作上"詞族的語源"和"語源的詞

族”都是不存在的,在以上所舉章太炎《文始》二例中,詞族的語源表現爲:“由外到内”的語源是“入”,“分開”的語源是“八”;語源的詞族表現爲:“入”的詞族是“由外到内”,“八”的詞族是“分開”。這顯然是不對的。因爲在“詞族的語源”這一關係中,不是所有表“由外到内”的詞(字)都是以“入”爲語源的,如:進、來、至等;不是所有表“分開”的詞(字)都是以“八”爲語源的,如:開、啟、展、張等。而在“語源的詞族”這一關係中,“入”不但表“由外到内”義,亦表“接納”“參與”等義(雖然“接納”和“參與”與“由外到内”有聯繫,但亦有分別,不能視作嚴格意義上的同一詞族);“八”不單表“分開”義,亦表“數字”“八姓”等義。

如何在邏輯上把“語源”和“詞族”聯繫起來,上面已經説過,必須利用同源詞這個概念,用文字表達出來則爲:“同一詞族中各同源詞的語源”“同一語源發展而來的同源詞所集合成的詞族”。而如果按照任繼昉對“語源”的分類,語源、詞、詞族的關係如下圖:

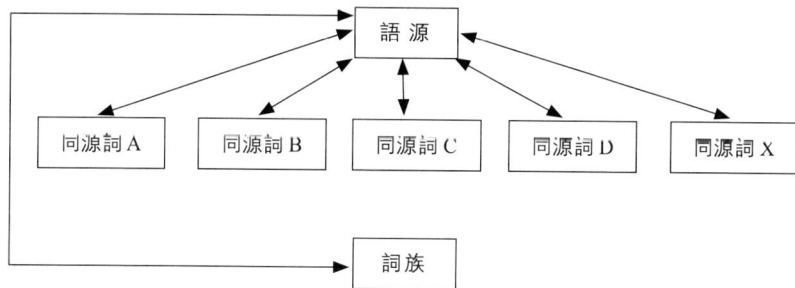

```
                    ┌──────────┐
              ┌────▶│  語 源   │◀────┐
         ┌────┼──┬──┴──┬───────┴──┬──────┐
         ▼    ▼  │     ▼          ▼      ▼
   ┌─────────┐┌─────────┐┌─────────┐┌─────────┐┌─────────┐
   │同源詞 A ││同源詞 B ││同源詞 C ││同源詞 D ││同源詞 X │
   └────┬────┘└─────────┘└─────────┘└─────────┘└─────────┘
        │              ┌──────────┐
        └─────────────▶│  詞族    │
                       └──────────┘
```

(圖二)

從上圖可以看出兩個問題:1.“詞”與“詞族”不發生直接關係,而是通過“語源”作爲中介發生關係。“語源”是源頭,“詞”是支流,只能以支流爲中介,怎麼能以源頭爲中介,這顯然是説不通的;2.“語源”與“詞族”直接發生關係,這麼一來,作爲中介的同源詞就起不到任何的作用。這種錯誤是由於任繼昉把“詞”與“詞族”看做是並列關係,而不是包含與被包含的關係。邏輯發生錯誤,所以結果就發生了錯誤。

邏輯上有錯誤,那麼在實際操作中是否也如此,我們舉例來進行分析:

錢一:哨弁,本由打獵而來,其哨字是嗾字之借,打獵時嗾使犬也。古獵時之名(?)。凡從肖聲字皆有小義。(《筆記·口部》,69頁)

朱二：柴，凡从此者多有小意。佁（《詩》："泄泄"、"佁佁"），紫（《方言》"短小曰紫"）。（《筆記·木部》，243 頁）

雖然説章太炎第一組同源詞的分析太過絶對，因爲不是所有"从肖聲字皆有小義"，但基本上是可以成立的，如肖（小肉）、哨（不容）、消（除去）、銷（鑠金）、稍（禾末）都是有小義的，那麼如果按照圖二則表現爲：

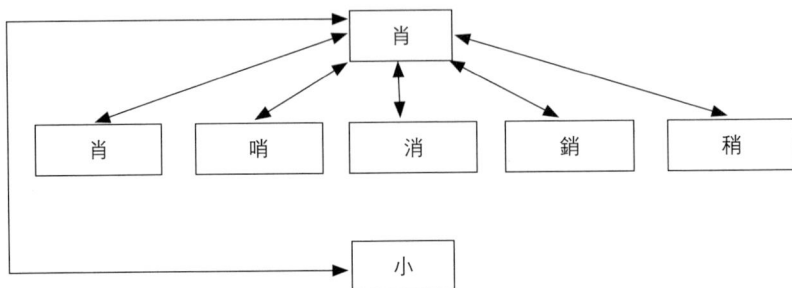

（圖二 a）

第二組同源詞，章太炎"凡从此者多有小意"的判斷是可以成立的，如柴（小木散柴）、紫（《方言》"凡物生而不長大，亦謂之紫"）、佁（小也）、玼（玉斑多小），而語源"此"亦有小義，李孝定《甲骨文字集釋》"此"字條言："陳邦福曰：《鐵云藏龜拾遺》'第八'葉云'焂𣥠有雨'。邦福案：𣥠當釋此，紫之媸。《説文·示部》云：'紫，燒紫樊燎以祭天也。'"①燒紫祭天，紫自然變小。那麼這組同源詞按照圖二則表現爲：

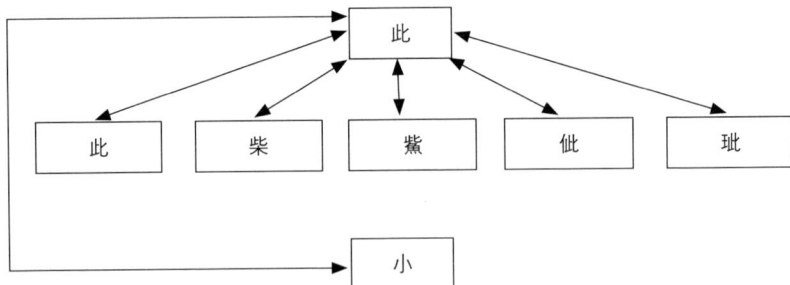

（圖二 b）

---

①李孝定編述，《甲骨文字集釋》，臺北"中研院"史語所，1965 年，495 頁。

通過以上兩圖我們會發現兩個問題：一、詞族"小"從何而來？如果光從"肖"和"此"，我們是不能確定"小"義的，因爲"肖"還有"相似""仿效"等義，而"此"還有代詞、副詞的用法，只有同表"小"義的詞和在一起（要符合音同或音近的原則），那麼才能歸納推理出"小"的意義。換言之，如果没有"哨、消、銷、稍"和"柴、觜、佌、玼"作爲中介，而只有"肖""此"，我們是推不出"小"義的；二、没有了同源詞這一環節，那麼所有表"小"的語源的字，不僅是"肖""此"，還有"幺""小""丁""丶""子""末""く""自""朩"等可能成爲語源的字（語源一般都是非常簡單的字，然後在語言發展中不斷變的複雜）因爲没有同源詞作爲參照和比較，那麼它們就没有任何區别義了，只有一個共同義"小"，這顯然是不符合語言發展規律的。

最後我們看看殷寄明對"語源"的定義。"語源是文字産生之前口頭語言中語義與語音的結合體，是後世語言中的語詞音義的歷史淵源，是語詞增殖、詞彙發展的語言學内在根據。"他的定義有三方面的内容：一解釋何爲"語"以及"語"的産生時間；二解釋何爲"源"；三爲"語源"的作用。後兩方面的内容基本是正確的，如果能把"是語詞增殖、詞彙發展的語言學内在根據"改作"是語詞增殖、詞彙發展的語言學最重要内在根據之一"則更好，因爲語詞增殖、詞彙發展不僅是因爲語源的派生，還有其他方面的原因，比如外來語的影響、新事物的出現等等，這一點殷寄明在後面也談到了，但如果能在定義中就反映出來則更好。

我們主要看第一點，即對"語"的解釋以及對"語"産生時間的分析。殷寄明認爲"語源"中的"語"是"文字産生之前口頭語言中語義與語音的結合體"，這個定義是有問題的，首先要肯定的是語源確實是語義與語音的結合體，而且語源一定是産生於文字出現之前的口頭語言之中，但是口頭語中關於某一個概念的音義結合體肯定是多種多樣的，你説 a，我説 b，他説 c，a、b、c 都是這個概念的音義結合體，那語源是 a、還是 b、還是 c、還是所有的音義結合體？ 都不是，而是約定俗成後的那個最古老的音義結合體，之前的 a、b、c 我們先暫時稱它們爲"前語源"。這裏爲什麼要強調"約定俗成後的最古老的"？原因有二：一、只有"約定俗成"了才有真正意義上的語源出現，雖然這樣的音義結合體也和之前的 a、b、c 一樣，也是偶然結合的（當然它也可能 a、b、c 中的任意一個），然而一旦"約定俗成"後,這個結合體就被所有説這一語言的個體所接受並開始使用,這樣"約定俗成"的語源才有研究的價值。二、一定要是"約定俗成後的最古老的音義結合體",因爲語言是不斷變化發展的,對於某個概念還會形成新的音義結合體,如:1、2、3,我們先暫時稱它們爲"後語源",它們也很古老,而且它們一定是從約定俗成後最古老的那個音義結合體發展而來的,但是它們並不是被所有説這一語言的個體所接受並使用的,這樣的音義結合體有研究的價值,研究它們的價值在於:如果經過語言的長期發展,我們對語源已經把握不準確,那麼可以通過後來的這些音義結合體來上推語源。從 a、b、c 到語源再派生出 1、2、3,這一過程有兩種可能,主要看約定俗成時那一個音義結合體是新的,還是 a、b、c 中的某一個,如果是新的我們用 N(NEW)表示,如果是 a、b、c 中的某一個,我們就用 A 表示(爲了製圖的方便,默認從 a 而來),過程見下圖:

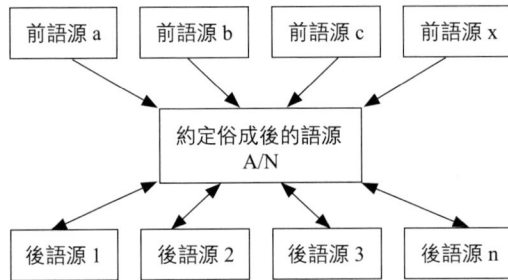

```
┌────────┐ ┌────────┐ ┌────────┐ ┌────────┐
│ 前語源 a │ │ 前語源 b │ │ 前語源 c │ │ 前語源 x │
└────────┘ └────────┘ └────────┘ └────────┘
       ↘        ↓        ↓        ↙
        ┌──────────────────────┐
        │   約定俗成後的語源      │
        │        A/N           │
        └──────────────────────┘
       ↙        ↕        ↕        ↘
┌────────┐ ┌────────┐ ┌────────┐ ┌────────┐
│ 後語源 1 │ │ 後語源 2 │ │ 後語源 3 │ │ 後語源 n │
└────────┘ └────────┘ └────────┘ └────────┘
```

(圖三)

從上圖可以看出,"約定俗成後的語源"這一環節至關重要,因爲至此真正的語源才出現,在此之前一定也有音義的結合體,但是它們的語音和語義是什麼我們幾乎是不知道的,對兩者的研究也基本是不可逆的(所以在圖三中我們用了單箭頭表示前語源與語源的關係),唯一能知道並可逆的只有"約定俗成後的語源 A"情況下的"前語源 a",而如果是"約定俗成後的語源 N"的情況,那之前所有的意義結合體都是不知道的。然而後語源卻是可知的,對"約定俗成後的語源"和"後語源"的研究也是可逆的。

我們以表"火"義的一組音來進行例證,因爲火是任何一個民族最基本的詞彙,故它具有代表性。通過比對漢藏語系中部分民族"火"義

的讀音 [1]，如：藏語拉薩話 me˩、普米語 mɤ˥；壯語 fei²、侗語 pui¹、湘西苗語 tə³³、黔東苗語 tu¹¹。嚴學宭在經過比對後，得出這樣的結論："兩相對比，知漢語'焜'字可與藏緬、壯侗兩個語族'火'的讀音對應，'焜'字原始讀法應爲 *xmʷjəd，其複聲母之 *m 可與藏緬語的聲母 m_ 相當；*x 在合口 *wj 前要變 f_，先是重脣 p，後又變輕脣 f_，這可與壯侗語的聲母 p/f 相當。再就是元音相近，韻尾 *d 消失，變成 –i 了。因此這組同源詞的原始型可擬作 **xmʷəd，則便於解釋後世讀音分歧之故。" [2] 那麼這組同源詞按照圖三則表現爲：

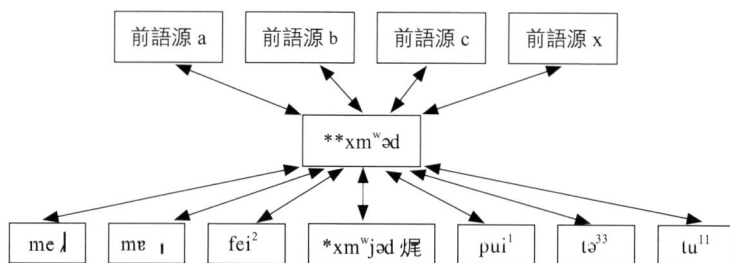

前語源 a	前語源 b	前語源 c	前語源 x

**xmʷəd

me˩	mɤ˥	fei²	*xmʷjəd 焜	pui¹	tə³³	tu¹¹

（圖三 a）

在圖三 a 中，因爲前語源我們是無法得到的，它只存在於理論中，所以我們無法表示其確切的形態。而根據嚴學宭的比對，我們定此語族的語源爲 **xmʷəd，它是經過約定俗成後最早的語源，而下面的都可以視作後語源，其中 *xmʷjəd 即是漢語"焜"的原始讀法，它與其他六音都是從語源 **xmʷəd 發展而來的，是可知的；另一方面，它們在音義上都有所聯繫，當我們不清楚真正的語源爲何時，可以通過音理上的聯繫和規律，上推至語源。以上兩點證明了我們之前在邏輯上的推理是可行的，即對"約定俗成後的語源"和"後語源"的研究是可逆的。

另外可以發現，"約定俗成後的語源"並不是我們空想而來的，這一概念也在其他語言學家對"詞源學"的定義中得到了證明。瑞士語言學家索緒爾在《普通語言學教程》中説到：

---

[1] 這裏所舉擬音皆來源於嚴學宭《談漢藏語系同源詞和介詞》，載《嚴學宭民族研究文集》，民族出版社，1996 年，59 頁。
[2] 嚴學宭《談漢藏語系同源詞和介詞》，載《嚴學宭民族研究文集》，民族出版社，1996 年，60 頁。

詞源學既不是一門分立的學科,也不是演化語言學的一部分,它只是有共時事實和歷時事實原則的一種特殊應用。它追溯詞的過去,直至找到某種可以解釋詞的東西。①

"直至找到"是一條非常重要的線索,短短四個字,給我們提出兩個問題,第一:找什麽? 第二:什麽時候才算找到? 首先回答第一個問題,找什麽? 找"某種可以解釋詞的東西",這個東西就是"語源"(或者按照索緒爾的觀點是"詞源")。接著回答第二個問題,什麽時候才算找到? 索緒爾提到"直至"這個詞,這說明對語源(詞源)的尋找一定有個盡頭,是可知的;同時說明在語言發展的歷史上,存在著一個時刻,這個時刻出現了(出現的方式或者是繼承或者是新生)一個我們稱之爲"語源"的東西,這個東西開始解釋(派生)其他的詞,並爲説這一語言的個體所接受並開始使用。而這個時刻正是我們所一直强調的"約定俗成"這個階段。對索緒爾關於"詞源學定義的分析,也證明了"約定俗成"這個階段對真正語源的形成是至關重要的。

通過以上的分析,我們嘗試著在殷寄明對"語源"定義的基礎上進行改進:語源是文字形成之前口頭語言中經過約定俗成後最古老的語義和語音的結合體,是某一個詞或某一批詞(包含於同一詞族内)的歷史源頭。

第二節　語源學

所謂"名正則言順",對"語源"定義完成後,我們便可以進行接下來的研究,即定義"語源學"。在本章第一節的開頭,我們就對"語源學"有過簡單的概括:一門研究語源的學科。這肯定是對的,但因爲這個定義沒有任何解釋性、實質性的内容,所以它又是沒有意義的。那當我們定義完"語源"後,是不是就可以把它硬套入對"語源學"的解釋中呢? 讓我們嘗試一下:語源學,是一門研究文字形成之前口頭語言中經過約定俗成後最古老的語義和語音的結合體,以及某一個詞或某一批詞(包含

---

① 索緒爾著,《普通語言學教程》,商務印書館,2009 年,264 頁。另,原文無著重號,此爲筆者所加。

於同一詞族内）的歷史源頭的學科。這種定義實際上和對"語源"的定義沒有任何區別，這樣定義出來的東西，我們應該稱之"'語源'學"，而非"語源學"。問題的關鍵出在哪？出在這樣的定義只著眼於"源"，而忽視了"流"。

在上文我們已經説過"語源學"既需重視"源"，又需重視"流"。《不列顛百科全書》《牛津高階英漢雙解詞典》中對 etymology（語源學、詞源學）的解釋已經明確了這一點，

《不列顛百科全書》（ *Encyclopedia Britannica* ）對 etymology 的解釋爲 :the history of a word or word element, including its origins and derivation。（關於一個單詞或者詞素的歷史，包括他的起源以及衍生。）

《牛津高階英漢雙解詞典》（ *Oxford Advanced Learner's English-Chinese Dictionary* ）對單詞 etymology 的解釋爲 :account of the origin and history of a particular word。（對某一特定單詞的起源及其歷史的解釋。）

除以上兩部工具書外，我們再看看其他工具書對 "etymology" 或者 "語源學" 的定義 :

《牛津現代高級英漢雙解詞典》（ *Oxford Advanced Learner's Dictionary of Current English With Chinese Translation* ）對 etymology 的解釋爲 :science of the origin and history of words[1]。（語詞的起源和歷史的學科。）

《廣辭苑》"語源學" 條作 :言語学の一部門。語形の歷史及び語義の発展の系譜を言語学の史的方法及び比較方法によって探求する学問[2]。（語言學的一個門類。運用語言學上的歷史性方法、比較方法，對語言形式（語音）的歷史以及語義的發展譜系進行探究的學問。）

《學研國語大辭典》"語源學" 條作 :〔語学〕語源を研究する学問。単語の形態および意味の歷史の変化・起源をさるもの[3]。（研究語源的學問。探究的是單詞的形態（語音）及意義的歷史變化、起源。）

從以上工具書對 "語源學" 的定義來看，它和 "語源" 既有相同的地方又有不同的地方。先説相同的地方，不難發現各工具書都認爲 "語源

---

①《牛津現代高級英漢雙解詞典》（第四版增補本）（ *Oxford Advanced Learner's Dictionary of Current English With Chinese Translation* ），商務印書館，牛津大學出版社，2003 年。
②新村出編，《廣辭苑》（第五版），岩波書店，1998 年，783 頁。
③金田一春彦、池田彌三郎編，《學研國語大詞典》，學習研究社，昭和 52 年（ 1977 年 ）。

學"是以"語源"爲基礎和核心的學科,它包括了"語源"最重要的特徵,即語詞的"起源";再説不同的地方,各工具書都談到"歷史"一詞,歷史是一直變化發展的,既有開頭、又有發展,對於已經滅亡的事物來説還有結束。"歷史"一詞用在"語源學"上,説明它即要研究語詞的起源,又要研究語詞的發展,源流並重。上文在討論《不列顛百科全書》《牛津高階英漢雙解詞典》中 etymology 一詞時解釋爲"語源"還是"語源學"以及兩者的不同時已做過較爲詳細的論述,兹不贅述。

而我國的語言學家也敏鋭地發現了"語源學"既要研究"源"又要研究"流"的特點。任繼昉在《漢語語源學》中就明確地指出了"源"與"流"的關係:

> 語源學是研究語言中詞和詞族之起源及演變的歷史過程的一個學科。……從起源時的形式到現在的形式,這一整個歷史過程就是語源學研究的對象。追溯其起源是溯源。梳理其流變是沿流。語源學的研究,就是要溯其源,沿其流,起源與流變並重,溯源與沿流並舉。[①]

有源有流,這樣語源學才能發揮它最大的功用。討論完"源流"的問題,現在我們把重點放到"流"的身上。"流"有兩種情況:1. 從源頭到結束,中間只有一條主流;2. 從源頭到結束,中間既有主流又有支流。這兩種情況都是存在的,而第二種情況往往要多於第一種情況,這就需要我們對"流"進行再細化、再研究。

首先看第一種情況,我們稱之爲"直線式",過程見下圖:

（圖四）

從此過程中我們可以發現,從語源 A 開始直到詞 A 滅亡(我們標爲"Ending"),只有一條主流,這條主流中只形成了一個詞 A,需要注意的是:雖然詞 A 和語源 A 在形態上是完全一致的,但在地位上卻是不一樣

---

①任繼昉著,《漢語語源學》,重慶出版社,2004 年,8 頁。

的，一個是"源"、一個是"流"。這是最簡單的歷史狀態，即只發展出一個詞，而這個詞不再派生出新的詞，直到這個詞的滅亡。這類的詞一般都是基本詞彙，如日、月、山、川、雲、雨、馬、羊、牛，它們從開始到現在詞義都沒有發生變化。而我們相信，即使到了詞 Ending 的階段，它們仍然只有唯一的意義。

　　然而這種情況是極爲罕見的，更多的是我們説的第二種情況，我們稱之爲"放射式"，過程見下圖：

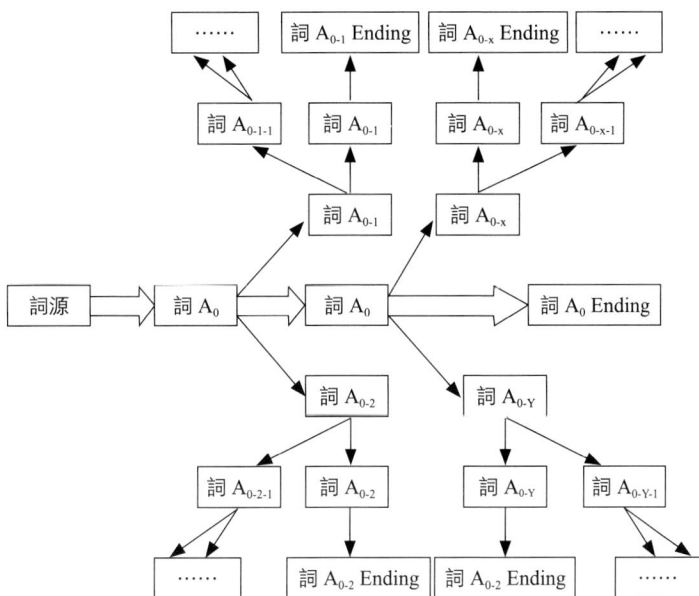

```
  ……    詞 A_{0-1} Ending   詞 A_{0-x} Ending    ……
         ↑                         ↑
 詞 A_{0-1-1}   詞 A_{0-1}    詞 A_{0-x}   詞 A_{0-x-1}
         ↑                         ↑
         詞 A_{0-1}          詞 A_{0-x}
                ↑              ↑
 詞源 ⇒ 詞 A_0 ⇒ 詞 A_0 ⇒ 詞 A_0 Ending
            ↓              ↓
         詞 A_{0-2}      詞 A_{0-Y}
        ↓                 ↓
 詞 A_{0-2-1}  詞 A_{0-2}   詞 A_{0-Y}  詞 A_{0-Y-1}
    ↓            ↓           ↓            ↓
  ……   詞 A_{0-2} Ending  詞 A_{0-2} Ending   ……
```

（圖五）

　　從上圖可見，從語源的形成到這一語源派生出的所有詞，再到所有詞的滅亡，這是一個極其複雜的過程，我們用粗箭頭代表語源形成並發展的主流，用細箭頭代表語源形成並發展的支流，主流在前進、支流也在前進，主流的前進過程簡單，支流的前進過程複雜，因爲主流的前進只有一條線索，即從"語源"開始，然後出現"詞 A_0"，然後一直表現爲"詞 A_0"的形態，沒有發生任何變化，直至"詞 A_0"的滅亡。而支流的前進有無數條線索，從主流可以分出支流來，如"詞 A_{0-1}""詞 A_{0-2}""詞 A_{0-X}""詞 A_{0-Y}"。從支流也可以分出更新的支流來，如"詞 A_{0-1-1}""詞 A_{0-2-1}""詞 A_{0-X-1}""詞 A_{0-Y-1}"。需要注意的是，圖中所有的詞只存在所處位置和出現時間的不同,而它們的作用是相同的,因爲理論上圖中每一個詞都可以上推至源頭(語源),而這些詞就形成了一個語族,而此語族中的每一個詞都是同源關係。這就證明了語源學既要研究源、又要研究流,既要研究主流、又要研究支流,而對這些支流的研究,就是詞族內部結構的研究,簡單說就是:同源詞的研究。下面我們舉章太炎在語源學實踐中的例子來驗證圖五:

> 《說文》:"干,跨步也,从反夂。䟓从此。"案:䟓讀若過,干音亦同。變易爲過,度也。……旁轉魚則爲跨。所以跨謂之胯,股也。……其胯之衣則曰絝,脛衣也。變易爲襗,絝也。……自歌對轉入寒。……魚部之跨對轉陽,則孳乳爲航,方舟也。《詩》傳曰:渡也。航又孳乳爲潢,小津也,一曰,以船渡也。胯之孳乳爲絝,脛衣也。干與于歌魚旁轉,其所孳乳多相應。(《文始一・陰聲歌部甲》,168頁)

這是一組以"干"爲語源的同源詞,干是主流,從出現發展至今,只有"跨步"一義,而過、跨、胯、絝、襗、航都是從干發展引申而來的,它們屬於支流,這組同源詞按照圖五則表現爲:

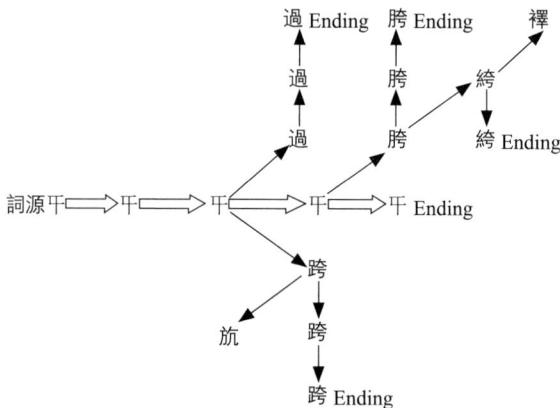

（圖五 a）

我們選取《文始》的這段描述只是以"干"爲語源的一小部分,實際上這組同源詞內部的聯繫和發展要比"圖五 a"複雜很多,這裏只是爲了論證"圖五"在邏輯上的成立。另外在本書第三章第四節"變易、孳乳發展的層次"中我們總結出"圖八"和"圖九",從中我們可以發現章太炎的變易與孳乳理論是符合圖五的,因爲篇幅有限,兹不贅述。

何九盈在《中國現代語言學史》(修訂本)中對"詞源學"(語源學)定義時,就注意到不僅要關注詞的來源和歷史,也要關注詞與詞之間的同源關係:

> 詞源學(etymology)是從外國語言學中翻譯過來的名詞,也有人譯爲"語源學"。詞源學屬於歷史詞彙學和歷史語義學的範疇,它的任務是要研究詞的歷史、來源及其變化,並揭示詞的同源關係,建立詞的族屬類別。①

從何九盈對"詞源學"(語源學)的定義,可以看出語源學的研究是由三部份組成:一爲詞的起源,二爲詞的歷史發展變化,三爲詞與詞之間的同源關係。三者不能偏廢,而不是只研究中間的某一兩個就可以的,而是要三者結合起來研究,這樣對語源學的研究才能到位、徹底。這點也可以從 2009 年版的《辭海》對 1989 年版的《辭海》中對於"詞源學"(語源學)定義的改進看出端倪。

1989 年版《辭海》"詞源學"條:詞源學,語言學的一個學科,研究各個詞的歷史來源,音義演變,或研究詞彙中的同源詞②。

2009 年版《辭海》"詞源學"條:詞源學,歷史語言學的一個學科。研究詞語的歷史來源及其音義演變。也研究詞彙中的同源詞③。

通過比較可以看出兩個版本的《辭海》對"詞源學"(語源學)定義的不同主要出現在兩個方面,一是 2009 年版把"詞源學"的所屬範疇從 1989 年版的"語言學"改爲"歷史語言學",這樣一來更爲精確;二是2009 年版把"詞源學"中對"同源詞"的研究與來源及歷史發展變化的關係從選擇關係變爲並列關係。從中可以看出,隨著對語源學研究的不斷深入,學術界已發現詞的來源、詞的歷史發展變化、詞與詞之間的同源關係這三者在"語源學"研究中處於同等重要的地位,缺一不可。

而殷寄明《語源學概論》中對於"語源學"的定義應當是現在國內這一研究領域比較全面和準確的,定義如下:

---

① 何九盈著,《中國現代語言學史》(修訂本),商務印書館,2008 年,574—575 頁。
② 《辭海》(縮印本),上海辭書出版社,1989 年,443 頁。
③ 《辭海》(第六版彩圖本),上海辭書出版社,2009 年,第一卷,335 頁。

　　語源學是研究語言中的語源以及相關問題的學科。它以文字形體和文字聲韻爲線索，以語詞的音義關聯爲切口，分析文字表詞的理據，追溯語詞的意義由來，探討語詞與語詞之間的同源關係，揭示語詞增殖、詞彙發展的一般規律，考察同一種語言中各方言之間親屬語詞的異同和不同語言的歷史親屬關係。[①]

　　殷寄明從語源學的研究内容、研究途徑、研究功用三個方面對"語源學"進行了定義，可以説是非常全面和較爲準確的，但是同樣出現了一些問題，主要表現在語源學的研究内容和研究功用兩個方面。下面一一分析。

　　首先看研究内容。殷寄明認爲"語源學"的研究内容是"語言中的語源以及相關問題"，這是正確的，但又是不夠精確的，關鍵就在於何爲"相關問題"，詞彙的發展是不是"相關問題"、語音的變化是不是"相關問題"、字形的變化是不是"相關問題"、親屬語言的比較是不是"相關問題"？如果不明確，就會顯得太過寬泛，那麽一切問題都會變成"相關問題"，所以必須對此進行界定。通過以上的分析，我們認爲"相關問題"只應該包括兩點：1. 基於對同一語源的語詞音義變化發展的研究；2. 基於對同一語源中詞與詞之間同源關係的研究。這樣一來，研究内容就變得比較明確，從而避免什麽内容都往"相關問題"靠的現象出現。

　　再看研究功用。殷寄明充分强調了"語源學"的功用，主要表現在"分析理據""追溯由來""探討同源關係""揭示語詞發展規律""考察方言異同""考察親屬語的關係"等六個方面。其中前三個方面可以看作是"語源學"區别於其他相關學科的功用，但後三個方面就不只是"語源學"的研究功用了，比如"揭示語詞的發展規律"這一項，語源學對此進行研究，同樣語義學、詞彙學、詞用學、語音學等學科對此也進行研究，那麽就不是語源學所獨有的，故不必要列出來。再如"考察方言異同"這一項，也不是語源學所獨有的，同樣音韻學、語音學、方言學、方言地理學等學科都對此進行研究。又如"考察親屬語的關係"這一項，亦不是語源學所獨有的，同樣歷史比較語言學、民族語言學、語言地理學、音韻學、語音學等學科都對此進行研究。既然不是語源學獨有的，只是對揭

①殷寄明著，《語源學概論》，上海教育出版社，2000年，20頁。

示語詞的發展規律、考察方言異同、考察親屬語的關係起到輔助研究的
作用,那麼這樣的定義在區分度上就顯得不夠,雖然語源學對上述三項
的研究可能會起到非常重要的作用,但在定義時爲了加强區分度,還是
應該省去的。

通過以上的分析,我們嘗試對"語源學"進行新的定義:

語源學是一門研究語詞的起源(以文字形成之前口頭語言中經過約
定俗成後最古老的語義和語音的結合體爲標誌,以某一個詞或包含於
同一詞族内的某一批詞的歷史源頭作爲研究對象)、研究由同一語源派
生出的新詞的音義發展變化、以及研究同一語源中詞與詞之間同源關係
的學科。

第三節　"語源"一詞的使用情况

完成了對"語源"和"語源學"的新定義,我們還想關注一下"語源"
一詞的使用情况,本節就對"語源"這一名稱的使用情况進行簡單的介
紹,從而對語源學的歷史有 一個初步卻直觀的瞭解。

"語源"這一名稱的歷史相對"詞源""字源"來説要短得多,最多不
過一百小幾十年的歷史,關於這一點任繼昉《漢語語源學》一書在區分
"詞源""字源""語源"三者時已經有較爲詳細的介紹,兹不贅述。我們
只想對"語源"一詞的歷史再做一點深入的介紹。

"語源"一詞雖然看上去是一個漢語詞,但其實最早把"語""源"和
在一起,並成爲現在這個意義,應當是從日本開始的。換句話説,"語源"
是一個日本詞(單語)。它在日文文獻中最早的使用據《日本國語大辭
典》記載出現於日本作家夏目漱石和森鷗外的小説,記載爲:吾輩は猫
でめる〈夏目漱石〉一〇「此ばぶなる語は如何なる意義で、如何なる
語源を有して居るか、誰も知ってるのがない」* ヰタ・セクスアリス
〈森鷗外〉「希臘拉甸の語原を調べて、赤イソキペエジの緑に注して置
く」①。(夏目漱石《我是貓》:"ばぶ這個詞是什麽意思,語源是什麽,没有

———————————
① 日本大辭典刊行會編集,《日本國語大辭典》(第二版),小學館,2000 年。

人知道。"森鷗外《性慾的生活》:"查了希臘拉丁的語原,用紅墨筆在書頁邊上記了個注解。")

　　《我是貓》是夏目漱石(1867—1916)於1905年發表的,《性慾的生活》是森鷗外(1862—1922)於1909年發表的,一做"語源"、一做"語原",它們的意義是一樣的,都代表某個詞的音義來源。這是日文工具書中對日文文獻中最早使用"語源"(語原)一詞的舉例,距今亦不過一百一十幾年。而中國較早使用的是"語原"一詞,《中國語言學論文索引》(甲編)裏收錄署名"寶雲"的一篇名爲《國文語原解》的論文,發表於1907年的《學報》[①]。名叫《國文語原解》的論文共有兩篇,除署名"寶雲"這篇外還有梁啓超的一篇,發表於1916年的《大中華》。1907年的《國文語原解》恐亦是梁啓超所作,只是梁署了"寶雲"這個名,因爲在1907年,梁啓超的《國文語原解》正式單獨出版。另外梁啓超寫過一首詞,名爲《憶江南·寶雲樓夏日即興》,是他1906年率全家遷往日本神户郊外須磨時所作,而寶雲樓正是須磨之一樓(見此詞題注)[②]。可見,署名"寶雲"的《國文語原解》即梁啓超的《國文語原解》當無疑。另外,在《國文語原解》中除了"語原"一詞外,梁啓超亦使用了"語源"一詞,如文末有"世有好治小學者,試取《説文》指事會意字而悉求其語源"[③]等言。

　　梁啓超使用"語原"(語源)一詞肯定是受到了日語的影響,原因有二:首先梁啓超作《國文語原解》的時候,人在日本,肯定是看到了不少關於語源學的材料,然後借用了日語中"語原"一詞的書寫形式;其次,也是最重要的一點,晚清的知識份子,尤其是擁有新思想的知識份子,都爲救國救種有過深入的思考和積極的實踐,而梁啓超就是其中的代表人物,但他和當時所有的有志之士都面臨同樣一個問題,就是在面對新的學術概念(也包括一些舊的學術概念)卻没有準確的詞去表述時該怎麼辦?而這一問題又可以簡化成兩種選擇,一是採用日本人翻譯時所使用

────────────

[①]詳見中國科學院語言研究所編,《中國語言學論文索引》(甲編),商務印書館,1983年,110頁。

[②]《憶江南·寶雲樓夏日即興》(寶雲樓乃須磨之一樓),載梁啓超,《飲冰室全集》(四),中華書局,1989年,91頁。

[③]梁啓超著,《國文語原解》,載《飲冰室合集》(二),中華書局,1989年,378頁。

的漢字,二是採用以嚴復爲代表的翻譯西方學術著作時所用的詞。而梁啓超採取了兼用的態度,既在大量採用日語的同時,又採用嚴復翻譯的詞語,從而更好的爲宣揚國粹進行服務,正所謂"其於國粹之發揚,與國弊之矯正,或能間接以生效力"[①]。而梁啓超的這種以語源來發揚國粹的思想正與章太炎不謀而合,雖然兩人在政治觀點上就保皇還是革命發生了巨大的分歧,但在學術問題上,梁啓超卻撇開政治分歧,托蔣觀云請章太炎爲《國文語原解》賜序,並説"若太炎肯爲敍,亦學問上一美談","政見與學問固絶不相蒙,太炎若有見於是,必能匡我不逮而無吝也"。

而我國較早使用"語原"一詞的學者除了梁啓超以外,就是章太炎了,在他的著作及演講中,多次提到"語原",如在《國故論衡·小學略説》談到"語原":

> 余以寡昧,屬茲衰亂,悼古義之淪喪,愍民言之未理,故作《文始》以明語原,次《小學答問》以見本字,述《新方言》以一萌俗。[②]

又如章太炎在國學講習會演講時亦談到"語原":

> 所謂"建類一首"者,同一語原之謂也。同一語原,出生二字,考與老,二字同訓,聲復疊韻。[③]

特別注意的是第一例,《國故論衡》作於日本,1910年出版,書中最早的《語言緣起説》《一字重音説》作於1906年,最晚的《原道》作於1910年,而《小學略説》亦作於1906年。是年9月,日本東京國學講習會出版《國學講習會略説》,爲鉛字排印本,日本秀光社收録了《論語言文字之學》《論文學》《論諸子學》,而名爲《論語言文字之學》,後收入《國故論衡》,分爲兩篇,一爲《小學略説》、一爲《語言緣起説》。這樣一來,章太炎使用"語原"一詞要早於梁啓超一年(1907年),但這只是從可見的文獻上進行考證,但真正孰先孰後,還不能妄下論斷,而且似乎也沒有太大的意義。唯一可以肯定的是,日文中的"語原"(語源)一詞對以章、梁爲代表的清末民初的一批試圖研究漢語之起源、從而達到救國

---

①《飲冰室合集》(二),中華書局,1989年,353頁。
②章太炎撰,龐俊、郭誠永疏證,《國故論衡疏證·小學略説》,中華書局,2008年,25、26頁。
③洪志剛主編,《章太炎經典文存》,上海大學出版社,2003年,9頁。

救種之目的的知識份子是影響深遠的。而“語原”（語源）這個原來用漢字寫作的日語詞已爲我國的學術界所接受，我們完全没有必要再新造一個詞來表示“語源”這個外來語所代表的概念，因爲它指向明確、一目了然、約定俗成，同時在百年中它也不斷地被我國學者所提及、所研究，並且獲得了豐碩的成果。

第二章　章太炎的轉注假借理論

　　轉注與假借,是漢字新造過程中的兩種途徑,也是漢字運動過程中的一對矛盾,亦是漢字發展過程中的兩大規律。先説途徑。轉注、假借與象形、指事、會意、形聲合爲漢字六書,轉注、假借爲後兩書,象形、指事、會意、形聲爲前四書,前四書指向一個漢字中部件與整體的關係,即内部構成,而後兩書指向漢字與漢字之間造字理據的關係,即外部聯繫。雖然兩者看上去有較大的差别,但是本質卻是一致的,即都是爲新造漢字而服務的。再説矛盾。章太炎對此矛盾有精闢的闡述:“轉注者,縣而不殺,恣文字之孳乳者也。假借者,志而如晦,節文字之孳乳者也。”^① 一個是放縱(《説文·心部》“恣,縱也”)文字的孳乳,一個是節制文字的孳乳;一個是使新造字變多,一個是使新造字變少。這便是漢字運動過程中的一對矛盾。後説規律。雖然轉注與假借是漢字運動中的一對矛盾,但這對矛盾並不是不可調和的,而是你中有我、我中有你,此消彼長的,兩者一起成爲了漢字發展的兩大規律,缺一不可,對此章太炎亦有非常精闢的闡述:“其音或雙聲相轉,疊韻相迤,則爲更制一字,此所謂轉注也。孳乳日縣,即又爲之節制。故有意相引申,音相切合者,義雖少變,則不爲更制一字,此所謂假借也。”^②“二者消息相殊,正負相待,造字者以爲縣省大例。知此者希,能理而董之者鮮矣。”^③ 章太炎正是從轉注與假借這兩個方面入手,進而進入語源研究。這種以轉注與假借作爲語源研究基礎的方法,應該説是正確的、高效的,因爲他抓住了漢字變化發展的一般規律,有規律可尋則會加强研究的系統性,無規律可尋最終只能囿於零敲碎打而終成一盤散沙。下面就從轉注與假借兩方面來研究章太炎的語源學。

---

①章太炎撰,龐俊、郭誠永疏證,《國故論衡疏證》,中華書局,205 頁。
②章太炎撰,龐俊、郭誠永疏證,《國故論衡疏證》,中華書局,187 頁。
③章太炎撰,龐俊、郭誠永疏證,《國故論衡疏證》,中華書局,205 頁。

第一節　章太炎對他人轉注理論的批判與繼承

轉注,六書之一,《説文·序》:"轉注者,建類一首,同意相受,考老是也。"此定義與其他五書的定義一樣,比較簡單,加之《説文》9353 個字的説解中没有一個是明言轉注(假借亦没有明言)的,所以歷來對何爲"轉注"爭論不斷,各執一詞。白兆麟在《轉注説源流述評》①中把説解轉注之派別分爲七:一爲主形説,二爲主音説,三爲主義説,四爲形兼音説,五爲音兼義説,六爲形兼義説,七爲形音義兼及説,並且白兆麟把各家言論都對號入座地歸入這七個派別,雖然説在對號入座時有有待商榷的地方,因爲其中是有交叉的,但此文卻明明白白地爲我們呈現出歷來對"轉注"研究的複雜局面。因爲我們著眼於章太炎的轉注學説,那麽就從章太炎對各家轉注學説的批判與繼承入手,進而總結出章太炎自身的轉注理論。

一　章太炎對"同部説"的批判

所謂"同部",即相同的部首,白兆麟在《轉注説源流述評》中把此派別歸入"主形説",即從文字的形體上去研究轉注學説。"同部説"的代表人物是清代學者江聲,他在《六書説》中對轉注有過詳細的論述:

> 即如考、老之字:老,屬會意也,人老則鬚髮變白,故老从人毛匕,此亦合三字爲誼者也。立老字以爲部首,所謂"建類一首"。考與老同意,故受老字而从老省。考字之外,如耆、耋、壽、耇之類,凡與老同意者,皆从老省而屬老。是取一字之意以概數字,所謂"同意相受"。叔重但言考者,舉一以例其餘耳。由此推之,則《説文解字》一書,凡分五百四十部,其分部即"建類"也;其始一終亥,五百四十部之首,即所謂"一首"也;下云"凡某之屬皆从某",即"同意相受"也。此皆轉注之説也。②

江聲認爲考、耆、耋、壽、耇皆从老(或从老省),屬老部,與老同意,

---

①白兆麟,《轉注説源流述評》,《安徽大學學報》(哲學社會科學版),1982 年第 1 期。
②此文引自錢基博著,《國學文選類纂》,上海古籍出版社,2012 年,36 頁。

而只取"老"字作爲代表,這一論述應該是來源於徐鍇,徐鍇在《説文解字繫傳》中言:"轉注者,建類一首,同意相受,謂'老'之別名有'耆',有'耋',有'壽',有'耄',又'孝,子養老'是也。一首者,謂此'孝'等諸字皆取類於'老',則皆從'老';若'松''柏'等皆木之別名,皆同受意於'木',故皆從'木'。"[①]這裏徐鍇顯然把《説文》中同一部首且與部首字同意之字看做是轉注。如從老(或從老省)的耆、耋、壽、耄、孝,它們的本義皆與老有密切關係:耆,本義六十歲的老人;耋,本義年老,指六十至八十歲的高齡;壽,本義長久,引申爲人老;耄,本義年老,高齡;孝,從古字形看本義當爲青年人攙扶老年人,後引申爲善事父母。這樣看上去符合了"建類一首,同意相受"的原則[②]。而從江聲的論述,可以看出他繼承了徐鍇的觀點,並把"建類一首"的範圍擴展到《説文》所有五百四十部中去了。可見,江聲是把徐鍇針對轉注所舉的例子絕對化了。如果説人們覺得徐鍇僅舉數例卻反而比江聲更有説服力,那正是因爲徐鍇没有犯江聲那種全盤化、絕對化的錯誤。其實徐鍇並不是一味的"同部説",他在一方面從字形上研究轉注,另一方面又從字義上研究轉注,這就是徐鍇比江聲高明之處。他在《説文解字繫傳》中亦言:"屬類成字,而復於偏旁加訓,博喻近譬,故爲轉注。人毛匕爲老,壽、耆、耋亦老,故以老字注之。受意於老,轉相傳注,故謂之轉注。"[③]與其説這是徐鍇在對待轉注產生的"思想上的矛盾",不如説是徐鍇從形、義兩個方面來研究轉注所獲得的成果。

而章太炎針對江聲這種絕對化的"同部説",他在 1935 年 9 月蘇州國學講習會上談及轉注時有過專門的批判:

> 或謂同部之字,筆畫增損,而互爲訓釋,斯爲轉注。實則未見其然。《説文》所載各字,皆隸屬部首。亦有從部首省者:辈部有耄、有耄,辈與耄,非純從辈,從辈省也;畾部有閛、有曡,但取畾之頭而

---

①徐鍇,《説文解字繫傳》,中華書局,1987 年,1 頁。

②其實從嚴格意義上來説,這幾個字並不是完全同意的,裘錫圭對徐鍇的觀點有過總結:"第二説(筆者注:徐鍇的轉注學説)也許比較符合《説文》的原意。但是按照這種説法,轉注字只是比較特殊的一種形聲字,似乎没有獨立爲一書的必要。而且嚴格説起來,'老'字跟'考'、'壽'、'耋'、'耄'、'耆'等字也並不是完全同義的。"詳見裘錫圭,《文字學概要》,商務印書館,2005 年,102 頁。

③徐鍇,《説文解字繫傳》,中華書局,1987 年,331 頁。

不全從麤也。畫部有畫，癶部有寐、有寤、有癮，畫爲畫省，寐、寤、癮，皆非全部從癶。且氂，犛牛尾也；毿，强曲毛也，與犛牛非同意相受。閼所以支鬲，釁，血祭：亦非同意。畫，介也；晝，日之出入，與夜爲介：意亦相歧。寐，臥也，雖與癶義較近，而寤則寐覺而有言，適與相反。謂生關係則可，謂同意相受則不可。不特此也，《説文》之字，固以部首爲統屬，亦有特別之字雖同在一部而不從部首者。烏部有焉、烏，與部首全不相關，意亦不復相近；犛、麤、畫、癶四部，尚可强謂與考老同例，此則截然不相關矣。準此，應言建類一首，同意不相受。而江聲、曾國藩輩，堅主同部之説，何耶？ ①

　　章太炎針對"同部説"認爲轉注即"同部之字，筆劃增損，而互爲訓釋"的觀念，認爲這種説法實際上是錯誤的，並從三個方面進行批判。首先從字形上進行批判。如果"同部説"是正確的，那麼某字當完全從某部首，爲何要從某省呢？如氂、毿從犛省，閼、釁從爨省，畫從畫省，寐、寤、癮從癶省。其次從字義上進行批判。既然同意相受，那麼互爲轉注的字當爲同意，實則不然，如：氂本義爲牦牛尾，毿本義爲硬而捲曲的毛，如果説氂與犛還有關係的話，那麼毿與犛有關係則就很牽强了；再如：閼本義爲支鬲，釁本義爲血祭，而所從之爨本義爲燒火做飯，三字本義相差較大，亦不符合"同意相受"。其他如畫、晝，癶寐、寤、癮兩類，都不符合"同意相受"的原則，正如章太炎説的"謂生關係則可，謂同意相受則不可"。再次舉出一些特別的例子，即"雖同在一部而不從部首者"，這就不符合"建類一首"的原則，如焉、烏雖然位於烏部之下，但實際與烏部無關，實爲象形之字(《説文》皆曰"象形")。而在義上，"意亦不復相近"，則不符合"同意相受"的原則。雖然同列一部，既不符合"建類一首"，又不符合"同意相受"，那麼"同部説"就站不住腳了。

二　章太炎對"頭必相同説"的批判

　　所謂"頭必相同"，即某幾個漢字的造字構件在上部是相同的，而這些上部構件相同的字即形成了轉注。針對此章太炎在《轉注假借説》提

_____

① 章太炎講演，諸祖耿、王謇、王乘六等記録，《章太炎國學講演録·小學略説》，中華書局，2013年，117頁。

出了質疑：

> 既作是説，逾三年，有以形體之説進者，曰：同意者不謂同義，造字之意同耳。《説文》稱眾頭與禽离頭同。兔頭與兔頭同。龜頭與它頭同。黽頭與它頭同。此所謂建類一首也。……今以同狀相明爲轉注，異狀相明復云何？且以頭同者説爲一首，《説文》亦云"鳥鹿足相似"，"虎足象人足"，"麤足與鹿足同"，"兔足與鹿同"，"魚尾與燕尾相似"。復可云建類一足、建類一尾邪。苟舉是爲標識，終無解於考老。考從老省，説解不可言考頭與老頭同，亦不可言考從人毛，與老同意。[1]

在章太炎所針對的觀點中，"建類一首"之"首"被理解爲某幾個漢字的上部的造字構件，如"眾"上部的"⊔"，"禽""离"上部的"⊠"，"龜"上部的"⊕"，"它"上部的"⬠"，"兔""兔"上部的"⌒"，但是問題隨之而來，某些漢字它們雖然不是頭相同，但卻是足相同或者尾相同，即漢字下部的造字構件相同，如"鳥鹿足相似"，鳥(鳥)足"⊓"、鹿(鹿)足"⺉"；"虎足象人足"，"虎"小篆作"虎"、"人"小篆作"⺈"；"麤足與鹿足同"，麤(麤)足爲"⺉"、鹿(鹿)足"⺉"；"魚尾與燕相似"，魚(魚)尾"⺍"、燕(燕)尾"⺍"。這些字從構件上看是頭部不同足(尾)卻相同，如果從同意的角度上看，它們是符合"同意相受"原則的。（這裏的"同意"並不是"同義"，即意義相同，而是指字的構意或者造意相同，王寧在《漢字構形學導論》中提到："早在漢代的《説文解字》裏，'構意'這個概念就已經使用了。《説文解字》把用同一個構件體現同一個意圖稱作'同意'，使用'意'而不使用'義'來稱説。"[2]）這裏這些字雖然符合轉注中的"同意相受"，但卻不符合"建類一首"，因爲它們建的不是同一個"頭"，而是同一個"足"或"尾"，即"建類一足"或"建類一尾"了。另外"眾""禽""虎""人""魚""燕"等字皆爲象形，據朱駿聲《説文通訓定聲》統計《説文》9353 字中，象形字爲 384 個，可見象形字所佔比重是非常小的，那麼在 384 個象形字中這種"同首"或"同足"（同尾）的象形字就更少了，那麼何必再爲這些少之又少的字另建一個"轉注"呢？這顯然是於理

①章太炎撰，龐俊、郭誠永疏證，《國故論衡疏證·轉注假借説》，中華書局，2008 年，215、217 頁。
②王寧著，《漢字構形學導論》，商務印書館，2015 年，61—62 頁。

不合的。所以“頭必相同説”即爲“轉注”在章太炎看來是站不住脚的。

三　章太炎對“互訓説”的批判

章太炎對“互訓説”的批判主要是針對戴震和許瀚的轉注學説展開的，在蘇州國學講習會上章太炎對此有過詳細的批判：

> 戴東原謂《説文》“考，老也”“老，考也”，轉相訓釋，即所謂“同意相受”。“建類一首”者，謂義必同耳。《爾雅》：“初、哉、首、基、肇、祖、元、胎、俶、落、權輿，始也。”此轉注之例也。余謂此説太泛，亦未全合。《爾雅》十二字，雖均有始義，然造字之時，初爲裁衣之始；哉（即才字）爲草木之初。始義雖同，所指各異。“首”爲生人之初，“基”爲築室之初。雖後世混用，造字時亦各有各義，決不可混用也。若《爾雅》所釋，同一訓者，皆可謂同意相受，無乃太廣泛矣乎？
>
> 於是許瀚出而補戴之闕，謂：戴氏言同訓即轉注，固當；然就文字而論，必也二義相同，又復同部，方得謂之轉注。此説較戴氏爲精，然意猶未足。何以故？因五百四十部非必不可增損故，如烏、舄、焉三字，立烏部以統之，若歸入鳥部，説从鳥省，亦何不可？況《説文》有瓠部，瓠部有瓢字，瓢从瓠省，實則瓠从瓜，瓢亦从瓜，均可歸入瓜部，不必更立一部也。且古籀篆字形不同，有篆可入此部，而古籀可入彼部者，是究應入何部乎？鴟，小篆从佳；雕，籀文从鳥：應入鳥部乎？佳部乎？未易決也。轉注通古籀篆而爲言，非專指小篆。六書之名，先於《説文》，貫通古籀篆三，如同部云云，但依《説文》而言，則與古籀違戾。故許氏之説，雖精於戴，亦未可从也。[1]

以戴震、許瀚爲首的“互訓説”是轉注學説中非常有影響的一派，除了戴、許以外，持此觀點的還有段玉裁、桂馥、王筠等人。戴震在《答江慎修先生論小學書》中闡述了自己的轉注觀：“震謂‘考’‘老’二字屬諧聲、會意者，字之體；引之言轉注者，字之用。轉注之云，古人以其語言立爲名類，通以今人語言，猶曰互訓云爾。轉相爲注，互相爲訓，古今語也。《説文》於‘考’字，訓之曰‘老也’；於‘老’字，訓之曰‘考也’。是

以《序》中論轉注舉之。《爾雅·釋詁》有多至四十字共一義,其六書轉注之法歟? 別俗異言,古雅殊語,轉注而可知,故曰'建類一首,同意相受'。……數字其一用者,如初、哉、首、基之皆爲始,卬、吾、台、予之皆爲我,其義轉相爲注,曰轉注。"①戴震認爲考、老,一爲形聲,一爲會意,這是"字之體",而言轉注,當爲"字之用",這就是戴震著名的"四體二用"學説,認爲前四書是造字法,後兩書是用字法。此理論一出,立刻受到極大的反響,支持者甚眾,他的學生段玉裁也師承了他的學説,段對轉注有這樣的闡述:"建類一首,謂分立其義之類而一其首,如《爾雅·釋詁》第一條説'始'是也。同意相受,謂無慮諸字意恉略同,義可互受相灌注,而歸於一首,如初、哉、首、基、肇、祖、元、胎、俶、落、權輿,其於義或近或遠,皆可互相訓釋而同謂之始是也。"②可見,在轉注方面,段玉裁完全繼承了戴震的學説。裘錫圭在《文字學概要》中把戴、段二人合在一起,作爲這一學説的代表,定義他們是"以訓詁爲轉注"③。

許瀚發展了戴震、段玉裁的轉注説,他認爲光互訓還不能滿足轉注的條件,還必須同部。他在《轉注舉例》中對"轉注"有這樣的闡述:"總之求轉注,必求諸《説文》本部,許所謂'建類一首'也。部不同,非轉注,必求諸同部同義。許氏所謂'同意相受'也。義不同,非轉注,同部同義,則其字必可以相代。"④另外,他對戴、段的"四體二用"學説也是持肯定態度的,他認爲:"轉注不更造字,弟取象形指事會意諧聲字用之。假借係乎音,轉注主乎義。……假借必同音,轉注必同義。假借一字可當數字,轉注數字可當一字。……有轉注假借,而後文字之用乃推廣於無窮。"⑤可以説許瀚對轉注的貢獻不在於理論的創新,而是在於實踐,從而概括出"同部互訓"的七種情況。當然對於"異部互訓"許瀚沒有進行深入的探索,這是很可惜的⑥。

針對戴震、許瀚的"互訓説",章太炎有過詳細的批判,除了上文所引

---

① 戴震撰,《戴震集》,上海古籍出版社,2009年,74—75頁。
② 段玉裁,《説文解字注》,上海古籍出版社,1981年,755—756頁。
③ 詳見裘錫圭,《文字學概要》,商務印書館,2005年,101頁。
④ 許瀚著,袁行雲編校,《攀古小盧全集》,齊魯書社,1985年,167頁。
⑤ 許瀚著,袁行雲編校,《攀古小盧全集》,齊魯書社,1985年,164—165頁。
⑥ 關於許瀚的轉注理論可以詳細參考宋美晶的《清人許瀚關於"轉注"的研究》,《劍南文學》(經典教苑),2012年3期。

的蘇州國學講習會上的材料之外,章太炎早在《轉注假借説》中已有涉及,内容如下:

> 休寧戴君以爲:考,老也;老,考也;更互相注,得轉注名。段氏承之,以一切故訓,皆稱轉注。許瀚以爲同部互訓然後稱轉注。由段氏所説推之,轉注不繫於造字,不應在六書,由許瀚所説推之,轉注乃豫爲《説文》設,保氏教國子時,豈縣知千載後有五百四十部書邪?①

結合蘇州國學講習會上對"互訓説"的批判,我們得出這樣的結論:章太炎並没有全盤否定"互訓説",對於戴、段的"互訓説",章是有選擇性的認可;對於許的"同部互訓説",章是基本否定的。下面一一分析之。

(一)對於戴震、段玉裁的"互訓説"

總的來説,互訓説是有它的道理的,對於這點,章太炎也是認可的,在他的《轉注假借説》中就存在著大量的相互爲訓的轉注例子,如:

（1）蕎,藘也;藘,蕎也。同得畐聲,古音同在之類。
（2）蓨,苗也;苗,蓨也。古音同在幽類。
（3）走,趨也;趨,走也。古音同在侯類。
（4）譸,詶也;詶,譸也。古音同在幽類。
（5）刑,到也;到,刑也。古音同在青類。

這些互訓的字不僅在後世文獻中可以混用,而且在造字時意義也是一樣的,可以看做是真正意義上的同義詞,這類是符合轉注條件的。但是如果互訓範圍過寬,那麼"一切故訓,皆稱轉注",那些雖然後世亦能混用,但造字之時決不能混用的字也都成了轉注,這樣的轉注是没有意義的。如《爾雅》中的"初、哉、首、基、肇、祖、元、胎、俶、落、權輿"雖然都訓爲"始",但是它們造字時的"始"義所指是各不相同的。這些就不能稱作轉注。

(二)對於許瀚的"同部互訓説"

章太炎是不認可許瀚的"同部互訓説"的,一從邏輯上進行批判,二從字形發展上進行批判。邏輯上:轉注先有而《説文》五百四十部後

---

①章太炎撰,龐俊、郭誠永疏證,《國故論衡疏證·小學略説》,中華書局,2008年,185頁。

有，但按照許瀚的邏輯，轉注反而是爲五百四十部服務，被五百四十部約束。"六書"一詞最早見於《周禮·地官·保氏》："六藝：一曰五禮，二曰六樂，三曰五射，四曰五馭，五曰六書，六曰九數。"較早見於班固《漢書·藝文志》言："古者八歲入小學，故《周官》保氏掌養國子，教之六書，謂象形、象事、象意、象聲、轉注、假借，造字之本也。"鄭衆注《周禮》言："六書，象形、會意、轉注、處事、假借、諧聲也。"許慎《説文》共五百四十部，於漢安帝建光元年（公元 121 年）命其子許沖進上《説文》十五篇。保氏掌教國子，按照章太炎的説法早於許沖上《説文》千年；班固卒於漢和帝永元四年（公元 92 年），是年許慎約三十四歲，還未開始著手《説文》的寫作（《説文》創稿於漢和帝永元十二年，即公元 100 年）；鄭衆卒於漢安帝元初元年（公元 114 年），是年《説文》還未寫成，鄭衆是看不到《説文》的。保氏、班固、鄭衆都看不到《説文》，那他們所言之"轉注"怎麼會符合許慎的五百四十部呢？字形發展上：字形是隨著時間的變化而不斷變化的，這就意味著部首也會不斷地發生變化，那麼"同部"就出現了問題，可能某幾字以前同部後來不同部了，也有可能以前不同部而後來同部。章太炎針對此進行了批判：

> 　　又分部多寡，字類離合，古文、籀篆，隨時而異。今必以同部互訓爲劑，《説文》鵰鷻互訓也，雖雒互訓也，强蚚互訓也，形皆同部，而篆文鵰字作雕，籀文雖字作鵂，强字作彊。是篆文爲轉注者，籀文則非，籀文爲轉注者，篆文復非。更倉頡，史籀，李斯，二千餘年，文字異形，部居遷徙者，其數非徒什伯計也。苟形體有變而轉注隨之，故訓焉得不凌亂邪。[1]

　　文字發展，部首隨之發展，許慎《説文》五百四十部是較晚出現的字體，與造字之時的字體肯定已有較大的區別了，如果以許慎時的"同部"去臆想造字時的"同部"，顯然是本末倒置的。經過章太炎的分析，許瀚的"同部互訓説"無論是從邏輯上、還是字形發展上都是站不住腳的。

　　另外，章太炎認爲六書皆是造字法，而非戴、段認爲的"四體二用"，這一點將在下文分析章太炎的轉注理論時作詳細的説明，兹不贅述。

---

① 章太炎撰，龐俊、郭誠永疏證，《國故論衡疏證·轉注假借説》，中華書局，2008 年，186 頁。

四　章太炎對劉台拱“音兼義說”的肯定

劉台拱的學說主要見於清光緒十五年廣雅書局刊刻的《劉氏遺書》中，其中涉及到轉注學說的見於《劉氏遺書》卷八《文集》的《轉注假借說》中，文章雖短，但可認爲是經典之論，而此文對章太炎的轉注假借學說的影響也是深遠的，下面摘引其中部份内容：

> 轉注假借，特用以通音義無窮之變耳。以一義生數字，謂之轉注；以一字攝數義，謂之假借。隨音立字，謂之轉注；依音託字，謂之假借。……轉注者，依乎事、意、形、聲以立文者也，同則難知。即如老爲會意，考爲形聲，而許君合之以爲轉注，則其不出前四者，亦可明矣。由是推之，古今異言，方俗殊語，當書契始興，即不能無故爲立此一義，而三代以來文字，必當有隨世增加者矣。當其時，外史達書名，則上之文字無不通於下也；太史陳風詩，則下之聲音無不達於上也。間里之謌謡，豈盡合乎聖明之制作哉？轉注之塗，由此寖廢，亦其勢然也。後世所造俗書，多轉注之流，……俗書不可通行，故文字之變簡；方音不能無異，故聲音之變繁，惟其不得變於文字，而乃變於聲音，此其勢亦如井田之爲阡陌，五等之爲郡縣也。[①]

劉台拱的《轉注假借說》主要在轉注理論上有兩方面的突破，一是轉注與音韻的關係，二是轉注與方言的關係，而後者其實又可歸入前者，因爲方言在劉台拱看來也屬於音韻的範疇。雖然劉台拱提出方言對轉注的影響很可能陷入混淆轉注字與方言同義字（古今同義字）的泥沼，但相對“同部說”“頭必相同說”“互訓說”是有進步的，因爲事實證明很多轉注字都是同源詞，而同源詞在聲韻上必須相同或相近，這就意味著轉注字與音韻的深入研究是密不可分的。僅舉一例，以證明轉注字與同源詞的關係：章太炎在《轉注假借說》中認爲“畐”“甫”爲一組轉注字：

> 畐、甫同在之類。

按：畐、甫當爲同源詞。畐，上古並母職部；甫，上古並母之部。

畐，本義爲滿。《說文·畐部》：“畐，滿也。从高省，象高厚之形。讀

---

①徐世昌等編纂，《清儒學案·端臨學案》，中華書局，2008年，4209—4210頁。

若伏。”觀畐之古文，甲骨文作**（前四·二三·八）**，**（甲三〇七二），象形，爲盛器。朱芳圃《殷周文字釋叢》：“字象長頸鼓腹圜底之器。”“畐爲盛器，充盈於中，因以象徵豐滿。”清倪濤《六藝之一録》卷二百一十四：“畐，無足鬲也。”葡，備之古字，《康熙字典·艸部》引《集韻》：“葡，備古作葡。”《集韻·至韻》：“葡，《説文》：‘具也。’隸作葡，通作備。”備，本義人拿或背爲盛箭之器。觀備之古文，金文作**（彔簋），**（齊侯壺）。《漢語大字典·人部》備字條言：“按：甲、金文爲‘箙’的象形字，盛矢器。”箙，《説文·竹部》：“箙，弩矢箙也。”金文作**（殳簋蓋），即爲用竹、木或獸皮等做成的盛箭器具。盛器即引申爲滿義。《國語·楚語上》：“四封不備一同。”韋昭注：“備，滿也。”《荀子·王制》：“上察於天，下錯於地，塞備天地之閒。”

在音韻上，聲母方面，畐、葡上古皆爲並母（畐爲奉母，古無輕脣音，奉歸並）；韻部方面，畐上古職部，葡上古之部，之、職對轉。

不可否認，音義對同源詞的判定同樣重要，而作爲同源詞的一組轉注字，字與字之間的音義關係同樣重要。劉台拱把音相近作爲判定是否爲轉注字的標準之一，是有重大意義的。而章太炎在蘇州國學講習會上針對“同部説”“頭必相同説”以及“互訓説”進行批判後，也對劉台拱的“音兼義説”進行了肯定：

> 　　劉台拱不以小學名，而文集中《論六書》一文，識見甚卓。謂所謂轉注者，不但義同，音亦相近。此語較戴氏爲有範圍。轉注云者，當兼聲講，不僅以形義言。所謂“同意相受”者，義相近也。所謂“建類一首”者，同一語原之謂也。同一語原，出生二字，考與老，二字同訓，聲復疊韻。古來語言不齊，因地轉變，此方稱老，彼處曰考；此方造老，彼處造考，故有考老二文。造字之初，本各地同時並舉，太史採集異文，各地兼收，欲通四方之語，故立轉注一項。是可知轉注之義，實與方言有關。《説文》同部之字，故有轉注；異部之字，亦有轉注，不得以同部爲限也。[1]

把章太炎的這段話與劉台拱《轉注假借説》的内容兩相比對，可以

---

[1] 章太炎講演，諸祖耿、王謇、王乘六等記録，《章太炎國學講演録·小學略説》，2013年，中華書局，118—119頁。

看出劉的“音兼義説”對章的影響是深遠的,章太炎這段話中可以總結出四方面的内容:一、轉注字“不但義同,音亦相近”;二、建類一首實際上指的就是同源詞;三、轉注字的形成與方言有密切的關係;四、同部可以轉注,異部亦可以轉注。其中第一點和第三點直接來源於劉台拱的學説,因爲劉台拱在《轉注假借説》中重點闡述了轉注與音義的關係以及與方言的關係。第二點間接來源於劉台拱的學説,因爲劉台拱認爲轉注字不僅義上有關係,即“以一義生數字謂之轉注”,同時在音韻上亦有關係,即“隨音立字謂之轉注”,概括起來轉注字既要義同或義近,又要音同或音近,那麽這個標準實際上就是系聯同源詞最重要的標準,只是劉台拱沒有明確地意識到這一點,而章太炎意識到了,並就此點進行了深入的研究。

第二節　章太炎的轉注理論

能集中體現章太炎轉注理論的應屬《轉注假借説》,另外在其他材料,如《文始・敍例》《與丁竹筠先生書》《正名略例》《正名雜義》以及他在蘇州國學講習會上的講義中都對轉注有所涉及。下面我們就主要結合《轉注假借説》以及其他材料對章太炎的轉注理論進行分析與總結。

一　章太炎對於“轉注”的定義或闡述

章太炎對“轉注”的定義或闡述主要見於《轉注假借説》,亦見於《文始・敍例》和《菿漢雅言札記》,下一一引之:

> 蓋字者孳乳而寖多,字之未造,語言先之矣。以文字代語言,各循其聲,方語有殊,名義一也。其音或雙聲相轉,疊韻相迤,則爲更制一字,此所謂轉注也。
>
> ——《轉注假借説》[①]

> 轉注者,緐而不殺,恣文字之孳乳者也。假借者,志而如晦,節

[①]章太炎撰,龐俊、郭誠永疏證,《國故論衡疏證》,中華書局,187頁。

文字之孳乳者也。二者消息相殊，正負相待，造字者以爲緐省大例。

——《轉注假借説》①

中之與㞶，予之與与，聲義非有大殊，文字即已別見，當以轉注，宛爾合符。（轉注不空取同訓，又必聲韻相依，如考、老本疊韻變語也。）

——《文始·敍例·略例乙》②

一字也雖爲字有二，而義同、語同、音同，實則只能視作一字，是曰轉注。

——《菿漢雅言札記》③

從以上定義或闡述看出章太炎對"轉注"的著眼點主要是基於轉注與字音、字義的關係，章太炎認爲轉注與字音、字義是密不可分的，不能只顧字義而偏廢字音，亦不能只顧字音而偏廢字義。下面就針對章太炎轉注理論中轉注與音、義的關係進行分析。

二　章太炎轉注理論中轉注與音、義的關係

轉注的形成是由語言的發展致使文字的出現，文字作爲語言的載體需要做到形音義的結合，形可見，義可知，唯音難控。因爲雖然"名義一也"，但是"方語有殊"，這些音或"雙聲相轉"，或"疊韻相池"，這就需要另造一字，使得全國語言得到統一，而不至於出現交流障礙的問題。正如章太炎後來在蘇州國學講習會上説道："語言不同，一字變成多字。古來列國分立，字由各地自造，音亦彼此互異，前已言之。今南方一縣之隔，音聲即異，況古代分裂時哉！然音雖不同，而有通轉之理。《周禮·大行人》：'屬瞽史諭書名，聽聲音。'瞽不能書，審音則準。……'聽聲音'者，聽其異而知其同也。汪、汙、潢、湖，聲雖不同，而有轉變之理，説明其理，在先解聲音耳。如此，則四方之語可曉；否則，逾一地、越一國，非徒音不相同，字亦不能識矣。六書之有轉注，義即在此。"④

①章太炎撰，龐俊、郭誠永疏證，《國故論衡疏證》，中華書局，205 頁。
②《章太炎全集》（七），上海人民出版社，1999 年，161 頁。
③見但植之《菿漢雅言札記》，載《制言》43 期，1937 年。
④章太炎講演，諸祖耿、王謇、王乘六等記録，《章太炎國學講演録·小學略説》，中華書局，2013 年，120 頁。

　　然而光有音這條線索顯然是不行的,而必須音、義兩者雙管齊下才能真正弄清轉注的條件,正所謂"明轉注者,經以同訓,緯以聲音",我們也曾經嘗試過把音、義分開來進行分析,結果發現越分析越複雜,最後變成一團霧水,而把音、義結合起來研究,往往獲得事半功倍的效果。

　　經過歸類,我們發現章太炎在《轉注假借説》中把 201 組轉注字分成三組意義關係:一爲義同,二爲義近,三爲意義相對或相反。其中義同類133 組、義近類 12 組、意義相對或相反 56 組。同時,又在意義關係下把語音關係大致分爲四組:一爲聲韻一致,二爲韻部同而聲紐異,三爲聲紐同而韻部異,四爲聲紐與韻部都相近,另外按照實際情況,還對聲調的同異進行歸類。

(一)義同

　　《轉注假借説》的 201 組轉注字中,"義同"類爲 133 組,是規模最大的一組,其中分:

　　1. 聲韻一致,如:

　　　　䔲:萳(幫之)　蔣:苗(透幽)　幺:幼(影幽)　丝:幽(影幽)

　　　　鄂:厄(匣魚)　晏:曣(影寒)　窅:窔(影宵)　煨:燬(曉脂)

　　2. 韻部同而聲紐異(疊韻),如:

　　　　芋:蕢(從:喻)　蕭:萩(心:清)　走:趨(精:清)

　　　　遲:邌(定:來)　誡:誋(見:羣)　疇:訓(端:定)

　　　　刑:到(匣:見)　箠:箣(照:端)

　　3. 聲紐同而韻部異(雙聲),如:

　　　　逆:迎(魚:陽)　蕝:茷(泰:隊)　顋:頷(諄:隊)

　　　　晧:暭(宵:幽)　洪:絳(東:冬)　并:匕(陽:脂)

　　　　謀:謨(之:魚)　笭:籠(耕:東)

　　4. 聲紐與韻部都相近,如:

　　　　遺:遂(喻脂:邪隊)　邅:通(端至:日脂)　播:擢(透幽:定宵)

　　　　旁:溥(並陽:滂魚)　象:豫(邪陽:喻魚)　墙:序(從陽:邪魚)

5. 聲調相異, 如 :

　了 : 朳(上 : 去)　　敬 : 憼(上 : 去)　　址 : 跮(入 : 去)

　悙 : 勍(去 : 平)　　恫 : 痛(平 : 去)　　涿 : 注(入 : 去)

　启、闓 : 開(上 : 平)

(二)義近

《轉注假借説》的 201 組轉注字中, "義同" 類爲 12 組, 是規模最小的一組, 其中分 :

1. 聲韻一致, 如 :

　鴈似雁, 音亦如雁。(疑寒)

　閭似驢, 音亦似驢。(來魚)

2. 韻部同而聲紐異(疊韻), 如 :

　人之易氣爲性, 音變則人之会氣爲情。(心 : 清)

　雅似烏, 音亦如烏。(疑 : 影)

3. 聲紐同而韻部異(雙聲), 如 :

　地氣發天不應爲霰, 音變則天氣下地不應爲霧。(侯 : 東)

　娣從弟聲, 音變則爲姪。(脂 : 至)

4. 聲紐與韻部相近, 如 :

　穀不孰爲饑 ; 音變則疏不孰爲饉。(見脂 : 羣諄)

　江、漢、河、淮、沈, 四瀆之水相似, 以雙聲呼之。

按 : 章太炎認爲此條是 "以雙聲呼之", 其實不確。古音江在見紐, 漢在曉紐, 河、淮在匣紐, 沈在喻紐, 曉、匣、喻屬喉音, 見屬牙音, 章太炎認爲牙、喉可相轉, 但不能説是雙聲, 只能説是音近。

　吴、華、恒、衡、岱, 五嶽之山相似, 以雙聲呼之。

按 : 章太炎認爲此條是 "以雙聲呼之", 其實不確, 古音吴在疑紐, 華、恒、衡在匣紐, 岱在喻紐, 疑屬牙音, 匣、喻屬喉音, 章太炎認爲牙、喉可相轉, 但不能説是雙聲, 只能説是音近。

（三）意義相對或相反

《轉注假借說》的 201 組轉注字中，"意義相對或相反" 類爲 56 組，是規模第二大的一組，其中分：

1. 聲韻一致，如：

> 明瀸爲絜，蔽亂爲半。（見泰）
>
> 黠慧爲儇，謹敕爲愿。（疑寒）
>
> 圜者爲規，方者爲圭。（見支）
>
> 直修爲股，橫短爲句。（見侯）
>
> 有目爲明，無目爲盲。（明陽）

按：在 "意義相反或相對" 這一組中聲韻一致的一共有 17 組，其中嚴格意義上的聲韻一致即同音只有以上 5 組，而章太炎認爲這 17 組全是，即 "亦有位部皆同，訓詁相反者"，這裏的 "位" 指的是聲母的發音部位，"部" 指的是韻部。這 17 組中除去嚴格意義上的 5 組外，剩餘的 12 組中有 11 組都是聲紐相近，韻部一致的，如："叕：絕"，兩者皆屬泰部，"叕" 屬端紐、"絕" 屬從紐，皆爲舌音；"洫：汩"，兩者皆屬隊部，"洫" 屬見紐、"汩" 屬喻紐，牙喉通轉；"勸：券"，兩者皆屬寒部，"勸" 屬溪紐、"券" 屬羣紐，皆爲牙音。有 1 組是聲紐一致，韻部相近的，爲："陟：墊"，兩者皆屬端紐，"陟" 屬職部，"墊" 屬緝部，章太炎《成均圖》以職（之）、緝爲次對轉。爲了歸類的嚴格，這裏就不把這 11 組歸入聲韻一致了。

2. 韻部同而聲紐異（疊韻），如：

> 先言起，從聲以變則爲止。（溪之：章之）
>
> 先言卯，從聲以變則爲酉。（明幽：喻幽）
>
> 先言寒，從聲以變則爲煖。（匣寒：泥寒）

3. 聲紐同而韻部異（雙聲），如：

> 先言古，從聲以變則爲今。（見魚：見侵）
>
> 先言疏，從聲以變則爲數。（生魚：生侯）
>
> 先言來，從聲以變則爲棱。（來之：來蒸）

按：在 "意義相反或相對" 這一組中章太炎認爲雙聲的一共有 23

組,但從嚴格意義上來說,真正雙聲的有 13 組,其餘的都是"旁紐雙聲",這些可以和同音類的 12 組歸爲聲紐與韻部都相近類。

4.聲紐與韻部都相近。如:

> 先言天,從聲以變則爲地。（透真:定歌）
> 先言易,從聲以變則爲会。（喻陽:影侵）
> 先言始,從聲以變則爲冬。（書之:端冬）

按:在"意義相反或相對"這一組中章太炎没有給"聲紐與韻部都相近"專設一類,或言"以雙聲相轉者"、或言"以疊韻相迤者"、或言"亦有位部皆同",他是把很多聲紐相近的轉注字認定爲旁紐雙聲的轉注字,而嚴格意義上來說,這些都不是同音的。在"意義相反或相對"中共出現 56 組轉注字,其中"聲紐與韻部都相近"共有 22 組,所占比例是最多的(同音 5 組、雙聲 13 組、疊韻 16 組)。

下僅舉 4 組轉注字,並與《文始》進行對比分析,一窺轉注思想對章太炎語源學理論實踐的影響。

（1）幺:幼:丝:幽

> 幺,小也;幼,少也。古音同在幽類。丝,微也;幽,隱也。古音
> 同在幽類。(《國故論衡疏證・轉注假借説》,191 頁)
>
> 《説文》:"幺,小也。象子初生之形。"案幺之爲小,猶 ８ 之爲細
> 絲。……幺重之則爲丝,微也。亦與幺同字。孳乳爲幼,少也。《釋
> 獸》曰:"幺,幼。"……亦有暗義,猶言童蒙,故幺、幼並孳乳爲幽,
> 隱也。(《文始七・陰聲幽部甲》,347 頁)

按:《轉注假借説》中把"幺:幼""丝:幽"分成兩組,其實可以合爲一組,其都表小義,且都在幽部。而《文始》就是以"幺"爲語源展開分析,認爲幺、丝同字,而幼爲幺(丝)之孳乳,幽同爲幺(丝)、幼之孳乳。這一系列孳乳的過程正是章太炎轉注理論的最好體現。

（2）烜:燬

> 烜,火也;燬,火也。古音同在脂類。(《轉注假借説》,192 頁)
> 《説文》:"火,燬也。象形。"變易爲烜,火也。爲燬,火也。
> (《文始二・陰聲脂部乙》,216 頁)

按：炜，《説文·火部》："炜，火也。《詩》曰：'王室如炜。'"《段注》："今《詩》作'燬'。"燬，《説文·火部》《爾雅·釋言》皆言："燬，火也。"《段注》："燬、炜實一字。"《轉注假借説》中章太炎依照同訓，認定二字爲轉注，這也可以看做是對"互訓説"的一種挑戰。而在《文始》中，燬、炜皆爲火之變易，三者形異、音近、義同。可見轉注亦能引起文字的變易。

（3）娣：姪

　　娣從弟聲，音變則爲姪。（姪，古音本徒結切，與弟雙聲。弟，古音亦可讀豒，正同姪音。）（《轉注假借説》，206 頁）

　　支部之歴本訓過，孳乳則爲遞，更易也。還至變易爲迭，更迭也。又在本部孳乳爲梯，木階也。與多屬之弟相係。其娣爲女弟。旁轉脂則孳乳爲姨，妻之女弟同出爲姨。旁轉至亦孳乳爲姪，兄之女也。此三字可由弟孳乳，亦可由遞、迭孳乳。故《釋名》曰："姪，迭也。（古音姪本如迭。）共行事夫更迭進御也。"（《文始三·陰聲至部甲》，235 頁）

按：在《轉注假借説》中，章太炎把娣、姪視作一組轉注字，兩者義近、音近（上古皆爲定紐，脂、至旁轉）。而在《文始》中，娣、姨、姪皆從弟孳乳而來，它們與"弟"的意義聯繫在於都有"次序靠後"之義；同時娣、姨、姪亦從遞、迭孳乳而來，它們與"遞、迭"的意義聯繫在於都有"次序更替"之義。所以"娣：姨：姪：弟：遞：迭"爲一組同源詞，核義素爲"次序後出／更替"。可見轉注和孳乳關係的密切，它也是同源詞産生的一條重要途徑。

（4）饑：饉

　　穀不孰爲饑；音變則疏不孰爲饉。（《轉注假借説》，206 頁）

　　《説文》："禾，木之曲頭止不能上也。"……亦孳乳爲幾，爲畿。幾，微殆也。……幾所以訓微者，以饑有精義，畿有限義，皆爲小少之意。……其穀不熟爲饑，轉諄則疏不熟爲饉，皆少食之義也。（《文始二·陰聲脂部乙》，212—213 頁）

按：在《轉注假借説》中，章太炎把饑、饉視作一組轉注字，兩者義近、音近，符合章太炎所言"義相近者，多從一聲而變"的原則。"饑：饉"是一組我們非常熟悉的同源詞，然而章太炎認爲它們的語源來自"禾"

則較爲新奇。禾，本義樹梢因受阻礙彎曲不能上長；後由本義引申爲小義，則孳乳出幾、畿；再由幾、畿孳乳出饑、饉，皆有小義。也就是説，我們可以從"饑:饉"這組最簡單轉注字回退至語源"禾"，這也符合第一章"圖一"中"語源——同源詞——詞族"的邏輯關係。

三　章太炎轉注理論中轉注與字形的關係

章太炎明確指出轉注與音、義關係甚密，而與形基本上是没有關係的，所謂"是故明轉注者，經以同訓，緯以聲音，而不緯以部居、形體。"這顯然是對江聲等人的"同部説"提出了質疑。另外章太炎在蘇州國學講習會上也指出以部首爲轉注的標準是行不通的：《説文》之字，固以部首爲統屬，亦有特別之字雖同在一部而不從部首者。"爲了證明轉注與是否同部没有關係，章太炎在《轉注假借説》中特地舉出了大量的例子，現僅以"義同"類爲例，其中章太炎分"同部之字"和"部居不同若文不相次者"兩類。

首先是"同部之字"，章太炎一共舉出 42 例，如：

> 芋，蔴母也；蒘，芋了。古音同在之類。
>
> 薔，蘠也；蘠，薔也。同得嗇聲，古音同在之類。
>
> 蓨，苗也；苗，蓨也。古音同在幽類。
>
> 薍，芀輿也。芀，芀輿也。古音泰、隊相轉。
>
> 蕭，艾蒿也；萩，蕭也。古音同在幽類。

按：這類字用章太炎的話就是"同部之字，聲近義同，固亦有轉注者矣 [①]"，即首先它們是同部字，但必須滿足"聲近義同"的標準，才能界定爲轉注字，所以雖然每組字都同部，但每組字後章太炎都先列出彼此的訓釋，這些訓釋都是義同或義近的（訓詁上或是同訓、或是互訓、或是遞訓、或通訓）；再列出彼此的語音關係，語音上都是韻部相同或相近的，這樣才符合轉注的條件。

接著是"部居不同若文不相次者"，章太炎一共舉出 18 例。如：

[①] 這句話中華書局《國故論衡疏證》（2008 年，189 頁）標點爲："同部之字。聲近義同，固亦有轉注者矣。"當把"同部之字"後的句號改爲逗號，不然打斷了句子原來的邏輯性。

士：事　　　了：𠏒　　　丰：莑　　　火：烓：燬

羊：戕　　　址：跟　　　悙：勍　　　恫：痛：俑

敬：憼　　　欺：諆　　　𢝊：悠　　　癶：竣：蹲

按：這類字其實可細分爲兩類，一爲"部居不同"，一爲"文不相次"。"部居不同"就是字與字之間是不同部首的，"文不相次"就是字與字之間雖然爲同一部首，但是在《説文》某部中的位置是不相連的。部居不同者共有 12 例，如"士：事"，士屬士部、事屬史部；"了：𠏒"，了屬了部、𠏒屬九部；"丰：莑"，丰屬生部、莑屬艸部；"羊：戕"，羊屬干部、戕屬戈部。文不相次者共有 6 例，如："火：烓：燬"，三字皆屬火部，其中"火"居次一、"烓"居次三、"燬"居次四；"𢝊：悠"，二字皆屬心部，其中"𢝊"居次二百三十二、"悠"居次二百二十四。這類字章太炎認爲："此類尤眾。在古一文而已。其後聲音小變，或有長言短言，判爲異字，而義類未殊，悉轉注之例也。"①

另外，文字的發展會帶來部首的變化，籀文、篆文字形不一，很可能造成部首的不同，章太炎敏鋭地發現了這一點："且古籀篆字形不同，有篆可入此部，而古籀可入彼部者，是究應入何部乎？鴟，小篆从隹；雕，籀文从鳥，應入鳥部乎？隹部乎？未易決也。"②所以一味地從部首出發，是無益於加深對轉注的理解的。

可見，是否同部對於轉注是没有影響的，但這只能是字形的一部份，即部首，那麼還有一部份可能是不涉及部首的，比如"頭必相同説"，這應該稱作構字部件，這一類對於轉注是否有影響，答案也是否定的，對此章太炎專門在《轉注假借説》的最後進行了討論。這一點我們在上文"章太炎對'頭必相同説'的批判"中已有過詳細的論述，兹不贅述，只是做一個總結：章太炎針對"同意者不謂同義，造字之意同耳"的觀點，認爲如果從造字的角度出發，那麼"建類一首"又可以稱作"建類一足、建類一尾"，這樣"終無解於考老"，即無法解釋何爲轉注。歸根結底，是因爲漢字的構字部件最多只能代表"同意"，而不能代表"同義"。

①章太炎撰，龐俊、郭誠永疏證，《國故論衡疏證》，中華書局，2008 年，197 頁。

②章太炎講演，諸祖耿、王謇、王乘六等記録，《章太炎國學講演録·小學略説》，中華書局，2013年，118 頁。

通過以上分析，我們得出從字形出發來研究轉注有三點先天不足，一、同部之字可以轉注，異部之字也可以轉注，抓住了同部之字，往往會顧此失彼，得不償失；二、隨著文字的發展，部首也會發生變化，那同部的標準是變化前的部首還是變化後的部首，這就給選取某義的代表文字出了難題；三、構字部件的相同只能代表"同意"而不能代表"同義"，而轉注是"經以同訓"的，即以意義爲判定轉注最重要的標準之一（另一標準爲音）。所以鑒於以上三點的先天不足，我們是不能從字形上去研究轉注的，那麼章太炎"經以同訓，緯以聲音，而不緯以部居、形體"的觀點是正確的①。

四 轉注與"建類一首，同意相受"

其實研究轉注，最先研究的應是許慎的定義：建類一首，同意相受，考老是也。但本章把它放在這裏才進行研究，是想通過以上幾部份的分析，在對章太炎的轉注理論有了初步的瞭解後，再看看章太炎是如何定義"建類一首，同意相受"的，並且發現他如此定義的意義所在。

章太炎在蘇州國學講習會上的《小學略說》中對"建類一首，同意相受"有這樣的描述：

> 所謂"同意相受"者，義相近也。所謂"建類一首"者，同一語原之謂也。②

"同意相受"，比較明瞭，即要互爲轉注的幾字要意義相近，而"建類一首"比較麻煩，章太炎在這裏只是做了描述，認爲它是"同一語原之謂"，即互爲轉注的幾字是屬同一語源的，這個就比較抽象。有沒有比較明確的定義呢？有。定義在《轉注假借說》和《論語言文字之學》中：

> 何謂建類一首？類謂聲類。……首者，今所謂語基。
> ——《轉注假借說》③

①通過以上的分析，白兆麟在《轉注說源流述評》(《安徽大學學報》[哲學社會科學版]，1982年第1期)中把章太炎的轉注說歸入"形音義兼及說"是值得商榷的。
②章太炎講演，諸祖耿、王謇、王乘六等記錄，《章太炎國學講演錄》，中華書局，2013年，118—119頁。
③章太炎撰，龐俊、郭誠永疏證，《國故論衡疏證》，中華書局，2008年，187—188頁。

　　　　類謂聲類,不謂五百四十部也;首謂聲首,不謂凡某之屬皆从
某也。
——《轉注假借説》①

　　　　許所謂首,以形爲之首也;吾所謂首,以聲爲之首也。
——《論語言文字之學》②

　　"類"定義爲"聲類",是章太炎的一大成就,之前研究轉注者多認爲
"類"是"字類""部類""義類",而很少從音上進行概括。章太炎認爲
"古者類、律同聲,以聲韻爲類,猶言律矣"。按:類,古音來母微部;律,
古音來母物部。類、律上古聲紐相同,韻部爲對轉。在意義上,二者聯
繫緊密。類,本義爲種類,許多相似或相同事物的綜合。律,《説文·彳
部》:"律,均布也。"《段注》:"律者,所以范天下之不一而歸於一,故曰
均布也。"所謂聲律,即規範聲也,故古代以律作爲用來校正樂音標準的
管狀儀器。可見律亦有歸類、綜合相似或相同事物之義,即所謂"規律"
也。類、律二字古音同古義近,本身就是一組轉注字、亦是一組同源詞。
章太炎注言:"《樂記》'律小大之稱',《樂書》作'類小大之稱'。《律曆
志》曰:'既類旅於律吕,又經歷於日晨。'又《集韻》六《術》:'類,似也,
音律。'此亦古音相傳,蓋類、律聲義皆相近也。"③

　　"首",章太炎有兩個定義,一爲"今所謂語基",二爲"聲首",看
似不同,其實兩者在本質上是一致的。"語基"即"語根",或稱爲"根
詞","同一聲類的詞往往共一語根"④,如"考""老"同爲幽類,在章太
炎看來聲類相同,而兩字都來源於語根"丂",這個"丂"就是聲首。再
如"蕾""葍"同在之類,在章太炎看來聲類相同,而兩字都來源於語根
"畐",這個"畐"就是聲首。這些語根、聲首是可見的,如"丂""畐",一
眼可識,但很多轉注字在字形上是看不出什麼語根或聲首的,比如"蓩:
苗""遺:遂""遲:邌""齀:恭""罾:懾:謵""姁:嫗"等等,在字形上,
除去部首,其他構件根本看不出有何相似之處,那麼它們是否就沒有語
根或者聲首了嗎? 答案是否定的。文字形成之前,語言早已存在,文字

①章太炎撰、龐俊、郭誠永疏證,《國故論衡疏證》,中華書局,2008年,204頁。
②章太炎著、張昭軍編,《章太炎講國學》,東方出版社,2007年,18頁。
③章太炎撰、龐俊、郭誠永疏證,《國故論衡疏證》,中華書局,2008年,187頁。
④何九盈著,《中國現代語言學史》(修訂本),商務印書館,2008年,581頁。

只是語言的一個載體，而最大的載體不是文字，而是聲音。在之前談論
"語源"時就已對此有所涉及，那個"約定俗成後的語源"就是語根、就是
聲首，而那時是沒有文字可言的。章太炎在《文始》中定初文準初文 510
個，其中又把 447 個定爲語根，以第一組"牛"爲例，共有 25 個字，"牛"
是這組字的語根、聲首，從字形上看，其中在"騎、駕、過、跨"等字上還
能找到語根"牛"的影子，然而在"辛、愆、闊、悝"等字上就找不到語根
"牛"的影子了，即便這樣也不能否定"騎、駕、過、跨"與"辛、愆、闊、悝"
是屬於同一語根的。況且語根可識，聲首卻難見，因爲聲首是用來聽而
不是用來看的。

　　現在我們可以明白"語根"和"聲首"本質上是一個東西，聲首是語
根的語音形式，語根是聲首的文字載體，聲首的出現要早於語根。

　　通過以上的分析，我們可以對章太炎認爲的"建類一首，同意相受"
做一個解釋，那就是：建立一個聲韻的類別，隸屬於這一類別中的字共有
一個語根，這一語根的讀音稱作聲首；同時隸屬於這一類別中的字都具
有相同或相近的意義。

　　章太炎以"聲類"定義"類"，以"同義"定義"同意"的確加深了人
們對於轉注的理解。但是在實際操作中有兩個問題，這裏簡單討論一
下。一是"聲類"和"韻類"要進行區分。章太炎認爲的"聲類"是以
"聲韻爲類"，即聲紐加韻部，但在《轉注假借説》中經常出現"古音同在
之類""古音同在青類""古音同在魚類"等語，另外在剛説明完"類"是
"以聲韻爲類"後，立刻説"考、老同在幽類"，這裏出現的"類"全是"韻
類"，而不是"聲類"（聲紐加韻部）。這樣會造成理解的誤會，以爲"聲
類"與"韻類"是一碼事，其實不是的。這要有所區分。二是意義上的
"同意"和造字上的"同意"要進行區分。《説文》把造字時使用同一個構
件來代表同一個造字意圖稱作"同意"，這個屬於文字學的範疇，而我們
在轉注中研究的"同意"經過以上分析應該是詞彙學的範疇，正如王寧
在《漢字構形學講座》中説的："要想從構意映射出語言的實義，必須驗
證於古代文獻，從語言環境中找出字所記録的詞的語義。"[1]

---

[1]王寧著，《漢字構形學講座》，（臺北）三民書局，2013 年，43 頁。

第三節　章太炎的假借理論

章太炎的假借理論是和轉注理論相輔相成、一脈相傳的。在這一部份除了介紹章太炎的假借理論之外,還將把轉注、假借合在一起進行研究,從而發現兩者的内在關係以及與象形、指事、會意、形聲(前四書)的關係。

一　假借的組成

章太炎認爲假借的組成當爲三類,即引申、符號以及重言雙聲疊韻之形容,當然這首先是基於與通借(通假)進行區分後進行的。他是這樣區分假借與通借的:

> 現在使用的文字,十分有二三分用通借。通借本來和假借不同。由這一個意義,引伸作那一個意義,唤作假借。本來有這個字,卻用那個聲音相近的字去替代,唤作通借。六書只有假借,没有通借。造字的人,既造了這個字,自然要人寫這個字,斷不要人寫聲音相近的字。所以通借這條例,本來不在六書裏頭。[1]
>
> 所謂假借,引申之謂耳。或者不察,妄謂同聲通用爲假借。……是故同聲通用,非《説文》所謂假借。《説文》所謂假借,乃引申之義,非别字之謂也。否則,許君何不謂"本有其字,寫成别字,假借是也"乎?[2]

通過以上兩段分析,章太炎很好地區分了假借與通借,假借是"本無其字",關鍵是引申;通借是"本有其字",關鍵是别字。章太炎語源學理論中研究的假借是在六書之内的"本無其字"的假借,而不是在六書之外的"本有其字"的通假。

下面就開始研究章太炎所認爲的假借的組成。首先是"引申",這也是假借中最關鍵、構成假借字最多的一條途徑。

---

①《論文字的通借》,詳見章念馳編訂,《章太炎演講集》,上海人民出版社,2011年,90頁。
②章太炎講演,諸祖耿、王謇、王乘六等記録,《章太炎國學講演録·小學略説》,中華書局,2013年,121頁。

元和朱駿聲病之,乃以引申之義爲轉注,則六書之經界慢。引申之義,正許君所謂假借。[①]

六書中之假借,乃引申之義。如同聲通用曰假借,則造拼音字足矣。夫中國語之特質爲單音,外國語之特質爲復音。如中土造拼音字,則此名與彼名同爲一音,不易分辨,故拼音之字不適於華夏。……"本無其字"者,有號令之令,無縣令之令;有長短之長,無令長之長:故曰無也。造一令字,包命令、縣令二義。造一長字,包長短、長幼、官長三義,此之謂假借。[②]

章太炎把引申和假借混淆起來,顯然是受到漢代學者以及清代學者的影響,這種混淆應該説是錯誤的。漢代學者眼中的假借其實就是用某字來表示除它本義外的其他意義。清代的很多學者也是把引申與假借混爲一談的,比如戴震在《答江慎修先生論小學書》中也有這樣的混淆:"一字具數用者,依於義以引伸,依於聲而旁寄,假此以施於彼,曰假借。"[③]這種觀點雖然有問題,但卻很有市場。其實詞義的引申是一種語言在實際運用中出現的現象,而借他字以表音則是以文字爲載體後出現的一種記錄方式,二者是有本質區別的。講得再通俗一點:假借是造字法,引申是用字法;用音同或音近的字來以彼代此,是爲假借,由本義推廣出其他各義,字音、形不變,是爲引申。所以裘錫圭在《文字學概要》中明確指出:"把由詞義引申引起的和由借字表音引起的一字多用現象混爲一談,都稱爲假借,也是不妥當的。"[④]

雖然章太炎犯了和前人一樣的錯誤,即把引申與假借混爲一談,但是他和那些明確主張在"本無其字"的假借中不存在除了跟詞義引申有關的借字表音是有較大區別的,因爲除了引申以外,他認爲假借中還應包括其他兩個方面的內容,即:符號和重言雙聲疊韻之形容。內容如下:

外此,假借復有一例。唐、虞、夏、商、周五字,除夏與本義猶相近外,唐爲大義,非地名;虞爲騶虞義,非地名;商爲商量義、周爲周密

①章太炎撰,龐俊、郭誠永疏證,《國故論衡疏證》,中華書局,2008 年,204 頁。
②章太炎講演,諸祖耿、王謇、王乘六等記錄,《章太炎國學講演錄》,中華書局,2013 年,121 頁。
③詳見《戴震集》,上海古籍出版社,2009 年,75 頁。
④裘錫圭,《文字學概要》,商務印書館,2005 年,103 頁。

義，均非地名。此亦本無其字，依聲托事也。如別造一字，唐旁加邑爲郞，虞、商、周亦各加邑其旁，亦何不可？今則不然，但作唐、虞、商、周，非依聲托事而何？此與令長意別，無引申之義，僅借作符號而已。

外此，復有一例。如重言之聯語，雙聲之聯語，疊韻之聯語。凡與本義不相關者，皆是也。《爾雅》："懋懋、慔慔，勉也。""佌佌、瑣瑣，小也。""悠悠、洋洋，思也。""烝烝、遂遂，作也。"此重言之聯語，有此義無此字，亦本無其字，依聲托事之假借也。參差；輾轉；謰張，皆以雙聲爲形容也。消搖；須臾，皆以疊韻爲形容也。有看似有義，實則無義者。如搶攘，《說文》無搶，作槍；攘作獽：二字合而形容亂義。要之，聯詞或一有義，或均無義，皆本無其字，依聲托事也，皆假借也。①

我們從章太炎所舉的實例出發，首先是符號。他舉唐、虞、夏、商、周五字，認爲此五字中除了"夏"以外其他都是符號，因爲表地名的夏義與本義還較爲接近。下面進行分析。

夏，《說文·夂部》："夏，中國之人也。从夂、从頁、从臼。臼，兩手；夂，兩足也。"朱希祖《文字學上之中國人種觀察》："由此觀之，夏之爲字，有首有手有足，乃純象人形。此爲中國人種特造之字。夏水之夏乃水名；夏代之夏乃國名；春夏之夏其本字或當作晉。春字篆文作萅，从日芚聲，晉字从日亞聲，其例正同。此三字與中國人種之夏字，皆不可相混。人種之夏，乃最初本字；夏水、夏代，乃其假借字；春夏之夏，爲通假字。"② 作爲章太炎弟子的朱希祖犯了和老師一樣的錯誤，把引申視作了假借，雖然這樣，我們也可從錯誤的歸類中看出端倪，就是表地名的夏是從本義引申而來的，夏的造字是爲了這裏的人種特意而造的，但"夏"這個音肯定早於"夏"這個字，那這個音本義是什麼？就無從而知了。但僅從字形出發，章太炎認爲"夏與本義猶相近"是正確的。那麼另外幾字是否只是單純的符號呢？恐不全是。

唐，《說文·口部》："唐，大言也。"可知唐有大義。虞，《說文·虍

---

①章太炎講演，諸祖耿、王謇、王乘六等記錄，《章太炎國學講演錄·小學略說》，中華書局，2013年，122頁。

②朱希祖著，周文玖選編，《朱希祖文存》，上海古籍出版社，2006年，202頁。

部》："虞，騶虞也。白虎黑文，尾長於身。仁獸，食自死之肉。"《尚書大傳·西伯戡耆》："（散宜生）之於陵氏，取怪獸，大，不辟虎狼閒，尾倍其身，名曰虞。"可知虞是神獸，體型巨大，故虞有大義。不論建地名還是建國號，往往要有美好的寓意，而"大"義正滿足了這個要求，所以會有唐、虞之稱。這兩個代表地名的意義恐與本義爲引申的關係，不能簡單地視作符號[1]。

　　商、周恐爲章太炎所説的"符號"假借。商，本義爲估量，《説文·卤部》："商，从外知内也。"周，本義爲周密、謹嚴，《説文·口部》："周，密也。"代表地名的商、周與其本義相距較遠，應没有引申關係。表地名的字常加"邑"旁，如都、郿、郫、邥等等，這裏表地名的商、周[2]（夏、唐、虞不談，因爲它們和本義有引申關係）從造字的角度也可以加"邑"旁，但它們没有加，而只借原字來表示，可能是因爲這個原因：這些地名出現較早，當時還没出現加某個部首進行類比的造字法，所以就用音同（音近）之字進行表示，這種字就是章太炎所説的"符號"。而後來出現了加某一個部首表示類比的造字法後，還用假借的方式，這可能就是一種仿古的做法了。章太炎把這類字看做是符號應該説是正確的。這説明了在章太炎的假借理論中，符號也是構成假借的一個組成部份。

　　再看重言雙聲疊韻之形容。章太炎把形容之假借分成三種，一"重言之聯語"、二"雙聲之聯語"、三"疊韻之聯語"。其實他的分類和定義是有問題的，這要從實例看起。一、在"重言之聯語"裏章太炎舉了8個例子，但其中能肯定的只有1例（還有2例不能確定），即"洋洋，思也"，洋，本義水名，用"洋洋"這種重言的形式來表"思"義，當看做是連綿

---

[1] 當然，我們是從《説文》著手進行研究的，但如果我們參考古文字材料的話，會發現唐是可以當作符號的。王國維言："鐵藏二一四·四辭中，唐與大甲、大丁並告，又有連唐、大丁、大甲者，則此字爲湯可知矣。……《説文·口部》：'喝，古文唐，从口昜。'與湯字形近，由喝轉爲湯而後其本名廢矣。"（《戩壽堂所藏殷虚文字考釋》）徐中舒《甲骨文字典》："齊侯鎛鐘'虞虞成唐'亦不做湯，王（筆者注：即王國維）説是也。故文獻獻成湯之湯，本爲甲骨之唐字。"（徐中舒主編，《甲骨文字典》，四川辭書出版社，2006年，95頁）

[2] 其實作地名的"周"來源有二，一與姬周有別，一指姬周之地。如"丁卯卜貞周其有禍"（鐵三六·一）中的"周"不指姬周，而是別的方國。徐中舒《甲骨文字典》"周"字條："故甲骨田、圃應即周字。圃象界劃分明之農田，其中小點象禾稼之形。姬周之先世居於晉南之邠，後古公亶父遷於岐山下之周原，乃稱爲周。殷商甲文之周多見於武丁卜辭，早於古公亶父遷岐約二百年，故殷商甲文之周，與姬周有別。"（徐中舒主編，《甲骨文字典》，四川辭書出版社，2006年，94頁）

詞,與本義無關;另外 2 例不能確定是否與本義無關,即:"烝烝、遂遂,作也",烝,本義指古代冬祭,《爾雅·釋天》:"冬祭曰烝。"遂,本義逃跑,《説文·辵部》:"遂,亡也。"不論是祭祀還是逃跑,都和"作"有關,但是一切行爲都和"作"有關,這樣就没有唯一性了,所以"烝烝""遂遂"是否引申爲"作",或言"烝烝""遂遂"是否爲連綿詞就不好説了。但"洋洋"是連綿詞是肯定的。二、在"雙聲之聯語"裏章太炎舉了 3 個例子,"參差""輾轉""儔張",其中"參差""儔張"雙聲,"輾轉"雙聲兼疊韻,其實三例皆爲連綿詞。三、在"疊韻之聯語"裏章太炎只舉 1 例"搶攘",亦爲連綿詞。章太炎在對表形容的假借字定義時言:"聯詞或一有義,或均無義,皆本無其字,依聲托事也,皆假借也。"然經統計發現,在章太炎所舉的表形容的 12 例中,連綿詞有 5 例("烝烝""遂遂"不計),這 5 例可以看做是"本無其字,依聲托事",與本義没有引申關係,而其他 7 例,應該是章太炎所説的"聯詞或一有義",那這就不能説是"本無其字,依聲托事"了,因爲它們與本義是有引申關係或直接表示本義的。所以説章太炎對表形容的假借的分類和定義是有問題的,只能把 5 例連綿詞作爲表形容的假借,而其他當歸入引申類。但無論如何,章太炎還是發現了表形容的假借。

綜上所述,章太炎對於假借的構成是既有發現,又有問題的。發現在於兩方面:一、假借構成中加入了符號一類;二、假借構成中加入了形容一類。問題亦有兩方面:一、引申不應入假借;二、符號、形容兩者之於假借在實際操作中出現分類的失誤。

對於章太炎在假借的構成中出現的問題,尤其是把引申歸入假借是不能過於苛求的,正如裘錫圭在《文字學概要》中説的:"就具體的例子來看,由詞義引申引起的和由借字表音引起的一字多用現象,有時的確很難分辨。"[①] 況且章太炎受漢代學者、清代學者的影響要遠比今天深得多。而他對於假借構成的新發現則是值得肯定的。

二　假借與轉注的關係

章太炎的假借理論和轉注理論是一脈相承,互爲表裏的。在這一部

---

①裘錫圭,《文字學概要》,商務印書館,2005 年,103 頁。

份,我們就討論章太炎的語源學理論中假借與轉注的關係。對於兩者的關係,章太炎有如下的分析:

> 蓋字者孳乳而寖多,字之未造,語言先之矣。以文字代語言,各循其聲,方語有殊,名義一也。其音或雙聲相轉,疊韻相迆,則爲更制一字,此所謂轉注也。孳乳日絫,即又爲之節制。故有意相引申,音相切合者,義雖少變,則不爲更制一字,此所謂假借也。
>
> ——《轉注假借説》①

> 轉注者,絫而不殺,恣文字之孳乳者也。假借者,志而如晦,節文字之孳乳者也。二者消息相殊,正負相待,造字者以爲絫省大例。
>
> ——《轉注假借説》②

> 轉注、假借爲文字繁省之例,語言變異之端,雖域外不得闕也。
>
> ——《國故論衡·小學略説》③

> 假借之與轉注,正如算術中之正負數。有轉注,文字乃多;有假借,文字乃少。
>
> ——蘇州國學講習會《小學略説》④

通過列舉章太炎對假借與轉注關係的描述,我們可以看出在他的語源學理論中,兩者是一對矛盾,二者此消彼長,最終形成漢字發展的兩大規律。其實章太炎的這一觀點是有來源的,早在南唐徐鍇在《説文解字繫傳》中就有言:"假借則一字數用,……轉注則一義數文。"⑤ 只是徐鍇是從字形的角度出發來類比假借與轉注,這是他的一個局限。而戴震把假借、轉注從字的角度擴大到詞義的範疇,他在《論韻書中字義答秦尚書蕙田》中有言:"音聲有不隨故訓變者,則一音或數義;音聲有隨故訓而變者,則一字或數音。大致一字既定其本義,則外此音義引伸,咸六書之假借。"⑥ 其中雖没直言假借與轉注,但是戴震的意思即指於此,在其看來,假借即一字數義,轉注即數字一義,這是從詞義的角度進行解釋的,

①章太炎撰,龐俊、郭誠永疏證,《國故論衡疏證》,中華書局,2008年,187頁。
②章太炎撰,龐俊、郭誠永疏證,《國故論衡疏證》,中華書局,2008年,205頁。
③章太炎撰,龐俊、郭誠永疏證,《國故論衡疏證》,中華書局,2008年,8頁。
④章太炎講演,諸祖耿、王謇、王乘六等記錄,《章太炎國學講演録》,中華書局,2013年,121頁。
⑤徐鍇,《説文解字繫傳》,中華書局,1987年,2頁。
⑥戴震撰,《戴震集》,上海古籍出版社,2009年,55頁。

但是二者的關係還没有明言。章太炎就在此基礎上進行了發展,他的發展是兩方面的:一、從簡單的、静態的文字研究發展爲複雜的、動態的詞彙研究。戴震講"義",章太炎講"孳乳",此"孳乳"雖然章明言爲"字者孳乳""文字之孳乳",但這"孳乳"不應僅局限於文字學的範疇,更應在詞彙學的範疇進行研究,實際情況也是如此,《轉注假借説》《文始》等著作就是這麽做的。二、把假借與轉注的關係進行了邏輯性的歸納,即"消息相殊""正負相待""爲文字繁省之例""正如算術中之正負數",而不是簡單地説假借如何如何、轉注如何如何。章太炎能把二者合在一起進行研究,歸納出邏輯關係,其原意也正是他從動態的角度去研究詞彙的發展。

下面便從章太炎的實際操作來看看假借與轉注的"消息相殊""正負相待"。如:

> 問曰:《説文》:"仞,伸臂一尋八尺。"《儒林傳》:"喜因不肯仞。"古無認識字,以仞爲之,此爲本字引申,抑有它字? 答曰:仞引申爲仞識,猶尺引申爲指尺,明畫度量,然後可識可指。《説文》云:"尺所以指尺規榘事也。"相承皆作指斥,遂無由明其義。(《小學答問》,436—437 頁)

按:仞,本義爲古代的長度單位,爲八尺,正好爲人伸臂的距離,有距離便可以識,所以仞引申出"仞識"之義,古無"認識"之"認",故用"仞"代之。借"仞"代"認",這是爲章太炎語源學理論中典型的引申假借。古時不另造"認"字(認,《説文》不收,較早見於《後漢書·卓茂傳》:"時嘗出行,有人認其馬。"而字書中較早見於《玉篇·言部》:"認,認識也。"),而借"仞"用之,在當時通過加重了"仞"的負擔來"節文字之孳乳"。

又如:

> 問曰:《説文》:虞爲騶虞。守山林官何因稱虞? 答曰:虎豹在山,藜藋爲之不采,故守山林者言虞。孳乳爲籞,《説文》:"籞,禁苑也。"《漢書·宣帝紀》蘇林注:"折竹以繩縣連禁御,使人不得往來,律名爲籞。"因而守澤者亦曰澤虞,虞猶籞矣。左氏稱守山者曰

衡鹿,守澤者曰舟鮫,守藪者曰虞候,守海者曰祈望。凡守者必羅候望度,故《方言》虞訓望,《釋言》虞訓度矣。(《小學答問》,429頁)

按:這是章太炎把假借與轉注合在一處進行研究的一條典型例子。虞,上文在討論符號假借的時候已經涉及到,對表地名的"虞"章太炎認爲是符號的假借,而經過分析,我們認爲是引申的假借,但無論如何都是假借。這裏,章太炎認爲表"守山林官"之義亦作"虞",是本義的引申,因爲"虞"本義爲騶虞,即一種神獸,神獸引申爲虎豹,再引申爲如同虎豹守山的守山林官,這種引申之後再引申依然是典型的引申假借。而後從"虞"字發展出"鮫"字,就可看做轉注了。這個發展過程用圖示表現爲:

神獸(虞)→虎豹(虞)→如同虎豹守山的守山林官(虞)→禁苑(鮫)

在這個發展過程中,直到"守山林官"這個義項還是假借,而出現了"禁苑"這個義項後,文字發生了孳乳,出現了新的音義載體"鮫",這就進入轉注的範疇了。從《小學答問》這一條我們就可以很好地證明章太炎提出的假借與轉注的關係:轉注者,縣而不殺,恣文字之孳乳者也。假借者,志而如晦,節文字之孳乳者也。從"神獸"義引申出的"虎豹"義、"守山林官"義都節制著文字的孳乳,是爲假借;而"鮫"的出現則恣縱著文字的孳乳,是爲轉注。

但這條是存在問題的,以章太炎的觀點"鮫"是從"虞"孳乳而來的,這似乎有些牽強。從文字發展的角度來看,"鮫"當從"御"或"禦"(禦,《段注》:"後人用此爲禁禦字,古只用御字。")孳乳而來,雖然説轉注或者説孳乳不應從字形的角度出發,而音義才是最重要的標準,但文字也可作爲一個參考標準,不然右文説就應該徹底否定,事實並非如此,右文説還是有不少合理的地方的。我們的觀點是這樣的:"虞"和"御"(禦)同時孳乳出了"鮫","鮫"借了"虞"的音和義,同時借了"御"(禦)的形和音;或者其既借了"虞"的音和義,又借了"御"(禦)的形、音、義。其實這個推斷也是符合章太炎對孳乳的理解,其在《文始·敘例·略例戊》中言:"文字孳乳,或有二原,是故初文互異,其所孳乳或同。"①

通過以上兩例的分析,我們從實踐出發,研究了章太炎語源學理論中假借與轉注的關係,兩者正負相待,而其中引申又是至爲關鍵的一環,這也證明了章太炎是從詞義發展的角度去研究假借與轉注的,而不是緊盯字形不放。由於引申,出現一字多義,這就是假借;後來因爲一個字所代表的義太多,負擔太重,則需新造一字,這就是轉注。假借轉化爲轉注,轉注字與原字音近義通。章太炎對此也做了一個形象的比喻:"這一瓶水,展轉注向那一瓶去,水是一樣,瓶是兩個。"

汪啓明的一段話可以作爲章太炎語源學理論中假借與轉注關係的總結,這裏引用之:

> 假借中醞釀著轉注,轉注孕育著新的假借。假借和轉注周而復始。"二者消息相殊,正負相待"。成爲有規律的漢字運動——"語言文字自然之則"。②

三　轉注、假借與前四書的關係

研究轉注、假借與前四書(象形、指事、會意、形聲)關係的重點主要在於是否承認"四體二用"説。戴震明確提出"四體二用",認爲前四書爲造字法,後二書爲用字法;而章太炎是明確反對戴震的"四體二用"的,他認爲六書皆是造字法。要瞭解章太炎對"四體二用"的看法,首先要瞭解戴震的"四體二用"説:

> 指事、象形、諧聲、會意四者,爲書之體;假借、轉注二者,爲書之用。③

而戴震在《答江慎修先生論小學書》中有較爲詳細的論述:

> 大致造字之始,無所馮依,宇宙間事與形兩大端而已:指其事之實曰指事,一二、上下是也;象其形之大體曰象形,日月、水火是也。文字既立,則聲寄於字,而字有可調之聲;意寄於字,而字有可通之

①《章太炎全集》(七),上海人民出版社,1999年,162頁。
②汪啓明著,《漢小學文獻語言研究叢稿》,巴蜀書社,2003年,120頁。
③《清史稿·儒林傳二·戴震》,中華書局,2012年,13199頁。

意。是又文字之兩大端也。因而博衍之，取乎聲諧，曰諧聲；聲不諧而會合其意，曰會意。四者，書之體止此矣。由是之於用，數字其一用者，如初、哉、首、基之皆爲始，卬、吾、台、予之皆爲我，其義轉相爲注，曰轉注。一字具數用者，依於義以引伸，依於聲而旁寄，假此以施於彼，曰假借。所以用文字者，斯其兩大端也。①

從戴震的論述中可知在他眼中前四書是“造字”之法，是“書之體”；而後二書是“之於用”的，轉注是“數字其一用”、假借是“一字具數用”，此二書是“用文字”的兩大途徑。戴震發展了前人的“四體二用”說（吳元滿）和“四經二緯”說（楊慎），結合自己的音轉理論，提出了一套超越前人且較爲精確並成系統的體用學說。而他的弟子段玉裁是非常肯定戴“四體二用”說的，他言：“戴先生曰：‘指事、象形、形聲、會意四者，字之體也。轉注、叚借二者，字之用也。’聖人復起，不易斯言矣。”②然而深受乾嘉學派影響的章太炎卻不同意戴震、段玉裁的“四體二用”說。他在《轉注假借說》中說道：

　　休寧戴君以爲：考，老也；老，考也；更互相注，得轉注名。段氏承之，以一切故訓，皆稱轉注。……由段氏所說推之，轉注不繫於造字，不應在六書，……余以轉注、假借悉爲造字之則。③

這段文字中，章太炎明確提出“轉注、假借悉爲造字之則”，因爲當字義在不斷引申的過程中，需要用轉注來分擔原字的壓力，這就造出了一個新字，比如上文所說的“蓾”分擔了“虞”的表義壓力，而《轉注假借說》基本通篇都在證明這個問題。而假借看上去是很矛盾的，它的作用不是造字而是避免新字的出現。也許有人會問，如果轉注是造字還說得通的話，那麼假借無論如何談不上造字，因爲連章太炎自己都承認假借的作用是“節文字之孳乳”。其實這就犯了把假借與轉注孤立開來的錯誤，沒有轉注哪有假借，沒有假借亦無轉注，正如上面舉的“虞”和“蓾”的例子，不是因爲“虞”的本義不斷地引申，那麼就不可能出現“蓾”這個轉注字；而正因爲“蓾”這個轉注字的出現，才會進行新的一輪引申，

①戴震撰，《戴震集》，上海古籍出版社，2009年，75頁。
②段玉裁，《説文解字注》，上海古籍出版社，1981年，755頁。
③章太炎撰，龐俊、郭誠永疏證，《國故論衡疏證》，中華書局，185—186頁。

比如由"籞"的"禁苑"義就引申出了"囿養"義。所以說假借不斷發展則會轉入轉注的範疇,轉注一出現就會有新字的出現,新字一出現,又會開始新的假借。章太炎想證明假借通過引申的辦法(當然也有符號和形容的辦法,但畢竟占少數)來制約轉注,使得漢字能夠較爲平衡的發展,而不至於出現太多的新造字,其實就是想說明假借是一種不造字的造字法。

四 章太炎關於六書皆爲造字法認識的發展

其實章太炎對於六書皆爲造字法的認識並非一成不變的,而是一個變化發展的過程,這一過程主要反映在章太炎對假借認識的不斷深入。在章太炎學術生涯的前期,他其實是否定假借爲造字法的,他在《訄書》(初刻本)(1900年)中《訂文二十二》篇後附《正名略例》一篇,其中就反應了當時章太炎對假借的認識:

> 故有之字,今彊借以名他物者,宜削去更定。如鏞銕,本火齊珠也,今以銕爲金類原質之名。汽,本水涸也,(隸作汔。)今以汽爲蒸气之名。名實圂殽,易致眩惑。其在六書,本有叚借一例,然爲用字法,非爲造字法。如以來牟爲行來,以韋束次弟爲兄弟。然皆一字引申之義,非造二字而同形也。……是故銕、汽等文,必當更定。[1]

按:從《正名略例》中可以看出,章太炎認爲假借不是造字法,而是用字法。下面分析章太炎所舉之例。鏞,《説文·金部》:"鏞,鏞銕,火齊。"銕,《説文·金部》:"銕,鏞銕也。"何爲火齊?《段注》"鏞"下注曰:"《玉部》曰:'玫瑰,火齊也。'然則鏞銕即玫瑰也。《廣韻》:'火齊似雲母,重沓而開,色黄赤似金。'"玫瑰,即美玉。"玫瑰""鏞銕"皆爲連綿詞,"玫瑰"爲"疊韻之聯語","鏞銕"爲"雙聲之聯語",這些連綿詞後來被章太炎歸入形容之假借。後借"銕"表類金屬("金類原質"),那自然屬於符號之假借,與商、周表地名其實本質是一樣的。再看"汽",本義爲水乾涸,《説文·水部》:"汽,水涸也。"後表水蒸氣之義,《集韻·未韻》:"汽,水气也。"這在後來章太炎的假借理論中,"汽"表"水蒸氣"這類引申與上文提到的"叨"表"認識"本質是一樣的,顯然應被歸入引申

---

①《章太炎全集》(三),上海人民出版社,1984年,48頁。

之假借這一類,而且引申假借是構成假借最多的一類。

在《訄書》(重訂本)(1904 年)中《訂文第二十五》篇後附《正名雜議》一篇,章太炎對假借爲用字法而非造字法的認識還没有任何改變:

> 其在六書,誠有叚借一科,然爲用字法,非爲造字法。至於同聲通用,益不可與造字並論矣。①

《檢論》(1914 年)中《訂文》篇後亦附《正名雜議》一篇,然而在此篇中章太炎對假借有了不同的認識:

> 其在六書,誠有叚借一例,然亦義相引伸,體非絶遠。至于同聲通用,益不可與造字並論矣。②

在這段文字中,章太炎提到了"引伸",認爲假借是意義之相引申,這與《轉注假借説》(1910 年)中的觀點"引申之義,正許君所謂假借"是一致的。以上三則材料是屬於《訄書》體系的,從中可以發現章太炎對轉注假借認識的變化。而在 1910 年,章太炎對假借的認識即已肯定轉注與假借爲造字法,這也就是我們之前看到的那些描述:

> 余以轉注、假借悉爲造字之則。
>
> ——《轉注假借説》③

> 轉注、假借,就字關聯而言;指事、象形、會意、形聲,就字個體而言。雖一講個體,一講關聯,要皆與造字有關。
>
> ——蘇州國學講習會《小學略説》④

對於自己認定轉注、假借亦爲造字法的發現,章太炎也毫不掩飾自豪與喜悦之情,早年在作《轉注假借説》時就説道:

> 二者消息相殊,正負相待,造字者以爲絫省大例。知此者稀,能

---

① 《章太炎全集》(三),上海人民出版社,1984 年,217 頁。
② 《章太炎全集》(三),上海人民出版社,1984 年,497 頁。另外對於"同聲通用",章太炎後來在《轉注假借説》中亦有所涉及:"同聲通用者,後人雖通號假借,非六書之假借也。"可見,章太炎是把同聲通用與假借進行了區分的。
③ 章太炎撰,龐俊、郭誠永疏證,《國故論衡疏證》,中華書局,2008 年,186 頁。
④ 章太炎講演,諸祖耿、王謇、王乘六等記録,《章太炎國學講演録》,中華書局,2013 年,122—123 頁。

理而董之者鮮矣。①

知者,明瞭也;理者,治理也;董者,正某物也。章太炎自認爲自己不僅
能明瞭假借,還能把歷代針對解釋轉注與假借錯誤的觀點治而正之,使
得轉注與假借向著正確的方向發展。自豪之情,溢於言表。而他在晚年
蘇州國學講習會上再次談及自己的這一發現時,依然非常得意:

> 轉注、假借,就字關聯而言;指事、象形、會意、形聲,就字個體
> 而言。雖一講個體,一講關聯,要皆與造字有關。如戴氏所言,則與
> 造字無關,烏得廁六書之列哉? 余作此說,則六書事事不可少;而於
> 造字原則,件件皆當,似較前人爲勝。②

章太炎認爲戴震的"四體二用"之說"二用"與造字無關,故不應列
入六書中,而自己總結出的轉注、假借皆爲造字法是符合造字原則的,這
也使得六書完備,比較前人來說,是要勝出的,而這前人當然包括戴震、
段玉裁等人。而在《國故論衡·小學略說》中他總結了自己在小學中得
意的貢獻,而轉注、假借皆爲造字之法亦在其中:

> 若夫陰陽對轉,區其弇侈;半齒彈舌,歸之舌頭;明一字之有重
> 音;辨轉注之繫造字;比於故老,蓋有討論修飾之功矣。如謂不然,
> 請俟來哲。③

可見章太炎對自己把轉注、假借歸入造字法是自豪的,所謂"有討論
修飾之功",同時也是自信的,所謂"如謂不然,請俟來哲"。

其實,章太炎對於假借認識的深入其實就是對六書皆爲造字法認識
的深入,在確定完假借亦爲造字法後,章太炎語源學理論中的六書皆爲
造字法可以說是形成了一個體系,雖然這個體系還不完善,還有較多的
問題,比如裘錫圭就在《文字學概要》中指出:"其中,第七(筆者注:江
永、朱駿聲的學說)、八(筆者注:戴震、段玉裁的學說)、九(筆者注:章太
炎的學說)諸說其實是在講語言學上的問題。這些問題當然是值得研究

---

① 章太炎撰,龐俊、郭誠永疏證,《國故論衡疏證》,中華書局,2008 年,205 頁。
② 章太炎講演,諸祖耿、王謇、王乘六等記錄,《章太炎國學講演錄》,中華書局,2013 年,122—
　123 頁。
③ 章太炎撰,龐俊、郭誠永疏證,《國故論衡疏證》,中華書局,2008 年,27 頁。

的，但是放到作爲‘造字之本’的六書的範圍裏來，卻只能引起混亂。”[①]但這個體系的確對小學的研究（尤其是語源學的研究）起到了推動的作用。章太炎利用這個體系（當然也包括其他的理論，比如：音轉理論、孳乳理論、變易理論等等）指導了《文始》《新方言》《小學答問》等一批小學著作的完成，指導了黄侃、沈兼士、陸宗達等對語源學更深入的研究，這些都是值得肯定的。

第四節　初文、準初文的轉注與假借

《文始》一書是以初文與準初文作爲一切系聯起點的語源學著作，所以弄清何爲初文、何爲準初文是弄清章太炎語源學理論的重中之重。章太炎在《文始・敘例》中對此有非常明確的描述：

> 刺取《説文》獨體，命以初文，其諸省變，（省者，如卂之省飛，朩之省木是也。變者，如反人爲匕，到人爲七是也。此皆指事之文，若廴從彳而引之，夭夨尢從大而詘之，亦皆變也。如上諸文，雖皆獨體，然必以他文爲依，非獨立自在者也。）及合體象形、指事，（合體象形如果、如朵，合體指事如叉、如𠬛。）與聲具而形殘，（如氏從乁聲，厹從九聲，乁、九已自成文，𠂆、𠃊猶無其字，此類甚少，蓋初有形聲時所作，與後來形聲皆成字者殊科。）若同體複重者，（二、三皆從“一”積畫。艸、芔、茻皆從“屮”積書，此皆會意之原，其収字從𠂇又，北字從人匕，亦附此科，非若止戈、人言之倫，以兩異字會意也。二、三既是初文，其餘亦可比例。）謂之準初文，都五百十字，集爲四百五十七條。（《文始・敘例》，160頁）

章太炎“刺取《説文》獨體，命以初文”，可見《文始》中的初文皆是獨體字；初文省變後，“及合體象形、指事，與聲具而形殘，若同體複重者，謂之準初文”，所以準初文可以説是在初文和合體字之間的文字。我們從《文始・敘例》中對於初文和準初文的論述不難發現，初文和準初

①裘錫圭，《文字學概要》，商務印書館，2005年，102頁。

文都是比較簡單的漢字(有時只是單獨的筆劃),但正是這些簡單的漢字(筆劃)卻變易、孳乳出無數的形與義。所以説章太炎列出的"初文""準初文"當是漢字的字源,如果在這些字源中亦能發現它們之間存在轉注與假借,那麽可見轉注與假借對漢字發展影響的深遠。下面便試舉初文與準初文中的轉注與假借。

一　初文、準初文的轉注

(一)明言初文、準初文的轉注

《説文》:"𠂤,背吕也。象脅肋形。"𠂤與吕本支魚旁轉,(吕讀如莒。)然各爲初文。此亦見倉頡時已有轉注也。(《文始四·陰聲支部甲》,258頁)

按:這是章太炎明言初文有轉注的一例。𠂤、吕,皆爲《文始》中的初文。𠂤,本義背脊,《説文·𠂤部》:"𠂤,背吕也。"《段注》:"猶俗云背脊也。"吕,本義爲脊骨,《説文·吕部》:"吕,脊骨也。"在音韻上:𠂤,見紐支部,吕(讀如莒)見紐魚部,支魚旁轉;在義上,𠂤、吕同義。"𠂤:吕"符合《轉注假借説》中義同類的"聲紐同而韻部異"類。而在《文始五·陰聲魚部甲》"吕"字條下章太炎也對這對初文的轉注進行了再次説明:"《説文》:'吕,脊骨也。象形。'篆文作膂。莒從吕聲,古音吕當如莒,與𠂤魚支旁轉,各爲初文。"[1]

《説文》:"广,因厂爲屋,象對刺高屋形。"广與高、垚聲義對轉。……广者,高、垚之陽聲,此初文有轉注也。(《文始九·陽聲談部乙》,405—406頁)

按:這是章太炎明言初文(準初文)有轉注的一例。广、高,《文始》中的初文;垚,《文始》中的準初文。广,本義爲依山崖建造的房屋,而因地勢原因,故广有高義。垚,本義爲土高貌,《説文·垚部》:"垚,土高也。"垚後作"堯",徐灝《説文解字注箋》:"《白虎通·號篇》:'堯,猶嶢嶢也,至高之貌。'"而高之高義自不必多説。在音韻上:广爲影紐談部,高爲見紐

---

[1]《章太炎全集》(七),上海人民出版社,1999年,279頁。

宵部,垚爲疑紐宵部;影爲淺喉、見疑爲深喉,深喉淺喉爲同類;談部、宵部陰陽對轉;故三字音近。在義上,高、垚同義,《文始九·陰聲宵部甲》:"《説文》:'高,崇也。象臺觀高之形。从冂口,與倉、舍同意。'垚,土之高也。从三土。'此二同字。"① 广與高、垚義近,皆有高義,但又有區別。"广:高:垚"符合《轉注假借説》中義近類的"聲紐與韻部都相近"類。

> 《説文》:"屮,艸木初生也。象丨出形有枝莖也。古文或以爲艸字,讀若徹。"……屮本義與壬相類,壬者,物之挺生也。屮、壬亦至、清次對轉,此初文之轉注也。(《文始三·陰聲至部甲》,235 頁)

按:這是章太炎明言初文(準初文)有轉注的一例。屮,《文始》中的初文;壬,《文始》中的準初文。屮,本義爲初生,《説文·屮部》:"屮,艸木初生也。"壬,本義爲挺立,《説文·壬部》:"壬,象物出地挺生也。"徐鉉注:"人在土上,壬然而立也。"草木初生,破土而出,挺立于地,其義正"與壬相類"。在音韻上,屮爲透紐月部,壬爲透紐耕部,章太炎將屮歸入至部,將壬歸入清部,所謂"屮、壬亦至、清次對轉",故二字聲同韻近。在義上,屮、壬義相類而有微別,屮專指草,而壬指一切物。又《文始四·陽聲清部乙》亦談到屮、壬的義近關係:"《説文》:'壬,……一曰:象物出地挺生也。'案挺生爲本義,上象其題,下象土,聲義與崇、屮皆相近。"② "屮:壬"符合《轉注假借説》中義近類的"聲紐同而韻部異"類。

> 《説文》:"亢,人頸也,从大省,象頸脈形。"或作頏,此與蒜次對轉各爲初文。(《文始五·陽聲陽部乙》308 頁)

按:這是章太炎明言初文(準初文)有轉注的一例。亢,《文始》中的初文;蒜,《文始》中的準初文。亢,本義爲頸項、咽喉,《説文》:"亢,人頸也。"徐鍇《説文解字繫傳》:"亢,喉嚨也。"徐灝《説文解字注箋》:"頸爲頭莖之大名,其前曰亢,亢之內爲喉。渾言則頸亦謂之亢。"蒜,即嗌字,其本義爲咽喉,《説文·口部》:"嗌,咽也。从口益聲。蒜,籀文嗌,上象口,下象頸脈理也。"在音韻上,亢爲見紐陽部,蒜爲影紐錫部;見爲深喉、影爲淺喉,深喉淺喉爲同類;陽部、錫部旁對轉;故二字音近。在

①《章太炎全集》(七),上海人民出版社,1999 年,395 頁。
②《章太炎全集》(七),上海人民出版社,1999 年,270—271 頁。

義上，二字同義，皆爲咽喉之義。“亢：喀”符合《轉注假借説》中義同類的“聲紐與韻部相異”類。

（二）未明言，但實爲初文、準初文的轉注

　　《説文》：“乙，燕燕玄鳥也。象形。”對轉寒變易爲燕，玄鳥也。箾口布翄枝尾，象形。此二皆初文，語有陰陽，畫有疏密，遂若二文。（《文始一·陰聲泰部乙》180頁）

　　按：此例雖未明言初文的轉注，但經過具體分析，我們是能發現初文的轉注的。乙、燕同訓，皆釋作“玄鳥”，故同義。在音韻上：乙爲影紐泰部，燕爲影紐寒部，泰部、寒部陰陽對轉，故章太炎言“語有陰陽”，是爲音近。“乙：燕”這組初文符合《轉注假借説》中義同類的“聲紐同而韻部異”類。另外黃侃在《初文多轉注》中也言初文乙、燕爲一對轉注字。①

　　《説文》：“先，首笄也。从儿，匸象形。”先所孳乳，凡有鋭義者與羊同，然先聲義蓋受諸羊。（《文始七·陽聲侵部丙》，365頁）

　　按：此例雖未明言準初文的轉注，但經過具體分析，我們是能發現準初文的轉注的。先同“簪”，本義爲古人用來綰住髪髻或連冠於髪的用品。《説文·先部》：“先，首笄也。从人，匸象簪形。……簪，俗先。”《段注》：“今俗行而正廢矣。”可見先即爲簪，爲刺入髪髻之物。羊，本義即刺，《説文·干部》：“羊，撖也。”《段注》：“撖，刺也。”故在義上，兩者相類。在音韻上，先爲精紐侵部，羊爲泥紐侵部；精爲齒音，泥爲舌音，舌音齒音鴻細相變；故音近。“先：羊”符合《轉注假借説》中義同類的“韻部同而聲紐異”類。

　　《説文》：“叉，手足甲也。从又，象叉形。”此合體指事字也。……手爲初文，叉爲準初文，而聲義皆受諸丑。（《文始七·陰聲幽部甲》，345頁）

　　按：此例雖未明言準初文的轉注，但經過具體分析，我們是能發現初文與準初文的轉注的。手自不必多説；叉，本義爲手、腳的指甲，後作

────────────────

①詳見黃侃述，黃焯編，《文字聲韻訓詁筆記》，上海古籍出版社，1983年，61頁。

"爪",《説文·又部》:"叉,手足甲也。"《段注》:"叉、爪,古今字。古作叉,今用爪。"丑,從字形上看即知其本義爲手銬一類的東西,甲骨文作(前五·三四·一),《説文》:"丑,紐也。……象手之形。"《文始七·陰聲幽部甲》:"丑即古文杽字。此但得一偏耳。"[1] 在音韻上,手爲書紐幽部,叉爲莊紐宵部(章太炎歸入幽部),丑爲透紐幽部;書爲照系三等,上古照三歸端,莊照系二等,照二歸精,其爲齒音,齒音(莊)、舌頭音(端)關係密切[2];另外,手、叉、丑章太炎皆歸入幽部(如果把叉歸入宵部,幽、宵也是旁轉的關係),所以三字聲近韻同。在義上,三字微別,手不用多説,叉表示的是手腳的指甲,丑則側重於手銬。"手:叉:丑"符合《轉注假借説》中義近類的"韻部同而聲紐異"類。

像這樣的例子還有很多,下僅舉例,不再作分析:

《文始三·陽聲真部乙》:胐字最初亦但準初文,其聲義本受諸回,回變爲湋,與胐爲次對轉,及周時顔回字子淵,聲形已別久矣。(249頁)

《文始四·陰聲支部甲》:《説文》:"圭,瑞玉也。以封諸侯。從重土。古文作珪。"……圭之聲義受諸陽聲之门。(257—258頁)

《文始五·陽聲陽部乙》:《説文》:"畕,比田也。從二田";"畺,界也。從畕、三,其介畫也。"畕、畺同字,聲義受諸清部之门。(308頁)

《文始八·陰聲之部甲》:《説文》:"北,乖也。從二人相背。"北之聲義蓋受諸不。(390頁)

二　初文、準初文的假借

既然已經證明初文、準初文有轉注,那麼作爲轉注的相對面——假借,在邏輯上也應存在初文與準初文的假借,鑒於章太炎認爲的假借包含引申[3],那麼我們就在《文始》中尋找初文、準初文的引申,以此來驗證

----

[1]《章太炎全集》(七),上海人民出版社,1999年,343頁。

[2] 關於齒音和舌頭音的關係,可參考章太炎的《新方言·音表》,我們將在下文"章太炎的音轉理論"一章中有所論述。

[3] "六書中之假借,乃'引申之義'",對這句話的商榷見本章第三節"章太炎的假借理論"。

在章太炎語源學系統中的初文、準初文的假借 ①。

（一）反正引申

> 《説文》："丨，下上通也。引而下行讀若退。"後出字作復，卻也。
> 孳乳爲隤，下隊也。（《文始二·陰聲隊部甲》，206 頁）

> 《説文》："丨，下上通也。引而上行讀若囟。"後出字爲屵，升高
> 也。（《文始三·陽聲真部乙》，250 頁）

按：這是一組典型的反正引申，同一初文"丨"，因爲它可以引申爲
由上而下，亦可引申爲由下而上，故雖然語源（初文）相同，但引申結果不
同，一爲退卻、一爲升高。這又帶來兩個不同的詞族，以"退卻"爲核義
素的同源詞有丨、復、隤、隊、隕等，而以"升高"爲核義素的同源詞有丨、
屵、進、晉、遷等。

（二）因果引申

> 《説文》："自，小𨸏也。象形。"引伸爲眾聚之義。（《文始二·陰
> 聲隊部甲》，210 頁）

按：自，《文始》中的初文。自的本義爲小土山，同"堆"，故有堆積之
義，然後由"堆積"義引申爲"聚集"義，是爲初文的因果引申。

> 《説文》："炎，火光上也。从重火。"……熱亦爲炎，……燒爇
> 亦炎引伸之義，對轉宵孳乳爲燒，爇也。（《文始九·陽聲談部乙》，
> 406—407 頁）

按：炎，《文始》中的準初文。由炎的本義"火光上"則引申爲"熱"，
與望梅止渴、談虎色變的道理是一致的。而後來孳乳的燒正是由初文的
因果假借得到"熱"義而來的。故此爲初文的因果引申。

---

①引申的分類很多，在《詞彙語義學》（修訂本）中，作者列出了十三種引申規則，如：反正引申、
施受引申、因果引申、致使引申、實虛引申、擴大引申、縮小引申、類比引申、比喻引申、借代引
申、同極引申、理性引申、狀所引申。現今的觀點廣義的引申包括"擴大、縮小、轉移等等演變
結果"。詳見張志毅、張慶雲著，《詞彙語義學》（修訂本），商務印書館，2005 年，227 頁。而
在這裏我們只運用反正引申、因果引申、狀所引申、借代引申，並加入"其他引申"一類。

（三）狀所引申

《説文》:“麤,獸也。象頭角四足之形。”從此引伸爲守山林之官,《春秋傳》曰:“山林之木,衡麤守之。”(《文始六·陰聲侯部甲》,329 頁)

按:麤,《文始》中的初文。狀所引申指不同的兩種事物,外部形狀相同或相似,或者這兩件事物性質、特點相同、相通、相近,故形成引申。在此例中,作爲獸的“麤”和作爲守山林之官的“麤”在性質上有相通之處,故可視作初文的狀所引申。

《説文》:“之,出也。象艸過屮,枝莖漸益大也。”……之有專係艸義,有益大義,有上出義,有直立義。(《文始八·陰聲之部甲》,386 頁)

按:之,《文始》中的初文。不論是專係艸義,益大義,上出義,還是直立義,都與艸出在外形和性質上非常相近,而以“之”爲語源(初文)的同源詞也都是由於狀所相似而引申出來的。如蒔、滋、謖、直等。

《説文》:“㡀,敗衣也。从巾,象衣敗之形。”“敝,㡀也。一曰敗衣。”敝即㡀之後出字。㡀本敗衣,引伸爲帗者,衣敗則組裂不齋,布帛初成,幅端亦不齋,故義同矣。(《文始一·陰聲泰部乙》,188 頁)

按:㡀,《文始》中的準初文。㡀,本義破舊的衣服,《段注》:“此敗衣正字,自敝專行而㡀廢矣。”敝,《説文·㡀部》:“敝,㡀也。”帗,《説文·巾部》:“帗,一幅巾也。”通過遞訓的話,敝就是一副巾,而衣巾初成“幅端亦不齋”,其和敗衣在外形上非常相似,故㡀和敝可以看做是狀所引申。

（四）借代引申

《説文》:“臣,牽也。事君也。象屈服之形。”案牽,引前也。臣即初文牽字。引伸爲奴虜。(《文始三·陽聲真部乙》,243 頁)

按:臣,《文始》中的初文。其本義《説文》釋爲“牽”,即引前,其實當爲豎目。郭沫若《甲骨文字研究·釋臣宰》:“象一豎目之形。人首俯則目豎,所以‘象屈服之形’者殆以此也。古人造字,於人形之象徵,目頗重要……此以一目爲一臣,不足爲異。"①然不論是"引前"還是"豎目"都是動作,後借代爲發生這一動作的人,故這是典型的初文的借代引申。

(五)其他引申

> 《説文》:"方,併船也。象兩舟總頭形。"……方又引伸爲比方、方物,孳乳爲仿,仿佛,相似貌,見不諟也。(《文始五·陽聲陽部乙》,315—316頁)

按:方,《文始》中的初文。其他引申即不知其引申的内在依據是何,比如此例,我們找不出"併船"的方與"比方""方物"之間的引申的内在依據爲何,但確實存在引申的關係。是爲初文(準初文)的其他引申。

通過以上的分析,我們發現轉注和假借確實存在於初文與準初文之中,它們是與象形、指事、會意、形聲並存的造字法。同時轉注和假借在對初文和準初文的發展中影響有二:一是使初文與準初文發展出新的漢字。二是使初文與準初文發展出新的初文與準初文,但後者最終還是會發展出新的漢字,因爲初文與準初文是有限的,而漢字是無限的;初文與準初文多歧義,漢字義則較明,文字的發展肯定趨向於精確而不是趨向於模糊。另外我們通過最簡單的初文與準初文就已經發現了轉注與假借對於漢字發展的不可或缺,那麼在更複雜的漢字變化中,轉注與假借一定更發揮著不可替代的作用。所以研究章太炎的轉注與假借理論是研究漢字發展規律不可或缺的一環。

①郭沫若著,《甲骨文字研究》,科學出版社,1962年,70頁。

第三章　章太炎的變易孳乳理論

變易、孳乳是章太炎在《文始》中提出的兩大條例,也是漢字變化發展的兩大規律,這兩大條例始終貫穿著《文始》的寫作,對同源詞的研究也產生了極爲積極的作用[①]。然而何爲變易? 何爲孳乳? 兩者有何聯繫又有何區別? 兩者有何貢獻又有何問題? 其實都不好回答。本章將立足於章太炎變易孳乳理論自身的同時,結合利用此理論指導下的實際操作,並綜合其他學者對章太炎這一理論的分析,嘗試回答這些問題,可以更爲深入地研究章太炎的變易與孳乳理論。

第一節　變易與孳乳

變易,較早見於《周禮·天官·外府》的鄭玄注:“玄謂齎、資同耳。其字以齊、次爲聲,從貝變易。古字亦多或。”鄭玄視“齎”“資”同字,後來成爲了或體字。鄭玄的判斷是正確的。齎,本義爲送給,《廣雅·釋詁四》:“齎,送也。”《戰國策·西周策》:“王何不以地齎周最以爲太子也。”高誘注:“齎,進也。”資,本義爲貨物、錢財的總稱。《説文·貝部》:“資,貨也。”貨物、錢財可以積累亦可以贈送,《國語·越語上》:“夏則資皮,冬則資絺,旱則資舟,水則資車,以待乏也。”是爲“積累”。《戰國策·秦策四》:“王資臣萬金而遊。”是爲“贈送”。可見在意義上,齎、資是相近的。在音韻上,兩者上古皆爲精紐脂部,故音同。另外在文獻上亦有佐證,《周禮·春官·小祝》:“及葬,設道齎之奠,分禱五祀。”鄭玄注:“杜子春云:‘齎,當爲粢。道中祭也。漢儀:每街路輒祭。’玄謂齎猶送也。送道之奠,謂遣奠也。”粢即資,唯一不同即一爲米、一爲貝。

---

① 可以説,變易與孳乳是《文始》以及章太炎語源學理論中最重要的兩個概念,黃侃就在《聲韻通例》中説到:“若其書中(筆者注:即《文始》)要例,惟變易、孳乳二條。”詳見《聲韻通例》,載黃侃撰,《黃侃論學雜著》,上海古籍出版社,1980年,164頁。

原本爲一字,後來成爲兩字,兩字的關係爲或體,即《說文·序》中所言"改易殊體"。

孳乳,較早見於《說文·序》:"倉頡之初作書,蓋依類象形,故謂之文,其後形聲相益,即謂之字。字者,言孳乳而寖多也。"孳、乳皆爲繁衍之義。孳,《說文·子部》:"孳,汲汲生也。"《尚書·堯典》:"鳥獸孳尾。"僞孔傳:"乳化曰孳,交接曰尾。"乳,《說文·乙部》:"乳,人及鳥生子曰乳,獸曰産。"《廣雅·釋詁一》:"乳,生也。"《史記·扁鵲倉公列傳》:"菑川王美人懷子而不乳。"司馬貞《索隱》:"乳,生也。""孳乳"用在文字學上表示在舊字的基礎上出現了新字。

從字面上最爲直接的比較,我們也能發現變易與孳乳的聯繫和區別,兩者雖然都是講文字的發展,但是變易的側重點在於文字的變化(即"改易殊體"),孳乳的側重點在於文字的出現(即"相益寖多")。事實是否如此,我們看看章太炎是怎麼定義變易與孳乳的:

> 於是刺取《說文》獨體,命以初文,其諸省變,及合體象形、指事,與聲具而形殘,若同體複重者,謂之準初文,都五百十字,集爲四百五十七條①。討其類物,比其聲均,音義相讎,謂之變易;(即五帝、三王之世改易殊體者。)義自音衍,謂之孳乳。
>
> ——《文始·敍例》②

由此可知,章太炎認爲"音義相讎""改易殊體"爲"變易",這明顯是從形音義三者的角度出發,字音、字義要相同(讎,同也),字形爲或體③;認爲"義自音衍"爲"孳乳",這明顯是從音義結合的角度出發,原本同音的幾個字由於時地的原因在意義上出現了分化,從而産生了新字。而黃侃則對變易與孳乳進行了進一步的說明:

> 變易者,形異而聲、義俱通;孳乳者,聲通而形、義小變。試爲取

①楊潤陸《〈文始〉說略》(《北京師範大學學報》,1989年第4期)"注①"中言:"《文始·敍例》稱:'都五百十字,集爲四百三十七條。'查《文始》共列四百六十二條,其中瓦、乀、气、只、兔、烏、瓜、韭、琴、㒫、廿、箕、齒、棗等十四條未列同族字,又所孳乳與子相同,實爲四百四十七條。"其結論基本可信,但"集爲四百三十七條",誤,當爲"集爲四百五十七條"。

②《章太炎全集》(七),上海人民出版社,1999年,160頁。

③"或體"在章太炎、黃侃的學術體係中與現在所說的異體字有很多相似的地方,但不同的是二者所包含的範圍,或體的對象主要出現在以《說文》爲主的古代字書與韻書典籍中,如《說文·水部》"汜"下徐鉉按:"前洍字音義同,蓋或體也。"而異體的對象則更爲廣泛。

譬,變易,譬之一字重文;孳乳,譬之一聲數字。今字或一字兩體,則變易之例所行也;或一字數音、數義,則孳乳之例所行也。

——《聲韻通例》[①]

變易者,聲、義全同而別作一字。(變易猶之變相。)孳乳者,譬之生子,血脈相連,而子不可謂之父。

——《論文字變易孳乳二例》[②]

從黄侃的分析可以看出,他的變易、孳乳理論沿襲了章太炎的相關理論,在分析的語言上要比章説得更形象具體一點。變易,即或體字,所謂"形異而聲、義俱通""一字重文""一字兩體""聲、義全同而別作一字",這就是許慎提出、章太炎沿用的"改異殊體"。但是黄侃的定義還是有不精確的地方,那就是"聲、義俱通"與"聲、義全同",在黄侃眼中,這兩者顯然是同一個意思,但是從精確的角度出發,兩者還是有差距的,"通"表示四種情況:可能指"音義皆同"、亦可能指"音同義通"、也可能指"音近義同"、還可能指"音義皆近",而"同"只表示一種情況:音義皆同。"通"包含"同","同"包含於"通"。許慎的"改異殊體"、章太炎的"變易"顯然是指"同",所以黄侃應該把這兩處對"變易"的定義統一起來、統一爲"聲、義全同"。孳乳,形、音、義三者皆有變化,其中音可通而音、義稍有別,從他的描述上來看,互爲孳乳的字其音較爲相近,故用"通",而形、義較之音的變化是要大點的,故用"小變"。下面我們把章太炎和黄侃對變易與孳乳中形、音、義的關係做成表格,互爲比照:

	形	音	義
變易	異	同	同
孳乳	異	義自音衍	

(表二:章太炎變易、孳乳理論中形音義的關係)

	形	音	義
變易	異	同(通)	同(通)
孳乳	小變	通	小變

(表三:黄侃變易、孳乳理論中形音義的關係)

①詳見《聲韻通例》,載黄侃撰,《黄侃論學雜著》,上海古籍出版社,1980年,164頁。
②詳見《論文字變易孳乳二例》,載黄侃述,黄焯編,《文字聲韻訓詁筆記》,上海古籍出版社,1983年,34頁。

　　從兩表的比較中可以看出章、黃對於變易、孳乳中形、音、義三者關係分析的區別。顯然黃侃分析得要更爲具體一點,特別在"孳乳"上,章太炎認爲音、義的關係是"義自音衍",而黃侃認爲的關係是"聲通"而"義小變"。

　　章太炎與黃侃,誰對變易、孳乳理論中形音義關係的概括更爲確切,這是需要實例來進行證明的,下文對此將作詳細的比較。但無論誰更爲精確,都不難發現變易、孳乳是章太炎語源學理論中的重中之重,也是系聯同源詞最重要的兩條線索。正如黃侃在《聲韻通例》中所言:"《文始》總集字學、音學之大成,譬之梵教,所謂最後了義。或者以爲小學入門之書,斯失之矣。若其書中要例,惟變易、孳乳二條。"[①]

第二節　從變易、孳乳的單獨分析看形音義的關係

　　通過以上的分析,我們知道變易與孳乳是章太炎系聯同源詞最重要的兩條線索,而變易與孳乳的實質就是同一語源的一組字形音義的變化規律,所以要想弄清變易與孳乳,首先就要弄清形音義三者在變易與孳乳中的關係[②]。下面我們就在《文始》中舉出實例,來研究在變易、孳乳中,形音義的關係。先看單獨用例中變易形音義的關係:

　　（1）《説文》:"𡲬,跨步也,从反夂。𡲬从此。"案:𡲬讀若過,𡲬音亦同。變易爲過,度也。……𡲬對轉寒則變易爲逪,過也。(《文始一·陰聲歌部甲》,168頁)

　　按:𡲬,上古溪紐歌部,本義爲跨過。過,上古見紐歌部,本義爲經過,《説文·辵部》:"過,度也。"《論語·憲問》:"子擊磬於衛,有荷蕢而過孔氏之門者。"逪,上古溪紐元部,本義爲經過。聲紐上,溪、見皆爲牙音;韻部上,歌、元對轉(章太炎認爲"𡲬"爲泰歌類,"逪"爲寒類,泰歌、

①詳見《聲韻通例》,載黃侃撰,《黃侃論學雜著》,上海古籍出版社,1980年,164頁。
②從討論的嚴謹性考慮,我們將變易與孳乳中形音義的關係分成兩個部份,一是單獨用例,一是綜合用例。所謂單獨用例就是這一組同源詞的關係只是變易或孳乳,所謂綜合用例就是這一組同源詞的關係既有變易又有孳乳。

寒陰陽相對,在《成均圖》中爲正對轉)。三者音近、義近、形異。

（2）《説文》:"叉,手指相錯也。从又象叉之形。"此合體指事也。近轉泰變易爲撮,三指撮也。(《文始一·陰聲歌部甲》,175頁)

按:叉,上古初紐歌部,本義爲手指相交錯,後引申爲用叉刺取東西,《正字通·又部》:"叉,取也。"撮,上古清紐月部,本義爲用三個指頭抓取。聲紐上,初、清皆爲齒音;韻部上,歌、月對轉(章太炎認爲叉爲歌部,撮爲泰部,歌泰二部同居,在《成均圖》中爲近轉)。兩者音近、義近、形異。

（3）《説文》:"巜,水流澮澮也。"變易爲活,水流聲,《詩》言"北流活活"。(《文始一·陰聲泰部乙》,177頁)

按:巜,上古見紐月部,本義爲田間的水溝。活,上古見紐月部,本義爲水流聲。巜之"田間水溝"義引申爲"水流"義,再引申爲"水流聲"義。兩者音同、義近、形異。

（4）《説文》:"丯,艸蔡也。象艸生之散亂也。"變易爲薆,蕪也。。爲蔡,艸也。本爲艸亂,亦即爲艸。(《文始一·陰聲泰部乙》,177頁)①

按:丯,上古見紐月部,本義爲草芥,《説文·丯部》:"丯,艸蔡也。"

---

① 其實這條是章太炎不信甲骨而盲從《説文》的典型證據。《説文》認爲丯的本義是草芥,這是錯誤的,當爲契刻。戴侗《六書故》:"丯即契也。又作㓞,加刀,刀所以契也。又作契,大聲。古未有書先有契,契刻竹木以爲識,丯象所刻之齒。"戴侗的判斷是正確的,但他是看不到甲骨的,所以他只能從小篆入手進行解釋,未能得到更早文字資料的證明。在甲骨文中,丯作𢍺、𢍺等形,王襄在《簠類存疑》中認爲此疑爲"玉"字,這是有問題的,因爲甲骨文中的玉字爲𤣩,爲三平橫,而丯爲三彎曲的邪劃,于省吾在《甲骨文字釋林》中説:"甲骨文的𢍺字,就其構形來説,中劃直,三邪劃作彎環之勢,象以木刻齒形。"(于省吾著,《甲骨文字釋林》,中華書局,2009年,354頁)這説明在商周之時,我們的先民還保有契刻的傳統。從丯的字形上看出本義非"草芥",從用法上也能看出端倪。《孟子·萬章上》:"夫公明高以孝子之心爲不若是恝",《説文》作"忿",《説文·心部》:"忿,忽也。从心、介聲。《孟子》曰:孝子之心,不若是忿。"介本義即爲劃,後作"界",所謂界,田界也,人爲進行劃分得到一個區域,而區域的周邊所劃之處是爲界。另外介、割上古經常通用,《詩經·豳風·七月》"以介眉壽",無叀鼎作"用割眉壽"。同時介、割不論在漢語還是在藏語中都能找到語音上的聯繫。介,上古漢語擬音作 *kriads,藏文表"齒相切"之義(漢語用"齘"表示)的音爲 vgras;割,上古漢語擬音作 *kat,藏文爲 vgod。(擬音材料取自施向東,《漢語和藏語同源體系的比較研究》,華語教學出版社,2000年,69頁、109頁)以上材料都可以證明"丯"本義爲契刻,許慎在解釋"丯"時發生了錯誤,而不信甲骨、篤信《説文》的章太炎也跟著錯了。

《段注》:"凡言艸芥,皆半之假借也。芥行而半廢矣。"蕆,上古影紐月部,本義爲荒蕪,雜草多。蔡,上古清紐月部,本義爲野草,王筠《説文句讀》:"《玉篇》:'蔡,艸芥也。'"聲紐上,章太炎把見歸爲深喉音、把影歸爲淺喉音,兩者同類,而清爲齒音,與見、影不能相轉;韻部上,三者皆爲月部(章太炎歸爲泰部)。三者韻部同,聲紐半、蕆相近,蔡與其他不相近(可以視爲音通),義近,形異。

(5)《説文》:"火,燬也。象形。"變易爲焜,火也。爲燬,火也。(《文始二·陰聲脂部乙》,216頁)

按:火,上古曉紐微部(章太炎把微部歸入隊脂類),本義爲物體燃燒時産生的光和焰。焜,上古曉紐微部,本義爲火。燬,上古曉紐微部,本義爲火。三者音同、義同、形異。

(6)《説文》:"夂,從後至也。象人兩脛後有致之者。讀若黹。"古音如氐,變易爲氐,至也。(《文始二·陰聲脂部乙》,218頁)

按:夂,上古端紐脂部,本義爲從後至。氐,上古端母脂部,本義爲至、抵達,此義後作"抵"。兩者音同、義同、形異。

(7)《説文》:"尸,陳也。象臥之形。"變易爲屍,終主也。(《文始二·陰聲脂部乙》,220頁)

按:尸,上古書紐脂部,本義爲陳列,屍體往往放置陳列一段時間,故引申爲屍體,《左傳·隱公元年》:"贈死不及尸。"杜預注:"尸,未葬之通稱。"屍,上古書紐脂部,本義爲人或動物死後的遺體。兩者音同、義近、形異。

(8)《説文》:"尹,治也。從又、丿,握事者也。"此合體指事字也。轉諝變易爲君,尊也。從尹,口發號,故從口。(《文始三·陽聲真部乙》,248—249頁)

按:尹,上古喻紐文部(章太炎歸入真類),本義爲主管、治理。君,上古見紐文部(章太炎歸入諄類),本義爲古代大夫以上據有土地的各級統治者的通稱,後引申爲統治、治理,《管子·權修》:"君國不能壹民,而求宗廟社稷之無危,不可得也。"聲紐上,章太炎把喻紐歸入淺喉音,把見紐歸入深喉音,深喉淺喉爲同類;韻部上,真類、諄類在《成均圖》内爲"同列相比",故爲近旁轉。兩者音近、義近、形異。

通過以上對《文始》中"變易"8 條實例的分析,可以看出形音義在變易中的關係爲:1. 形皆異;2. 音同或音近,所舉 8 例音同 4 例(3、5、6、7),音近 4 例(1、2、4、8);3. 義同或義近,所舉 8 例義同 2 例(5、6),義近 6 例(1、2、3、4、7、8)。所以章太炎和黄侃雖都在變易中提及音同義同,但實際反映更多的是音近義通。根據以上分析,我們將形音義在變易的單獨用例中的關係表示爲:

	形	音	義
變易	異	通	通

（表四:《文始》變易實例中形音義的關係）

再看單獨用例中孳乳形音義的關係:

（1）《説文》:"貝,海介蟲也。象形。古者貨貝而寶龜。"對轉寒孳乳爲購,貨也。旁轉隊孳乳爲賁,飾也。(《文始一·陰聲泰部乙》,187 頁)

按:貝,上古幫紐月部(章太炎把貝歸入歌泰類),本義爲貝殼,後作爲貨幣,故引申爲貨幣義。購,上古明紐元部(章太炎歸入寒類),本義爲貨。賁,上古幫紐微部(章太炎歸入脂隊類),本義爲文飾。三者音近(同爲脣音,在《成均圖》内貝、購韻部正對轉,貝、賁韻部近旁轉)、義相通但明顯有區別、形異。

（2）《釋名》曰:"臂,裨也。在旁曰裨也。"臂即匕之變。孳乳爲壁,垣也。(《文始二·陰聲脂部乙》,224 頁)

按:臂,上古幫紐支部,本義胳膊。壁,上古幫紐錫部,本義墻壁。兩者音近(支、錫對轉)、義有明顯區別、形異。

（3）《説文》:"飛,鳥翥也。象形。"對轉諄孳乳爲奮,翬也。(《文始二·陰聲脂部乙》,225 頁)

按:飛,上古幫紐微部(章太炎歸入隊脂類),本義爲鳥在空中拍翅的動作。奮,上古幫紐諄部,本義爲高飛、疾飛。音上,聲紐相同,韻部上隊脂類和諄類正旁轉。義上,兩者有聯繫,但有所區別,前者爲普通的飛,後者爲高飛、疾飛。兩者音近、義有區別、形異。

(4)《説文》:"文,錯畫也。象交文。"孳乳爲彣,幟也。(《文始二·陽聲諄部丙》,231頁)

按:文,上古明紐諄部,本義爲(在肌膚上)刺畫花紋。彣,上古明紐諄部,本義爲錯綜駁雜的花紋或色彩。音上兩者相同,義上兩者有聯繫但有所區別,前者專指刺花紋或泛指各類花紋,而後者專指錯綜複雜的花紋。兩者音同、義有區別、形異。

(5)《説文》:"圭,瑞玉也。以封諸侯。从重土。古文作珪。"……孳乳爲規,有法度也。(《文始四·陰聲支部甲》,257頁)

按:圭,上古見紐支部,本義爲古代一種玉做的禮器,成長條形,上端三角形,下端正方形。規,上古見紐支部,本義爲法度,後又引申爲畫圓的工具。音上兩者相同,義上兩者有聯繫但區別明顯。兩者音同、義有明顯區別、形異。

(6)《説文》:"冖,覆也。从一下丞。"……冖又孳乳爲幦,鬃布也。(《文始四·陰聲支部甲》,267頁)

按:冖,上古明紐錫部(章太炎歸錫入支),本義爲覆蓋。幦,上古明紐錫部,本義爲漆布,後因漆布不透明,用來蓋物,故引申爲古代車前橫木上的覆蓋物。音上兩者相同,義上兩者有聯繫但主要表現在區別義上,冖泛指一切覆蓋物,幦專指漆布,後又專指車前橫木上的覆蓋物。兩者音同、義有區別、形異。

(7)《説文》:"吕,脊骨也。象形。"……對轉陽孳乳爲岡,山脊也。(《文始五·陰聲魚部甲》,279頁)

按:吕,上古來紐魚部,本義爲脊骨。岡,上古見紐陽部,本義爲山脊、山樑。聲紐上兩者差距較大,一爲舌音、一爲牙音(章太炎歸爲深喉音);韻部上魚、陽"二部同居"爲近轉。義上兩者有聯繫,皆指脊,但主要在於區別義上:前者專指人或動物的脊樑,後者專指山的脊樑。兩者音有別、義有別、形異。

　　（8）《説文》:"巨,規巨也。从工,象手持之。"……孳乳爲柧,
棱也。爲觚,觴受三升者也。其形亦柧,巨方有棱,故孳乳爲此。
(《文始五·陰聲魚部甲》,279—280 頁)

　　按:巨,上古羣紐魚部,本義爲規矩之矩,即木工的方尺。柧,上古見
紐魚部,本義爲棱角,也指有棱之木。觚,上古見紐魚部,本義專指古代
腹和足上有棱的青銅酒器。音上,羣、見皆爲牙音(章太炎歸爲深喉音),
義上三者有聯繫,但主要在於區別義上:巨專指木工的方尺,"巨方有
棱",故與柧産生聯繫;柧,專指棱角,也專指有棱的木;觚,專指腹和足
上有棱的青銅酒器①。三者音近、義有别、形異。

　　通過以上對《文始》中"孳乳"8 條實例的分析,我們可以發現形音
義在孳乳中的關係表現爲以下特點:1. 形異;2. 音通,在所舉 8 例中,有
3 例音同(4、5、6),4 例音近(1、2、3、8),1 例韻部近聲紐相差較大(7);
3. 義有聯繫但更多的表現在區别義上,有的是泛指和專指的區别(3、6),
有的是專指彼和專指此的區别(1、2、4、5、7、8)。章太炎在分析孳乳中
形音義的關係時認爲形異,同時"義自音衍",而黄侃則認爲是"聲通而
形、義小變",但綜合以上所舉數例,章、黄主要在"義"的歸納上出現了
問題。我們發現孳乳關係的數字在義上主要表現的是區别而不是相同,
這一點章太炎、黄侃都不曾提及(没有提及不代表他們不知道),而何九
盈在《中國現代語言學史》(修訂本)中對此則有論及:"這些例子説明:
屬於'變易'的同源詞所表示的概念相同或相近,屬於'孳乳'的同源詞
往往所表示的概念已有區别,詞義已由引申、分化爲獨立的詞。"②根據以
上分析,我們將形音義在孳乳的單獨用例中的關係表示爲:

	形	音	義
孳乳	異	通	有聯繫但主要表現 在區别義上

(表五:《文始》孳乳實例中形音義的關係)

---

①翻閲各大字典、辭書,觚皆定義爲腹和足上有棱的青銅酒器,其實不然。在國家歷史博物館
　展出了一套青銅製的觚,在商末和周朝觚的腹和足上是有棱的,然而在商早期觚的腹和足上
　是無棱的,這就證明各大字典、辭書對觚的定義是有問題的。關於這一問題的談論詳見本書
　第六章第三節第 13 組同源詞分析。
②何九盈著,《中國現代語言學史》(修訂本),商務印書館,2008 年,583 頁。

這樣,結合表四,我們就得出了《文始》中變易、孳乳單獨用例中形音義的關係,詳見下表:

	形	音	義
變易	異	通	通
孳乳	異	通	有聯繫但主要表現在區別義上

（表六:變易與孳乳在《文始》單獨用例中形音義的關係）

第三節　從變易、孳乳的綜合分析看形音義的關係

表六是我們把《文始》中的變易和孳乳分開來進行分析得出的形音義關係表,其實變易與孳乳就像轉注與假借一樣,是密不可分的,下面我們就把變易與孳乳放在一起研究,看看是否符合表六總結出的規律。我們以《文始》的第一條"干"條作爲研究對象(爲了區分方便,我們把變易字用一條下劃線標出,把孳乳字用兩條下劃線標出):

《説文》:"干,跨步也,从反夊。鬲從此。"案:鬲讀若過,干音亦同。變易爲過,度也。跨訓渡,與過訓度同。干訓跨,即初文過字甚明。旁轉魚則爲跨。所以跨謂之胯,股也。旁轉支則爲趌,半步也。所以趌謂之奎,兩髀之間也。近轉泰,則爲越,度也;爲迖,逾也。與于屬之粵相係。干在本部,又孳乳爲騎,跨馬也。古音如柯。以跨步故轉爲跨馬。又孳乳爲徛,舉脛有渡也。以跨故轉爲渡。騎又孳乳爲駕,馬在軛中也。《詩》《書》有駕無騎,然騎必先於駕。艸昧之初,但知跨馬,輿輪已備,乃有駕御爾。騎又孳乳爲罦,馬落頭也。其胯之衣則曰絝,脛衣也。變易爲襗,絝也。干奎之衣則曰褰,絝也。自歌對轉入寒。

干對轉寒則變易爲迁,過也。引申爲過失,孳乳爲辛,罪也;爲愆,過也,與干相係。

魚部之跨對轉陽,則孳乳爲航,方舟也。《詩》傳曰:渡也。航又孳乳爲橫,小津也,一曰,以船渡也。胯之孳乳爲絝,脛衣也。干與于歌魚旁轉,其所孳乳多相應。

　　泰部之越、迿，又孳乳爲蹶，一曰：跳也。由度越義，越又孳乳爲闊，疏也①。《釋詁》曰：闊，遠也。闊又變易爲歲，空大也。對轉寒爲寬，屋寬大也。蹶又孳乳爲趣，蹴也；爲跋，輕足也；爲逝，疾也；爲娀，輕也。亦皆與粵相係。寬又孳乳爲愃，寬閒心腹貌；爲懁，愉也。②

黃侃在《聲韻通例》中把這組字中的變易與孳乳做成下圖③：

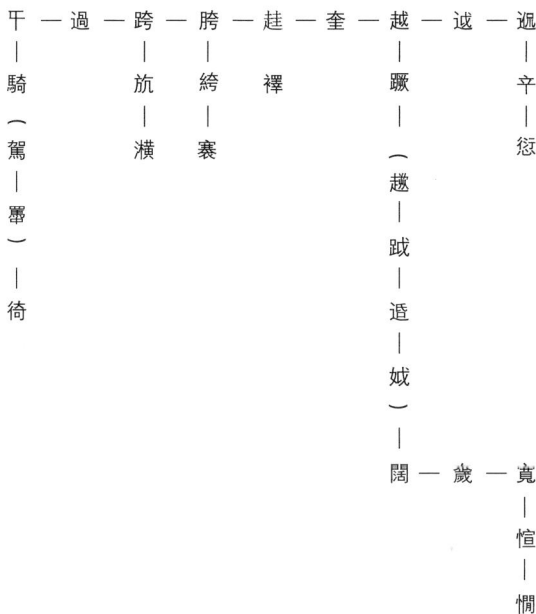

```
干 ― 過 ― 跨 ― 胯 ― 趌 ― 奎 ― 越 ― 迿 ― 逈
│           │    │         │         │
騎          骻   綺        蹶        辛
（駕        澋   褰        │         │
│                        （越       悆
罵）                      │
│                        跋
徛                        │
                         逝
                         │
                         娀）
                          │
                         闊 ― 歲 ― 寬
                                   │
                                   愃
                                   │
                                   懁
```

(圖六)

　　現在我們對這組字的變易與孳乳進行綜合分析，看看它是否符合表六總結的形音義在變易與孳乳過程中的關係。首先看綜合用例中變易形音義的關係。

　　先看第一橫列，共舉 9 字，其中後 8 字皆是"干"的變易字，而不是

①上海人民出版社《文始》此句句讀爲"由度越義越，又孳乳爲闊，疏也"，誤，第二個"越"當屬下句。
②《章太炎全集》（七），上海人民出版社，1999 年，168—169 頁。
③本圖見《黃侃論學雜著·聲韻通例》，上海古籍出版社，1980 年，172 頁。該圖順序原爲從右往左，從上往下，其中變易爲橫列，孳乳爲豎列，變易關係從右往左，孳乳關係從上往下。爲了符合現代書寫和閱讀習慣，我們將從右往左改爲從左往右，這樣變易關係也相應地改爲從右往左，其他不變。

互爲變易的關係。疋，爲《説文》中之獨體，《文始》定其爲初文。疋，本義爲跨過，《説文·夊部》：“疋，跨步也。”過，本義爲經過，《説文·辵部》：“過，度也。”《論語·憲問》：“子擊磬於衛，有荷蕢而過孔氏之門者。”吳善述《説文廣義校訂》：“過本經過之過，過从辵，許訓度也。度者，過去之謂，故過水曰渡，字亦作度。”疋變易爲過，在語音上，疋上古溪紐歌部，過上古見紐歌部，韻部相同，溪、見同爲牙音。意義上兩者義近，一爲“跨過”、一爲“經過”，而黃侃認爲是同義，這樣就成爲了或體，“跨步義與度義非有殊，故曰變易；明過即疋之異體也。”

　　跨，本義爲越過，《説文·足部》：“跨，渡也。”《段注》：“謂大其兩股間，以有所越也。”《左傳·昭公十三年》：“康王跨之。”杜預注：“過其上也。”《洪武正韻·禡韻》：“跨，越也，足過也。”疋又同“跨”。徐鍇《説文解字繫傳·疋》：“反夊是不致閡，故反夊爲跨。”邵瑛《説文解字羣經正字·疋》：“疋、跨，古今字，其實一也。今經典統作跨。”疋變易爲跨，在語音上，疋上古溪紐歌部，跨上古溪紐魚部，歌、魚章太炎在《成均圖》中認爲是次旁轉。意義上兩者同義。故兩字當爲或體。黃侃的分析亦把其看做是或體，“跨，亦疋之異體也。跨，古化反；本音在模韻，苦姑切（古去聲或讀平，或讀入，從其本音）。此以雙聲旁轉。”

　　胯，本義爲兩大腿之間，《説文·肉部》：“胯，股也。”《段注》：“合兩股言曰胯。”《廣韻·麻韻》：“胯，兩股間也。”另外，胯同“跨”，表示分開兩腿坐或者騎。《字彙·肉部》：“胯，與跨同。”跨、胯一爲動詞、一爲名詞，黃侃言：“古者，名詞與動詞、静詞相因，所從言之異耳。段君注《説文》，每加所以字，乃别名詞于静、動詞，其實可不必也。即如跨、胯二音，其初固同，其後乃分爲二。自跨之物言之，則曰胯；自跨之事言之，則曰跨。”其實上古名詞、動詞相因的例子數不勝數，如“名：命”，《章太炎説文解字授課筆記》“名”字條朱希祖的記錄是：“或以爲名與命同。”①

　　而“跨：胯”同源也同樣符合“名：命”同源的理據，可見“跨”“胯”作爲動詞、名詞相因是有理論依據的，即可認爲“跨”是源詞，“胯”是派生詞，這樣雖然符合詞義的發展規律，但是卻不符合章太炎《文始》“疋”字條的變易層次。在“疋”字條中“跨”“胯”同爲“疋”的變易字，而

①《章太炎説文解字授課筆記》，中華書局，2008年，64頁。

“胯”不是“跨”的變易字，如果是，“跨：胯”就屬於二級變易了（關於變易、孳乳的層次下文將作詳細論述），既是一級變易，又是二級變易，這顯然是不符合邏輯的，所以這就是《文始》的理論和實際操作間的矛盾之一。

赿，本義爲半步，《説文·走部》：“赿，半步也。”赿同“跬”，《玉篇·走部》：“赿，半步也，舉一足也。與跬同。”干變易爲赿，在語音上，干上古溪紐歌部，赿上古溪紐支部，歌、支章太炎在《成均圖》中認爲是次旁轉。意義相近，一爲跨步、一爲跨半步，黄侃則認爲兩字意義没有區別，但兩字不爲或體，而爲變體，其言：“半步與跨步，義非有殊，故曰變易；明赿亦干之變體也。”

奎，本義爲胯，《説文·大部》：“奎，兩髀之閒。”桂馥《説文解字義證》：“‘兩髀之間’者，《廣雅》：‘胯，奎也。’”章太炎《新方言·釋形體》：“今吴越間皆謂兩髀間爲奎裏。”奎與赿，一名與一動，黄侃認爲兩字是或體，“奎、赿，亦一名一動，與胯、跨爲一名一動同。”

越，本義度過、跨過，《説文·走部》：“越，度也。”李富孫《説文辨字正俗》：“越訓度，與過字義同。”《六書故·人九》：“越，踰越險阻也。”干變易爲越，在語音上，干上古溪紐歌部，越上古疑紐月部（章太炎把月部歸入歌泰類），干、越，同爲牙音（章太炎歸爲深喉音），同爲歌泰類，爲近轉。意義上兩者同義。故兩字當爲異體字。黄侃認爲兩字爲或體，“此亦變易也；明越爲干之異體。”

逑，本義逾越，《説文·辵部》：“逑，踰也。从辵戉聲。《易》曰：‘雜而不逑。’”逑又同“越”，趙宧光《説文長箋》：“逑越二字音聲訓義皆通。”干變易爲越，又因爲“逑”同“越”，所以干亦變易爲逑，而兩字也當爲或體。黄侃認爲兩字爲或體，“逾與度義同，逑亦干之異體。”

逈，本義爲經過，《説文·辵部》：“逈，過也。”《段注》：“本義此爲經過之過。”李富孫《説文辨字正俗》：“逈爲行之過。”干變易爲逈，在語音上，干上古溪紐歌部，逈上古溪紐元部（章太炎把元部歸入寒類），聲紐相同，韻部歌泰、寒在《成均圖》中爲陰陽相對，屬正旁轉。兩者意義相同。故干、逈當爲或體。黄侃認爲兩字爲或體，“逈之本義爲過度之過；其訓爲過失之過，乃引申之義；故以逈爲干之異體。”

經過對“干—過—跨—胯—赿—奎—越—逑—逈”這組變易字的

分析,我們發現這九個字在音義關係上皆是音近義同或音近義近,在形上其中有 7 組(亍與過、跨、胯、越、迖、迴)被黃侃認爲是或體字,有 2 組(亍與赾、奎)被其認爲是變體字。或體字、變體字是否相同、有何區別還不得而知,但經過比較,黃侃所説的或體字和變體字基本上是一致的。黃侃把變易之例分爲三:一爲"字形小變";二爲"字形大變,而猶知其爲同";三爲"字形既變,或同聲,或聲轉,然皆兩字,驟視之不知爲同"①。上文分析的這組變易字肯定不屬黃侃認爲的第一種變易,因爲第一種變易爲"上:丄:𠄞""中:𠔿""弟:𢎨",這一類是因爲文字發展出現的不同字體,這些字體筆劃或偶增或偶減,但其實都是無意義的增減,本義是完全一致的。這組變易字也不屬黃侃認爲的第二種變易,因爲第二種變易爲"冰:凝""求:裘""杭:抗",這一類後世以爲是兩個字,而《説文》以爲是"重文"。還有一種是《説文》雖不説"重文",但實際上可以視作是一字,如"祀:禩""瓊:琁"。其實在上面這組變易字中如果把"跨:胯""赾:奎""越:迖"視爲變易字,它們是符合黃侃説的第二類變易的,但實際上他們不互爲變易,而是"亍"的變易,即"亍:跨""亍:胯""亍:赾""亍:奎""亍:越""亍:迖""亍:迴"這一形式,這肯定是不符合黃侃説的第二類變易。這樣一來這組變易字只符合黃侃提出的第三類變易字了,即"凶、顛、頂、題"皆爲"天"的變易,"亏、乎、兮、余、粂、粵"皆爲"丂"的變易,這類字是"《説文》不言其同,吾儕驟視亦莫悟其同也",然其實是"而聲或尚同,或已轉;使推其本原,固一字也。後世造字,因聲小變而別造一文,又此例之行者也"。而"亍—過—跨—胯—赾—奎—越—迖—迴"正符合這一類變易,它們在聲紐上皆爲牙音(章太炎認爲是深喉音)、韻部上皆可相轉,而且韻部都較近、意義上都是相同或相近,仔細分析,皆是"推其本原,固一字也"。

　　再看"綺—襗"這組變易字。綺,本義爲褲套,《説文·糸部》:"綺,脛衣也。"《段注》:"今所謂套袴也。左右各一,分衣兩脛。古之所謂綺,亦謂之裏,亦謂之襗。"襗,本義爲套褲,《説文·衣部》:"襗,綺也。"《段注》:"綺者,脛衣也。"王筠《説文句讀》:"《玉篇》:'袴也'。袴即綺之俗體。他書未有以襗爲綺者。"在意義上兩字完全一致,皆爲套褲。在語

---

①詳見《論變易孳乳二大例上》,載黃侃撰,《黃侃論學雜著》,上海古籍出版社,1980 年,6 頁。

音上韻部相轉，一爲魚部、一爲鐸部，魚、鐸對轉，章太炎則把鐸部（入聲）歸入魚部（陰聲），在《成均圖》中同屬於魚類，聲紐上差距較大，綺爲溪紐、襗爲定紐，一爲牙音（深喉音）、一爲舌音，在章太炎的《紐表》中很難相轉，但黄侃認爲溪、定是可以相轉的，其言："襗，徒各切；此本音也，鐸爲模入。此以牙音舒作舌音。"所以黄侃認爲"綺""襗"爲或體，"此明襗即綺之異文"。把"綺""襗"視爲或體，在意義上分析是沒有問題的，但是在音上其實是有問題的，語音相差較大但章太炎仍把其視爲變易字（同源詞），這也是《文始》不可回避的一個問題[①]。

最後看"闊—奯—寬"這組變易字。闊，本義爲疏遠，《説文·門部》："闊，疏也。"《爾雅·釋詁上》："闊，遠也。"邢昺《爾雅疏》："闊者相疎遠也。"奯，本義爲孔竅大，《説文·大部》："奯，空大也。"王筠《説文句讀》："空音孔，謂孔竅大也。"寬，本義爲房屋寬敞，《説文·宀部》："寬，屋寬大也。"後引申爲廣闊、面積大。《字彙·宀部》："寬，廣也。"在語音上，闊上古溪紐月部（章太炎把月歸入歌泰類）、奯上古曉紐月部、寬上古溪紐元部（章太炎把元部歸入寒類），聲紐上溪（深喉音）、曉（淺喉音）爲同類，韻部上歌泰、寒陰陽相對爲正旁轉。三者在意義上又相近。故可視爲是變易字。黄侃認爲"闊""奯"當爲變易："空大與疏遠，義非有殊，故爲變易；豁訓通，與空大義相似，故附之。此下不以爲正文者，豁字别有所系也。奯，呼括切，此本音也。與闊，爲喉、牙相轉。豁、奯切同。"這裏黄侃不僅認爲"闊""奯"變易，還證明了"闊""豁"變易。而"闊""寬"黄侃則認爲當爲孳乳："此（筆者注：闊與寬）當言孳乳也。言屋寬大者，與凡寬大固有殊，故宜以爲孳乳字。"黄侃認爲是孳乳，而章太炎認爲是變易，這就給我們帶來了一個問題，即如何判斷一組字的衍變關係是變易還是孳乳。我們從黄侃分析《文始》的用語來看"義非有殊"指向變易，"有殊"指向孳乳，即詞義相同謂之變易、詞義有别謂之孳乳。黄侃的區分標準對不對，章太炎和黄侃孰對孰錯，這要把孳乳研究完後才能有答案。

下面我們開始分析《文始》綜合用例中孳乳形音義的關係。

先看"干—騎—徛"條。干的本義爲跨過，上面已有過分析，兹不贅

①如果從複輔音的角度去分析，又另當别論。關於這一點，可見本書第五章"章太炎的音轉理論"章尾注。

述。騎，本義爲跨馬、騎馬，《説文·馬部》："騎，跨馬也。"《段注》："兩髀跨馬謂之騎，因之人在馬上謂之騎。"徛，本義爲放在水中用以過河的石頭，一説渡橋，《爾雅·釋宫》："石杠謂之徛。"郭璞注："聚石水中，以爲步渡彴也。……或曰今之石橋。"《説文·彳部》："徛，舉脛有渡也。"徐鍇《説文解字繫傳》："即溪澗夏有水冬無水處，横木爲之，至冬則去，今曰水彴橋。"可見，徛即跨水也。丂本義跨過，騎本義跨馬，徛本義跨水，三者在意義上有所聯繫但又有區別，丂指代一切跨的動作，騎專指跨馬這個動作，徛專指跨水這個動作。在語音上，丂上古溪紐歌部、騎上古羣紐歌部、徛上古見紐歌部，皆爲牙音（深喉音）歌部。三者音近義通，是爲孳乳。黄侃在分析這組孳乳字時，也是著重分析了三者意義上的區別，"騎可以言跨，凡跨不可言騎；是二字義界通局有分，故曰孳乳；明因義殊而別造一字也""渡水之跨（筆者注：即徛），與凡跨所從言寬狹亦殊，故曰孳乳"。三者在意義上的區別用黄侃的話就是"義界通局有分"，這也是孳乳與變易最大的區別。

　　再分析"騎—駕—羈"這組孳乳字。騎，本義爲跨馬、騎馬，上文已作分析。駕，本義爲把車套在馬身上。《説文·馬部》："駕，馬在軶中。"《段注》："駕之言以車加於馬也。"後從專門的套馬引申爲套其他一切牲口，《釋名·釋車》："羸車，羊車，各以所駕名之也。"罵（羈），本義爲馬絡頭，《説文·网部》："罵，馬絡頭也。"《廣雅·釋器》："羈，勒也。"後引申爲約束、拘束，《漢書·司馬遷傳》："僕少負不羈之才，長無鄉由之譽。"顔師古注："不羈，言其材質高遠，不可羈繫也。"騎本義騎馬、駕本義套馬、罵（羈）本義指套馬的工具，三者在義上有聯繫但區別是主要的，而這組字和"丂—騎—徛"組孳乳字在義上也是有聯繫，但區別卻是主要的，"騎—駕—羈"組孳乳字其核義素①應當是"約束"，"丂—騎—徛"組孳乳字其核義素應當是"跨過"。在語音上，騎上古羣紐歌部、駕上古見紐歌部、罵（羈）上古見紐歌部，在聲紐上三者皆爲牙音（深喉音）、在韻部上皆

---

① "核義素"是義素分析法中重要的組成部份，義素分析法是王寧將西方詞義學的義素概念引入漢語詞源學研究中而形成的一種新穎的、可操作性强的同源詞詞義關係的分析方法。王寧從詞義結構的角度出發，把漢語詞義的内部因素區分爲表層意義和深層意義，表層主要體現在詞的使用意義上，深層主要體現在詞的隱含意義上。王寧把詞的深層隱含意義稱作"核義素"或"源義素"，它是詞義中體現詞義特點的部分，是小於義位（義項）的單位；而把詞的表層使用意義稱作"類義素"，它是體現詞的事物類别的部份，它也是小於義位（義項）的單位。

爲歌部(歌泰類)。三者音近義通,是爲孳乳。黄侃對這組孳乳字没有做意義上的分析,而只做了語音上的分析。

　　再分析"跨—舫—澫"這組孳乳字。跨,本義爲越過,上文已有分析。舫,本義爲方舟、兩船相並。《説文·方部》:"舫,方舟也。《禮》:'天子造舟,諸侯維舟,大夫方舟,士特舟。'"徐鍇《説文解字繫傳》:"方,竝也。方舟,今之舫,竝兩船也。造,至也,連舟至他岸。維舟,維連四船。特舟,單舟。"船爲渡水之工具,故引申爲渡水。《段注》:"《衛風》:'一葦杭之。'毛曰:'杭,渡也。'杭即舫字。《詩》謂一葦可以爲之舟也。舟所以渡,故謂渡爲舫。……舫,亦作航。"《後漢書·杜篤傳》:"造舟于渭,北舫涇流。"李賢注:"舫,舟度也。"澫,本義爲渡口、小津口,《説文·水部》:"澫,水津也。"《段注》:"謂渡之小者也,非地大人衆之所。"後又引申爲"用船渡河"義和"渡船"義。三者意義上有聯繫但區别是主要的,跨泛指一切越過,舫專指渡水,澫專指渡水的渡口。在音韻上,跨上古溪紐魚部、舫上古匣紐陽部、澫上古匣紐陽部,聲紐上溪、匣皆爲喉音,魚、陽對轉(在《成均圖》中魚、陽陰陽相對,爲正對轉。),三者音近義通,是爲孳乳。這裏黄侃對澫爲變易還是孳乳提出了質疑,"此(筆者注:澫)從本義言之,則爲舫之孳乳;若從别義言之,則爲舫之變易"。我們來分析黄侃這段話。澫,本義爲渡口、小津口;别義(引申義)有二,一爲用船渡河,《説文·水部》:"澫,以船渡也。"一爲渡船,《方言》卷九:"方舟謂之澫。"郭璞注:"揚州人呼渡津舫爲杭,荆州人呼澫。"舫本義爲渡船,舫的"渡船"義可以引申爲澫的"渡口"義,這是孳乳没有問題。而舫的"渡船"義與"澫"的别義(引申義)"渡船"義一致,那看似符合章太炎説的變易例,但其實是不符合的。按照黄侃所説分析的,即會出現下圖的情況:

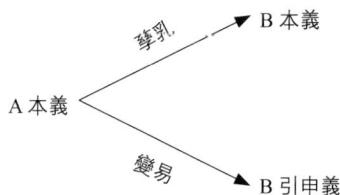

（圖七）

　　但我們知道所謂變易,應該是在本義與本義的基礎上發生變易,從而産生出的異體字(或體字),如上文分析的諸多變易例:"干—過""干—跨""干—胯""闊—㝩"等等,皆是本義到本義的孳乳,從而産生或體字的過程。所謂"音義相讎""改易殊體",這裏"義"指的是字的本義,"殊體"指的是或體字。而只有孳乳才可能出現 A 的本義與 B 的引申義發生關係的情況,而黄侃分析的是�германiThe旅(A)的本義與瀸(B)的別義(引申義)發生變易關係,這顯然是錯誤的。

　　再分析"胯—絝—褰"這組孳乳字。胯,本義爲兩大腿之間。絝,本義爲套褲。胯、絝兩字的本義在上文已作分析,兹不贅述。褰,本義亦爲套褲,《説文·衣部》:"褰,絝也。"《左傳·昭公二十五年》:"公在乾侯,徵褰與襦。"杜預注:"褰,袴。"在意義上,胯專指胯部,即兩大腿之間;絝、褰同義,皆專指套褲①。"絝"、"褰"與"胯"意義上有聯繫,但區别是主要的。在語音上,胯上古溪紐魚部、絝上古溪紐魚部、褰上古溪紐元部(章太炎把元部歸入寒類),三者聲紐皆爲溪紐,韻部上魚類次旁轉爲歌泰類、再正對轉爲寒類,這樣的通轉符合《成均圖》中"凡自旁轉而成對轉爲次對轉"的原則。三者音近義通,是爲孳乳。而黄侃在分析這組孳乳字是也著重於意義上的區别:"此(筆者注:胯孳乳爲絝)孳乳也。傅胯之衣,名因於胯,而實不同物,故爲孳乳。"

　　再分析"越—蹶—闊"這組孳乳字。越,本義爲度過、跨過,上文已作分析。蹶,跳也,《説文·足部》:"蹶,跳也。"闊,本義爲疏遠,上文亦作過分析。三者在意義上是有聯繫但是區别是主要的。越泛指一切度過的動作,蹶專指跳著度過這個動作,而闊表示度過這個動作完成後的結果,即變得(疏)遠。在語音上,越上古疑紐月部(章太炎把月部歸入歌泰類)、蹶上古見紐月部、闊上古溪紐月部,三者聲紐皆爲牙音(深喉音)、韻部皆爲月部(歌泰類)。故三者音近義通,是爲孳乳。而黄侃也著重分析了這組孳乳字在意義上的區别,"跳亦逾度之類,而通局有殊,故别造一字""遠與越義相因,而所施各異;越以言其事,闊以狀其形;動静有

_____

① 其實絝、褰亦有區别,區别主要表現在兩者的引申義上。絝後引申爲絆絡,《玉篇·糸部》:"絝,絆絡也。"《後漢書·廉范傳》:"不禁火,民安作,平生無襦今五絝。"褰後引申爲撩起、提起,《字彙·衣部》:"褰,揭衣。"《詩經·鄭風·褰裳》:"子惠思我,褰裳涉溱。"鄭玄箋:"揭衣渡溱水。"

殊,故別造一字也"。這種在詞性上的區別如果用義素分析法的話,那麽可用孟蓬生主張用範疇義素代替類義素的分析方法①,"越:闊"的核義素爲"度過",範疇義素前者爲"動作範疇"、後者爲"形狀範疇"。(上文的"跨:胯"亦可用此種義素分析法。)

　　再分析"蹷—趌—跂—迲—娍"這組孳乳字。蹷,跳也。(其實蹷的本義並不是跳,而是僵僕、跌倒,黄侃對此分析爲:"此但引別義者,以本義爲僵,當系夶字也。"其實,僵義、跳義相反引申亦未嘗不可。)趌,本義爲跳躍貌,《説文・走部》:"趌,蹷也。"《段注》:"趌,跳起也。《足部》曰:楚人謂跳躍曰蹷。"慧琳《一切經音義》卷九十七引《考聲》:"趌,謂跳起兒也。"跂,本義爲一腳行,《説文・足部》:"跂,輕也。"桂馥《説文解字義證》:"輕,當作蹩。……昭二十六年《左傳》:'苑子刜林雍,斷其足,蹩而乘於他車以歸。'杜云:'蹩,一足行。'傳作蹩,借字也。"此動作相當於江淮官話中的[kəʔ],表示單足跳。迲,本義爲疾,《説文・辵部》:"迲,疾也。"同"迁",《集韻・末韻》:"迲,隸作迁。"《正字通・辵部》:"迲,迁本字。"娍,本義爲輕揚,《説文・女部》:"娍,輕也。"《廣雅・釋詁三》:"娍,輕也。"王念孫《廣雅疏證》:"娍之言越也。……《爾雅》:'越,揚也。'是娍與越同義。"五者在意義上有聯繫但區別是主要的,蹷泛指一切跳,趌專指跳躍的樣子,跂專指一腳跳,迲(迁)專指速度快(跳的速度比正常行走的速度要快),娍專指輕揚。在語音上,蹷上古見紐月部(章太炎把月部歸入歌泰類)、趌上古見紐月部、跂上古曉紐月部、迲上古見紐月部、娍上古疑紐月部,在聲紐上五者皆爲喉音(見、疑紐爲深喉音,曉紐爲淺喉音,深喉淺喉章太炎視爲同類),在韻部上皆爲月部(皆爲歌泰類),所以音近。五者音近義通,是爲孳乳。但是黄侃對於"蹷"孳乳爲"趌"是存在質疑的,其言:"謹案蹷訓蹷,蹷訓跳躍;此當言蹷變易爲趌。或蹷字,爲越字之誤與?"黄侃認爲"蹷"與"趌"不是孳乳的關係而是變易的關係,兩字當爲或體字。但其實兩字是有區別的,正如上文分析的,前者爲泛指一切跳躍,後者專指跳躍的樣子,但是跳躍和跳躍貌有没有必要進行區分,這也是值得商榷的,所以黄侃的觀點不能説對也不能説不對,這就要看研究的著眼點是什麽了,這也是不

---

①如果分析對象不像王寧在義素分析法中所舉的同一詞性的同源詞,而是由不同詞性構成的一組同源詞時,孟蓬生主張用範疇義素代替類義素。

好明確是變易還是孳乳的關鍵所在。而對於其他幾個字,黄侃則認爲是孳乳無疑,"越者,舉足必輕;義本相因,而所施各異,故別造一字。越、跋切同""越、疾義亦相因,所施各異,故別造一字"。

再分析"逳—辛—愆"這組孳乳字。逳,本義爲經過,上文已有分析。辛,本義爲罪過,《説文·辛部》:"辛,辠也。讀若愆。"《段注》:"辠,犯法也。"愆,本義爲超過,《説文·心部》:"愆,過也,"徐灝《説文解字注箋》:"過者,越也;故引申爲過差。""逳—辛—愆"爲孳乳不是在字的本義上發生了孳乳,而是在字的引申義上發生了孳乳。逳本義經過,引申出過失義,《段注》"逳"字條下云:"愆、諐、譽爲有過失之過,然其義相引伸也,故《漢書·劉輔傳》云:'元首無失道之逳。'"黄侃亦言:"逳之本義爲過度之過;其訓爲過失之過,乃引申之義。"而愆的過失義亦由本義"超過"引申而來,《玉篇·心部》:"愆,過也。"《增修互注禮部韻略·僊韻》:"愆,辠也。"《三國志·蜀書·諸葛亮傳》:"街亭之役,咎由馬謖,而君引愆。"這組孳乳字是有問題的,第一它們在字義上的聯繫較爲牽强,不是本義相互聯繫,而是引申義相互聯繫,而且它們本義與引申義的關係是本字與假借的關係,本來就没太大聯繫;第二逳、愆兩字本義也一樣,引申義也一樣,那與其説它們是孳乳關係不如説是變易關係。

最後分析"寬—愃—憪"這組孳乳字。寬,本義爲房屋寬敞,上文已有分析,後引申爲一切寬大,與"狹"相對,《字彙·宀部》:"寬,大也。"《正字通·宀部》:"寬,廣也。"愃,本義爲心廣體胖之貌,《説文·心部》:"愃,寬嫺心腹兒。"王筠《説文釋例》:"寬閑心腹,猶云心廣體胖。"《玉篇·心部》:"愃,寬心也。"憪,本義爲愉悦。《説文·心部》:"憪,愉也。"《段注》:"許云愉者,即下文愉愉如也之愉,謂憪怕之樂也。"三者在意義上有聯繫但主要是在區別上,寬專指房屋寬敞,後泛指一切寬廣;愃,專指心寬體胖貌;憪,專指心寬後愉悦貌。在音韻上,寬上古溪紐元部(章太炎把元部歸入寒類)、愃上古心紐元部、憪上古匣紐元部,三者在聲紐上有差距,溪、匣較近,皆爲喉音,但心紐與溪、匣較遠,一爲齒音、一爲喉音;韻部上,三者皆爲元部(寒類),所以三者聲有别而韻部相同。三者聲遠韻同義通,是爲孳乳。黄侃亦著眼於三者意義上的區別,"愃,專就人事言,故別造一字""愉樂因於寬閒;語相因而義有通局,故別造一字"。

通過研究《文始一》中"干"字條的變易與孳乳,我們發現變易只有

一種情況,就是:

A 本義→B 本義

因爲變易字在章太炎、黃侃看來是或體字,即所謂"改易殊體"。或體字就是除了字形不一樣外,音、義皆一致,那義只能在字的本義上一致,而不能在引申義上一致,不然變易就太多了,並與孳乳產生混淆。而孳乳有三組情況:

第一組:A 本義→B 本義

第二組:A 本義→B 引申義

第三組:A 引申義→B 引申義

在上文舉的 8 例孳乳例中,最多的孳乳例是第一組,爲 6 例:

亐—騎—徛

騎—駕—羂

胯—綺—褰

越—蹶—闊

蹶—趨—跂—趏—妭

寬—愃—憪

第二組 1 例,爲:

跨—航—澫

按:航從本義"方舟"引申爲"渡船"後才成爲"跨"的孳乳字,澫從本義"渡口"引申爲"渡水"後才能成爲"跨"的孳乳字;

第三組 1 例,爲:

逊—愆

按:逊的本義爲經過,後來"經過"之"過"引申爲"過失"之過,而"愆"本義爲超過,後來"超過"之"過"引申爲"過失"之"過",這樣逊、愆才發生了孳乳。

通過實際的操作與分析,我們發現比起變易來,雖然孳乳會出現三種情況(本義到本義,本義到引申義,引申義到引申義),看上去比變易複雜得多(本義到本義),但其實是比較容易區分的:孳乳首先得符合音近的原則,同時在義上表現爲互爲孳乳的幾個字意義有聯繫但區別是主要的,換句話說就是核義素是一樣的,但類義素(範疇義素)是不一樣的。而變易看上去只有一種情況的出現,但其實區分起來是比較困難的,首先得符合音近（最好是音同）的原則，另外要在互爲變易的幾個字的本義上進行分析，其實本義完全相同的字是很少的，總會有一些微別，如果牽强附會，那就會顯得不嚴謹，這也是《文始》中存在的一個問題。比如"旅—潕"，章太炎認爲是孳乳、而黄侃認爲既是孳乳又是變易；再比如"蹴—趣"，章太炎認爲是孳乳、而黄侃認爲是變易。對此問題何九盈進行了精闢的論述：

> 按照章氏自己下的定義，看他對"變易"和"孳乳"的具體運用，有些例子也很難講得通。如"永"變易爲"羕"，這是對的，《説文》對二字的釋義都是"水長也"（且不論永是否泳的本字）。變易爲"渠"，這就與概念不符，因爲"永"與"渠"的意義並不"相雠"，變易爲"巠"也不妥。《説文》："巠，水脈也。"大抵談孳乳易，談變易難。[1]

綜上所述，變易與孳乳是新字産生、詞義發展必不可少的兩個環節和必然規律，它們既有同又有異。同在字音上要相同或相近，在字義上都有相同的成份；異在變易上最重要的是確定字義（本義）的相同，而孳乳上最重要的是尋找字義的區别。互爲變易的幾個字往往是義同的，而互爲孳乳的幾個字往往在概念上已有了區别，並通過引申已形成了較爲獨立的詞。這樣一來我們也可以回答本部份開始時提出的問題，即我們表六總結的變易與孳乳中形音義三者的關係是否正確，通過以上的分析，我們覺得在較爲理想的情況下表六可以改進成下表的形式：

	形	音	義
變易	異	同或近 （同爲主）	確定本義的相同
孳乳	異	同或近 （近爲主）	有聯繫但主要表現 在區别義上

（表七）

當然表七是較爲理想的情況，但是在實踐中總會碰見這樣或那樣的問題，到時就不能按照表七的内容去一一對應了，只有通過嚴謹的分析，才能得到每一組變易、孳乳字中相應的形音義的關係。

---

[1]何九盈著，《中國現代語言學史》（修訂本），商務印書館，2008年，583頁。

第四節　變易、孳乳發展的層次

一　同一語源變易、孳乳發展的層次

通過對《文始一》"干"字條的分析，我們會發現 3 組變易、8 組孳乳並不是在同一時間進行的，換句話説，變易和孳乳的發展是有層次性的。在這一部份中，我們亦從"干"字條出發，嘗試總結出變易、孳乳發展的層次。首先回到圖六：

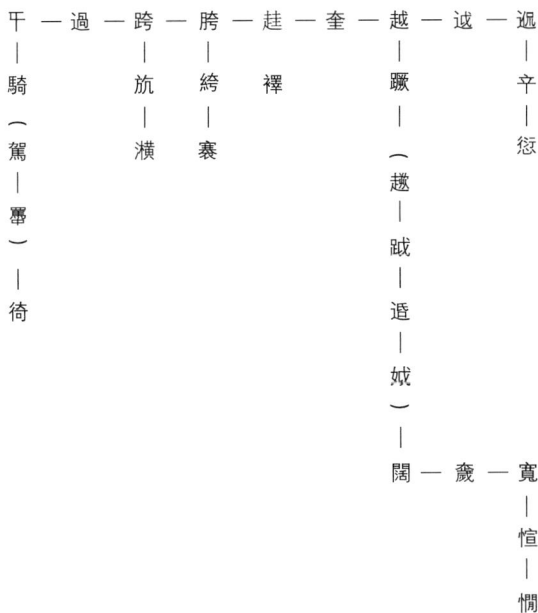

```
干 ─ 過 ─ 跨 ─ 胯 ─ 趌 ─ 奎 ─ 越 ─ 远 ─ 迻
│             │    │         │              │
騎           𣎵   綺   襌     蹶             辛
（                 │    │     │              │
駕                 横   襄    （趑           惢
│                            │
輦                            跊
）                            │
│                            逬
猗                            │
                             妮
                             ）
                             │
                             闊 ─ 㽂 ─ 寬
                                      │
                                      悺
                                      │
                                      憪
```

（引前圖六）

在上圖中，我們把第一橫列稱爲"一級變易"，把"綺─襌""闊─㽂─寬"稱爲"四級變易"，把第一直列（除括號内的）稱爲"一級孳乳"，把第一直列中括號内的稱爲"二級孳乳"，把其他直列（除括號内的和"寬"列）稱爲"三級孳乳"，把其他直列中括號内的稱爲"四級孳乳"，把"寬"列稱爲"五級孳乳"。所謂"一級變易"就是由某一個初文或準初文直接變易出的新字，所謂"一級孳乳"就是由某一個初文或準初文直接孳乳出的新字，所謂"二級孳乳"就是通過"一級孳乳"後再通過孳乳而出現的新字，所謂"三級孳乳"就是通過"一級變易"後再通過孳乳而

出現的新字,所謂"四級孳乳"就是通過"三級孳乳"後再通過孳乳而出現的新字,所謂"四級變易"就是通過"三級孳乳"後再通過變易而出現的新的字,所謂"五級孳乳"就是通過"四級變易"後再通過孳乳而出現的新字。上表中没有"二級變易"和"三級變易"這個過程,不是因爲我們忽略了,而是因爲在這組字中確實不存在"二級變易"和"三級變易",如果在"一級孳乳"後再通過變易而出現的新字就稱爲"二級變易",在"二級孳乳"後再通過變易而出現的新字就稱爲"三級變易",表現在圖六中即:在出現"騎"後再有變易是爲"二級變易",在出現"駕""罵"後再有變易是爲"三級變易"。其實這組字的變易和孳乳是一個比較複雜的過程,如果用圖表示則爲:

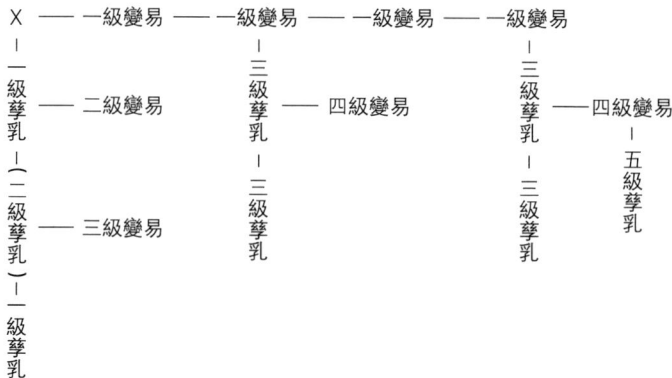

（圖八）

其中 X[①] 代表某一個初文或者準初文,而"二級變易"和"三級變易"這兩個過程雖然在圖六中没有,但其實在理論上是存在的,所以亦列入圖八中,這也是爲什麽圖六中只出現"四級變易"這個過程的原因。通過對《文始》諸例的分析,我們發現變易、孳乳的層次複雜與否直接取決於各級變易和孳乳是否又出現新的變易與孳乳,如果没有,變易、孳乳的複雜層度將大幅度降低。舉例説明:

> 《説文》:"水,準也。北方之行。象衆水並流,中有微陽之氣也。"孳乳爲沝,二水也。或曰沝即水字。水所以取平,故近轉隊孳

---

① 在這裏,我們默認變易和孳乳都是來自同源的,即同一個初文或準初文,當然這也是主要的變易與孳乳。但是在實際操作中,我們還發現有多源的變易與孳乳,這點我們將在下文作簡單分析。

乳爲準，平也。準對轉諄孳乳爲埻，射臬也。臬者，射準的也。水又
對轉諄孳乳於食爲飧，《説文》訓餔，《字林》訓以水澆飯，《釋名》亦
曰"投水于中"。（《文始二·陰聲脂部乙》，221 頁）

這條材料相對與"干"字條要簡單很多，只存在孳乳而不存在變易，孳乳
中只有一級孳乳和二級孳乳兩個過程，一級孳乳爲"水—㳷—準—飧"，
二級孳乳爲"準—埻"。

再如：

> 《説文》："㞢，止也。从屮盛而一橫止之也。"……孳乳爲霽，
> 雨止也。霽變易爲霋，霽謂之霋。然㞢本謂屮木盛而止之，反㞢爲
> 茻、爲薺。茻，屮盛也。薺，屮多貌。此以相反成言孳乳。（《文始
> 二·陰聲脂部乙》，222 頁）

這條材料中變易與孳乳的過程也相對簡單，層次只有一級孳乳和二級變
易，一級孳乳爲"㞢—霽—茻—薺"，二級變易爲"霽—霋"，而一級變易
理論上是存在的，但實際並沒有出現，如果在"㞢"後出現變易的過程，
這就是"一級變易"。

綜上所述，變易與孳乳是密不可分的，兩者層次的多少、變化的繁簡取
決於彼此的多寡，變易的層次越多，意味著孳乳的層次越多；而孳乳的層次
越多，也意味著變易的層次越多。但萬變不離其宗，再複雜的層次都是由最
簡單的層次構成的，反映在圖中就是只以"一級變易"與"一級孳乳"構成：

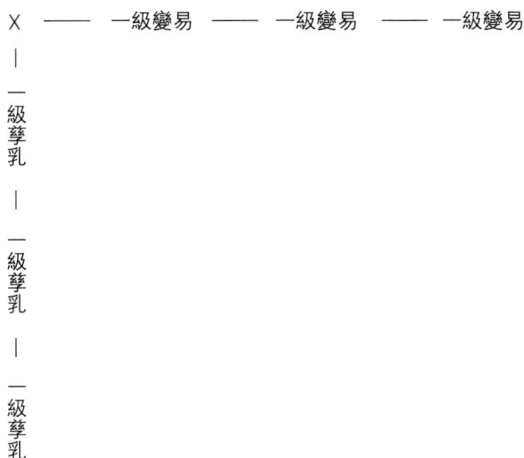

```
X  ——  一級變易  ——  一級變易  ——  一級變易
|
一
級
孳
乳
|
一
級
孳
乳
|
一
級
孳
乳
```

（圖九）

而以後的二級變易、三級變易、四級變易……和二級孳乳、三級孳乳、四級孳乳……都是在這最簡單的層次上不斷展開的。這樣我們可以得出某一組字中變易與孳乳層次的公式：

X——孳乳 n——變易 $n+1$

X——變易 n——孳乳 $n+1$

X——孳乳 n——孳乳 $n+1$——變易 $n+2$

X——變易 n——變易 $n+1$——孳乳 $n+2$

在這組公式中，X 表示初文或準初文，n 表示 n 級孳乳或 n 級變易，如果是一級孳乳就寫作"孳乳 1"，如果是二級變易就寫作"變易 2"，依此類推。

二 多源變易與孳乳

在分析變易與孳乳的層次時，我們是從同一語源進行研究的，即由同一個初文或準初文引起變易與孳乳；但是在實際操作中，還有一種情況是不能忽略的，那就是多源的變易與孳乳，即語源不一，但是卻變易或孳乳出了相同的漢字。這一點章太炎在《文始·敘例·略例戊》中已經談到："文字孳乳，或有二原，是故初文互異，其所孳乳或同。斯由一義所函，輒兼兩語，交通複入，以是多塗。"[①] 下面對這一類型的變易與孳乳作簡單的分析。

(一) 多源的孳乳

《說文》："羊，祥也。从𠂹，象四足尾之形。"……羊又孳乳爲羌，西戎牧羊人也。亦孳乳於養。(《文始五·陽聲陽部乙》，311—312 頁)

按：羊孳乳爲羌，這屬於上面所說的一級孳乳，但不同的是"羌"除了孳乳於羊，還孳乳於養。這就形成了如下的孳乳過程：

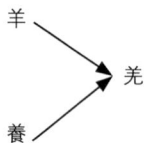

$$羊 \searrow$$
$$\quad\quad 羌$$
$$養 \nearrow$$

---

① 《章太炎全集》(七)，上海人民出版社，1999 年，162 頁。

但經過分析，這不是一組嚴格意義上的多源的孳乳，因爲羊、養本身就是一組同源詞，羊爲語源，而養的本義就是手抓鞭牧羊，甲骨文作𣢡，《甲骨文字典》"養"字條："從攴從羊。甲骨文攵、攴每可通，從羊從牛亦每無別，故此字或亦釋牧、釋殺。《廣雅・釋詁一》：'牧，養也。'"[①]從羊到牧羊的人，可視作狀所引申。

> 《説文》："土，地之吐生萬物者也。二象地之下、地之中，丨，物出形也。"……然則土孳乳爲度，法制也。……度對轉陽亦爲當，田相值也。與丁相係。(《文始五・陰聲魚部甲》，292—293頁)

> 《説文》："丁，萬物丁壯成實。象形也。"……丁訓當，猶戰之相當也，……旁轉陽孳乳爲當，田相值也。(《文始四・陽聲清部乙》，272—273頁)

按："土"到"當"經歷了兩個步驟，即從"土"到"度"(一級孳乳)，再從"度"到"當"(二級孳乳)，但"當"的語源亦有"丁"，從"丁"到"當"屬於一級孳乳。這就形成了如下的孳乳過程：

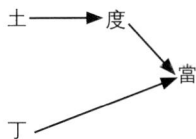

此例較上例而言，是更爲典型的多源孳乳，因爲土、丁不同源，而不像上例中作爲語源的羊和養本身就存在同源關係。在本例中"當"與土、丁的關係孰近孰遠，還有待進一步研究。

(二)多源的變易與孳乳

> 《説文》："市，韠也。从巾，象連帶之形。篆文作韍。"……對轉寒又孳乳爲藩，屏也。藩旁轉清變易爲屏、屏，皆蔽也。(《文始一・陰聲泰部乙》，188頁)

> 《説文》："丏，不見也。象雝蔽之形。"……丏又旁轉清孳乳爲屏，爲屏，皆蔽也。(《文始三・陽聲真部乙》，254頁)

按：此例亦爲多源的引申，但與前兩例不同的是，它不僅有多源的

---

①徐中舒主編，《甲骨文字典》，四川辭書出版，2006年，571頁。

孳乳,亦有多源的變易。"市"到"屏、庰"經歷了兩個步驟,即從"市"到"藩"(一級孳乳),再從"藩"到"屏、庰"(二級變易);而從"丏"到"屏、庰"只經歷了一級孳乳這一過程。這就形成了如下的引申過程(其中孳乳用→表示,變易用⇒表示):

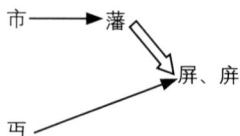

市 ──→ 藩
　　　　　⇓
　　　　　屏、庰
丏 ──────↗

　　按邏輯來説,"屏、庰"與"丏"的關係要近於與"市"的關係,因爲從"市"到"屏、庰",中間還隔著"藩",但事實是否可以簡單地按照圖示進行總結,這也有待我們進一步研究。

(三)看似多源,但實無關係

　　《説文》:"缶,瓦器,所以盛酒漿。象形。"……作唇音旁轉侯又變易爲罃,小缶也。罃又孳乳爲瓵,甀也。缶又於此孳乳爲毃,未燒瓦器也。讀若箅。孳、毃旁轉之變易爲坏,瓦未燒也。(《文始七·陰聲幽部甲》,357頁)

　　《説文》:"㠯,大陸山無石者。象形。古文亦作厓。"旁轉之得坏,丘再成者也。與瓦未燒之字適同體。(《文始七·陰聲幽部甲》,359頁)

　　按:此例看似是多源的引申,即"坏"的源有二,一爲"否"、一爲"㠯",但其實不然,因爲這裏的兩個"坏"不是一字,屬於同形同音異狀,前者爲没有燒過的磚瓦,後者爲只有一重的山丘。它們形成如下的引申關係(其中孳乳用→表示,變易用⇒表示):

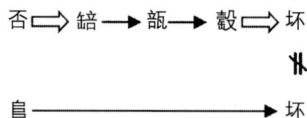

否 ⇒ 罃 ──→ 瓵 ──→ 毃 ⇒ 坏
　　　　　　　　　　　　　　⦀
㠯 ──────────────→ 坏

而不是:

否 ⇒ 罃 ──→ 瓵 ──→ 毃
　　　　　　　　　　　　⇓
　　　　　　　　　　　　坏
㠯 ──────────────↗

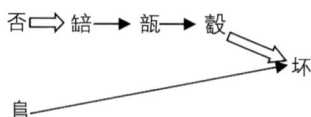

　　可見兩個"坏"以及它們的語源根本是不一樣的事物,這是在多源引申的分析中需要特别注意的。

第四章　章太炎的右文學説

　　右文説在漢字研究史上是一個不可能跳過的話題，而對於章太炎語源學理論來説右文説亦是如此。關於右文説的起源和發展論著頗多，章太炎弟子沈兼士的《右文説在訓詁學上之沿革及其推闡》即爲其中佼佼之作，他用了三節（"右文説之略史一""略史二""略史三"）的篇幅對右文説的歷史做了詳細的介紹和分析，上起晉代楊泉《物理論》、下迄清末民初章太炎、劉師培、梁啓超，這也是研究右文説發展史必讀參考書。所以關於右文説的歷史不再贅述。這裏只想就一個問題進行討論，即楊泉《物理論》是否開右文之端緒。

　　世人多認爲楊泉《物理論》開右文之端緒，沈兼士《右文説在訓詁學上之沿革及其推闡》之"右文説之略史一"中指出："《藝文類聚·人部》引晉楊泉《物理論》：'在金曰堅，在草木曰緊，在人曰賢。'世謂是説爲開右文之端緒。"[①]周祖謨在舉完《藝文類聚》的例子後亦言："這説明曾人已經注意到聲旁相同的字，如堅、緊、賢都从臤聲，意義是有聯繫的。"（《中國大百科全書·語言文字卷》）但其實在《説文》中許慎已經有意識地把同一聲旁的字進行歸類，如《説文·句部》把"句""拘""笱""鉤"歸爲一部，其實除了"句"屬句部外，其餘三字應分屬於手部、竹部、金部；再如《説文·丩部》把"丩""茻""糾"歸爲一部，其實除了"丩"屬丩部外，其餘二字應分屬於茻部、系部。現在分析這些字，先看"句部"：句，彎曲，上古見紐侯部；拘，止也，曲手以止，上古見紐侯部；笱，曲竹以捕魚，上古見紐侯部；鉤，形狀彎曲、用以掛物之器具，上古見紐侯部。四字的核義素皆爲"曲"；上古聲韻相同，音同義近，可視爲一組同源字。再看"丩部"：丩，相糾纏，上古見紐幽部；茻，草交相纏繞，上古見紐幽部；糾，絞合的繩索，上古見紐幽部。三字核義素皆爲"纏繞"，上古聲韻相同，可

---

①沈兼士著，《沈兼士學術論文集·右文説在訓詁學上之沿革及其推闡》，中華書局，2004年，83頁。

視爲一組同源字。許慎在排列這兩組字時,打破了《説文》排列漢字的標準,即"分別部居、不相雜廁",而是按照音同(近)義近的原則把本屬於幾個部首的字歸入一個部首之下,而且這個部首還是既表音又表義的右文。可以説早在漢代,許慎就發現了右文這一現象。所以説歷代認爲晉代陽泉的《物理論》開右文之端緒可能是值得商榷的。當然把右文發展成一門學説(即右文説)的當然不是許慎,也不是楊泉,而是王聖美。

本章分爲四個部份,一爲章太炎對右文説認識的發展,二爲右文説在章太炎語源學理論中的作用,三爲章太炎右文説中右文與形聲字的關係,四爲章太炎與劉師培對右文説看法的不同。下面一一論述。

第一節　　章太炎對右文説認識的發展

與對轉注假借的認識一樣,章太炎對右文説的認識並不是一成不變,而是不斷變化發展的,而且前後的觀點有時還是相矛盾的。

一開始,章太炎對於右文説多表現出一味地信從,這主要表現在他早期的著作《膏蘭室札記》和《莊子解故》之中,下面僅舉數例,並分析之:

技者,小也。從支聲之字皆有小義,《説文》:妓,婦人小物也;縒,小頭縒縒也。技經肎綮之未嘗,言未嘗小經肎綮也。本或作猗者,是發聲詞,亦通。(《莊子解故·養生主》,130 頁 [①])

《管子·宙合》:憂則所以伎苛,伎苛所以險政。按伎苛猶小苛。《史記·汲鄭列傳》云:湯辯常在文深小苛,是也。《説文》:妓,婦人小物也。縒,小頭縒縒也。《史記·項羽紀》:莫敢枝梧。臣瓚曰:小柱爲枝。《東京賦·注》:魌,小兒鬼。是凡從支者皆有小誼。此伎則借爲彼四字之誼也。(《膏蘭室札記·伎苛》,115 頁 [②])

---

① 《章太炎全集》(六),上海人民出版社,1986 年,130 頁。另:爲行文方便,《莊子解故》不再出脚注,只在所引內容後加標篇目和頁碼。

② 《章太炎全集》(一),上海人民出版社,1982 年,115 頁。另:爲行文方便,《膏蘭室札記》不再出脚注,只在所引內容後加標篇目和頁碼。

按：章太炎認爲"從支聲之字皆有小義""凡从支者皆有小誼"恐非，其所舉妓、䫩、枝、鬾、支皆有小義是正確的。妓，本義爲婦人小弱，《説文·女部》："妓，婦人小物也。"朱駿聲《説文通訓定聲》："疑'物'爲'巧'字之誤，或曰'弱'之誤。"䫩，本義爲小頭貌，《玉篇·頁部》："䫩，《説文》云：'小頭䫩䫩也。'"《集韻·至韻》："䫩，頭小兒。"枝，本義爲植物主幹分出的莖條。《説文·木部》："枝，木別生條也。"枝幹比起主幹來要小、細，故有小義。鬾，本義爲小兒鬼，《説文·鬼部》："鬾，小兒鬼。"《本草綱目·禽部·伯勞》："繼病亦作鬾病。鬾乃小鬼之名。謂兒羸瘦如鬾鬼也。"支，本義爲去竹之枝，《説文·支部》："支，去竹之枝也。从手持半竹。"去了竹的枝（桂馥《説文解字義證》認爲"疑作去枝之竹也。"）肯定比原來的枝要小，故有小義，而"支"的分支義也有小義。但是支有小義就顯得有點牽強，而伎有小義也顯得牽強，伎，本義爲同伴，《説文·人部》："伎，與也。"《段注》："《舁部》曰：'與者，黨與也。'此伎之本義也。"《廣韻·紙韻》："伎，侶也。"從本義是看不出"伎"有小義的，如果要説"伎"有小義可能是因爲它通"技"，《説文·手部》："技，巧也。"巧，小也。所以技就有了小義，而通"技"的"伎"也相應有了小義。這種在本義上看不出有某義，而因爲假借字有某義從而其也沾染了某義的，我們就不能説它原來就有某義，不然就會顯得牽強，"伎"就是一個好例子。另外從"支"的字不是都有小義的，如忮就很難看出有小義，其本義爲違逆、不聽從，《説文·心部》："忮，很也。"《段注》："很者，不聽從也。"由不聽從義引申爲固執、强悍義，《集韻·寘韻》："忮，很戾。"《後漢書·桓榮傳附桓曄》："其貞忮若此。"李賢注："忮，堅也。"《資治通鑑·宋文帝元嘉二十三年》："長安險固，風俗豪忮。"胡三省注："忮，狠也。"忮還表强大，《集韻·支韻》："忮，彊也。"再如䥻也看不出有小義，其本義爲大口的三足釜，《説文·鬲部》："䥻，三足鍑也。"《段注》："鍑如釜而大口。"可見"䥻"這個字的構成義素中沒有"小"卻有"大"。再如攲，本義傾斜，《説文·匕部》："攲，頃也。"而攲亦有頭仰之義，《玉篇·匕部》："攲，顄兒。"不論從傾斜義還是仰頭義都很難發現"攲"與小的關係。所以章太炎認爲"凡从支者皆有小誼"太絕對了。

又案古從敖聲字，皆有大義。《論衡·談天》篇云：説者曰：鼇，

古之大獸也。四足長大，故斷其足以立四極。然《説文》無虋字，疑即虁字耳。（《膏蘭室札記·西旅獻虁》，284 頁）

按：章太炎認爲"古從敖聲字，皆有大義"恐非，雖然从"敖"聲的字如傲、遨、獒、嗷、鰲、驁、憿等字皆有大義，但也有不少从"敖"聲的字没有大義，如熬，本義爲文火慢煮或煎乾。《方言》卷七："熬，火乾也。凡以火而乾五穀之類，自山而東，齊、楚以往，謂之熬。"再如遨，本義爲遊，《玉篇·辵部》："遨，遨遊也。"再如廒，本義爲糧倉，《五音集韻·豪韻》："廒，倉廒也。"《字彙·广部》："廒，倉廒。"再如鏊，本義爲一種烙餅用的平底鍋，《玉篇·金部》："鏊，餅鏊也。"《正字通·金部》："鏊，今烙餅平鍋曰餅鏊，亦曰烙鍋。"所以章太炎認爲的"古從敖聲字，皆有大義"太絶對了。

以上是章太炎早期關於右文的分析，他經常會犯絶對化的問題，但就是在後來章太炎在東京開設國學講習班宣講《説文》時，我們也經常能看到其這種絶對化的總結，如在《筆記》中就有這樣的例子：

郙　錢—：凡从甫者皆有斜意，如郙閣（見漢碑，有"郙閣頌"），斜地也；晡，日夕斜也。但郙閣不過是斜的意思，與郙字本義無涉。（《筆記·邑部》，279 頁）

按：章太炎認爲"凡从甫者皆有斜意"，似較牽强。晡確有斜義，《廣韻·模韻》："晡，申時。"申時太陽漸漸西斜。但不是所有从甫之字皆有斜義。如浦、埔、鄜、鋪、脯等从甫之字無斜義。

俞　朱—：凡从俞皆有空意。醫書：俞，脉竅也。（《筆記·舟部》，357 頁）

按：俞，本義爲古代剖空樹木做船。《説文·舟部》："俞，空中木爲舟也。"《段注》："空中木者，舟之始。""其始見本空之木用爲舟，其後因剖木以爲舟。"這可證明俞有空義，而且窬、牏這兩個从俞的字也都有空義。《淮南子》高誘注："窬，空也。"《漢書》王先謙補注："廁訓爲側，牏當作'窬'……然則窬當是傍室中門牆穿穴入地，空中以出水（今楚俗尚有之）。"但像章太炎所言"凡从俞皆有空意"卻似牽强。若如章太炎所言，則諭、喻、愈、逾、愉、踰、榆、覦等从俞之字應都有空義，但是卻很難進行訓釋。

這樣的例子還有很多，下面只舉例，不再做分析，如：

　　球　朱一：《廣雅》"小拱大拱""小球大捄"，王氏注："濾也。"凡從求聲多有圓意：裘，苺，鞠（平聲，球）。（《筆記·玉部》，14頁）

　　哨　錢一：哨弁，本由打獵而來，其哨字是嗾字之借，打獵時嗾使犬也。古獵時之名（？）。凡從肖聲字皆有小義。（《筆記·口部》，69頁）

　　登　錢一：凡從豆之字皆有高舉義。豆，豎也。（《筆記·癶部》，76頁）

　　翯　朱二：凡高聲字皆有白意。翯（《説文》無。曰白色）、顥、曜音同。（《筆記·羽部》，158頁）

　　宏　錢一：屋深響也。段刪響字，誤。空谷傳聲本有響應也。凡從厷聲字皆有深意。（《筆記·宀部》，308頁）

這裏面有很大一部份的分析是合理的、正確的，這也爲後來章太炎語源學的研究做出了很大的貢獻，這些貢獻將在下面的内容中進行詳細的分析。但是如果仔細分析每一個例子，都會發現或多或少存在問題，而最大的問題就是絶對化，雖然後來章太炎對待右文説的態度有所改變，特別是在理論上變得比較嚴謹，但是在實際操作中還是存在著絶對化的問題。當然，這也和我們選擇的材料有關，我們選擇的是讀書筆記和課堂講授的材料，這類的材料往往是想到什麼就寫什麼、説什麼，所以在嚴謹性上有所降低，而章太炎後來的語源學著作《語言緣起説》《轉注假借説》《文始》就在很大程度上避免了絶對化的問題。

正如前面説到的，章太炎對右文説的看法是一個變化發展、逐漸深入的過程，而這一變化最顯著的特點是章太炎開始從理論的高度進行總結，而不是拘泥於某幾個字的分析。這可以從《語言緣起説》中看出一二：

　　語言之初，當先緣天官。然則表德之名最夙矣。然文字可見者，上世先有表實之名，以次桄充，而表德、表業之名因之。後世先有表德、表業之名，以次桄充，而表實之名因之。是故同一聲類，其義往往相似，如阮元説：從古聲者有枯槁、苦窳、沽薄諸義，此已發其端矣。①

　　章太炎結合了印度哲學中勝論派關於宇宙起源的學説，從實、德、業的角度分析了語言（文字）的起源，其中實指的是事物的本體，德指的是事物的屬性，業指的是事物的作用，三者是密不可分的，即"實、德、業三，各不相離"，所以不論是"上世"的先有實，再有德、業；還是"後世"先有德、業，再有實，對類似事物的起名往往來源於一，表現在語音上往往音相近，表現在文字（漢字）上往往表音的構件相同。而右文説就是一個很好的例子，爲了説明這點，在理論的指導下，章太炎除舉了阮元的例子外，還舉了五個右文的例子，分別爲：以"爲"爲根、以"禺"爲根、以"乍"爲根、以"羊"爲根、以"辡"爲根。這五個例子除了"爲"分析錯誤以外（章太炎盲從許慎之説，認爲"爲"之本義是母猴，這也是章太炎早期不信甲骨材料導致錯誤判斷的一個典型例子），其他四例皆分析得十分到位，同時也可以看出他對右文説太過絕對化的發覺。這個變化的關鍵所在是他用理論作爲支持，比如用印度哲學中勝論派作爲支持，再比如他用《轉注假借説》的相關理論作爲支持，才使得他能跳出右文説來研究右文説：

　　　　如上所説，爲字，禺字，乍字，羊字，辡字，一字遞衍爲數名。（廣説此類，其義無邊。今姑舉五事明之。）《説文·句部》有拘、鉤，臤部有緊、堅，已發斯例，此其塗則在轉注假借之閒。轉注者，建類一首，同意相受。今所言類，則與戴、段諸君小異，考、老聲類皆在《幽》部，故曰建類。若夫同意相受，兩字之訓，不異豪釐，今以數字之意，成於遞衍，固與轉注少殊矣。又亦近於假借，何者？取初聲首未有遞衍之文，則以聲首兼該餘義。自今日言，既有遞衍者，還觀古人之用聲首，則謂之本無其字，依聲託事，故曰在轉注假借閒也。②

　　這段話中，雖然章太炎没明言右文説，但實際就是從右文説出發，同時把對右文説的理解又帶入一個新的高度，原因有三：一、章太炎所舉五例18字，都表示聲旁與形聲字的關係，實際上就是右文與整個字的關係；二、章太炎把五個聲旁（右文）都稱作"根"，即語根，章太炎以研究語

①章太炎撰，龐俊、郭誠永疏證，《國故論衡疏證·語言緣起説》，中華書局，2008 年，178 頁。
②章太炎撰，龐俊、郭誠永疏證，《國故論衡疏證·語言緣起説》，中華書局，2008 年，182—183 頁。

根爲起點，然後找尋各形聲字與語根之關係，從而發現漢字字義的發展脈絡；三、章太炎所舉五例中的各字不是雜亂無章的，而是按照引申的關係來進行排列的，這就表明漢字形聲字的出現是有先後順序的，它們的孳乳也是有先後的，而意義的引申就是線索。而章太炎後來創作《文始》的動機也正基於此，但是在實際操作中卻與本意有所偏離，用沈兼士的話就是：“章先生以後作《文始》，殆即動機於此。惟舍八千餘形聲字自然之途遊，從廿三部成均圖假定之學説，其方法復改弦更張矣。”[①]

雖然《文始》的創作最後在方法論的選擇上與初衷有所出入，但在《文始·敘例》中我們可以看出章太炎對右文説的繼承和批判，章太炎在《文始·敘例·略例庚》中言：

> 昔王子韶刱作右文，以爲字從某聲，便得某義，若句部有鉤、笱，臤部有緊、堅，丩部有糾、樛，辰部有蜄、脤，及諸會意形聲相兼之字，信多合者，然以一致相衡，即令形聲攝於會意。夫同音之字，非止一二，取義於彼，見形於此者，往往而有，若農聲之字多訓皁大，然農無皁大義，支聲之字多訓傾衺，然支無傾衺義。蓋同韻同紐者，別有所受，非可望形爲驗，況復旁轉對轉，音理多涂；雙聲馳驟，其流無限，而欲於形內牽之，斯子韶所以爲荆舒之徒，張有沾沾，猶能破其疑滯。今者小學大明，豈可隨流波蕩？《文始》所説亦有專取本聲者，無過十之一二，深懼學者或有錮駈，復衍右文之緒，則六書殘而爲五，特詮同異，以諜方來。[②]

從上面這段話可以看出章太炎：1.承認了右文説的合理性，比如“農聲之字多訓皁大”“支聲之字多訓傾衺”，而且往往這些都是“信多合者”。另外在分析右文説時，往往注意措辭，其不説“農聲之字皆訓皁大”而言“農聲之字多訓皁大”，不説“支聲之字皆訓傾衺”而説“支聲之字多訓傾衺”，這説明章太炎對右文説的態度已不是早期那麼絕對化了，而是留有餘地的。2.批判了右文説不合理的地方，比如“取義於彼，見形於此者，往往而有”；又比如從農聲之字多有厚大義而“農無皁大義”，從支聲之字

①沈兼士著，《沈兼士學術論文集·右文説在訓詁學上之沿革及其推闡》，中華書局，2004年，111頁。
②《章太炎全集》（七），上海人民出版社，1999年，163頁。

多有傾斜義而"支無傾衰義",碰到這種情況就只有從音上下手,而不拘泥於形,所謂"非可望形爲驗"。3. 對於字義來說音是最主要的線索,形往往只能解決形聲字(當然也不能全部解決,例外是非常多的),所謂"旁轉對轉,音理多涂;雙聲馳驟,其流無限",不能"於形内牽之",這也是《文始》後來"專取本聲者,無過十之一二",最終摒棄"八千餘形聲字自然之途遘",而"從廿三部成均圖假定之學説"來研究文字變易與孳乳的原因所在了。爲了避免右文説的極端性,章太炎寧願摒棄它,同時去尋找新的分析文字變易、孳乳的辦法。他的確是找到了,而且找得很準確,即因聲求義,然而他似乎在處理實際問題的時候走向了另一個極端,即陷入"無所不轉"的沼澤。當然,這是後話了。

其實研究文字變易、孳乳最好的辦法是走中間的道路,既不要把右文説用的那麼極端,又不要像章太炎《成均圖》"無所不轉"那麼極端,而是兼取二者合理的部份,這樣就能使語源學的研究更進一步。正如沈兼士所説:"誠能以右文爲主,再輔之以章先生之説,縱橫旁達,以求其流衍之勢,則語言文字之變雖多歧路,庶亦可以無亡羊之慮。"[①]當然以誰爲主並不好説,但是兼取兩者之長卻是需要的。但這只是理想上研究語源學的方法,在具體實踐時往往是無意識地顧此失彼。兼取眾長,談何容易。

第二節　右文説在章太炎語源學理論中的作用

雖然説右文説有這樣或那樣的問題,而且後來章太炎對右文説也有批判,但它還是有很多合理的地方,尤其是在乾嘉學派時期發展到了頂峰。章太炎正是吸收了這些合理的地方以及前儒的成果,並把它們運用到自己的語源學研究中,使之成爲自己語源學理論的一個部份。可以説章太炎的語源學能全面地超越前人,是與其對右文説的合理運用分不開的。下面就分析右文説在章太炎語源學理論中所起的作用。

---

①沈兼士著,《沈兼士學術論文集·右文説在訓詁學上之沿革及其推闡》,中華書局,2004年,112頁。

一　章太炎的右文學説與轉注、假借的關係

與其説章太炎的右文學説與他的轉注、假借理論是並列的關係,不如説是包含與被包含的關係。這可以在上文所舉的《語言緣起説》中看出端倪,現簡而引之:

> 如上所説,爲字,禹字,乍字,羋字,辝字,一字遞衍爲數名。……此其塗則在轉注假借之閒。轉注者,建類一首,同意相受。……若夫同意相受,兩字之訓,不異豪氂,今以數字之意,成於遞衍,固與轉注少殊矣。又亦近於假借,何者? 最初聲首未有遞衍之文,則以聲首兼該餘義。自今日言,既有遞衍者,還觀古人之用聲首,則謂之本無其字,依聲託事,故曰在轉注假借閒也。[①]

這段話點明了章太炎的右文學説與其轉注、假借理論的關係,所謂"此其塗則在轉注假借之閒""故曰在轉注假借之閒也"。對於轉注來説,右文説是形成轉注非常重要的一個途徑,雖然許慎對轉注的定義有"同意相受"這個條件,但是真正的同義是極少數的,大多是有微别的,如章太炎所舉"拘:鉤""緊:堅""糾:綟""岷:峴"等例,這些字往往音近義近,深入分析會發現這幾組字都是同源字,這也符合章太炎在《小學略説》分析許慎對轉注的定義:"所謂'同意相受'者,義相近也。所謂'建類一首'者,同一語原之謂也。"[②]另外之前我們分析過章太炎對"首"的兩個定義(一爲"今所謂語基",二爲"聲首")在本質上是一致的,而在右文説中,右文往往既是語基,又是聲首,完全可以符合"建類一首"的條件。最終因爲文字"孳乳而浸多",所以只能"更制"一字,其中一個重要的辦法就是"各循其聲",而右文憑藉自身既可表音又能表義的優勢,在轉注的諸多方法中占據了重要的地位。

對於假借來説,右文説也是字與字形成假借關係的重要途徑之一。在談及右文和假借的關係時,章太炎亦舉出"聲首"這一個概念,其實"聲首"不僅存在於轉注的"建類一首"中,也存在於假借的"本無其字,

---

①章太炎撰,龐俊、郭誠永疏證,《國故論衡疏證·語言緣起説》,中華書局,2008 年,182—183 頁。
②章太炎講演,諸祖耿、王謇、王乘六等記録,《章太炎國學講演録》,中華書局,2013 年,118—119 頁。

依聲託事"當中，而且往往就依聲首的音形去"託事"、用聲首的義去"兼該餘義"，表現在右文説上就是藉助右文的聲和形去"託事"，藉助右文的義去"兼該餘義"，從而解決"冣初聲首未有遞衍之文"的難題。這裏也涉及到右文詞義的引申，其實在上面研究章太炎假借理論時，我們就知道引申不應該包括在假借中，但既然章太炎以及當時諸多的學者都這麼進行歸類，而且在他們的理論體系中是完全説得通的，那麼我們爲了其理論的完整，依然把右文的引申歸入到假借當中，而且如同在轉注中一樣，右文也是假借形成的一條重要途徑。

經過以上的分析，我們知道了章太炎的右文學説是包含在其轉注、假借理論當中的，上面從理論方面進行了論述，下面舉出實例進行證明，以《轉注假借説》爲主。在《轉注假借説》中章太炎一共列舉了 201 組轉注字，其中經過統計，共有 34 組右文，占比爲 17%。下面對其做簡單的歸類。

（1）義相同或相近的轉注中共有 26 組右文

蕑:菖　　丝:幽　　桯:巠　　眈:曠　　娿:婉　　垚:堯　　丯:莑

羊:㦸　　倞:勍　　痛:俑　　敬:憼　　甚:薯　　欺:謀　　夋:竣

顚:龥　　畀:俾　　敝:幣　　用:庸　　本:𠦝　　昭:照　　冏:訥

迋:往　　晏:安　　㠯:禕　　龍:寵　　霡:霖

其中在《轉注假借説》中，"顚""龥""畀""俾"是歸爲一組的，但因爲"顚""龥"使用同一聲符，"畀""俾"使用同一聲符，所以我們人爲地把它們分成兩組。

另需説明的是，在以上 26 組右文中，有 25 組被章太炎歸入《轉注假借説》的義同關係中，只有"霡:霖"這一組被歸入義近關係中，其實這 26 組基本都是義近的關係。

（2）義相反或相對的轉注中共有 8 組右文

受:授　　絜:丯　　則:賊　　偲:諰

若:婼　　原:愿　　員:損　　喜:儲:譆

這 8 組中只有一組需要説明，即"絜:丯"。《國故論衡疏證》記載爲："明瀟爲絜，薉亂爲丯。"下面疏證言："丯者，《説文》云：'丯，艸蔡也。象屮生之散亂也。讀若介。'……丰在怪韵,古拜切。此二字古聲同在見紐,古韵同在泰部。"① 這裏的記載是有問題的。"丰"當爲"丯"之誤,丯,古拜切,在怪韻,上古見紐月部,在章太炎《成均圖》中被歸入歌泰類。本義爲草芥,《説文·丯部》:"丯,屮蔡也。"而丰本義爲草木茂盛,《説文·丰部》:"丰,屮盛丰丰也。"且丰爲東部。所以這裏當把"丰"改爲"丯"。

以上是右文説與轉注的關係,下面談談右文説與假借的關係。在上文的分析中,我們已經知道右文説亦包括在章太炎的假借理論當中,而運用到實踐上,右文最大的一個貢獻是破假借。下面僅舉數例:

（1）"吾以是狂而不信也。"狂借爲誑。吾以是誑者,吾以是爲誑也。古言以爲,多省爲字。(《莊子解故·逍遥遊》,127—128頁)

（2）"其發若機栝,其司是非之謂也。其留如詛盟,其守勝之謂也。"司即今伺字,勝亦司也。《潛夫論》説勝屠即司徒,之、蒸對轉也,司亦即今伺字。(《莊子解故·齊物論》,128頁)

（3）"其出不訴,其入不距。"訴借爲忻。《説文》:忻,闓也。《司馬法》曰:善者忻民之善,閉民之惡。距亦閉也,忻、距相對爲文。(《莊子解故·大宗師》,134頁)

（4）"刑則交寒害釱。"麟謹按:劉績曰:釱,鉗械人足也,恐當作轄釱。其説是也。《漢書·楊雄傳》:肆玉釱而下馳,以釱爲軑;而《説文》軑訓車轄也。(《廣韻引》。)轄,一曰鍵也。則軑本是鍵閉之物,與釱聲義相通,軑可言轄,故釱亦可言轄。(《管子餘義》,179頁)

以上都是章太炎利用右文來破假借的實例,這樣的例子在《莊子解故》《管子餘義》中還有很多,兹不例舉。

二　章太炎的右文學説在語源學上的運用

以上我們從理論和實踐兩個方面證明了章太炎的右文學説和其轉注、假借學説不是並列的關係,而是包含與被包含的關係,可以説章太

---

①章太炎撰,龐俊、郭誠永疏證,《國故論衡疏證·小學略説》,中華書局,2008年,212頁。

炎吸收了前人關於右文説合理的成份,並把它們運用到自己的語源學研究中,極大地豐富了他的轉注與假借理論。而在實踐中,章太炎也吸收了右文説中合理系聯同源詞的方法,雖然依然會存在比較絶對化的情況,但是總體來説,他以右文説的方法得出的同源詞基本是可信的。下面就從《文始》《新方言》《小學答問》《筆記》中找出例子,並加以論證。

（1）《説文》:"夬,分決也。从又,象決形。"此合體指事字也。孳乳爲決,行流也。……夬又孳乳爲缺,器破也。缺又孳乳爲玦,玉佩也。如環而缺。爲䦠,城闕其南方也。(《文始一·陰聲泰部乙》,178 頁）

按:章太炎認爲"夬:決:缺:玦:䦠"是一組以"夬"爲右文的同源詞。夬、決、玦,上古見紐月部;缺、䦠,上古溪紐月部。

夬,本義爲分決,《説文·夬部》:"夬,分決也。"分決即決斷,後引申爲一切因斷開而引起事物的損壞,《睡虎地秦墓竹簡·秦律雜抄》:"傷乘輿馬,夬革一寸,貲一甲。" 決,本義爲開鑿壅塞,疏通水道,即使壅塞斷開。《説文·水部》:"決,行流也。"《尚書·益稷》:"予決九川,距四海。"楊衒之《洛陽伽藍記·城北》:"城中居民可有百家,土地無雨,決水種麥,不知用牛。" 缺,本義爲破損、殘缺,從字形上分析應該專指缶器(瓦器)的斷開破損,《説文·缶部》:"缺,器破也。从缶,決省聲。"此"器"本應專指瓦器,後來引申爲一切器物。 玦,本義爲古代環形有缺口的佩玉,即玉斷開。《説文·玉部》:"玦,玉佩也。"《國語·晉語一》:"是故使申生伐東山,衣之偏裻之衣,佩之金玦。"韋昭注:"玦如環而缺,以金爲之。" 䦠,本義爲古代的城缺,古代諸侯城無南面,即城墙斷開。《説文·亯部》:"䦠,缺也,古者城闕其南方謂之䦠。"後引申爲凡缺之稱。

在音韻上,聲母方面,夬、決、玦,上古皆爲見紐,缺、䦠上古皆爲溪紐,見、溪皆爲牙音,章太炎歸爲深喉音;韻部上,五者上古皆爲月部,章太炎歸入歌泰類。

五者音近義近,故可視爲一組同源字,這組同源字的核義素爲"斷開"。

（2）《説文》:妻,空也。《論語》曰妻空。字亦作屢。《大雅》:

削屢馮馮。傳曰：削牆鍛屢之聲馮馮然。蓋牆間穿綱，（此制近人多有之。古人户牖皆穿綱。《説文》：䍐，牖中綱也。《招魂》云：網户朱綴。王逸曰：綺文鏤也。非獨在牆。）有刻削彫鏤椎打之功，是爲鍛屢。樓亦取義於屢。《釋名》：樓，謂户牖之間有射孔樓樓然也。今人謂以刀剜物中間使空爲屢空，屢亦鏤也。（《新方言・釋言第二》，67—68 頁）

按：章太炎認爲"婁：屢：樓"是一組以"婁"爲右文的同源詞。三字上古皆爲來紐侯部。

婁，本義爲物體中空，《説文・女部》："婁，空也。"《段注》："凡中空曰婁，今俗語尚如是。"《廣韻・侯韻》："婁，空也。"　屢，本義實爲物體中空，《説文新附・尸部》："屢，數也。案：今之婁字本是屢空字，此字後人所加，从尸，未詳。"章太炎舉出《詩經・大雅》中的例子"削屢馮馮"，原文爲"捄之陾陾，度之薨薨，築之登登，削屢馮馮"，馮馮與陾陾、薨薨、登登對文，爲象聲詞。削屢，毛傳："削牆鍛屢之聲馮馮然。"可知削屢爲"削牆鍛屢"的簡寫形式，牆、屢對文，牆，中空也，故屢亦有中空的性質。樓，本義爲兩層以上的房屋，《説文・木部》："樓，重屋也。"樓層之間爲空，故樓有空義，章太炎舉《釋名》例："謂户牖之間有射孔樓樓然也。"樓樓，稀疏之貌，《急就篇》卷三："篅箄箕帚筐篋簍。"顔師古注："簍者，疏目之籠，亦言其孔樓樓然也。"

在音韻上，三字上古皆爲來紐侯部。三者音同義近，故可視爲一組同源字，這組同源字的核義素爲"空"。

（3）《説文》：攎，挐持也。洛乎切。《廣韻》訓攎爲斂。自饒州、廣信以至浙江皆謂總持爲攎。盧聲字皆有積聚義，故籚訓積竹矜，鬛爲鬣，纑爲縷，皆聚物也。（《新方言・釋言第二》，35 頁）

按：章太炎認爲"攎：籚：鬛：纑"是一組以"盧"爲右文的同源詞。四字上古皆爲來紐魚部。

攎，本義爲拿、執，《説文・手部》："攎，挐持也。"由拿義引申爲收斂、斂聚義，《廣韻・模韻》："攎，攎斂。"徐灝《説文解字注箋》："今粤語人無賴而營求度日謂之攎，正是攎斂之義。讀若'盧'之清聲。"現在不少方言還稱抱爲攎，《漢語方言大詞典》"攎"字條，"②〈動〉用手貼著平面掃；聚攏。㊀江淮官話。江蘇鹽城［lu²¹³］他把牌往自俺跟前～，怕的要偷牌。江蘇阜寧［lu²¹³］、如皋。清嘉慶十三年《如皋縣志》：'～，聚起來。'江蘇南通。清光緒二二年《通州直隸州志》：'～，聚起也。'"①

籚，本義爲古代矛戟的柄，《説文·竹部》："籚，積竹，矛戟矜也。"積竹，即攢竹，削竹膠合之義。楊慎《升庵經説·積竹》："徐鉉《説文注》曰：'積竹，謂削去白，取其青處合之，取其有力。'即今之攢竹法也。"何景明《何大復先生集·内篇九》："安輪之車，其轍不踰；重兵之陣，其剛不缺；積竹之矢，其中不靡。"故籚亦有聚集義。

鬣，本義爲頭髮上指貌，《説文·髟部》："鬣，鬣也。"《段注》："亦謂髮鬣鬣也。"頭髮上指一般不爲一兩根頭髮上指，而爲一撮頭髮上指，故鬣有聚集義。

纑，本義爲麻線，《説文·糸部》："纑，布縷也。"《段注》："言布縷者以別乎絲縷也。績之而成縷，可以爲布，是曰纑。"即把麻或其他纖維搓捻成的繩或線稱之"纑"，搓捻即使繩線聚集，故纑有聚集義。

在音韻上，四字上古皆爲來紐侯部。四者音同義近，故可視爲一組同源字，這組同源字的核義素爲"聚集"②。

（4）問曰：《説文》："豈，還師振旅樂也，一曰欲也，登也。"段氏改爲"欲登也"，當不？答曰：振旅樂與欲一義之引申，登也則爲别義。蓋豈之聲與殷相轉，猶饐、饀相轉矣。……樂者，樂也，故豈又爲愷樂。《説文》："忻，闓也。"闓、開聲義同。今人謂樂曰開心，則其遺語。欲，亦由樂引申，孳乳爲覬。（《小學答問》，428 頁）

按：章太炎認爲"豈：愷：闓：覬"是一組以"豈"爲右文的同源詞。豈、愷、闓，上古皆爲溪紐微部；覬，上古見紐脂部。

豈，本義爲軍隊得勝歸來所奏的樂曲，此義後作"凱"。《説文·豈部》："豈，還師振旅樂也。"《段注》："《周禮·大司樂》曰：'王師大獻，則令奏愷樂。'注曰：'大獻，獻捷於祖。愷樂，獻功之樂。鄭司農説以《春秋》晉文公敗楚於城濮。傳曰：振旅愷以入於晉。'按：經傳豈皆作愷。"

———————————

① 許寶華、宮田一郎等編，《漢語方言大詞典》，中華書局，1999 年，3209 頁。
② 這組同源詞我們將與下面所舉《筆記》中以"盧"爲右文的一組同源詞進行比較。

軍隊得勝歸來所奏的樂曲,凱旋之音樂當然和諧快樂,故引申爲和樂。《集韻·海韻》:“愷,《説文》:‘樂也’。或省。”《詩經·小雅·魚藻》:“王在在鎬,豈樂飲酒。”鄭玄箋:“豈,亦樂也。”陸德明《經典釋文》:“豈,本亦作愷。”

愷,本義爲安樂。《爾雅·釋詁上》:“愷,樂也。”《説文·豈部》:“愷,康也。”又《説文·心部》:“愷,樂也。”《莊子·天道》:“中心物愷,兼愛無私。”成玄英疏:“愷,樂也。忠誠之心,願物安樂。”愷亦有軍隊勝利後所奏音樂之義。《正字通·心部》:“愷,軍勝之樂。”《周禮·春官·大司樂》:“王師大獻,則令奏愷樂。”鄭玄注:“愷樂,獻功之樂。”

闓,本義爲開門。此本義當由豈之本義,即軍隊得勝歸來所奏樂曲義引申而來,凱旋回朝,則需城門大開,故引申出開門義。《方言》卷六:“東齊開户謂之閻苫,楚謂之闓。”《漢書·匈奴傳》:“今欲與漢闓大關,取漢女爲妻。”顔師古注:“闓,讀與開同。”闓亦通“愷”,表和樂義。朱駿聲《説文通訓定聲·履部》:“闓,叚借爲愷。”《漢書·司馬相如傳下》:“昆蟲闓懌,回首面内。”顔師古注引文穎曰:“闓,懌,皆樂也。”[①]

覬,本義爲希望、企圖。《説文·見部》:“覬,𫝀幸也。”《玉篇·見部》:“覬,覬覦也。”章太炎認爲覬由“欲”孳乳,欲、覬義近,都是希望獲得給自己帶來快樂的東西,故覬有愉悦義。(章太炎此説較爲牽强。)

在音韻上,聲母方面,豈、愷、闓上古皆爲溪紐,覬上古見紐,皆爲牙音(章太炎定位深喉音);韻部方面,豈、愷、闓上古皆爲微部,覬上古脂部,微、脂旁轉(章太炎把微部歸入隊部,與脂部合爲對脂類。)

四者音近義近,故可視爲一組同源字,這組同源字的核義素爲“愉悦”。

(5)朱—:盧,借爲黑義乃黸字,稱晴黑爲矑,旅弓、彤弓,皆即黸字。(《左傳·僖公二十八年》:“彤弓一,彤矢百,旅弓矢千”。《説文新附·玄部》:“旅,黑色也”。)(《筆記·皿部》,210頁)

錢—:盧,飯器也,此義今久不用。今訓黑者乃黸字之借。目瞳子曰矑,係俗字,亦＝黸。旅弓亦俗字,亦當作黸。《説文》“齊人謂

黑爲矑"。(《筆記·皿部》,211 頁）

　　按：章太炎認爲"盧：矑：矑"是一組以"盧"爲右文的同源詞,三字上古皆爲來紐魚部。

　　盧,《説文》本義爲飯器(其實《説文》有誤,下文將有論述)。《説文·皿部》："盧,飯器也。"後引申爲火爐,此義後世多作"鑪""爐"。《正字通·皿部》："盧,盛火器。或作鑪、爐。"徐灝《説文解字注箋·皿部》："盧,即古鑪字。"因爲火爐被火燻烤,多呈黑色,故引申爲黑色。徐灝《説文解字注箋·皿部》："盧爲火所熏,色黑,因謂黑爲盧。"《尚書·文侯之命》："盧弓一,盧矢百。"僞孔傳："盧,黑也。"《漢書·揚雄傳上》："玉女無所眺其清盧兮,虙妃曾不得施其娥眉。"顏師古注引服虔曰："盧,目童子也。"　矑,本義爲黑色。《廣雅·釋器》："矑,黑也。"《方言》卷二："矑瞳之子謂之矊。"郭璞注："矑,黑也。"　矑,本義爲視。《玉篇·目部》："矑,視也。"後引申爲瞳子。《玉篇·目部》："矑,目瞳子也。"《文選·揚雄〈甘泉賦〉》："玉女亡所眺其清矑兮,宓妃曾不得施其蛾眉。"李善注引服虔曰："矑,目童子也。"瞳子即眼珠子,黃種人眼珠爲黑色,故矑有黑義。

　　在音韻上,三字上古皆爲來紐侯部。三者音同義近,故可視爲一組同源字,這組同源字的核義素爲"黑色"。

　　以上五例皆爲章太炎使用右文學説的例子,可見他吸收了右文學説中科學的成份,把從某字得聲的某幾個形聲字歸爲一組,以右文的形與音作爲這組形聲字形與音的系聯線索,以右文的義作爲這組形聲字義的系聯線索。章太炎以右文學説指導的語源學實踐獲得的結論基本上是可信的,但是在上面所舉的五例中,除了用語有的地方還稍顯絶對化("盧聲字皆有積聚義")以外,有個現象是不得不引起重視的,就是同一右文卻系聯出不同的詞族,以"盧"爲例,雖然"攎：籚：鬑：纑"與"矑：矑"都從"盧"得聲,但卻分成兩組同源詞,它們的核義素是不同的,一爲"積聚"、一爲"黑色"。我們對於《説文》中從"盧聲"字進行了窮盡性的考察,現列於下,其中分核義素爲"積聚"與"黑色","＋"表示具有某一核義素,"－"表示不具有某一核義素,"＋/－"表示不確定是否具有某一義項：

	積聚	黑色
艫	－	＋ / －
顱	－	－
盧	＋ / －	＋ / －
驢	－	＋
瀘	－	－
鑪	－	＋
蘆	－	－
鸕	－	＋
臚	－	－
櫨	－	－
廬	＋	－
壚	－	＋
擄	＋	－
簏	＋	－
鬔	＋	＋ / －
纑	＋	－
黸	－	＋

（表八）

從上我們可以發現，從"盧聲"的字具有"黑色"核義素的要多於具有"積聚"核義素。但是不論是"積聚"還是"黑色"，其實都是和"盧"字本身分不開的。盧，本義不爲《説文》所言"飯器也"，而是一個較爲複雜的概念，徐中舒《甲骨文字典》言："盧，從𤔌從🔥（火），或從𧆨（虍）從用，或徑作用、𤔌。……🔥表室内之火塘；用、𤔌象爐身及款足之形。穴居時代，一室之内，中置爐火，晝則圍爐而食，夜則圍爐而臥。"[1] 因"爐火"會把東西燒黑，故引申出"黑色"義；因圍爐而食 / 臥，故引申出"積聚"義[2]。所以由於後世對某一語源著眼點的不同，便會出現同以"某"爲右義，卻形成不同核義素的詞族的情況。

這樣的例子在章太炎的語源學實踐中還有不少，現再試舉一例：

---

[1] 徐中舒主編，《甲骨文字典》，四川辭書出版社，2006 年，535 頁。
[2] 盧有"黑色"義在藏語中我們可以找到例證，表"黑色"的盧，可擬音作 *rag，而在藏語中同樣的意義由音 rog-rog 表達。（材料取自施向東，《漢語和藏語同源體系的比較研究》，華語教學出版社，2000 年，113 頁）而盧表"聚集"義在藏語中暫時還未找到相應的語音形式。

　　錢一：暆，凡从也聲从施聲字皆有斜意，如迆邐、日行暆暆是。（《筆記·日部》，283頁）

　　朱二：池，《說文》本無池字，段氏从應氏《風俗通》增。《初學記》引《說文》不甚可信，蓋有引《說文注》爲《說文》正文者。○池本字當作陁，古皆舌頭音，《說文》云"唐也"。四面及中央空皆可稱唐。陁亦有二誼，邊岸曰陁，四邊亦曰陁。唐人稱邊曰陁，池甂是也，又"魚躍弗池"是也。故池之正字爲陁，借字爲沱。（《筆記·水部》，458頁）

　　錢二：池。乁（今作曳），流也。𤰔从乁，女陰也。匜，盛水器也。道書女陰作玉池。於此可知，从也聲字皆有積水意，故池可不必補入，作也、作匜皆可。（《筆記·水部》，458頁）

　　從以上兩條材料可看出，同樣是从"也"得聲的形聲字，一組是"皆有斜意"、一組是"皆有積水意"，而且"斜"與"積水"在意義上相差較遠。下面簡單對這兩組字進行分析。

　　一是"凡从也聲从施聲字皆有斜意"。章太炎認爲"暆：迆"當爲同源詞。在意義上，暆，本義爲太陽徐行貌。《說文·日部》："暆，日行暆暆也。"《段注》："暆暆，迆邐徐行之意。"由太陽徐行之義引申爲太陽西斜。《正字通·日部》："暆，古語呼日斜爲暆。《越絕書》伍胥逃楚，漁夫與隱語云：'日昭昭浸以暆，與子期乎蘆之漪。'蓋欲其藏蘆中俟日斜也。"故暆有斜義。　迆，本義爲斜行，地勢曲折延伸。《說文·辵部》："迆，衺行也。"《尚書·禹貢》："東至于灃，過九江，至于東陵，東迆北會于匯。"僞孔傳："迆，溢也。"孔穎達疏："迆言靡迆，邪出之言，故爲溢也。"由斜行義引申爲斜倚。《周禮·考工記·序官》："戈柲六尺有六寸，既建而迆，崇於軹四尺，謂之二等。"鄭玄注引鄭司農云："迆，讀爲'倚移從風'之移，謂箸戈於車邪倚也。"在音韻上，兩字上古皆爲以紐歌部。兩字音同義近，故可視爲一組以"斜"爲核義素的同源詞。

　　二是"从也聲字皆有積水意"。章太炎認爲"池：匜：也"當爲同源詞。在意義上，池，本義爲水塘，積水的坑。《玉篇·水部》："池，渟水。"《廣韻·支韻》："池，停水曰池。"《詩經·大雅·召旻》："池之竭矣，不云自頻。"匜，本義爲古代一種盛水、酒的器具（見圖十）。《說文·匚部》：

"匜，似羹魁，柄中有道，可以注水。"《左傳·僖公二十三年》："奉匜沃盥。"孔穎達疏："匜者，盛水器也。"《禮記·內則》："敦、牟、卮、匜，非餕莫敢用。"鄭玄注："卮，匜，酒漿器。"盛水器，即積水器。也，本義爲女陰，一說爲古"匜"字。《説文·乁部》："女陰也。象形。乜，秦刻石也字。"《正字通·乙部》："也，盥器。即古文匜字。"王筠《文字蒙求·象形》："也，古匜字，沃盥器也。"盥器即盛水器，盛水器即可積水。在音韻上，聲母方面，池上古爲定紐，匜、也上古爲以紐，皆爲舌頭音；韻部方面，池、匜、也上古爲歌部。三字音近義近，故可視爲一組以"積水"爲核義素的同源詞。

（圖十）

如果用義素分析法進行歸納的話，兩組同源詞會有以下的公式：

　　施 =/ 太陽在西 /+/ 斜 /

　　迆 =/ 地勢曲折延伸 /+/ 斜 /

　　池 =/ 水塘 /+/ 積水 /

　　匜 =/ 盛具 /+/ 積水 /

　　也 =/ 盥器 /+/ 積水 /

這兩組同源詞的核義素一爲"斜"、一爲"積水"，是否都合理，答案是否定的。首先看以"斜"爲核義素的那組同源詞，章太炎所言"凡從也聲從施聲字皆有斜意"，非常牽強。他恐是根據"也"之古字而得意。也，金文作🐍（子仲匜），蛇形，身體斜而不正，或因蛇爬行時爲斜行的原因。"也"有斜義，然言"凡從也聲從施聲字皆有斜意"，卻似牽強。再看以"積水"爲核義素的那組同源詞,也作爲右文,它的本義非常重要,但是也的本義爲何現在還爭論不休,或言蛇、或言匜、或言女陰,蛇與"積水"義相差較遠,匜與"積水"義聯繫最爲緊密,但章太炎認爲"積水"義是從也的女陰義而來,這似乎較爲牽强。實際上,《説文》中從"也"得聲的共有 14 字,除"迤""匜"以外,弛(小徐本作"從弓,也聲")、地、阤、酏、岮、杝、貤、施、髢、馳、灺、柂(收於《説文新附》)中,與"斜"義有關的是柂,本義爲衣架,斜靠於墙遍架衣服之物,安徽無爲呼此物爲"柂"[①]。與"斜"可能有關的有地(地勢有平有斜,但較爲牽强)、阤(阤靡,山勢綿延貌,與迤義近,但亦較爲牽强);與"積水"義有關的有酏(古代一種用黍米釀成的酒,與"水"有關)、貤(本義重疊物的次第,重疊與"積"有關)。剩下來的所有字都與這兩義聯繫不緊。另外"阤"理解有下墜義更好,阤本義爲崩塌,《方言》卷六:"阤,壞也。"郭璞注:"謂壞落也。"而有"下墜"義的還有"杝",本義爲落。"阤:杝"這組同源詞可以和陀、駝、沱、佗、砣、岮、舵、柁等系聯成一組,核義素爲"下墜"。

通過分析,我們發現以"也"爲右文而系聯同源詞是有問題的,原因在於"也"的本義不甚明瞭,後來在新字出現的過程中人們對"也"的意義把握不準,所以才出現了多組核義素不同,卻同時使用一個右文"也"的現象,同時也出現以"也"爲右文和以"它"爲右文的字合爲一組同源詞的現象。由此可見,本義不明對於右文系聯同源詞的影響是非常消極的。

第三節　章太炎右文説中右文與形聲字的關係

以某一個字作爲聲符然後系聯出一批同源詞的過程中,聲符(右文)的作用是最爲重要的,它的形與音就是這組同源詞在形與音上的系聯線

---

①關於"柂"字,于省吾曾作專文進行考釋,認爲"柂"即"他",詳見《甲骨文字釋林·釋柂》,他説:"柂从木施聲,施从也聲。柂字既以也爲基本音符,和現在用語'其他'之他音符同。……總之,柂字之見于甲骨文,不僅説明不是後起字,而更重要的是,第三稱謂代名詞的他字,甲骨文本作柂,柂與他爲古今字。"(《甲骨文字釋林》,中華書局,2009 年,423—424 頁)在甲骨卜辭中有:"庚申卜,彫自甲一牛,至示癸一牛。自大乙九示一牢。✶示一牛。"(京都二九七九)✶,于省吾釋作柂,即"他",于省吾的觀點可作備考。

索,它的義就是這組同源詞在義上的系聯綫索。形與音在右文説中較爲明瞭,而義在右文説中則顯得較爲複雜,現在我們把章太炎在語源學實踐中的右文例子列舉出來,從而對章太炎的右文學説進行分類。我們以《筆記》中出現的材料爲例,因爲《筆記》是章太炎講授《説文》的課堂實録,講課帶有較强的隨意性,它較之《文始》《新方言》等材料更能直觀地反映章太炎的右文學説,也更容易分析出章太炎的右文學中右文與形聲字的關係。

《筆記》中多次出現"凡从某者皆有某義"(因爲《筆記》的三位記録者記録習慣有所不同,故除了"凡从某者皆有某義"外,還有"凡从某聲皆有某義"或"凡从某字皆有某義","義"亦作"意""誼"。儘管術語不同,所表示的内容卻是相同的。)這一術語全部用在形聲字組成的同源詞中,表示的是同一聲符,意義相同或相近。這些都是他右文學説最直接的體現,下面就研究在某一詞族中右文與其他形聲字在意義上的關係,爲了直觀地看出右文與形聲字的意義關係,我們不對這一詞族中形聲字的意義和所共有的核義素作過多的分析,而只關注右文與核義素之間的關係。

(1)瓊　周一:"赤玉也",段氏改爲"小玉也",非。古讀壞音似環,環有員誼,故瓊亦有員誼。凡从夐聲字皆有員誼,《詩》"獨行睘睘",亦作"煢煢";《書》"夐求",亦作"營求";營、環古通用,自營爲厶,自環亦爲厶,故營有員誼,夐亦有員誼。……瓊或从矞作璚,或从巂作瓗,故璚、瓗亦皆有員誼。("立視五巂"亦有員誼。)(《筆記·玉部》,12頁)

按:本組同源詞的核義素爲"圓"。聲符(右文)"夐",本義爲營求,《説文·𥄳部》:"夐,營求也。从𥄳,从人在穴上。《商書》曰:高宗夢得説,使百工夐求,得之傅巖。"而今本《尚書·商書·説命序》作"營求",可見"夐""營"義近。營有圍繞、纏繞義,"自營爲厶"即"自環爲厶",環,繞也。而以"營求"訓"夐",則夐亦有"纏繞"義,纏繞呈圓形,故夐亦有圓這一性質。夐擁有的圓這一性質不是與生俱來的,而是營求這一行爲在人腦中出現旋轉、圓形的聯想意象(所謂意象,就是客觀物象經過創作主體獨特的情感活動而創造出來的一種藝術形象),然後从"夐"得聲的"瓊"也擁有了旋轉、圓形這一聯想意象。

（2）瓚　錢一：三玉二石也。凡從贊之字，皆有尨襍義，如問一告二曰讚，以羹澆飯曰饡等，皆是。段氏謂圭瓚字當用贊，非。《禮記·明堂位》"灌用玉瓚"，［乃盞或琖］之借。［盞、琖］，《説文》無。盞（《方言》），琖（《禮記》），錢（《文選》"離離列錢"），凡從戔之字皆有圓而中空可容物之意，如"錢鏄"之錢是也。（《筆記·玉部》，13 頁）

按：本組同源詞的核義素爲"尨襍"。聲符（右文）"贊"，本義爲謁見、進見，後引申爲輔佐、幫助、選拔、讚賞等義，但與核義素"尨襍"很難產生關係。作爲聲符，不知爲何與其他以"贊"作爲右文的形聲字產生意義上的聯繫。

（3）瑠　錢一：凡從晶聲之字，皆有圓意，如靐、藟、瑠（可旋轉？）（《筆記·玉部》，18 頁）

按：本組同源詞的核義素爲"圓"。聲符（右文）"晶"，同"靁（雷）"，王廷鼎《説文佚字輯説》："《説文》從晶聲者九，而正篆無晶。段以晶爲靁之省，實即靁之古……許於靁下曰晶象回轉形，亦明明以晶指靁矣。"可見晶即靁，靁所具有的一切義項晶都一樣擁有。（從某種意義上可以認爲從"晶聲"之字即從"靁省聲"之字，而右文即爲"靁省"。）靁，甲骨文作𤴐（前四·一〇·一）𤳳（明藏三九五）；金文作𤳳（盠駒尊）。古文字中的靁，中間彎曲的線條當是形符，表閃電；𤴐中的四小點當爲聲符，表示打雷時發出的巨大響聲。而𤳳的字形變得較爲複雜，主要因爲聲符由小點變成了車輪，金文上又加了"雨"。車輪，成圓形，故可知"晶"是車輪的象形，因爲車輪滾動時發出的聲響與雷聲"隆隆"相似，故"晶"亦有了圓形這一性質。晶擁有的圓這一性質不是與生俱來的，而是雷的"隆隆"聲與車輪滾動時發出的聲響相似，這一聲音在人腦中便出現了車輪（圓形）的聯想意象。

（4）荢　周一：草也。餓荢之荢或作殍，正當作叜。餓死曰孚（《孟子》趙注：《説文》：'叜，落也。'"）。"葭荢之親"，荢訓皮，爲稃之假借（《説文》："稃，穅也。""穅，穀之皮也。"）。凡从孚字,皆有外皮意,如字孚(莩卵也。鳥抱卵恒以爪)、郭(郭也)、胖(旁光也。《釋名》:"胖,鞄也。")是。(《筆記·艸部》,35頁)

按:本組同源詞的核義素爲"包裹"。聲符(右文)"孚",本義爲孵化。《説文·爪部》:"孚,卵孚也。从爪从子。一曰信也。采,古文孚从禾。禾,古文保。"觀孚之古文字,甲骨文作𩁹(乙六六九四),金文作𩁹(過伯簋),爲手爪護子貌,有保護義,人保護幼子或事物多採用抱住、包裹的動作,故"孚"有包裹這一性質。孚擁有的包裹這一性質不是與生俱來的,而是"手爪護子"這一行爲在人腦中出現包裹的聯想意象。

(5)哨　錢一:哨弁,本由打獵而來,其哨字是嗾字之借,打獵時嗾使犬也。古獵時之名(?)。凡從肖聲字皆有小義。(《筆記·口部》,69頁)

按:本組同源詞的核義素爲"小"。聲符(右文)"肖",本義爲小,古文作𦙃(侯馬盟書),從造字法看當爲會意兼形聲字,本義當與"小肉"有關。《方言》卷十二:"肖,小也。"《莊子·列禦寇》:"達生之情者傀,達於知者肖。"王念孫《讀書雜志》:"肖與傀正相反,言任天則大,任智則小也。"《史記·太史公自序》:"申、呂肖也,尚父側微,卒歸西伯,文、武是師。"司馬貞《索隱》:"肖謂微弱而省少,所謂'申吕雖衰'也。"作爲聲符,肖的本義就是小,然後其他以"肖"作爲右文的形聲字在意義上與肖產生了聯繫。

(6)登　錢一:凡從豆之字皆有高舉義。豆,豎也。(《筆記·癶部》,76頁)

按:本組同源詞的核義素爲"高舉"。聲符(右文)"豆",本義爲古代食器,實物見圖十一。觀其古文,甲骨文作豆(甲一六一三),金文作豆(豆閉簋),象形。不論實物還是古文字,皆可見豆之高足,高足易被手握,用於祭祀或飲食,易被高舉,故豆有高舉這一性質。豆擁有高舉這一性質不是與生俱來的,而是豆作爲食器因爲其有高足所以在人腦中出現"高舉"這一聯繫意象。

（圖十一）

（7）肋　錢一：凡从力聲之字皆有有條理意：如朸（木有條理），
泐（水有條理）。肋（脅骨）、力（人筋）。（《筆記・肉部》，178 頁）

按：本組同源詞的核義素爲"條理"。聲符（右文）"力"，本義爲筋。
《説文・力部》："力，筋也。象人筋之形。治功曰力，能圉大災。"段玉裁
注："筋者其體，力者其用也。"筋是有條理的，故力有條理之義。觀其古
文，甲骨文作𫝀（乙八八九三），金文作𠆢（中山王鼎），如農具耒形，而耒亦
爲對稱之物具，故亦可引申爲有條理。力擁有的條理這一性質不是與生
俱來的，而是"筋"這一事物在人腦中出現有條理的聯想意象。

（8）柴　朱二：凡从此者多有小意。佌（《詩》："泄泄"、"佌
佌"），𤿥（《方言》"短小曰𤿥"）。（《筆記・木部》，243 頁）

按：本組同源詞的核義素爲"小"。聲符（右文）"此"，本義有"小"
義，李孝定《甲骨文字集釋》"此"字條言："陳邦福曰：《鐵云藏龜拾遺》
'第八' 葉（筆者注：葉即葉玉森）云：'烄𢁅有雨'。邦福案：𢁅當釋此，祡
之婿。《説文・示部》云：'祡，燒柴焚祭天也。'"[1]燒祡（柴）祭天，祡自然
變小。作爲聲符，此的本義就是小，然後其他以"此"作爲右文的形聲字

---

①李孝定編述，《甲骨文字集釋》，臺北"中研院"史語所，1965 年，495 頁。

在意義上與小産生了聯繫。

（9）宏　　錢一：屋深響也。段删響字,誤。空谷傳聲本有響應也。凡从厷聲字皆有深意。(《筆記·宀部》,308 頁)

按：本組同源詞的核義素爲“深廣”。聲符(右文)“厷”,本義同“肱”,上臂也,後引申同“宏”,大通義,《集韻·耕韻》：“厷,大通也。通作宏。”後引申爲房屋深廣,《説文·宀部》：“宏,屋深響也。”《段注》：“各本‘深’下衍‘響’字,此因下文屋響而誤。今依《韻會》《集韻》《類篇》正……屋深者,其内深廣也。”厷的引申義爲大,後再引申爲深廣,其引申義與其他以“厷”爲右文的形聲字産生了聯繫。

（10）頲　　錢二：直也。凡从廷聲字皆有直意,如挺、梃、庭。(《筆記·頁部》,368 頁)

按：本組同源詞的核義素爲“直”。聲符(右文)“廷”,同“庭”。李孝定《〈金文詁林〉讀後記》言：“林王(筆者按：即林義光、王國維)二氏謂廷庭一字,是也。頌壺或作𡉢,盂鼎作𡉧,不从土而从數小點,乃形譌。……廷从𠃊,林氏謂象庭隅之形,是也。”[1]故可知廷的本義即爲朝廷,後引申爲官署,即地方官吏辦事的地方,不論朝廷還是官署,在人們心中都是正直、公平的地方,故廷引申有“直”義。廷的本義爲朝廷,後引申爲直,其引申義與其他以“廷”爲右文的形聲字産生了聯繫。

通過以上 10 例的分析,我們可以歸納出在章太炎的語源學理論中,在同一詞族中,某一右文與其他形聲字的意義關係有以下四種關係：一爲右文的本義與其他形聲字産生聯繫,我們稱之爲“呈現本義”;二爲右文的引申義與其他形聲字産生聯繫,我們稱之爲“呈現引申義”;三爲右文的本義與引申義與其他形聲字没有關係,而是由於它的某種行爲或形象在人腦中出現了聯想意象,這一意象與其他形聲字産生了聯繫,我們稱之爲“呈現意象”;四爲右文與形聲字的意義關係是不確定的,因爲不論從本義還是引申義抑或是意象上都很難找到右文與形聲字的關係,我

---

[1]轉引自古文字詁林編纂委員會,《古文字詁林》(第二册),上海教育出版社,2000 年,528 頁。

們稱之爲“呈現不明”①。

第四節　章太炎與劉師培右文説的異同

　　清末民初對右文學説給予充分關注的除了章太炎以外還有劉師培。如果説章太炎是從右文説開始而最終抛棄右文説的話，那麼劉師培可以説是自始至終都堅守右文説的陣地。在堅守中劉師培也發現了右文説的問題，並試圖對右文説的漏洞進行修補。從章太炎與劉師培對右文説看法的不同可以看出二人在語源學研究上側重點的不同，而研究劉師培的右文學説也有助於我們更深入地瞭解章太炎的右文學説以及他的語源學理論。

一　劉師培對右文説的繼承和發展

　　可以説劉師培是全面繼承了黄承吉的右文學説。如果説清代段玉裁、王念孫諸人發現了右文説的漏洞，試圖對此進行修補，並逐漸把右文説引向正確的道路，那麼黄承吉則反其道行之，把右文與形聲字的意義關係過分絶對化，而這種絶對化是之前的宋人都難“望其項背”的。黄承吉把右文説推衍到極致，使其變得非常的主觀和不科學。他在《字義起於右旁之聲説》中談及右文與字義的關係：

---

①馬文熙在《古漢語研究》（1992 年第 1 期）發表過討論右文分類的專文——《簡論右文之“義”的三個層面》。他把右文之“義”分成三個層面，也就是把右文與形聲字的關係分爲三種，一是“呈現詞義”、二是“呈現義素”、三是“呈現意象”。馬文熙認爲“呈現義素”與“呈現詞義”的區别在於“聲符以其某一義素與一組被諧字的共同義素相聯繫”，而且他認爲“在聲兼義的右文中，呈現義素者占絶大多數”。而我們認爲“呈現義素”這個層面是不存在的，因爲義素這個東西是很難説的，特别是義素與詞義的關係很難區分，而且義素（包括核義素和類義素）的確定也是仁者見仁智者見智的，這就存在不確定性，比如上文所舉“豆”例，如果按照馬文熙的理論，則核義素“高舉”是從“豆”的眾多義素中歸納出來的（豆 =/ 古代 /+/ 食器 /+/ 高足底 /），而我們認爲這個“高舉”義是從人們對豆作爲食器因爲其有高足所以在人腦中出現“高舉”這一聯繫意象。所以我們去掉了馬文熙的“呈現義素”這一層面，同時把“呈現詞義”擴展爲“呈現本義”和“呈現引申義”，並與“呈現意象”“呈現不明”合爲“右文”與形聲字的四種意義關係。同時我們還認爲這三種關係中，“呈現意象”所佔比例最多，就上文所舉 10 例中就有 5 例是“呈現意象”（1、3、4、6、7），而有 2 例是“呈現引申義”（9、10），2 例是“呈現本義”（5、8），1 例是“呈現不明”（2）。

　　諧聲之字,其右旁之聲必兼有義,而義皆起於聲,凡字之以某爲聲者,皆原起於右旁之聲義以制字,是爲諸字所起之綱。其在左之偏旁部分,(或偏旁在右在上之類皆同。)則即由綱之聲義而分爲某事某物之目。綱同而目異,目異而綱實同。……蓋古人之制偏旁,原以爲一聲義中分屬之目,而非爲此字聲義從出之綱。綱爲母而目爲子,凡制字所以然之原義,未有不起於綱者。古者事物未若後世之繁,且於各事各物未嘗一一制字,要以凡字皆起於聲,任舉一字,聞其聲即已通知其義。是以古書凡同聲之字,但舉其右旁之綱之聲,不必拘於左旁之目之迹,而皆可通用。並有不必舉其右旁爲聲之本字,而任舉其同聲之字,即可用爲同義者。蓋凡字之同聲者,皆爲同義。聲在是,則義在是,是以義起於聲。[①]

在以上這段材料中,我們可以發現黄承吉把形聲字分成兩部份,左旁爲形、爲目、爲子,右旁爲聲、爲義、爲綱、爲母。字之本義、造字之法皆起於"右旁之聲義",而左之形只起到簡單區分目類的作用。我們不難發現黄承吉對待右文説的態度是絕對化的,所謂:"但舉其右旁之綱之聲,不必拘於左旁之目之迹,而皆可通用。並有不必舉其右旁爲聲之本字,而任舉其同聲之字,即可用爲同義者。"

　　右文説在黄承吉的手中其實變成了變相的右聲説,雖然他發現了因聲求義這條道路,並成功拋棄了字形對字義的約束,但是他卻把字義囿於右文之中,並且進行了絕對化的闡述,如"必""皆""凡""任舉""但舉"這類絕對化的字眼比比皆是,但實際上卻犯了以偏概全的錯誤。而劉師培全面地繼承了黄承吉的右文學説,他的出發點其實是爲了彌補黄承吉的失誤,從而對右文説的漏洞進行修補,但事實上卻沿著黄承吉的道路走了下去。

　　劉師培對黄承吉的繼承可以在其《中國文學教科書》中看出端倪:

　　造字之初,先有右旁之聲,後有左旁之形。右旁之聲既同,則義象必同。古人分析字類,悉憑義象之同異而區,未嘗區一物爲一字也。……上古之字祇有右旁之聲,未有左旁之形。右旁之聲即

---

①黄生撰,黄承吉合按,劉宗漢點校,《〈字詁〉〈義府〉合按》,中華書局,2006年,75頁。

指事、象形之字也。古人名物,象形義以製音,故聲同之字,其形義亦必相同,後世恐其無以區别也,乃增益左旁之形。……許君之言曰:"形聲者,以事爲名,取譬相成。"説者謂形聲之字,左旁象形,右旁象聲。不知古人造字,僅有右旁之聲,未有左旁之形。字聲者,即字義之所寄也。故形聲之字,以聲義相兼者爲正例,左旁爲形,右旁爲義兼聲。……形聲之字,未有只取聲而不取義之字矣。故造字之時,有聲即有義,聲本於義,而義即寓於聲,故只有右旁之聲。聲之所存,即義之所在也。①

這段材料中劉師培對文字發展的看法大致是正確的,其認爲字形是由簡到繁的,應先有"右旁之聲",右旁不僅包含了聲亦包含了義,所以"聲同之字,其形義亦必相同",而後世對此恐難區分,所以便"增益左旁之形"。造字之時,字義是寓於字音的,有聲便有義,"聲之所存,即義之所在也"。同時劉師培提出了"義象"的概念,所謂"義象",就是聲符(右文)所包含的意義,而這意義即聲符(右文)的本義,並且它也代表了以此聲符(右文)來對事物命名的共有特徵。不論是對右旁早於左旁也好,還是"義象"這一概念的提出也好,其實都是符合文字發展的一般規律的,但其言"故聲同之字,其形義亦必相同"雖然有合理的成份,但是卻絕對了,聲同之字其意義有三種情況,一是意義完全相同、二是意義相近或相通(包括相對和相反)、三是意義毫無關係,而又以第二種情況爲主,所以不能言"聲同之字,其形義亦必相同"。

而劉師培右文説理論的集中體現則是他的《字義起於字音説》(上、中、下)。在此文中,我們可以清楚地看出劉師培是如何使右文説走向絶對化的道路的,其在《字義起於字音説》上篇中言:

古人觀察事物,以義象區,不以質體别,復援義象製名。故數物義象相同,命名亦同,及本語言製文字,即以名物之音爲字音。故義象既同,所從之聲亦同;所從之聲既同,在偏旁未益以前僅爲一字,即假所從得聲之字以爲用。②

①劉師培,《劉申叔遺書》,江蘇古籍出版社,1997年,2123—2130頁。
②劉師培,《劉申叔遺書》,江蘇古籍出版社,1997年,1239頁。

　　這段材料中,劉師培提出了與"義象"相對的概念——質體,何謂"質體"? 簡而言之即形符(左文)所包含的意義,與聲符(右文)相對。其認爲造字之初,是以右文代形聲字的,而左文起不到太大的作用,這是正確的。如"祖"古文可以只作"且"(🦴乙八四一、🦴盂鼎)、"作"古文可以只作"乍"(𠂤鐵八一・三、𠂤利簋)、"惟"古文可以只作"隹"(𨾙昌鼎)。劉師培的這個觀點在沈兼士看來:"即俞樾《湖樓筆談》所謂古文假借有文省之例也。"① 但是人們觀察事物是不是像劉師培認爲的"以義象區,不以質體别",這是值得商榷的。我們認爲義象和質體是互相融合、很難區分的,比如"貨",雖然説古文"貨"可以只寫作"化",我們按照劉師培的理論,"化"爲義象、"貝"爲"質體",而人們觀察貨時,是只觀察"化"、還是只觀察"貝"、還是兩者都會觀察,顯然是第三者;同樣人們在區分貨與其他事物的時候,是只以"化"作爲區分對象、還是以"貝"作爲區分對象、還是兩者都能作爲區分對象,顯然也是第三者。又如同以"戔"爲右文的一組字,如錢、淺、箋、棧、賤,人們在區分它們的時候肯定是關注質體,即金、水、竹、木、貝,而不是義象,因爲它們的義象都是一樣的,皆爲小物,只有通過質體來進行區分。基於此,我們不能同意劉師培的這一觀點。

　　在《字義起於字音説》下篇中,劉師培不僅提出了自己的右文説理論,而且還舉出了不少例子來進行支撑,如:

　　　　試觀古人名物,凡義象相同,所從之聲亦同,則以造字之初,重義略形,故數字同從一聲者,即該於所從得聲之字,不必物各一字也。及增益偏旁,物各一字,其義仍寄於字聲,故所從之聲同,則所取之義亦同。如從叚,從开,從勞,從戎,從京之字均有大義;從叕,從屈之字均有短義;從少,從令,從刀,從宛,從蔑之字均有小義;具見於錢氏《方言疏證》,而王氏《廣雅疏證》詮發尤詳。彙而觀之,則知古人制字,字義即寄於所從之聲,就聲求義,而隱誼畢呈。②

這些例子顯然也存在絕對化的問題,用絕對化的例子來支撑絕對化的理

———————

① 沈兼士著,《沈兼士學術論文集・右文説在訓詁學上之沿革及其推闡》,中華書局,2004 年,112 頁。
② 劉師培,《劉申叔遺書》,江蘇古籍出版社,1997 年,1240 頁。

論,將會得出絕對化的答案,即"所從之聲同,則所取之義亦同"。當然合理的地方是有的,正確的道路也找到了,即"就聲求義",然後"隱誼畢呈"。

如果止於此,那麼劉師培對於黃承吉的右文説只能説是繼承,而無發展,但事實並非如此,劉師培在《字義起於字音説》下篇中就發展了黃承吉的右文學説,實際上起到了改善右文説的作用,而這樣的發展就反映了劉師培與章太炎對語源學研究的不同側重點。

二　劉師培與章太炎對右文説看法的異同

右文説的發展一直是不大健康的,直到段玉裁、王念孫之時,才逐漸走上了客觀、科學的道路,然而經過黃承吉的"撥正反亂",使得右文説走上了絕對化、主觀化的道路,而到了章太炎、劉師培之時,右文説到了必須糾正的地步,這一點,章、劉二人都清楚地認識到了,而且兩人都針對此做出了努力,但是所採用的方法以及最後的歸宿卻大相徑庭。本部份將針對此進行研究。

首先,章、劉對字音與字義關係的認識是非常統一的,即字義源於字音:

> 語言者不馮虛起,呼馬而馬,呼牛而牛,此必非恣意妄稱也。諸言語皆有根,先徵之有形之物,則可覩矣。何以言雀,謂其音即足也。何以言鵲,謂其音錯錯也。何以言雅,謂其音亞亞也。何以言雁,謂其音岸岸也。何以言鴽鵝,謂其音加我也。何以言鶻鵃,謂其音磔格鉤輈也,此皆以音爲表者也。

——章太炎《語言緣起説》①

> 字聲者,即字義之所寄也。故形聲之字,以聲義相兼者爲正例,左旁爲形,右旁爲義兼聲。……形聲之字,未有只取聲而不取義之字矣。故造字之時,有聲即有義,聲本於義,而義即寓於聲,故只有右旁之聲。聲之所存,即義之所在也。

——劉師培《中國文學教科書》②

①章太炎撰,龐俊、郭誠永疏證,《國故論衡疏證·語言緣起説》,中華書局,2008年,166—167頁。
②劉師培,《劉申叔遺書》,江蘇古籍出版社,1997年,2128、2130頁。

可見章、劉二人都發現了語音對語言、字音對字義起到了至關重要的作用,唯一有所不同的是章太炎指向的是語言的起源,而劉師培指向的是字義的起源。另外章太炎較之劉師培只講音而言,還涉及到"德"與"業"。他認爲除了"以音爲表"外,還有如下兩種情況:一、"何以言馬,馬者武也。何以言牛,牛者事也。何以言羊,羊者祥也。何以言狗,狗者叩也。何以言人,人者仁也。何以言鬼,鬼者歸也。何以言神,神者引出萬物者也。何以言祇,祇者提出萬物者也。"這裏指的是以德爲表者。二、"乃至天之言顛,地之言底,山之言宣,水之言準,火之言毀,土之言吐,金之言禁,風之言汜,有形者大抵皆爾",這裏指的是以業爲表者。雖然章太炎引入了印度勝論派實、德、業的學説,但是我們仔細觀察其所舉之字,多在音上有密切的關係,所以看似玄妙,其實質和"以音爲表者"以及劉師培的"字義起於字音説"一致,都想説明音與義關係其實是密不可分的,並且是義寓於音的。

其次,章太炎早期對於右文説的信從和劉師培對右文説的觀點非常的相似。除了上文所舉的章太炎用右文來進行同源詞的系聯中經常會用到"凡從某聲者皆有某義""凡從某字者必有某義"這樣絶對化的語句之外,在其《語言緣起説》中我們也能看到他對右文説的篤信。比如:

> 是故以侯稱猴,侯者發聲詞也。以爰稱猨,爰者發聲詞也。……以且稱狙,且者發聲詞也。以佳稱雖,佳者發聲詞也。以胡稱鶘,胡者發聲詞也。……蓋形體相似,耦俱無猜,目無異視,耳無異聽,心無異感,則不能與之特異之名,故以發聲命之則止。[①]

事實上,《語言緣起説》就是章太炎支持並篤信右文説的理論著作,所以在文中章太炎直言:"上世先有表實之名,以次桄充,而表德表業之名因之。……是故同一聲類,其義往往相似。"難怪沈兼士在其《右文説在訓詁學上之沿革及其推闡》中提到章太炎的《語言緣起説》時總結道:"觀此知所舉引伸義各字十九皆與表示語根之字爲聲母與形聲字之關係。是雖不明言右文,而右文之説得此益增有力之憑證。"[②] 而沈兼士所

①章太炎撰,龐俊、郭誠永疏證,《國故論衡疏證·語言緣起説》,中華書局,2008 年,169—170 頁。
②沈兼士著,《沈兼士學術論文集·右文説在訓詁學上之沿革及其推闡》,中華書局,2004 年,111 頁。

言"所舉引伸義各字"即由章太炎列出的五個語根引申出來的各字,其分別爲"爲:僞:譌""禺:偶:寓:遇:耦""乍:作:詐:昨""甚:戡:堪:湛""䛠:辯:辨:辯:瓣"。不僅舉出實例,而且每字的引申順序章太炎都進行了分析,以"禺"字條爲例:

> 如立禺字爲根,禺亦母猴也。猴喜模效人舉止,故引伸之,凡模擬者稱禺。《史記·封禪書》云"木禺龍欒車一駟,木禺車馬一駟"是也;其後木禺之字又變爲偶,《説文》云:"偶,桐人也。"偶非真物,而物形寄焉;故引申爲寄義,其字則變作寓;凡寄寓者非能常在,顧適然逢會耳,故引伸爲逢義,其字則變作遇;凡相遇者必有對待,故引申爲對待義,其字則變作耦矣。①

而章太炎這樣以右文作爲系聯同源詞的線索,並通過右文所擁有的意義對其他形聲字進行意義引申與劉師培的方法是何其的相似。劉師培在《中國文學教科書》中亦有類似的分析:

> 凡字之從侖者,皆隱含條理分析之義。上古之時,僅有侖字。就言語言,則加言而作論;就人事言,則加人而作倫;就絲而言,則加系而作綸;就車而言,則加車而作輪;就水而言,則加水而作淪(皆含文理成章之義)。②

而章太炎在《筆記》中所言"凡从力聲之字皆有有條理意""凡从厶聲字皆有深意""凡从俞皆有空意""凡从真之字皆有盛意""凡从般聲之字皆有大義"等結論與劉師培在《中國文學教科書》中"從台之字皆有始字之義""從少之字皆有不多之義""從亥之字皆有極盡之義""從音之字皆有幽暗之義""從寺之字皆有獨字之義"的結論可謂如出一轍。

最後,讓我們看看章、劉二人對右文説最終的看法。正如本部份開頭所言,他們研究語源學最終所採用的方法以及最後的歸宿是大相徑庭的,這種大相徑庭是在對語言的起源、發展認識的高度一致,以及皆對右文篤信的基礎上發生的。這會讓人們產生疑問,爲何起點和前期過程一

---

① 章太炎撰,龐俊、郭誠永疏證,《國故論衡疏證·語言緣起説》,中華書局,2008 年,179 頁。
② 劉師培,《劉申叔遺書》,江蘇古籍出版社,1997 年,2122 頁。

致,最終卻走向了完全相反的道路? 其實二人最終這種截然不同的觀點都是他們在看出右文説出現了重大的問題,以至於不得不對其進行大刀闊斧地修改後産生的。弄清了這點,疑問也就涣然冰釋了。

讓我們先看看劉師培對於右文學説的修補,這一嘗試主要見於《字義起於字音説》下篇:

> 若所從之聲與所取之義不符,則所從得聲之字,必與所從得義之字聲近義同。……蓋一物數名,一義數字,均由轉音而生,故字可通用。《説文》一書亦恒假轉音之字爲本字;即諧聲之字所從之聲亦不必皆本字;其與訓釋之詞同字者,其本字也;其與訓釋之詞異字而音義相符者,則假用轉音之字,或同韻之字也。近儒於古字音訓之例,詮發至詳。然諧聲之字,音所由起,由於所從之聲,則本字與訓詞音近者,由於所從得聲之字與訓詞音近也。古字音近義通,恒相互用,故字從與訓詞音近之字得聲,猶之以訓詞之字爲聲,此則近儒言音訓者所未晰也。即此而類求之,則諧聲之字所從之音不復兼意者鮮矣。[①]

從這段材料中我們可以看出劉師培已經發現了右文説存在的缺陷,即某形聲字的字義與聲符(右文)的字義不相符合時,不應再拘泥於聲符(右文)之形與義,而應轉而從聲符(右文)之音找突破口。具體方法是找出聲符(右文)的訓詞,訓詞與聲符(右文)應當是音近義同(通)的關係,最後以訓詞之義來探索以被訓之詞作爲右文的形聲字的字義發展。這樣一來,右文説就從絶對的以聲符爲綱變成了科學的因聲求義,而右文也從形聲字唯一的意義來源變成了因聲求義的最重要的線索。如果這樣的嘗試最終能夠實現,那麼“諧聲之字所從之音不復兼意者鮮矣”。對於劉師培針對右文説的修補工作,沈兼士給予肯定的評價,其在《右文説在訓詁學上之沿革及其推闡》中就明確指出劉師培這次嘗試的價值和意義:

> 此篇主要之點,在闡明右文諸形聲字所衍之義與聲母之義若不相符時,則當觀其訓詞(即指許書當字之説解),以求其本字。蓋以

[①]劉師培,《劉申叔遺書》,江蘇古籍出版社,1997 年,1240 頁。

此類現象爲右文之流變,論右文者不得不注意及之。設於此無法解決,則右文學説終難於訓詁學上達到圓滿應用之目的。故劉氏特闡明其原理與推求其本字之法,用以補救舊説之闕陷,蓋即章先生所謂"取義於彼見形於此者"。①

雖然劉師培的出發點是正確的,但在具體實踐中卻與其對右文理論的修補出現了偏差,並且在歧路上越走越遠,最終出現了比黄承吉還要絶對化的分析,而《正名隅論》中的一段話就可以看做是劉師培研究右文説最終走向極端的縮影:

　　蓋之部、支部、脂部、蒸部、耕部、真類、元類之字,均含直象者也;侯類、幽類、宵類之字,均含曲義者也;歌類、魚類之字,義近于"侈";陽部、東部之字,義近于"大";"侈"義同"張","大"義同"放",均有通象。談類之字,則與通象相反。②

可惜劉師培只活了 36 歲,如果有更多的時間,不知其能否在右文説的歧路上走回來,並把對右文説的修補工作繼續下去,從而使得右文説真正地走上科學、客觀的健康大道。然而歷史没有假設,所以有人説:"至此(筆者注:指劉師培的研究),漢語音義聯繫的研究算是走到了絶路。"③雖然言之有過,但亦不無道理。

而章太炎亦從右文説出發,一開始亦是篤信,然後發現了右文説的漏洞。然而他選擇了與劉師培截然相反的道路,即從右文轉向音轉,《轉注假借説》和《文始》就是其音轉理論的集大成者,前者在於理論,後者在於理論與實踐的統一。其認爲"音義相讎"爲變易,"義自音衍"爲孳乳,並在《成均圖》中分古韻爲二十三部,以規定韻轉之法;又分古聲紐爲二十一紐,以規定聲轉之法。而這些都是爲其詞族的系聯服務的。同時在《文始》中,設初文、準初文共五百一十字,按音韻關係分爲九大類二十三小類,並按意義關係對五六千個漢字進行系聯,形成網狀結構,以意義關係爲經、以音轉關係爲緯,即章太炎在《轉注假借説》中所提及

---

① 沈兼士著,《沈兼士學術論文集·右文説在訓詁學上之沿革及其推闡》,中華書局,2004 年,114 頁。
② 劉師培,《劉申叔遺書》,江蘇古籍出版社,1997 年,1424 頁。
③ 劉又辛、李茂康,《漢語詞族(字族)研究的沿革》,《古漢語研究》,1990 年第 1 期。

的 "經以同訓,緯以聲音"。關於章太炎對右文説看法的變化在上文中已經有較爲詳細的分析,兹不贅述,具體可參考本章第一節 "章太炎對右文説認識的發展"。我們只是想説,在尋求新方法去研究文字之間的聲義關係的同時,其對於右文説也並不是全盤否定的,而是吸收了右文説的合理成份,以配合他的 "聲首"（或言 "語根"）概念以及變易與孳乳理論,從而建立起一個更大更系統的體系。針對此,沈兼士亦有評論,可謂精闢：

> 不但此也（筆者注：《語言緣起説》中章太炎對右文説的改進）,章先生之論更有進於前人者：（一）自來訓詁家尟注意及語根者,章氏首先標舉語根以爲研究之出發點,由此而得中國語言分化之形式,可謂獨具隻眼。（二）根據引伸之説,系統的臚舉形聲字孳乳之次第,亦屬創舉。[1]

語根和右文是有本質區別的,章太炎所列之語根來自《文始》的初文與準初文,這些字（有的不成字,只可視作符號）更接近於漢語的原始面貌,以語根之音義來進行同源詞的系聯,這樣系聯出來的就不只局限於同一聲符的形聲字了。而右文已經是成熟的漢字,而右文從何而來,這依然是值得研究的,而且對研究漢語（漢字）的發展是極爲重要的課題,但如果僅局限於右文,那麽首先右文之源的研究就缺失了,其次系聯出來的同源字只會是單一的形聲字了,這對於語源的研究顯然是不夠的。章太炎發現了這點,所以他抛棄了右文學説,但是這樣的抛棄似乎有點極端,也甚爲可惜,因爲《説文》9353 字中,有八千多的形聲字,其來源最爲明顯,也最成系統,而這也是研究漢語（漢字）最爲寶貴的財富。但是在《文始》中,章太炎卻基本全部抛棄了最成系統的形聲字,並且轉戰語轉的陣地,這的確是可惜的。對此沈兼士也深感遺憾和疑惑：

> 章先生以後作《文始》,殆即動機於此。惟舍八千餘形聲字自然

---

①沈兼士著,《沈兼士學術論文集·右文説在訓詁學上之沿革及其推闡》,中華書局,2004 年,111 頁。

之途徑,從廿三部成均圖假定之學説,其方法復改弦更張矣。①

　　今《文始》全書取本聲者,才及十一,將謂二十三部之通轉,勝於聲母與形聲字自然分化之爲可信邪? ②

放著好好的體系不用,而以一個假定的學説(以《成均圖》韻轉理論爲主)作爲研究同源詞的依據,顯然是另起爐竈,大費周章。客觀地説,在《文始》具體的同源詞系聯中,章太炎確實犯了不少錯誤,比如章太炎有的音轉,在很多情況下只有一兩個例子作爲支撐,沒有説服力;又如不少音轉屬於主觀臆想,不能讓人信服,對此王力在《漢語音韻學》中指出:"人們往往不滿意於章氏的《成均圖》,因爲他無所不通,無所不轉,近於取巧的辦法。"③王力在《清代古音學》中又説:"章氏的成均圖,是主觀臆測的産物。韻部的次序和地位,都是以意爲之的,因此,由成均圖推出的結論往往是不可靠的。"④當然章太炎用音轉理論來研究同源詞的開創之功是值得肯定的,他脱離了右文説的制約,從更廣的範圍去研究同源詞,也使得漢語詞彙的研究不再是一盤散沙,而是變得有條理、成系統了。而後來王力的《同源字典》可以説就是以章太炎的《文始》爲參考,同時其對同源詞語音上進行了嚴格的要求,很大程度上避免了《成均圖》"無所不轉"的弊端。

章太炎、劉師培二人都從右文説開始漢語語源的研究,右文學説也都爲他們的研究帶來了巨大的便利,但是隨著研究的深入,他們也都發現了右文説最重大也是最致命的問題,即"取義於彼"卻"見形於此",而這就成爲了二人研究語源的分水嶺,章太炎以此來推翻右文説,而劉師培卻以此來修補右文説。且不論孰是孰非,孰進步孰保守,但從他們的初衷而言都是值得肯定的,正如沈兼士所説"見仁見智,各有不同耳"。

其實後來劉師培也發現了其右文理論的缺陷,並在《答四川國學學

①沈兼士著,《沈兼士學術論文集·右文説在訓詁學上之沿革及其推闡》,中華書局,2004年,111頁。
②沈兼士著,《沈兼士學術論文集·右文説在訓詁學上之沿革及其推闡》,中華書局,2004年,112頁。
③王力著,《漢語音韻學》,載《王力文集》(第四卷),山東教育出版社,1996年,347頁。
④王力編著,《清代古音學》,中華書局,1992年,237頁。

校諸生問〈説文〉書》中毫不隱晦地指出了其理論所存在的問題：

> 夫右聲該誼,惛枛楊泉;宋元筆録,輒揭綱凡。雖同聲之字,亦或取象偶符。然六爻之象,惟尚旁通,作車行陸,合轍斯貴。是以鳳簫備舉,非徒孤管之諧;朱瑟鳴和,弗尚單絃之協。今斯例所通,百弗一二:譬如亥聲之字,略該盡誼;句聲之字,詮曲間符。引緒旁施,誼恒捍格,援之伙比,跡復柴池。是猶執孤管以擬群音,叩單絃以例眾響。以云致曲,則執跂爲齊;用俟反隅,則舉一廢百。顧云通例,夫豈其然。[①]

雖然劉師培發現了自己理論中的漏洞,但這位"讀書人的種子"可惜只活了 36 年,所以即使其想對右文説進行再次修補卻力不能及了。

附 右文説與轉注

在"章太炎的轉注假借理論"一章中,我們已經發現歷代對轉注説的定義都莫衷一是,而章太炎對轉注的定義也是有問題的。同時章太炎對轉注的實際操作中,也存在這樣或那樣的問題,比如説字義與詞義不分,"聲首"不能確定,轉注與假借有時不好區分等等。這些問題的關鍵就在於對轉注"建類一首,同意相受"的理解始終不明。而我們在研究完章太炎的右文學説後,對轉注有一點心得,即右文説來源於轉注,而且用右文説來解釋"建類一首,同意相受"會得到較好的效果。下面簡單進行分析。

形聲和右文在形式上是一致的。如柏、榆、桃、梧、桐、梅等字是典型的形聲字(左形右聲),而錢、淺、箋、棧、賤等字歷來也被視作形聲字,《説文》中"錢,从金戔聲""淺,从水戔聲""箋,从竹戔聲""棧,从木戔聲""賤,从貝戔聲"。其實从戔的這一批字與許慎所言之形聲還有一定的區别,因爲形聲字的定義是:"以事爲名,取譬相成,江河是也。"陳夢家在《中國文字學》(修訂本)中言:"事即事類,就是以事類建其名目,

---

①劉師培,《劉申叔遺書》,江蘇古籍出版社,1997 年,1732 頁。

如江河以水爲形符；取譬就是擇取相近似的聲義譬喻，如工可近江河的聲音；相成就是以所建事類（形符）和所譬之聲（聲符）相益而成字。”[①] 其中“工”“可”與“江”“河”只存在音上的聯繫，而没有義上的聯繫。演繹到整個形聲字中，那就是聲符與形聲字只存在音上的聯繫，而没有義上的聯繫。而在右文字中（爲了與形聲字區别，我們先稱其“右文字”），右文與字不僅在音上有聯繫，在義上亦聯繫緊密，如“戔”有小義，而從“戔”得聲的字亦多有小義；“盧”有黑義，而從“盧”得聲的字亦多有黑義（鱸、矑、鸕、壚、爐）；“夬”有斷開義，而從“夬”得聲的字亦多有斷開義（決、缺、玦、觖）。通過比較，我們不難發現形聲字與右文字只是在形式上偶合，在本質上是有區别的，區别有三：一是在形聲字中表義的是形旁，在右文字中表義的是右文與“形旁”（左文）；二是在形聲字中的形旁表區别義（如柏、榆、桃、梅的形旁“木”，泊、渝、洮、海的形旁“水”，是來表示區别義的），在右文字中“形旁”（左文）是表共性義的；三是在形聲字中聲旁只表聲，在右文字中“聲旁”（右文）既表聲又表義。現做“形聲字與右文字聲義關係表”，如下：

形聲字	柏	榆	桃	梅	梧	義＋聲
右文字	淺	錢	棧	賤	箋	義＋義＆聲

（表九：形聲字與右文字聲義關係表）

以及“形聲字與右文字形符同聲符／右文關係表”，如下：

	形、聲／右文	義	聲	區别義	共性義
形聲字	形符	＋	－	＋	－
	聲符	－	＋		
右文字	形符	＋	－	＋	－
	右文	＋	＋	－	＋

（表十：形聲字與右文字形符同聲符／右文關係表）

這樣一比較，我們就好分析許慎對轉注“建類一首，同意相受”的定義了。所謂“建類一首”，即創建一個部首，如：水、金、木、貝、竹，它們表的是區别義；所謂“同意相受”，即受予水、金、木、貝、竹一個相同的部件“戔”，從而形成淺、錢、棧、賤、箋這批轉注字。而在邏輯上，應該是先“同

①陳夢家著，《中國文字學》（修訂本）中華書局，2011 年，72 頁。

意相受",再"建類一首",即先有"戔"表小義,然後在它身上加上各種表區別義的部首。所以我們認爲右文説來源於轉注,並且在右文説的體系中,轉注的定義是比較好理解的。但是如果撤去右文説再研究轉注,那又會變得複雜,這也有待進一步研究。

第五章　章太炎的音轉理論

章太炎被譽爲清代樸學的殿軍,而清代樸學中研究最精彩、影響最深遠、成果最豐碩的當屬古音學。章太炎有這樣的美譽,足見其對古音學貢獻之巨大。章太炎的古音學成就可以歸納爲以下四個方面:一是對古韻部的劃分,二是對古聲紐的劃分,三是韻轉之關係,四是對漢字音值的描寫。再具體點説就是:一、古韻部方面,章太炎結合前修時賢研究的具體成果,把古韻分爲二十三部(後來晚年,章太炎在《音論》中主張把冬部併入侵部,所以其最終的古韻分部爲二十二部,但是學術界還是習慣認定其古韻爲二十三部);二、在古聲紐方面,章太炎第一次系統地提出古聲二十一紐;三、在韻轉關係上,章太炎以其《成均圖》作爲韻轉的標準;四、在漢字音值的描寫上,章太炎首創用漢字來全面描寫古韻部的音值。而其中前三個方面都與章太炎的語源學理論有著巨大的關係,可以説沒有這三個方面進行理論支持,章太炎的語源學是無法達到如此高度的。同樣,這三個理論也是區分章太炎與單純研究古音學或者單純研究語源學學者的關鍵所在。我們把這三個理論歸納爲兩個方面,一是章太炎的古韻部理論(古韻劃分和古韻相轉歸在一起),二是章太炎的古聲紐理論,下面一一進行分析。

第一節　章太炎的古韻部劃分

有清一代是研究古音的高峰,而對古韻部的研究又是高峰中的高峰,可謂前不見古人後不見來者,王力在其《清代古音學》中就總結道:“清代古音學是中國學術史上一件大事。特別是在古韻方面,清代學者的成就是輝煌的。”[1]王國維對清代古音學也有著同樣的讚賞:

①王力編著,《清代古音學》,中華書局,1992 年,244 頁。

　　自漢以後，學術之盛，莫過於近三百年。此三百年中，經學、史學皆足以陵駕前代，然其尤卓絶者則曰小學。小學之中，如高郵王氏、棲霞郝氏之於訓故，歙縣程氏之於名物，金壇段氏之於《説文》，皆足以上掩前哲。然其尤卓絶者則爲韻學。古韻之學，自崑山顧氏而婺源江氏，而休甯戴氏，而金壇段氏，而曲阜孔氏，而高郵王氏，而歙縣江氏，作者不過七人，然古音廿二部之目，遂令後世無可增損。故訓故、名物、文字之學，有待於將來者甚多；至古韻之學，謂之前無古人，後無來者可也。[①]

　　而作爲清代樸學殿軍的章太炎，其古韻之學的貢獻當然也是巨大的，他的貢獻主要表現在對古韻部的劃分和韻轉關係的討論上。可以説他的古韻部劃分意味著一個時代的結束，也意味著一個時代的開始，這也是他能繼承前人並超越前人的關鍵所在。下面我們首先對章太炎的古韻部劃分進行説明。

　　章太炎早期在王念孫分古韻二十一部的基礎上，參照孔廣森的東、冬分部，定古韻爲二十二部。所以，在開始研究章太炎的古韻分部之前，是有必要看看王念孫和孔廣森的分韻情況的。

　　王念孫分古韻爲二十一部，具體爲[②]：

東第一			蒸第二			侵第三		
平	上	去	平	上	去	平	上	去
談第四			陽第五			耕第六		
平	上	去	平	上	去	平	上	去
真第七			諄第八			元第九		
平	上	去	平	上	去	平	上	去
歌第十			支第十一			至第十二		
平	上	去	平	上	去	入	去	入
脂第十三				祭第十四		盍第十五		
平	上	去	入	去	入	入		

---

① 王國維，《觀堂集林》，中華書局，1959 年，394 頁。
② 關於王念孫的古韻分部，本書引自王力編著，《清代古音學》，中華書局，1992 年，187—192 頁。

緝第十六				之第十七				魚第十八			
			入	平	上	去	入	平	上	去	入

侯第十九				幽第二十				宵第二十一			
平	上	去	入	平	上	去	入	平	上	去	入

孔廣森分古韻爲十八部,具體爲[①]:

原類第一	丁類第二(辰通用)
辰類第三	陽類第四
東類第五	冬類第六(緩蒸通用)
緩類第七	蒸類第八
談類第九	歌類第十
支類第十一(脂通用)	脂類第十二
魚類第十三	侯類第十四
幽類第十五(宵之通用)	宵類第十六
之類第十七	合類第十八

　　王念孫與孔廣森相比,多了三部,即真諄分部、脂祭分部、緝盍分部。而孔廣森與王念孫以及之前研究古音的大家最大的不同就是他的冬部從東部中獨立出來,這也是孔廣森最爲人佩服的創舉。段玉裁在《聲類表序》中對孔廣森的東、冬分部給予極大的讚賞:"(孔氏)東冬爲二,以配侯幽,尤徵妙悟。"[②]而王念孫起初是不相信東、冬分部的,直到晚年,他也認可了孔廣森的這一發現。王力在《清代古音學》中評價王念孫的古韻學的地位時說:"清代古音學到王念孫,已經是登峰造極。考古派只能做到這一步。至於審音派則入聲一律獨立,韻部增多,又當別論了。"[③]而王力特別在"登峰造極"下作注"指他的古韻二十二部,包括冬部"。可見清代古音學的巔峰是以王念孫古韻二十一部,和孔廣森的東、冬分部爲標準的,缺一不可。而章太炎就是在這兩位大師的基礎上,對古韻進

①關於孔廣森的古韻分部,本書引自王力編著,《清代古音學》,中華書局,1992年,165—166頁。
②段玉裁撰,鍾敬華點校,《經韻樓集》,上海古籍出版社,2008年,123頁。
③王力編著,《清代古音學》,中華書局,1992年,199頁。

行了更細緻的劃分。

首先,章太炎充分肯定王念孫的古韻二十一部,並且參考了孔廣森的東、冬分部,其在《丙午與劉光漢書》中言:

古韻分部,僕意取高郵王氏,其外復採東、冬分部之義。王故有二十一部,增冬部則二十二,清濁斂侈,不外是矣。①

當然章太炎最大的貢獻不是兼採了王、孔二人的古韻學説,而是獨立了隊部。在定古韻爲二十二部後,他發現在《詩經》中,脂部的去、入聲字是不與平、上聲字相押的,即脂部的去、入聲字是獨用的,所以從脂部中獨立出了隊部。其在《文始》卷二中提到了隊、脂的分部問題:

隊、脂相近,同居互轉。若聿、出、内、朮、戾、骨、兀、鬱、勿、弗、卒諸聲,諧韻則《詩》皆獨用,而自、隹、靁或與脂同用。乃夫曶、昧同言,坻、汝一體,造文之則已然,亦同門而異户也。……然陰聲旁轉,隊多毗於泰,脂多毗於至,此其鴻纖之異也。②

而其在《新方言·音表》中也談到了隊、脂的分立:

脂、灰昔本合爲一部,今驗自、回、靁、夔等聲與脂部鴻纖有異,三百篇韻亦有分别。③

這裏所説的"灰"部,就是"隊"部。其在《國故論衡》上卷《成均圖》中亦言:

脂、隊二部,同居而旁轉,舊不别出,今尋隊與術、物諸韵,視脂、微、齊平入不同,其相轉者:如豙從豕聲;渠魁之字借爲顝;突出之字借爲自,頧,是也。④

而在《二十三部音準》中,章太炎除了説明隊、脂分立以外,還列脂部字九十七、隊部字三十八作爲正音,以此來證明他的發現:

古脂部異於支、之者,其聲滿口而幎呼,皆闔口音也。隊異於

①馬勇編,《章太炎書信集》,河北人民出版社,2003年,75頁。
②《文始二·隊脂諄類》,《章太炎全集》(七),上海人民出版社,1999年,202頁。
③《新方言·音表》,《章太炎全集》(七),上海人民出版社,1999年,131頁
④章太炎撰,龐俊、郭誠永疏證,《國故論衡疏證·成均圖》,中華書局,2008年,56—57頁。

脂，去入與平異也。

今人得正音者，脂部九十七字，隊部三十八聲，二部各以是爲準。歸、癸、揆、鬼、傀、瑰、魁、夔、葵、暌、危、頠、詭、跪、鬼、隗、根、隁、煨、猥、煒、禕、毀、煟、徽、微、愇、口、韋、違、圍、闈、偉、韙、葦、韡、帷、維、唯、惟、煒、虫、回、洄、自、惟、薙、鮠、追、椎、佳、錐、騅、雛、崔、摧、催、誰、眭、雖、水、縗、悲、配、裴、陫、眉、湄、媚、枚、美、媄、黴、飛、非、誹、妃、菲、匪、腓、斐、扉、肥、微、靁、纍、罍、讄、勵、儡、瓃、鸓、未、誄、磊、狋、蕤，右九十七字，今讀闔口煠呼，乃脂部正音，平聲韵。骨、由、圣、臾、胲、兀、隉、鬱、聿、曰、胃、位、尉、卉、炊、旻、昌、寔、頮、惠、突、六、内、頪、戾、出、尢、卒、彗、率、由、弗、闋、乀、勿、叞、未、采，右三十八聲，今讀闔口煠呼，乃隊部正音，去入韵。①

另需説明的是，《二十三部音準》還表現了章太炎對擬音的認識，此文對二十三部的發音方法都做了描寫，比如上面提到的“闔口”，另外還有張口、閉口、橫口、縱口等，雖然略顯粗糙，但章太炎卻是用漢字來描寫古韻部音值的第一位學者，具有開創之功。許良越在《章太炎的古音學及其影響》中就提到：“在記音工具上，章氏是用漢字來標注古音的。爲彌補表意漢字不能詳細表音的缺點，章氏使用了很多描寫發音特徵的術語，諸如縱口、橫口、張口、閉口等。雖然此種描寫不及音標那樣便捷準確，但較之於前人純粹的分類排比，終究使人窺見了古音的一鱗半爪。”②在擬音的同時，章太炎還列舉出大量的例子（正音），比如上面所舉的對脂部、隊部正音的舉例，有助於進一步的研究。

章太炎到了晚年，在《中國語文學研究》上發表《音論》一文，文中主張把冬部併入侵部，遂最終分古韻爲二十二部，具體分部和對應關係如下：

寒	諄	真	青	陽	東	侵緝	蒸	談盍
歌泰	隊脂	至	支	魚	侯	幽	之	宵

①章太炎撰，龐俊、郭誠永疏證，《國故論衡疏證·二十三部音準》，中華書局，2008 年，114—117 頁。
②許良越，《章太炎的古音學成就及其影響》，《西昌學院學報》（社會科學版），2012 年 6 月。

關於把冬部併入侵部的做法,後世基本是認可的。王力在《清代古音學》中談到章太炎冬部入侵時言:"章氏晚年,在光華大學《中國語文學研究》上發表《音論》,主張以冬部併入侵部,這是可取的。我們認爲,在《詩經》時代,冬應歸侵;到了《楚辭》時代,冬部才能獨立了。"[①]

第二節　章太炎的韻轉理論

章太炎的韻轉理論的表現形式是《成均圖》,韻轉理論的實踐是《文始》。他的這一理論是在自己劃分古韻二十三部,並吸收戴震和孔廣森的對轉理論(思想)的基礎上進行的。所以要弄清他的韻轉理論,首先要弄清戴震和孔廣森的對轉理論(思想),以及章太炎對他們的繼承與發展。

、　戴震的對轉理論(思想)

戴震的對轉理論(思想)見於其《轉語》,但此書湮没已久,直至今日仍不能視其全部。此書大致可分爲三個部份,首先是《轉語二十章序》,説明了寫《轉語》一書的目的;其次是《答段若膺論韻》,説明了自己的古音體系;最後是《聲類表》,嘗試對漢語音轉(主要是聲轉)在發音方法上進行系統的描述。

"轉語"一詞源於揚雄《方言》中"語之轉""聲之轉"之語,原本講的是方言之間的聲音關係。戴震借用這一術語,從具體到一般,從方言的音轉關係發展到漢語的音轉關係,爲後世學者研究漢語之音轉提供了正確且行之有效的方法。其將聲母按發音部位的不同分作喉、舌、腭、齒、脣五類,叫做"大限五";同時按照發音方法的不同分作四位,叫做"小限四"。韻部則按照九類二十五部進行排列(之前戴震分古韻爲七類二十部),每一大類又分陰陽入三類,具體如下表:

---

①王力編著,《清代古音學》,中華書局,1992 年,237 頁。

類（卷）	部序	韻部	陰陽入	韻字
一	1	阿	陽	歌戈麻
	2	烏	陰	魚虞模
	3	堊	入	鐸
二	4	膺	陽	蒸登
	5	噫	陰	之咍
	6	億	入	職德
三	7	翁	陽	東冬鍾江
	8	謳	陰	尤侯幽
	9	屋	入	屋沃燭覺
四	10	央	陽	陽庚
	11	夭	陰	蕭宵肴豪
	12	約	入	藥
五	13	嬰	陽	庚耕清青
	14	娃	陰	支佳
	15	戹	入	陌麥昔錫
六	16	殷	陽	真諄臻文殷魂痕
	17	衣	陰	脂微齊皆灰
	18	乙	入	質術櫛物迄没
七	19	安	陽	元寒桓删山先仙
	20	靄	陰	祭泰夬廢
	21	遏	入	月曷末黠鎋屑薛
八	22	音	陽	侵
	23	邑	入	緝
九	24	醃	陽	覃談鹽添咸銜嚴凡
	25	諜	入	合盍葉帖洽狎業乏

（表十一）

　　每類（卷）以下又有小圖，以陰入或者陽入相配成一圖。第一類有小圖二十七、第二類有小圖五、第三類有小圖十四、第四類有小圖十五、第五類有小圖十九、第六類有小圖二十六、第七類有小圖二十八、第八類有小圖七、第九類有小圖五，總計一百四十六個小圖。在每一類中戴震又以入聲韻爲陰陽對轉的樞紐，其在《答段若膺論韻》中特別談到了入聲韻的獨立以及它起到的樞紐作用：

> 癸巳春，僕在浙東，據《廣韻》分爲七類，侵以下九韻皆收脣音，其入聲古今無異説。又方之諸韻，聲氣最斂，詞家謂之閉口音，在《廣韻》雖屬有入之韻，而其無入諸韻，無與之配，仍居後爲一類。其前昔無入者，今皆得其入聲，兩兩相配，以入聲爲相配之樞紐。①

　　入聲獨立、陰陽對轉是值得肯定的。王力在歸納戴震對古音學的貢獻時提出兩點，一是"祭部獨立"，另一就是"陰陽入三分，陰陽對轉"，其説："本來江永早有異平同入之説；段玉裁以脂配物月，又以物配文，以月配元，也有陰陽入三分的味道，但都不如戴氏這樣旗幟分明。我曾經把清代古音學家分爲考古、審音兩派：顧炎武爲考古派，段玉裁、王念孫、孔廣森、江有誥、章炳麟繼其後；戴震爲審音派，黄侃繼其後。我自己原屬考古派，後來變爲審音派。入聲獨立是審音派的標識，我認爲入聲獨立是對的，陰陽入三分也是對的。"②

　　由上可知，戴震對古音學的貢獻以及其古音學的特點之一就是入聲韻的獨立，並與陽聲韻、陰聲韻相配。《聲類表》九卷中每一卷都包括陰陽入三種韻部，而且每一卷都先用陽聲韻的平上去與入聲韻相配，接著用陰聲韻的平上去與入聲韻相配，以入聲韻作爲陰陽對轉的樞紐。比如卷一中，先是陽聲韻：歌哿箇（平上去）、戈果過（平上去）、唐蕩宕（平上去）與入聲韻鐸相配；接著是陰聲韻：模姥暮（平上去）、豪皓號（平上去）與入聲韻鐸相配。這樣通過九類二十五部一百四十六圖的陰陽對轉關係（當然也包括聲轉關係），戴震試圖從假借字而求得本字之音，從而因聲求義，最終揭示本字之義。雖然戴震的陰陽對轉中有些配對是有問題的，如以鐸部配歌魚、以藥部配陽蕭、以祭部配曷等等，但是他系統地闡述入聲獨立，使得陰陽入三分，並以入聲韻作爲陰陽對轉的樞紐是值得肯定的，而正是因爲其在這方面的開創之功才啟迪了後代學者，爲古音之學成爲訓釋詞義、探求語源的一把鑰匙打下了堅實的基礎，而章太炎正是這方面的繼承者。

---

① 戴震撰，《戴震集》，上海古籍出版社，2009年，78—79頁。
② 王力編著，《清代古音學》，中華書局，1992年，134頁。

二 孔廣森的對轉理論(思想)

在上文中已經涉及過孔廣森的古韻十八部,這裏就不再一一列舉了,其在古韻分部上最大的貢獻有二:其一就是上文所講的東、冬分部;另外一個就是他的陰陽對轉。

這裏先説説孔廣森陰陽對轉存在的問題,即他不承認古韻有入聲韻的存在。他在《詩聲類》中談及入聲時説:"蓋入聲創自江左,非中原舊讀。"① 他認爲除閉口音緝合等韻能算作入聲以外,其他都應屬於支脂魚侯幽宵之七部,並轉爲去聲。孔廣森否認上古存在入聲韻的判斷顯然是錯誤的,王力在《清代古音學》中就批判了孔的這一觀點:

> 按孔氏古無入聲之説不可據信。語言是社會的産物,決非江左的人所能創造出來的。《詩經》入聲獨自爲韻,其與去聲相押者,那些字原屬入聲。戴氏入聲獨立是對的,孔氏否認入聲是錯的。②

雖然孔廣森否認入聲韻的認識是錯誤的,但卻不能否認他陰陽對轉的巨大貢獻。有人説孔廣森的陰陽對轉是在戴震陰陽相配的基礎上發展而來的,其實不對,因爲在孔廣森作《詩聲類》時,他是没有看見戴震《答段若膺論韻》一文的,而且比起戴震的陰陽相配,孔廣森是有進步的。王力就認爲"實際上孔氏陰陽之説比戴氏高明"③。高明在哪?我們首先得看看孔廣森的陰陽對轉的格局。我們把《詩聲類》中的十八個韻部按陰陽對轉的關係列於下:

陽聲	原	丁	辰	陽	東	冬	緵	蒸	談
陰聲	歌	支	脂	魚	侯	幽	宵	之	合

(表十二)

這是孔廣森所認爲的本韻,如果按照其通韻(即取其收聲之大同),那麼其陰陽對轉的關係則爲下表:

---

① 孔廣森,《詩聲類》,中華書局,1983 年,199 頁。
② 王力編著,《清代古音學》,中華書局,1992 年,164 頁。
③ 王力編著,《清代古音學》,中華書局,1992 年,165 頁。

陽聲	元	耕	真	陽	東	冬	侵	蒸	談
陰聲	歌	支	脂	魚	侯	幽	宵	之	合

（表十三）

孔廣森在《詩聲類》卷一中分析了其陰陽對轉進行如此佈局的原因，其言：

> 通韵聚爲十二，取其收聲之大同；本韵分爲十八，乃又剖析於斂侈、清濁、豪釐、纖眇之際。曰元之屬、耕之屬、真之屬、陽之屬、東之屬、冬之屬、侵之屬、蒸之屬、談之屬，是爲陽聲者九；曰歌之屬、支之屬、脂之屬、魚之屬、侯之屬、幽之屬、宵之屬、之之屬、合之屬，是爲陰聲者九。此九部者，各以陰陽相配而可以對轉。……分陰分陽，九部之大綱；轉陽轉陰，五方之殊音。則獨抱遺經，研求豁悟。……向之不可得韵者，皆一以貫之，無所牽強，無所疑滯。[1]

從上可知，孔廣森是把帶有鼻音韻尾的陽聲韻九部與不帶鼻音韻尾的陰聲韻九部一一相配，可以對轉。如果説古韻分陰陽是自然存在的，那麼陰陽相轉則是因爲方言的原因，正所謂“五方之殊音”。沒有方言，則不會出現陰陽對轉，但是這個假設是不成立的，因爲有語言就有方言，那麼有方言就有陰陽對轉的現象。關於這一點，徐通鏘就認爲“五方之殊音”是孔廣森把方言差異理解爲陰陽對轉存在的客觀基礎。如果能弄清楚這點的話，那麼上古不知何韻部者則可以通過陰陽對轉而弄清，從而“無所牽強，無所疑滯”。只可惜孔廣森忽略了上古韻部中入聲的獨立，所以雖然他的陰陽對轉體系要比戴震來得更加系統，但是卻不如戴震更接近上古韻部的本來面目[2]，而是否承認入聲的獨立也是審音派和考古派的區別，孔廣森是考古派、戴震是審音派。而章太炎雖然是考古派，但是其同時繼承了孔廣森和戴震的對轉理論並發展之，從而形成了以《成均圖》爲代表的古韻通轉理論。

---

[1]孔廣森，《詩聲類》，中華書局，1983年，199—200頁。
[2]當然即使戴震把入聲從上古韻部中獨立出來，但是他的陰陽入相配還是存在著不少問題的，王力總結爲六點，詳見其《清代古音學》134—135頁（中華書局，1992年）。但是之所以我們認爲戴震的上古韻部劃分較之孔廣森而言更接近於當時的本來面目，也正是由於入聲的獨立。

三　章太炎的韻轉理論

　　章太炎的韻轉理論是在同時繼承了戴震與孔廣森的對轉理論的基礎上發展而來的。

　　首先看章太炎對戴震的繼承。章太炎向來是非常推崇戴震的音韻之學的，其在《新方言·音表》中就表達了他對戴震的推崇："然則悉信亦非，不信亦非。錢大昕者，可謂得其中流矣；戴震者，可謂會其玄極矣。"雖然這段話是章太炎對上古聲紐的一段說明，但是亦可一窺其對戴震的推崇之情。章太炎研究古韻通轉理論不是簡單地爲古韻分部服務，而是爲了探求漢語同源詞和方言詞，這一目的與戴震作《轉語》的初衷一致，而章太炎"因聲求義"的方法也與戴震如出一轍。戴震在《轉語二十章序》中就談到訓詁要用"因聲求義"和求諸方言的方法：

> 　　凡同位則同聲，同聲則可以通乎其義。位同則聲變而同，聲變而同則其義亦可以比之而通。更就方音言，吾郡歙邑讀若"攝"，（失葉切。）唐張參《五經文字》、顏師古注《漢書·地理志》已然。"歙"之正音讀如"翕"，"翕"與"歙"，聲之位同者也。用是聽五方之音及少兒學語未清者，其展轉謅湎，必各如其位。斯足證聲之節限位次，自然而成，不假人意厝設也。[1]

"同聲則可以通乎其義""聲變而同則其義亦可以比之而通"是"因聲求義"的方法，這與《文始》中"音義相讎，謂之變易""義自音衍，謂之孳乳"講的是一回事；"更就方音言""聽五方之音"是求之於方言的方法，這與《新方言》的初衷與方法也完全一致。而且在《新方言·序》中章太炎也引用了戴震的《轉語二十章序》，並言"《轉語》書軼不傳，後昆莫能繼其志"，而《新方言》就是爲了繼戴震之志而作的。

　　而戴震陰陽入相轉的方法，也對章太炎有很大的啟發，我們可以從戴震的《答段若膺論韻》中看出端倪：

> 　　其正轉之法有三：一爲轉而不出其類，脂轉皆，之轉咍，支轉佳是也。一爲相配互轉，真、文、魂、先轉脂、微、灰、齊，換轉泰，咍、海

---

[1]戴震撰，《戴震集》，上海古籍出版社，2009年，107頁。

轉登、等，侯轉東，厚轉講，模轉歌是也。一爲聯貫遞轉，蒸、登轉東，之、咍轉尤，職、德轉屋，東、冬轉江，尤、幽轉蕭，屋、燭轉覺，陽、唐轉庚，藥轉錫，真轉先，侵轉覃是也。[①]

而章太炎《成均圖》中的近轉、近旁轉、次旁轉、正對轉、次對轉多能在以上這段材料中找到影子和依據。只是作爲考古派的章太炎没有吸收戴震的入聲獨立，以入聲作爲陰陽對轉的紐帶，"以正轉之同入相配定其分合"[②]，這的確是可惜的。

再看章太炎對孔廣森的繼承。章對孔的繼承可謂是全方面的，他一方面吸收了孔的東、冬分部，另一方面吸收了他的陰陽對轉理論。對於孔廣森的陰陽對轉理論，雖然章太炎是繼承的，但也提出了不小的質疑，主要見於《國故論衡・成均圖》中，他説：

> 孔氏所表，以審對轉則優，以審旁轉則窶。辰陽鱗次，脂魚櫛比，由不知有軸音，故使經界華離，首尾橫決，其失一也。緝盍二部雖與侵談有别，然交、廣人呼之，同時撮唇，不得以入聲相格。孔氏以緝盍爲陰聲，其失二也。對轉之理：有二陰聲同對一陽聲者；有三陽聲同對一陰聲者；復有假道旁轉以得對轉者；非若人之處室，妃匹相當而已。孔氏所表，欲以十八部相對，亢爽不踦，有若魚貫，真諄二部，執不得不合爲一，拘守一理，遂令部曲掍殽，其失三也。[③]

針對以上三點，章太炎都進行了修改。首先，確立魚、陽爲軸聲，魚爲陰軸、陽爲陽軸，以兩者爲界，劃分陰陽；其次，把孔廣森歸爲陰聲的緝、盍二韻部改爲陽聲，盍與談爲一類，緝與冬、侵爲一類，當然這樣的歸類也是有問題，緝、盍當爲入聲韻，但是章太炎屬於考古派，是不承認入聲韻的獨立；其三，也是非常重要的一點，就是章太炎避免了孔廣森人爲的一陰對一陽的對轉格局，而是把二十三部分在十八格之中，讓關係密切的韻部同處一格，客觀地反映了上古的韻轉關係，他在《國故論衡・成均圖》中説到："對轉之理：有二陰聲同對一陽聲者；有三陽聲同對一陰聲者。"比如在其《成均圖》中就有脂、隊（二陰聲）對諄（一陽

①戴震撰，《戴震集》，上海古籍出版社，2009年，84頁。
②同上。
③章太炎撰，龐俊、郭誠永疏證，《國故論衡疏證・成均圖》，中華書局，2008年，45—46頁。

聲), 泰、歌 (二陰聲) 對寒 (一陽聲) 的例子 ; 也有冬、侵、緝 (三陽聲) 對幽 (一陰聲) 的例子。同時爲了説解各韻部相轉的方便, 並爲了避免前人陰陽相配只能表示對轉關係的弊端, 他特地製作了一個圓圖, 取名 "成均"。在論及畫圓以説明韻轉關係的原因時, 他説 :

> 今爲圓則正之, 命曰《成均圖》。《成均圖》者,《大司樂》掌成均之法, 鄭司農以均爲調。古之言韻曰均, 如陶均之圓也。[1]

於是, 便出現了我們熟悉的如同法輪狀的《成均圖》, 具體如左 :

而如果按照前人陰陽對轉的模式, 則會出現以下的格局 [2] :

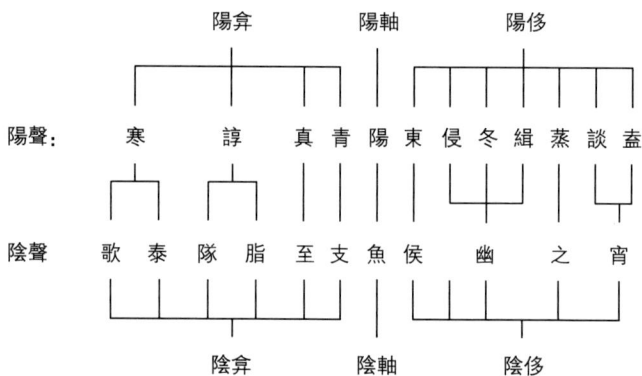

在《國故論衡·成均圖》下, 章太炎對韻部的排列以及古韻相轉之法作了詳細的説明 :

> 陰弇與陰弇爲同列。陽弇與陽弇爲同列。陰侈與陰侈爲同列。陽侈與陽侈爲同列。凡同列相比爲近旁轉。凡同列相遠爲次旁轉。凡陰陽相對爲正對轉。凡自旁轉而成對轉爲次對轉。凡陰聲陽聲

雖非對轉,而以比鄰相出入者,爲交紐轉。凡隔軸聲者不得轉。然有閒以軸聲隔五相轉者,爲隔越轉。凡近旁轉、次旁轉、正對轉、次對轉爲正聲。凡交紐轉,隔越轉爲變聲。[1]

而在後來的《文始》中,章太炎又對《成均圖》作了修改,首先加"凡二部同居爲近轉";其次删去"交紐轉"和"隔越轉"二例,並改變聲爲"凡雙聲相轉不在五轉之例爲變聲"[2]。

首先看《成均圖》中的陰陽以及侈弇。在《成均圖》中,章太炎以談、盍、蒸、冬、侵、緝、東、陽、青、真、諄、寒爲陽聲韻,以歌、泰、脂、隊、至、支、魚、侯、幽、之、宵爲陰聲韻,以陽、魚爲軸聲,分陽聲韻、陰聲韻爲侈弇。章太炎的侈弇和前人有所不同,前人之侈弇,多爲元音開口度的大小,大的爲侈,小的爲弇;而章太炎對侈弇的認識則並非如此,而是以陽聲韻尾作爲標準的,其在《成均圖》中言:

> 其(筆者注:孔廣森《詩聲類》)陽聲即收鼻音,陰聲非收鼻音也。然鼻音有三孔道,其一侈音。印度以西皆以半摩字收之,今爲談、蒸、侵、冬、東諸部,名曰撮脣鼻音。其一弇音。印度以西皆以半那字收之,今爲青、真、諄、寒諸部,名曰上舌鼻音。其一軸音。印度以姎字收之。不待撮脣上舌,張口氣悟、其息自從鼻出,名曰獨發鼻音。……夫陽聲弇者,陰聲亦弇,陽聲侈者,陰聲亦侈,陽聲軸者,陰聲亦軸。是故陰陽各有弇侈而分爲四,又有中軸而分爲六矣。[3]

章太炎吸收了印度的悉曇(悉曇,siddham,一種梵文字母,爲記録梵文的書體之一),悉曇是拼音文字,"摩"是 **म** [ma] 的對音,"半摩"就是去 [a] 留 [m];"那"是 **न** [na],"半那"就是去 [a] 留 [n]。由此可知,章太炎把韻尾收於 [-m](撮脣鼻音)的稱作侈音,把韻尾收於 [-n](上舌鼻音)的稱作弇音,以上爲陽聲侈弇的標準,而陰聲的侈弇與陽聲相對。而曾運乾在《音韻學講義》中對章太炎的侈弇這一概念進行了探討:

> 侈弇之别,章氏未加説明,意蓋取大司樂之侈聲筰、弇聲鬱;以

①章太炎撰,龐俊、郭誠永疏證,《國故論衡疏證‧成均圖》,中華書局,2008 年,34—35 頁。
②詳見《章太炎全集》(七),上海人民出版社,1999 年,166 頁。
③章太炎撰,龐俊、郭誠永疏證,《國故論衡疏證‧成均圖》,中華書局,2008 年,35—37 頁。

聲之舒揚外出者爲侈音，鬱塞難宣者爲弇音，而與江戴錢段諸家所言之侈弇異。章氏《音準》云：“段氏言：古音斂，今音侈。錢氏駁之云：‘歌部字今多入支，此乃古侈今斂之徵也。’余以古人讀泰，若今北方呼麻之去，今乃與代隊至亂，亦古侈今斂也。”彼以古音泰爲侈，此圖以古音泰爲弇，知此圖弇侈之別，不以口腔開斂爲準也。①

泰，《廣韻·泰韻》他蓋切，開口一等，當爲侈音，然章太炎以“泰”爲陰聲弇音。泰上古爲月部，月部屬入聲，考古派不獨立入聲，月歸歌，《成均圖》中歌泰合爲一類，歌泰相對寒，寒部韻尾收於［-n］，屬上舌鼻音，當爲陽弇，那麼與寒相對的泰則應爲陰弇。

其次看《成均圖》中的韻轉關係。在《國故論衡·成均圖》中，章太炎歸納了六種韻轉關係，分別爲：近旁轉、次旁轉、正對轉、次對轉、交紐轉、隔越轉，其中前四種韻轉關係稱爲正聲，後兩種韻轉關係稱爲變聲；在《文始》中，章太炎把韻轉關係修改爲五種，分別爲：近轉、近旁轉、次旁轉、正對轉、次對轉，這五種全部稱爲正聲，而不屬於這五種韻轉關係但實際上的雙聲相轉稱爲變聲。其實《國故論衡·成均圖》和《文始》中的韻轉關係大同小異，沒有本質性區別。下面就根據章太炎的《成均圖》以及古韻二十三部，詳細列出韻轉關係，具體如下表：

正聲／變聲	韻轉關係	韻部相轉的具體情況
正聲	近轉	（陽侈）談—盍，冬—侵，冬—緝，侵—緝； （陰弇）歌—泰，脂—隊；
	近旁轉	（陽侈）東—侵，東—冬，東—緝，侵—蒸， 冬—蒸，緝—蒸，蒸—談，蒸—盍； （陰侈）侯—幽，幽—之，之—宵； （陽弇）青—真，真—諄，諄—寒； （陰弇）歌—隊，歌—脂，泰—隊，泰—脂 隊—至，脂—至，至—支；
	次旁轉	（陽侈）東—蒸，東—談，東—盍，侵—談， 侵—盍，冬—談，冬—盍，緝—談， 緝—盍； （陰侈）侯—之，侯—宵，幽—宵； （陽弇）寒—真，寒—青，諄—青； （陰弇）歌—至，歌—支，泰—至，泰—支， 隊—支，脂—支；

①曾運乾著，《音韻學講義》，中華書局，2004年，477頁。

續表

正聲／變聲	韻轉關係	韻部相轉的具體情況
正聲	正對轉	（佚聲）東—侯，冬—幽，侵—幽，緝—幽， 蒸—之，談—宵，盍—宵； （弇聲）寒—歌，寒—泰，諄—脂，諄—隊， 真—至，青—支； （軸聲）陽—魚；
	次對轉	（佚聲）東—幽，東—之，東—宵，冬—侯， 冬—之，冬—宵，侵—侯，侵—之， 侵—宵，緝—侯，緝—之，緝—宵， 蒸—侯，蒸—幽，蒸—宵，談—侯， 談—幽，談—之，盍—侯，盍—幽， 盍—之， （弇聲）歌—諄，歌—真，歌—青，泰—諄， 泰—真，泰—青，脂—寒，脂—真， 脂—青，隊—寒，隊—真，隊—青， 至—寒，至—諄，至—青，支—寒， 支—諄，支—真；
變聲	交紐轉	寒—宵，談—歌，談—泰，盍—歌，盍—泰；
	隔越轉	（陽聲）青—談，青—盍，真—蒸，諄—侵， 諄—冬，諄—緝，寒—東； （陰聲）歌—侯，泰—侯，脂—幽，隊—幽， 至—之，支—宵

（表十四）

　　而對於交紐轉和隔越轉，雖然屬於變聲，但章太炎認爲其依然是有規律可尋的，其在《國故論衡·成均圖》最後説到："此皆奇觕錯出，不別弇佚，不入旁轉對轉之條。而亦成條貫，有分理。蓋餘分閏位，聲音之閒氣也，不爲常率，又非可泯絶其文，故謂之變聲爾。"[1] 而且在《成均圖》和《文始》中都舉出了大量的例子作爲其變聲韻轉的支撐。

　　章太炎的韻轉理論一直爲人所詬病，其中最具代表性的當屬王力對以《成均圖》爲理論依據的韻轉理論進行批判，他提出的"人們往往不滿意於章氏的《成均圖》，因爲他無所不通，無所不轉，近於取巧的辦法"[2]，堪稱經典。而其在《清代古音學》更是用了較大的篇幅批判章太炎的《成均圖》及其韻轉理論，他説：

<hr>

①章太炎撰，龐俊、郭誠永疏證，《國故論衡疏證·成均圖》，中華書局，2008年，81頁。
②王力著，《漢語音韻學》，載《王力文集》（第四卷），山東教育出版社，1985年，347頁。

章氏的成均圖，是主觀臆測的產物。韻部的次序和地位，都是以意爲之的，因此，由成均圖推出的結論往往是不可靠的。

在弇侈的問題上，章氏的錯誤很多。江永説真弇寒侈，章氏把真寒都歸入陽弇。其餘或弇或侈，均無確證。

在陰陽對轉的問題上，章氏有錯誤。他説歌泰寒對轉、支青對轉、魚陽對轉、侯東對轉、之蒸對轉，都是對的。他説隊脂諄對轉、至真對轉，則不甚妥。應該説隊諄對轉、至脂真對轉。他説侵冬緝與幽對轉，亦不甚妥，應該説幽冬對轉、緝侵對轉。他説宵談盍對轉，更是錯誤的。應該説盍談對轉；宵部没有陽聲相對，不能勉强。

所謂近旁轉、次旁轉、正對轉、次對轉，原則上是可以成立的。在具體安排上，則有可議之處。例如魚支近旁轉、支至近旁轉，蒸談近旁轉、陽青近旁轉，是不合理的；魚至次旁轉、侯之次旁轉、陽侵次旁轉、魚青次對轉、支陽次對轉，等等，更是不合理的。

所謂交紐轉和隔越轉，更是荒唐的。前面説過，章氏成均圖的次序安排是任意的，所謂"比鄰相出入"，所謂"隔五相轉"也是任意的，不可憑信的。有了交紐轉和隔越轉，則無所不通，無所不轉，就失掉通轉的意義了。[①]

王力的批判在音韻學的角度上無疑是正確的（除了上文我們著重分析章太炎的"侈弇"和一般音韻學上的"侈弇"關係不同以外，王力不能拿一般音韻學對"侈音"的標準來界定章太炎的"侈弇"），而且"無所不通，無所不轉"幾乎成了章太炎《成均圖》和其韻轉理論的標籤，可見其批判功力之深厚、影響之深遠、支持之廣泛。其實對章太炎韻轉理論的質疑早已有之，其弟子黄侃、錢玄同、沈兼士都對其韻轉進行了質疑。黄侃在《音略》中雖然没有明言章太炎的韻轉理論，但顯然是指向章的，他説："古音通轉之理，前人多立對轉、旁轉之名；今謂對轉於音理實有，其餘名目皆可不立；以雙聲疊韻二理，可賅括而無餘也。"[②]錢玄同在《文字學音篇》中和黄侃一樣，雖没點名，但實際亦批評了章太炎的韻轉理論："此外言古韻通轉者，又有'旁轉'之説。謂同爲陰聲，或同爲陽聲，或同

---

① 王力編著，《清代古音學》，中華書局，1992年，237—238頁。
② 黄侃撰，《黄侃論學雜著·音略》，上海古籍出版社，1980年，63頁。

爲入聲，彼此比鄰，有時得相通轉（如豪蕭咍、唐東冬、曷屑没之類）。然韻部之先後排列，言人人殊，未可偏據一家之論，以爲一定不易之次第。故‘旁轉’之説，難於信從。”[1] 沈兼士在《右文説在訓詁學上之沿革及其推闡》中對章太炎捨形聲而取韻轉的訓詁方法提出質疑，其言：“惟捨八千餘形聲字自然之途徑，從廿三部成均圖假定之學説，其方法復改弦更張矣”[2]，“今《文始》全書取本聲者，才及十一，將謂二十三部之通轉，勝於聲母與形聲字自然分化之爲可信邪？”[3] 林語堂也曾多次批評章太炎的韻轉理論，他在《前漢方音區域考》中説到：“我們看了章氏的‘成均圖’及對轉旁轉之説所得的印象，便是古音幾乎無一部不可直接或間接轉入他部，絶無地理上與時間上的條件，例之以西洋之語原學通則，可謂不科學之至。”[4] 此説成於1927年，而在1933年看了沈兼士在《右文説在訓詁學上之沿革及其推闡》中對章太炎捨形聲而取韻轉進行質疑的言論後，寫信給沈，十分贊成沈的看法，同時亦對章太炎的韻轉理論提出了批評，他説：“右文説之歷史總評及所定表式，皆與弟所見契合，而對太炎《文始》之評語，尤弟所久欲吐之爲快者，如《成均圖》對轉旁轉則無所不轉矣，若不另立統系，語根之研究，永脱不離支離散漫之弊。”[5] 這樣的商榷和批評還有很多，另有胡以魯、楊樹達、羅常培等這樣的大家。那麼他們的批評是正確的嗎？答案是肯定的。

　　既然章太炎的《成均圖》和其韻轉理論被那麼多大家質疑，那麼他的這一理論有現實意義，或者説值得肯定嗎？答案也是肯定的。爲什麼會有這樣矛盾的答案出現？原因在於章太炎使用韻轉規律時與其他語言學家著眼點有所不同。以章太炎和孔廣森對比爲例，兩者都在説韻轉規律，但規律的服務對象是不同的。孔廣森的韻轉理論是爲古韻分部服務的，即單純地爲音韻學服務；而章太炎的韻轉理論不僅爲古韻分部而

①錢玄同著，《錢玄同文字音韻學論集·文字學音篇》，上海古籍出版社，2011年，238頁。
②沈兼士著，《沈兼士學術論文集·右文説在訓詁學上之沿革及其推闡》，中華書局，2004年，111頁。
③沈兼士著，《沈兼士學術論文集·右文説在訓詁學上之沿革及其推闡》，中華書局，2004年，112頁。
④林語堂著，《語言學論叢》，載《林語堂名著全集》（第十九卷），東北師範大學出版社，1994年，18頁。
⑤沈兼士著，《沈兼士學術論文集·右文説在訓詁學上之沿革及其推闡》附《林語堂先生來書》，中華書局，2004年，178頁。

服務,更爲訓詁學、語源學服務。前者必須精確地弄清陰陽對轉的關係,不然古韻分部就會出現問題;後者則不必糾結於部與部之間的對轉關係是否精確,而是通過韻轉來因聲求義,來分析文字的轉注與假借、變易與孳乳,從而探討漢語的語源。趙振鐸就在其《中國語言學史》中對《成均圖》及其韻轉關係提出了不同的見解,他説:

> 《成均圖》是章炳麟的發明,用它來説明文字孳乳假借的緣由以及古籍押韻的例外現象。這樣列表只是爲了説明古韻某部與某部相近,可以如此轉變,但是並不是説一定如此轉變,更不是説它無所不通,無所不轉,沒有一個界限。[①]

所以我們説從單純的音韻學角度去分析章太炎的《成均圖》及其韻轉理論會發現很多具體的問題,而且有不少是不符合韻理的,但如果從訓詁學的角度去分析,則會發現其價值所在,而且章太炎的很多看似不符合韻理的同源詞系聯實際是在有大量文獻作爲佐證的情況下得出的結論,其是可信的。關於這點,陸宗達就在與王寧合寫的《淺論傳統字源學》中有所提及:

> 章氏《文始》將他所定古韻二十三部繪成《成均圖》,並且定出若干音近的條例。依照條例,不計聲母的韻轉已經很寬,雙聲者之韻轉幾乎無限,似乎音近的範圍是很大的,這是從寬掌握者。《文始》的差錯並非都出在音轉過寬,有些韻似乎很遠的字也可確證爲同源(《文始》使用次旁轉、次對轉條例共一百二十餘處,其中五分之二强可證其確實同源)。[②]

爲何幾字聲韻相差較遠,但是卻能證明其同源呢? 關鍵是有大量的文獻佐證[③],比如至部與宵部、至部與幽部相差較遠,如果按照傳統的音韻學,至部與宵部、至部與幽部之字是不能爲同源詞的,但其實不然,《文始三·陰聲至部甲》中便有至宵、至幽互爲同源的例子:"《説文》:'至,

---

① 趙振鐸著,《中國語言學史》,河北教育出版社,2000年,447頁。
② 陸宗達著,《陸宗達語言學論文集·淺談傳統字源學》,北京師範大學出版社,1996年,329—330頁。
③ 關於這一點我們將在本章第四節 "不符合音理的通轉例證" 中進行論證,這裏只做簡單的舉例。

鳥飛從高下至地也。象形。'謂象其到下也。變易爲臸,到也。對轉真變易爲臻,至也。至部與宵部皆陰聲而弇侈有大殊,然有隔越軸聲以相轉者,《詩·天保》以弔、質爲韵,《賓之初筵》:'發彼有旳。'《傳》以旳爲質,是其例也。至部與幽部亦然,《韓詩》以'瀄薪'爲'栗薪',《禮經》'軒輖'之字,(《説文》輖,重也。)《詩》作'軒輊',是其例也。斯亦古之謘音,今道詞言遷變,惟順古以求合。古音至本如窒,(《廣韻》丁結切。)故轉宵爲到,至也。爲迾,至也。轉幽爲俶,至也。(古音叔或如弔,故"不淑"亦作"不弔",親戚之戚本俶之借。親,至也,俶亦至也。或稱周親,周亦至也。)"[1]有了這麽多的文獻進行佐證,雖然明知至宵、至幽相差較遠,但是卻依然能證明至宵、至幽是可以相轉、可以同源的。所以雖然有謘音,有不合韻理者,但是如果能爲訓詁、爲求語源服務,那麽它就有自身的價值,而且這個價值是不能用傳統的音韻學去衡量的。只有跳出傳統音韻學的約束,才能在更廣的範圍去運用韻轉理論。正如章太炎在《文始·敘例》中對謘言和韻理矛盾的説明:

> 又世人多謂周秦以上,音當其字,必無謘聲,斯亦大略粗舉,失之秋豪。……至轉爲弔,輖變爲輊,至宵亂流,幽泰交捽,此於韻理無可言者,明古語亦有一二謘音,顧其數甚少爾。必云聲理宜然,即部部可歸一韻。[2]

經過上面的論述,我們知道從傳統音韻學的角度來看,章太炎的《成均圖》及其韻轉理論是有問題的,是會陷入"無所不通,無所不轉"的尷尬局面。但作爲爲訓詁學、語源學服務的工具而言,我們就不能簡單地給它貼上"主觀臆測"的標籤,而是應該從文獻出發、從實際出發,從而判斷它是否有更爲深遠的意義。關於這一點,楊潤陸就很敏鋭地指出了,他在《〈文始〉説略》中言:

> 太炎先生作《成均圖》來説明語音的通轉。按照旁轉、次旁轉、對轉、次對轉的理論,似乎"成均圖"無所不能,近於取巧的辦法。實際上,這是誤解了"成均圖"。第一,"成均圖"只是説明某韻與

---

①《章太炎全集》(七),上海人民出版社,1999年,236頁。
②《章太炎全集》(七),上海人民出版社,1999年,164頁。

某韻鄰近及對轉的關係,它説明的是已然的結果,並不泯滅二十三部的界限;第二,"成均圖"的根據不只在於韻理,而且在於訓詁材料。合乎韻理的是語法音變,這是無條件的,成批的變。不合乎韻理但事實上存在的是訓詁音變,這是有條件的,一個一個的變,就是説,不是部與部之間可以隨意通,而是某個字在某種條件下可以通。①

　　這段話可以看做是對王力一派的挑戰,也可以看做是對章太炎《成均圖》及其韻轉理論在訓詁學範疇内較爲客觀中肯的評價,亦可以看做爲傳統音韻學範疇内對章太炎《成均圖》及其韻轉理論進行的補充。

　　以訓詁學的方法去分析章太炎的《成均圖》及其韻轉理論將在下一章"章太炎語源學理論實踐"中進行,這裏就不再論述了。

第三節　章太炎的古聲紐理論

　　章太炎除了在古韻部劃分和古韻部相轉上有所貢獻外,其在古聲紐的劃分上也有著積極的貢獻,這主要表現在他是首個對上古聲類有系統認識並進行擬建的人,何九盈就在《中國現代語言學史》(修訂本)中明確指出:"章炳麟是第一個完整地建立上古聲類系統的人。"② 可見章太炎在建立上古聲類系統上實有開創之功。他的古聲紐理論主要見於《小學略説》《古今音損益説》③《古音娘日二紐歸泥説》《古雙聲説》《新方言・音表》《文始・敍例》等篇目,而對於古聲紐理論的實踐則見於《筆記》《文始》《新方言》《小學答問》等書。他的古聲紐系統吸收了清人錢大昕的成果,同時也啟發了其弟子黄侃、錢玄同對於古聲紐系統的研究,可謂承上啟下。

①楊潤陸,《〈文始〉説略》,《北京師範大學學報》(人文社會科學版),1989年第4期。
②何九盈著,《中國現代語言學史》(修訂本),商務印書館,2008年,271頁。
③日本秀光社庚戌(1910年)五月鉛字排印《國故論衡》,其中有《古今音損益説》;而1915年上海右文舍鉛印《章氏叢書》中的《國故論衡》則删去《古今音損益説》,另增《音理論》、《二十三部音準》。本書所引《古今音損益説》載於陳平原導讀之《國故論衡》(上海古籍出版社,2003年)。

　　章太炎的紐母表見於三處,一爲《國故論衡・小學略説》,一爲《新方言・音表》,一爲《文始・敍例》,其中前兩者基本一致,《文始・敍例》與前兩者比起來稍有出入,具體如下:

喉音	見	谿③	羣	疑	
牙音	曉	匣	影喻		
舌音	端知	透徹	定澄	泥娘日	來
齒音	照精	穿清	牀從	審心	禪邪
脣音	幫非	滂敷	並奉	明微	

（表十五　載於《國故論衡・小學略説》《新方言・音表》）

深喉音	見	谿	羣	疑	
淺喉音	曉	匣	影諭		
舌音	端知	透徹	定澂	泥娘日	來
齒音	照精	穿清	牀從	審心	禪邪
脣音	幫非	滂敷	並奉	明微	

（表十六　載於《文始・敍例》）

　　兩表相比,基本一致,只是表十六中把"喉音"和"牙音"改作了"深喉音"和"淺喉音"。通過以上兩表,我們可以發現章太炎是繼承了錢大昕的古無輕脣音、古無舌上音的研究成果,並加上了自己研究得出的娘日二紐歸泥。在《新方言・音表》中章太炎就談到了他對錢大昕的繼承:

　　　　舌頭端、透、定、泥,錢大昕説:古以知、徹、澄、娘分隸,故古無舌上音。齒音亦與舌頭音通。今從其義。重脣幫、滂、並、明,唐韻猶與輕脣非、敷、奉、微相合。②

在《國故論衡・古雙聲説》中章太炎也談到了此點:

　　　　古音紐有舌頭,無舌上;有重脣,無輕脣,則錢大昕所證明。娘、

①《新方言・音表》中"谿"作"溪",《章太炎全集》(七),上海人民出版社,1999年,132頁。
②《章太炎全集》(七),上海人民出版社,1999年,132頁。

日二紐,古並歸泥,則炳麟所證明。[①]

而在《國故論衡·古今音損益説》中則較爲詳細地分析了錢大昕的學説:

> 錢大昕曰:古音字紐,有端、透、定,無知、徹、澄;有幫、滂、並、明,無非、敷、奉、微。其言至淖微閡約矣,非閉門思之十年,弗能憭也。……
>
> 漢音異他國者,獨知、徹、澄三紐,細不至照、穿、牀,大不及端、透、定。羅甸字紐,傳於歐羅巴諸國,不足以切漢音者,惟漢音有知、徹、澄故。印度舊音,有繫、妊、茶三紐,斯則知、徹、澄也。今就問梵土諸學者,繫、妊、茶音,猶作多、佗、陀。(多、佗、陀入麻部,本亦有多、佗、陀三紐,然與此輕重有別。)故悉談亦不足切漢音。露西亞聲有上骂,與知、徹、澄又小異。斯齊州之土風,所以殊衆。今無知、徹、澄,則與域外相通耶? 諸紐不發聲則不見,獨知、徹、澄、非、敷、奉、微,厤口呼之,聲不暴出而清亮如鳴蜩、蟪蛄。此爲吟嘯,非語言也。語異於嘯,故無上骂、輕脣之音矣。[②]

關於娘、日二紐歸泥,這當然是章太炎的創建,但關於這條規律,一直争論不斷,没有得到統一的認識。而且大多數學者認爲在上古"日""泥"是分立的,而娘紐與泥紐,多數學者則認爲直到《切韻》時代,二者仍爲一類,那麽在上古也就爲一類。其中王力就提出了"日音近泥而不完全等於泥"的經典論斷,其在《清代古音學》中説到:"章氏有《娘日二母歸泥説》。力按,古無舌上,娘歸泥没有問題;日歸泥則大可商榷。我們認爲日音近泥而不完全等於泥。如果娘日同母,都是泥母三等字,後來就没有分化的條件了。"[③] 儘管章太炎的娘日二紐歸泥説分歧很大,但是他考證的方法確實值得人們學習,特別是他使用的材料涉及到諧聲、聲訓、異文、或體、方言等方方面面,甚至還包括外國語。這也與他考察各類文獻材料來論證他的韻轉理論如出一轍。下面進行簡單的介紹。

①章太炎撰,龐俊、郭誠永疏證,《國故論衡疏證·古雙聲説》,中華書局,2008 年,147 頁。
②章太炎撰,陳平原導讀,《國故論衡》,上海古籍出版社,2003 年,23—25 頁。
③王力編著,《清代古音學》,中華書局,1992 年,239 頁。

（1）諧聲材料

諧聲材料是章太炎考察娘日二紐歸泥最重要的一類材料。《説文》中就有多達八千餘的形聲字，這些不僅是考察韻部、也是考察聲紐的寶貴材料。在《古音娘日二紐歸泥説》中也有很多利用諧聲的例子，如：

> 涅從日聲；
> 䶀從日聲；
> 《説文》復字从日，亦从内聲作徠；
> 如從女聲；
> 仍，今在日紐，本從乃聲，則音如乃；
> 㕙聲之稬音奴亂切，㕙聲之煗音乃管切，㕙聲之媆音奴困切，是㕙本在泥紐也；
> 弱聲之嫋音奴鳥切，弱聲之聶音奴歷切，弱聲之溺或以爲屦，音奴弔切；
> 儒之聲類：孺、獳、魗、鱬，《廣韻》竝音奴鉤切；
> 人聲之秊爲奴顚切，仁聲之佞爲乃定切；
> 弄之聲今在日紐，那从弄聲，則弄、那以雙聲相轉，在泥紐也；
> 足明尼聲之字，古音皆如妮，泥，有泥紐，無娘紐也。

（2）聲訓材料

《説文》《爾雅》《釋名》《廣雅》等書中多見聲訓材料，這些也是考察韻部、聲紐關係的寶貴材料。在《古音娘日二紐歸泥説》中也有很多利用聲訓材料的例子，如：

> 《廣雅・釋詁》：“涅，泥也。”
> 《釋名》曰：“入，内也，内使還也。”
> 《白虎通德論》《釋名》皆云：男，任也。又曰：南之爲言任也。
> 《淮南・天文訓》曰：“南吕者，任包大也。”
> 《公羊・定八年傳》“如丈夫何”，《解詁》曰：“如，猶奈也。”
> 《大雅》“柔遠能邇”，《箋》曰：“能，猶伽也。”
> 《釋名》曰：“爾，昵也。”“泥，邇也。”
> 《廣雅・釋詁》柔訓爲弱。

《説文》粿，鍒皆訓爲耎。

（3）異文材料

不同的文獻對同一樣事物、同一個詞往往有不同的書寫形式，這些書寫形式往往是用音近的字記載的。章太炎也利用了這些材料來進行聲紐的考察，如：

"涅而不緇"，亦爲"泥而不滓"；

《説文》引《傳》"不義不䵒"，《考工記·弓人》杜子春《注》引《傳》"不義不昵"；

"羊"之聲今在日紐，臣鍇本言"讀若飪"，臣鉉本言"讀若能"；

（4）或體材料

或體在這裏可視作異體字，在《説文》中大量出現，在其他文獻中亦有。或體（異體）往往是用音近的構字部件，這也是考察上古聲紐的有利材料，如：

《説文》復字从日，亦从内聲作衲；

"然"之或體有蘸，从艸，難聲。

仲尼，《三蒼》作仲屔，《夏堪碑》曰"仲泥何侘"；

狃之聲今在娘紐，公山不狃，狃亦爲擾。往來頻復爲狃，《説文》作徑。

（5）方言材料

研究古音，必然研究方音，因爲方音中有很多古音的遺存，章太炎的《新方言》《嶺外三州語》即用研究方音的方法來研究語源，而在其研究上古娘日歸泥時也用到了方音的材料：

（1）尼聲之字，古音皆如屔，泥，有泥紐，無娘紐也。（原注：今武昌言尼如泥，此古音也。）

（2）爾女之音，展轉爲乃，有泥紐，無娘紐也。（原注：今武昌言女如奴而撮口，此古音也。）

（3）古音高朗而徹，不相疑似，故無日、娘二紐矣。今閩、廣人亦不能作日紐也。

　　雖然説娘日歸泥還存在較大的爭議,但是章太炎通過大量的文獻、方音材料進行例證,這本身就是值得肯定的;而這些符合文獻記録、方音規律的材料也是值得引起學者們的重視。他揭示的是一種語音現象,而不是一種語言理論,這就意味著他的論證不可能那麼精確且成系統,而這也與他的韻轉理論有很大的相似之處。我們大不必用現在研究上古音的要求來苛責前人,而章太炎對上古聲類的系統認識以及擬建的開創之功,同時爲我們提出這麼多娘日歸泥的例子,本身就是值得我們認可的。

第四節　不符合音理的通轉例證

　　在分析章太炎的韻轉理論時,我們就討論了他與孔廣森分韻著眼點的不同,即:孔廣森的韻轉理論是爲古韻分部服務的,也就是單純地爲音韻學服務;而章太炎的韻轉理論不僅爲古韻分部服務,更爲訓詁學、語源學服務。前者必須精確地弄清陰陽對轉的關係,不然古韻分部就會出現問題;後者則不必糾結於部與部之間的對轉關係是否精確,而是通過韻轉來因聲求義,來分析文字的轉注與假借、變易與孳乳,從而探討漢語的語源。下面我們就對章太炎語源學實踐中不符合音理,但卻有文獻佐證的例子進行分析,一窺他的通轉理論是怎麼爲訓詁學、語源學服務的。

一　蒸談旁轉

　　蒸部擬音作 [əŋ],談部擬音作 [am],在現代的音韻學系統中,它們是很難相轉的,但是在章太炎的語源學實踐中卻找到了它們的聯繫:

　　　　蒸談旁轉。如堋字亦轉作窆,是也。談亦與東旁轉(原注:次旁轉),故窆又書作對 [1] 矣。(《國故論衡疏證·成均圖》,49 頁)
　　　　朱二:堋與封古音誼同。封窆爲本字,堋爲雙聲假借。堋淫乃

---

[1]章太炎撰,龐俊、郭誠永疏證,《國故論衡疏證》(中華書局,2008 年,49 頁)此處原作"對",當改作"封"。

倗淫之借。(《筆記·土部》,570 頁)

按:堋(蒸部),本義爲葬時下棺於土。《説文·土部》:"堋,喪葬下土也。从土,朋聲。《春秋傳》曰:'朝而堋。'《禮》謂之封,《周官》謂之窆。"《段注》:"謂葬時下棺於壙中也。" 封(東部),本義爲堆土植樹爲界。由堆土義引申爲"聚土爲墳"之義。《廣雅·釋丘》:"封,冢也。"《正字通·寸部》:"封,又築土爲墳。" 窆(談部),本義爲葬時下棺於墓穴。《説文·穴部》:"窆,葬下棺也。"《後漢書·獨行傳·范式》:"既至壙,將窆而柩不肯進。"《周禮·地官·鄉師》"及窆,執斧以莅匠師",鄭玄注引鄭司農曰:"窆,謂葬下棺也。"《周禮·夏官·大僕》:"窆亦如之",鄭衆注:"窆,謂葬下棺也。《春秋傳》所謂日中而堋(堋),《禮記》謂之封,皆葬下棺也,音相似。"《禮記·檀弓下》:"殷既封而弔,周反哭而弔。"鄭玄注:"封,當爲窆。窆,下棺也。"可見堋、封、窆不僅在義上聯繫緊密,它們的核義素爲"蓋土於物";而且在文獻中也有大量的異文出現,説明在上古時期,三字是可以相通的。在此例中,蒸、東、談確實相轉①。

二　冬侵旁轉

冬部擬音作 [uŋ],侵部擬音作 [əm],在現代的音韻學系統中,它們是很難相轉的,但是在章太炎的語源學實踐中卻找到了它們的聯繫:

(1)冬侵二部,同居而旁轉。故農字音轉則爲男。(《國故論衡疏證·成均圖》,48 頁)

(任)孳乳爲男,丈夫也。從田力,言男子力于田也。《白虎通義》曰:"男,任也。"男又近轉冬變易爲農,耕也。(《文始七·陽聲侵部丙》,364 頁)

按:男(侵部),《左傳·襄公九年》杜預注:"種曰農,收曰穡。"孔穎達疏:"農是力田之名。"徐中舒《甲骨文字典》:"ㄨ象原始耒形,從田從力會以耒於田中從事農耕之意。農耕乃男子之事,故以爲男子之稱。"②

---

① 王力《同源字典·同源字論》言:"雖不同元音,但是韻尾同屬塞音或同屬鼻音者,也算通轉(罕見)。"詳見王力著,《同源字典》,商務印書館,1982 年,16 頁。
② 徐中舒主編,《甲骨文字典》,四川辭書出版社,2006 年,1477 頁。

章太炎《語言緣起説》中亦言：“耕稼發土者，命之爲男，舊皆以任訓男，即羊字之變也。侵冬自轉，男之字又變爲農矣。”[1]可知農、男義近。

（2）臨衝作隆衝，隆慮作林慮。（《國故論衡疏證·成均圖》，48 頁）

按：臨、林爲侵部，隆爲冬部。《詩經·大雅·皇矣》：“與爾臨衝”，陸德明引《韓詩》作“隆衝”。朱駿聲《説文通訓定聲·臨部》：“《詩·皇矣》‘與爾臨衝’，《傳》‘臨，臨車也’，韓《詩》作‘隆’。隆臨雙聲。”《漢書·地理志》：“河内郡隆慮。”顏師古注引應劭曰：“隆慮山在北，避殤帝名，改曰林慮也。”顧炎武《唐韻正·二十一侵》：“《荀子》書亦作臨律，則讀林爲隆矣。”

三　緝幽對轉

緝部擬音作 [əp]，幽部擬音作 [u]，在現代的音韻學系統中，它們是很難相轉的，但是在章太炎的語源學實踐中卻找到了它們的聯繫：

（1）緝幽對轉。如《小雅》“事用不集”即事用不就。（《國故論衡疏證·成均圖》，62 頁）

按：《詩經·小雅·小旻》：“謀夫孔多，是用不集。”毛傳：“集，就也。”陳奐傳疏：“集即就之假借字。”朱駿聲《説文通訓定聲·臨部》：“假借……《廣雅·釋詁三》：‘集，就也。’《詩·小旻》‘是用不集’，《大明》‘有命既集’，傳皆訓‘就’。”

（2）《説文》：“丑，紐也。象手之形。”或云：丑即古文杽字。此但得一偏耳。……丑對轉緝，即亦孳乳爲聿，手之疌巧也。（《文始七·陰聲幽部甲》，343 頁）

按：丑（幽部），甲骨文作𠬧（前五·三四·一），本義爲手銬一類的東西，同簋中“𠬧”這一字形更加直觀。聿（緝部），甲骨文作𦘒（前七·二三·二），本義爲手拿筆形，可與“書”視作同字，書甲骨文作𦘔（京一五六六），爲手拿𣎆形，即手拿筆形。手很靈巧，但被紐住，則變得笨拙，此與拿筆之手形成一對相對或相反的關係，屬於意義相對或相反的一組

同源詞。

四　談宵對轉

談部擬音作［am］,宵部擬音作［o］,在現代的音韻學系統中,它們是很難相轉的,但是在章太炎的語源學實踐中卻找到了它們的聯繫：

（1）談宵對轉。如《説文》“訬讀若龟”。(《國故論衡疏證·成均圖》,63 頁)

按：訬(宵部),本義爲狡猾。《説文·言部》：“訬,訬擾也。一曰：訬獪。从言,少聲。讀若龟。”章太炎《文始九·陰聲宵部甲》：“怴又孳乳爲訬,訬擾也。一曰：訬獪。《漢書·敘傳》曰‘江都訬輕’,而訬固讀若龟。龟孳乳爲儦,儦互,不齊也。《春秋國語》曰‘戎狄冒没輕儦’,則儦、訬同義。”① 龟(談部)本義爲狡兔,《説文·怴部》：“龟,狡兔也,兔之駿者。”後引申爲狡獪,《廣雅·釋詁四》：“龟,獪也。”故訬、龟義同,皆爲狡獪。

（2）爵弁之爵,字本作纔;瀺、潐同訓。(原注：《説文》無瀺,以潐該之。)(《國故論衡疏證·成均圖》,63 頁)

按：先看“爵：纔”。《説文·糸部》：“纔,帛雀頭色。一曰：微黑色,如紺。纔,淺也。”《段注》：“《士冠禮》‘爵弁服’注：‘爵弁者,冕之次,其色赤而微黑,如爵頭然,或謂之緅。’”《考工記·鍾氏》：“五入爲緅。”鄭注：“今禮俗文作‘爵’,言如爵頭色也。”再看“瀺：潐”。《説文·水部》：“潐,水小聲。从水,爵聲。”鄭珍《説文逸字》：“按《史記·司馬相如傳》：‘瀺潐霣墜。’索隱曰：‘瀺,士湛反;潐,士卓反。’《説文》云：‘水之小聲也。’知《説文》本有瀺潐二篆,依注例當如此。《文選·長笛賦》：‘碓投瀺穴。’李注引《説文》：‘瀺,水注聲。’以賦文無潐,故不並引潐,改小作注,亦從賦意。然可見確有瀺字。”

五　寒宵交紐轉

寒部擬音作［an］(《成均圖》中,元歸寒部),宵部擬音作［o］,在現

代的音韻學系統中，它們是很難相轉的，但是在章太炎的語源學實踐中卻找到了它們的聯繫：

> 交紐轉者云何？答曰：寒宵雖隔以空界，亦有旁轉。……璪之與兆；象之與逃。(《國故論衡疏證·成均圖》，70—71 頁)

按：先看“璪：兆”。璪(寒部)，本義爲玉器上雕飾的凸紋。《説文·玉部》：“璪，圭璧上起兆璪也。”徐鍇《説文解字繫傳》：“璪，謂起爲壠，若篆文之形。”《周禮·春官·典瑞》：“璪圭璋璧琮，繅皆二采一就，以覜聘。”鄭玄注引鄭司農曰：“璪有圻鄂璪起。”《漢書·董仲舒傳》：“或曰良玉不璪。”可知璪有凸顯義。兆(宵部)，本義爲卜兆，後引申爲預兆，預兆便有凸顯之義，故兆又引申有“凸顯”義，《老子》：“我獨泊兮其未兆。”《國語·吳語》：“天占既兆，人事又見，我蔑卜筮矣。”韋昭注：“兆，見也。”可見璪、兆義近。再看“象：逃”。章太炎《文始一·陰聲泰部乙》：“象訓豕走悦，而《禮》稅衣即褖衣，爲泰、寒對轉，則象亦本於厶，銳故能突也。古字遜或作象，則遜又象之變易也。”[1]《漢書·匈奴傳贊》：“邍逃竄伏。”顏師古注：“邍，古遁字。”陸德明《經典釋文》：“遯，……字又作邅、又作遁，同。”故遜、邅字同。象、遜、邅與逃，寒宵相轉。

六　真蒸相轉

真部擬音作 [en]，蒸部擬音作 [əŋ]，雖然説按照旁對轉規則，真可以先旁轉爲文部 [ən]，然後再由文部對轉爲蒸部，但這是有問題的。在王力上古三十韻部中，蒸、真之間隔了六類，蒸、文之間隔了八類，可見蒸與真、文的關係是較遠的，恐不能按照簡單的旁對轉規則來分析。但是我們在章太炎的語源學實踐中卻找到了真部與蒸部的聯繫。

> 真、蒸亦隔五而轉。……勝屠之音，轉爲申屠；四北爲甸，甸可讀乘，由此也。(《國故論衡疏證·成均圖》，77 頁)

按：之所以説“隔五而轉”，是因爲在《成均圖》裏真、蒸中間隔著“清”“陽”“東”“冬侵緝”四類，可見與王力上古三十韻部的分類一樣，

---

[1]《章太炎全集》(七)，上海人民出版社，1999 年，184 頁。

真、蒸關係較遠。然而它們的相轉是有文獻佐證的。先看"勝：申"。《史記・酷吏列傳》："由（周陽由）後爲河東都尉，時與其守勝屠公爭權，相告言罪。"司馬貞《索隱》引應劭《風俗通》云："勝屠即申屠。"勝上古蒸部，申上古真部，從異文材料可知兩者可通。再看"甸：乘"。甸，古代征賦劃分田地，以四丘爲一甸，每甸出兵車一乘。《周禮・地官・小司徒》："四邑爲丘，四丘爲甸。"鄭玄注："甸之言乘也。"《釋名・釋州國》："四丘爲甸。甸，乘也。出兵車一乘也。"《左傳・哀公十七年》："良夫乘衷甸兩牡。"孔穎達疏："甸即乘也。四丘爲甸，出車一乘，故以甸爲名。"甸上古爲真部，乘上古爲蒸部，而且乘上古聲紐歸端組（照三歸端），甸爲定紐，故兩字聲韻接近。甸、乘相通，這裏是用了假借，由每甸出兵車一乘來借代甸。

　　以上所舉 9 例皆是在音理上很難解釋，在現代音韻學的體系中很難相轉，但在章太炎的《成均圖》中卻可以相轉，而且獲得文獻的佐證。雖然在音韻學的角度，《成均圖》確實存在"無所不轉"的問題，而且章太炎在《文始五・陰聲魚部甲》中也承認自己是"無所不轉"，其言："鹽之與鹹，苦之與舍，猶故之與今，鉅之與黔，魚爲軸聲，固無所不轉也。"[1] 但他的"無所不轉"不是信口開河、毫無根據的瞎轉，而是有充分的文獻進行佐證的情況下進行的通轉。不僅如此，後來徐復的《章氏〈成均圖〉疏證》（1977）、俞敏的《〈國故論衡・成均圖〉注》（1981）皆爲章太炎的通轉提供了新的文獻佐證。這些材料都不停地在爲訓詁學、語源學服務著。

　　章太炎的韻轉理論加上聲轉理論一同構成了他的聲韻通轉理論，這兩個理論並不僅僅局限於單純的音韻學，而是上升到訓詁學、語源學的高度，爲《文始》系聯同源詞、探索語源而服務。聲韻兩個系統同時俱有理論上的依據，這使得《文始》對同源詞的判斷更爲嚴謹（這裏強調的是"理論上"，在實際操作中是有出入的），同時章太炎結合大量的文獻進行佐證，使得《文始》中同源詞的系聯很多是可信的。雖然他的聲韻理論還存在著不少的問題，但是他的研究方法還是影響了後來的一大批學

---

①《章太炎全集》（七），上海人民出版社，1999 年，297 頁。

者,一個典型的例子就是王力的《同源字典》,他在《同源字典・同源字論》中的"音表"和"韻表"以及聲轉和韻轉的條例在很大程度上都借鑑了《成均圖》和《文始》中的相關理論。而且他的韻轉條例也没有超越章太炎所定的範疇[①]。

①在本章的最後,我們還想根據章太炎的相關材料對上古複輔音的問題進行一些討論,因爲思考還不夠成熟,故這裏只以腳注的形式出現。上古存在複輔音現已基本得到學術界的認可,而在章太炎的聲紐系統以及聲紐相轉中當然還没有明確提出複輔音的概念,然而他的不少聲紐相轉的實例卻有著複輔音的影子,這裏只做一些簡單的分析。章太炎在《古雙聲説》中詳細説明了喉牙音的特殊地位,認爲喉牙音是"生人之元音",其言:"昔守温、沈括、晁公武輩,喉牙二音,故已互易,韓道昭乃直云深喉淺喉,斯則喉牙不有異也。百音之極,必返喉牙。喑者雖不能語,猶有喉牙八紐。語或兜離了戾,舌上及齒必内入喉牙而不悟憭,今交、廣音則然,北方輕脣或時入牙,故喉牙者生人之元音。凡字從其聲類,横則同均,縱則同音,其大齊不踰是。然音或有絶異,世不能通。撢鉤元始,喉牙足以衍百音,百音亦終馴復喉牙。"而且《古雙聲説》通篇都在證明喉牙在聲紐中的重要作用,以及喉牙和其他聲紐的聲轉關係,所以能見到"舌上及齒必内入喉牙""北方輕脣或時入牙""此喉牙發舒爲舌音也""此舌音遒斂爲喉牙也""此喉牙發舒爲齒音也""此齒音遒斂爲喉牙也""此喉牙發舒爲脣音也""此脣音遒斂爲喉牙也""此喉牙發舒爲半舌也""此半舌遒斂爲喉牙也"這樣的描述,細分可視爲三類,即:喉牙與舌音,喉牙與齒音,喉牙與半舌音。這一點不僅出現在《古雙聲説》中,在《文始》系聯同源詞中也有所體現,而這用現在的觀點來看,很有可能與上古存在複輔音有關。而章太炎與黄侃在處理一些聲紐相差較大的字時,他們的分析是值得引起我們重視的。如《文始一・陰聲歌部甲》中章太炎認爲"絝"變易爲"襗",兩字在義上是一致的,皆爲套褲義,但是在音韻上是有較大區别的,韻部上兩字一爲魚部、一爲鐸部,魚鐸對轉没有問題,但是在聲紐上一爲溪母、一爲定母(澄母),兩聲紐很難相轉,然而黄侃卻説:"襗,徒各切;此本音也,鐸爲模入。此以牙音舒作舌音。"其實此例在音理上解釋很難,除非是從複輔音的角度進行分析。

第六章　章太炎語源學理論實踐

　　章太炎在其語源學理論指導下的實踐成果主要有《文始》《新方言》《小學答問》，當然在《章太炎説文解字授課筆記》《轉注假借説》《語言緣起説》等論著中也有大量的同源詞材料，另外亦散見於其他著作及與他人來往信件中，如：《莊子解故》《管子餘義》《膏蘭室札記》《訄書》《與丁竹筠先生書》《與錢玄同書》《與黄侃書》等等。而且通過對不同時期、不同材料的對比研究，可以看到章太炎語源學理論發展的脈絡，其中有對自己和他人的肯定，亦有否定，亦有發展。這些都是我們研究章太炎語源學理論及其實踐的寶貴材料，應當做全面的研究。這項工作我們一直在進行，但是因爲本書的篇幅限制，本次只選出《文始》和《筆記》兩種材料進行比較研究，其原因如下：

一　代表性

　　《文始》是章太炎對語源學理論進行系統研究和實踐的集大成者，章太炎對此書可謂推崇備至，認爲在他的諸多著作及各種學術思想中《文始》占據極其重要的地位。他在《自述學術次第》有言：“若《齊物論釋》《文始》諸書，可謂一字千金矣。” 在與女婿龔寶銓的信中亦言：“所著數種，獨《齊物論釋》《文始》，千六百年未有等匹。”而黄侃也在《聲韻通例》中給予《文始》極高的評價：“《文始》總集字學、音學之大成，譬之梵教，所謂最後了義。”可見《文始》一書在章太炎的語源學理論中是極具代表性的。而《筆記》是章太炎在日期間講授《説文》的課堂實録，也是他研究《説文》的具體成果，王寧在《筆記》前言中談到此書的學術價值時説：“這份《筆記》記録了太炎先生研究《説文》的具體成果，反映了太炎先生創建的以《説文》學爲核心的中國語言文字學的思路與方法。”書中針對傳統的《説文》研究提出了新思路、貢獻了新材料，其中絶大多數是與語源學有關的 [①]，所

---

① 相關内容可參考本書“緒論”第三節“章太炎語源學理論的研究意義”。

以對《筆記》做系統的研究對全面梳理章太炎的語源學理論是很有意義的。

二　傳承性

《筆記》與《文始》具有很强的傳承性。《筆記》是章太炎講授《説文》的課堂實録，而章太炎寫作《文始》是與講授《説文》同時或者稍晚進行的。我們發現在《筆記》中有很多材料在《文始》中都有所體現，據我們統計，《文始》中的 463 條初文凖初文的材料在《筆記》中直接出現的字頭有 344 條，占 74%；間接出現的基本涵蓋了《筆記》的所有條目。同時因爲是課堂實録，所以《筆記》中不少内容都是一個初步的設想（甚至是猜想），没有進行深入的研究；而作爲理論研究著作的《文始》是把《筆記》中提出的這些設想絶大多數都深入下去了；其中有一致的，當然也有矛盾的。另外因爲兩本書的性質不同（一爲課堂講授、一爲理論研究），所以兩書的側重點和指向性也有不同，比如《筆記》涉及各個方面，而不僅僅局限於語源學，也包括經學、史學、小學的其他方面，而《文始》則基本側重於語源學。通過比較閲讀，我們可以基本釐清章太炎對語源學研究趨於成熟的發展脈絡，同時也有助於全面瞭解章太炎的學術思想，即基於語源學而又不局限於語源學。

三　不充足

語言學界對於《筆記》和《文始》的研究是不夠的。《筆記》自不必多説，雖然章太炎講説《説文》距今已有 114 年（1908—2022），但是因爲諸多原因直到 2008 年才由中華書局正式出版，加之部頭較大，蓋系統研究此書者較寡。而《文始》一書雖然成書已久（1910），但是因爲《文始》構思之精妙、理論之創新、説解之深奧、内容之充盈，所以讀通並理解它並不是一件易事；再加上章太炎所使用的《成均圖》多被人詬病，使得許多學者對《文始》有先入爲主的負面印象，從而導致還没開始研究它就已經排斥它，所以系統研究《文始》之學者甚少，這樣的研究現狀對於《文始》這部在漢語語源學上具有里程碑意義的著作顯然是不公平的，基於此我們更有義務去系統地研究《文始》。系統研究《筆記》者少，系統研究《文始》者少，而把兩者進行比較閲讀並進行研究者更少，所以本章決定從兩書的比較研究入手，系統地研究《筆記》和《文始》，一窺章太炎在其語源學理論指導下的語源實踐。

四　有優勢

我們研究此課題是有優勢的。筆者在碩士階段系統研究了《筆記》中的同源詞，以韻部關係爲經，以意義關係爲緯，系聯出同源詞 601 組，其中在碩士學位論文《〈章太炎說文解字授課筆記〉同源詞研究》中，去除有爭議的、不夠典型的、各家已經分析的很成熟的同源詞，仍有 300 多例，最後挑出較有代表性的，或者之前分析少有涉及的同源詞 167 組逐一進行分析研究。博士階段在系統閱讀《文始》的同時，與《筆記》進行了較爲全面的對比，而對兩書中都有提及但側重點不一或者有所矛盾的地方進行了特別的關注，這有助於我們梳理出章太炎在當時研究語源學的脈絡。

基於以上四點，本章選擇《筆記》和《文始》作爲研究對象，並對兩者進行比較研究。

本章把《筆記》和《文始》中體現的章太炎語源學理論實踐分成三個部份，即：一、《筆記》《文始》中結論基本一致的同源詞；二、《筆記》《文始》中側重點有所不同的同源詞；三、《筆記》中出現而《文始》中沒出現，或沒有著重論述的同源詞，我們定名爲"《筆記》部分同源詞疏證"。以下是凡例（按照對每組同源詞分析的順序）：

凡　例

1. 本章把《筆記》和《文始》中體現的章太炎語源學理論實踐分成三個部份。除了第三部份以外，同源詞字頭皆按照《文始》中出現的順序進行排列。第三部份的同源詞字頭按照《筆記》中出現的順序進行排列。

2. 列出本條需要分析的同源詞，形式爲 X1：X2：X3：……，其中 X1、X2、X3……代表本組同源詞的；或者先列一字，然後寫"凡從某字皆有某義"。

3. 所列形式可能變爲 X1（Y1）：X2（Y2）：X3（Y3）……，其中

Y1、Y2、Y3……表示 X1、X2、X3……相對的異體字。

4. 第一、二部份先列《筆記》所記之内容,再列《文始》對同一字之解説;第三部份只列《筆記》所記之内容。

5. "按",即我們對本組同源詞中各詞的具體分析,先列出各詞的本義,再用文獻材料證明本義;如需要引申義,則再列出引申義,再用文獻材料證明引申義。第二部份中還會分析《筆記》和《文始》側重點的不同或結論出現矛盾的原因。

6. 從音韻上進行分析,如音同,則直接説本組同源詞的各詞皆是某聲某部;如音近,則先説聲母方面的聯繫,再説韻部上的聯繫。

7. 如果需要義素分析法,則先找出本組同源詞的核義素,即"X1 : X2 :X3……的核義素爲某",再用義素分析法進行分析,形式爲:X1=/N1/+/H/、X2=/N2/+/H/、X3=/N3/+/H/……Xn=/Nn/+/H/,其中 X1 、X2、X3……Xn 爲本組同源詞的各詞,N1、N2、N3、Nn……爲對應 X1 、X2、X3……Xn 的類義素, H 爲這組同源詞的核義素。最後總結公式,形式爲:Y[n]=/N1、N2、N3……Nn/+/H/。

8. 如果分析對象不是同一詞性的同源詞,則用範疇義素 F 代替類義素 N,並用範疇義素分析法進行分析,最後總結公式,形式爲:Y[n]=/F1、F2、F3/+/H/（其中 n、F 最多到 3,因爲只有名物範疇、性狀範疇、動作範疇三類）。

第一節　《筆記》《文始》中結論基本一致的同源詞

一　ナ:左:賤

朱一:ナ。左有賤意:左遷、左官（天子之官左遷爲王國之官）。"右"有尊意。　錢一:古尊右卑左,故漢降官曰"左遷",王朝官至侯國做官曰"左官"。　周二:古人尊右卑左,故卑从ナ,降官曰左遷,王朝官降官侯國曰左官。（《筆記・ナ部》,133 頁）

《説文》:"ナ,左手也。象形。"孳乳爲左。左,手相佐也,左即今佐字。古者尊又卑ナ,卑字從ナ訓賤,漢有ナ官之令,故ナ對轉寒

則孳乳爲賤,賈少也。(《文始一·陰聲歌部甲》,175頁)

按:《筆記》和《文始》對以"ナ"爲語根的同源詞分析基本一致,唯一不同的是《文始》多分析了"佐"與"左"的關係。ナ,本義爲左手。《説文·ナ部》:"ナ,ナ手也。"朱駿聲《説文通訓定聲》:"經傳皆以左爲之。"《正字通·丿部》:"ナ,古左字。" 左,本義爲輔佐、幫助。《説文·左部》:"左,手相左助也。"《玉篇·左部》:"左,助也。"《易·泰》:"輔相天地之宜,以左右民。"孔穎達疏:"左右,助也。"ナ、左實爲一字,ナ作𠂇(粹五九七),左作𠂇(石鼓文),皆爲左手狀,只是左字多了一個"工",爲左手持工狀,皆爲輔助、幫助之形,没有區别。古時右尊左卑,這可以從卑之古文字字形看出端倪。卑,金文作𤰞(中山王鼎),其爲左手持甲狀,因在當時很多士兵爲奴隸組成,故卑有下賤之義,《説文·ナ部》:"卑,賤也。" 賤有低下之義自不必多説,本義價格低,《説文·貝部》:"賤,賈少也。"又有地位低下義,《玉篇·貝部》:"賤,卑下也,不貴也。"《廣雅·釋言》:"賤,卑也。"《論語·里仁》:"貧與賤,是人之所惡也。"邢昺疏:"無位曰賤。"故章太炎認爲賤是由ナ從歌對轉寒然後孳乳而得。

在音韻上,聲母方面,ナ、左上古皆爲精母,賤上古從母,三字皆爲齒音;韻部方面,ナ、左上古歌部,賤上古元部,歌元對轉。而在《成均圖》中,ナ、左爲歌泰類,賤爲寒類,歌泰、寒正對轉。三字聲韻皆近。

但是我們知道賤應該與以"戔"爲右文的字構成同源詞,如戔、錢、淺、盞、棧等,核義素爲小,而這裏章太炎把"賤"與"ナ(左)"合爲一類,有點牽强,只能説明它們在意義上有聯繫,在音韻上較爲相近。但不是任何音近義通的字都能視爲同源詞的,還要看它與所選語根的關係遠近而定。

二　戌:威:滅

朱二:戌,即滅也。最初只有戌字,後孳乳爲威、滅。戌從戊,用以威人也。(《筆記·戌部》,618頁)

《説文》:"戌,滅也。"字從戊,即矛字。從一,象矛所傷。(朱駿聲説。)此合體指事字也。與劌爲利傷亦相近,蓋劌之古文也。孳乳爲威,滅也。爲滅,盡也。(《文始一·陰聲泰部乙》,183頁)

按：《筆記》和《文始》都分析了"戌：威：滅"三字同源，在分析這三字同源時，描述基本一致，只是《文始》還加入了對"劇"與"戉"的分析。戌，本義爲消滅，而非今日所説之地支。《説文·戌部》："戌，滅也。"觀戌之古字，可得其本義，甲骨文作❤(京津四一五八)，金文作ᐟᐟ(頌鼎)，《漢語大字典》"戌"字條按語言："甲骨文、金文戌象廣刃兵器形，與戉、戊、戚形制大同小異，與今之斧形相近。借爲干支字後，本義遂失。"李孝定《甲骨文字集釋》："羅振玉曰：卜辭中戌字象戉形，與戉殆是一字，古金文戌字亦多作ᐟᐟ，仍未失戉形。《説文解字》作ᐟᐟ云'从戊含一'，於是與戉乃離爲二矣。"[①] 戌从戊从一，一爲指事符號當無疑。章太炎認爲"一"指事爲"象矛所傷"有待研究，但戌一定表示爲武器或與武器相關則是肯定的。武器有傷害、消滅敵人之功用，故《説文》言"戌，滅也。" 威，本義爲熄滅、滅亡。《説文·火部》："威，滅也。……《詩》曰：'赫赫宗周，褒似威之。'"王筠《説文句讀》："《毛傳》：'威，滅也。'《釋文》：'威，本或作滅。'《左傳·昭元年》《列女傳·七》皆引'褒姒滅之。'案：毛以今字釋古字。"《集韻·薛韻》："威，火滅也。" 滅，本義爲盡、絶。《爾雅·釋詁下》："滅，絶也。"《説文·水部》："滅，盡也。"滅其實是給"威"增加了一個意符"水"，這其實是張涌泉在《漢語俗字研究》"俗字的類型"中總結的"給本已有意符的字加上意符"[②]，其實兩字表達的是一個意義，加上意符是一種增繁的表現。

在音韻上，聲母方面，戌上古心母，威、滅上古明母，聲母相差較大，如果按照《古雙聲説》中齒音、脣音皆與牙喉音關係密切，從而把兩者聯繫在一起又顯得牽强；韻部方面，戌上古物部，威、滅上古月部，物月旁轉。雖然在漢語的音韻上找不到三者較爲密切的聯繫，但是通過漢藏語系內部的比較，我們可以斷定三者當爲同源詞。施向東就在《漢語和藏語同源體系的比較研究》中對此有過論述，可作參考[③]。

---

① 李孝定編述，《甲骨文字集釋》，臺北"中研院"史語所，1965年，4415頁。
② 詳見張涌泉著，《漢語俗字研究》(增訂本)，商務印書館，2010年，47頁。
③ 原文如下：藏緬語 *mit "熄滅"，怒語 śemit；克欽語 simit；盧舍依語 timit，米基爾語 met，漢語 "威、戌、滅"。《説文》："戌，威也；威，滅也。"(筆者注：書中寫作"戌，灭也；威，灭也"，誤，當改)**smyat→TB. *mit/OC. (*myat ~ *swyat ~ *hmyat＞)*mjiat/mjät 滅 ~ *sjət/sjuĕt 戌 ~ *hmjiat/xjwät 威。爲這個詞根構擬的前綴 **s– 使"滅戌威"三個同源詞的聲母得到順理成章的解釋。(施向東，《漢語和藏語同源體系的比較研究》，華語教學出版社，2000年，194—195頁。)

另外值得注意的是，在《筆記》對戌、威、滅三者關係的描述已經出現了"孳乳"的概念，"最初只有戌字，後孳乳爲威、滅"，可見在日本講授《説文》時，章太炎已經注意到孳乳在語源實踐中的應用了。這樣的例子在《筆記》中還有不少，從中可以看出孳乳這一概念的形成絕不是始於《文始》，而是一個逐漸成熟、深化的過程，另外也可發現講授《説文》對《文始》的完成影響巨大。

三　單：蟬：禪：嬗

錢一：禪，此乃封禪字，本作墠。（封，增山高也。墠，闢土廣也。）禪位之禪與封墠不涉，止應作單。《詩·大雅·公劉》"其軍三單"，毛傳訓單爲相襲，此乃單字之本義。"其軍三單"者，謂徵兵更番相襲也。（單，鐘鼎有作丫者，象繫連之形。[蓋古止作丫，爲象形字。小篆方整之，作單，義與形相失耳。]阮雲臺《鐘鼎款識》謂丫象三辰之形，引《左傳》"三辰旂旗"，謂《詩》"其軍三單"，單即是旂。此說非也。）由訓襲之本義，引申乃爲單位之單。單位，即襲位也。又賈誼《鵩鳥賦》"變化而嬗"，揚雄《反離騷》"有周氏之蟬嫣兮"（蟬嫣，系也；系，相襲也。蟬嫣[蟬聯]本雙聲，蓋即一單字），及近人所用之"蟬聯"二字，其本字亦皆是"單"字。故"禪""嬗""蟬"三字皆"單"之借也。至于《説文》訓單爲大，此乃"觶"字之借，非其本義。許書于"單"字實爲誤解。（《筆記·示部》，8頁）

《説文》"單，大也。从吅甲，吅亦聲。闕。"案彝器單字或作丫、𤔔。彝器誠難盡信，然《繹山碑》戰字左旁作單，明非從吅。或云丫象三辰，以觶、觶相變爲證，説《詩》"其軍三單"，以爲三辰之旂，三辰之旂不可但言辰，説經既妄，丫可象辰，亦可象彈丸，徒以形聲皮傅，何不説爲彈字？説字又以荒矣。尋《詩傳》：云"三單，相襲也。"襲爲丫字本義，今作禪、嬗，皆借也。《方言》蟬訓續，子雲自言"有周氏之蟬嫣"，《吳都賦》"蟬聯陵丘"，皆單字。《三代世表》"窮蟬"，《世本》作"窮係"，亦明單係同訓，其字象蟬聯相續，故作丫，於六書爲指事，轉變乃作𤔔、𤔔、單。《詩》言"三單"，猶《史記》言"三嬗"，謂更番徵調，前者退伍，後者承襲之也。言禪位者，亦猶言襲

位。(《文始一·陽聲寒部丙》,195 頁)

按:《筆記》和《文始》都分析了"單:蟬:禪:嬗"這組同源詞,且描述基本一致。單,《説文·吅部》:"單,大也。从吅、早,吅亦聲。"此非單之本義,從古文字看,甲骨文作㵡(前七·二六·四),金文作㵡(奚單匜),從字形上看無"大"義。羅振玉《增訂殷虚書契考釋》:"卜辭中獸字从此。獸即狩之本字。征戰之戰从單,蓋與獸同意。"丁山《説文闕義箋》:"竊疑古謂之單,後世謂之干,單、干蓋古今字也。"雖然羅、丁二家已接觸到甲骨文,但是其對"單"字本義之考究似仍不如不信甲骨的章太炎走得遠。章太炎先從文獻中找出例證。《詩經·大雅·公劉》"其軍三單,度其濕原",毛傳:"三單,相襲也。"此"襲"非"襲擊"之義,而爲"重疊"之義。胡承珙《毛詩後箋》:"《傳》又云'相襲'者,相襲猶言相代,則三單之中尚有更休疊上之法。其不盡民力如此。此《公劉》之所以爲厚也。"故"單"當有"襲"義。這一點章太炎已有論述:"《詩·大雅·公劉》'其軍三單',毛傳訓單爲相襲,此乃單字之本義。'其軍三單'者,謂徵兵更番相襲也。"章太炎還從文字的角度進行了論證,"單,鐘鼎有作㵡者,象繫連之形""然《繹山碑》戰字左旁作單"。章太炎之論證當爲是,故單之本義爲"重疊、繫聯",引申爲繼承、繼續之義。而禪位、蟬聯之"禪""蟬"皆从"單"得聲,且皆表繼承、繼續之義。　禪,帝王讓位給他姓。《廣雅·釋詁四》:"禪,傳也。"《廣韻·線韻》:"禪,禪讓傳受。"《莊子·秋水》:"帝王殊禪,三代殊繼。"這裏禪、繼對文,而且禪又訓爲"傳",可知禪有繼承、繼續之義。　蟬有連續不斷之義。《方言》卷一:"蟬,續也。"《玉篇·虫部》:"蟬,蟬連系續之言也。"現在還有蟬聯一詞。可知蟬亦有繼承、繼續之義。　嬗,本義傳遞。《説文·女部》:"嬗,緩也。从女,亶聲。一曰傳也。"《段注》:"嬗,依許説,凡禪位字當作嬗,禪非其義也。禪行而嬗廢矣。"《淮南子·精神》:"淪於不測,入於無閒,以不同形相嬗也。"高誘注:"嬗,傳也。"傳遞與"單"之繼承、繼續義相近。如今還有"嬗代""嬗更"等表示相傳、繼續之義的詞。

在音韻上,聲母方面,單上古爲端母,禪、蟬、嬗,上古皆爲禪母,端、禪皆爲舌音;韻部方面,四字上古皆爲元部。

可見,"單:蟬:禪:嬗"是一組以"繼續"爲核義素的同源詞。

四　瑟：璱

朱一：瑟，訓矜莊貌，當作璱。　　錢一：訓矜莊貌、絜鮮貌者＝璱。
（《筆記·琴部》,530 頁）

《説文》："瑟，庖犠所作弦樂也。古文作𠷎，象形。"孳乳爲璱，
玉英華相帶如瑟弦也。又櫛爲梳比之總名，蓋亦以橫文如瑟得名，
《考工記》攻玉之工有櫛人，蓋取義於璱。（清部有箏，鼓弦竹身樂
也。箏爲小瑟，瑟次對轉也。）（《文始三·陰聲至部甲》,239 頁）

按：《筆記》《文始》都把"瑟：璱"看做是一組同源詞。

瑟，本義爲古代一種撥弦樂器，形如圖十二。《爾雅·釋樂》："大瑟
謂之灑。"郭璞注："長八尺一寸，廣一尺二寸，二十七弦。"又因樂在古代
是禮制的重要象徵，所以瑟引申有莊嚴之義，《爾雅·釋訓》："瑟兮僩兮，
恂慄也。"郝懿行《爾雅義疏》："恂慄者，《大學》注云：'恂，字或作峻，讀
如嚴峻之峻，其言容貌嚴栗也。'"《詩經·衛風·淇奥》："瑟兮僩兮，赫
兮咺兮。"毛傳："瑟，矜莊貌。"而瑟又因爲其琴絃多而密，且排列整潔，
故又有"明潔"之義，《詩經·大雅·旱麓》："瑟彼玉瓚，黃流在中。"鄭玄
箋："瑟，絜鮮貌。"　璱，本義爲玉鮮潔貌。《説文·玉部》："璱，玉英華相
帶如瑟弦。"徐灝《説文解字注箋》："如瑟弦者，謂玉之橫理多而密也。"
《玉篇·玉部》："璱，清浄鮮絜也。"《廣韻·櫛韻》："璱，玉鮮絜皃。"

在音韻上，兩字上古皆爲生母質部，《成均圖》中歸入至部。

（圖十二）

　　《筆記》《文始》把"瑟：瑟"視作同源,那麼這組同源詞的核義素當爲"潔",用義素分析法表示爲:

瑟 =/ 撥弦樂器 /+/ 潔 /

瑟 =/ 玉 /+/ 潔 /

這組同源詞意義關係用公式表示即爲:

Y[2]=/ 撥弦樂器,玉 /+/ 潔 /

　　雖然《筆記》和《文始》在分析這組同源詞時方法基本相同,但著眼點卻稍有不同,《筆記》的著眼點在於正字,而《文始》的著眼點在於系聯同源詞,所以《文始》除了系聯了瑟、瑟以外,還系聯了櫛、笄。但這讓《文始》出現了一個問題,即核義素的不統一。瑟、瑟的核義素爲"潔",而櫛本義爲梳箆的總稱,從梳子的形制可以抽取"多而密"這一義素,笄亦同。但我們很難從櫛、笄內部抽取"潔"的義素,核義素不同,則不能視爲同一語族。這在《文始》的其他系聯中也經常出現,應當引起我們的重視。

五　厽：壘：垒：絫（磊：砢：贏：盈：益：溢：讄：誄：謚）

　　朱二:厽,其餘一切壘、垒、絫等字古止作厽。　錢一:此部之字皆有積累義。(《筆記・厽部》,602 頁)

　　錢一:絫,增也。絫增,俗作累。(《筆記・厽部》,602 頁)

　　錢一:讄,禱讄之讄。誄,謚死也;與此義別。(《筆記・言部》,116 頁)

　　朱二:誄,纍也。纍列生時之行迹讀之以作誄,與今時行狀同,惟誄有韻,行狀無韻。(《筆記・言部》,116 頁)

　　《說文》:"厽,絫坺土爲牆壁。象形。"變易爲垒,壘墼也。墼或言令適,即垒之切音也。旁轉隊變易爲壘,軍壁也。垒、壘各得厽之一義。又旁轉隊孳乳爲磊,衆石也。旁轉歌孳乳爲砢,磊砢也。然厽本有厽增之義,故孳乳爲絫,增也。絫對轉清於商賈爲贏,賈有餘利也。本從贏聲,蓋贏音入支,對轉清音如霝,贏音本如霝,故籯、籯爲一語之轉,與絫正對轉也。於水爲盈,滿器也。此亦本音如霝,後乃與贏俱入淺喉。還支變易爲益,饒也。爲溢,器滿也。絫又旁轉隊孳乳爲譖，絫功德以求福也。爲諫，諡也。《春官》鄭司農注：“諫謂積絫生時德行以賜之命。”益又孳乳爲諡，行之迹也。（依段據《北堂書鈔》訂。）（《文始四·陰聲支部甲》，263 頁）

按：這是一組以“厽”爲語根的同源詞，《筆記》《文始》的著眼點基本一致，只是《文始》系聯出的同源詞多於《筆記》（本組同源詞詞頭括號內的除“諫：諫”以外，皆是《筆記》無而《文始》有的），《筆記》對這組同源詞的分析見於兩處，一爲“厽部”的“厽：壘：垒：絫”，一爲“言部”的“諫：諫”，而《文始》把其合爲一處，且多出數字。

厽，本義爲累土塊爲墻。《説文·厽部》：“厽，絫坅土爲牆壁。”《段注》：“絫者，今之累字。”其核義素爲“積累”。　壘，本義爲軍營中用作禦敵的墻壁或防守用的堡砦。《説文·土部》：“壘，軍壁也。”《段注》：“萬二千五百人爲軍，行軍所駐爲垣曰軍壁。”後引申爲堆積，唐姚合《武功縣中作三十首》之二十八：“壘階溪石净，燒竹竈煙輕。”亦引申爲積累，《廣雅·釋詁一》：“壘，積也。”《管子·輕重》：“言能得者壘十人。”馬敘倫《説文解字六書疏證》：“此（筆者注：品）本象累坅土爲牆壁形，即壘之初文，引申爲增累之義，説解蓋本作絫也。”故壘的核義素爲“積累”。　垒，本義爲用土塊或磚砌墻。《説文·厽部》：“垒，絫墼也。”徐灝《説文解字注箋》：“壘並與垒同。”故垒的核義素爲“積累”。　絫，本義爲堆疊、積聚，《説文·厽部》：“絫，增也。”《段注》：“增者，益也。凡增益謂之積絫。絫之隸變作累，累行而絫廢。”故絫的核義素爲“積累”。　磊，本義爲衆石累積貌。《説文·石部》：“磊，衆石也。”《楚辭·九歌·山鬼》：“采三秀兮於山間，石磊磊兮葛蔓蔓。”洪興祖《楚辭補注》：“磊，衆石貌。”在字形上，三石爲品，後變爲品，後又變爲厽，即厽字。故磊的核義素爲“積累”。　砢，本義爲衆石累積貌。常“磊砢”“礌砢”連用，《説文·石部》：“砢，磊砢也。”《玉篇·石部》：“砢，磊砢，衆小石兒。”故砢的核義素爲“積累”。　贏，本義爲有餘。《説文·貝部》：“贏，有餘。”《廣雅·釋詁三》：“贏，餘也。”只有積累並且過度才會有餘，故亦可把贏的核義素視爲“積累”。　盈，本義爲充滿。《説文·皿部》：“盈，滿器也。”《段注》：“滿器者，謂人滿宁（貯）之。”《廣雅·釋詁四》：“盈，充也。”盈與贏一樣，皆是積累後的結果，故亦可把盈的核義素視爲"積累"。　益,本義爲水漫出器皿,王筠《説文釋例》卷四:"益之水在皿上,則增益之意,即兼有氾溢之意,滿招損也。溢似後來分別文。"　溢,其本義與益相同,可與"益"視爲一組古今字,本義亦爲水漫出器皿。《説文·水部》:"溢,器滿也。"水漫出器皿,皆爲水積累到一定程度後的結果,故與羸、盈等一樣,可把益、溢的核義素視爲"積累"。　謚,本義爲古人行善積德,以求神降福。《説文·言部》:"謚,禱也,絫功德以求福也。《論語》云:謚曰:禱尔于上下神祇。"《段注》:"謚,施於生者以求福;誄,施於死者以作謚。""行善積德",即積累善行,故謚的核義素爲"積累"。　誄,本義爲古時絫述死者功德以示哀悼並以此定謚。《説文·言部》:"誄,謚也。"《段注》:"當云所以爲謚也。"王筠《説文句讀》:"皇侃《論語義疏》:'誄者,謂如今行狀也。'"《禮記·曾子問》:"賤不誄貴,幼不誄長,禮也。"鄭玄注:"誄,累也,累列生時行迹,讀之以作謚,謚當由尊者成。""絫述死者功德"即積累死者生前作過的善事功德,故誄的核義素爲"積累"。　謚,本義爲古代帝王、貴族、大臣等死後依其一生所行事迹給予的稱號。《逸周書·謚法解》:"惟周公旦、太公望開嗣王業,建功于牧野之中,終葬,乃制謚敍法。"謚號即爲累積生前的行迹,然後給予稱號,故謚的核義素爲"積累"。

在音韻上,聲母方面,厽、壘、垒、絫、磊、砢上古皆爲來母,羸、盈、益、溢上古皆爲以母(喻四),謚上古船母(照三),來爲舌音、喻四歸定、照三歸端,皆爲舌音;韻部方面,厽、壘、垒、絫、磊上古皆爲微部,砢上古歌部,羸、盈上古皆爲耕部,益、溢、謚上古皆爲錫部,微、歌旁轉,微、耕旁對轉,微、錫旁對轉。而《文始》中,章太炎把厽、垒、絫、益、溢、謚歸爲支類,壘、磊、謚、誄爲脂隊類,羸、盈爲清類,在《成均圖》中,支類、脂隊類次旁轉,支類、清類正對轉,關係甚密。

詞義上,這組同源詞的核義素爲"積累"。其用義素分析法爲:

厽 =/ 土塊 /+/ 積累 /

壘 =/ 軍壁 /+/ 積累 /

垒 =/ 土塊或磚 /+/ 積累 /

絫 =/ 一切物 /+/ 積累 /

磊 =/ 石頭 /+/ 積累 /

砢 =/ 石頭 /+/ 積累 /

贏 =/ 利 /+/ 積累 /

盈 =/ 器中之物 /+/ 積累 /

益 =/ 器中之水 /+/ 積累 /

溢 =/ 器中之水 /+/ 積累 /

讍 = / 善行 /+/ 積累 /

誄 = / 生前善事功德 /+/ 積累 /

諡 = / 生前行迹 /+/ 積累 /

這組同源詞的意義關係用公式表示即爲：

Y[13]=/ 土塊、軍壁、土塊或磚、一切物、石頭、利、器中之物、器中之水、善行、生前善事功德、生前行迹 /+/ 積累 /

六　兆:固:錮:蠱:瞽:瞽:惑

朱二：兆，固蔽、錮蔽本字當作兆。蠱惑亦可作兆。瞽、瞽亦可作兆。凡聲音相同皆假借。(《筆記·兆部》，360 頁)

朱一：蠱，本爲腹中蠱，爲女迷男之藥，故引申爲迷惑。《傷寒論》有"狐惑"，腹中生蟲，喉音沙，與蠱病同，今稱勞病。○蠱毒爲本誼，引申蠱病，又引申爲惑，又引申爲媚。　錢二：本爲腹中蟲，爲女迷男之藥，故引申爲迷惑。(《筆記·蠱部》，560 頁)

《說文》："兆，廱蔽也。从儿，象左右皆蔽形。"此合體指事字也。變易爲固，四塞也。孳乳爲錮，鑄塞也。……又爲瞽，目但有𣊬也。……"狐惑之爲病，狀如傷寒，默默欲眠，目不得閉，臥起不安。蝕於喉爲惑，蝕於陰爲狐，不欲飲食，惡聞食臭，其面目乍赤乍黑乍白。"此皆所謂蠱也，故醫和已訓蠱爲惑。(《文始五·陰聲魚部甲》，282 頁)

按：《筆記》《文始》皆分析了以"兆"爲語根的同源詞，認爲"兆:固:錮:蠱:瞽:瞽:惑"爲一組同源詞，其中"瞽"爲《筆記》有而《文始》無，當補。當然《文始》還系聯了其他數字，但皆與《筆記》所舉大同小異，不影響系聯，也没有出現新的語族。所以爲了比較的方便，這裏暫列出以上七字。

兆，本義爲壅蔽，遮蔽。《說文·兆部》："兆，廱蔽也。从人，象左右皆蔽形。”《段注》：“此字經傳罕見，音與蠱同，則亦蠱惑之意也。”楊樹達《積微居小學述林·釋兜》：“兜者，瞽之初字也，字从儿，象左右二目有所蔽而不見形。”① 固，本義爲險要。《説文·口部》：“固，四塞也。”《周禮·夏官·敍官》：“掌固。”鄭玄注：“固，國所依阻者也。國曰固，野曰險。”由險要義引申爲牢固、鞏固義。《玉篇·口部》：“固，堅固也。”《段注》：“凡堅牢曰固。”堅固之物善於遮蔽東西，故固有壅蔽、遮蔽義，其義與兜相關。 錮，本義爲用金屬溶液填塞空隙。《説文·金部》：“錮，鑄塞也。”徐鍇《説文解字繫傳》：“鑄銅鐵以塞隙也。”由本義引申爲封閉、關閉義。《管子·度地》：“食器兩具，人有之；錮藏里中，以給喪器。”封閉、關閉則物易於被遮蔽，故錮有壅蔽、遮蔽義。其義與兜相關。 蠱，本義爲腹内中蟲食之毒。《説文·蟲部》：“蠱，腹中蟲也。”由本義引申爲害人的邪術。《漢書·武帝紀》：“道侯韓説、使者江充等掘蠱太子宫。”由害人的邪術引申爲蠱惑、誘惑、迷惑等義。《爾雅·釋詁》：“蠱，疑也。”郭璞注：“蠱惑、有貳心者，皆疑也。”《玉篇·蟲部》：“蠱，或（惑）也。”《墨子·非儒下》：“孔丘盛容脩飾以蠱世，弦歌鼓舞以聚徒。”心被遮蔽、壅蔽則易被蠱惑，故其義與兜相關。 瞽，本義爲眼瞎。《説文·目部》：“瞽，目但有朕也。”朕，瞳仁；瞽即眼睛中只有瞳仁，即盲人也。楊樹達《槓微居小學述林》：“兜者，瞽之初字也，字从儿，象左右二目有所蔽而不見形。”楊氏所言甚是。眼睛被物遮蔽則不見物，眼盲亦可視作被物所遮蔽。故瞽與兜之遮蔽、壅蔽義相關。而王力也在《同源字典》中談到了“瞽”“鼓”同源：“《釋名》：‘瞽，鼓也，瞑瞑然平合如鼓皮也。’《莊子·逍遙遊》：‘瞽者無以與乎文章之觀。’《釋文》：‘瞽，盲者無目如鼓皮也。’”② 惑，本義爲亂、迷亂。《説文·心部》：“惑，亂也。”《玉篇·心部》：“惑，迷也。”《漢書·李廣傳》：“惑失道，後大將軍。”顏師古注：“惑，迷也。”故現仍有“迷惑”一詞。惑與蠱皆表示心被遮蔽，但蠱更接近於巫術、邪術，而惑接近於欺騙，兩者可以説是渾言無別，析言有差。故惑有欺騙義，《荀子·解蔽》：“内以自亂，外以惑人。”《三國

---

①而馬敍倫在《説文解字六書疏證》中認爲兜的本義非壅蔽，他説：“龐蔽也非本義，亦非本訓。兜與兜一字。……瞽從鼓得聲，鼓之初文爲豈，……兜爲兜之省文。”（轉引自古文字詁林編纂委員會，《古文字詁林》第七册，上海教育出版社，2000 年，755 頁。）可另爲一説。
②王力著，《同源字典》，商務印書館，1982 年，131 頁。

志·魏書·張魯傳》:"造作道書以惑百姓。"這裏的"惑"皆當"欺騙"講。 鼓,本義爲一種打擊樂器,遠古以陶爲框,後世以木爲框,蒙以獸皮或蟒皮。《説文·鼓部》:"鼓,郭也。春分之音,萬物郭皮甲而出,故謂之鼓。"鼓需獸皮或蟒皮遮蔽其兩端,使中空,才可敲擊發聲。故鼓與兆之遮蔽、壅蔽義相關。

在音韻上,兆、固、錮、蠱、鼓、瞽上古皆爲見母魚部,惑上古匣母職部。聲母上皆爲牙喉音,韻部上魚、職旁對轉。在《成均圖》中,惑當歸爲之類,魚、之次旁轉。

在詞義上,這組同源詞的核義素爲"遮蔽"。其用義素分析法爲:

兆 =/ 雙眼 /+/ 遮蔽 /

固 =/ 險要 /+/ 遮蔽 /

錮 =/ 用金屬溶液填塞空隙 /+/ 遮蔽 /

蠱 =/ 心(偏向巫術、邪術)/+/ 遮蔽 /

瞽 =/ 眼睛 /+/ 遮蔽 /

惑 =/ 心(偏向欺騙)/+/ 遮蔽 /

鼓 =/ 用獸皮或蟒皮蒙其兩端 /+/ 遮蔽 /

這組同源詞的意義關係用公式表示即爲:

$Y[7]$=/ 雙眼、險要、用金屬溶液填塞空隙、心(偏向巫術、邪術)、眼睛、心(偏向欺騙)、用獸皮或蟒皮蒙其兩端 /+/ 覆蓋 /

另按:黃侃在《手批爾雅義疏》中也分析了"鼓""蠱""兆"等字,引文如下:《爾雅·釋器》:"康謂之蠱。"黃侃手批:"《釋詁》:漮,虛也;一作康,虛也。《廣雅》:稴謂之稿。……《釋詁》蠱之言兆也。兆,麻蔽也。又言鼓也。《釋名》:鼓,郭也,張皮以冒之,其中空也。"[1]黃侃認爲康、漮、稴、稿、鼓、蠱皆有中空義,兆爲麻蔽義(此條的詳細疏證可見胡志文的《黃侃〈手批爾雅義疏〉同族詞疏證》[2]),康、漮、稴、稿、鼓、蠱當爲一組同源詞,而兆是否也在這組同源詞類,黃侃先生沒有明言。從這一條關於同源詞的考證,章黃學術的一脈相承便可見一斑。但值得注意的是:黃侃認爲這組同源詞的核義素爲"中空",章太炎雖然沒有明講這組同源詞皆有某義,但通過以上分析,可以發現這組同源詞的核義素爲"遮

---

[1] 黃侃,《黃侃手批爾雅義疏》,中華書局,2006 年,716 頁。
[2] 胡世文,《黃侃〈手批爾雅義疏〉同族詞疏證》,語言研究,2007 年第 3 期。

蔽",中空、遮蔽在意義關係上顯然是有聯繫的,如果把章黄的這兩則系聯材料合在一起,則能得到更大、更全的一組同源詞。同時需要注意的是其他以"中空"或"遮蔽"爲核義素的同源詞是否也具有意義聯繫,還有待進一步研究。

七　冖:幎

　　朱冖:冖【密】。即變爲幎。(《筆記・部首》,10 頁)
　　錢冖:幎即冖之引申字(古作冖)。(《筆記・部首》,10 頁)
　　《説文》:"冖,覆也。从一下乑。"對轉清變易爲幎,幔也。(《文始四・陰聲支部甲》,267 頁)

　　按:《筆記》《文始》皆認爲"冖:幎"爲一組同源詞,當然《文始》系聯的同源詞比《筆記》多(如"幔:幕、憮:幤、幭:轓:鞔"等),這裏舉此例是僅爲分析《筆記》和《文始》的傳承性,故不系聯更多的同源詞。首先進行同源詞的分析。

　　冖,本義爲覆蓋。《説文・冖部》:"冖,覆也。"《段注》:"覆者,蓋也。"徐灝《説文解字注箋》:"冖,又作幂。《説文》無幂字,幂即幎也⋯⋯與覆義同。"冖的核義素爲"覆蓋"。　幎,本義爲覆蓋物體的巾。《説文・巾部》:"幎,幔也。"朱駿聲《説文通訓定聲》:"有覆尊之幎""有覆篚之幎""有覆帽之幎""有覆面之幎""有覆筓之幎""有覆鼎之幎"。《儀禮・士喪禮》:"幎目用緇,方尺二寸。"鄭玄注:"幎目,覆面者也。"後引申爲覆蓋,《玉篇・巾部》:"幎,覆也。"《淮南子・原道》:"舒之幎於六合,卷之不盈於一握。"高誘注:"幎,覆也。"幎的核義素爲"覆蓋"。

　　在音韻上,兩字上古皆爲明母錫部,《成均圖》中把冖歸入支類,把幎歸入清類,支類、清類正對轉。

　　在詞義上,這組同源詞的核義素爲"覆蓋"。其用義素分析法爲:

冖 =/ 一切物 /+/ 覆蓋 /

幎 =/ 用巾 / +/ 覆蓋 /

這組同源詞的意義關係用公式表示即爲:

$Y[2]$=/ 一切物、用巾 /+/ 覆蓋 /

這組同源詞之所以拿出來進行分析,並不是因爲其本身具有典型性,而是因爲《筆記》中對這組同源詞的描述:"宀【密】。即變爲幎。"這裏我們發現在朱希祖的記錄中出現了"變"字。朱希祖的課堂筆記是三位記錄者中最詳細也是最接近章太炎授課的原始樣貌的[1],這個"變"亦應是章太炎所講之實錄,結合《文始》"對轉清變易爲幎",我們不難發現此"變"即"變易"。這說明和"孳乳"一樣,章太炎在日本講授《說文》時已經注意到在語源實踐中開始應用他的語源學理論了。這樣的例子在《筆記》中還有不少,從中可以看出變易這一概念的形成絕不是始於《文始》,它和孳乳一樣是一個逐漸成熟、深化的過程;另外從中也可發現講授《說文》對《文始》的完成影響之巨大。但與"孳乳"大量出現於授課中不同,《筆記》中只出現了"變"而沒出現"變易",所以當我們在《筆記》中看到"變"時,要對它是單純的變化還是語源理論中的變易進行分析。如在《筆記·聿部》中有"肅,持事振敬也。振即振動也。聲變爲抖、擻二字"的記錄,這裏的"變"即爲聲音的轉變,而不是字的變易。

八　宀:貯

朱一:宀,後變爲貯。"當宀"之"宀"爲箸明之箸。(《筆記·部首》,28頁)

錢一:宀,即今貯字。"當宀而立"之"宀","箸"之借。(《筆記·部首》,28頁)

朱二:宀,辨積物也。辨即今辦字。(《筆記·宀部》,603頁)

錢一:宀,爲一切積貯之總稱。(《筆記·宀部》,603頁)

《說文》:"宀,辨積物也。象形。"變易爲貯,積也。(《文始五·陰聲魚部甲》,295頁)

按:分析這組同源詞的目的其實與上例"宀:幎"同源的目的一樣,是爲了分析《筆記》和《文始》的傳承性。首先進行同源詞的分析。

宀,本義爲積聚,從古文便可看出本義,甲骨文作中(前四·二五·七),

---

[1]《筆記·前言》:"進入整理的七種材料,以朱希祖(字逖先,又作逷先)的三套筆記最爲詳盡。根據多種資料記載,朱氏從太炎先生受《說文》最爲勤奮,太炎先生誇他'博覽,能知條理',師兄弟們公認他'筆記最勤'。他作了三套《說文筆記》,無參照他人的迹象,也無後來補改的墨迹,確屬當場所記的原始記錄。"(《章太炎說文解字授課筆記·前言》,中華書局,2008年,13頁。)

金文作𪊑(啟宁父戊爵),像櫥櫃、抽屜之形。《説文·宁部》:"宁,辨積物也。"《段注》:"積者,聚也。'宁'與'貯'蓋古今字。"貯,本義亦爲積聚。《玉篇·貝部》:"貯,藏也。"《廣韻·語韻》:"貯,居也,積也。"雖然本義與宁相同,但其實與宁是有微別的,從古文字中就可看出區別來,貯甲骨文作𫚉(乙六六九三反),金文作𧵩(爵文),爲在櫥櫃、抽屜一類的儲藏物中放貝,所以貯又特指在器具中存放東西之義,《玉篇·貝部》:"貯,盛也。"可以説宁與貯,渾言之無別,析言之有差。

在音韻上,宁上古透母(澄歸透)魚部,貯上古端母(知歸端)魚部,聲近韻同。

在詞義上,這組同源詞的核義素爲"積聚"。其用義素分析法爲:

宁 =/ 存放東西的器具 /+/ 積聚 /

貯 =/ 在器具中存放東西之義 /+/ 積聚 /

這組同源詞的意義關係用公式表示即爲:

Y[2]=/ 存放東西的器具、在器具中存放東西之義 /+/ 積聚 /

再分析《筆記》《文始》對"宁:貯"同源關係的分析,《文始》此條中明言了"變易",其言:"變易爲貯,積也。"而《筆記》雖没明言"變易",但與上文例 7 "宀:幎"一樣,也用到了"變",《筆記》言:"宁,後變爲貯。"這裏的"變"在觀念上當爲"變易",因爲它符合章太炎提出的變易標準,即"音義相讎""改易殊體"。這樣的例子還有很多,這裏就不再一一例舉。這也説明在講授《説文》的過程中,章太炎已經大量地使用變易的概念,只是在當時還没有明確使用"變易"這一名稱,而在《文始》中才開始正式使用"變易"這一名稱。當然關於這一條同源詞,《文始》系聯的比《筆記》要多很多,如"儲:庶:蒢:庲:橐:帑:籅"等。

九　永:羕:漾:坙:渠:泳:詠

錢一:永、羕實一字(古音永亦讀羕)。羕,水長也。引申爲凡長之稱。今借用洋。(《筆記·永部》,471 頁)

朱二:坙,水名。坙流當作坙,水脈也。(《筆記·水部》,443 頁)

朱二:漾,《韓詩》"江水漾兮",借爲長。(《筆記·水部》,443 頁)

朱一:渠,凡通水之漕皆曰渠,"渠湄"是。對稱曰渠,古無此

語。　　錢二：渠眉（逖本作湄）者，一物之通水處也。（《筆記·水部》，458頁）

《説文》："永，水長也。象水巠理之長永也。"變易爲羕，水長也。旁轉清變易爲巠，水衇也。對轉魚變易爲渠，水所居也。又孳乳爲泳，潛行水中也。潛行者必知水理。由長義又孳乳爲詠，歌也。《書》曰："歌永言。"（《文始五·陽聲陽部乙》，312頁）

按：《筆記》中不收"泳""詠"，其他字散見於各部，但如果集中在一起進行研究，得出的同源詞會和《文始》基本相同。另外，《文始》在本組同源詞中不收"漾"，當增。這樣就系聯出"永：羕：漾：巠：渠：泳：詠"這組同源詞。

永，本義爲游泳，從古文字中可以看出端倪，甲骨文作𣲖（甲二四一四），金文作𣲖（頌鼎），爲人在水中貌。高鴻縉《中國字例》："按，此'永'字，即潛行水中之'泳'字之初文。原从人在水中行，由文人彳生意，故託以寄游泳之意……後人借用爲長永，久而爲借意所專，乃加水旁作'泳'以還其原。"而"永"後世行的"長"義，與原本的"長"義是有區別的，本義的"長"指的是時間長（會游泳者必能在水下待更長的時間），而後世行的"長"義則從水勢長流貌引申而來。《説文·永部》："永，長也。"徐鍇《説文解字繫傳》作"永，水長也"。《詩經·周南·漢廣》："江之永矣，不可方思。"毛傳："永，長。"作爲語源，我們當認可表"時間長"的永，而不是表"距離長"的永。　　羕，本義爲水流悠長。《説文·永部》："羕，水長也。……《詩》曰：'江之羕矣。'"今之《詩經·周南·漢廣》作"江之永矣"，永、羕異文，可知羕有永義，即長義。《爾雅·釋詁上》："羕，長也。"《廣韻·漾韻》："羕，長大也。"　　漾，水名，亦有長義，與羕相同，皆爲水流長貌。《文選·王粲〈登樓賦〉》："路逶迤而脩迴兮，川既漾而濟深。"李善注："《韓詩》曰：'江之漾矣，不可方思。'薛君曰：'漾，長也。'"　　巠，水脈，《説文·川部》："巠，水脈也。从川在一下。一，地也。壬省聲。一曰：水冥巠也。"水脈綿長，故巠有長義，而且从巠的字往往都有長義，如經、徑、脛、頸、莖等字。　　渠，本義爲人工開鑿的濠溝、水道。《説文·水部》："渠，水所居。"王筠《説文句讀》："河者，天生之；渠者，人鑿之。"《國語·晉語二》："景霍以爲城，而汾、河、涑、澮以爲渠。"韋昭

注："渠，池也。"濠溝、水道皆爲人工開鑿，且距離較長，故有長義。　泳，永之今字，徐中舒《甲骨文字典》"永"字條言："永，從彳從人，人之旁有水點，會人潛行水中之意，爲泳之原字。……永字既爲長義所專，遂更加水旁而作泳以表永之本義。"[①] 故泳有"長"義。　詠，本義爲歌唱，曼聲長吟。《説文・言部》："詠，歌也。……或从口。"徐灝《説文解字注箋》："詠之言永也，長聲而歌之。"《玉篇・言部》："詠，長言也。"故詠有長義（此引申待商榷，見下文），表示時間之長。

在音韻上，聲母方面，永、羕、漾、泳、詠上古皆爲喻母，巠上古見母，渠上古羣母，七字上古皆爲牙喉音；韻部方面，永、羕、漾、泳、詠上古皆爲陽部，巠上古耕部，渠上古魚部，陽、魚對轉，陽、耕旁轉。在《成均圖》中，巠歸爲清類，陽、魚爲軸，是正對轉的關係，而陽、清相比，是近旁轉的關係。

在詞義上，這組同源詞的核義素爲"長"。其用義素分析法爲：

永 =/ 水中潛行 /+/（時間）長 /

羕 =/ 水勢 /+/ 長 /

漾 =/ 水勢 /+/ 長 /

巠 =/ 水脈 /+/ 長 /

渠 =/ 水道 /+/ 長 /

泳 =/ 水中潛行 /+/（時間）長 /

詠 =/ 聲音 /+/（時間）長 /

這組同源詞的意義關係用公式表示即爲：

Y[7]=/ 水勢、水脈、水道、水中潛行、聲音 /+/ 長 /

另按：在上文的分析中，我們發現三個問題：1. 我們不否認"永""泳""詠"有長義，然而此長非彼長，其他數字的長表示距離長，而永、泳、詠表示時間長，這兩者明顯是有區别的，雖然都是从"永"得聲得義，但這種微别是應該指出的，不然它和《爾雅》中"初、哉、首、基、肇、祖、元、胎、俶、落、權輿，始也"是没有區别的。2. 章太炎對泳有"長"義的分析"又孳乳爲泳，潛行水中也。潛行者必知水理"也比較牽强，這種引申是理論上的引申，而没有文獻進行佐證（關於這點我們還將在下一

①徐中舒主編，《甲骨文字典》，四川辭書出版社，2006 年，1235 頁。

節進行論述）；即在實際文獻中找不到這種引申的例子，但是通過合理的推理，其實是應該存在的。打個不恰當的比方，這種推理有點像化學元素週期表，也許現在還沒發現某種元素，但是理論上是應該存在的。

3. 章太炎對"永"本義的分析完全按照許慎的説法，許慎説錯了（把"永"的假借義當作本義），章太炎跟著錯，這也是章太炎分析本義時經常出現的問題，其中不信甲骨是造成這一問題的重要原因。

十一、丶：誦：讀：籀：主：獨：宔：音：柱

（下爲《筆記》所記）

錢一：丶，即今之逗字。（《筆記·部首》，3 頁）

朱一：誦，有聲調曰誦。（《筆記·言部》，103 頁）

錢一：讀，審其意味曰讀。（《筆記·言部》，103 頁）

朱一：籀，讀也。　朱二：籀，古云兌，兌與讀爲雙聲。籀文者，因史籀所造，故以其名名之。（（《筆記·竹部》，194 頁））

朱一：丶，主，燈主之丶。引申爲君主，君主只一人也。賓主之主實乃侸字（即住字。住，《説文》無），行者爲賓，侸者爲主。大夫爲主、依人曰主亦侸之引申者。再引申爲女人之稱，"主孟啗我"亦由侸字而來，後公主、翁主等字皆然。木主當作宔。○古斗字亦作主，"日中見斗"亦作見主，北斗也。　朱二：丶，今逗字。主宰當作丶。主賓乃住字之假借，住人（主人）、客人，故與主賓同。　朱三：今句讀之讀乃逗之借，逗即丶也。一逗用丶，一句用勾（🧐從勹）。一段用𠃊，勾識也，或用𠄎。此二字或爲括弧，或爲勾識段落。（《筆記·丶部》，213 頁）

朱一：主，今作炷，非也。　錢一：主，燈中火主也（俗作炷）。引申爲君主，"君主只一人也"（？）。賓主＝侸（即住字。住，《説文》無，正作侸），行者爲賓，侸者爲主也。戰國以前家臣稱大夫曰主，後三家分晉，田氏代齊，各居王位，而舊臣仍沿舊稱。後引申以主爲天子。又依人亦曰主，亦侸字之引申。再引申大夫曰妻亦稱主。後公主之主即由此引申。（《國語·晉語》"主孟啗我"，李斯之妻）（？）。木主＝宔。（《筆記·丶部》，213 頁）

朱一：音＝啑（俗字）。唑之入聲【託】（《筆記·丶部》，213 頁）

朱二：柱，楹也。有拄字，故後作拄也。《説文》無拄字。　錢
一：俗作拄。（《筆記·木部》，244 頁）

錢一：宔，木宔。（《筆記·宀部》，314 頁）

（下爲《文始》所記）

《説文》：“丶，有所絶止，丶而識之也。”此即今句逗字。故孳乳
爲讀，誦書也。對轉東變易爲誦，諷也。旁轉幽孳乳爲籀，讀書也。
《春秋傳》曰：“卜籀云”。

丶惟一點，故有子特之義。《方言》：“一，蜀也。”《管子》言“抱
蜀”，即抱一。皆丶之聲借也。獨訓犬鬥，羊爲羣，犬爲獨，亦有特
義，則丶之引伸也。客，亦取此義。又孳乳爲宔，宗廟主祐也。

臣鍇曰：“丶猶點柱之柱。”尋丶孳乳爲音，相與語唔而不受也。
臣鍇曰：“止其言也。”則以丶爲支柱之義。《廣雅·釋器》：“柱，距
也。”《説文》柱訓楹，本取距義，亦得言孳乳於丶，然柱爲立物，終從
佳義。（《文始六·陰聲侯部甲》，326—327 頁）

按：《文始》把“丶：誦：讀：籀：主：獨：宔：音：柱”視作一組同源
詞，而這些字除“獨”《筆記》不收外，其餘皆見於《筆記》各部。

丶，本義爲古人讀書時斷句的符號。《説文·丶部》：“丶，有所絶
止，丶而識之也。”朱駿聲《説文通訓定聲》：“今誦書點其句讀，亦其一耑
也。”　誦，本義爲朗誦，唸讀。《説文·言部》：“誦，諷也。”《周禮·春
官宗伯·大司樂》：“以樂語教國子：興、道、諷、誦、言、語。”鄭玄注：“倍
文曰諷，以聲節之曰誦。”　讀，本義爲籀書，抽釋理解書的意義。《説
文·言部》：“讀，誦書也。”《段注》改“誦”爲“籀”，並注曰：“尉律，學
僮十七已上始試，諷籀書九千字乃得爲吏。諷謂背其文。籀謂能繹其
義。”　籀，本義爲讀書。《説文·竹部》：“籀，讀書也。”章太炎《檢
論·訂孔下》：“重籀《論語》諸書，鄂然若有寱者。”　主，本義爲燈心。
《説文·丶部》：“主，鐙中火主也。”《段注》：“按：丶、主，古今字；主、
炷，亦古今字。凡主人、主意字，本當作丶，今假主爲丶，而丶廢矣。假主
爲丶，則不得不別造鐙炷字。”孫詒讓《名原》：“主爲火主字，（今作炷。）
上作火，與火相近。（毛公鼎耿字偏旁从火，亦與主形可互證。）蓋凡然

火,其主皆上鐵而下圜,故畫火象之作屮,旁注多點者,光燄旁出,其主不一也。"林義光《文源》:"𡳿象鐙形,丶象火形。"　獨,本義爲孤單。《説文·犬部》:"獨,犬相得而鬬也。……羊爲羣,犬爲獨也。"《字彙·犬部》:"獨,單也。"後引申爲僅僅一個。《吕氏春秋·論危》:"獨手舉劍,至而已矣。"　宔,本義爲古代宗廟中藏神主的石函。《説文·宀部》:"宔,宗廟宔祏。"《段注》:"經典作主,小篆作宔。主者,古文也。祏,猶主也。《左傳》'使祝史徙主祏於周廟'是也。"徐鍇《説文解字繫傳》:"以石爲藏主之櫝也。"王筠《説文句讀》:"主者,古文假借字也。宔則後起之分別字也。"　音,本義爲拒絶的語聲。《説文·丶部》:"音,相與語唾而不受也。"《段注》:"《不部》曰:'否,不也。'从丶否者,主於不然也。"[①]　柱,本義爲支撑屋宇的直立構件,即屋柱。《説文·木部》:"柱,楹也。"《段注》:"柱之言主也,屋之主也。"

通過以上的分析,我們發現這組同源詞所收九字之間的意義關係十分複雜,現在按照核義素對其進行歸類,共爲四類,其中有交叉:1.核義素爲"點":丶、誦、讀、籀、主;2.核義素爲"單獨":丶、主、獨、宔;3.核義素爲"支撑":柱;4.核義素爲"拒絶":音。其中"點"組和"單獨"組意義關係較爲密切,因爲點往往引起他人的注意正是由於它是唯一的,即《文始》所言"丶惟一點",所以表示燭光的"主"也有"唯一"義,由此可以引申爲"君主只一人也"的"君主"義,而獨即唯一,宔亦唯一(石函內往往只有一主)。另外"支撑"組的"柱"與"點"組也有意義聯繫,只是不甚緊密,但不牽强,柱子起支撑作用,支撑必須有受力點,而其俗字"拄"亦能體現這一意義聯繫,拄當支撑講,如拄拐杖即起到支撑身體平衡的作用,拐杖下端只有受力於某一點,才能起到支撑作用。所以前三組是有意義聯繫的,只是有親疏遠近之分。而第四組"拒絶"(音)似與"點"没有什麼關係,如果按照《文始》所言:"尋、挐乳爲音,相與語唾而不受也。臣鍇曰:'止其言也。'"那麼章太炎的出發點爲何?是"唾"有點義還是"止"有點義?音本義爲拒絶的語聲,那麼它應與"否"爲同源詞,而不是與"丶"爲同源詞。

另外在"點"組中,其實也是存在問題的,即對誦的歸類。誦本義朗誦,《筆記》記錄"有聲調曰誦",這當與"丶"無關,而與"讀"有關,因爲誦只指向於讀書之"讀",而不指向"句讀"之"讀"。要明白一點,即不是一切與"讀"有關的都與"丶"有關,如果這樣一味地只從紙面上的訓釋語言出發,而忽略了它的實際意義,則會造成語族過大且不嚴謹的問題。

這樣經過改進,這組同源詞當爲"丶:讀:籀:主:獨:㝉:柱",我們用圖來表示這組同源詞的意義關係(見圖十三),其中實線表示《文始》中正確的系聯,虛線表示有待商榷的系聯:

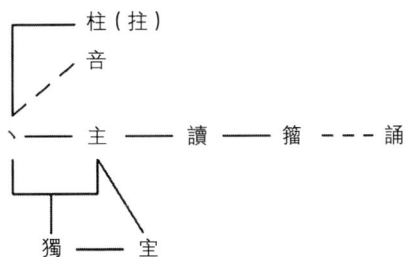

（圖十三）

另外從《筆記》的記錄看,章太炎在講授《説文》時不僅僅局限於同源詞的講解,還注意其他方方面面的材料,比如還涉及到字義引申義出現的歷史原因,所以《筆記》在某些字頭下所涉及到的文獻會比《文始》多,而這也是《筆記》與《文始》很重要的一個不同點。其實這些都是由於授課與理論著作的性質不同所致。

十一　邕:廱:雍:癰

錢一:辟廱者,四周有水,故即作辟邕。俗作雍。(《筆記·川部》,470頁)

錢二:雍塞字《説文》無,即邕字。辟雍字亦即由邕字引申,以辟雍四周有水也。辟廱古止作雝,實作邕足矣。(《筆記·川部》,470頁)

錢一:廱,《説文》無壅蔽之壅字,訓塞者即邕字也。廱亦邕之

孳乳字,辟廱者,四面皆水也。廱形如○,旁爲水,中爲邑也。辟傍,
今謂壁箱是也。(？)(《筆記・广部》,387 頁)

《説文》:"邕,四方有水自邕成池者。籀文作㘲,从川,象形。"此
蓋依準初文,今字作壅。《春秋傳》言"淹滯",淹即㘲之借聲,冬談旁
轉也。孳乳爲廱,天子饗飲辟廱也。四面如壁,以水邕之。此蓋漢
世增字,古但作㘲、邕足矣。《周禮》本無辟廱,有亦不必爲學校,《詩》
之辟廱,容西周適有此池耳。邕又孳乳爲癰,腫也。(《文始七・陽
聲冬部乙》,359 頁)

按:《筆記》中"邕:廱:壅"爲一組同源詞,加上《文始》中的"癰",
可形成更全面的以"邕"爲右文的同源詞,即"邕:廱:壅:癰"。(《文始》
除了系聯了邕、廱、壅、癰以外,還系聯了淹、腫、瘫、盬、瘃、瘻、瘤、癃、痋
等字,但這裏只分析以"邕"爲右文的同源詞)下面進行分析。

邕,本義爲四方被水環繞的都邑。《説文・川部》:"邕,邑四方有
水自邕成池者是也。"《段注》:"邑,各本無,依《韻會》補。成,各本
作'城',誤。依《廣韻》《韻會》正。自邕,當作'自擁' ……擁者,抱
也。池沼多由人工所爲,惟邑之四旁有水來自擁抱、旋繞成池者,是爲
邕。以'擁'釋'邕',以疊韻爲訓也。故其字从川邑。引申之,凡四面有
水皆曰邕。"被水環繞即被水阻隔,故可知邕的核義素爲"阻隔、阻擋"。

廱,常"辟廱"連用,義爲古天子饗飲酒處,即天子學習讀書之地。《廣
雅・釋宮》:"辟廱,官也。"王念孫《廣雅疏證》:"謂官舍也。……大學
在郊,天子曰辟廱。"《廣韻・鍾韻》:"廱,辟廱,天子教宮。"錢玄同所
記筆記言"辟廱者,四面皆水也。廱形如○,旁爲水,中爲邑也",所言甚
是。班固《白虎通・辟雍》:"天子立辟雍何？所以行禮樂、宣德化也。
辟者,璧也。象璧圓,以法天也。雍者,壅之以水,象教化流行也。"酈道
元《水經注・穀水》:"又逕明堂北,漢光武中元元年立。尋其基構,上圓
下方,九室重隅十二堂,蔡邕《月令章句》同之。故引水于其下爲辟雝
也。"《三輔黃圖・辟廱》:"周文王辟廱在長安西北四十里。亦曰壁廱。
如璧之圓,雍之以水,象教化之流行也。"辟廱,即"辟雍"。《説文・广
部》:"廱,天子饗飲辟廱。"沈濤《説文古本考》:"廱,濤案:《藝文類聚
三十八・禮部》引'辟雍,天子饗飲處也,'蓋古本作廱。辟廱,天子饗飲

處也。"靐由本義引申爲水澤、沼澤。《字彙·广部》："靐,澤也。"宋晁端禮《喜遷鶯》："競爽謝庭蘭玉,信美西靐鴛鷺。"從辟靐的建築構造抑或是引申義水澤、沼澤皆可知靐的核義素爲"阻隔、阻擋"。　甕,本義爲阻隔,堵塞。《廣雅·釋詁一》："甕,隔也。"《左傳·成公十二年》："交贄往來,道路無甕。"《論衡·感虛》:夫山崩甕河,猶人之有癰腫,血脉不通也。"故甕的核義素爲"阻隔、阻擋"[1]。　癰,本義爲腫瘍,由皮膚或皮下組織化膿性的炎症引起。《釋名·釋疾病》:"癰,甕也,氣甕否結裹而潰也。"《説文·疒部》:"癰,腫也。"《莊子·列禦寇》:"秦王有病召醫,破癰潰痤者,得車一乘。"故癰的核義素亦爲"阻隔、阻擋"。

在音韻上,四字上古皆爲影母東部,《文始》中此四字歸爲冬部(冬侵緝類)。

在詞義上,這組同源詞的核義素爲"阻隔、阻擋"。其義素分析法爲:

邕 =/ 都邑四方水圍繞 /+/ 阻隔、阻擋 /

靐 =/ 天子饗飲酒處水圍繞 /+/ 阻隔、阻擋 /

甕 =/ 一切物 /+/ 阻隔、阻擋 /

癰 =/ 皮膚或皮下組織 /+/ 阻隔、阻擋 /

這組同源詞的意義關係用公式表示即爲:

Y[4]=/ 都邑四方水圍繞、天子饗飲酒處水圍繞、一切物、皮膚或皮下組織 /+/ 阻隔、阻擋 /

十二　止:峙　待:竢　時:姚(《筆記》)
　　止:趾:阯:庤:時:姚　止:峙:待:竢:偫:沚(《文始》)

朱一:止,有停止,有足止,故此部有此兩種字。　朱二:下基。古以止爲足,《詩》"麟之止"。《説文》無趾字,正當作止,足之印地,其形止作ḷ。足了與止了同,人自頭至足即止,即到底也。　錢一:有

足止及停止兩義,故止部之字有此兩種義。(《筆記·止部》,75 頁)

朱二:峙,"峙乃糇糧"乃偫之假。(《筆記·止部》,76 頁)

錢一:待,竢也。待從寺聲,竢從矣聲,寺、矣皆在第一部,故待、竢實可算是一字。待在之部,等在蒸部,之蒸對轉,故今有"等一等"之語,實即待字。(《筆記·彳部》,89 頁)

朱二:畤,古祭天地之處爲垗,垗、畤支蕭旁轉,故義相似。(《筆記·田部》,573 頁)

《説文》:"止,下基也。象艸木出有阯,故以止爲足。"按夒、夔皆以止象手足,則止本足也。故《禮》古文有趾,即止之變。引伸乃爲下基,孳乳爲阯,基也。止者不行,故孳乳爲峙,峙踞不前也。……《釋詁》:"止,待也。"故孳乳爲待,竢也。待又變易爲竢,待也。爲偫,待也。此三又孳乳爲庤,儲置屋下也。又止爲基阯可凥,故孳乳爲沚,小渚曰沚。……爲畤,天地五帝所基止祭地也。畤旁轉宵變易爲垗,畔也。(《文始八·陰聲之部甲》,388 頁)

按:關於以"止"爲語根的語族,《筆記》和《文始》從兩方面出發,《筆記》主要從"止"兩義的聯繫出發,而《文始》主要從大量同源詞系聯出發,兩者相輔相成。

首先看《筆記》中明確提出的同源詞,一共有三組,"止:趾""待:竢""畤:垗"。下面進行分析。

止,本義爲足,腳。《廣韻·止韻》:"止,足也。"《儀禮·士昏禮》:"御衽于奧,媵衽良席在東,皆有枕,北止。"鄭玄注:"止,足也。"《漢書·刑法志》:"當劓者,笞三百;當斬左止者,笞五百。"顔師古注:"止,足也。" 趾,本義爲腳。《爾雅·釋言》:"趾,足也。"郭璞注:"足,腳。"玄應《一切經音義》卷一引《字林》:"趾,足也。"《易·噬嗑》:"屨校滅趾,不行也。"陸德明《經典釋文》:"趾,足也。"在音韻上,止、趾上古皆爲章母之部。在詞義上,止、趾的核義素皆爲"腳"。

待,本義爲等待。《易·歸妹》:"愆期之志,有待而行也。"《左傳·隱公元年》:"多行不義,必自斃,子姑待之。" 竢,本義爲等待。《説文·立部》:"竢,待也。从立,矣聲。"《國語·晉語四》:"質將善而賢良贊之,則濟可竢。"《漢書·賈誼傳》:"恭承嘉惠兮,竢罪長沙。"竢,同"俟",

《廣韻・止韻》：“竢，同俟。”《玉篇・人部》：“俟，候也。”《字彙・人部》：“俟，待也。”《詩經・邶風・靜女》：“靜女其姝，俟我於城隅。”毛傳：“俟，待也。”在音韻上，聲母方面，待上古爲定母、竢上古爲崇母，定、崇鄰紐；韻部方面，待、竢上古皆爲之部。在詞義上，待、竢的核義素皆爲“等待”。

　　時，本義爲秦漢時祭祀天地五帝的祭壇。《説文・田部》：“時，天地五帝所基址祭地……右扶風有五時。好時、鄜時皆黃帝時祭。或曰秦文公立也。”王筠《説文句讀》：“語頗詰屈，似經刪併，其意若曰：時者，祭天地五帝之地也；時者，止也。其制壇而不屋，但有基止，故謂之時。”《集韻・止韻》：“時，祭處。”《漢書・郊祀志上》：“祠之必於高山之下時，命曰時。”顏師古注：“名其祭處曰時也。”　姚，本義爲祭壇四周的邊界。《説文・土部》：“姚，畔也，爲四時界，祭其中。《周禮》曰：‘姚五帝於四郊。’”《段注》：“今《周禮》作兆。許作姚者，蓋故書、今書之不同也。”王筠《説文句讀》：“《釋言》：‘兆，域也。’即姚之省也。”在音韻上，聲母方面，時、姚上古皆爲定母（澄歸定）；韻部方面，時上古之部，姚上古宵部，之、宵旁轉。在詞義上，時、姚的核義素爲“祭壇”。

　　接著分析《文始》中以“止”爲語根的語族，其語族有二：一爲“止：趾：阯：庤：時：姚”，其核義素爲“基、下”；一爲“止：峙：待：竢：俟：沚”，其核義素爲“停止”。下面進行分析。

　　止、趾，本義爲腳、足，上面已有分析，這裏不再贅述，因爲腳、足是人體最下面的部份，故有“基、下”義。　阯，本義爲地基、牆角。《説文・阜部》：“阯，基也。……址，阯或從土。”《段注》：“阯者，城阜之基也。”卷子本《玉篇・阜部》：“阯，《左氏傳》：‘略其阯，具餱糧。’杜預注：‘阯，城足也。’”《太玄・大》：“豐牆峭阯，三歲不築，崩。”范望注：“阯，足也，謂基也。”　庤，本義爲儲藏，儲存。《説文・广部》：“庤，儲置屋下也。”《玉篇・广部》：“庤，儲也。”可見庤與“基、下”發生意義聯繫是由於“屋下”，即儲物的地點。　時，上文已做過分析，但我們是從其本義，即秦漢時祭祀天地五帝的祭壇進行分析的，而“時”與“基、下”發生意義聯繫是由於時的建築構造，即王筠《説文句讀》所言：“其制壇而不屋，但有基止，故謂之時。”由此可知時的建築構造是只有基座，而在上無房屋，故其有“基、下”義。　姚與時一致，雖然有微別，但皆指的是祭壇，即只有基座而上無房屋的建築。

在音韻上,聲母方面,止、趾、阯上古皆爲端母(章歸端),庤、時、姚上古皆爲定母(澄歸定),六字上古皆爲舌頭音;韻部方面,止、趾、阯、庤、時上古皆爲之部,姚上古宵部,之、宵旁轉。在《成均圖》中,止、趾、阯、庤、時歸爲之類,姚歸爲宵類,之、宵近旁轉。

在詞義上,這組同源詞的核義素爲"基、下"。其義素分析法爲:

止 =/ 腳 /+/ 基、下 /

趾 =/ 腳 /+/ 基、下 /

阯 =/ 地基 /+/ 基、下 /

庤 =/ 儲物之地 /+/ 基、下 /

時 =/ 祭壇 /+/ 基、下 /

姚 =/ 祭壇 /+/ 基、下 /

這組同源詞的意義關係用公式表示即爲:

$Y[6]$ =/ 腳、地基、儲物之地、祭壇 /+/ 基、下 /

以上是一組以"止"爲語根,且核義素爲"基、下"的語族,下面分析同樣以"止"爲語根,但核義素爲"停止"的語族。

止,本義爲腳,人從頭始,至腳止,即《筆記》中所説:"人自頭至足即止,即到底也。"可見止既有"基、下"義,也有"停止"義。《廣韻·止韻》:"止,停也。"《易·艮》:"時止則止,時行則行,動靜不失其時,其道光明。"《韓詩外傳》:"樹欲靜而風不止。" 時,常"時躇"連用,同"踟躕",徘徊不前貌,即有"停止"義。《説文·止部》:"時,躇也。"《段注》:"時躇爲雙聲字,此以躇釋時者,雙聲互訓也。"朱駿聲《説文通訓定聲》:"時躇雙聲連語,不前也。亦作踟躕。"《玉臺新詠·佚名〈日出東南隅〉》:"使君從南來,五馬立時躇。"張衡《四愁詩四首》之三:"路遠莫致倚時躇,何爲懷憂心煩紆?" 待、竢上文已有分析,其核義素爲"等待",等待即停止行動,故待、竢亦有"停止"義。 俟,本義爲等待。《説文·人部》:"俟,待也。從人,從待。"徐鍇《説文解字繫傳》作"從人,待聲"。朱駿聲《説文通訓定聲》:"從人,從待,會意,待亦聲,實與待同字。"其與待、竢一樣,本義等待,等待即停止行動,故其亦有"停止"義。 沚,本義爲水中小塊陸地。《爾雅·釋水》:"水中可居者曰洲,小洲曰陼,小陼曰沚。"《詩經·秦風·蒹葭》:"溯游從之,宛在水中沚。"毛傳:"小渚曰沚。"沚可阻礙水的流動,故沚有停止義。

在音韻上,聲母方面,止、沚上皆爲古端母(章歸端),峙、偫上古皆爲定母(澄歸定),待上古定母,竢上古爲崇母,定、崇鄰紐;在韻部方面,止、峙、待、竢、偫、沚上古皆爲之部。

在詞義上,這組同源詞的核義素爲"停止"。其義素分析法爲:

止 =/ 一切 /+/ 停止 /

峙 =/ 徘徊不前 /+/ 停止 /

待 =/ 等待 /+/ 停止 /

竢 =/ 等待 /+/ 停止 /

偫 =/ 等待 /+/ 停止 /

沚 =/ 水中小塊陸地使水流 /+/ 停止 /

這組同源詞的意義關係用公式表示即爲:

Y[6]=/ 一切、徘徊不前、等待、水中小塊陸地使水流 /+/ 停止 /

另按:《文始》以"止"爲語根,卻系聯出兩組不同的語族,關鍵在於核義素的不同,一爲"基、下",一爲"停止"。其實兩個核義素是有意義聯繫的,即基底往往靜止或停止,這樣才能牢固,所以這兩組同源詞的內部其實不少詞都兼涵兩義,關鍵在於引申。如止、趾爲人之底,人始於首而止與足,故止、趾亦有"停止"義;再如阯、庤皆有"基、下"義,阯爲地基,庤爲儲物之地,地基不能動,儲物之地也相對固定,故兩字亦有"停止"義;又如畤、垗,即祭壇,祭壇只有基座而其上無房屋,基座固定,故亦有"停止"義。但這些引申往往是意念上的,即主觀上有聯繫,但卻很難得到文獻的佐證。在處理這種情況時要尤其的注意,因爲主觀上的聯繫是會因不同個體的不同認識而發生變化,這種變化有時微小,有時卻巨大,沒有一個統一的標準,這也是研究語源學的難點之一。

第二節　《筆記》《文始》中側重點有所不同的同源詞

一　(筆)乁:池:匜:也:隄　凡从也聲字皆有積水義
　　(文)乁:迻:荖:䓼:橢:狔:委:地:袘

朱一:乁(流)、匜、也、池,皆一字。凡積水在內皆曰池。(《筆

記·水部》,458 頁）

　　朱二:《説文》本無池字,段氏从應氏《風俗通》增。《初學記》引《説文》不甚可信,蓋有引《説文注》爲《説文》正文者。○池本字當作隄,古皆舌頭音,《説文》云"唐也"。四面及中央空皆可稱唐。隄亦有二誼,邊岸曰隄,四邊亦曰隄。唐人稱邊曰隄,池甂是也,又"魚躍弗池"是也。故池之正字爲隄,借字爲沱。(《筆記·水部》,458 頁）

　　錢二:乁(今作曳),流也。也,从乁,女陰也。匜,盛水器也。道書女陰作玉池。於此可知,从也聲字皆有積水意,故池可不必補入,作也、作匜皆可。(《筆記·水部》,458 頁）

按:《筆記》認爲乁、池、匜、也當爲同源詞,而隄亦與此類詞爲同源詞。

乁,本義爲移動。《説文·乁部》:"乁,流也。从反厂。讀若移。"葉德輝《讀若考》:"乁流即移動,音義相同。"《玉篇·乁部》:"乁,移也,徙也。"　池,本義爲水塘,積水的坑。《玉篇·水部》:"池,渟水。"《廣韻·支韻》:"池,停水曰池。"《詩經·大雅·召旻》:"池之竭矣,不云自頻。"　匜,本義爲古代一種盛水、酒的器具。《説文·匚部》:"匜,似羹魁,柄中有道,可以注水。"《左傳·僖公二十三年》:"(懷嬴)奉匜沃盥。"孔穎達疏:"匜者,盛水器也。"《禮記·内則》:"敦、牟、卮、匜,非餕莫敢用。"鄭玄注:"卮,匜,酒漿器。"盛水器,即積水器。　也,本義爲女陰,一説爲古"匜"字。《説文·乁部》:"女陰也。象形。𠃌,秦刻石也字。"《正字通·乙部》:"也,盥器。即古文匜字。"王筠《文字蒙求·象形》:"也,古匜字,沃盥器也。"盥器即盛水器,盛水器即可積水。　隄,本義爲沿江河湖海用土石等修成的擋水建築物。《説文·阜部》:"隄,唐也。"《韓非子·喻老》:"千丈之隄,以螻蟻之穴潰。"隄,擋水之物,擋水之目的爲積水。

在音韻上,聲母方面,池上古爲定母,乁、匜、也上古爲以母,隄上古爲端母,皆爲舌頭音;韻部方面,池、匜、也上古爲歌部,乁、隄上古爲支部,歌、支旁對轉。

在詞義上,乁的核義素爲"移動",池、匜、也、隄的核義素爲"積水"。

其義素分析法爲：

　　乁 =/ 水 /+/ 移動 /

　　池 =/ 水塘 /+/ 積水 /

　　匜 =/ 盛具 /+/ 積水 /

　　也 =/ 盥器 /+/ 積水 /

　　隉 =/ 擋水建築物 /+/ 積水 /

這組同源詞除了 "乁" 以外的意義關係用公式表示即爲：

Y[4]=/ 水塘、盛具、盥器、擋水建築物 /+/ 積水 /

通過以上分析，我們發現乁的核義素 "移動"，與積水義似難聯繫，最多引申爲水的流動，由水的流動再引申爲積水，似牽强。章太炎所言 "乁（流）、匜、也、池，皆一字。" 認爲乁（流）與匜、也、池爲同源詞，即使在音韻上也有聯繫，池上古爲定母歌部，乁上古爲以母支部，定、以上古皆爲舌頭音，歌、支旁對轉，但因核心義相距甚遠，故筆者認爲不能把 "乁：池：匜：也：隉" 視作一組同源詞。只有 "池：匜：也：隉" 是一組以 "積水" 爲核義素的同源詞。可以把 "也" 視作這組同源詞的源詞。

　　　　《説文》："乁，流也。讀若移。" 則本音在歌部。流者，一爲水流，二爲旌旗之流。禾相倚移之移，艸萎莜之莜，旌旗流貌之旖，施木橢施之橢，皆以乁爲初文。對轉寒爲扒，古文扒或作𠁾，此亦獨體之文，而各從其聲，陰陽異矣。其乁訓水流者，凡言原委猶言原流。委本音倭，亦乁之借，然厂乁皆有曳義，乁亦得讀如地，故袘訓裾者，亦乁之孳乳，所謂曳長裾。（《文始一·陰聲歌部甲》，170 頁）

　　按：《文始》認爲乁、移、莜、旖、橢、扒、委、袘爲同源詞。

　　乁，本義爲移動，上文已有分析，茲不贅述。　移，本義爲禾動貌。《説文·禾部》："移，禾相倚移也。" 朱駿聲《説文通訓定聲》："倚移，疊韻連語，猶旖旎、旖施、橢施、狩儺、阿那也。" 風吹禾動，往往像水流動一般。　莜，本義爲草動貌。《説文·艸部》："莜，艸萎莜。" 徐灝《説文解字注箋》："凡言逶迤、委蛇，皆字異義同。" 風吹草動，往往像水流動一般。　旖，本義爲旌旗從風飄揚貌，《説文·扒部》："旖，旗旖施也。" 徐鍇《説文解字繫傳》："猶言旖旎也。"《史記·司馬相如列傳》："紛容蕭蓼，旖旎從風。" 司馬貞《史記索隱》引張揖曰："旖旎，阿那也。"　橢，本義爲樹木茂盛或枝條修長、柔順貌，常“橢施”連用。《説文·木部》：“橢，木橢施。”或作猗儺、猗狔、椅柅、阿那等形，皆有流動之義，而“橢”表修長、柔順貌，修長柔順的東西本身易隨風搖動，好似流動。　㫃，本義爲旌旗飛揚貌。《説文·㫃部》：“㫃，旌旗之游，㫃蹇之兒。”徐灝《説文解字注箋》：“㫃者，旌旗飛揚之貌。”饒炯《説文解字部首訂》：“形容旌旗之游，其形飄颻翾翻無定兒也。”旌旗飛揚即章太炎所説“旌旗之流”。　委，本義爲順從、聽任。《説文·女部》：“委，委隨也。”《段注》：“隨其所如曰委。”而委表流動或柔順之義往往是“委蛇”連用，亦作委虵、委移、委它，《莊子·應帝王》：“吾與之虛而委蛇。”成玄英疏：“委蛇，隨順之貌。”　袘，本義爲衣服的大襟。《説文·衣部》：“袘，裾也。”引申爲曳義，《説文·衣部》：“袘，《論語》曰：‘朝服袘紳。’”今《論語·鄉黨》“袘”作“拖”。

　　在音韻上，聲母方面，㠯、移、荍上古皆爲喻母，旖、橢、㫃、委上古皆爲影母，袘上古定母，八字上古皆爲舌頭音；韻部方面，㠯上古支部，移、荍、旖、橢、袘上古皆爲歌部，㫃上古元部，委上古微部，支歌旁對轉、歌元對轉、歌微旁轉，而在《成均圖》中微歸隊部、元歸寒部，歌泰類與寒類爲正對轉、歌泰類與脂隊類近旁轉、歌泰類與支類次旁轉。

　　這八字在音韻上都能找到較緊密的聯繫。但是章太炎顯然在分析這組同源詞上出了一個問題，即把連綿詞分開來研究，倚移、萎荍、旖旎、橢施、委蛇等其實是移動、彎曲、柔順之義的不同寫法，應該看做是一個詞。另外，如果説㠯、移、荍、旖、橢、㫃可以算作一組同源詞的話（㠯，水動；移，風吹禾動；荍，風吹草動；旖，風吹旗動；橢，風吹枝條動；㫃，風吹旗動），那麼委、袘應該不能與它們合爲一組，因爲它們的本義與移動義相差較大。委是由於“委蛇”連用才有了移動等義；而袘與移動義相聯則更爲牽强，因爲大襟所以易移動、拖動，這顯然是沒有説服力的。

　　《筆記》《文始》從同一字“㠯”入手，卻系聯出兩組不同的同源詞，關鍵在於分析“㠯”的著眼點不同。㠯，本義爲水流動，這説明構成其本義的義素有二，即：㠯 =/ 水 /+/ 流動 /。《筆記》著眼於“水”這一義素，而《文始》著眼於“移動”這一義素，自然就形成了兩組同源詞。這也説明了一個值得重視的問題，即同一字可能系聯出核義素不同的同源詞，關鍵在於對核義素的提取。這是值得我們深入研究的。章太炎爲我們提供了一個很好的例子,只是他在具體操作時出現了問題,第一組同源詞在核義素上出現了不一致的問題(一爲移動、一爲積水),所以不能視爲同源詞;第二組是把連綿詞人爲地進行了切分,或者把本已相差較大的兩字放在一起進行分析,稍顯主觀,不能視爲信證。

二　(筆)文:彣:紋
　　(筆)班、頒(攽)、辨、奜、駓;斑、辬、虨
　　(文)文:彣:彬:辨:斐:賁:馮:虨:頒:班:頒

　　　　朱二:文,錯畫也,名詞。紋即文字。彣乃形容詞。文明、文章皆當作彣。(《筆記·彣部》,373 頁)

　　　　周一:班,分瑞玉也,引申爲"班分"之班。古無輕唇音,讀分如奔。班、分雙聲,故相通。《周禮》以"頒"爲"班",假借字也。頒,大頭也。古"班"與"辨"通用,《左傳》"上下以辨",辨即班之假借,《書》"班瑞於羣后"亦作"辨瑞於羣后"。"班布"與"班列"古或作"辨",正疑作"奜",《廣韻》作"駓"。"班駁陸離"之班正當作"辬",辬,駁文也;俗作斑。班姓之班正當作虨,虨,令尹子文之後也,因乳虎,故从虍。(《筆記·玨部》,22 頁)

　　按:《筆記》中以"駁文"爲核義素的同源詞共有兩組,其語根不同,一爲"文",一爲"班"。而在分析以"班"爲語根的同源詞時,除了核義素爲"駁文"的同源詞外,還有一組同源詞的核義素爲"分"。先看《筆記》中以"駁文"爲核義素的同源詞。

　　首先是《筆記·彣部》。文,本義爲(在肌膚上)刺畫花紋,這裏的文不爲單一的花紋,而爲駁文。《説文·文部》:"文,錯畫也。象交文。"王筠《説文句讀》:"錯者,交錯也。交錯而畫之,乃成文也。"後引申爲紋理、花紋,《古今韻會舉要·文韻》:"文,理也。如木有文亦名曰理。"《禮記·樂記》:"五色成文而不亂。"孔穎達疏:"(五行之色)各依其行色成就文章而不錯亂。"　彣,本義爲錯綜駁雜的花紋或色彩,即上面所説之駁文。《説文·彡部》:"彣,䮰也。"《廣韻·文韻》:"彣,青與赤雜。"《龍龕手鑑·彡部》:"彣,彣彩斑雜也。"　紋,本義爲絲織物上的花紋。《玉篇·糸部》:"紋,綾紋也。"《史記·貨殖列傳》:"刺繡紋,不

如倚市門。"

在音韻上，三字上古皆爲明母（古無輕脣音，微歸明）文部，《成均圖》中歸爲諄類。

在詞義上，文、彣、紋的核義素爲"駁文"。其義素分析法爲：

文 =/ 刺畫花紋 /+/ 駁文 /

彣 =/ 花紋 /+/ 駁文 /

紋 =/ 絲織物 /+/ 駁文 /

這組同源詞的意義關係用公式表示即爲：

Y［3］=/ 刺畫花紋、花紋、絲織物 /+/ 駁文 /

其次是《筆記·玨部》。作"駁文"義時，斑（辬）、彪當爲同源詞。斑，本義爲雜色花紋或斑點。《禮記·王制》："斑白者不提挈。"鄭玄注："雜色曰斑。"《禮記·祭義》："斑白者不以其任行乎道路。"鄭玄注："斑白者，髮雜色也。"《楚辭·離騷》："紛總總其離合兮，斑陸離其上下。"洪興祖《楚辭補注》："斑，駁文也。"　辬，斑之異體字。本義爲雜色花紋，顔色駁雜不純。《説文·文部》："辬，駁文也。从文辡聲。"《段注》："謂駁襍之文曰辬也。馬色不純曰駁，引伸爲凡不純之稱。"後引申爲頭髮斑白。《段注》："頭黑白半曰頒，亦辬之假借字。"斑、辬相通。《玉篇·文部》："辬，《説文》曰：'駁文也。'亦作斑。"徐鍇《説文解字繫傳》："辬，今作斑也。"《段注》："辬之字多或體。……斑者，辬之俗，今乃斑行而辬廢矣。"　彪，本義爲虎皮上的斑紋。《説文·虍部》："彪，虎文彪也。从虍，彬聲。"《廣雅·釋詁》："彪，文也。"

在音韻上，聲母方面，三字上古皆爲幫母；韻部方面，彪爲真部，斑、辬皆爲元部，真元旁轉，在《成均圖》中，元屬寒類，真寒爲次旁轉。故斑、辬、彪當爲同源詞

在詞義上，斑、辬、彪的核義素爲"駁文"。其義素分析法爲：

斑（辬）=/ 雜色花紋 /+/ 駁文 /

彪 =/ 虎皮 /+/ 駁文 /

這組同源詞的意義關係用公式表示即爲：

Y［3］=/ 雜色花紋、虎皮 /+/ 駁文 /

綜合《筆記》中的兩則以"駁文"爲核義素的同源詞材料，其實可以歸爲一組，因爲兩組同源詞核義素相同，音亦相近（明、幫皆爲重脣音，

真、元、文互爲旁轉關係，而在《成均圖》中，真、諄、寒同列相比）。這樣它們就成爲了《文始》中以"駁文"爲核義素同源詞中的一部份。其意義關係用公式表達即爲：

Y[6]=/ 刺畫花紋、花紋、絲織物、雜色花紋、虎皮 /+/ 駁文 /

另外值得注意的是，在分析文、彣的區別時，章太炎已經採用了詞性的概念，"文，錯畫也，名詞。紋即文字。彣乃形容詞"，這是一種有意義的嘗試，在義素分析法上我們稱之爲"範疇義素分析法"。

在《筆記》中"斑、辩、彪"這組同源詞其實是以"班"爲語根的，因爲"'班駁陸離'之班正當作'辩'"，故系聯出這組同源詞。而班的本義當爲"分"，以"分"爲核義素又可系聯出"班：頒(攽)：辨：龏：馺"這組同源詞。班，本義爲分瑞玉，後引申爲分開。《集韻·删韻》："班，別也。"《左傳·襄公十八年》："邢伯告中行伯曰：'有班馬之聲，齊師其遁？'"杜預注："夜遁，馬不相見，故鳴。班，別也。"班亦有"頒布"義。《廣雅·釋詁》："班，布也。"《漢書·翟義傳》："制禮樂，班度量。"顔師古注："班謂布行也。"此義後多作"頒"。然"布"亦有"分"義，今仍説"分布"，是其證也。作分義時，頒同"攽"。《説文·攴部》："攽，分也。"王力《同源字典》言："説文：'攽，分也。'字通作'頒'。"《段注》："班，《周禮》以頒爲班，古頒、班同部。"《禮記·禮運》："合男女，頒爵位，必當年德。"孔穎達疏："頒，分也。"《周禮·天官·宮伯》："以時頒其衣裘。"鄭玄注："頒，讀爲班。"　辨，本義爲判別、區分。《説文·刀部》："辨，判也。从刀，辡聲。"《廣韻·獮韻》："辨，別也。"《左傳·襄公二十五年》："辨京陵。"杜預注："辨，別也。"《周禮·天官·序官》："辨方正位。"鄭玄注："辨，別也。"別，即分也，今還常用"分別"一詞。辨多作"分辨"。　龏，本義爲分配工作。《説文·龏部》："龏，賦事也。从龏，从八。八，分之也。八亦聲。讀若頒。"《段注》："賦者，布也。"朱琦《説文假借義證》："錢云：讀若頒，即班布字。"龏有分義，且字形上龏、分皆从八。八，本義即爲分開。《説文·八部》："八，別也。象分別相背之形。"　馺，本義爲類、輩、部黨。《説文》不收。《廣雅·釋詁一》："馺，輩也。"王念孫《廣雅疏證》："馺之言班也。"唐玄應《一切經音義》卷七引《字林》云："馺，部也，謂馺類也。又作般，假借也。"《廣韻·桓韻》："馺，部黨。"從字形上看，馺，从去，去有分離之義。且類、輩、部黨等義，皆須區分才知道何

爲同類,何爲異類;何爲彼輩,何爲此輩;何爲我部黨,何爲他部黨。故
瓹有分義。

在音韻上,聲母方面,五字上古即爲重脣音;韻部方面,班、辨、羹上
古皆爲元部,頒上古文部,瓹《廣韻》幫母桓韻,元、文旁轉。瓹,《廣韻》
歸爲"桓韻",上古當在元部,與班同部。

在詞義上,班、頒(攽)、辨、羹、瓹的核義素爲"分"。其義素分析
法爲:

　　班 =/ 瑞玉 /+/ 分 /

　　頒(攽)=/ 一切物 /+/ 分 /

　　辨 =/ 別 /+/ 分 /

　　羹 =/ 工作 /+/ 分 /

　　瓹 =/ 類 /+/ 分 /

這組同源詞的意義關係用公式表示即爲:

Y[5]=/ 瑞玉、一切物、別、工作、類 /+/ 分 /

　　《説文》:"文,錯畫也。象交文。"孳乳爲彣,𩫈也。爲彬,文質
備也。篆文作份。旁轉寒爲辯,駁文也。對轉脂爲斐,分別文也。
與非相係。對轉隊爲賁,飾也。與貝相係。彣又孳乳爲馮,《春秋
傳》曰"馮馬百駟",畫馬也。彬又孳乳爲彪,虎文彪也。辯次對轉
支孳乳爲頒,須髮半白也。相承[①]以班、頒爲之。(《文始二·陽聲諄
部丙》,231—232 頁)

　　按:《文始》認爲文、彣、彬、辯、斐、賁、馮、彪、頒、班、頒爲一組同
源詞。

　　文、彣、辯、彪、班、頒在上文已有分析,兹不贅述。彬,本義爲文質兼
備。《説文·人部》:"份,文質僭也。……彬,古文份。"《廣韻·真韻》:
"彬,文質雜半。"《論語·雍也》:"文質彬彬,然後君子。"包咸注:"彬
彬,文質相半之貌。""文質雜半"即有駁雜之義,故彬有駁文義。　　斐,
本義爲五色相錯、文采。《説文·文部》:"斐,分別文也。"《段注》:"許

――――――――――

① 在《文始》中出現"辯次對轉支孳乳爲頒,須髮半白也。相承以班、頒爲之"這樣的描述。"相
承"指的是何種關係,是不是我們理解的孳乳或變易,或者是另外的系聯方法,還有待進一步
研究。

云分別者,渾言之則爲文,析言之則爲分別之文,以字从非知之也。非,違也。" 賁,本義爲文飾。《玉篇·貝部》:"賁,飾也。"《易·賁》:"白賁,无咎。"王弼注:"以白爲飾而无患憂。"後引申爲色不純,即駁文,《易·雜卦》:"賁,无色也。"韓康伯注:"飾貴合衆,无定色也。"《吕氏春秋·壹行》:"孔子卜,得賁。"高誘注:"賁,色不純也。" 騛,同"駁",本義爲赤鬣白身黄目的馬。《説文·馬部》:"駁,馬赤鬣縞身,目若黄金,名曰騛。吉皇之乘,周文王時犬戎獻之。从馬从文,文亦聲。《春秋傳》曰:'騛馬百駟。'畫馬也。西伯獻紂以全其身。"王筠《説文句讀》:"宣二年文,今作'文',《集韻》亦引作'文'。"故騛有駁文義。 頒,本義爲須髮半白。《説文·須部》:"頒,須髮半白也。"《段注》:"兼言髮者,類也。此《孟子》'頒白'之正字也。"半黑半白,故有駁文義。而班、頒的本義皆爲分,這裏與"駁文"義的數字系聯在一起,當是班、頒多與表"駁文"義的斑、辬通用的原因。因爲班、頒的核義素"分"與"駁"有一定的差距,所以《文始》中把"班""頒"與"文:彣:彬:辬:斐:賁:騛:彪:頒"合爲一類,還有待商榷。

在音韻上,聲母方面,文、彣、騛上古明母(古無輕脣音,微歸明),彬、辬、賁、彪、頒上古幫母,斐上古滂母(古無輕脣音,敷歸滂),九字上古皆爲重脣音;韻部方面,文、彣、騛上古文部,彬、彪上古真部,辬上古元部,斐、賁上古皆爲微部,頒上古支部,文、真旁轉,文、元旁轉,文、微對轉,文、支旁對轉。在《成均圖》中,文部屬諄類、真部屬真類、元部屬寒類、微部屬於脂隊類、支部屬於支類,其中真、諄、寒爲同列相比,脂隊與諄正對轉,支與諄爲旁對轉,皆符合《成均圖》中的韻轉規律。

在詞義上,文、彣、彬、辬、斐、賁、騛、彪、頒的核義素爲"駁文"。其義素分析法爲:

文 =/ 刺畫花紋 /+/ 駁文 /

彣 =/ 花紋 /+/ 駁文 /

彬 =/ 文質 /+/ 駁文 /

辬 =/ 雜色花紋 /+/ 駁文 /

斐 =/ 五色 /+/ 駁文 /

賁 =/ 顏色 /+/ 駁文 /

騛 =/ 馬 /+/ 駁文 /

虪 =/ 虎皮 /+/ 駁文 /

頯 =/ 須髮 /+/ 駁文 /

這組同源詞的意義關係用公式表示即爲：

Y[9]=/ 刺畫花紋、花紋、文質、雜色花紋、五色、顏色、馬、虎皮、須髮 /+/ 駁文 /

　　對於以上幾組同源詞的分析，《筆記》《文始》各有千秋。《筆記》在語根的選擇上更正確，把"文"與"班"分開，形成兩個不同的語根，從而形成三個不同的語族（其實是兩個，以"班"爲語根的第二個語族是可以和以"文"爲語根的語族合爲一組的）；不足是收詞範圍較窄，特別是"斑∶辯∶虪"組只有三個，並把"文"組和"斑"組人爲地分開了。而《文始》在系聯以"文"爲語根的語族時，涉及面更廣，把更多的字歸爲一類；不足是把"班"（班白）、"頒"（頒白）這類的假借字與同源字混爲一談，從而錯誤地歸爲了一類。在這一點上《文始》不如《筆記》把"班"令立一類，以"分"爲核義素進行系聯來得合理。

　　綜上所述，我們不難發現關於同源詞的系聯是很容易發生偏差的，主要有三個方面影響著系聯的結果∶1.對語根的選擇。語根不同當然系聯出不同的語族，雖然可能在語族與語族間會出現相同的字，如辯，其既在以"班"爲語根的語族中出現，又在以"文"爲語根的語族中出現。2.對核義素的選擇。核義素不同，雖然語根相同，也會系聯出不同的語族，如班，以"班"爲語根的同源詞有兩組，這正是由於核義素的不同，一爲"分"、一爲"駁文"。3.對假借字的把握。假借字其實是不應該歸入同源詞的範疇的，這一點在第二章"章太炎的轉注假借理論"時已經涉及，玆不贅述；而《文始》正是由於把"班""頒"這種"斑"的假借字視作同源詞，才會出現語族過爲龐大或者系聯錯誤的現象。

三　（筆）多∶哆∶侈　凡从多聲亦有邪
　　（文）多∶邲∶哆∶烢∶瘩

　　朱一∶凡夕有邪。凡从多聲亦有邪，如哆、侈是也。（《筆記·部首》，7頁）

　　錢一∶夕有邪義，多从重夕，故亦有邪義。而如哆、侈等从多之

字,亦皆有邪義。(《筆記·部首》,7 頁)

　　朱二:夕,古亦訓邪,音近夕,从半月,故訓邪。(《筆記·夕部》,291 頁)

　　按:《筆記》認爲多、哆、侈爲一組同源詞。

　　夕者,《説文》言"莫也";莫者,《説文》言"日且冥也";冥者,《説文》言"幽也",即本義爲昏暗。幽冥、昏暗往往和邪(不好的事或物)聯繫在一起。通過遞訓(夕→莫→冥→幽→邪)逆推(夕←莫←冥←幽←邪),則夕亦和邪相關,而多又从重夕,故多亦有邪義。接著,章太炎進一步認爲从多之字,亦有邪義,如哆、侈。　哆,有放縱義,《法言·吾子》:"述正道而稍邪哆者有矣,未有述邪哆而稍正也。"這裏"邪哆"連用。侈,有淫邪義,《孟子·梁惠王上》:"苟無恒心,放辟邪侈,無不爲已。"這裏"邪侈"連用。《荀子·正論》:"暴國獨侈,安能誅之。"楊倞注:"侈,謂奢汰放縱。"《吕氏春秋·侈樂》:"故樂愈侈,而民愈鬱,國愈亂。"高誘注:"侈,淫。"淫者,邪也,所謂淫邪。

　　在音韻上,聲母方面,多上古端母,哆、侈上古昌母,皆爲舌頭音;韻部方面,多、哆、侈上古皆爲歌部。三字上古聲韻皆近。

　　在詞義上,多、哆、侈的核義素爲"邪"。其義素分析法爲:

多 =/(字形从二夕)/+/ 邪 /

哆 =/ 放縱 /+/ 邪 /

侈 =/ 淫 /+/ 邪 /

這組同源詞的意義關係用公式表示即爲:

Y[3]=/(字形从二夕)、放縱、淫 /+/ 邪 /

　　通過系聯以多爲聲旁的形聲字,我們發現章太炎所言"凡从多聲亦有邪"是正確的,因爲不僅"多:哆:侈"爲同源詞,其他从多的字亦多和邪有關,如奓,本義奢張。《詛楚文》:"今楚王熊相,庸回無道,淫佚湛亂,宣奓競縱,變渝盟制。"這裏"奓縱"連用,可知奓有放縱義,與哆、侈相同。再如陊,有敗壞、破壞義。《廣雅·釋詁一》:"陊,壞也。"陸機《豪士賦序》:"眾心日陊,危機將發。"皮日休《奉和魯望讀陰符經見寄》:"時代更復改,刑政崩且陊。"可見,章太炎認爲凡从夕、从多之字有邪義,甚是。而且"奓:陊"也可以和前者合爲一組,其核義素爲"邪"或"放縱"。

《説文》：“多，重也。从重夕。”孳乳爲夥，有大度也；爲哆，張口也；爲炵，盛火也；爲庨，廣也。多與廣大盛厚義皆相應，故孳乳得此。（《文始·陰聲歌部甲》，174 頁）

按：《文始》認爲多、夥、哆、炵、庨爲一組同源詞。

多，本義爲數量大。《爾雅·釋詁上》：“多，眾也。”《詩經·周頌·訪落》：“維予小子，未堪家多難。”鄭玄箋：“多，眾也。” 夥，爲“夥”的訛字。《集韻·紙韻》：“夥，有大度也。”《説文·卩部》作“夥”，夥本義爲度量大，《説文·卩部》：“夥，有大度也。”桂馥《説文解字義證》：“有大度也者，通作夥。” 哆，上文已有分析，但取的是其引申義“放縱”，其本義爲張口貌，即口張大貌。《集韻·禡韻》：“哆，張口皃。”《詩經·小雅·巷伯》“哆兮侈兮，成是南箕。”毛傳：“哆，大貌。”鄭玄箋：“箕星哆然踵狹而舌廣。” 炵，本義爲盛火，即火大。《説文·火部》：“炵，盛火也。”後引申爲一切盛大之義，《玉篇·火部》《廣韻·紙韻》皆云“炵，盛也”。 庨，本義爲廣大。《説文·广部》：“庨，廣也”。《廣雅·釋詁一》：“庨，大也。”《玉篇·广部》：“庨，廣大也。”

在音韻上，聲母方面，多上古端母，夥、哆、炵、庨上古皆爲昌母，昌上古屬於端組字，故皆爲舌頭音；韻部方面，五字上古皆爲歌部。

在詞義上，多、夥、哆、炵、庨是一組以“大”爲核義素的同源詞。其義素分析法爲：

多 =/ 數量 /+/ 大 /
夥 =/ 度量 /+/ 大 /
哆 =/ 張口 /+/ 大 /
炵 =/ 火 /+/ 大 /
庨 =/ 一切物 /+/ 大 /

這組同源詞的意義關係用公式表示即爲：

Y[5]=/ 數量、度量、張口、火、一切物 /+/ 大 /

《筆記》《文始》從同一字“多”入手，卻系聯出兩組不同的同源詞，關鍵在於語根的選擇。以“邪”或“放縱”爲核義素的同源詞，語根雖然看似在“多”，其實在“夕”。夕有邪義，而多的邪義很難從本義找尋，而是由所從之“夕”帶來的，這樣語源義爲“邪”，那麼這組同源詞的核義素自然亦爲“邪”。而以“大”爲核義素的同源詞,是把“多”看做一個整體來分析,而不是把它拆分成“夕＋夕”的形式,這樣從本義(數量大)出發,語源義定爲“大”,那麽這組同源詞的核義素自然就爲“大”。可見對語根字形分析著眼點的不同也可能系聯出核義素不同的多組同源詞。

四　(筆)纟：幽：黝：玄：兹
　　(文)核義素“懸／牽”“黑暗”“急”

朱二:纟(一切隱曰纟)、幽(在山隱曰幽),其實一字。(《筆記·纟部》,169 頁)

朱一:幽,本有黑暗意,故與黝相通。(《筆記·纟部》,170 頁)

朱一:玄,幽遠。黑而有赤色者。黑色之玄當从兹。今天青色,故云天玄而地黄。(《筆記·玄部》,170 頁)

按:《筆記》中這組同源詞分屬於兩部,一爲“纟部”,其系聯出的同源詞爲“纟：幽：黝”;一爲“玄部”,系聯出的同源詞爲“玄：兹”,兩組可合爲一組。

纟,本義爲微細、微小。《説文·纟部》:“纟,微也。从二幺。”《段注》:“二幺者,幺之甚也。”《廣韻·尤韻》:“纟,微小。”由微小義引申爲黑暗不明。《字彙·幺部》:“纟,隱也。”衛元嵩《元包經·仲陽》:“雲雺雺,胡纟纟。”　幽,本義爲隱蔽。《説文·纟部》:“幽,隱也。”《段注》:“《亯部》曰:‘隱,蔽也。’……幽從山,猶隱從亯,取遮蔽之意。”《玉篇·纟部》:“幽,不明也。”《荀子·正論》:“上幽險,則下漸詐矣。”楊倞注:“幽,隱也。險,難測也。”故幽亦有黑暗不明義,即章太炎所説:“幽,本有黑暗意。”　黝,本義爲微青黑色。《説文·黑部》:“黝,微青黑色。”《禮記·玉藻》“緼韍幽衡”,孔穎達疏引孫炎注《爾雅》云:“黝,青黑。”黝爲黑暗義;幽有隱蔽義,由隱蔽引申爲昏暗不明,《小爾雅·廣詁》:“幽,冥也。”隱蔽之事物因光線原因往往較黑,故黝、幽相通。　玄,本義爲赤黑色。《説文·玄部》:“玄,黑而有赤色者爲玄。”《詩經·豳風·七月》:“載玄載黄,我朱孔陽。”毛傳:“玄,黑而有赤也。”又泛指黑色,《廣雅·釋器》:“玄,黑也。”《尚書·禹貢》:“(徐州)厥篚玄纖縞。”孔傳:“玄,黑繒。”　兹,本義爲黑、濁。《説文·玄部》:“兹,黑也。《春秋傳》

曰：'何故使吾水茲。'"桂馥《説文解字義證》："《春秋傳》曰：'何故使吾水茲'者，哀八年《左傳》文。彼作'滋'，注云：'滋，濁也。'《釋文》：'本又作茲。《字林》云：黑也。'"

在音韻上，聲母方面，丝、幽、黝上古皆爲影母，玄、茲上古皆爲匣母，五字上古皆爲喉音（《文始·敘例》中歸爲淺喉音）；韻部方面，丝、幽、黝上古皆爲幽部，玄上古真部，茲上古元部，真、元旁轉，然而幽與真、元相差較大，不好相轉，但在《成均圖》中真類、寒類（元部）次旁轉，幽類與真類、寒類則爲變聲，又能相轉。這就是人們對《成均圖》提出的質疑，好像"無所不通，無所不轉"，但是大量的文獻以及漢字本身都能證明"丝：幽：黝：玄：茲"確實爲同源，這就説明章太炎《成均圖》的最終目的不是爲音韻服務，而是爲求語源的訓詁學服務的。

在詞義上，這組同源詞的核義素爲"黑暗不明"，其義素分析法爲：

丝 =/ 微小 /+/ 黑暗不明 /

幽 =/ 隱蔽 /+/ 黑暗不明 /

黝 =/ 微青黑 /+/ 黑暗不明 /

玄 =/ 赤黑 /+/ 黑暗不明 /

茲 =/ 黑濁 /+/ 黑暗不明 /

這組同源詞的意義關係用公式表示即爲：

Y[5]=/ 微小、隱蔽、微青黑、赤黑、顔色 /+/ 黑暗不明 /

《説文》："玄，幽遠也。象幽而入覆之也。黑而有赤色者爲玄。古文作𢆯。"𢆯者，初文。玄者，準初文也。……幽遠復引申之爲黑而有赤色，猶幽衍爲黝也，孳乳爲茲，黑也。爲袗，玄服也。（《文始三·陽聲真部乙》，245—246 頁）

按："玄：幽：黝：茲：袗"是《文始》中以"玄"爲語根系聯的三組同源詞中的一組，其核義素爲"黑暗不明"，其中玄、幽、黝、茲在上文已作分析，這裏不再贅述。袗，本義爲衣純色，《玉篇·衣部》："袗，玄服也。"《儀禮·士冠禮》："兄弟畢袗玄。"鄭玄注："袗，同也；玄者，玄衣玄裳也。"玄即赤黑色，《漢語大詞典》"玄衣"條："古代祭祀穿的一種赤黑色禮服，天子祭群小祀時服之。"故袗亦有黑暗不明義。同時在音韻上，袗上古爲章母，章（照三）歸端，端爲舌音，與喉音之玄關係密切（見章太炎

《古雙聲説》）；韻部上屬真部，與玄同部，故當爲同源詞。

　　除了這組同源詞外，《文始》以"玄"爲語根的同源詞還有兩組，分別爲以"懸/牽"爲核義素的"玄：縣：牽：繫：繺：畜：弦：絓：紙：系"；以"急"爲核義素的"弦：慈：趑：懁：趨：獧：佷：邗"。這説明核義素不同，即使語根相同，也會系聯出不同的語族。但是這三組同源詞除了核義素爲"黑暗不明"的語族正確以外，其他兩組都是有問題的。第一組，玄有"懸/牽"義是由於假借字（通假）的原因，玄古通"懸"，班固《終南山賦》："傍吐飛瀬，上挺修林；玄泉落落，密蔭沉沉。"《文選・張衡〈東京賦〉》："左瞰暘谷，右睨玄圃。"李善注："《淮南子》曰：'懸圃在崑崙閶闔之中。'玄與懸古字通。"我們在第二章"章太炎的轉注假借理論"一節裏就談到假借是不能入轉注的，即不能進入同源詞的範疇，而這裏《文始》顯然違背了這一原則，所以是不對的。而以"急"爲核義素的語族顯然也是不對的，按照《文始》的體例，同一語根下的所有孳乳、變易的字都應和語根是同源關係，然而弦有"急"義顯然是從"弦"自身引申而來，而不是從"玄"引申而來，《段注》："弦有急意。"《文選・任昉〈王文憲集序〉》："夷雅之體，無特韋弦。"李善注："弦，弓弦，喻急也。"而後才有"慈：趑：懁：趨：獧：佷：邗"這組同源詞的出現。如果我們把《文始》這三組同源詞進行製圖，會得出下圖：

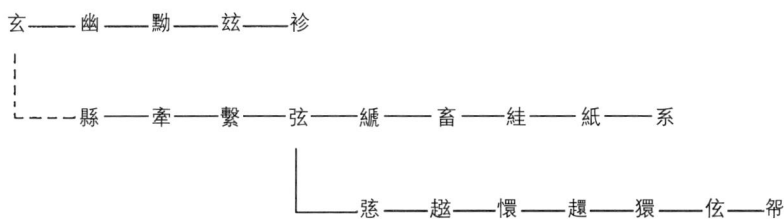

（圖十四）

　　其中實線表示可以直接從本義或引申義進行系聯，虛線表示可以從語根的假借字進行系聯。從上圖我們可以看出"縣"組類同源詞顯然無法直接從"玄"的本義或引申義進行系聯，而"弦"組類同源詞更不能直接從"玄"的本義或引申義進行系聯，只能通過"弦"的引申義進行系聯。所以《文始》在以"玄"爲語根進行同源詞系聯時，雖然比《筆記》的範圍要廣，但是在正確性上卻反不如《筆記》來得精確。廣而不精也是

《文始》被人詬病的地方。

五 （筆）散見於貝部、糸部、虫部
（文）賏：嬰：纓：縊：䩛：繮：蜺

　　朱一：賏，與嬰同，頸飾也。　　錢一：賏，頸飾也，與嬰同，實是一字。（《筆記·貝部》，273 頁）

　　朱二：紘，不結者；纓，結者。皆冠絡。（《筆記·糸部》，545 頁）

　　朱二：縊，經也。段妄改爲絞也。（《筆記·糸部》，550 頁）

　　朱二：蜺，音轉爲罄。《禮記》“罄于甸人”，罄，縊死也。先有此字，音轉爲蜺，爲縊蟲。（《筆記·虫部》，553 頁）

　　《説文》：“賏，頸飾也。從二貝。”聲義受諸陰聲之蒜。變易爲嬰，頸飾也。孳乳爲纓，冠系也。此偏繞頸前者也。對轉支孳乳爲縊，經也。此偏繞全頸者也。旁轉陽孳乳爲䩛，頸靼也。䩛又變易爲繮，馬紲也。縊次對轉寒於蟲爲蜺，縊女也。郭璞《釋蟲》注曰：“喜自經死。”（《文始四·陽聲清部乙》，270 頁）

按：首先分析同源關係。《文始》認爲“賏、嬰、纓、縊、䩛、繮、蜺”爲一組同源詞。

賏，本義爲頸飾。《説文·貝部》：“賏，頸飾也。”《段注》：“騈貝爲飾也。”《正字通·貝部》：“賏，聯小貝爲頸飾也。”　嬰，本義爲婦女頸飾，似現代的項鏈。《説文·女部》：“嬰，頸飾也。”朱駿聲《説文通訓定聲》：“賏，嬰之古文。”桂馥《説文解字義證》：“古人連貝爲嬰。”　纓，本義爲系帽的帶子。《説文·糸部》：“纓，冠系也。”《段注》：“冠系，可以系冠者也。系者，係也。以二組系於冠，卷結頤下，是謂纓。”《楚辭·招魂》：“放敶組纓，班其相紛些。”洪興祖《楚辭補注》：“纓，冠系也。”　縊，本義爲吊死，《説文·糸部》：“縊，經也。”鈕樹玉《説文解字校録》：“《玉篇》：‘自經也。’《廣韻》：‘自經死也。’則《説文》當有自字。”《釋名·釋喪制》：“縣繩曰縊。縊，阸也。阸其頸也。”《左傳·桓公十三年》：“莫敖縊于荒谷。”杜預注：“縊，自經也。”　䩛，本義爲套在牛馬頸上的皮帶。《説文·革部》：“䩛，頸靼也。”《段注》：“《釋名》：‘䩛，嬰也，喉下稱嬰，言嬰絡之也。’按劉與許合。杜云：‘在腹曰䩛’，恐未然也。”希麟《續一切經音義》卷一：“靾，《切韻》云：‘牛項索也。’” 繮，本義爲拴牲口的繩子。《説文·糸部》：“繮，馬紲也。”《廣韻·陽韻》：“繮，馬組。”《白虎通·誅伐》：“人銜枚，馬繮勒，晝伏夜行爲襲也。” 蜺，本義爲蝶類的幼蟲，常以絲懸於草木枝葉及屋壁間，故又名縊女或縊蟲。《爾雅·釋蟲》：“蜺，縊女。”郭璞注：“小黑蟲。赤頭，喜自經死，故曰縊女。”“自經死”顯然是錯誤的，後世郝懿行《爾雅義疏》：“按，今此蟲吐絲自裹，望如披蓑，形似自懸，而非真死。舊説殊未了也。”

在音韻上，聲母方面，賏、嬰、纓、縊、靾上古皆爲影母，繮上古見母，蜺上古匣母，皆爲牙喉音；韻部方面，賏、嬰、纓上古皆爲耕部，縊上古支部，靾、繮上古皆爲陽部，蜺上古元部，耕、支對轉，耕、陽旁轉，耕、元旁對轉。在《成均圖》中，賏、嬰、纓歸爲清類，縊歸爲支類，靾、繮爲陽類，蜺爲寒類；根據《成均圖》的韻轉規律，清、支正對轉，清、陽近旁轉，清、寒次旁轉。

在詞義上，這組同源詞的核義素爲“系”，其義素分析法爲：

賏 =/ 頸飾 /+/ 系 /

嬰 =/ 婦女頸飾 /+/ 系 /

纓 =/ 帽帶子 /+/ 系 /

縊 -/（自）經死 /+/ 系 /

靾 =/ 牛馬頸上的皮帶 /+/ 系 /

繮 =/ 拴牲口的繩子 /+/ 系 /

蜺 =/ 蝶類的幼蟲 /+/ 系 /

這組同源詞的意義關係用公式表示即爲：

Y[7]=/ 頸飾、婦女頸飾、帽帶子、（自）經死、牛馬頸上的皮帶、拴牲口的繩子、蝶類的幼蟲 /+/ 系 /

接著分析《筆記》與《文始》在這組同源詞上著眼點的不同。賏、嬰、纓、縊、靾、繮、蜺七字，《筆記》收五，爲：賏、嬰、纓、縊、蜺，散見於三部（貝部、糸部、虫部）。其中按照《筆記》的分析，我們可以系聯出兩組同源詞：一組爲“賏：嬰”，《筆記·貝部》：“朱一：賏，與嬰同，頸飾也。錢一：賏，頸飾也，與嬰同，實是一字。”另一組爲“蜺：磬”，《筆記·虫部》：“朱二：蜺，音轉爲磬。《禮記》‘磬于甸人’，磬，縊死也。先有此字，音轉爲蜺，爲縊蟲。”蜺上文已分析，這裏就不再贅述，磬，本義爲打擊樂器，用石、玉或金屬製成，懸掛在架上（見圖十五）。其中磬上的圓孔即爲系繩用。因爲磬有繫、懸掛義，所以後引申爲縊殺，《禮記・文王世子》："公族其有死罪，則磬于甸人。"鄭玄注："縣縊殺之曰磬。"而《筆記》認爲"磬""蜆"同源也正來源於此。而在音韻上，蜆上古匣母元部，磬上古溪母耕部，匣、溪皆爲牙喉音，元、耕旁對轉。兩字音近義通，當視爲同源詞。這一組同源詞可以補充《文始》以"睍"爲語根的同源詞。而關於"纓"和"縊"，《筆記》則不是從同源詞的角度去進行分析的，在《筆記・系部》中，章太炎分析了纓、紘的異同，"紘，不結者；纓，結者。皆冠絡"；在同部"縊"字條中，章太炎則糾正了《段注》改《説文》"縊，經也"爲"縊，絞也"[①]的錯誤，也不是著眼於同源詞的系聯。而《文始》則系統系聯了以"睍"爲語根的同源詞。

（圖十五）

講授《説文》，關注同源，亦關注其他方面，如正字、分析異同、考證史料、糾正前人之説等等，都是《筆記》關注的重點。所以如果説《文始》集中體現了章太炎的語源學理論以及在其理論指導下的語源實踐，那麼《筆記》則更全面地體現了章太炎的各種學術思想，這些都是值得人們去研究的。

六　（筆）丁：釘：朾：當（丁、朾孳乳）
　　（文）丁：釘：朾：敵：當（丁、朾變易）

朱二：丁，或云即今釘字。个，上爲柄，下爲鋒。鐘鼎丁作●，象

---

①段玉裁，《説文解字注》，上海古籍出版社，1981年，662頁。

个之背。《詩》"椓之丁丁"，敲丁之聲，其聲即丁丁也。扚从丁，即敲丁也。引申爲丁實，敲丁則最實也。變爲个，孳乳爲扚，引申爲丁實、丁壯，又引申爲成（丁壯、老成同），其本字皆可作丁。《爾雅》丁訓當，丁、當一聲之轉。（《筆記·丁部》，606 頁）

　　《説文》："个（丁），萬物丁壯成實。象形也。"尋《詩傳》曰："丁丁，椓杙聲也。"又曰："丁丁，伐木聲也。"然則丁者，擊伐之義，字形作个，與屮相似，屮訓牾，《釋詁》丁亦訓當，局就伐擊之器言之，則午亦爲杵，丁亦爲今之釘，議者或云今言釘者，故祇言鐕，乃聲誤。……鏑爲矢鏠，形亦象丁，亦丁之對轉變易也。彝器作●，雖似釘尾，然於伐木之訓不合。古字固多聲借，●象一注之形，或本古文需字，聲借爲丁。……丁爲伐擊之義，故變易爲扚，撞也。……丁訓當，猶戰之相當也，對轉支變易爲敵，仇也。旁轉陽孳乳爲當，田相值也。（《文始四·陽聲清部乙》，272—273 頁）

　　按：《筆記》《文始》在"丁"字條的説解上雖各有側重（《文始》系聯的同源詞更全面），但都談到了"丁、釘、扚、當"同源的問題。這條看似應該歸入本章第一節"《筆記》《文始》中結論基本一致的同源詞"中，但仔細比較，卻會發現這兩條有個很大的不同，即"丁"與"扚"的關係問題，《筆記》認爲是孳乳，而《文始》認爲是變易。

　　首先分析同源。丁，甲骨文、金文多用作天干的第四位，但天干地支與字的本義皆區別較大，丁的本義當爲釘子，視其古字，甲骨文作●（甲二三二九）、●（後下六·二），金文作●（師旂鼎），皆爲俯視釘子狀，或爲釘子釘入物體後只露出釘背狀。徐灝《説文解字注箋》："疑丁即今之釘字，相鐵弋形。"朱駿聲《説文通訓定聲》："丁，鐕也。象形。今俗以釘爲之，其質用金或竹若木。"《晉書·陶侃傳》："及桓温伐蜀，又以侃所貯竹頭作丁裝船。"　釘，本義雖爲冶煉而成的黃金餅塊，但此義基本已經不用，而多用"釘子"義。《篇海類編·珍寶類·金部》："釘，鐵釘。"《正字通·金部》："釘，釘物具也。……凡制器，用金、木、竹爲釘，鋭其首，椎入附著之。古借用丁字，音義同。"《晉書·五行志下》："鐵釘釘四腳。"扚，本義爲以此物撞出彼物、撞擊。《説文·木部》："扚，撞也。"《段注》："《通俗文》曰：'撞出曰扚。'……謂以此物撞彼物使出也。"這一用法就是現在所説的"頂一下"。　敵,本義爲敵人、仇敵。《説文·攴部》:"敵,仇也。"敵人需要面對面的對抗、抵擋,故敵有當、相對義,《爾雅·釋詁下》:"敵,當也。"《易·艮》:"上下敵應,不相與也。"　當,本義爲對著、向著。《説文·田部》:"當,田相值也。"《左傳·文公四年》:"則天子當陽,諸侯用命也。"俞樾《春秋左傳平議》:"當,猶對也。南方爲陽,天子南面而立,故當陽也。"這組字的核義素爲"相對",丁、釘爲釘子與被釘物相對,杚爲此物(多指尖物)與彼物相對,敵爲與敵人相對,當爲一切物相對。

在音韻上,聲母方面,丁、釘、當上古皆爲端母,杚、敵上古皆爲定母(澄母歸定),五字皆爲舌頭音;韻部方面,丁、釘、杚上古皆爲耕部,敵上古錫部,當上古陽部,耕、錫對轉,耕、陽旁轉。在《成均圖》中,丁、釘、杚爲清類,敵爲支類,當爲陽類,清、支正對轉,清、陽近旁轉。

在詞義上,這組同源詞的核義素爲"相撞"(相對),其義素分析法爲:

丁 =/ 釘子與被釘物 /+/ 相撞 /

釘 =/ 釘子與被釘物 /+/ 相撞 /

杚 =/ 此物(多指尖物)與彼物 /+/ 相撞 /

敵 =/ 與敵人 /+/ 相對 /

當 =/ 一切物 /+/ 相對 /

這組同源詞的意義關係用公式表示即爲:

Y[5]=/ 釘子與被釘物、此物(多指尖物)與彼物、與敵人、一切物 /+/ 相對 /

接著分析"丁∶杚"到底是變易還是孳乳。在第三章中我們系統地研究過章太炎的變易與孳乳理論,章太炎在《文始·敍例》中對變易與孳乳有過描述性的説明:"討其類物,比其聲均,音義相讎,謂之變易;(即五帝、三王之世改易殊體者。)義自音衍,謂之孳乳。"變易要滿足"音義相讎""改易殊體"的條件,在音義上要相同(讎、同也),在字形上要是異體(殊體)的關係;孳乳要滿足"義自音衍"的條件,即原本同音的幾個字因爲時地的原因在意義上出現了分化,從而産生了新字。但這只是章太炎描述性的説明,還不夠精確,同時我們發現在同源詞系聯實踐中不能單一地按照這一標準去判定。所以經過系統的研究,我們最後得出了表七,這是我們判定變易還是孳乳的一個參考標準:

	形	音	義
變易	異	同或近 （同爲主）	確定本義的相同
孳乳	異	同或近 （近爲主）	有聯繫但主要表現 在區別義上

（引前表七）

　　現在我們再回過頭來看"丁：朾"。首先看形，變易、孳乳要求字與字的形要不同，這一點丁、朾皆符合；但是變易偏向於異體（殊體），而孳乳則不僅僅局限於此，所以在形上，"丁：朾"趨向於孳乳。再看音，雖然變易和孳乳都要求音同或音近，但是變易偏向於同，而孳乳偏向於近，丁上古端母耕部，朾上古定母（澄母歸定）耕部，兩者是音近而非音同，所以在音上，"丁：朾"亦趨向於孳乳。最後看義，丁的本義爲釘子，朾的本義爲以此物撞出彼物、撞擊，這兩者在本義上是不同的，但仔細分析是能看出兩者之間的聯繫；可聯繫在這裏只是爲了説明同源，而丁、朾更多的是區別，所以在義上，"丁：朾"亦趨向於孳乳。通過以上分析，"丁：朾"的關係當爲孳乳而不是變易，這説明《筆記》是對的而《文始》是錯的。雖然《文始》是一部系統的語源學理論和實踐著作，而《筆記》只是章太炎講授《説文》的課堂實錄，但《文始》在分析字與字之間的變易、孳乳關係時也是會出差錯的。這也是難以避免的，因爲在很多具體的系聯中，變易與孳乳往往是很難明確區分開來的。但從另一方面也能説明《筆記》的科學性以及研究它的重要性。

七　（筆）且、俎、菹、藉　凡从且聲字皆有薦意
　　（文）核義素"墊""阻攔""依據、依靠""請""苟且""粗疏""大""始"

　　朱一：且【朱】。《説文》："菹，薦也。"　錢一：且，薦也。引申之，凡从且聲字皆有薦意，如"菹"，薦（藉？）也。○此條大可疑。（《筆記・部首》，27頁）

　　朱二：且，薦也。古人名詞、動詞皆可互用，段加"所以"二字，可不必。凡有藉意者多从且聲，俎、菹是也。古祖宗字皆作且，且加

一層也。曾亦訓增,皆有重藉之意。古人字甫,上加以伯、仲、叔、季,甫即且字,亦藉薦上字之誼(案:"盧章之且"亦有重疊之誼)。"〈非〉[匪]且有且"乃徂之借。《爾雅》徂、存、在同訓,故且訓此者乃徂之借。(《筆記‧且部》,588頁)

按:《筆記》先分析了"且:俎:菹:藉"四字同源,然後得出"凡從且聲字皆有薦意"的結論。現在分析之。

且,本義爲墊。《説文‧且部》:"且,薦也。從几,足有二橫,一其下地也。"林義光《文源》:"即俎之古文……從二肉在俎上,肉不當在足間,則二橫者俎上之橫,非足間之橫也。"王筠《説文釋例》:"且,蓋古俎字。借爲語詞既久,始從半肉定之。經典分用。" 俎,本義爲古代祭祀或宴會時盛放牲體的禮器,木製漆飾,有四足(見圖十六)。《説文‧且部》:"俎,禮俎也。"《段注》:"謂《禮》經之俎也。仌爲半肉字。"《左傳‧隱公五年》:"鳥獸之肉不登於俎。"杜預注:"俎,祭宗廟器。"俎亦有几案義,《方言》卷五:"俎,几也。西南蜀漢之郊曰杝,榻前几。" 菹,本義爲草蓆。《説文‧艸部》:"菹,茅藉也。"《周禮‧地官‧鄉師》:"大祭祀,羞牛牲,共茅菹。"賈公彥疏:"鄉師得茅,束而切之,長五寸,立之祭前以藉祭,故云茅菹也。" 藉,本義爲古代祭祀朝聘時陳列禮品的墊物。《説文‧艸部》:"藉,祭藉也。"《周禮‧地官‧鄉師》:"大祭祀,羞牛牲,共茅菹。"鄭玄注:"鄭大夫讀菹爲藉,謂祭前藉也。《易》曰:'藉用白茅,无咎。'……此所以承祭,既祭,蓋束而去之。"《禮記‧曲禮下》:"執玉,其

(圖十六)

有藉者則裼,無藉者則襲。"鄭玄注:"藉,藻也。"孔穎達疏:"凡執玉之時,必有其藻以承於玉。"

在音韻上,聲母方面,且、菹上古皆爲精母,俎上古莊母(照二歸精),藉上古從母,五字皆爲齒音;韻部方面,且、俎、菹上古皆爲魚部,藉上古鐸部,魚、鐸對轉。在《成均圖》中,藉亦歸入魚部。

在詞義上,這組同源詞的核義素爲"墊",其義素分析法爲:

且 =/ 一切物 /+/ 墊 /

俎 =/ 牲體 /+/ 墊 /

菹 =/ 草蓆 /+/ 墊 /

藉 =/ 禮品 /+/ 墊 /

這組同源詞的意義關係用公式表示即爲:

Y[4]=/ 一切物、牲體、草蓆、禮品 /+/ 墊 /

《説文》:"且,薦也。从几足有二横,一,其下地也。"𠀇,古文以爲且,又以爲几字,𠀇、且皆準初文。孳乳爲俎,禮俎也。又爲苴,履中艸也。又爲菹,茅藉也。菹又變易爲藉,祭藉也。又孳乳爲席,藉也。菹、藉、席古蓋同書。……𠀇、爿魚陽對轉,蓋亦一字異聲,𠀇象几在地①,爿象牀之支蘭,而爿純象形,乃似先𠀇而造。又莊字説解以上諱闕,尋《釋宫》"六達謂之莊",《釋名》釋之曰:"莊,裝也。裝其上使高也。"裝其上者,即𠀇其上,猶言藉其上也。……𠀇、爿、俎、苴、菹、藉、席、莊皆所以薦也。……

且、爿同字,且有二横,爿有直枹,故爿又孳乳爲槍,距也。且又孳乳爲柤,木閑也。槍即所謂木欂槍,欒以爲儲胥者,是與木閑同物,柤、槍亦一字,以對轉異聲也。由此孳乳爲遮,爲阻。遮,遏也。阻,險也。……遮、阻對轉陽則爲障,隔也。爲墇,擁也。……

有薦藉及支柱者則可依據,若广爲倚牀是也,故其孳乳爲助,

---

①章太炎言"𠀇象几在地",是典型的篤信《説文》而出錯的例子。唐蘭《釋且匜俎戲棄則劕》對𠀇(俎)象何物有詳細的討論,現引於下,以駁章太炎的觀點。唐蘭言:"俎即切肉之薦,今尚斷木爲之矣。(以版爲之者爲椹版。)由日用之器變爲禮器,遂由切肉之俎而變爲載肉之俎,其形遂漸變而近於几。然俎字所象,必爲最初之俎,只是斷木爲之,而非几形也。故卜辭俎或作𩰖,直象肉在俎上,爲象平面之象,非側視也。"(轉引自古文字詁林編纂委員會,《古文字詁林》第十册,上海教育出版社,2004年,625—626頁)故章太炎言且(𠀇)象几在地上,肯定是錯誤的。

左也。對轉陽則爲肝，扶也。爲將，《説文》訓帥，亦引導之義也。以將爲請則孳乳爲漿，噊犬屬之也。《方言》曰："相勸曰漿，相被飾亦曰漿。"旁轉清則孳乳爲請，謁也。爲靚，召也。……

　　且爲薦藉，言且言藉，皆有苟且之義，《廣雅・釋詁》："且，借也。"與耡同義，䶚訓且往，既從且矣。……且又孳乳爲覷，拘覷未致密也。爲粗，疏也。爲怚，拙也。對轉陽則曰麤榍，以榍爲之。覷、粗又孳乳爲駔，壯馬也。《釋言》郭璞注曰："今江東呼大爲駔。"駔猶麤也。對轉陽則爲壯，大也。爲奘，駔大也。在陽又孳乳爲奘，妄彊犬也。……凡作始者皆造次試爲之，未能精致，故因有胠造之義。覷、粗又孳乳爲作，起也。《詩傳》曰："作，始也。"又爲迮，迮迮起也。又爲初，始也。裁衣之始也。對轉陽則爲胠，造法胠業也。爲唱，導也。《楚辭》"陳竽瑟以浩倡"，唱、倡義通。《記・檀弓》"婦人倡踊"，注："倡，先也。"則以倡爲唱。作始之義又孳乳爲祖，始廟也。（《文始五・陰聲魚部甲》，301—303 頁）

按：《文始》在分析以"且"爲語根的同源詞時，一共總結出八組語族，其核義素分別爲"墊""阻攔""依據／依靠""請""苟且""粗""壯大""始"。其中第一組同源詞的分析和《筆記》基本相同，只是系聯的範圍更大，加入了且、䇂、席、莊等字。這是正確的。

在分析第二組同源詞時，章太炎總結出的核義素當爲"阻攔"，這是從且的字形入手的，這是值得商榷的。章太炎認爲且中的兩橫，䇂有直柎（橫木），這都是起到阻攔作用的，於是便系聯出槍、柤、遮、阻、障、墇等字。雖然這些字都有阻攔的意思，"槍，距也""柤，木閑""遮，遏也""阻，險也""障，隔也""墇，擁也"，但是否存在意義偶合的現象？而且這組同源詞是從"且"系聯而來的，認爲且中二橫起到阻攔的作用，所以才系聯出這些字。那麼如果不從"且"來而從"且"來，且中無橫，那麼不就起不到阻攔的作用了嗎？那麼還能系聯出這些字嗎？字形是可以作爲系聯標準的，但不是唯一標準。相比字形來説，字音、字義更應作爲參考的標準。

在分析第三組同源詞時，章太炎總結出的核義素當爲"依據／依靠"，這是可行的，因爲其從字義入手，而不是從字形入手，這大大減少了偶合的概率。《文始》認爲"且：助：牂：將"爲一組同源詞。且的本義爲薦，薦即墊，墊子不僅墊於身下，也可墊於背後，特別是在坐具或牀上，這就引申有依靠之義，而助、牂、將皆有依靠義，"助，左也"，即依靠別人的幫助；"牂，扶也""將，扶也"（《廣雅》），亦依靠他人或他物。當然"且"引申爲"依據／依靠"是没有文獻佐證的，而只是通過理論上的猜測。那麼嚴格意義上説這組同源詞只存在於設想當中，而不存在於實際當中。

在分析第四組同源詞時，章太炎總結出的核義素當爲"請"。在分析時，其不是從"且"入手，而是從"將"入手，嚴格説來這不應該歸入以"且"爲語根的語族中的，這樣會使得語族過多或過於龐大，也會使得語根所承載的意義過多。語族過多或過於龐大、語根所承載的意義過多，都是《文始》中較大的問題，這在後文將做具體的論述。

在分析第五組同源詞時，章太炎總結出的核義素爲"苟且"。《文始》講得有點含糊，以致分析起來不太明瞭，應該也是同第三組一樣，從且的引申義進行系聯，且只是猜測，而没有文獻依據，這裏存疑。

在分析第六組同源詞時，章太炎總結出的核義素當爲"粗"，看似正確，其實是不嚴謹的。以"粗"爲核義素的同源詞爲"覰：粗：但：麤"。覰的本義爲偷看、窺視，因爲粗疏不密才能窺視，這裏覰的核義素"粗"當爲"粗疏"義。粗有很多義項，但是放在這裏，亦當爲"粗疏"講。但，本義爲笨拙，笨拙義與粗疏義相去較遠，反而同粗糙、質量低有聯繫，那麼它的核義素就不應爲"粗疏"。麤，亦有較多義項，這裏與"覰"連用，當不爲"粗疏"，而爲"粗大"。通過分析，我們發現這組同源詞雖然核義素皆可看做"粗"，但有三種"粗"，這顯然是不夠精確的。而且這組同源詞的語根當爲"且"。且的"粗"義無文獻進行佐證，而如果從字形上分析，又會出現偶合的現象。所以這組同源詞是有問題的。

在分析第七組同源詞時，章太炎總結的核義素當爲"壯大"，系聯爲"駔：壯：奘：奘"，這本身與第六組同源詞的"粗"在意義上有所重疊。粗有大義，《玉篇·米部》："粗，麤大也。"粗亦有壯義，《禮記·樂記》："粗厲、猛起、奮末、廣賁之音作，而民剛毅。"所以以"壯大"爲核義素的同源詞似乎可以與以"粗"爲核義素的同源詞併爲一組，不需要人爲地分開。當然這組同源詞的語根依然爲"且"，且有駿馬義，《新書·匈奴》："御驂乘且。"《漢書·王褎傳》："驂乘旦〔且〕。"王先謙《漢書補注》："且

與駔同。駔者,駿馬之名。謂之乘駔者,猶言乘黃、乘牡耳。"此義後作
"駔"。這說明且有駿馬義是有文獻證明的,所以説這是一組非常嚴謹的
同源詞。

在分析第八組同源詞時,章太炎從"粗""覻"著手而不是從"且"
著手。嚴格説來,這組同源詞不能歸入以"且"爲語根的同源詞,雖然其
中有"祖"這個與"且"看似關係極爲密切的字。這組同源詞的核義素
爲"始",其把粗、覻、作、迮、初、刱、唱、倡、祖等字系聯在一起,本身就顯
得牽强,特別是唱、倡與其他歸爲一類,再加上語根爲粗、覻,而不爲且,
所以這組放在"且"字頭下作爲一組同源詞是有問題的。

以"且"爲語根同源詞較爲混亂、複雜,如果我們把《文始》這八組同
源詞進行製圖,會得出下圖,其中1、8行爲嚴謹的同源詞,3、4、6、7行爲理
論上存在的同源詞,2行爲值得商榷的同源詞,5行爲存疑。另外在各組
同源詞內部實線表示有明確的意義關係,虚線表示意義聯繫較爲牽强:

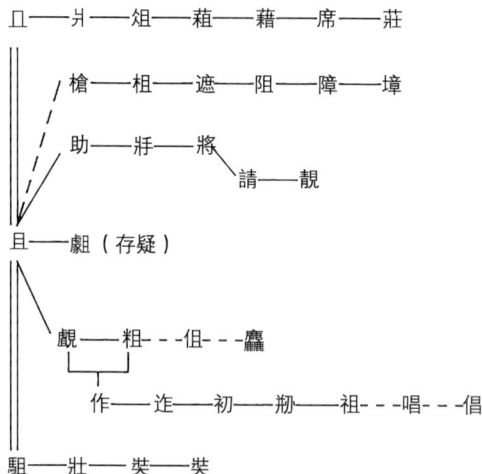

（圖十七）

綜上分析,同以"且"爲語根,《文始》系聯出比《筆記》多得多的語
族是因爲:1.《筆記》單純從"且"的本義出發,而《文始》涉及"且"的
幾個義項,如薦、駿馬;2.《文始》不僅從"且"的音義出發進行系聯,
還從字形上進行系聯,如"槍"組;3.《筆記》系聯的同源詞大多有文獻
進行佐證,而《文始》中有不少是沒有文獻佐證,而只存在於理論中的,

如"助"組、"覷"組;4.《筆記》分析同源詞僅進行一次系聯,而《文始》
會進行再次系聯,如在"助"組的"將"下系聯出"請"組,在"覷"組的
"覷、粗"下系聯出"作"組。

以上四點不僅存在於以"且"爲語根的同源詞中[①],也存在於《文始》
的很多字頭下。這是《文始》成系統、更全面的原因,但也是其被人認爲
字與字之間意義關係較爲牽强的最重要的原因。

八　(筆)亶:郭　度:宅　寢:癮:寑
　　(文)亶:宫:穹:宋:寑:宿:癮

錢一:《説文》云:"亶,度也,民所度居也。"按度爲宅字之借。
度居者,宅居也。今文《尚書·堯典》"宅南交""宅西"諸宅字,皆
作度。是二字通用之證。○《漢書》往往借度爲宅。(《筆記·部
首》,3頁)

朱三:亶,民所度居也,度即宅。《尚書》"宅西"亦作"度西"。
引申爲皮廓。(《筆記·亶部》,225頁)

錢一:郭,東郭、南郭皆姓,其郭字正當作亶,後去東、南等字
而僅作郭。然則今之姓郭者乃是亶字,郭乃後出之俗字也。如東
鄉(見《世本》)姓,後僅作鄉,例同(鄉又變向)。《莊子》"南郭子
綦"亦作"南伯子綦",郭、伯音近,伯氏或即郭氏。(《筆記·邑部》,
278—279頁)

錢一:寑,臥也。癮,病臥也。故寑臥、寑室。醜貌曰"貌
寑"=癮(見《武安侯傳》),蓋癮引申之義也。(《筆記·宀部》,
311頁)

按:《筆記》在"亶"字頭下共有兩組同源詞,一爲"亶:郭",一爲

[①]以"且"爲語根,並系聯出一組同源詞是能得到藏語的佐證的。藏語中"祖"讀作 rtsa-ba,義
爲根、本、本源;"咀"讀作 za/bzava,義爲吃;"菹"讀作 rtswa,義爲草;"苴"讀作 zwa,義爲
麻;"駔"讀作 mtshag-bzang,義爲强壯;"岨"讀作 rdza,義爲(有高崖的)大荒山;"且"讀作
bsti-stang,義爲恭敬。(藏語的記音來自施向東,《漢語和藏語同源體系的比較研究》,華語教
學出版社,2000年,78頁。)從這組字的讀音來看,它們的主要元音皆為 a,而且這組漢字的
齒頭音對應藏語的 ts-、z-、tsh-、st-,後面緊跟著主要元音 a。另外藏語的詞義與漢語的詞
義也很接近,所以我們可以看出以"且"爲語根的這組同源詞在漢、藏語中都關係甚密。我們
可以嘗試把這組詞的語源擬音爲:*tsjwa。

"度:宅";另外在"宀部"下系聯同源詞"寢:癑:寑",這一組可以和《文始》進行比較。先分析《筆記》中出現的同源詞。

　　䣍,本義爲外城,古代在城的外圍加筑一道城墻,這從古文字中便可看出,甲骨文作䣍(前四・一一・一),金文作䣍(毛公鼎),更形象的是䣍(京都三二四一),城池四周皆有相同的建築,建築形似城樓上的望樓或亭。《説文・䣍部》:"䣍,度也,民所度居也。"《段注》:"城䣍字今作郭,郭行而䣍廢矣。"《玉篇・䣍部》:"䣍,今作郭。"　郭,本義爲春秋國名,但此義後被"外城"義取代,《釋名・釋宮室》:"郭,廓也,廓落在城外也。"《左傳・昭公二十年》:"寅閉郭門。"《孟子・公孫丑下》:"三里之城,七里之郭。"在音韻上,䣍、郭上古皆爲見母鐸部(䣍有兩讀,一爲見母鐸部,讀若郭;一爲喻母東部,讀若庸)。故䣍、郭當爲同源詞。

　　度有居住義,同"宅"。《方言》卷三:"度,尻也。"《集韻・陌韻》:"宅,或作度。"《左傳・文公十八年》:"不度於善,而皆在於凶德。"杜預注:"度,居也。"《尚書・堯典》"宅西曰昧谷",《周禮・天官・縫人》鄭玄注引作"度西",陸德明《經典釋文》:"度西音宅。"這就是《筆記》中所言"度爲宅字之借。度居者,宅居也。今文《尚書・堯典》'宅南交'、'宅西'諸宅字,皆作度"之來源。　宅,本義爲住宅、房舍。《玉篇・宀部》:"宅,人之居舍曰宅。"《正字通・宀部》:"宅,今謂屋爲宅。"《尚書・多方》:"今爾尚宅爾宅,畋爾田。"在音韻上,聲母方面,兩字上古皆爲定母(宅爲澄母,古物舌上音,澄歸定);韻部方面,度、宅上古皆爲鐸部。這是一條典型的章太炎發許、段所未發的例子。章太炎例舉了古文《尚書》和今文《尚書》中"宅西""度西"對用的例子,可知度、宅通用。許説、段説於此皆没有涉及,而章太炎卻在繼承前人學説的基礎上,另闢蹊徑,從音韻學和文獻學的角度出發,證明了"度""宅"通用的觀點。但是如果説這兩字是同源,似乎值得商榷,因爲度之本義與"居住"義相差甚遠,其本義爲計算長短的標準和器具。所以雖然兩者音近,但因爲意義關係相差較遠,所以即使在文獻中有二者通用的例子,但卻不能代表二者同源。況且如果二者確爲假借(通假)關係的話,那麼假借是不應該歸入轉注(同源)關係的。

　　寢,本義爲臥。《説文・宀部》:"寢,臥也。"《戰國策・齊策一》:"暮寢而思之。"　癑,本義爲病臥。《説文・宀部》:"癑,病臥也。從寢省。”《段注》:“寢者,臥也;癙者,病臥也。此二字之別。今字槩作寢矣。”《正字通·宀部》:“癙,同寢……按:病而寢與無病而寢,安危雖別,謂之寢則一也。”　寢,寢同寢、癙亦同寢,其本義既爲病臥,又爲躺臥。《廣雅·釋言》:“寢,偃也。”《詩經·小雅·斯干》:“乃生男子,載寢之牀。”鄭玄箋:“男子生而臥於牀。”從以上分析我們可知,寢、癙二字可以說是渾言無別,析言有差,後這兩字皆作“寢”。在音韻上,三字上古皆爲清母侵部。故三字當爲同源詞,其核義素爲“臥”。

　　《説文》:“亶,度也,民所度居也。从回,象城亶之重,兩亭相對也。”“墉,城垣也。古文亦作亶。”則亶有兩讀也。《釋宮》:“牆謂之墉。”旁轉冬孳乳爲宮,室也。《喪大記》“君爲廬宮之”,注:“宮謂圍障之也。”是宮本以有牆得名。其字從躳省聲,與窮(窮)聲義皆近。困窮引伸義同。困者故廬,窮亦猶宮也。宮音舒入齒爲宋,居也。宋近轉侵孳乳爲寢,臥也。引伸亦爲宮,《天官·宮人》掌王之六寢之修,《釋宮》曰:“無東西箱有室曰寢。”寢對轉幽爲宿,止也。王居亦曰宿,漢之御宿猶秦之信宮、漢之長信宮也。信亦宿也,《春秋傳》曰:“一宿曰舍,再宿曰信。”寢又孳乳爲癙,病臥也。(《文始六·陽聲東部乙》,336—337頁)

　　按:《文始》認爲“亶、宮、窮、宋、寢、宿、癙”爲一組同源詞。

　　亶、寢、癙在上文已有分析,兹不贅述。宮,本義爲房屋的通稱。《爾雅·釋宮》:“宮謂之室,室謂之宮。”《易·困》:“入于其宮,不見其妻,不祥也。”《韓非子·難二》:“景公過晏子曰:‘子宮小,近市,請徙子家豫章之圃。’”　窮,亦作窮,本義爲盡,完結。《説文·穴部》:“窮,極也。”《尚書·微子之命》:“作賓于王家,與國咸休,永世無窮。”孔傳:“爲時王賓客,與時皆美,長世無竟。”《列子·湯問》:“飛衛之矢先窮。”張湛注:“窮,盡也。”後引申爲窮困。《文始》把“窮困”義繼續引申爲“故廬”義,《説文·口部》:“困,故廬也。”所以章太炎認爲窮亦有故廬(即房舍)義,這顯然是牽强的。在訓詁學上確實有遞訓一説,即:A → B → C,則 A 與 C 亦有意義聯繫。但不是只要有一點訓詁上的聯繫都能成爲遞訓的,還必須有文獻進行支持。而窮有房舍義,在文獻上就沒有支撐,那麼就不能説窮與廬能成爲遞訓,也不能説明窮與宮、亶等字成爲同源詞。　　宋,本義爲居住。《説文·宀部》:"宋,居也。"林義光《文源》:"木者,牀几之屬,人所依以尻也。"　宿,本義爲過夜。《説文·宀部》:"宿,止也。"《詩經·衛風·考槃》:"獨寐寤宿。"朱熹注:"寤宿,已覺而猶臥也。"後引申爲住,居住。《廣雅·釋詁四》:"宿,舍也。"《玉篇·宀部》:"宿,住也,舍也。"《詩經·豳風·九罭》:"公歸不復,於女信宿。"毛傳:"宿,猶處也。"

在音韻上,聲母方面,宮上古爲見母,宋、宿上古皆爲心母,寢、癑上古皆爲清母,見母爲牙音,心母、清母爲齒音,牙音齒音關係緊密,故能相轉。關鍵在於𩫏的聲母爲何,因爲我們説過𩫏有兩讀,一讀若郭,一讀若庸,前者爲見母鐸部,後者爲喻母東部。這裏我們可以通過韻部來確定聲母,在《文始》中,章太炎把𩫏歸爲東類,而鐸部在《成均圖》中是歸入侯部的,那麼説明這裏的𩫏爲喻母,而章太炎是把𩫏讀作"庸"音來進行分析的。喻母爲喉音。喉音、牙音、齒音關係緊密,亦能相轉。在韻部上,𩫏上古爲東部,宮、宋上古皆爲冬部,寢、癑上古皆爲侵部,宿上古覺部,鐸、冬旁對轉,鐸、侵旁對轉,鐸、覺旁轉。在《成均圖》中,𩫏歸爲東類,宮、宋、寢、癑歸爲冬侵緝類,宿歸爲幽類,東、冬侵緝近旁轉,東、幽次旁轉,故能相轉。

在詞義上,這組同源詞的核義素爲"臥",其義素分析法爲:

𩫏 =/ 民宅 /+/ 臥 /

宮 =/ 房屋 /+/ 臥 /

宋 =/ 居住 /+/ 臥 /

宿 =/ 過夜 /+/ 臥 /

寢 =/ 普通 /+/ 臥 /

癑 =/ 病 /+/ 臥 /

這組同源詞的意義關係用公式表示即爲:

Y[6] =/ 民宅、房屋、居住、過夜、普通、病 /+/ 臥 /

通過以上的分析,我們發現《筆記》和《文始》針對同樣的"𩫏"字卻系聯出不同的同源詞有如下兩個原因:1. 讀音不同。《筆記》中𩫏的讀音爲 guō,所以與郭系聯爲一組同源詞;《文始》中𩫏的讀音爲 yōng,所以與宮、窮、宋、寢、宿、癑系聯爲同源詞。2. 詞義的著眼點不同,《筆記》的著眼點在於𩫏的訓釋字"度",以及"度"與"宅"的關係,而"𩫏"與

“郭”是順便提及的。另外《筆記》中“寑∶癏”這組同源詞章太炎在授課時只著眼於此二字，而沒做引申，所以不會像《文始》那樣涉及到此二字與“㐭、宮、窮、宋、宿”的關係。而《文始》是從㐭的城垣義開始引申，從而系聯出“㐭∶宮∶窮（窮）∶宋∶寑∶宿∶癏”這一組同源詞的。

另按∶《筆記》中亦有“宿”字條，錢玄同記錄爲∶“止也。宿將、宿學（先期曰宿）皆＝夙。夙，早也，即前輩也。星宿係由止義引申，因有定躔故也。”可見《筆記》對於“宿”主要著眼於正字，即區分宿的“早”義實當爲“夙”字，而這一論斷是有文獻佐證的，《管子·地圖》∶“宿定所征伐之國。”注∶“宿，猶先也。”《逸周書·寤儆》∶“戒維宿。”孔晁注∶“宿，古文夙。”其實在文獻已有佐證的情況下《筆記》的這一分析又爲文獻提供了新的佐證。

九　（筆）尗∶菽∶豆
　　（筆）俶∶始
　　（文）尗∶荅

錢₋∶尗，“豆也”。豆本爼豆之豆，漢人始呼尗曰豆。許以今字釋古字也。尗在三部（齒），豆在四部（舌頭），三、四合音最近，占齒音往往作舌頭音，故尗讀若豆。“俶，始也。”（《爾雅》），今人謂始曰頭，即俶字之變，與尗、豆同例。（《筆記·部首》，9頁）

朱二∶尗【秀】。豆也。豆乃籩豆。漢人呼尗爲豆，乃雙聲之借。（《筆記·尗部》，305頁）

按∶《筆記》中在“尗”字頭下可以系聯出兩組同源詞，一爲“尗∶菽∶豆”，一爲“俶∶始”。下面進行分析。

先看“豆”義。尗，本義爲豆（可食之豆）。《説文·尗部》∶“尗，豆也。象尗豆生之形也。”《後漢書·光武帝紀》∶“野穀旅生，麻尗尤盛。”後此義作菽，朱駿聲《説文通訓定聲》∶“古謂之尗，漢謂之豆。今字作菽。”　菽，本義爲豆類的總稱。朱駿聲《説文通訓定聲》∶“尗，古謂之尗，漢謂之豆，今字作菽。菽者，眾豆之總名。”《藝文類聚》卷八十五引楊泉《物理論》∶“菽者，眾豆之總名。”《詩經·豳風·七月》∶“六月食鬱及薁，七月亨葵及菽。”又專指大豆。《廣雅·釋草》∶“大豆，尗也。”王念

孫《廣雅疏證》:"尗,本豆之大名也……但小豆別名爲荅,而大豆仍名爲
菽,故菽之稱專在大豆矣。"《左傳·成公十八年》:"周子有兄而無慧,不
能辨菽麥。"杜預注:"菽,大豆也。"　豆,豆類作物。《廣雅·釋草》:"大
豆,尗也;小豆,荅也。"《戰國策·韓策一》:"韓地險惡,山居,五穀所
生,非麥而豆。民之所食,大抵豆飯藿羹。"

在音韻上,聲母方面,尗、菽上古均爲定母(書歸定),豆上古定母,三者
上古聲母一致,即章太炎所説"古齒音往往作舌頭音"。在韻部上,尗、菽上
古均爲覺部,段玉裁把其歸爲古音十七部之第三部;豆上古侯部,段玉裁把
其歸爲古音十七部之第四部;覺、侯旁對轉。可見在上古"尗""豆"韻部接
近,也就是章太炎所説"三、四合音最近",故"尗讀若豆"。

在詞義上,尗、菽、豆的核義素爲"豆(可食之豆)"。其義素分析
法爲:

尗 =/ 植物(古稱)/+/ 豆(可食之豆)/

菽 =/ 植物(今字)/+/ 豆(可食之豆)/

豆 =/ 植物(漢稱)/+/ 豆(可食之豆)/

這組同源詞的意義關係用公式表示即爲:

Y[3]=/ 植物(古稱)、植物(今字)、植物(漢稱)/+/ 豆 /

再看"始"義。俶,本義爲始。《爾雅·釋詁上》:"俶,始也。"《尚
書·胤征》:"俶擾天紀。"孔傳:"俶,始;擾,亂。"《詩經·小雅·大田》:
"俶載南畝。"《釋文》:"俶,始也;載,事也。"《南史·宋本紀上》:"越俶
唐虞,降暨漢魏。"　始,本義爲初,開始。《説文·女部》:"始,女之初也。"
段注:"《釋詁》曰:初,始也。此與爲互訓。"《尚書·呂刑》:"蚩尤惟始作
亂。"《晉書·謝安傳》:"安雖受朝寄,然東山之志始末不渝,每形於言色。"

在音韻上,聲母方面,俶上古透母(昌歸透),始上古定母(書歸定),
兩字上古皆爲舌頭音;韻部方面,俶上古覺部,始上古之部,覺、之旁對
轉。在《成均圖》中,俶爲幽類,始爲之類,之、幽近旁轉。在詞義上,俶、
始的核義素爲"始",我們不再作分析。

　　《説文》:"尗,豆也。象尗豆生之形。"古音在舌,對轉緝孳乳爲
　　荅,小尗也。(《文始·陰聲幽部甲》。355 頁)

　　按:《文始》認爲"尗:荅"爲一組同源詞。下面進行分析。

尗上文已有分析,這裏不再贅述,其本義爲大豆。荅,本義爲小豆。《説文・艸部》:"荅,小尗也。"《廣雅・釋草》:"大豆,尗也;小豆,荅也。"

在音韻上,聲母方面,尗上古定母,荅上古端母,皆爲舌頭音;在韻部上,尗上古覺部,荅上古緝部,覺、緝旁對轉。在《成均圖》中,尗歸幽部,荅歸冬侵緝類,幽、冬侵緝正對轉。

在詞義上,尗、荅的核義素爲"豆(可食之豆)",其義素分析法爲:

尗 =/ 大豆 /+/ 豆(可食之豆)/

荅 =/ 小豆 /+/ 豆(可食之豆)/

這組同源詞的意義關係用公式表示即爲:

Y[2]=/ 大豆、小豆 /+/ 豆(可食之豆)/

另按:《筆記》《文始》針對"尗"系聯的兩組同源詞其實可以合併,即形成"尗:菽:豆:荅"這一語族。另外在《筆記》中,章太炎繼承了許氏、段氏對"尗"的解釋,並且在段氏古音十七部的基礎上更進一步,從音韻的角度解決了"尗"爲何爲"豆"的問題,並根據段氏的原則,解決了"始"爲何訓爲"頭"。可見章太炎對許、段學説的繼承和發展,而且這種發展往往是具有創造性的。

十 (筆)头:夌:陸
(文)六:坴:陸:陵

朱一:头【六】。訓跳也,其行头头。《莊子・馬蹄》:"翹足而陸"。司馬云:跳也。陸梁=跳踉,踉即梁,陸即头,跳也。鼀,其行头头。夌,跳也。(《筆記・中部》,26 頁)

朱一:头,高大也。高平曰头,故头即陸。夌徲,漸低也。　朱二:夌从头,跳也;从夊,胲也。夌徲者,夌夷也,田漸而平下也。今夌徲處死,亦即夌夷,夷爲夷三族之俅。夷又訓施【移】,《左傳・哀公二十七年》"施公孫有山氏",夷三族也。夷又訓剖腹,《左傳・昭公十四年》"乃施〈刑〉[邢]侯"、施長萇是也。屠亦然,屠一族、屠腸,亦合二義。(《筆記・夊部》,230 頁)

錢一:坴,"坴梁地"即今之安南、兩廣等處,因其人善跳,故以爲名。○桂林象郡多蠻人,蠻人行疾,名之曰陸梁,故曰坴梁地。

（《筆記·土部》，564 頁）

　　朱一：陸，又訓跳也。陸梁者，跳梁也。（《筆記·阜部》，597 頁）

　　按：在《筆記》中，章太炎把"先：夌：陸"歸爲一組同源詞，這樣的歸類是科學的。下面進行分析。

　　先，本義爲地蕈。觀其古字，𦥑（古鉢），𣊟（説文籀文），象形字，爲蟾蜍之形。《説文·黽部》云："先黿，詹諸也。其鳴詹諸，其皮黿黿，其行先先。"先即先，《字彙補·土部》："先，力古切，音陸。《雜字韻寶》：'地蕈曰菌先。'"蟾蜍跳行，故知先（先）當有跳義，此亦與字形之蟾蜍貌暗合。　　夌，本義爲超越。《説文·夂部》："夌，越也。"徐鍇《説文解字繫傳》："越，超越也。"段玉裁《説文解字注》："凡夌越字當作此。今字或作淩，或作凌，而夌廢矣。《檀弓》：'喪事雖遽不陵節。'鄭曰：'陵，躐也。'躐與越義同。"躐有超越義。《六書故·人九》："躐，越級也。"《玉篇·夂部》："夌，力蒸切，越也，遲也，今作陵。"　　陸，本義爲陸地。《説文·阜部》："陸，高平地。"《爾雅·釋地》："高平曰陸。"觀陸之古字，甲骨文作𨸏（續三·三〇·七），金文作𨸏（父乙卣），形如蟾蜍在山中跳躍。故從字形上看，陸當有跳躍義。實"陸"有跳義，《莊子·馬蹄》："齕草飲水，翹足而陸，此馬之真性也。"陸德明《經典釋文》引司馬彪注："陸，跳也。"晉桓玄《王孝伯誄》："犬馬反噬，豺狼翹陸。"

　　在音韻上，聲母方面，三字上古皆爲來母；韻部方面，夌上古蒸部，先、陸上古皆爲覺部，蒸、覺旁對轉。在《成均圖》中，先、陸歸入幽類，夌歸入蒸類，幽、蒸次對轉。

　　在詞義上，先、夌、陸的核義素爲"跳躍"。

　　《説文》："𠫓，《易》之數，陰變於六，正於八。從入八。"尋數名皆指事之字，二、三、三亦兼會意，然皆同字相重，未有和合兩異字者。且六字必先八造，不得從八。或云從𠫓丨指事，亦未必然。蓋乂象乂方，六象六達之莊，其地穹隆，故上作人覆之。下作川者，象甬道下丌也。孳乳爲坴，土从坴坴也。又爲陸，高平地也。次對轉蒸孳乳爲陵，大昌也。（《文始七·陰聲幽部甲》，355 頁）

　　按：在《文始》中，章太炎把"六"作爲語根，系聯出"六：坴：陸：陵"這麽一組同源詞，這樣的歸類是正確的，但是對於"六"與其他字的意義關係是值得商榷的。下面進行分析。

六，本義爲數詞，五加一之和。《易·繫辭下》："兼三材而兩之，故六。"另外六還有其他諸義，如：《周易》稱卦中陰爻爲六；工尺譜記音符號之一；古國名；古縣名；姓。（其中後三義現讀作 lù）這些義項能與土地發生關係的當爲"古國名"和"古縣名"。然而章太炎所言"六象六達之莊，其地穹隆，故上作人覆之"，則似牽强。關於六本義及其演變過程的分析，左民安有較爲精闢的論證。首先他例舉了六的四種寫法，分別爲①甲骨文𠆢、②金文𠆢、③小篆𤰔、④楷書六，然後進行分析："這是'六合同春'的'六'字，原爲象形字。甲骨文①很像房舍的側視形，兩旁有房檐突出。②是金文的形體，與甲骨文基本相似。③是小篆的寫法，已失去房屋之形。④是楷書的寫法。'六'字的本義爲'房舍'，也就是與'宀'是一個字。而《說文》解'六'爲'从入从八'，這是根據小篆的形體分析而致誤。後來'六'字當'房舍'講的本義消失了，而被假借爲數目字用了，如'六月飛霜'等。"[①]另外左民安還在"六"字條下附了"半坡遺址的房屋（想像圖）"，更客觀地反映了"六"的本義（見圖十八）。而章太炎認爲"其地穹隆，故上作人覆之"則不知從何而來。　　垚，本義爲土塊大貌，也用以稱大土塊。《說文·土部》："垚，土塊垚垚也。"《段注》："垚垚，大凷之皃。"《廣韻·屋韻》："垚，大塊。"　陸，本義爲陸地。《爾雅·釋地》："高平曰陸。"《左傳·定公元年》："田於大陸。"杜預注引《爾雅》作"廣平曰陸"。《易·漸》："鴻漸于陸，其羽可用爲儀。"其亦有大土山之義。《詩經·衛風·考槃》："考槃在陸，碩人之軸。"孔穎達疏："陸與阜類。"《楚辭·劉向〈九歎·憂苦〉》："巡陸夷之曲衍兮，幽空虛以寂寞。"王逸注："大阜曰陸。"陵[②]，本義爲大土山。《爾雅·釋地》："大阜

（圖十八）

---

① 左民安著，《細説漢字——1000 個漢字的起源與演變》，九州出版社，2005 年，107—108 頁。
② 在《筆記·阜部》中亦有對"陵"的記録："錢一：陵。夌越。侵夌。"這説明《筆記》的著眼點不僅在於同源詞的系聯，也著眼於正字等方面，這也有助於我們弄清字與字、義項與義項之間的區別與聯繫。

曰陵。”《廣雅·釋丘》:“四隤曰陵。”《詩經·小雅·十月之交》:“高岸爲谷,深谷爲陵。”可見陸、坴、陵之意義關係是由“土”而聯繫的,但如果要和“六”進行系聯,當不因以“土”作爲意義中介,而是以“隆起”作爲意義中介。陸有隆起義,即高平之“高”引申出隆起;而坴、陵的大土塊、大土山自然有隆起義。(關於陵、陸的隆起義以及它們的同源關係,王力《同源字典》“陵:隆:隴:陸”有詳細的説明。)[①] 只是“六”的隆起義當爲左民安分析的那樣,從本義“房屋”引申爲土地上隆起之物,而不是章太炎所言“其地穹隆,故上作人覆之”。

在音韻上,聲母方面,四字上古皆爲來母;韻部方面,六、坴、陸上古皆爲覺部,陵上古蒸部,覺、蒸旁對轉。在《成均圖》中,六、坴、陸歸幽類,陵歸蒸類,幽、蒸次對轉。

在詞義上,這組同源詞的核義素爲“隆起”。其義素分析法爲:

六 =/ 房舍 /+/ 隆起 /

陸 =/ 高平地 /+/ 隆起 /

坴 =/ 大土塊 /+/ 隆起 /

陵 =/ 大土山 /+/ 隆起 /

這組同源詞的意義關係用公式表示即爲:

Y[4]=/ 房舍、高平地、大土塊、大土山 /+/ 隆起 /

綜上分析,《筆記》《文始》雖然都涉及到以上諸字,但卻系聯成不同的語族,這主要是因爲核義素的不同,一爲“跳躍”、一爲“隆起”。雖然核義素不同,但是亦有交叉,交叉點爲“陸”,因爲陸既有“跳躍”義、又有“隆起”義,其交叉關係如下圖:

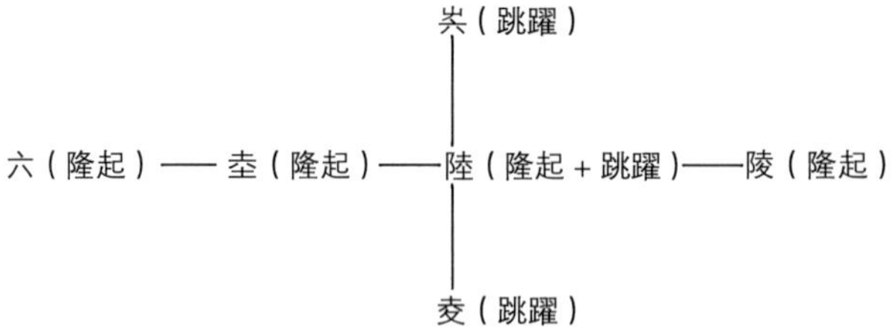

　　　　　　　　　　　　　　　　夂(跳躍)
　　　　　　　　　　　　　　　　　│
六(隆起)—— 坴(隆起)——陸(隆起+跳躍)——陵(隆起)
　　　　　　　　　　　　　　　　　│
　　　　　　　　　　　　　　　　夌(跳躍)

(圖十九)

---

①王力著,《同源字典》,商務印書館,1982 年,314 頁。

可見,相同的字可以歸入不同的語族,其關鍵在於自身的多義性。而如果它的幾個義項關係甚密,那麼由不同義項系聯出的不同語族其實也有較爲密切的關係的,有時還能系聯出更大的語族,只是核義素也要相應地發生變化。用在"岝：夌：陸"和"六：坴：陸：陵"上,因爲"隆起"義和"跳躍"義意義關係較密切,所以可以組成一組更大的語族,而這個語族的核義素也要相應地變爲"上升"[1]。

另按:六有隆起義當是從字形引申而來,六古字形似棚舍,甲骨文作𠆢(前七·三九·一),徐中舒《甲骨文字典》:"𠆢象兩壁架有一極兩宇之棚舍正視形,此爲田野中臨時寄居之處,其結構簡易,暴露於野,即古文所謂盧。"[2] 這樣,我們可以發現一組新的同源詞,即"六：盧",核義素爲"房舍",不同的是"六"簡易而"盧"複雜。

十一　(筆)子：崽
　　　　(文)子：字：孳：慈

朱二:小徐云,貴人之子,腦已合,尚在襁褓之中,故一足,兒爲賤者之子,腦未合,已不在襁褓之中,故見二足。方言"崽"即古文子之形省,叟省爲崽,子、崽音近。(《筆記·子部》,610 頁)

按:《筆記》認爲"子：崽"爲一組同源詞。下面進行分析。

子,古代指兒、女,現在多指兒子。《玉篇·子部》:"子,兒也。"《廣韻·止韻》:"子,子息。"《儀禮·喪服》:"故子生三月則父名之。"鄭玄注:"凡言子者,可以兼男女。" 崽,本義爲兒子。《方言》卷十:"崽,子也。湘沅之會,凡言是子者,謂之崽;若東齊言子矣。"在音韻上,聲母方面,子上古精母,崽上古亦爲精組字(生爲照二,照二歸精);韻部方面,子上古之部,崽上古支部,之、支對轉。

---

[1] 語族越龐大(即語族內部的同源字越多),那麼這一語族的核義素就越抽象。以本條爲例,"上升"義就比"隆起"和"跳躍"義要抽象。而任繼昉在《漢語語源學》"詞族的形成"一節中把"骨碌"分成圓形義、塊狀義、屈短義、圉全義、渾沌義、糊塗義、旋轉義、運行義、回還義、範圍義、拘律義、卷束義、糾結義、勾曲義、穹隆義、坑洞義、空疏義、曉靈義等語族,而這些語族的核義素都是非常抽象的。這也可以間接證明我們的觀點。
[2] 徐中舒主編,《甲骨文字典》,四川辭書出版社,2006 年,1529 頁。

《説文》：“子，陽氣動，萬物滋，人以爲稱。象形。古文作𠄉。籀文作𣬛。”尋子字本爲兒子，十二支以爲稱。其與巳有異者，巳象未成，子象已成。巳與子，猶才與之也。孳乳爲字，乳也。臣鍇曰：“《易》曰：‘女子貞不字。’字，乳也。”又爲孳，伋伋生也。與之相係。爲慈，愛也。或曰：李爲李果，義取於子；某爲酸果，音衍於母。（《文始八·陰聲之部甲》，382 頁）

按：《文始》認爲“子：字：孳：慈”爲一組同源詞。下面進行分析。

子，本義指兒、女，現在專指兒子，上文已有分析，這裏不再贅述。由本義引申爲子孫、後代。《荀子·正論》：“聖王之子也，有天下之後也，執籍之所在也，天下之宗室也。”楊倞注：“子，子孫也。” 字，本義爲生育、孵化。《説文·子部》：“字，乳也。”《段注》：“人及鳥生子曰乳。”《廣雅·釋詁一》：“字，生也。”《山海經·中山經》：“其上有木焉，名曰黃棘，黃華而員葉，其實如蘭，服之不字。”郭璞注：“字，生也。” 孳，本義爲生育、繁殖。《説文·子部》：“孳，汲汲生也。”王筠《説文句讀》：“蓋孳從子，子之爲言孳也。”《玉篇·子部》：“孳，孳産也。”《尚書·堯典》：“鳥獸孳尾。”孔傳：“乳化曰孳，交接曰尾。” 慈，本義爲慈愛。《説文·心部》：“慈，愛也。”《周禮·地官·大司徒》：“一曰慈幼。”鄭玄注：“慈幼，謂愛幼少也。”又特指父母疼愛子女。《管子·形勢》：“慈者，父母之高行也。”《新書·道術》：“親愛利子謂之慈。”《顔氏家訓·教子》：“父母威嚴而有慈，則子女畏慎而生孝矣。”這四字的意義交叉點當在“子女、後代”上。

在音韻上，聲母方面，子、孳上古皆爲精母，字、慈上古皆爲從母，四字皆爲齒音；韻部上，四字上古皆爲之部。

在詞義上，這組同源詞的核義素爲“子女、後代”。其義素分析法爲：

子 =/ 孩子 /+/ 子女、後代 /

字 =/ 生育 /+/ 子女、後代 /

孳 =/ 生育 /+/ 子女、後代 /

慈 =/ 疼愛 /+/ 子女、後代 /

這組同源詞的意義關係用公式表示即爲：

Y[2]=/ 孩子、生育、疼愛 /+/ 子女、後代 /

另外子趨向於名詞，字、孳、慈趨向於動詞，那麼亦可以用範疇義素分析法進行分析：

子 =/ 名物範疇 /+/ 子女、後代 /

字 =/ 動作範疇 /+/ 子女、後代 /

孳 =/ 動作範疇 /+/ 子女、後代 /

慈 =/ 動作範疇 /+/ 子女、後代 /

綜上分析，同樣是以“子”作爲語根，《筆記》《文始》卻系聯出不同的語族，其原因在於《筆記》著眼於字形的聯繫，字籀文作𢀈(𡿺)，省作㐫，從而進一步在意義上産生聯繫；而《文始》是從意義出發，即“子”的本義與字、孳、慈的本義發生聯繫，從而形成同源詞。如果把兩者結合在一起，這組同源詞就更加完善了。

十二　（筆）凡从炎聲皆有尖義，剡訓削尖是也

鏑：鐍：鏖

（文）炎：焱：錟：爓：舚：舔

炎：熇：夭：燂：鏑：銚：鏖

朱二：炎，凡从炎聲皆有尖意，剡訓削尖是也。（《筆記·炎部》，416 頁）

朱二：鏑與鏖音誼同，一字也。聚麀引申有褋亂誼，故鏖戰乃有亂褋誼。（《筆記·金部》，581 頁）

按：比起《文始》來，《筆記》似乎對右文説提到的更多，這在下節中還將詳細論述。《筆記》中談及的右文，有的是正確的，有的是值得商榷的。而此例就值得商榷，其問題出於太過絶對了。下面進行分析。

章太炎認爲“凡从炎聲皆有尖義”，在文獻上是可以尋找到部份論據進行佐證的。如：剡，本義爲鋭利。《爾雅·釋詁下》：“剡，利也。”《廣雅·釋詁四》：“剡，鋭也。”《楚辭·九章·橘頌》：“曾枝剡棘，圓果摶兮。”王逸注：“剡，利也。”張衡《東京賦》：“乘鑾輅而駕蒼龍，介馭閒以剡耜”。後引申爲削尖。《玉篇·刀部》：“剡，削也。”《易·繫辭下》：“弦木爲弧，剡木爲矢。”　琰，本義爲美玉名。《説文·玉部》：“琰，璧上起美色也。”徐鍇《説文解字繫傳》：“郭璞注《上林賦》引《竹書》云：‘桀得有

（圖二十）

緒二美女，刻其名於苕華之玉。苕是琬，華是琰。'然則琰亦美色之玉也，琰之言炎也，光炎起也。"後"琰圭"常連用，表圭之上端斜削成尖銳形者。《集韻・琰韻》："琰，圭之銳上者。"《周禮・考工記・玉人》："琰圭九寸。"鄭玄注："凡圭，琰上寸半；琰圭，琰半以上，又半爲瑑飾。諸侯有爲不義，使者征之，執以爲瑞節也。"其實琰本身並無尖銳義，是和圭（見圖二十）連用時間過久，從而讓人們在感知上認爲其有尖銳義，這可視爲詞義的沾染。另外這裏的"琰"我們亦可認爲是"錟"的通假字。　　錟，本義爲長矛。《方言》卷九："錟謂之鈹。"郭璞注："今江東呼大矛爲鈹。"《説文・金部》："錟，長矛也。"後又泛指一切尖銳的武器。《集韻・琰韻》："錟，利刃也。"

以上數字可以視作一組同源詞，它們的核義素爲"尖銳"，它們的語根當爲"炎"。炎本身没有尖銳義，而只表示火和熱，如果要找到炎與"尖銳"義的聯繫的話，那麼應當是火焰上部爲尖狀，如其金文所示🔥（令簋），這只是主觀上的聯想。雖然這是合理的，但卻没有文獻進行佐證，所以這樣的聯想是會被質疑的。同樣，與其説"炎"的上端爲尖狀，不如説"火"的上端爲尖狀更明確，因爲炎也是從火而來的。觀火甲骨文🔥（後下九・一），其上端亦爲尖狀，那麼我們是不是可以説"凡從火聲皆有尖義"呢？顯然是不行的。況且如埮、毯這些從炎得聲的字其本義爲平坦，而非尖銳。（如果有人認爲這是一組相反的同源詞，那會顯得過於牽強了。）所以説章太炎在《筆記》中認爲"凡從炎聲皆有尖義"是值得商榷的，問題就在於太過絕對化了。

同時，在《筆記》中，還有一組"鎬：鐈：鑘"同源詞，其中鐈是引申出來的，雖然《筆記》中没提及，但在分析的過程中可以發現其與鎬的同源關係。這組同源詞的系聯是正確的，下面進行分析。

鎬，本義爲温器。《説文・金部》："鎬，温器也。"朱駿聲《説文通訓定聲》："鎬，疑即鐈字。"鎬，金文作鎬（太子鎬），鐈，金文作鐈（曾伯陭壺），鐈只比鎬多乙這一符號，此符號當爲温器上方水汽之貌，不影響字義。故朱駿聲所言甚是。 鬲，本義爲長足的鼎。《説文·金部》：“鬲，似鼎而長足”。而《廣雅·釋器》更直接言：“鬲，釜也。”釜，炊器，當然亦是溫器。 鍑，本義爲溫器。《説文·金部》：“鍑，溫器也。”《廣雅·釋器》：“鍑，釜也。”王念孫《廣雅疏證》：“煴謂之鍑，故溫器亦謂之鍑矣。”在音韻上，聲母方面，鬲上古爲匣母，鬲上古爲羣母，鍑上古爲影母，皆爲牙喉音；韻部方面，三字上古皆爲宵部。在詞義上，這組同源詞的核義素爲“溫器”。

> 《説文》：“炎，火光上也。從重火。”有二音，一在喉如炎；一在舌如談。變易爲焱，火華也。爲爓，火行微爓爓也。爲熖，火熖也。爲䒲，火行也。爲䒌，炎光也。……熱亦爲炎，對轉宵孳乳爲熇，火熱也。旁轉侵孳乳爲炾，小熱也。爲燂，火熱也。熇又孳乳爲鬲，溫器也。爲銚，溫器也。旁轉幽爲鍑，溫器也。此三蓋同字。（《文始九·陽聲談部乙》，406—407 頁）

按：上舉《文始》中，有兩個語族，一爲“炎：焱：爓：熖：䒲：䒌”，其核義素爲“火”；一爲“炎：熇：炾：燂：鬲：銚：鍑”，其核義素爲“熱”。其實《文始》中以“炎”爲語根而系聯的同源詞不止以上所舉，但爲了方便與《筆記》進行比較，只例舉以上數字。下面進行分析。

炎，本義爲火苗升騰。《説文·炎部》：“炎，火光上也。”饒炯《説文解字部首訂》：“火光上者，謂火飛揚之光上出。”《尚書·洪範》：“火曰炎上。”孔穎達疏引王肅曰：“火之性，炎盛而升上。”《朱子語類·孟子七》：“如水之潤下，火之炎上。” 焱，本義爲火花、火焰。《説文·焱部》：“焱，火華也。”《廣韻·錫韻》：“焱，火焰也。”《易林·屯之坎》：“朽根倒樹，花葉落去，卒逢火焱，隨風偃仆。”《文選·張衡〈思玄賦〉》：“紛翼翼以徐戾兮，焱回回其揚靈。”李善注：“《説文》曰：‘焱，火華也。’言光之盛如火之華。” 爓，同“焰”，本義爲火苗。《説文·炎部》：“爓，火行微爓爓也。从炎，臽聲。”徐灝《説文解字注箋》：“《一切經音義》七引《字詁》云：‘焰，古文爓。’”《尚書·洛誥》：“無若火始爓爓。”孔傳：“無令若火始然，爓爓尚微。”《晉書·石季龍載記下》：“光爓照天，金石皆盡，火月餘乃滅。” 熖，與爓一樣，亦同“焰”，本義爲火苗。《説文·火部》：“熖，火熖也。”《集韻·豔韻》：“熖，火光。或作焰。”《文選·班固

〈兩都賦〉》：“發五色之渥彩，光爛朗以景彰。”李善注引《字林》曰：“爛，火貌也。”　燄，本義爲閃爍。《説文·炎部》：“燄，火行也。”徐灝《説文解字注箋》：“燄，此即今之閃字。”《廣韻·談韻》：“燄，火上行皃。”其亦有火光義。《玉篇·炎部》：“燄，火光也。”　燄，本義爲火光。《説文·炎部》：“燄，火光也。”徐灝《説文解字注箋》認爲“燄”爲“燄”之異文，王筠《説文釋例》認爲“燄”是“燄”之訛文。其亦有火行義。《集韻·栝韻》：“燄，火行也。”

在音韻上，聲母方面，炎上古匣母，焱、燄、爛、燄上古皆爲喻母，燄上古定母（書歸定），匣、喻皆爲喉音，牙喉音又與舌頭音關係緊密（詳見章太炎《國故論衡·古雙聲説》）；在韻部方面，六字上古皆爲談部。

在詞義上，這組同源詞的核義素爲“火”。其義素分析法爲：

炎 =/ 火苗升騰 /+/ 火 /

焱 =/ 火花 /+/ 火 /

燄 =/ 火苗 /+/ 火 /

爛 =/ 火苗 /+/ 火 /

燄 =/ 閃爍 /+/ 火 /

燄 =/ 火光 /+/ 火 /

這組同源詞的意義關係用公式表示即爲：

Y[6]=/ 火苗升騰、火花、火苗、閃爍、火光 /+/ 火 /

炎本義爲火苗升騰，火給人帶來的感覺爲熱、燙，故引申爲熱。《玉篇·炎部》：“炎，熱也。”《楚辭·九章·悲回風》：“觀炎氣之相仍兮，窺煙液之所積。”韓愈《南山》：“夏炎百木盛，蔭鬱增埋覆。”　熇，本義爲火熱、熾盛。《説文·火部》：“熇，火熱也。”《玉篇·火部》：“熇，熾也。”《詩經·大雅·板》：“多將熇熇，不可救藥。”朱熹注：“熇熇，熾盛也。”

炗，本義爲小爇。《説文·火部》：“炗，小熱也。”《段注》根據古本《毛詩》改“小熱”爲“小爇”。《廣雅·釋詁二》：“炗，爇也。”爇本義焚燒，又有烘烤義，但不論何義都能引申出熱義。故炗有熱義。　燂，本義爲燒熱、熱。《説文·火部》：“燂，火熱也。”《廣雅·釋詁三》：“燂，煥也。”《禮記·内則》：“五日則燂湯請浴。”陸德明《經典釋文》：“燂，溫也。”枚乘《七發》：“飲食則溫淳甘膬，脭膿肥厚；衣裳則雜遝曼煖，燂爍熱暑。”

銚，本義爲一種大口、有柄、有流的烹煮器。《急就篇》第十三章：“銅鍾鼎鋞銷鉇銚。”《説文·金部》:“銚,温器也。”《段注》:“今煮物瓦器,謂之銚子。”玄應《一切經音義》卷十四:“銚,余招反。似鬲,上有鐶,山東行此音。又徒吊反,江南行此音。銚形似鎗而無腳,上加踞龍爲攀也。”《正字通·金部》:“銚,今釜之小而有柄有流者亦曰銚。”吴均《餅説》:“然以銀屑,煎以金銚。”烹煮器有熱義無疑。　鎬、鑵爲温器,上文已有分析,這裏不再贅述,温器與烹煮器一樣,有熱義亦無疑。

在音韻上,聲母方面,炎、鎬上古皆爲匣母,熇上古曉母,夭上古定母(澄歸定),燂上古從母,銚上古喻母,鑵上古影母,其中匣、曉、喻、影皆爲喉音,定爲舌頭音、從爲齒音,牙喉音與舌頭音、齒音關係較密(詳見章太炎《國故論衡·古雙聲説》);韻部方面,炎、夭、鎬、鑵上古皆爲談部,熇上古藥部,燂上古侵部,銚上古宵部,其中藥、宵對轉,談、侵旁轉,但侵談與宵藥相差較大。然在《成均圖》中,炎爲談盍類,熇、銚、鎬爲宵類,夭、燂爲冬侵緝類,鑵爲幽類,其中談盍、宵正對轉,談盍、冬侵緝次旁轉,談盍、幽次對轉。我們這裏不討論是否韻部接近,但至少在文獻上是有佐證的,而且不是偶合的。

在詞義上,這組同源詞的核義素爲“熱”。其義素分析法爲:

炎 =/ 火苗升騰 /+/ 熱 /

熇 =/ 火 /+/ 熱 /

夭 =/ 焚燒 /+/ 熱 /

燂 =/ 燒 /+/ 熱 /

鎬 =/ 温器 /+/ 熱 /

銚 =/ 烹煮器 /+/ 熱 /

鑵 =/ 温器 /+/ 熱 /

這組同源詞的意義關係用公式表示即爲:

Y[7]=/ 火苗升騰、火、焚燒、燒、温器、烹煮器 /+/ 熱 /

綜合以上分析,我們會發現《筆記》更注重右文的系聯,但是在系聯時會出現絕對化的問題。而《文始》則是系統地進行系聯,同時會以語根的不同義素(炎 =/ 火 /+/ 熱 /)系聯出不同的語族;但有時細細分析這些語族其實是可以合併的,如“火”語族和“熱”語族完全沒有必要分開來進行研究。另外我們會發現語族越龐大,其核義素越抽象,這在本節第 10 例分析“六”爲語根的語族時已有所涉及。而本組的“鎬:鑵”也一樣,在只以這兩字作爲一個語族的時候,它們的核義素爲"温器",是很具體的事物;但當這兩字與"炎:熇:夭:燀:鉳"放到一起去研究的時候,核義素就變爲了"熱"這一抽象的概念。

第三節　《筆記》部分同源詞疏證

《筆記》《文始》兩書雖然都從《説文》出發,但兩書性質不同,《筆記》是章太炎講授《説文》的課堂實録,《文始》是專門研究語源學理論的實踐著作,所以雖然在兩書中都有大量的同源詞實例,但側重點卻不盡相同。《文始》有自己的系統,每條都設立一個語根,語根即章太炎所設初文或準初文,字形往往較爲簡單,然後從語根出發,按照變易、孳乳、韻轉等理論進行系聯。而《筆記》不設語根,雖然也有一定的系統性(主要表現在右文的系聯上),但是隨著《説文》字頭出現的順序進行研究,所以其中出現了不少《文始》中沒有涉及或研究不深的同源詞。這一節將重點分析《筆記》中出現,但《文始》中沒有出現,或沒進行著重論述的同源詞,這些都可以視作是對章太炎語源學理論及實踐的有力補充。同時,這些同源詞也是對現代語源學理論和實踐的有力補充,因爲其中不少材料都是被語源學研究者們所忽視的,或者是研究還不夠深入的。本節將按照字頭在《筆記》中出現的順序進行研究,因爲篇幅有限[①],在這裏不可能做窮盡性的列舉和分析,所以我們只挑選較具代表性的或者前人少有涉及的同源詞進行研究。

一　礿(禴):汋(瀹:鬻)

錢一:礿。古者祭祀,春夏薄,秋冬厚。夏祭曰礿者,《説文·鬲部》有鬻字,義謂煮菜于湯。夏祭薄,故僅用煮菜。礿(經典亦作禴,同)即鬻字之變也。鬻亦作汋、瀹。(《筆記·示部》,6頁)

按:《筆記》認爲"礿:汋:禴:瀹:鬻"爲一組同源詞。下面進行

分析。

礿，本義祭名，夏、商兩代春祭曰礿，周代夏祭曰礿。《爾雅·釋天》："夏祭曰礿。"《說文·示部》："礿，夏祭也。"《禮記·王制》："天子諸侯宗廟之祭，春曰礿，夏曰禘，秋曰嘗，冬曰烝。"鄭玄注："此蓋夏殷之祭名。周則改之，春曰祠，夏曰礿。"禴，同"礿"。《說文》不收。《爾雅·釋天》："夏祭曰礿"。陸德明《經典釋文》："本或作禴"。黃侃《〈爾雅〉略說》："（俞樾）釋禴祭爲通名。引干寶《易》注：'非時而祭曰禴。'"《集韻·藥韻》："礿，或作禴"。《詩經·小雅·天保》："禴祠烝嘗，于公先王。"毛傳："春曰祠，夏曰禴，秋曰嘗，冬曰烝。"劉禹錫《代郡開國公王氏先廟碑》："乃禴乃嘗，敬而追遠。"禴、礿同字，只是造字之聲符不同。勺，古音禪母藥部；龠，古音喻母藥部。禪母、喻母皆爲舌音，而勺、龠皆爲藥部。　鬻，本義爲把肉和菜放在沸湯中稍煮片刻取出。《說文·䰜部》："鬻，內肉及菜湯中薄出之。"《段注》："納肉及菜於㵸湯中而迫出之，今俗所謂煠也。"錢玄同記章太炎所言："夏祭薄，故僅用煮菜。礿（經典亦作禴，同）即鬻字之變也。鬻亦作汋。"可見礿、鬻意義相連，皆有薄、不厚重之義。　瀹，本義浸漬，《說文·水部》："瀹，漬也。"後引申爲水煮。《玉篇·水部》："瀹，煮也，內菜湯中而出也。"《漢書·郊祀志下》："杜鄴說（王）商曰：'東鄰殺牛，不如西鄰之瀹祭。'"顏師古注："瀹祭，謂瀹煮新菜以祭。"可見"瀹"與"鬻"義相同，而"瀹祭"亦即"礿祭"。瀹、礿上古同爲喻母藥部，故兩字同源。　汋，同"瀹"。《集韻·藥韻》："鬻，《說文》：'內肉及菜湯中薄出之。'通作瀹、汋。"《爾雅·釋天》："夏祭曰礿。"郭璞注："新菜可汋。"陸德明《經典釋文》："汋，燂菜也。"燂，即燒煮也。《段注》："汋與礿疊韻，汋即《說文》鬻字。"

在音韻上，聲母方面，礿、禴、瀹、鬻上古皆爲喻母，汋，上古爲崇母，崇母（齒音）、喻母（舌音）爲鄰紐；在韻部方面，五字上古皆爲藥部。《成均圖》中歸入宵類。

在詞義上，礿（禴）、汋（瀹、鬻）的核義素爲"薄"。其義素分析法爲：

礿（禴）=/ 夏祭 /+/ 薄 /

汋（瀹、鬻）=/ 肉、菜湯中出 /+/ 薄 /

這組同源詞的意義關係用公式表示即爲：

Y[2]=/ 夏祭，肉、菜湯中出 /+/ 薄 /

綜上所述，"衭（襘）:汋（瀹，鬻）"是一組以"薄"爲核義素的同源詞。

二　祝：呪

朱二：祝。詛呪當作祝，兄既从口，又加口，不通。訓斷者，或即斲字之假借。（《筆記·示部》，7頁）

錢一：祝。《穀梁》"吳祝髮"，《公羊》"天祝予"，祝皆訓斷，皆殊（斲）字之借（殊在四部侯，祝在三部幽，三部、四部合音甚近）。殊，殺也；一曰斷也。《墨子》"祝"亦作"袾"。○詛祝，俗作呪，非。呪从兩口，不通。（《筆記·示部》，7頁）

按：《筆記》認爲"祝：呪"爲一組同源字。下面進行分析。

祝，本義爲祭祀時司祭禮的人，或即男巫。《説文·示部》："祝，祭主贊詞者。"《詩經·小雅·楚茨》："工祝致告，徂賚孝孫。"孔穎達疏："工善之祝以此之故，於是致神之意以告主人。"後引申爲用言語向鬼神祈禱求福。《尚書·洛誥》："王命作册，逸祝册。"孔穎達疏："讀策告神謂之祝。"《史記·滑稽列傳》："見道傍有禳田者，操一豚蹄，酒一盂，祝曰：'甌窶滿篝，汙邪滿車，五穀蕃熟，穰穰滿家。'"觀祝之古文，甲骨文作𥛱（甲七四三），金文作𥛱（大祝禽鼎），像跪求（禱告）之形，或本義即爲跪求禱告。郭沫若即認爲"祝"像跪而有所禱告之形。　呪，本義禱告，《後漢書·諒輔傳》："時夏大旱，太守自出祈禱山川，連日而無所降。輔乃自暴庭中，慷慨呪曰……"後來引申專指説希望人不順利的話。《廣韻·宥韻》："呪，呪詛。"《易林·噬嗑之未濟》："夫婦呪詛，太上覆顛。"呪，後作"咒"，《正字通·口部》："呪，呪與咒形體小别，其義則一也。"古籍中多用"呪"，而現通用作"咒"，然現日本仍用"呪"，如"呪怨"（じゅおん）、"呪詛"（じゅそ）等詞。

在音韻上，祝、呪兩字上古皆爲章母覺部。

在詞義上，祝、呪的核義素爲"禱告"。

綜上所述，"祝：呪"是一組以"禱告"爲核義素的同源詞。可以把"祝：呪"視爲一組意義相反或相對的同源詞。

另按：章太炎認爲"詛呪當作祝，兄既从口，又加口，不通"，似可商権。部件相重之現象在漢字中常見,如畾、壘,表示多義,而"囂"亦兩口,也無人質疑,實不像章太炎所言"不通"也。

三　瓊:環:璚:璒:琁:璇:璿

不論在《說文》還是在《筆記》中,瓊與環、璚、璒、琁、璇、璿關係都甚爲密切。今把這幾字放於一處,進行同源詞的分析。

瓊

周一:"赤玉也",段氏改爲"亦玉也",非。古讀瓊音似環,環有員誼,故瓊亦有員誼。凡從夐聲字皆有員誼,《詩》"獨行睘睘",亦作"煢煢";《書》"夐求",亦作"營求";營、環古通用,自營爲厶,自環亦爲厶,故營有員誼,夐亦有員誼。"瓊璣"亦作"璇璣",旋與還、環音誼皆近,有員誼,故瓊亦有員誼。瓊或從矞作璚,或從巂作璒,故璚、璒亦皆有員誼。("立視五巂"亦有員誼。)(《筆記·玉部》,12頁)

璿①

朱一:"夐求"＝營求(《尚書》),營,厶也。自營爲厶,自環爲厶。琁亦有圓環意,璒【規】("立視五巂")亦有員意,璚【橘】亦有圓意,旋機［亦］圓,皆相通。況琁、瓊音近,故可通用。(《筆記·玉部》,14頁)

朱二:《周髀算經》等皆作"旋機玉衡","旋機"或訓渾天儀,或訓北極星。(《筆記·玉部》,14頁)

環

朱一:環,古人祇做營。《詩·周頌》"嬛嬛在疚",亦作"煢煢在疚"。(《筆記·玉部》,15頁)

朱二:旋還,循環。段以爲還字。煢、縈聲義皆近,睘、煢通用可證。(《筆記·玉部》,15頁)

按:筆記中,"瓊:璿:琁:璇:環:璚:璒"當爲一組同源詞。下面進行分析。

①璿,此字朱希祖、錢玄同皆作"琁",周樹人作"璿"。大徐本、段注均作"璿"。

　　章太炎所言凡从夐聲字皆有圓義,比較絕對,如趣、䜛就很難發現它們的圓義。但如蔓是有圓義的,其本義爲旋花,多年生纏繞草木。旋,旋轉也;纏繞,盤旋也。俯視旋轉之狀,呈圓形,故从夐得聲的蔓有圓義。再如觼亦有圓義,《說文·角部》:"觼,環之有舌者。"單看聲符"夐",《說文·𠬢部》:"夐,營求也。从𠬢,从人在穴上。《商書》曰:'高宗夢得説,使百工夐求,得之傅巖。'"而今本《尚書·商書·説命序》作"營求",可見"夐""營"可通用。營本義爲四周壘土而居,後指居住,又引申爲圍繞、纏繞義。"自營爲厶"即"自環爲厶",環,繞也,故營亦爲繞也。而以"營求"訓"夐",則夐亦有"纏繞"義,纏繞呈圓形,故夐亦有圓義。　璿,亦作"琁"。《集韻·僊韻》:"璿,或作琁、璇。"琁、璇之省寫。琁、璇,从旋得聲。《莊子·達生》:"工倕旋而蓋規矩。"成玄英疏:"旋,規也;規,圓也。"旋的本義即是周旋、轉動,周旋、轉動呈圓形,故从旋得聲的琁、璿亦有圓義。朱希祖所記"旋機",今作"琁璣"或"璇璣"或"璿璣",《漢語大詞典》"璇璣"條言:"璇璣亦作'琁璣'。亦作'璿璣'。"璇璣原指北斗前四星,後泛指北斗星。北斗星(斗柄)始終繞北極星旋轉,做圓周運動,故"璇璣"詞亦有圓義。　環、營,古通用。"自環爲厶"亦作"自營爲厶","環繞"亦作"營繞",足可證"環"即"營"。環,从玉,睘聲。睘,同"瞏"。《正字通·目部》:"睘,同瞏,俗省。"瞏,本義爲目驚視。《說文》:"瞏,目驚視也。"瞏,金文作𤕦(駒父盨),簡牘文字作𤍽(江陵楚簡),其中的"目"畫得比較誇張,用眼睛睜大表示"目驚視也"之義。殷寄明在論及從睘得聲的同源字時提到:"'睘'字从目,《說文》訓目驚視,疑即吃驚而目圓睜意。"[①] 人驚視時眼睛睜得都比較圓,睘的古文字畫得甚是形象。故从睘得聲的"環"亦有圓義。　璚,亦有圓義。喬,《說文》:"喬,以錐有所穿也。"用錐穿物,物上必留下小孔或小洞,小孔、小洞皆爲圓形。且从喬得聲之字多有圓義,如橘,呈圓形;鐍,有舌的環,環呈圓形;譎,權詐、欺騙,引申圓滑,此爲抽象的圓義;憰,權詐也,引申爲圓滑,此亦爲抽象的圓義。又"璚"同"瓊",瓊有圓義,故璚亦有圓義。璚,从玉,巂聲。巂,通"規"。《禮記·曲禮上》:"立視五巂。"鄭玄注:"巂猶規也,謂輪轉之度。"孔穎達疏:"知巂爲規者,以巂、規聲相近,故

①詳見殷寄明著,《漢語同源字詞叢考》,東方出版中心,2007年,537頁。

爲規。規是圓,故讀從規。"陸德明《經典釋文》:"車輪轉一周爲蕎。"蕎,上古匣母支部;規,上古見母支部。匣母、見母皆歸入上古牙喉音,且都爲支部,故兩字讀音相近。故从蕎得聲的璅當有圓義。

在音韻上:瓊,上古羣母耕部;璿,上古邪母元部;瑢(璿),上古邪母元部;環,上古匣母元部;璚,上古羣母耕部;璅,上古羣母耕部。羣母屬牙喉音,邪母屬齒音,齒、牙發音部位靠近,故聲母之發音相近似。耕元旁轉,段玉裁也將瓊、璿、環歸入古音十七部中的十四部。而這些字的聲符夐、旋、喬、蕎皆有圓義,且讀音亦相近。

故"瓊:環:璚:璅:璿:璇:璿"是一組以"圓"爲核義素的同源詞。

四 凡从求聲字皆有員誼

朱一:球。《廣雅》"小拱大拱""小捄大捄",王氏注:"瀘也。"凡从求聲多有圓意:裘,萊,鞠(平聲,球)。(《筆記・玉部》,14頁)

朱二:球訓瀘者,以球爲規,以磬爲矩。(《筆記・玉部》,14頁)

周一:球。《詩》"小球大球""小共大共",《廣雅》作"捄""拱",訓瀘(王氏《經義述聞》)。按球,玉也,可爲磬;磬有折形,古算取瀘於句股,磬亦可爲算瀘,故球亦得引申訓瀘。(或云球有圓誼,可以爲規;球又可作磬,磬有折誼,可以爲矩;訓瀘者,由規矩引申。)○凡从求聲字皆有員誼,如裘(裘必團毛令員)、萊(椒實,椒實裹如裘也)、鞠(球之入聲,《說文新附》:"[毬],鞠丸也。"字變作捄,即古之蹙鞠)是。(《筆記・玉部》,15頁)

按:《筆記》認爲"凡从求聲字皆有員誼"。這是值得商榷的,下面進行分析。

一講到"球",人們的腦子裏都會浮現出足球、籃球這類圓圓的東西。但爲何"球"字有圓義呢?這是值得研究的。原來"球"同"捄",而"捄"有法紀之義,《詩經・商頌・長發》:"受小球大球,爲下國綴斿……受小共大共,爲下國駿厖。"王引之《經義述聞》:"球、共,皆法也。球,讀爲捄,共讀爲拱,《廣雅》曰:'拱、捄,法也。'……拱、捄二字皆從手而訓亦同。其從玉作球,假借字耳。"求,《說文》古文作求,金文作求(詛楚文),可以看出"求"從"又",又,手也。捄,從手,求聲,求亦有手義,故"捄"

定與手有關。捄，本義爲盛土裡中。盛土，雙手掬起，表面呈圓形，故捄有圓形義。而"捄"訓法，當爲後起義。而章太炎所言，球、磬爲規矩，規矩爲法，其解釋很有創新，但其不足之處是從引申義入手而忽略了字的本義，加之解説甚爲迂曲，不可盡信。　裘，本義爲皮衣。《詩經·小雅·都人士》："彼都人士，狐裘黄黄。"而章太炎認爲裘有圓義，是因爲"凡从求聲字皆有員誼"，這顯然是牽强的。我們分析裘的古文字，發現裘本來並不从求，甲骨文作求（後下八·八），其形於"衣"相近，衣甲骨文作求（前一·三〇·四）。"裘"與"衣"唯一不同的就是兩字下面的構字部件有别，"裘"下多雜筆，而"衣"則無，這就是有毛和無毛之區别。再看金文，裘作求（叉尊），可見是在象形字上加聲符"又"，後來金文又作求（衛盉），最終形成又爲聲旁、衣爲形旁的形聲字；後"又"訛作"求"。經過對字形的分析，我們知道裘本身並不是形聲字，而是象形字，到後來才變成了形聲字；而聲符也不是"求"，而是"又"。所以説章太炎的説法是不符合實際情況的，這也是其不信甲骨、金文而導致對字形、字義判斷失誤的一個典型例子。所以我們可以這麼説，雖然裘有圓義是肯定的，因爲"裘必團毛令員"，但是不能證明其圓義來源於"求"聲。　梂，本義爲果實外皮密生疣狀突起的腺體。《説文·艸部》："梂，芣、椒實，裹如表者。"陸德明《經典釋文·爾雅·釋木》引作"裹如裘也"。郝懿行《爾雅義疏》："梂之言裘也，芒刺鋒攢如裘自裏，故謂之梂也。"裹當爲圓形，梂如裘自裏，故其狀亦爲圓形，所以可以説梂有圓義。　毬，本義爲鞠丸、皮丸，古代遊戲用品，以皮爲之，中實以毛，足踢或杖擊爲戲。《説文新附·毛部》："毬，鞠丸也。"慧琳《一切經音義》卷十三："毬，《字書》：皮丸也。或步或騎，以杖擊而争之爲戲也。"

在音韻上，聲母方面，球、裘、梂、毬上古皆爲羣母，捄上古見母，皆爲牙喉音；韻部方面皆爲幽部。

雖然説五字皆从"求"得聲，而且皆音近義通，可以視爲同源詞，但是卻並不能證明"凡从求聲字皆有員誼"。因爲經過上文的分析，我們發現章太炎在論述這組同源詞時會用後起義進行分析，另外也出現誤解字形的情況。這從某種意義上來説與俗語源的研究是非常接近的，顯然是脱離章太炎語源學理論宗旨的。所以當面對這些材料的時候，我們要格外的注意。另一方面，《筆記》在以右文説的方式分析同源詞的時候，往往會進入太過絕對化的誤區，這在上兩節中已有涉及。又如本例，雖然說從求得聲的字有圓義，但並不是絕對，如泳、俅、殊等字就很難分析出它們有圓義。

另按：王力在《同源字典》中亦涉及到從求得聲的字——觩、捄[①]，其核義素總結當爲"彎曲"。其實曲是圓的一部份，那麼是否所有曲組同源詞和圓組同源詞都有意義聯繫？這還有待進一步研究。

五　瑕：霞：騢：鰕：赮

朱一：瑕，古無霞字，即作瑕字，後作赮字（説文新附）。馬帶赤曰騢，紅蝦曰鰕。霞，《説文》所無，《史記·天官書》"霞"作"蝦"。古人"瑕"字假作"胡"，《詩·大雅》"遐不作人"即"胡不作人"也。○蝦爲蝦蟆，可食之蝦當作鰕（日本稱海老色，因煮紅也）。（《筆記·玉部》，19頁）

錢一：瑕，玉小赤也。凡紅色者多從段聲，如騢（馬帶赤也）、鰕（紅蝦也）、霞（雲霞。此霞字《説文》所無，古只作瑕。《史記·天官書》作蝦。瑕，正字；蝦，假字；霞，俗字）等，皆是。後造赮字，實即瑕字。古瑕字亦假作胡（何？），如"〈瑕〉［遐］不作人"＝胡不作人。蓋古人讀瑕本如"何"也。（《筆記·玉部》，19頁）

按：《筆記》認爲"瑕：霞：騢：鰕：赮"爲一組同源詞。下面進行分析。

瑕，本義爲帶紅色的玉。引申爲紅色。《廣雅·釋地》："赤瑕，玉。"王念孫《廣雅疏證》："瑕者，赤色之名。赤雲氣謂之霞，赤玉謂之瑕，馬赤白雜毛謂之騢，其義一也。"《周禮·考工記·弓人》："凡相膠，欲朱色而昔。昔也者，深瑕而澤。"　霞，本義爲赤色的雲氣。《説文》不收，《説文新附·雨部》："霞，赤雲气也。從雨，段聲。"《楚辭·遠遊》："餐六氣而飲沆瀣兮，漱正陽而含朝霞。"王逸注引《陵陽子明經》："朝霞者，日始欲出赤黃氣也。"《文選·楊雄〈甘泉賦〉》："吸清雲之流瑕兮，飲若木之露英。"李善注："霞與瑕古字通。""霞"必爲後起字。　騢，本義爲赤白

---

① 詳見王力著，《同源字典》，商務印書館，1982年，228—229頁。

色相間的雜毛馬。《説文·馬部》："騢,馬赤白雜毛。从馬,叚聲。謂色似鰕魚也。"《段注》："鰕魚,謂今之蝦,亦魚屬也。蝦略有紅色。凡叚聲多有紅義。"《爾雅·釋畜》："彤白雜毛,騢。"郭璞注："即今之赭白馬。彤,赤。"　鰕,即爲魵魚,《説文·魚部》："鰕,魵也。从魚,叚聲。""鰕"同"蝦",《玉篇·魚部》："鰕,長須蟲也。"《本草綱目·鱗部·鰕》："鰕音霞,俗作蝦,入湯則紅色如霞也。"朱希祖記："日本稱海老色,因煮紅也。"海老色,日文作えびいろ^①,爲紅褐色。　䩱,本義爲紅色。《説文》不收,《説文新附·赤部》："䩱,赤色也。"《集韻·麻韻》："䩱,赤色。"䩱,亦同"霞"。《玉篇·赤部》："䩱,東方赤色也。亦霞。"《漢書·天文志》："夫雷電、䩱蜺、辟歷、夜明者,陽氣之動者也。"(《史記·天官書》"霞"作"蝦","天雷電、蝦虹、辟歷、夜明者,陽氣之動者也"。"䩱蜺"即"蝦虹"也。然"鰕"本義爲"蝦蟆",也做"蛤蟆""蝦蟇"等,後假借作可食之"鰕",故朱希祖記"蝦爲蝦蟆,可食之蝦當作鰕"。這裏不把"蝦"作爲瑕、霞、䩱、鰕、騢等字的同源詞,因爲其本義與其它字相差較大,當視爲"鰕子"之"鰕"的假借字而非同源詞。)《文選·郭璞〈江賦〉》："絕岸萬丈,壁立赮駮。"李善注："赮駮,如赮之駮也。赮,古霞字。"可見赮亦有赤義,且多與"霞"相同。

在音韻上,五字上古皆爲匣母魚部。

在詞義上,瑕、霞、騢、鰕、䩱的核義素爲"赤色"。其義素分析法爲:

瑕 =/ 玉 /+/ 赤色 /

霞 =/ 雲氣 /+/ 赤色 /

騢 =/ 雜毛馬 /+/ 赤色 /

鰕 =/ 魚 /+/ 赤色 /

䩱 =/ 顏色 /+/ 赤色 /

這組同源詞的意義關係用公式表示即爲:

Y[5] =/ 玉、雲氣、雜毛馬、魚、顏色 /+/ 赤色 /

---

① えびいろ,《日漢雙解大辭典》解釋爲:"赤みを帶び紫色。ヤマブドウの実の熟した色。"漢語譯爲:紫紅葡萄色,紅褐色。稍帶紅色的紫色,山葡萄果實成熟的顏色。詳見《日漢雙解大辭典》291 頁,(日)松村明、佐和隆光、養老孟司等著,中文主編邵延豐,外語教學出版社,2009 年。

六　蔽∶芾∶韍∶市（巿）

朱一∶蔽，小草。芾，小。障蔽當作芾。（《筆記·艸部》，45 頁）

朱二∶遮蔽當作芾。古作韍巿，遮生殖器者也，引申爲蔽膝，市亦作芾。（《筆記·艸部》，46 頁）

按∶《筆記》認爲"蔽∶芾∶韍∶市（巿）"爲一組同源詞。下面進行分析。

蔽，本義爲小草貌。《説文·艸部》∶"蔽，蔽蔽，小艸也。"東西小則容易被遮蓋，故引申爲遮蓋。《廣雅·釋詁二》∶"蔽，障也。"《廣雅·釋詁四》∶"蔽，隱也。"《尚書·湯誥》∶"爾有善，朕弗敢蔽。"《楚辭·九歌·國殤》∶"旌蔽日兮敵若雲，矢交墜兮士爭先。"《墨子·所染》∶"功名蔽天地。"《莊子·人間世》∶"見櫟社樹，其大蔽數千牛。"《荀子·解蔽》∶"凡人之患，蔽於一曲而闇於大理。"王粲《登樓賦》∶"華實蔽野，黍稷盈疇。"　芾，本義爲草多。《説文·艸部》∶"芾，道多草不可行。"草多則易蓋物，故引申爲遮蓋，亦專指古代車上的遮蔽物。《詩經·齊風·載驅》∶"載驅薄薄，簟芾朱鞹。"毛傳∶"車之蔽曰芾。"孔穎達疏∶"車之蔽曰芾，謂車之後户也。"芾的核心義爲遮蓋。　韍，本義爲占代朝覲或祭祀時遮蔽在衣裳前面的一種服飾（見圖二十一）。《説文·巿部》∶"巿，韠也。上古衣蔽前而已。……韍，篆文巿，从韋从犮。"《釋名·釋衣服》∶"韍，韠也。"《禮記·明堂位》∶"有虞氏服韍，夏后氏山，殷火，周龍章。"鄭玄注∶"韍，冕服之韠也。"《禮記·玉藻》∶"一命縕韍幽衡，再命赤韍幽衡，三命赤韍葱衡。"鄭玄注∶"此玄冕爵弁服之韠，尊祭服，異其名耳。"孔穎達疏∶"他服稱韠，祭服稱韍，是異其名。韍、韠皆言爲蔽，取蔽鄣之義也。"韍，又稱"蔽膝"。《急就篇》∶"襌衣蔽膝布毋繜。"顔師古注∶"蔽膝者，於衣裳上著之，以蔽前也。一名韍，又曰韠，亦謂之幨。"可見韍亦有遮蓋義。　市，即韍。《説文·巿部》∶"巿，韠也。上古衣蔽前而已，巿以象之。天子朱巿，諸侯赤巿。……韍，篆文巿，从韋从犮。"

（圖二十一）

郭沫若《帥克盨銘考釋》："市一般作芾，亦作紱或韍等，古之蔽膝，今之圍腰。古人以爲命服。"《詩經·小雅·采菽》："赤芾在股，邪幅在下。"鄭箋："芾，太古蔽膝之象也。冕服謂之芾，其他服謂之韠。"《詩經·曹風·候人》："彼其之子，三百赤芾。"毛傳："芾，韠也。"而且《詩經·召南·甘棠》："蔽芾甘棠，勿翦勿伐。"毛傳："蔽芾，小貌。" "蔽芾"連用①，雖訓"小兒"，亦可引申爲"遮蓋"。如蘇軾《寶月大師塔銘》："錦城之東，松柏森森。子孫如林，蔽芾其陰。"此處"蔽芾"以"隱僻"義爲佳，然"隱僻"義亦從"遮蓋"義引申而來。

在音韻上，聲母方面，蔽、韍、市（芾）上古皆爲幫母，芾上古並母，幫、並皆爲重脣音；韻部方面，蔽、韍、市（芾）上古皆爲月部，芾上古物部，月、物旁轉。

在詞義上，蔽、韍、市（芾）的核義素爲"遮蔽"。其義素分析法爲：

蔽 =/ 小 /+/ 遮蔽 /

芾 =/ 草多 /+/ 遮蔽 /

韍 =/ 古代朝覲或祭祀時擋在衣裳前面的一種服飾 /+/ 遮蔽 /

市（芾）=/ 古代朝覲或祭祀時擋在衣裳前面的一種服飾 /+/ 遮蔽 /

這組同源詞的意義關係用公式表示即爲：

Y[4]=/ 小、草多、古代朝覲或祭祀時擋在衣裳前面的一種服飾 /+/ 遮蔽 /

七　凡从真之字皆有盛意

　　　錢一：嗔，盛氣也。凡从真之字皆有盛意。（《筆記·口部》，66 頁）

按：章太炎謂"凡从真之字皆有盛意"，我們基本上是認同的。嗔、闐、滇、填、瑱、寘等从真之字皆有盛義，我們可以視其爲一組同源詞。

嗔，本義爲盛氣，常"嗔嗔"連用。嗔嗔即"闐闐"，盛大、眾多之義。《段注》："《門部》曰：'闐，盛兒。'聲義與此同。今毛詩'振旅闐闐'，許

---

① "蔽市"爲連綿詞，亦可作蔽芾、敝市、敞芾，表小義。蔽芾，施向東擬音爲 *pjiat-pjat，而在藏語中亦有相近的音，多作 brad-brud，義爲"細小"。通過漢語與藏語的比較，我們更加證明了市（芾）、蔽有小義，而小的東西易被遮蔽。（擬音材料取自施向東，《漢語和藏語同源體系的比較研究》，華語教學出版社，2000 年，136 頁。）

所據作‘嗔嗔’。”《玉篇·口部》：“嗔，盛聲也。”　闐，本義爲盛貌。《説文·門部》：“闐，盛皃。”闐闐，盛大，單用“闐”亦可。《廣雅·釋訓》：“闐闐，盛也。”王念孫《廣雅疏證》：“凡盛貌謂之闐闐，盛聲亦謂之闐闐。”《詩經·小雅·采芑》：“伐鼓淵淵，振旅闐闐。”鄭玄箋：“伐鼓淵淵，謂戰時進士眾也。至戰止將歸，又振旅伐鼓闐闐然。”引申爲充滿、填塞。《史記·汲鄭列傳》：“翟公爲廷尉，賓客闐門。”　滇，常“滇滇”連用，亦可單用。滇滇，即闐闐，表盛貌。《漢書·禮樂志》：“泛泛滇滇從高斿，殷勤此路臚所求。”顏師古注引應劭曰：“滇滇，盛貌也。”用亦同“填”，表充滿、填塞義。《字彙補·水部》：“滇，與填塞之填同。”楊慎《丹鉛雜録·滇字三音》：“《杜預傳》：‘滇淤之田，畝收數鍾。’此‘滇’字又音填塞之填。”[1]　填，本義充塞。《説文·土部》：“填，塞也。”引申爲充滿。玄應《一切經音義》卷二引《廣雅》：“填，滿也。”滿則盛，盛則滿，故填亦有盛義。　瑱，本義爲用來塞耳的玉。《説文·玉部》：“瑱，以玉充耳也。”引申爲填充、充滿。郭璞《江賦》：“金精玉英瑱其裏，瑤珠怪石琗其表。”滿則盛，盛則滿，故瑱亦有盛義。　寘，本義填塞。《説文·穴部》：“寘，塞也。”《玉篇·穴部》：“寘，今作填。”《楚辭·天問》：“洪泉極深，何以寘之？”洪興祖《楚辭補注》：“寘，與填同。”引申爲滿貌。《廣韻·先韻》：“填，滿也。寘，上同。”《太玄·盛》：“陽氣隆盛充塞，物寘然盡滿厥意。”司馬光《集注》：“宋曰：‘寘然，滿貌。’”滿則盛，盛則滿，故寘亦有盛義。

　　在音韻上，聲母方面，皆爲舌頭音（除瑱上古爲透母外，其餘皆爲定母）；韻部方面，皆爲真部。

　　在詞義上，嗔、闐、滇、填、瑱、寘的核義素爲“盛”。而章太炎所謂的“凡從真之字皆有盛意”，除了絕對化的例子以外，我們可以認爲是正確的[2]。

八　凡从般聲之字皆有大義

　　錢一：鞶，大帶也。凡從般聲之字皆有大義。段氏太拘（？）。

---

[1]《漢語大字典》此條下言：“按：今《晉書·杜預傳》未見此語。”
[2]王力先生《同源字典》以填、寘、瑱爲同源詞（商務印書館，1982年，531頁）。而通過對《筆記》中“嗔”字條的分析，我們可以補充《同源字典》此條系聯的內容，使此語族更加全面。

（《筆記·革部》，125 頁）

　　按：《筆記》認爲“凡从般聲之字皆有大義”，這基本上是可信的。故鞶、槃、幋、嫛、磐等从般之字當爲一組同源詞，但般本身無大義，後因方言假借才有了大義。下面進行分析。

（圖二十二）

　　鞶，本義爲古人佩玉的大的革帶。《説文·革部》：“鞶，大帶也。”《左傳·桓公二年》：“鞶厲游纓，昭其數也。”《禮記·内則》：“男鞶革，女鞶絲。”孔穎達疏引服虔注：“鞶，大帶。”後引申爲馬腹大帶。《周禮·春官·巾車》“樊纓”鄭玄注：“樊讀如鞶帶之鞶，謂今馬大帶也。”段玉裁《周禮漢讀考》：“人大帶謂之鞶，因而馬大帶亦謂之鞶。”　　槃，本義爲一種敞口扁淺的盛器（見圖二十二）。《説文·木部》：“槃，承槃也。……鎜（盤），籀文，从皿。”《正字通·皿部》：“盤，盛物器，或木或錫銅爲之，大小淺深方員不一。”《左傳·僖公二十三年》：“乃饋盤飧，寘璧焉。”盤，見實圖可知爲大口之盛器。　　幋，本義爲覆衣大巾。《説文·巾部》：“幋，覆衣大巾。”《廣韻·桓韻》：“幋，大巾。”　　嫛，本義爲張大。《説文·女部》：“嫛，奢也。”《段注》：“奢者，張也。”趙注《孟子》《廣雅·釋詁》皆曰：般，大也。嫛之从般，亦取大意。”　　磐，本義爲大石。《玉篇·石部》：“磐，大石也。”《集韻·桓韻》：“磐，大石。一曰山石之安者。”《韓非子·顯學》：“磐不生粟，象人不可使距敵也。”《史記·孝文本紀》：“高帝封王子弟，地犬牙相制，此所謂磐石之宗也。”　　般，亦有大義。《方言》卷一：“般，大也。”又指大船。《玉篇·舟部》：“般，大船也。”然而般的大義是假借義，而非本義，亦非引申義。般之本義爲划船,金文作👤(般簋),爲手持竹竿划船貌。而般之大義與此相差甚遠,當爲方言借音字,是爲符號假借。而章太炎用這個符號假借義系聯了一批同源詞,這本身就是值得商榷的。故我們不能認定"般"與"鞶、盤、幋、嫛、磐"爲同源詞,但我們不否認"鞶、盤、幋、嫛、磐"的同源關係。

在音韻上,五字上古皆爲並母元部。

在詞義上,鞶、盤、幋、嫛、磐的核義素爲"大"。其義素分析法爲:

鞶 =/ 革帶 /+/ 大 /

盤 =/ 敞口扁淺的盛器 /+/ 大 /

幋 =/ 覆衣巾 /+/ 大 /

嫛 =/ 張開 /+/ 大 /

磐 =/ 石頭 /+/ 大 /

這組同源詞的意義關係用公式表示即爲:

Y[5]=/ 革帶、敞口扁淺的盛器、覆衣巾、張開、石頭 /+/ 大 /

綜上所述,"鞶：盤：幋：嫛：磐"是一組以"大"爲核義素的同源詞。而《筆記》所言"凡從般聲之字皆有大義"是基本成立的。但也有一些特例,如:瘢,本義爲創傷、瘡癤等癒後的疤痕;䭫,本義爲下色、惡色;䮾、騠同;𡟩,本義爲于不正等等。這些從般得聲的字本義和引申義都沒有大義。而最關鍵的是"般"本無大義,後經過方言假借有了大義,屬於符號假借。所以章太炎認爲"凡從般聲之字皆有大義"太過絶對了。

九　臧：藏：臟(贓)

錢一：臧,《說文》訓善,當非本義。《莊子》之"臧穀"亦稱"臧獲",此是本訓,奴婢也,故從臣。(奴曰臧,婢曰獲。)古人臧獲(奴隸可賣)即財産,故引申爲府藏,再引申爲藏匿、爲臟。其訓善者,因其人有藏也,與賢字從貝其義正同。(帑,財産也,妻子亦曰帑,蓋古人妻子亦爲財産。)良從畐省,畐加宀爲富,故良家者即殷實之家。無賴者,無所依賴,即無錢者,古人遂以爲壞人。於此可見古人之執利矣。(《筆記·臣部》,136 頁)

按:《筆記》認爲"臧：藏：臟(贓)"爲一組同源詞。下面進行分析。

臧,本義爲戰爭中被俘虜爲奴隸的人。觀臧之古文便可知其究竟,甲骨文作𣂪(菁八・一)，金文作𣂪(白臧父鼎)，爲以戈捉住臣貌。楊樹達《釋臧》："蓋臧本从臣从戈會意……甲文臧字皆象以戈刺臣之形，據形求義，初義蓋不得爲善。以愚考之，臧當以臧獲爲本義也。"《漢書・司馬遷傳》："且夫臧獲婢妾猶能引決。"顏師古注引晉灼曰："臧獲，敗敵所被虜獲爲奴隸者。"後又指供人奴役者的賤稱。《方言》卷三："荊淮海岱雜齊之間罵奴曰臧。"正如章太炎所言："古人臧獲(奴隸可賣)即財產，故引申爲府藏，再引申爲藏匿。"由財產義引申爲府藏、藏匿。《字彙・臣部》："臧，匿也。"　藏，本義爲收存、儲藏。《易經・繫辭上》："慢藏誨盜。"《荀子・王制》："春耕，夏耘，秋收，冬藏。"《史記・太史公自序》："藏之名山，副在京師。"此義有"府藏"一詞。府藏，舊時國家儲存文書、財物之所，亦指貯藏的財物。《史記・大宛列傳》："令外國客徧觀各倉庫府藏之積。"《隋書・韋師傳》："陳國府藏，悉委於師，秋毫無所犯，稱爲清白。"由收存、儲藏義引申爲藏匿義。《說文新附・艸部》："藏，匿也。"《論語・述而》："用之則行，舍之則藏。"《史記・秦始皇本紀》："天下敢有藏《詩》、《書》、百家語者，悉詣守、尉雜燒之。"藏由財產義引申爲貪污盜竊所得的財物義。　贓，《正字通・貝部》："贓，盜所取物。凡非理所得財賄皆曰贓。"《周禮・秋官・司厲》"入于司兵"鄭玄注引鄭司農曰："若今時傷殺人所用兵器、盜賊贓，加責没入縣官。"由本義引申爲受賄義。《廣韻・唐韻》："贓，納賄曰贓。"臧，同"贓"。《字彙補・酉集拾遺》："臧，俗贓字。"

　　在音韻上，聲母方面，臧、贓(臧)上古皆爲精母，藏上古從母，精、從皆爲齒音；韻部方面，臧、藏、贓(臧)上古皆爲陽部。

　　在詞義上，臧、藏、贓(臧)此組同源詞的本義來源於臧獲之義，臧獲即奴隸，奴隸爲財產，故引申出藏、贓(臧)等關於財產、收存之義。臧、藏、贓(臧)的核義素爲"財產"。其義素分析法爲：

　　臧 =/ 奴隸 /+/ 財產 /

　　藏 =/ 收藏 /+/ 財產 /

　　贓(臧)=/ 貪污盜竊所得之物 /+/ 財產 /

　　這組同源詞的意義關係用公式表示即爲：

　　Y[3]=/ 奴隸、收藏、貪污盜竊所得之物 /+/ 財產 /

　　另案：章太炎歷來被人們認爲是篤信《說文》，但此例卻是章太炎對《說文》的質疑，他的質疑是正確的，而且與甲骨中"臧"的字形多有暗合之處。這是在章不信甲骨或没見到甲骨材料的情況下完成的,實屬不易。

十　翯　凡高聲字皆有白意

朱二:翯。凡高聲字皆有白意。暠(《說完》無。日白色)、顥、皜音同。(《筆記·羽部》,158 頁)

錢一:翯。鳥白肥澤貌。凡从高聲之字皆有白意。翯即"白鳥鶴鶴"之正字。(《筆記·羽部》,158 頁)

按:章太炎言"凡高聲字皆有白意",雖然絶對,但亦有合理的成分,故如翯、暠、鎬、縞、滈等从高得聲之字當爲同源詞。下面進行分析。

翯,本義爲鳥白肥澤貌。《說文·羽部》:"翯,鳥白肥澤兒。"《詩經·大雅·靈臺》:"麀鹿濯濯,白鳥翯翯。"毛傳:"翯翯,肥澤也。"後又泛指色白而有光澤。《文選·司馬相如〈上林賦〉》:"翯乎滈滈,東注太湖。"李善注引郭璞曰:"滈滈,水白光貌也。"滈滈,即水泛白光貌。翯修飾"滈滈",可知其亦有白義。　暠,同"皓",白義。《玉篇·日部》:"暠,白也。"《集韻·晧韻》:"顥,《說文》:'白皃。'或作皓、暠。"《漢書·司馬相如傳下》:"暠然白首戴勝而穴處兮,亦幸有三足烏爲之使。"《文選·潘岳〈懷舊賦〉》:"晨風淒以激冷,夕雪暠以掩路。"李善注:"《埤蒼》曰:'暠,白也。'"　鎬,本義爲温器。《說文·金部》:"鎬,温器也。"温器上冒水汽,視之似白色。　縞,本義爲白色精細的絲織品。《說文·糸部》:"縞,鮮卮也。"《段注》:"《漢·地理志》師古注:'縞,鮮支也。'《司馬相如傳》正同。顔語多本《說文》,彼時未誤。蓋支亦作卮,因譌色也。"《小爾雅·廣服》:"繒之精者曰縞。"任大椿《釋繒》:"繒之細者曰縞。"《尚書·禹貢》:"厥篚玄纖縞。"孔安國傳:"縞,白繒。"　滈,本義爲久雨。《說文·水部》:"滈,久雨也。"引申爲水勢浩大而泛白光貌。焦贛《易林·明夷之既濟》:"踊泉滈滈,南流不絶。"

在音韻上,聲母方面,翯、暠、鎬、滈上古皆爲匣母,縞上古見母,匣、見皆爲牙喉音;韻部方面,翯上古藥部,暠上古幽部,鎬、滈、縞上古皆爲宵部,藥、幽旁對轉,藥、宵對轉。在《成均圖》中,藥、宵皆爲宵類,宵類、幽類次旁轉。

在詞義上,鷺、暠、鎬、縞、滈的核義素爲"白"。其義素分析法爲:

鷺 =/ 鳥 /+/ 白 /

暠 =/ 光 /+/ 白 /

鎬 =/ 水汽 /+/ 白 /

縞 =/ 絲織品 /+/ 白 /

滈 =/ 水光 /+/ 白 /

這組同源詞的意義關係用公式表示即爲:

Y[5]=/ 鳥、光、水汽、絲織品、水光 /+/ 白 /

綜上所述,"鷺:暠:鎬:縞:滈"是一組以"白"爲核義素的同源詞。

另案:高的本義、引申義皆没有白義,只是當高假借作"膏"表油脂義時才獲得了"白"義。這和本節第八例分析從般得聲的字多有大義,而般本義、引申義皆没有大義,只是方言假借了"般"來表示大的情況是一致的。章太炎用某個字的假借義系聯出了一批同源詞,這個做法本身就是值得懷疑的。

十一　則:賊

朱一:則。等畫物(分得平均)。故引申爲法則。《墨子》有則刑(則,畫也)。《左傳·文公十八年》"毁則爲賊"。(殺人爲則又爲賊,則、賊有相反義)。(《筆記·刀部》,185 頁)

朱三:則。"毁則爲賊",然賊即則。《書·舜典》"怙終賊刑",古文爲"則刑"。二字聲誼相近。(《筆記·刀部》,185 頁)

按:則,本義爲按等級區劃物體。《説文·刀部》:"則,等畫物也。"《漢書·敘傳下》:"《坤》作墜勢,高下九則。"顏師古注引劉德曰:"九則,九州土田上中下九等也。"引申爲法則。《爾雅·釋詁上》:"則,常也。"《廣韻·德韻》:"則,法則。"從"按等級區劃物體"義引申爲"法則"義。《爾雅·釋詁上》:"則,法也。"《尚書·五子之歌》:"有典有則,貽厥子孫。"孔安國傳:"則,法。""有典有則",典、則對文,典,法典也,故"則"亦有法典之義。觀其古文,亦可知"則"有"法則"義。則,金文作𨱏(何尊),左爲鼎,右爲刀,乃會意字,爲在鼎上刻法令條文之義也,即所謂"刑鼎"。"刑鼎",義爲鑄有刑法條文的鼎。《左傳·昭公六年》:"三月,鄭人鑄刑書。”杜預注：“鑄刑書於鼎，以爲國之常法。”《左傳・昭公二十九年》：“遂賦晉國一鼓鐵，以鑄刑鼎，著范宣子所爲刑書焉。……今棄是度也，而爲刑鼎，民在鼎矣，何以尊貴？”唐沈亞之《省試策三道》：“鄭産以刑鼎興譏，是稱叔代，昭然薄厚，豈俟敷陳。”鼎上刻法令條文，在出土文物中亦不鮮見。故“則”有“法則”義無疑。　賊，本義破壞。《説文・戈部》：“賊，敗也。”《段注》：“敗者，毀也。毀者，缺也。”《左傳・文公十八年》：“毀則爲賊。”杜預注：“毀則，壞法也。”《淮南子・主術》：“若欲飾之，乃是賊之。”姚崇《執鏡誡》：“刑不可濫，政不可賊。”從字形上看，賊，金文作𢼸（散盤），從戈從則，即以戈毀壞法則，故亦有“法則”義。這也從字形上解釋了杜預注的“毀則，壞法也”的意思。法則，或制定或破壞，制定（制定則需要燒録）爲則，破壞爲賊，則、賊意義相反或相對。

在音韻上，則，上古爲精母職部；賊，上古爲從母職部。兩者韻部相同，聲紐皆爲齒音。

在詞義上，這組同源詞的核義素爲“法則”。其義素分析法爲：

則 =/ 制定（刻録）/+/ 法則 /

賊 =/ 破壞 /+/ 法則 /

這組同源詞的意義關係用公式表示即爲：

Y[2]=/ 制定（刻録）、破壞 /+/ 法則 /

“則”“賊”同源，在章太炎《文始》中没有提及，在學界亦少有證明。這是《筆記》中一則難能可貴的原始材料，可以作爲章太炎語源學理論實踐的一個補充。同時也可以發現章太炎在研究與講授《説文》時，已經開始關注意義相反或相對的同源詞了。另外，在《説文・魚部》中有“鰂”字，許慎説解爲：“鰂，烏鰂，魚名。從魚，則聲。”在《廣韻・德韻》中，賊爲“昨則切”，切出來爲“則”。而且《廣韻・德韻》中“鱡”“鰂”音義相同，可見鰂即烏賊。這些材料更進一步證明“則”“賊”同源。

十二　觚：柧

朱一：觚。有棱角之觚當作柧。（《筆記・角部》，191 頁）

朱二：觚。今柧棱字當作觚，八角、六角是。（《筆記・角部》，191 頁）

（圖二十三）

朱三：柧。觚、柧，通言別言。（《筆記·木部》，255頁）

按：《筆記》認爲"柧：觚"爲一組同源詞。下面進行分析。

柧，本義爲棱角，也指有棱的木。《説文·木部》："柧，棱也。"《段注》："柧與棱二字互訓。叟以積竹入觚，觚當作柧，觚行而柧廢矣。……《通俗文》曰：'木四方爲棱，八棱爲柧。'按：《通俗文》析言之。若渾言之，則《急就》'奇觚'謂四方版也。"《玉篇·木部》："柧，柧棱木也。"《銀雀山漢墓竹簡·孫臏兵法·陳忌問壘》："將戰書柧，所以哀正也。"　觚，本義爲古代的一種酒器，青銅製，喇叭形，細腰，高圈足，腹和圈足上有棱（見圖二十三）。《説文·角部》："觚，鄉飲酒之爵也。一曰觴受三升者謂之觚。"因爲此種酒器腹和圈足上有棱，故引申爲多棱角的器物。《史記·酷吏列傳》："漢興，破觚而爲圜，斲雕而爲朴。"司馬貞《索隱》引應劭云："觚，八棱有隅者。"《淮南子·本經》："衣無隅差之削，冠無觚羸之理。"高誘注："觚羸之理，謂若馬目籠相連干也。言無者，冠文取平直而已也。"“隅差”“觚羸”對文，可見兩詞意義相近。隅差，指衣服的斜角。高誘注《淮南子》言："隅，角也；差，邪也。古者質，皆全幅爲衣裳，無有邪角。邪角，削殺也。"“隅”“觚”對文，隅有角義，則觚亦應有角義；“隅”於衣服爲斜角，則“觚”與頭冠當爲棱角。

在音韻上，兩字上古皆爲見母魚部。

在詞義上，柧、觚的核義素爲"棱角"。其義素分析法爲：

柧 ＝/ 木 /+/ 棱角 /

觚 ＝/ 酒器 /+/ 棱角 /

這組同源詞的意義關係用公式表示即爲：

Y[2]＝/ 木、酒器 /+/ 棱角 /

綜上所述，"柧：觚"是一組以"棱角"爲核義素的同源詞。

另按：在第三章論述章太炎的變易與孳乳理論時，我們曾涉及到觚與觚,當時只是做了簡單的討論,這裏我們想重點討論下。觚,各工具書都認爲其是腹和圈足上有棱的青銅酒器。其實這是片面的,在國家歷史博物館展出了一套青銅製的觚,在商末和周朝觚的腹和足上是有棱的,然而在商早期觚的腹和足上是無棱的,具體形制可參考下面三張圖(拍攝時間爲 2013 年 8 月 8 日),左、中兩幅爲商早期的觚,右邊一幅爲商晚期的觚。

(圖二十四)

我們可以發現,上圖中商早期的觚腹和足是沒有棱的,表面基本爲流線形,只是在腹和足的地方有少許花紋(以蠶紋、饕餮紋爲主),並在底座上方有十字孔;而商晚期的觚與後世熟知的觚形制完全一致,它最重要的特徵就是在腹與足處有棱,這足以證明各大字典、辭書對觚的定義是有問題的。而對於這一點,章太炎在《筆記》中似乎已經發現,所以會言"有棱角之觚當作柧",這説明古時存在兩種觚,一爲有棱之觚,一爲無棱之觚。那麼無棱之觚是否還能稱觚,那就不一定了。因爲從語源學的角度分析,觚、柧是一組以"棱"爲核義素的同源詞,但事實明明是存在無棱之觚的,那麼無棱之觚就不具有核義素"棱"的區別特徵了,那麼自然而然它也就不能稱"觚"了。這也是語源學對古代名物考證提出的一點質疑。

十三　盧：纑：矑：旅

　　朱一:盧,借爲黑義乃矑字,稱晴黑爲矑,旅弓、彤弓,皆即矑字。(《左

傳・僖公二十八年》:"彤弓一,彤矢百,旅弓矢千"。《説文新附・玄部》:"旅,黑色也"。)(《筆記・皿部》,210 頁)

　　錢一:盧,飯器也,此義今久不用。今訓黑者乃鑪字之借。目瞳子曰矑,係俗字,亦＝鑪。旅弓亦俗字,亦當作鑪。《説文》"齊人謂黑爲鑪"。(《筆記・皿部》,211 頁)

　　按:《筆記》認爲"盧:鑪:矑:旅"爲一組同源詞。下面進行分析。

　　盧,本義爲飯器。《説文・皿部》:"盧,飯器也。"後引申爲火爐,此義後世多作"鑪""爐"。《正字通・皿部》:"盧,盛火器。或作鑪、爐"。徐灝《説文解字注箋・皿部》:"盧,即古鑪字。"因爲火爐被火燻烤,多呈黑色,故引申爲黑色。徐灝《説文解字注箋・皿部》:"盧爲火所熏,色黑,因謂黑爲盧。"《尚書・文侯之命》:"盧弓一,盧矢百。"孔傳:"盧,黑也。"《太玄・守》:"上九,與茶有守,辭于盧首,不殆。"范望注:"盧,黑也。"由黑義有引申爲瞳孔義。後世多作"矑"。朱駿聲《説文通訓定聲・豫部》:"盧,字亦作矑。"《漢書・揚雄傳上》:"玉女無所眺其清盧兮,宓妃曾不得施其娥眉。"顏師古注引服虔曰:"盧,目童子也。"鑪,本義爲黑色。《廣雅・釋器》:"鑪,黑也。"《字彙・黑部》:"鑪,黑也。《揚子》'彤弓鑪矢'。"《方言》卷二:"鑪瞳之子謂之矑。"郭璞注:"鑪,黑也。"矑,本義爲視。《玉篇・目部》:"矑,視也。"後引申爲瞳子。《玉篇・目部》:"矑,目瞳子也。"《文選・揚雄〈甘泉賦〉》:"玉女亡所眺其清矑兮,宓妃曾不得施其蛾眉。"李善注引服虔曰:"矑,目童子也。"瞳子即眼珠子,黃種人眼珠爲黑色,故矑有黑義。　旅,本義爲黑色。《説文新附・玄部》:"旅,黑色也。"《左傳・僖公二十八年》:"賜之……彤弓一,彤矢百,旅弓矢千。"又專指黑弓。《廣韻・模韻》:"旅,黑弓也。"

　　在音韻上,四字上古皆爲來母魚部。

　　在詞義上,盧、鑪、矑、旅的核義素爲"黑色"。其義素分析法爲:

盧 =/ 飯器 /+/ 黑色 /

鑪 =/ 顏色 /+/ 黑色 /

矑 =/ 眼珠子 /+/ 黑色 /

旅 =/ 弓 /+/ 黑色 /

這組同源詞的意義關係用公式表示即爲:

Y[4]=/ 飯器、顏色、眼珠子、弓 /+/ 黑色 /

十四　籑：饌：撰：僎：巽：顨：佺

朱一：籑，具食也。引申爲箸撰之籑，與饌同。撰，古無。(《筆記·食部》,218 頁）

朱二：僎，一切具；饌，具食。籑、顨、佺與饌、僎聲近，皆訓具。《漢書》"箸撰"曰"籑"。(《筆記·食部》,218 頁）

朱三：《論語·爲政》"先生饌"，先生乃長子也。長子具食，少子……。籑引申爲具，今籑述作此，然亦可［作］巽、僎。(《筆記·食部》,218 頁）

按：《筆記》認爲"籑、饌、撰、僎、巽、顨、佺"爲一組同源詞。下面進行分析。

籑，本義爲具備食物。《説文·食部》："籑，具食也。从食，算聲。饌，籑或从巽。"桂馥《説文解字義證》："具食也者，《一切經音義》一引作'備具飲食也'。《論語》'先生饌'，馬融曰：'饌，飲食也。'……《漢書·元后傳》：'獨置孝元廟故殿以爲文母籑食堂。'孟康曰：'籑音撰。'晉灼曰：'籑，具也。'" 饌，本義爲具備食物。《説文·食部》："饌，籑或从巽。"《儀禮·聘禮》："饌于東方。"《齊民要術·雜説》："六日饌治五穀磨具，七日遂作麴。"後由具備食物義引申爲飯食、食物義。《玉篇·食部》："饌，飯食也。"《廣韻·潸韻》："饌，盤饌。"《儀禮·燕禮》："膳宰具官饌于寢東。"李白《將進酒》："鐘鼓饌玉不足貴，但願長醉不願醒。" 撰，有具備義。王念孫《廣雅疏證》："撰者，爲之具也。《説文》：'僎，具也。'《論語·先進篇》：'異乎三子者之撰。'孔傳云：'撰，具也。'《楚辭·大招》：'聽歌譔只。'王逸注云：'譔，具也。'撰、僎、譔並通。" 僎，本義爲具備、完善。《説文·人部》："僎，具也。"《段注》："具者，共置也。"《論語·先進》："異乎三子者之撰。"陸德明《經典釋文》："撰，士免反，具也。鄭作僎，讀曰詮，詮之言善也。" 巽，本義爲具備[1]。《説文·丌部》："巽，具也。"徐鍇《説文解字繫傳》："具，謂僎具而進之

---

[1] 馬敘倫認爲巽爲奠的轉注字，可作參考。馬敘倫在《説文解字六書疏證》中言："巽爲奠之轉注字……饌，具食也。置酒爲奠，置食爲饌，語原然也。奠聲真類，巽從丌得聲，丌爲遜讓之遜本字，遜聲亦真類，故奠得轉注爲巽。"（轉引自古文字詁林編纂委員會，《古文字詁林》第四册,上海教育出版社,2001 年,724 頁）

也。”　顤,本義爲皆、都。《説文·頁部》:“顤,選具也。”《玉篇·頁部》:“顤,古文作選。”《廣韻·獼韻》:“顤,具也。”錢坫《十經文字通正書》:“顤,當作選也,具也。”朱駿聲《説文通訓定聲》:“顤實即弲之異體。”章太炎《新方言·釋詞》亦言:“《方言》云:‘選,徧也。’是選具即徧具。今蘇松嘉興謂徧具爲顤,如皆有曰顤有,皆好曰顤好。”“徧”“皆”都有具備義。　　僎,本義爲具備。《説文·人部》:“僎,具也。”左思《魏都賦》:“僎拱木於林衡,授全模於梓匠。”

在音韻上,聲母方面,籑、撰、饌、僎、顤、僎上古皆爲崇母,巽上古心母,崇、心皆爲齒音;韻部方面,籑、撰、饌、僎、顤、僎,上古皆爲元部,巽上古文部,元、文旁轉。

在詞義上,籑、饌、撰、僎、巽、顤、僎的核義素爲“具備”。

籑、饌 =/ 食物 /+/ 具備 /

撰、僎、巽、顤、僎 =/ 一切物 /+/ 具備 /

這組同源詞的意義關係用公式表示即爲:

Y[2]=/ 食物、一切物 /+/ 具備 /

另按:在《同源字典》中,王力把“膳(饍):饌(膳籑):善:繕”歸爲一組同源詞[1],其核義素經歸納當爲“好”。其實和《筆記》中的此組同源詞可以合爲一組,“好”即完備、俱備,而在音韻上也相近。這樣一來,這個語族將變得更加豐富。

十五　稗:裨

　　朱一:稗,小説曰稗官,稗實裨字,副也,不作正也。裨將亦然,裨販亦有此意。(《筆記·禾部》,297頁)

　　錢一:稗,禾别也。稗官、稗將、稗販,非正當之物也。(1)稗,禾之别;裨,衣之副。故小説謂裨官,猶之正史之副也。(2)稗官、稗販由裨引申,副也,不正也。(3)稗,禾之别種也(非正當之物)。小説曰稗官,稗實裨字。裨者,衣之副也,非正也。裨將亦然。小販曰裨販。(4)○攪來攪去,究竟還是裨字抑是稗字?實在攪不明白。只得把四位先生所説一齊寫上,等慢慢的去攪明白來了,哈哈!(《筆

---

[1]王力著,《同源字典》,商務印書館,1982年,573—574頁。

記·禾部》,297頁）

按：錢玄同所記甚是有趣,然不管是䅺字還是裨字,都有副義。"稗：裨"爲一組同源詞。下面進行分析。

稗,本爲植物名。《説文·禾部》："稗,禾别也。"《段注》："謂禾類而别於禾也。"故可理解爲稗非禾之正類而爲禾之副類、它類、另類也。故後引申爲微小的、非正式的。《廣雅·釋詁》："稗,小也。"《漢書·藝文志》："小説家者流,蓋出於稗官。街談巷語,道聽塗説者之所造也。"顔師古注："稗官,小官。"正如章太炎所言："故小説謂裨官,猶之正史之副也。"裨,爲古代祭祀時穿的次等禮服之義。朱駿聲《説文通訓定聲》："裨,衣别也。猶禾之稗,黍之穄也。"《儀禮·覲禮》："侯氏裨冕釋幣于禰。"鄭玄注："裨之爲言埤也。天子六服,大裘爲上,其餘爲裨,以事尊卑服之,而諸侯亦服焉。"後由次等禮服之義引申爲副佐,特指副將,即裨將。《集韻·支韻》："裨,將之偏副。"《漢書·項籍傳》："梁爲會稽將,籍爲裨將,徇下縣。"顔師古注："裨,助也,相副助也。"《三國志·吴書·吕範傳》："曹公至赤壁,（吕範）與周瑜等俱拒破之,拜裨將軍,領彭澤太守。"

在音韻上,稗、裨卜古皆爲並母支部。

在詞義上,稗、裨的核義素爲"副"。其義素分析法爲：

稗 =/ 非禾之正類 /+/ 副 /

裨 =/ 古代祭祀時穿的次等禮服 /+/ 副 /

這組同源詞的意義關係用公式表示即爲：

Y[2]=/ 非禾之正類、古代祭祀時穿的次等禮服 /+/ 副 /

十六　秒：ㄣ（竊：釣：佻：忉：鵃：鯛：鯗：鯀）

朱一：秒,漢人作ㄣ,倒懸也。ㄣ字象形,甚有意,而不收此字,亦失落耳。（《筆記·禾部》,298頁）

錢一：秒,禾危采也（倒懸也）。都了切,古齒音歸舌頭,故從勹。此字本作秒,漢人又有作ㄣ者,門上之環曰了ㄣ。（《筆記·禾部》,298頁）

按:《筆記》認爲"秒:乚"爲一組同源詞。下面進行分析。

秒,本義爲禾穗垂貌。《說文·禾部》:"秒,禾危穗也。"《段注》:"危采謂穎欲斷落也。"徐灝《說文解字注箋》:"禾孰則穎屈而下垂,其狀欲墮落,故曰危采。"《廣韻·篠韻》:"秒,禾穗垂兒。"由禾穗低垂貌引申爲倒懸之物。《玉篇·禾部》:"秒,懸物也。"王筠《說文句讀》:"秒,吾鄉亦謂縣物爲秒。"　乚,本義爲懸掛。《玉篇·了部》:"乚,懸物兒也。"玄應《一切經音義》卷十三引《方言》曰:"乚,懸也,趙魏之間曰乚。"從字形上分析,乚顯而易見爲掛鉤之貌。

在音韻上,兩字上古皆爲端母宵部。

在詞義上,秒、乚的核義素爲"懸掛"。

其義素分析法爲:

秒 =/ 禾穗 /+/ 懸掛 /

乚 =/ 掛鉤 /+/ 懸掛 /

這組同源詞的意義關係用公式表示即爲:

Y[2] =/ 禾穗、掛鉤 /+/ 懸掛 /

綜上所述,"秒:乚"是一組以"懸掛"爲核義素的同源詞。

另按:由"懸掛"義可引申爲"修長"義,因凡懸掛之物多以長示人。而查典籍,凡與"乚"音近之字,多有"懸掛""長遠"之義,這就擴大了這組同源詞的範圍,也符合清儒"音近義通"的訓詁理論。如窅、釣、佻、扚、鵫、鯛、朓、姚等字皆可視爲乚的同源詞。

窅、鵫、鯛,上古端母幽部;釣、佻,上古端母宵部;朓,上古透母宵部;扚,《廣韻·篠韻》"都了切";姚,《廣韻》"土了切",八字音同或音近。　窅,本義爲深遠。《說文·穴部》:"窅,窅宲,深也。從穴,鳥聲。"深遠、長遠義近,故窅有長義。李實《蜀語》:"遠曰窅。"楊澤民《倒犯·藍橋》:"琴劍度關,望玉京人,迢迢天樣窅。"　釣,本義爲用釣具獲取(魚蝦等水生動物)。《說文·金部》:"釣,鉤魚也。"《段注》:"鉤者,曲金也。以曲金取魚謂之釣。"由釣魚的動作引申爲釣魚的工具,即釣鉤。《廣雅·釋器》:"釣,鉤也。"王念孫《廣雅疏證》:"釣,謂魚鉤也。"釣鉤懸掛於吊繩下端,呈長貌。故釣亦有"懸掛""長遠"義。　佻,有懸掛義。《方言》卷七:"佻,縣也。趙魏之間曰佻。……燕趙之郊縣物於臺之上謂之佻。"郭璞注:"了佻,縣物貌。"《廣雅·釋詁四》:"佻,縣也。"王念孫《廣雅疏證》:"今縣物爲弔,聲相近也。"由懸掛義亦引申爲長遠義,《集韻·篠韻》:"佻,遠也。"　忉,《廣韻》:"都了切,上篠端。"義爲關心,《廣韻·篠韻》:"忉,垂心。"清乾隆二十四年《象山縣志》:"忉,《廣韻》都了切,垂心。今言提心吊膽,'吊'當作'忉'。"垂,懸垂也。關心者,似心垂與人或事上。故忉有"懸掛"義。　鵃,"鵃舟刀"連用,義爲細長的船。《集韻·篠韻》:"鵃,鵃舟刀,船長兒。"《正字通·舟部》:"船小而長者曰鵃舟刀。"《資治通鑑·梁元帝承聖元年》:"又以鵃舟刀千艘載戰士。"胡三省注:"《類篇》曰:'鵃舟刀,船長貌。'"故鵃有長義。鯛,鯛科魚的總稱。(鯛魚,見圖二十五)此類魚身體側扁,呈長橢圓形,頭大口小。徐珂《清稗類鈔·動物類》:"鯛,産近海,體扁圓。"　朓,本義爲身材高長。《廣韻·篠韻》:"朓,身長兒。"焦竑《俗書刊誤·俗用雜字》:"長身曰朓。"故"高挑"當作"高朓"。現在方言中仍大量保留"朓",《漢語方言大詞典》"朓"字條:"㊀中原官話。山西臨猗。1923年《臨晉縣志》:'長謂之~。《廣韻》《集韻》皆以長身爲~也。'㊁晉語。山西。清嘉慶十六年《山西通志》:'長身曰~,土了反。'㊂吳語。浙江寧波[t'iɵ424]。㊃贛語。湖南瀏陽[t'iau24]。"[①] 而且"朓子"(中原官話)、"朓出"(吳語)、"朓灑"(贛語)等方言詞都表身材修長高挑之義。　綃,絲織品長貌。《集韻·篠韻》:"綃,繒長兒。"故綃有長義。

　　"寫、釣、佻、忉、鵃、鯛、朓、綃"在語義上與"丿"義近,皆有懸掛義,或有"懸掛"義引申的"長遠"義,音亦相近。故"刁:丿:寫:釣:佻:忉:鵃:鯛:朓:綃"是一組同源詞,其核義素爲"懸掛",亦有"長遠"義。

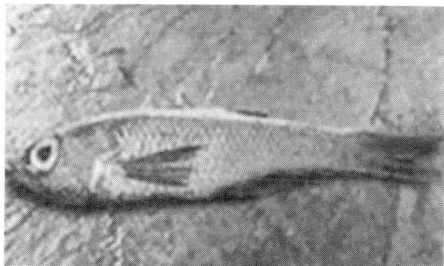

(圖二十五)

其實這組同源詞還可與"了"結合,形成"了凸""了佻"這種聯合式的雙音節詞,與"了吊""了鳥""闌單""郎當""龍鍾""潦倒""落拓"組成同源詞,核義素依然爲"懸掛",並引申爲"長遠""破弊零掛貌""疲軟無力"等義。詳見董志翹師的《同源詞研究與語文辭書編纂——以"了凸"、"闌單"、"郎當"、"龍鍾"、"潦倒"、"落拓"爲例 》①。

十七　俞:窬:楡　凡从俞皆有空意

　　朱一:俞,凡从俞皆有空意。醫書:俞,脉竅也。(《筆記·舟部》,357 頁)

　　朱二:俞,引申爲空。《内經》"俞"訓穴是也。窬(穿窬)从俞,亦訓穴。楡(今馬子)亦空中木也。(《筆記·舟部》,357 頁)

　　錢一:俞。空中木爲舟也。引申空處曰俞。醫家謂穴曰俞(俞,脉竅也)。(《筆記·舟部》,357 頁)

　　錢二:俞。空中木爲舟也。凡从俞聲字皆有空意,如"穿窬"。又醫書:俞,脉竅也。(《筆記·舟部》,358 頁)

按:在《筆記》中,章太炎認爲"俞:窬:楡"爲一組同源詞。下面進行分析。

俞,本義爲古代刳空樹木做船。《説文·舟部》:"俞,空中木爲舟也。《段注》:"空中木者,舟之始。""其始見本空之木用爲舟,其後因刳木以爲舟。"程鴻詔《復李炳奎先輩論説文俞字書》:"空中木爲舟,即中空木爲舟也。"章太炎言醫書中"俞"往往訓"穴",是也。如《黄帝内經素問》卷一:"魄汗未盡,形弱而氣爍,穴俞以閉,發爲風瘧。"此句注云:"汗出未止,形弱氣消,風寒薄之,穴俞隨閉,熱藏不出。""穴俞"同義連用。又如《黄帝内經素問》卷四:"夏刺絡俞,見血而止,盡氣閉環,痛病必下。……冬刺俞竅於分理,甚者直下閉者散下。""絡俞""俞竅"同義連用。穴、絡、竅皆有空意,故與其連用之"俞"亦有空意。　窬,本義爲門邊像圭形的小洞。《説文·穴部》:"窬,穿木户也。"《段注》:"於門旁

---

①董志翹,《同源詞研究與語文辭書編纂——以"了凸"、"闌單"、"郎當"、"龍鍾"、"潦倒"、"落拓" 爲例》,《語言研究》,2010 年第 1 期。

穿壁,以木衺直居之,令如圭形,謂之圭窬。"《廣韻·虞韻》:"窬,門邊小竇。"《禮記·儒行》:"篳門圭窬。"鄭玄注:"圭窬,門旁窬也,穿牆爲之如圭矣。"後引申爲空,挖空。《説文·穴部》:"窬,空中也。"徐灝《説文解字注箋》:"《舟部》曰:'俞,空中木爲舟也。'即鑿木如槽者。故《易》曰:'刳木爲舟。'此俞之本義也。因之穿木而洞之亦謂之窬,从穴。"《淮南子·氾論》:"古者大川名谷,衝絶道路,不通往來也,乃爲窬木方版,以爲周航。"高誘注:"窬,空也。"另外,章太炎提到了"穿窬"一詞,其指挖墙洞和爬墙頭,即偷竊行爲。《論語·陽貨》:"色厲而内荏,譬諸小人,其猶穿窬之盜也與!"何晏集解:"穿,穿壁;窬,窬牆。"《孟子·盡心下》:"人能充無穿踰之心,而義不可勝用也。"趙岐注:"穿牆踰屋,姦利之心也。"此處的"窬""踰"當爲攀爬、翻越的意思,然穿墙、窬屋互文,故窬亦有穿義。　牏,本義爲築牆時用於兩端的短板。《説文·片部》:"牏,築牆短版也。"徐鍇《説文解字繫傳》:"牆兩頭版也。"短板之間爲空,故牏有空義。而牏亦表木製的水槽,《史記·萬石張叔列傳》:"取親中帬廁牏,身自浣滌。"槽,空也。或言此"牏"同"窬",亦可。《漢書·萬石君傳》:"取親中帬廁牏,身自澣洒。"顔師古注引孟康曰:"廁,行清;牏,中受糞函者也。東南人謂鑿木空中如曹謂之牏。"王先謙補注:"廁訓爲側,牏當作窬……然則窬當是傍室中門牆穿穴入地,空中以出水(今楚俗尚有之)。"

　　在音韻上,三字上古皆爲以母侯部。

　　在詞義上,俞、窬、牏的和義素爲"空"。其義素分析法爲:

俞 =/ 刳木爲舟 /+/ 空 /

窬 =/ 門邊像圭形的小洞 /+/ 空 /

牏 =/ 短板之間 /+/ 空 /

這組同源詞的意義關係用公式表示即爲:

Y[3]=/ 刳木爲舟、門邊像圭形的小洞、短板之間 /+/ 空 /

　　可見,"俞:窬:牏"確是一組以"空"爲核義素的同源詞。然這只可證明此三字爲同源詞,但章太炎所言"凡从俞皆有空意"卻似牽强。若真如其言,則諭、喻、愈、逾、愉、踰、榆、覦等从俞之字應都有空意,然實難訓也。

十八　燀:炊:爨

朱一:燀,同爨,炊也。(《筆記・火部》,413 頁)

錢一:燀,炊也。燀、爨實是一字。(《筆記・火部》,413 頁)

錢二:燀、炊【諎】或即一字。(《筆記・火部》,413 頁)

按:《筆記》認爲"燀:炊:爨"爲一組同源詞。下面進行分析。

燀,本義爲炊。《説文・火部》:"燀,炊也。"《左傳・昭公二十年》:"和如羹焉,水火醯醢鹽梅以烹魚肉,燀之以薪。"杜預注:"燀,炊也。"後引申爲燃燒。《廣韻・獮韻》:"燀,然也。"《逸周書・周祝解》:"火之燀也固定〔走〕上,爲天下者用牧;水之流也固走下,不善故有桴。"孔晁注:"燀,然也。"《國語・周語下》:"水無沈氣,火無災燀。"韋昭注:"燀,焱起貌也。"　炊,本義爲燒火煮熟食物。《説文・火部》:"炊,爨也。"《廣韻・支韻》:"炊,炊爨。"《墨子・耕柱》:"不炊而自烹。"《論衡・知實》:"顏淵炊飯,塵落甑中。"李白《武昌宰韓君去思頌碑》:"宋城易子而炊骨。"　爨,本義爲燒火做飯。《説文・爨部》:"爨,齊謂之炊爨。"《段注》:"各本'謂'下衍'之'字。《火部》曰:'炊,爨也。'然則二字互訓。《孟子》趙注曰:'爨,炊也,'齊謂炊爨者,齊人謂炊曰爨。"《廣雅・釋言》:"爨,炊也。"《左傳・宣公十五年》:"易子而食,析骸以爨。"杜預注:"爨,炊也。"後引申爲凡燒之稱。《集韻・桓韻》:"爨,炊也。"《周禮・夏官・挈壺氏》:'以火爨鼎水而沸之,'"《論衡・感虛》:"夫㸑一炬火,爨一鑊水,終日不能熱也。"

在音韻上,聲母方面,燀、炊上古皆爲昌母,爨上古清母,舌、齒爲鄰紐;韻部方面,燀、爨上古皆爲元部,炊上古歌部,元、歌對轉。

在詞義上,燀、炊、爨的核義素爲"燃燒"。其義素分析法爲:

燀 =/ 炊 /+/ 燃燒 /

炊 =/ 煮熟食物 /+/ 燃燒 /

爨 =/ 做飯 /+/ 燃燒 /

這組同源詞的意義關係用公式表示即爲:

$Y[3]$ =/ 炊、煮熟食物、做飯 /+/ 燃燒 /

綜上所述,"燀:炊:爨"是一組以"燃燒"爲核義素的同源詞。

十九　嫧　凡从責者皆有齊意

錢一：嫧，齊也。凡从責之字皆有齊意。如齰，齒齊也。(《筆記·女部》，519 頁)

按：《筆記》認爲"凡从責之字皆有齊意"，如果章太炎所分析正確的話，那麼如"嫧：齰：幘：積：嘖(蹟)"當爲一組同源詞。下面進行分析。

嫧，本義爲整齊。《説文·女部》："嫧，齊也。"《段注》："謂整齊也。"《急救篇》第十七章"冠幘簪簧結髮紐"顏師古注："幘者，韜髮之巾，所以整嫧髮也。"　齰，本義爲上下齒整齊相對。《説文·齒部》："齰，齒相值也。"《段注》："杜云：'齒上下相值也。'按：謂上下齒整齊相對。"　幘，本義爲包頭髮的巾。《説文·巾部》："髮有巾曰幘。"《玉篇·巾部》："幘，覆髻也。"蔡邕《獨斷》："幘者，古之卑賤執事不冠者之所服也……元帝額有壯髮，不欲使人見，始進幘服之，群臣皆隨焉。"正如顏師古注《急救篇》所言："幘者，韜髮之巾，所以整嫧髮也。"幘用來整理頭髮，使髮齊整，故幘有齊整義。《釋名·釋首飾》："幘，蹟也，下齊眉蹟然也。"幘的核心義爲齊整。另幘亦通"齰"。《集韻·麥韻》："齰，齒相值。亦作幘。"《左傳·定公九年》："晢幘而衣狸製。"杜預注："齒上下相值。"陸德明《經典釋文》："幘，《説文》作齰，音義同。"　積，本義爲種植、栽種。《廣雅·釋地》："積，種也。"種植作物，一般都較爲平整，比如插秧，秧苗在田裏都呈橫平豎直狀，較爲齊整。故積有齊整義。　嘖，本義爲正。《康熙字典·止部》："嘖，《玉篇》：'助革切，音齰。正也，齊也，好也。亦作蹟。'"然查今之《玉篇》，其《正部》作"蹟"，與　"嘖"音義同。　蹟，本義爲正、齊。《玉篇·正部》："蹟，正也，齊也。"齊正及齊整。

在音韻上，聲母方面，嫧、幘上古爲莊母，齰上古爲初母，積、嘖(蹟)上古爲崇母，莊、初、崇上占皆爲齒音；韻部方面，皆爲錫韻。

在詞義上，嫧、齰、幘、積、嘖(蹟)的核義素爲"齊整"。其義素分析法爲：

嫧 =/ 一切物 /+/ 齊整 /

齰 =/ 上下齒相對 /+/ 齊整 /

幘 =/ 包頭髮的巾 /+/ 齊整 /

稹 =/ 種植 /+/ 齊整 /

蹟(蹟)=/ 正 /+/ 齊整 /

這組同源詞的意義關係用公式表示即爲：

Y[5]=/ 一切物、上下齒相對、包頭髮的巾、種植、正 /+/ 齊整 /

綜合上述分析，我們認爲《筆記》所言"凡從責者皆有齊意"雖然不免絕對化，但還是具有很高可信度的。

另按："整"當與以"責"爲右文的一組字同源，同時有可能我們對整的寫法歷來都有錯誤，"整"其實當作"整"（即從束而不從束），下面進行分析。

《説文·攴部》："整，齊也。從攴，從束，從正。正亦聲。"《説文》對"整"字形的分析歷來都有爭議，關鍵就在於對"束"的處理。王筠《説文句讀》："從束，似涉牽强。若入之正部，云：從敕，從正，正亦聲。於文似順。"王筠的解釋是正確的，因爲"敕"本身是有"整齊"義的，《廣雅·釋詁二》："敕，理也。"《漢書·息夫躬傳》："可遣大將軍行邊兵，敕武備。"顏師古注："敕，整也。"但爲何"敕"有"整齊"義，王筠卻没有涉及。我們認爲"敕"有"整齊"義是因爲"敕"字從"束"，而非從"束"。在上面的分析中，我們發現從"責"的字多有"整齊"義，而"責"本身也應該有整齊義，但是"貝"無整齊義，那麼只有"責"上面的構件有整齊義。實際上確實如此。責，《説文·貝部》："責，求也。從貝，束聲。"則"責"當寫作"賫"。束有"正"（整齊）義，甲骨文作✦（京二八二九）、✧（乙五三二八），形四方，故有"正"（整齊）義。這樣的話，敕就當作"敕"，而整就當作"整"。另外在系聯以"責"爲右文的同源詞時，我們提到"蹟"字，它的造字構件爲正、束、貝，而按照我們的分析，整的造字構件當爲正、束、攴，如果"蹟"按照"整"的結構書寫，則當作"蹞"，"整"與它形近而誤。而在《廣韻·静韻》中"整"有俗字"整"，來、束、束字形相近，多有訛誤。在音韻上，責上古莊紐錫部，整上古章紐耕部，齒音、舌音鴻細相别，錫部、耕部當爲對轉，故責、整音近。故"整"與"責"以及以"責"爲右文的字當合爲一組同源詞，核義素爲"整齊"，而"整"也當作"整"。

第七章　章太炎語源學理論的歷史地位

　　章太炎對於我國語言文字學的貢獻無疑是巨大的,比如由他首先提出了"語言文字學"這一名稱,把小學從經學的附庸中獨立出來,成爲一門獨立的人文學科。再比如他全面繼承了前代學者,尤其是乾嘉學者治《説文》的方法與精神,將舊《説文》學提高到一個更加精深的高度。再比如章太炎將自己的語言學核心價值體現於求根探源之上,以此爲基礎寫下了一系列的語源學論著,從單篇的語源學理論文章《轉注假借説》《語言緣起説》,到"一萌俗""見本字"的語源學實踐著作《新方言》《小學答問》,再到既有完備理論體系又有大量語源學實踐的"明語原"的《文始》。再比如章太炎積極吸收了其他語言中的各種學説來服務自己的語言學理論的建設和完善,如印度哲學中勝論派的學説、印度語言中的悉曇、西方語言學中"語根"的相關學説等等。再比如章太炎從中國語言文字的實際出發,與當時的一批激進的學者展開論戰,認爲中國不能廢除漢語及漢字而改用萬國新語(世界語)。再比如章太炎尊古而不泥古,積極思考漢語存在的不足以及適合漢語自身條件的改進方法,他提出了推行注音字母的具體方案,而這個方案爲我國採用的注音符號奠定了基礎。再比如章太炎一直致力於講學,他的治學精神、治學方法影響了一大批的學者,形成了我國重要的學術團隊——章黃學派(章門一派),而該學派中也湧現出了一大批重量級的語言學家如黃侃、錢玄同、沈兼士、胡以魯、徐復、朱季海、姜亮夫等等①。正如劉又辛、李茂康總結

---

①當然章太炎的弟子不僅僅局限於治中國語言文字之學,章門一派也是一個包羅萬象的學術團體。做爲著名的革命黨人、古文經學家與一代國學宗師,章太炎一生講學不輟(尤以傳統語言文字之學爲主),弟子眾多。章太炎弟子可分爲兩類:一類治學、一類從政;治學又可分爲兩類:一類治人文科學,一類治自然科學;治人文科學的又可分爲兩類:一類專治語言文字之學,一類治語言文字之學之外的學科,如史學、經學、哲學、文學、校勘學等等(當然這兩類是有交叉的)。其中黃侃、錢玄同、沈兼士、朱宗萊、徐復、姜亮夫等爲前者,朱希祖、吳承仕、馬宗藿、范古農、魯迅、周作人、劉文典、馬宗霍、湯炳正等爲後者。前者自不必多説,他們是章太炎傳統語言文字學成果和思想的直接繼承者,而後者在治學中也始終秉持著章太炎的小學思想和精神。

章太炎對我國語言學的貢獻時説到的那樣：“章太炎是十九世紀末、二十世紀初我國語言學界一位承前啟後、卓然成家的大師。他繼承了清代漢學的研究方法和成果，吸收了國外語言學的某些理論，爲我國語言文字學的發展作出了重要貢獻。”① 因爲本書的重點是討論章太炎的語源學，所以本章主要從章太炎的語源學對現代和當代的影響入手，以發現其語源學理論在現當代學界的發展，並最終對章太炎的語源學理論進行歷史定位。

第一節　章太炎語源學理論對現代語源學的影響

　　自章太炎的《文始》開始，我國進入到現代語源學的研究。我們知道，先秦的聲訓是漢語語源學研究的萌芽階段。漢末劉熙的《釋名》是先秦、兩漢聲訓的集大成者，雖然説《釋名》中牽強附會處甚多，但是它通過聲訓揭示了漢語部份詞語之間的語源關係，開“右文説”之先河。西漢揚雄的《方言》對因時地不同而音有轉變的詞語進行研究，始創“轉語”一説，開“語轉説”之先河。後來南唐徐鍇的《説文解字繫傳》、王聖美的“右文説”、宋末元初戴侗的《六書故》、清段玉裁的《説文解字注》，都是沿著“右文説”這一路子進行的。而晉代郭璞的《方言注》、明方以智的《通雅》、黃生的《字詁》《義府》、清戴震的《轉語》二十章、程瑤田的《果臝轉語記》、王念孫的《廣雅疏證》則是沿著“語轉説”這一路子進行的。“右文説”“語轉説”可以視作同源詞研究的兩條腿，缺一不可，不能有所偏廢。但古人研究往往顧此失彼，一條腿走路，這樣同源詞的研究就不可能十分科學。自章太炎《文始》開始，我國的漢語語源學研究才開始慢慢走上康莊大道。王寧對《文始》的評價是這樣的：

　　　　他（筆者注：章太炎）設計了“語根”的概念，訂立了“孳乳”“變易”兩大條例，以聲音爲線索，撰成了《文始》一書，其目的是想尋求積聚在表層平面上的由漢字負載的詞語深層的歷史發展脈絡。《文始》是漢語詞源學的初創之作,雖從微觀的字詞關係考察,頗多疑義,顯然不很成熟,但太炎先生旨在將《説文》平面的形義系統重組爲歷史的音義系統的理念,實在是難得的創新,他爲傳統"小學"向現代科學的歷史語言學發展,開拓出一條嶄新的道路,也爲《説文》學走向現代邁出了極有意義的一步。①

在章太的學術體系中,小學是他的重心;而在他的小學中,語源學又是他的重心。所以可以説,語源學是章太炎一切學問的重中之重和根基所在。正是由於這一原因,章門中的眾多學者也十分關注語源的問題。另外,章太炎的語源學對同時期章門以外的學者也産生了積極的影響。何九盈在《中國現代語言學史》説到:"20世紀上半期研究漢語詞源學的有五大家,即章炳麟、劉師培、高本漢、楊樹達、沈兼士。"②此五人中,沈兼士自不必多説,作爲章太炎的學生,他是章太炎語言學思想最重要的繼承人之一。劉師培和章太炎多有學術上的交流,這從章給劉的信札中可見一斑③,另外章太炎作《新方言》時也採用了劉師培的一些發明④。楊樹達雖不爲太炎弟子,但與太炎交往頗多,兩人亦常切磋學問,而章太炎的語源學理論也對楊樹達影響頗深。除了何九盈提到的劉師培、楊樹達、沈兼士以外,現代很多學者的語源學理論或語源學實踐都受到了章太炎的影響,如黃侃、朱宗萊、馬宗薌等,本節將對以上數人所受章太炎語源學之影響進行討論。

一　沈兼士對章太炎語源學的繼承和發展

沈兼士(1887—1947),原名堅,一名臤士、堅士,字兼士,以字行,浙江吳興人(今屬湖州),生於陝西漢陰。我國著名語言文字學家、文獻檔案學家。沈兼士1905年東渡日本求學,1908年於東京國學講習會從章

①《章太炎説文解字授課筆記·前言》,中華書局,2008年,7頁。
②何九盈著,《中國現代語言學史》(修訂本),商務印書館,2008年,575頁。另,何九盈的原文是"六家",如果確爲六家的話,當在章太炎後面加上"黃侃",但本節何九盈並沒有專門提及黃侃,故此處恐爲筆誤。
③詳見馬勇編,《章太炎書信集》,河北人民出版社,2003年,71—82頁。
④《新方言·序》:"會儀徵劉光漢申叔、蘄春黃侃季剛亦好小學,申叔先爲札記三十餘條,季剛次蘄州語及諸詞氣。因比輯余説及二君所診發者,亡慮八百事,爲《新方言》十一篇。"《章太炎全集》(七),上海人民出版社,1999年,5頁。

太炎學習。1912 年 2 月,沈兼士與其他章門弟子發起成立"國學會",邀章太炎擔任會長。是年秋至北京。1913 年夏,任教於北京大學,擔任北大預科和文科教授、國史編纂處編纂員,並兼任北京女子師範大學教授。1919 年春擔任北大國文研究所語典總編輯。1922 年北大研究所國學門成立,擔任國學門主任。1935 年,章太炎於蘇州成立"章氏國學講習會",沈兼士爲發起人之一(發起人共 45 人)。1947 年 8 月 2 日,因腦溢血逝世於北平。沈兼士還擔任過北平中法大學教授、清華大學國文系教授、教育部"國語統一籌備會"委員、"國語推行委員會"委員等職。沈兼士平生精研文字訓詁之學,在探討、總結傳統的訓詁學理論方面,成績顯著,發現甚多。著有《段硯齋雜文》《廣韻聲系》和《沈兼士學術論文集》等。其中《右文説在訓詁學上之沿革及其推闡》更是近現代研究右文學説的扛鼎之作。

沈兼士治中國語言文字學的方法深受其師章太炎的影響,即把語源學作爲治學的核心。沈兼士在其語源學論著《聲訓論》開篇便談到他研究語言學的旨趣和方向:

> 余近年來研究語言文字學有二傾向:一爲意符之研究,一爲音符之研究。意符之問題有三:曰文字畫,曰意符字初期之形音義未嘗固定,曰義通換讀。音符之問題亦有三:曰右文説之推闡,曰聲訓,曰一字異讀辨。二者要皆爲建設漢語字族學之張本。[①]

我們不難看出,沈兼士治學的核心目標是"爲建設漢語字族之張本",而他所言意符研究和音符研究的六個方面也皆和語源學有密切的聯繫。這足可見沈兼士受章太炎語源學思想影響之深。下面我們結合具體實例來分析沈兼士對章太炎語源學的繼承和發展。

(一)沈兼士的《説文》學研究

《説文》學是章門一派治語言文字之學的核心,可以説没有對《説文》的深入研究,就没有後來的章黄學派。同時,章黄學派也把《説文》之學推到了一個新的高度。王寧在《論章太炎、黄季剛的〈説文〉學》中説到:"(章黄)純熟地繼承了乾嘉學者的研究成果之後,不僅進入了更加

---

①沈兼士著,《沈兼士學術論文集·聲訓論》,中華書局,1986 年,256 頁。

高難的境界，而且異峰突起，奇徑屢闢，在《説文》學上有了新的突破。”[①] 作爲章太炎的早期弟子，沈兼士早在 1908 年就在日本東京國學講習會系統聆聽章太炎講授《説文》，隨之走上研究中國傳統語言文字學的道路。沈兼士之弟子欒芝田、張迺芝、高景成在《沈兼士先生事略》中對沈氏問學太炎有如下記載：“時章太炎於東京設帳講授《説文》，（沈兼士）與兄及黄侃、錢夏、許壽裳、周樹人諸氏往學焉，自是遂立志於語言文字學及革命事業。”[②] 無疑，沈兼士是其師章太炎《説文》學的繼承者，並在章太炎的基礎上把《説文》之學推向了一個更現代更精密的高度。我們將從沈兼士用新的材料來驗證《説文》，用新材料來探《説文》小篆字形之原義兩個方面進行論述。

1. 用新材料來驗證《説文》

這裏我們説的新材料，多指甲骨文和金文。在沈兼士或稍早於他的時代，有很多學者篤信《説文》，而對新出土的文字材料是持懷疑態度的，其中比較典型的就是章太炎。章太炎曾專門寫過一篇質疑甲骨文、金文的古文字學論著，其名爲《理惑論》，他認爲除了《説文》中的獨體字、《周禮》故書和《儀禮》古文中有《説文》未録者、邯鄲淳《三體石經》、陳倉石鼓以外，其他文字材料都是可疑的。章太炎在文中談到：

> 余以爲求古文者，宜取《説文》獨體，觀其會通。攝以音訓，九千之數，統之無慮三四百名。此則蒼頡所始造也。五帝三王之世，改易殊體。今既不獲遠求遂古，《周禮》故書，《儀禮》古文，有《説文》所未録者，足以補苴闕遺。邯鄲淳《三體石經》，作在魏世，去古猶近。其閒殊體，若虞字作㶣之類，庶可采録。旁有陳倉石鼓，得之初唐，晚世疑爲宇文新器，蓋非其實，雖叵復見遠流，亦大篆之次也。四者以外，宜在闕疑之科。[③]

“四者之外”，當然包括金文以及甲骨文，而下文更是抨擊甲骨文爲“矯誣之器”“荒忽之文”，並詳細説明了他不信甲骨文的原因，即：

> 又近有掊得龜甲者，文如鳥蟲，又與彝器小異。其人蓋欺世豫賈

①王寧，《論章太炎、黄季剛的〈説文〉學》，《漢字文化》，1990 年第 4 期。
②欒芝田、張迺芝、高景成，《沈兼士先生事略》，《龍門雜誌》，1947 年第 1 卷第 6 期。
③章太炎撰，龐俊、郭誠永疏證，《國故論衡疏證·理惑論》，中華書局，2008 年，221—223 頁。

之徒。國土可鬻，何有文字，而一二賢儒，信以爲質，斯亦通人之蔽。按《周禮》有釁龜之典，未聞銘勒，其餘見於《龜策列傳》者，乃有白雉之灌，酒脯之禮。梁卵之被，黃絹之裹，而刻畫書契無傳焉。假令灼龜以卜，理兆錯迎，釁裂自見，則誤以爲文字。然非所論於二千年之舊藏也。夫骸骨入土，未有千年不壞，積歲少久，故當化爲灰塵。龜甲蜃珧，其質同耳。古者隨侯之珠，照乘之寶，琀珧之削，餘蚳之貝，今無有見世者矣。足明堊質白盛，其化非遠，龜甲何靈，而能長久若是哉？鼎彝銅器，傳者非一，猶疑其僞，況於速朽之質，易蘦之器，作僞有須臾之便，得者非貞信之人，而羣相信以爲法物，不其慎歟。①

　　不信甲骨、排斥甲骨，確實是章太炎學術上的一大不足。祝鴻熹先生在《章炳麟——現代漢語言文字學的開山大師》中說到："章太炎在學術上的一大失誤是過於信奉《説文》而懷疑、排斥古文字，特別是甲骨卜辭。……這就影響到章太炎對漢字本義古義的推求。"② 但章太炎不信甲骨是和當時的時代背景分不開的。甲骨之學開始引起學術界關注，是以劉鶚的《鐵雲藏龜》和孫詒讓的《契文舉例》作爲標誌的，兩書分別於 1903 年和 1904 年刊行，這期間章太炎正因"蘇報案"囚於獄中。出獄後，章太炎直接東渡日本，所以他一直沒能全面地看到甲骨材料，或者說其看到的甲骨材料是十分有限的③。另外，當時在國内僞造甲骨之風盛行，很多文物販子從中牟取暴利，董作賓就明確指出："僞刻之多，到處皆是，數量著實驚人。"④ 著名歷史學家、考古學家李濟也說："在殷墟發掘以前，甲骨文字的真實性是假定的，就是沒有章太炎派的置疑，科學的歷史家也不能把它當作頭等的材料看待。"⑤ 章太炎早年全盤否定甲骨文金

① 章太炎撰，龐俊、郭誠永疏證，《國故論衡疏證·理惑論》，中華書局，2008 年，232—235 頁。
② 祝鴻熹，《祝鴻熹漢語論集》，中華書局，2003 年，9 頁。
③ 《理惑論》一文當寫於 1904 年之後的數年，成於日本東京，所以我們説章太炎當時看到的甲骨材料是有限的。在《國故論衡·理惑論》題解中郭誠永作按："《國故論衡》於一九一〇年（清宣統二年）寫定。《理惑論》之作，雖尚未確知其歲月，然國人首見之甲骨文字及其考釋，莫先於劉鶚之《鐵雲藏龜》、孫詒讓之《契文舉例》。劉書於一九〇三年（清光緒二十九年）影行，孫書於一九〇四年（清光緒三十年）問世。則章氏此文當作於爾後數年間可知。" 章太炎撰，龐俊、郭誠永疏證，《國故論衡疏證·理惑論》，中華書局，2008 年，219 頁。
④ 董作賓著，《甲骨學六十年》，載《中國現代學術經典·董作賓卷》，河北教育出版社，1996 年，198 頁。
⑤ 李濟，《李濟文集》卷五，上海人民出版社，2006 年，167 頁。

文,這是和自身的學術背景以及時代局限密不可分的。但到了沈兼士的時代,甲骨文和金文的材料已經蔚爲大觀,而且可信度也大大增加,甲骨文、金文的真實性已經毋庸置疑,再加上學術界對於甲骨文、金文、的研究已蔚然成風,所以理所當然沈兼士在研究《説文》時對待甲骨文、金文的態度與其師章太炎是有很大差別的。我們從沈兼士爲容庚《金文編》所作之序中便可見他對甲骨文、金文的重視程度,其言:"居嘗謂現代治文字學者之先務有二事:一以卜辭金文參驗《説文》以索形體之原始,斯學吳大澂、孫詒讓、羅振玉、王國維四家已引其端緒。"[①]

　　除了在對甲骨文和金文的態度上持肯定態度,沈兼士在自己的《説文》研究中也積極利用甲骨文、金文材料,這一點也是較之其師章太炎要有進步的。比如沈兼士就從甲骨文、金文的字形出發,來校驗《説文》中的小篆,以探索其構字理據。下面我們例舉針對同一字章太炎與沈兼士在說解上的不同,以觀新材料之重要性:

(1)戌

　　朱二:戌,即滅也。最初只有戌字,後孳乳爲威、滅。戌從戊,用以威人也。

——章太炎《筆記·戌部》[②]

　　《説文》:"戌,滅也。"字從戊,即矛字。從一,象矛所傷。(朱駿聲説。)此合體指事字也。與劌爲利傷亦相近,蓋劌之古文也。孳乳爲威,滅也。爲滅,盡也。

——章太炎《文始一·陰聲泰部乙》[③]

　　《説文》:"戌,滅也。"《釋名·釋天》:"戌,恤也,物當收斂矜恤之也。亦言脱也。"案羅振玉云:"卜辭中戌字象戉形,與戉殆是一字。古金文戌亦多作戉,仍未失戉形。《説文》作戌,云从戊含一,于是與戉乃離爲二矣。"戉爲兵器,用以傷人,故戌亦有刻削之義……以是知戌之訓滅,訓恤,不爲無理。

——沈兼士《聲訓論》[④]

①沈兼士遺著,《段硯齋雜文·〈金文編〉序》,知識產權出版社,2014年,31頁。
②《章太炎説文解字授課筆記》,中華書局,2008年,618頁。
③《章太炎全集》(七),上海人民出版社,1999年,183頁。
④沈兼士著,《沈兼士學術論文集·聲訓論》,中華書局,1986年,279—280頁。

　　按：《筆記》和《文始》一脈相承，都討論了戌和滅的關係，戌、滅爲同源詞當無疑問（關於這組同源詞的分析，詳見"章太炎語源學理論實踐"一章）。另外，章太炎也採用了朱駿聲對戌與戊關係的分析，即"（戌）從戊，即矛字。從一，象矛所傷"。我們發現雖然章太炎不信甲骨文、金文，《筆記》和《文始》也不用甲骨文、金文的材料，但他對"戌"字形的説解還是到位的。但是其從戌所從"戊"入手，讚同朱駿聲"戊即矛字"，這是有待商榷的，因爲從"戊"的甲骨字形**來看，其不是矛而是斧一類的武器。同時章太炎讚同"戌"中的"一"爲指事符號，指事爲武器所傷，這也是合理的。但是沈兼士更進一步，直接從戌的甲骨字形入手，來證明《説文》《釋名》的説解是正確的。戌，甲骨文作**，其字形當爲斧鉞一類的武器，而鉞（戉）甲骨文作**，金文作**，顯然與"戌"十分相近。然後沈兼士從"戌"斧鉞的字形出發，認爲其有刻削之義，同時當然也有滅義和恤（憂慮）義。

（2）甲

　　　　朱二：甲。十干、十二支皆怪誕不可解。"會朝"訓"甲朝"，即《楚辭》"甲之鼂吾以行"。大約甲乙等字多有本誼，而以五行説坿之，乃不可解。

　　　　　　　　　　　　　　　　　——章太炎《筆記·甲部》[1]

　　《説文》："甲，陽氣萌動，从木戴孚甲之象。"《大一經》曰："甲爲人頭"古文亦作**，始一見於十。案甲字古文或作十，彝器多然，誠難盡信。《繹山刻石》戓字作戎從十，則古文甲實作十，象甲乇之形，恐與數名之十本非異字。十音如葉，甲音如狎，本同聲。十在數名又衍作什，爲什長，古亦但作十。十軟以甲爲什長，故言十即言什也。其作**，作**者，固皆初文，然實因十而製也。

　　　　　　　　　　　　　　　　——章太炎《文始七·陽聲緝部丁》[2]

　　《説文》："甲，从木戴孚甲之象。"《釋名·釋天》："甲，孚甲也，萬物解孚甲而生也。"又《釋形體》："甲，闔也。"案卜辭金文甲字作十，或作**，〇象外之孚甲，十，其坼也。果字之上亦作**，《説文》楙

下云:"厂之性坼,果孰有味亦坼",是其義也。田之中直引而下行,
篆變作串。……《説文》音符字之从甲聲者:呷訓吸呷,柙訓檻,閘
訓開閉門(金文甲作十,才作屮,形頗類似,故有疑閉與閘於古或爲一
形者),匣訓匱,諸字同具蓋藏禁閉之義。

——沈兼士《聲訓論》[①]

　　按:《筆記》中明確了甲乙這一類的天干地支字是有本義的,但後人
多以五行强爲説解,反而讓該類字更不可解。在《文始》中,章太炎談到
了"甲"的古字在彝器中或作"十",但其態度是"誠難盡信"。而其對於
傳世的石刻文字是相信的,比如嶧山石刻。通過可信的傳世文字,章太
炎認爲甲之"十"形即"甲毛之形",也就是草木萌生之狀,而《説文》古
文之命和小篆之串皆從"甲毛之形"而來。雖然章太炎分析"甲"的本義
與字形時没用"誠難盡信"的金文材料,但分析顯然是正確的,加之用了
音韻的材料,更讓人信服。我們發現沈兼士對"甲"本義的分析與章太
炎有異曲同工之妙,即皆從"甲"之古文入手,只是較之章太炎,加入了
甲骨文和金文的材料,甲骨文、金文皆有"十""田"之形,比如甲骨一期
後上三·一六作十,一期前三·二二·四作田;金文頌鼎作十,兮甲盤作田。
另外,沈兼士也分析了甲的小篆字形作串的原因,即由田中的豎劃"引而
下行"所得。最後,沈兼士還系聯了以"甲"爲右文的一批同源詞,如呷、
柙、閘、匣,這組同源詞的核義素爲"蓋藏禁閉",其中柙、閘、匣皆出現在
章太炎《文始》的"甲"語族中,而"呷"不見於"甲"語族,這也見沈兼士
對章太炎《文始》的繼承與發展。

　　2. 用新材料來探索《説文》小篆字形之原義

　　《説文》中許慎對於字義的説解多爲本義,但也不盡是,同時説解也
存在著一定的迂曲或錯誤,這是和許慎所處時代的局限性與《説文》一
書的性質有關。局限性自不用多説。而《説文》的性質是用來解釋儒家
經典的,而經典中的很多字義不是用字的本義能解釋得了的。但後世小
學家多遵《説文》而致泥於《説文》,直到甲骨文、金文等一批新材料出現
後,才爲系統研究《説文》中小篆字形的原始樣貌提供了可能,正如沈兼
士所言:

---

①沈兼士著,《沈兼士學術論文集·聲訓論》,中華書局,1986年,280頁。

　　輓近學者復知《說文》所說尚不足以代表文字之原始意義,且
每字之原始意義亦不盡具於一般訓詁書中。蓋語言之歷史較文字
之歷史爲悠久,載籍所用之文字,儘有已經多次變化之語義故也。
文字意義之溯源,恰如考古學家之探檢遺跡遺物然,重要之目的物,
往往深藏於地層之下,非實行科學的發掘,不易覓得。故探檢字義
之原,亦須於古文獻即古文字中披沙檢金,細心搜討。①

　　沈兼士利用古代文獻與古代文字雙重論證的方法來探討《說文》中
小篆字形的原始意義,這樣的做法顯然是科學的。這也讓他對"鬼"字
之原始義有了更深入的理解。我們不妨把章太炎與沈兼士對"鬼"的說
解進行比較,以窺沈氏之進步。

　　朱二:鬼。人所歸爲鬼,鬼从甶,獸也,猶鬼魅罔兩也。則鬼即
夔字,夔亦作歸,四川夔州當作歸州。

——章太炎《筆記·鬼部》②

　　《說文》:"甶,鬼頭也。象形。"《唐韻》作敷勿切,聲與髟近。
髟,老精物也。然禺及虞中猛獸頭悉作甶,疑本獸頭之通名。甶、髟
古同聲,髟如人被髮,頗以甶即髟之古文,被髮故獨言其頭似人,故謂
之鬼,鬼疑亦是怪獸。

——章太炎《文始二·陰聲隊部甲》③

　　按鬼字據卜辭及金文,其形原應作𤲮,象其全身,非从人也。从
厶者,乃後變之體。許說字義固不免蔽於後起之訓。

——沈兼士《"鬼"字原始意義之試探》④

　　又按卜辭有𤲮字,爲邑名,郭沫若釋爲魃。《卜辭通纂考釋》征
伐第四九八片下云:"葉玉森釋鬼,案係象人戴面具之形,當是魃之
初文。《周官·夏官》:'方相氏掌蒙熊皮,黃金四目。'鄭注云:'如
今魃頭也。'……《說文》:'䫏,醜也,今逐疫有䫏頭。'……魃、䫏,
均爲後起之形聲字,得此知魃頭之俗,實自殷代以來矣。"按皮魃之

————————

①沈兼士著,《沈兼士學術論文集·"鬼"字原始意義之試探》,中華書局,1986年,186頁。
②《章太炎說文解字授課筆記》,中華書局,2008年,380頁。
③《章太炎全集》(七),上海人民出版社,1999年,203頁。
④沈兼士著,《沈兼士學術論文集·"鬼"字原始意義之試探》,中華書局,1986年,189—190頁。

製,其始必有所仿相,疑古代𩴻人至醜,後世仿其形爲面具以逐疫耳。魌之與鬼,疑亦轉語也。得此亦可明醜字从鬼,其義有由來矣。

————沈兼士《"鬼"字原始意義之試探》①

按:鬼,《説文》:"鬼,人所歸爲鬼。从人,象鬼頭。鬼陰氣賊害,从厶。𩲡,古文从示。"《段注》在分析鬼之字形時,改許説"从人,象鬼頭"爲"从儿、由象鬼頭",章太炎採段説,把鬼字上部識作"由",像鬼頭,實爲獸頭。而沈兼士利用了甲骨文和金文的材料,如在金文中便有作界之形,該字形下不从人而"象其全身"。另外,從界之字形可以看出鬼之从厶是後起的,即沈兼士所言"後之變體",所以《説文》中"鬼陰氣賊害,从厶"當與"鬼"原始字形無關。《段注》在解釋"鬼陰氣賊害,从厶"時説:"陰當作会。此説从厶之意也,神陽鬼陰,陽公陰私。"而這個"厶"對於"鬼"的原始意義來説就是後世的附加義,其實是沒有意義的,甚至是會改變鬼的原始意義的,所以沈兼士説"許説字義固不免蔽於後起之訓"。在探尋得"鬼"之形的字時,沈兼士又用甲骨字形對"醜"進行了分析,重點考察了𩴻這一字形,其讚同郭沫若釋𩴻爲"魌"的説法,並認爲魌人至醜,故"後世仿其形爲面具以逐疫耳",同時也印證了醜字从鬼之由。其實,關於鬼這一語族,章太炎多有論及,其在《筆記》《小學答問》《文始》中都有所討論,而沈兼士在《"鬼"字原始意義之試探》中援引章太炎在《小學答問》和《文始》中的分析後説到:"章説言之成理,持之有故,遠勝王(筆者注:王爲王充)説,兹再從古文字及古文獻兩方面加以檢討,爲之補證如左。"②這足可見章太炎的治學對沈兼士影響之深,也足可見沈兼士對章太炎學説的繼承與發展。

(二)沈兼士的右文研究

沈兼士是現代語源學史上的大家,他充分繼承了章太炎治語源學的方法,並在此基礎上有所發展與創新。許嘉璐在《章太炎、沈兼士二氏語源學之比較》中就對沈氏發展章氏之語源學有所論及,其言:"兼士先生誠後出轉精、勝於藍者也。較之章氏,精密細緻尚屬末節,尤爲獨到者即歷時觀

①沈兼士著,《沈兼士學術論文集·"鬼"字原始意義之試探》,中華書局,1986年,193—194頁。
②沈兼士著,《沈兼士學術論文集·"鬼"字原始意義之試探》,中華書局,1986年,189頁。

念明,字字求其發生次第,自個體分析歸納總體之公式。"① 其中"字字求其發生次第,自個體分析歸納總體之公式"實際指的就是沈兼士語源學體系中的右文學說,而沈兼士對新右文理論的提出和對右文的系聯實踐不僅是他語源學最重要的組成部分,也是他對語言學界貢獻最大之處。我們將從兩個方面來分析沈兼士對章太炎右文學說的繼承與發展,一是沈兼士新右文理論的提出,二是他針對自己右文學說進行的實踐。前者以《右文說在訓詁學上之沿革及其推闡》爲例,後者以《廣韻聲系》爲例。兩者一脈相承,互爲支撐,構建起沈兼士語源學研究的整體框架和具體內容。

1. 沈兼士的新右文理論

在本書第四章"章太炎的右文學說"中,我們已經詳細論述了章太炎的右文理論,所以不再贅述,這裏只把章太炎對前賢右文說的繼承與批判摘録於下:

> 昔王子韶刱作右文,以爲字从某聲,便得某義,若句部有鉤、笱,臤部有緊、堅,丩部有糾、樛,辰部有蜄、脤,及諸會意形聲相兼之字,信多合者,然以一致相衡,即令形聲攝於會意。夫同音之字,非止一二,取義於彼,見形於此者,往往而有,若農聲之字多訓界大,然農無界大義,支聲之字多訓傾衺,然支無傾衺義。蓋同韻同紐者,別有所受,非可望形爲驗,況復旁轉對轉,音理多涂;雙聲馳驟,其流無限,而欲於形內牽之,斯子韶所以爲荆舒之徒,張有沾沾,猶能破其疑滯。今者小學大明,豈可隨流波蕩?《文始》所說亦有專取本聲者,無過十之一二,深懼學者或有錮駐,復衍右文之緒,則六書殘而爲五,特詮同異,以譏方來。②

從這段話我們可以看出章太炎對右文說的態度:(1)承認右文說的合理性。比如"農聲之字多訓界大""支聲之字多訓傾衺",這些"信多合者"。但在分析右文時,章太炎已多注意措辭,不說"農聲之字皆訓界大"而言"農聲之字多訓界大",不說"支聲之字皆訓傾衺"而說"支聲之字多訓傾衺",這說明章太炎對右文說的態度已從早期的絕對化變得留有餘

---

① 許嘉璐,《章太炎、沈兼士二氏語源學之比較》,收入葛信益、朱家溍編,《沈兼士先生誕生一百週年紀念論文集》,紫禁城出版社,70 頁。
② 詳見《文始·敘例·略例庚》,《章太炎全集》(七),上海人民出版社,1999 年,163 頁。

地了。（2）批判右文説不合理之處。比如"取義於彼,見形於此者,往往
而有";又如從農聲之字多有厚大義而"農無冔大義",從支聲之字多有傾
斜義而"支無傾衰義"。碰到這種情況就只有從音下手,不能拘泥於形,
即"非可望形爲驗"。（3）對於字義來説音是最主要的線索,形往往只能
解決形聲字（當然也不能全部解決,例外是非常多的）,所謂"旁轉對轉,
音理多涂;雙聲馳驟,其流無限",不能"於形內牽之"。這也是《文始》
後來"專取本聲者,無過十之一二",最終擯棄"八千餘形聲字自然之途
徑",而"從廿三部成均圖假定之學説"來研究文字變易與孳乳的原因所
在了。爲了避免右文説的極端性,章太炎寧願擯棄它,進而去尋找新的
分析文字變易、孳乳的辦法。他的確是找到了,而且找得很準確,即因聲
求義。

　　通過第四章"章太炎的右文學説"中的分析,我們知道章太炎對右
文説態度的巨大轉變,即一開始篤信右文説,後來發現了右文説的漏洞,
開始從右文轉向音轉。章太炎以"音義相讎"的變易和"義自音衍"的
孳乳作爲漢字變化發展的兩大規律,並在《成均圖》中分古韻爲二十三
部,以規定韻轉之法;又分古聲紐爲二十一紐,以規定聲轉之法。在《文
始》中,章太炎設初文、準初文共五百一十字,按音韻關係分爲九大類
二十三小類,並按意義關係對五六千個漢字進行系聯,形成網狀結構,以
意義關係爲經,以音轉關係爲緯,即"經以同訓,緯以聲音"。章太炎在尋
求新方法去研究文字間聲義關係的同時,對於右文説並沒有全盤否定,
而是吸收了右文説的合理成份,以配合他的"聲首"概念以及變易與孳
乳理論,從而建立起一個更大更系統的體系。針對其師章太炎的嘗試,
沈兼士有非常精闢的評論:

　　　　不但此也（筆者注:《語言緣起説》中章太炎對右文説的改進）,
　　章先生之論更有進於前人者:（一）自來訓詁家尟注意及語根者,章
　　氏首先標舉語根以爲研究之出發點,由此而得中國語言分化之形
　　式,可謂獨具隻眼。（二）根據引伸之説,系統的臚舉形聲字孳乳之
　　次第,亦屬創舉。[1]

────────────

①沈兼士著,《沈兼士學術論文集·右文説在訓詁學上之沿革及其推闡》,中華書局,1986年,
　111頁。

但是,我們知道擯棄右文説會給語源學的系聯帶來一系列的問題。因爲雖然説同一語族中的各字都存在"音義相讎"或"義自音衍"的關係,但是音和義都是抽象的,唯形是具體的,而毋庸置疑,右文又是最能直接反映同族詞的標誌。雖然我們當然知道同一右文不一定是同一語源,但我們完全可以在具體的語源系聯中進行甄別。但像章太炎那樣,似乎有點極端,也甚爲可惜,因爲《説文》9353字中,有八千多的形聲字,它們的來源最爲明顯,也最成系統,這是研究漢語(漢字)最爲寶貴的財富。但是在《文始》中,章太炎卻基本抛棄了最成系統的形聲字,同時轉戰語轉的陣地,這的確可惜。對此沈兼士也深感遺憾和疑惑,其言:

> 章先生以後作《文始》,殆即動機於此。惟舍八千餘形聲字自然之途徑,從廿三部成均圖假定之學説,其方法復改弦更張矣。……今《文始》全書取本聲者,才及十一,將謂二十三部之通轉,勝於聲母與形聲字自然分化之爲可信邪?①

而沈兼士在給魏建功的信中,雖未指名道姓,但是我們可以看出沈兼士對章太炎篤信音轉卻擯棄右文的批評,其言:"免得考證者拿那些'音近義通''古今音變''一聲之轉'等含混的話來殺溷人眼。"②

另外,雖然章太炎力求擺脱右文的桎梏,但因爲漢字就那麼多,形聲字又占絕大多數,所以章太炎在實際操作中有意無意會把右文作爲系源的標準。沈兼士敏鋭地發現了這一點,並引章太炎《語源緣起説》中的實例來論證右文在語源系聯中的重要作用。在《語源緣起説》中,章太炎爲了證明"同一聲類,其義往往相似",故系聯了五組同源詞,即"爲、偽、譌、諉""禺、偶、寓、遇、耦""乍、作、詐、昨""羊、甚、揕、戡、堪、湛、酖、鳩、任、男、農""辡、辯、辨、辮、瓣"③。章太炎不僅舉出這五組同源詞,還細緻分析了每組的引申順序,最終得出同一語源中各自的關係實爲

---

① 沈兼士著,《沈兼士學術論文集·右文説在訓詁學上之沿革及其推闡》,中華書局,1986年,111—112頁。

② 沈兼士著,《沈兼士學術論文集·關於考訂方言用字答魏建功君書》,中華書局,1986年,20頁。

③ 這五組同源字我們不用冒號隔開而用頓號隔開是因爲除了"禺"字族外,其他四組都不是"直線型"的引申,而是"放射性"的引申。關於"直線型引申"和"放射性引申"可以參看本書第一章"語源與語源學"的第二節"語源學"。

"一字遞衍爲數名"。沈兼士根據章太炎對每組同源詞引申順序的分析，製作了如下的五個表：

```
    I          II         III            IV                    V
    爲         禺          乍              羊                    辡
    │          │          │         ┌────┼────┐               │
  僞──譌       偶          作        甚    任    男             辯
    │          │     ┌────┴────┐    │    │    │               │
    譌         寓   （造作）（始）（尤安樂）（直刺）農           辨
               │      詐    昨    湛    揕                   ┌──┴──┐
               遇                   │    │                  瓣    辡
               │                   酖    裁
               耦                   │    │
                                    鴆    堪
```

從以上五個表，我們不難發現章太炎所舉5組同源詞共涉及28個漢字[1]，除了"爲"字族中的"譌"、"羊"字族中的"任""男""農"這4字外，其他皆是以本族字根（爲、禺、乍、羊、辡）爲聲符，完全就是右文的同源詞系聯。沈兼士用章太炎右文之實例，來論證右文對於同源詞系聯之重要意義，其言："觀此知所舉引伸義各字十九皆與表示語根之字爲聲母與形聲字之關係。是雖不明言右文，而右文之說得此益增有力之憑證。"[2]

沈兼士在《右文說在訓詁學上之沿革及其推闡》第六章中，對歷來諸家右文之說作一總評，認爲以前諸說，缺少歷史眼光和科學方法。其實右文之字，屢經衍變，對聲符相同而字義相去較遠的字，要作具體分析，切忌一概而論，動輒謂"凡從某聲，皆有某義"；而文字孳乳，音衍形異，所以語音相近的字雖然聲符不同，字義也可能相通（如"今""禁"之右文均有含蘊義）；研習右文，雖然應以《說文》爲本，但是也需要參考別的文獻，以溝通音理，不可一味拘泥於《說文》。在此基礎上，沈兼士用精密的歸納法擬出右文說的一般公式，又分別舉例說明本義分化式、引申

---

①其實應當是29個漢字，在"爲"組中實爲5字，而非4字，沈兼士所列之表少了"蝯"字，《語言緣起說》："如立爲字爲根，爲者母猴也。……爲之對轉爲蝯。"詳見章太炎撰，龐俊、郭誠永疏證，《國故論衡疏證·語言緣起說》，中華書局，2008年，179頁。

②沈兼士著，《沈兼士學術論文集·右文說在訓詁學上之沿革及其推闡》，中華書局，1986年，111頁。

義分化式、借音分化式、本義與借音混合分化式、複式音符分化式以及相反義分化式。

由上可知，沈兼士的右文理論和傳統的右文説是有非常大的區別的，我們稱之爲"新右文"理論。新右文理論分成傳統和現代兩個部分（或言狹義和廣義兩個部分）。傳統方面（狹義方面），沈兼士繼承了前人右文學説中科學的成分，並加以發展，即以右文之形爲系聯線索，使其作爲同聲符形聲字的語根，然後在同聲符的形聲字中總結一個或幾個具有"最大公約數"性質的語源義，這個最大公約數在形上是右文，在義上相當於核義素。此類如沈兼士系聯的"斯：蜇：癖：澌：漸""夗：苑：訑：智：盌（怨）：宛：怨：嫛（婉）""農：盥（膿）：襛（穠）：襛：濃：醲"等。現代方面（廣義方面），沈兼士不拘右文之形，而是以右文之音義爲系聯線索，這對現代語源學有非常大的貢獻，沈兼士稱其爲"複式音符分化式"。如以"參""真"爲例，兩者字形雖異，但音近義通，在音韻上兩者上古均爲章母真部，在義上兩者都有"稠密重滯"和"高起"之義，所以沈兼士同時以"參""真"爲語根，系聯了一組多達 31 個同源字的龐大語族。既吸收傳統右文學説中合理的成分，又不拘形體，以右文的音義爲系聯線索，同時在具體的系聯過程中又非常謹慎，而不像其師章太炎《文始》中那樣系聯標準較寬。這就是沈兼士新右文説較之前人更加科學之原因，也是其對語源學理論做出的重大貢獻之一。

2. 沈兼士的新右文理論實踐——《廣韻聲系》

小學是章門一派的根基，而治小學中又最重視求根探源、系聯字族，其實也就是語源學。在章門中，很多學者都進行過語源學的研究，章太炎自不必多少，而黃侃、沈兼士也是現代語源學的大家，而其他如朱宗萊、馬宗薌、吳承仕、胡以魯、汪東等章門弟子都對語源學理論或語源學實踐有所涉及，而且收穫頗豐。但是在章門中利用自己的語源理論作爲指導，並利用大量的材料作爲支撐，最終形成語源學著作的，只有章太炎的《文始》和沈兼士的《廣韻聲系》。關於《文始》的理論性和實踐性的關係，王寧已做過明確的論述，即《文始》用孳乳和變易兩大條例來統帥漢字之間的同源關係，用《成均圖》把音韻學的研究成果運用到字源的研究中，以對轉、旁轉來描寫同源字之間聲音變化的軌跡。……《文始》的實踐可以用一句話來概括，那就是以初文、準初文爲起點，來歸納

《說文解字》的字族"①。而關於《廣韻聲系》的理論性和實踐性的關係，我們認爲沈兼士是以自己的"新右文說"作爲理論指導，以《廣韻》中的形聲字作爲研究對象，依黃侃的 41 聲類進行排列，同聲類者又按 206 韻爲先後順序，以形聲字的主諧字爲綱，逐層系聯。從《文始》到《廣韻聲系》，從章太炎到沈兼士，我們不僅能看到二人之間的傳承和發展，也能看到現代語源學爭論的焦點以及科學的發展。以下我們將從同一語族在《筆記》《文始》和《廣韻聲系》中分析的異同入手，以期發現在語源學實踐中沈兼士對章太炎的繼承與發展。

"畾"族

章太炎有關之系聯如下：

瓃

錢一：凡从畾聲之字，皆有圓意，如靁、蘲、瓃（可旋轉？）。（《筆記·玉部》，18 頁）

周一：瓃，玉器也。凡从畾聲字皆有員誼，如靁（象回轉形）、蘲（說者謂即今之蒲陶）、瓃（可旋轉）等是。（《筆記·玉部》，18 頁）

勵

朱二：勵，从力畾。在地打滾今亦曰勵。（《筆記·力部》，576 頁）

《說文》："靁，陰陽薄動，靁雨生物者也。从雨，畾象回轉形。古文亦作𐄂，作𐄂。"……然聲義實受諸回。故對轉諄變易爲賚，……且畾本生物者，故對轉諄先孳乳爲員，物數也。變易爲貦，物數紛貦亂也。……其後稍舒爲舌音如瓃，乃與賚不相似。

雨露皆生成萬物，獨由畾衍員者，……故還隊孳乳爲類，種類相似也。……蓋類本作靁也。（……類又孳乳爲櫑，以事類祭天神也。）貦爲紛貦，凡亂與理，皆由物數眾多，故類對轉諄又孳乳爲侖，思也。爲倫，輩也。爲論，議也。還對爲櫐，綴得理也。……若蘲爲葛蘲，則義與紛貦相似，虆爲虆木，蓋同字也。

畾直訓回轉者，孳乳爲勵，推也。爲瓃，玉器也。……爲櫑，龜目

---
①王寧，《論〈說文〉字族研究的意義——重讀章炳麟〈文始〉與黃侃〈說文同文〉》，《南京師範大學學報》（社會科學版），1986 年第 1 期。

酒尊，……對轉諄孳乳爲輪，有輻曰輪。亦回轉推行者也。纍一訓大索，……對轉諄爲綸，……纍作喉音則變易爲繘，綆也。孳乳爲維，車蓋系也。維又變易爲纚，維綱中繩也。對轉諄變易爲縜，持綱紐也。縜旁轉寒變易爲戾，一曰維綱也。……若夫回轉之義引伸則爲乖戾，孳乳爲盭，弼戾也。爲戾，曲也。盭戾旁轉泰爲剌，戾也。（歌部有蠃字，……由畾而轉。同部變易爲蝸，蝸蠃也。孳乳爲蠃，……與戾剌相轉。）（章太炎《文始二·陰聲隊部甲》，211頁）

沈兼士有關之系聯如下：

畾	魯回切。田間。案：《説文》靁，从雨。畾象回轉形。而諧聲字有从畾聲者。《集韻》靁，古作畾。《説文》畾形蓋即𤲶之省。《廣韻》"田間"之訓，或是同形字之後起義。
雷	《説文》作靁，云："陰陽薄動，靁雨生物者也。"又姓，《後漢》有雷義。案：雷，《韻會》引《説文》从雨畾聲。
䨓	古文。
儡	儽同。
勱	勉也。又盧對切。
瓃	玉器。
櫑	《説文》曰："龜目酒尊，刻木作雲雷之象，象施不窮也。"
罍	上同。
鐳	劍首飾也。亦作櫑。
罱	百囊魚網。
鑘	瓶也，壺也。
轠	轠轤不絕。
纍	力追切。纍索也，亦作縲。又姓，晉七輿大夫纍虎。
瓃	玉器。
鸓	飛生鳥也。又力水切。
壘	力軌切。《説文》曰："軍壁也。"又重壘。亦姓，《後趙録》有壘澄，本姓氏。
藟	藤。《爾雅》曰："諸慮，山藟。"（虆，上同。）案：藟，《切韻》作蔂。
轠	轠轤，車屬。
鸓	飛生鳥名，飛且乳。一曰鼺鼠，毛紫赤色，似蝙蝠而長。
蘽	葛蘽，葉似艾。或作藳。
讄	禱也。案：讄，从《説文》小徐本，畾聲。
㺅	飛㺅，獸。
瘣	落猥切。痱瘣，皮外小起。
礧	礧硌，山狀。
礧	礧硌，大石。
鑘	鍡鑘。案：鑘，《説文》作鐳。
灅	水名，在右北平。案：灅，敦煌本王《韻》作㴭，與《説文》合。
蕾	蓓蕾。花綻兒。
儡	傀儡戲。
膭	膭䐽，腫兒。
櫑	櫑劍，古木劍也。
瓃	力遂切。玉器。又力追切。
纍	係也。
攂	盧對切。攂鼓。
勱	推也。
穛	稤穛，稻名。
礧	礧磈，重也。
以下第二主諧字及其被諧字	
纍	Ⅰ力追切，來，脂。Ⅱ力遂切，來，至。
灅	力追切。水名，在鴈門。
虆	蔓草。

續表

欙	山行乘欙。亦作樏。	儽	盧對切。極困也。
擽	求子牛。		———————
蠼	峛蠼。又力罪切。(𡾋,上同。)	壘	力軌切,來,旨。
纝	纝祖,黃帝妃。亦作嫘。	壝	力追切。同(纍)。
矖	視皃。案:矖,內府本王《韻》作矖。		———————
儽	嬾懈皃。亦作㑻。又力罪切。案:儽,內府本王《韻》作㑻。	藟	力軌切,來,旨。
纍	網絡。《論語》注云:"黑索也。"亦作縲。案:纍,內府本王《韻》作縲。	藥	力軌切。同(藥)。
灅	力軌切。水出厴門。		共 050 字[①]

（表十七:沈兼士《廣韻聲系》"畾"語族表）

　　按:章太炎在《筆記》中對待"畾"族字採用的是傳統的右文學說,即"凡從畾聲之字,皆有圓意"。這樣的結論雖然有些絕對,但是這是和課堂講授的性質有關。在授課中,講授者往往不會非常嚴謹,所以結論會比較絕對。在章太炎的《文始》中,其就避免了這種絕對化的語言,而採用"農聲之字多訓旱大""支聲之字多訓傾衺"這一類的語言。在《筆記》中,章太炎在講"瓃"時直接系聯了四個以"畾"爲語源的同源詞,即"畾:靁(雷):藟:瓃",再加上後面講授的"勱",我們可以系聯出"畾:靁(雷):藟:瓃:勱"這樣一個語族。這一組同源詞是沒有問題的,其核義素爲"圓",又都從"畾"得聲,符合音近義通的同源詞判定標準。而在《文始》中,章太炎以"靁"爲準初文,系聯了一個龐大的語族,共有 29 個同源字,其中以"畾"爲右文的共有 7 個,即靁:瓃:纍:藟:藥:勱、欙,這樣一個語族,其占《文始》中"靁"語族同源詞數量的 27.6%。以"畾(靁)"爲語族的這組同源詞是比較可信的,但是其他系聯的同源詞則值得商榷,比如"侖:倫:論:輪",我們就很難說它們與"畾"同源。因爲"畾"爲右文的同源字的核義素爲"圓",而以"侖"爲右文的同源字的核義素爲"有條理",即使二者在音上有聯繫,但是我們卻不能把他們視作同源字。

　　沈兼士在《廣韻聲系》中系聯了 4 組共 50 個以"畾"爲右文的形

①沈兼士著,《廣韻聲系》,中華書局,2006 年,1027—1029 頁。

聲字,其中第一主諧字爲"晶"(第1組),第二主諧字分別爲"驫"(第2組)、"壘"(第3組)、"矗"(第4組)。根據北師大趙芳媛博士學位論文《沈兼士語言文字學研究》對《廣韻聲系》中以"晶"爲右文的形聲字進行系聯,共得到3個語族,第一個語族的核義素爲"圓轉",該語族爲"晶:珊:欖:欙";第二個語族的核義素爲"連續",該語族爲"晶:矗:藁:藁:藁:壘:鵬:獷:勔:罿:輚:攝:驫:欑:讄:蕾";第三個語族的核義素爲"高低不平",該語族爲"晶:瘑:臒:嵓:嵥:巉"①。我們發現,《廣韻聲系》中以"晶"爲右文的形聲字,除去重複的,共有12個以"晶"爲右文的形聲字沒有歸入到以上3個語族,即偲、鑼、鐪、磳、濹、稬、澿、憌、孃、矖、儠、纞。其實在剩下的12個字中,鑼、鐪、磳、憌、纞也可進一步系聯。鑼,《玉篇·金部》:"鑼,劍首飾也。"劍首飾爲圓形突起。鑼劍即欖劍,《漢書·雋不疑傳》:"不疑冠進賢冠,帶欖具劍。"應劭曰:"欖具,木摽首之劍,欖落壯大也。"晉灼曰:"古長劍首以玉作井鹿盧形,上刻木作山形,如蓮華初生未敷時。今大劍木首,其狀似此。"鐪,瓶、壺之屬,其腹部爲圓形。故鑼、鐪可放入第一個語族。憌,求子牛。子嗣意味生命的延續。纞,表網絡義。網絡即線的連續。故憌、纞可放入第二個語族。磳,表不平貌。《玉篇·石部》:"磳,不平也。"故磳可放入第三個語族。這樣一來,還有偲、濹、稬、澿、孃、矖、儠這七個與右文"晶"的本義(圓)及引申義(連續、高低不平)沒有意義上的聯繫,可能這裏的右文"晶"只是一個單純的表音符號,故不能放入任何一個語族中。《廣韻聲系》中以"晶"爲右文的共有50字,其中43個可以成爲以"晶"爲語源的語族,這個大語族又分3個小語族,即"圓轉"語族、"連續"語族、"高低不平"語族。而只有7個不能歸併進語族,其占該組形聲字的14%。雖然我們只舉了《廣韻聲系》中的一例,但卻可管窺沈兼士利用右文來系聯同源詞的可行性。而通過右文系聯的同源詞,往往比章太炎《文始》中利用二十三部韻轉之規律卻忽略右文之規律得出的同源詞,要更加可信、正確。

　　以上我們從沈兼士的《説文》學研究和右文研究兩個方面闡述了其對章太炎語源學理論的繼承與發展。章太炎對現代語源學的貢獻主要

---

①詳見北京師範大學趙芳媛博士學位論文《沈兼士語言文字學研究》,2017年。

在於其利用變易、孳乳兩大理論，打破漢字字形的束縛，結合《成均圖》的韻轉理論，對《説文》中的用字進行系統的系聯，最終形成《文始》一書。而較之章太炎，沈兼士對現代語源學的貢獻主要在於對前人的右文説的優劣進行了總結，並在此基礎上提出了新右文理論，即跳出右文形體的桎梏來研究右文。並作《廣韻聲系》，爲同源詞的系聯提供了更系統、更準確、更科學的依據。章太炎的語源學勝在其開科學的語源學之端緒，在於變易孳乳理論及音轉理論的實際運用，更在於利用語源來“激勵種性”的人文思考。沈兼士的語源學勝在其更具理論性，系聯過程更縝密，系聯結論更精確。當然，沈兼士對章太炎語源學的繼承與發展是全方位的，除了上文論及的兩點，還包括對章太炎具體語族的進一步深入研究，也包括對章太炎“語根”概念的繼承等等。正因爲此，如果能繼續深入研究章沈二人在語源學上的異同，其實對梳理現代語源學的發展是有重要意義的。

二　黄侃對章太炎語源學的繼承和發展

黄侃（1886—1935），字季剛，晚號量守居士，湖北蘄春人。我國著名文字學家、音韻學家、訓詁學家、經學家，被公認爲清代樸學的殿軍。1905年，以官費派往日本留學，並於1907年開始師從章太炎學習小學，後又一度拜劉師培門下研習經學。黄侃先後任職於北京大學、武昌高等師範學校、武昌中華大學、北京師範大學、東北大學、中央大學等校。1935年，章太炎於蘇州成立“章氏國學講習會”，黄侃爲發起人之一（發起人共45人）。同年10月8日在南京逝世，年僅49歲。黄侃與其師章太炎一樣，對學生關愛有加，將自己治小學、經學之方法皆傾囊相授，加之一生南北遊歷、講學不輟，故其弟子數量眾多且多爲近現代學術之翹楚，如金毓黻、孫世揚、劉賾、黄焯、龍榆生、林尹、徐復、潘重規、楊伯峻、陸宗達、殷孟倫等。而黄門弟子同章太炎及黄侃一樣，以小學爲治學之根基，故可視爲得章太炎之真傳。他們同章太炎、黄侃一道，構成了對近現代語言學影響巨大的章黄學派。

黄侃生前著書較少，多爲手批及短小之文字，幸後世學者爲其整理，現已較爲可觀，如《黄季剛先生遺書》《黄侃論學雜著》《説文箋識四種》《文字聲韻訓詁筆記》《黄侃手批爾雅義疏》《黄侃手批説文解字》《黄侃手批白文十三經》《文心雕龍札記》《黄侃聲韻學未刊稿》等。黄侃的小學成就巨大，其貢獻涉及到音韻、訓詁、文字的方方面面，其中以訓詁貢獻最大，而訓詁之中尤以語源之學最爲精深。盧烈紅在《黄侃的語源學理論和實踐》中就對黄侃的語源學貢獻有過很好的總結，其言：“黄侃先生是我國近代傑出的語言文字學家，他在文字、音韻、訓詁三個領域都有自己的建樹，其中以在訓詁學方面的貢獻爲最大，而在訓詁學方面，他用力最深的又是語源學的研究。……黄侃對語源研究特別重視，他認爲訓詁學的核心是‘求語言文字之系統與根源’。他吸取前人的研究成果，建立了較爲完整的語源學理論體系，同時以《説文》《爾雅》爲依託，進行了大量的語源研究實踐。他對語源學的貢獻是他訓詁學成就中最富光彩的部分。”① 下面我們結合具體實例來分析黄侃對章太炎語源學的繼承和發展。

（一）黄侃對章太炎“變易”“孳乳”語源學理論的發展

“變易”和“孳乳”是章太炎語源學理論的重中之重，也是其《文始》中系聯語族時語義上最重要的依據。而初文（準初文）這一概念對於章太炎來説也極爲重要，因爲它是語根，也是章太炎系聯語族的起點。本部分將探討黄侃對章太炎“變易”“孳乳”語源學理論的發揮。

黄侃在《聲韻通例》中總結過“變易”與“孳乳”在《文始》中的地位，即“《文始》總集字學、音學之大成，譬之梵教，所謂最後了義。或者以爲小學入門之書，斯失之矣。若其書中要例，惟變易、孳乳二條。”② 而黄侃充分繼承了章太炎的“變易”與“孳乳”理論，其言：“古今文字之變，不外二例：一曰變易，一曰孳乳。”③

首先我們看章太炎對“變易”與“孳乳”的定義：

> 討其類物，比其聲均，音義相讎，謂之變易；（即五帝、三王之世改易殊體者。）義自音衍，謂之孳乳。
>
> ——《文始·敘例》④

---

①盧烈紅，《黄侃的語源學理論和實踐》，《武漢大學學報》（哲學社會科學版），1995 年第 6 期。
②黄侃撰，《黄侃論學雜著》，上海古籍出版社，1980 年，164 頁。
③黄侃述，黄焯編，《文字聲韻訓詁筆記·論文字變易孳乳二例》，上海古籍出版社，1983 年，34 頁。
④《章太炎全集》（七），上海人民出版社，1999 年，160 頁。

其次我們看黃侃對於"變易"與"孳乳"的定義,需要説明的是,黃侃曾在很多地方論及變易與孳乳,如果只取一處,往往會斷章取義,引起誤解。下面我們盡量全面地摘引:

> 變易之例,約分爲三:一曰,字形小變;二曰,字形大變,而猶知其爲同;三曰,字形既變,或同聲,或聲轉,然皆兩字,驟視之不知爲同。
>
> 　　　　　　　　　　——《説文略説・論變易孳乳二大例上》①
>
> 然此(筆者注:"此"即言孳乳)中有三類:一曰,所孳之字,聲與本字同,或形由本字得,一見而可識者也;二曰,所孳之字,雖聲形皆變,然由訓詁展轉尋求,尚可得其徑路者也;三曰,後出諸文,必爲孳乳,然其詞言之柢,難於尋求者也。
>
> 　　　　　　　　　　——《説文略説・論變易孳乳二大例下》②
>
> 古字重複,皆由變易。……文字孳乳,大氐義有小變,爲製一文。
>
> 　　　　　　　　　　　　——《説文略説・論俗書滋多之故》③
>
> 變易者,形異而聲、義俱通;孳乳者,聲通而形、義小變。試爲取譬,變易,譬之一字重文;孳乳,譬之一聲數字。今字或一字兩體,則變易之例所行也;或一字數音、數義,則孳乳之例所行也。
>
> 　　　　　　　　　　　　　　　——《聲韻通例》④
>
> 上古疆域未恢,事業未繁,故其時語言亦少;其後幅員既長,謡俗亦雜,故多變易之言。變易者,意同而語異也。事爲踵起,象數滋生,故多孳乳之言。孳乳者,語相因而義稍變也。
>
> 　　　　　　　　　　　　——《爾雅略説・論爾雅名義》⑤

謂之殊體者,其義不異,惟文字異耳。故觀念既同,界説亦同者,文字之變易也。最初造文,一字本無多義,然衍之既久,遂由簡趨繁,由渾趨析。故觀念既改,界説亦異者,文字之孳乳也。如是則

①黃侃撰,《黃侃論學雜著》,上海古籍出版社,1980 年,6 頁。
②黃侃撰,《黃侃論學雜著》,上海古籍出版社,1980 年,8 頁。
③黃侃撰,《黃侃論學雜著》,上海古籍出版社,1980 年,10—11 頁。
④黃侃撰,《黃侃論學雜著》,上海古籍出版社,1980 年,164 頁。
⑤黃侃撰,《黃侃論學雜著》,上海古籍出版社,1980 年,361—362 頁。

變易性爲蜕化，孳乳性爲分裂也。

——《略論文字變易之條例及字體變遷》①

變易者，聲義全同而別作一字。（變易猶之變相。）孳乳者，譬之生子，血脈相連，而子不可謂之父。中國字由孳乳而生者，皆可存之字；由變易而生之字，則多可廢。

——《論文字變易孳乳二例》②

從以上引文我們不難發現，黃侃對"變易"與"孳乳"的定義顯然要比章太炎更爲豐富，這是由於他所站角度的不同。章太炎主要從文字音義關係的角度來看待變易與孳乳，變易即"音義相讎"，孳乳即"義自音衍"。而黃侃將變易與孳乳分開，從多角度進行分析。

針對變易，有時黃侃單從字形的角度分析變易，見《論俗書滋多之故》，所謂"古字重複，皆由變易"，此當是異體字，即音義皆同，唯形有別。黃侃以此出發，分析了歷代俗字越來越多的原因。有時黃侃又從形音結合的角度分析變易，如《論變易孳乳二大例上》，其中"一曰""二曰"都是從字形的角度出發，而"三曰"則形音結合，所謂"字形既變，或同聲，或聲轉"。有時黃侃又從形音義三者結合的角度出發，如《聲韻通例》和《論文字變易孳乳二例》，《聲韻通例》言"變易者，形異而聲、義俱通"，《論文字變易孳乳二例》言"聲義全同而別作一字"。值得注意的是，一爲"聲義俱通"，一爲"聲義全同"，兩者顯然是有區別的。除了形音義以外，黃侃還用了其他術語來分析變易，即"觀念"和"界說"，見《略論文字變易之條例及字體變遷》，所謂"觀念既同，界說亦同者，文字之變易也"，"觀念"應專指字義，而"界說"應專指字音，即音界。另外，黃侃還會從歷時的角度進行分析，見《論爾雅名義》，所謂"上古疆域未恢，事業未繁，故其時語言亦少；其後幅員既長，謠俗亦雜，故多變易之言"，從中我們可以看出時間與空間的變化是變易發生的最重要因素。

針對孳乳，黃侃也和研究變易一樣，從各個方面進行分析。如黃侃單從義的角度出發，見《論俗書滋多之故》，所謂"文字孳乳，大氐義有小變，爲製一文"，義有小變確實是孳乳的一個重要特點，用現在語源學

①黃侃述，黃焯編，《文字聲韻訓詁筆記》，上海古籍出版社，1983年，29頁。
②黃侃述，黃焯編，《文字聲韻訓詁筆記》，上海古籍出版社，1983年，34頁。

的觀點看就是孳乳關係的同源字其"核義素"不變，但"類義素"有區別。有時黃侃從音義結合的角度出發，如《論爾雅名義》，所謂"孳乳者，語相因而義稍變也"，這裏的"語"是指"語音"，所以這裏就是説語音互相因襲而語義稍有變化，音近義通也是同源字最重要的判定標準。更多的時候，黃侃會將形音義三者結合在一起分析孳乳，如《論變易孳乳二大例下》，其言"所孳之字，雖聲形皆變，然由訓詁展轉尋求，尚可得其徑路者也"。"聲形皆變"指向字音字形，而"由訓詁展轉尋求"則指向同源字之間的意義關係。又如《聲韻通例》，其言"孳乳者，聲通而形、義小變。……或一字數音、數義，則孳乳之例所行也"。當然，這裏面講的"形、義小變"的界定並不是非常明確，特別是形的方面，變到什麼程度是"小"？ 變到什麼程度是"大"？ 是同一右文的屬於"小"？ 不是同一右文的是"大"？ 但不論如何，以上這一例都是從形音義三者的角度出發來分析孳乳的。當然，黃侃也會從歷史的角度進行分析，《論爾雅名義》言："事爲踵起，象數滋生，故多孳乳之言"，"事""象"即事物，隨著歷史的發展，新的事物也在出現，這是就需要造一個新詞（字）來指稱這個事物，這樣造詞（字）途徑就是孳乳。

　　當然，變易與孳乳是一對關係密切的概念，所以黃侃也將二者綜合在一起進行分析比較，如《略論文字變易之條例及字體變遷》和《論文字變易孳乳二例》二文。而且黃侃都用了譬況的方法進行分析，如在《略論文字變易之條例及字體變遷》中其言"變易性爲蜕化，孳乳性爲分裂"。"蜕化"即變化，這裏當指一詞轉變爲另一詞，也就是所謂的"轉化造詞"；"分裂"即分化，這裏當指由一個詞分化出數個詞，也就是所謂的"分化造詞"。簡單地説，蜕化是"一到一"的過程，"分裂"是"一到多"的過程。又如在《論文字變易孳乳二例》中其言"變易猶之變相""孳乳者，譬之生子，血脈相連，而子不可謂之父"，變易改頭換面，但本質實一，而孳乳的關係如同父子，血脈相連。此譬況非常恰當，又易於理解。在同文中，黃侃還將變易造字與孳乳造字放在一起進行論述，認爲由變易所造之字"可廢"，由孳乳所造之字"可存"。這是因爲變易多造異體字，而孳乳多造分化字，而異體字確實對於人們的記憶會造成負擔。

　　從上面的分析我們不難發現，黃侃對"變易"與"孳乳"這對概念的理解較之章太炎要更爲豐富與深入。如果要比較章黃二人的"變易"與

"孳乳"的話,那麼章太炎勝在對二者的實踐研究上,而黃侃勝在對二者的理論探討上,我們也可以說,黃侃的變易孳乳觀是對章太炎語源學說的補充。如果我們將章黃二人對變易與孳乳的探索放在一起進行研究,那麼將會加深我們對同源詞産生的理據、過程及結果的理解。

(二)黃侃對《説文》和《爾雅》的重視

《説文》與《爾雅》對於章太炎的小學有著極爲重要的影響,在《自述治學》中,章太炎就談到《説文》和《爾雅》對他的重要意義,其言:"知不明訓詁,不能治《史》《漢》,乃取《説文解字》段氏注讀之,適《爾雅》郝氏義疏初刊成,求得之。二書既遍,已十八歲。讀《十三經注疏》,闇記尚不覺苦。畢,讀《經義述聞》,始知運用《爾雅》《説文》以説經。"[①]

1.黃侃對《説文》的研究

先看《説文》。《説文》自不必多説,其是章黃學派賴以生存的根本。我們知道,章太炎早年在東京講學,最先講授同時也是用心最專的即《説文》。在《自述學術次第》中,章太炎就説到當時在東京講授《説文》之事,其言:"在東閒暇,嘗取二徐原本讀十餘過,乃知戴、段而言轉注。猶有汛濫,絲專取同訓,不顧聲音之異。"在《菿漢微言》中,章太炎又説:"而時諸生適請講説許書,余於段、桂、嚴、王未能滿志,因繙閲大徐本十數過。"而章太炎的語源學著作《文始》其實也是對《説文》中所收各字進行的一次系統系聯。所以没有對《説文》的深入研究,就没有章太炎在小學上的傑出成就,也没有後來的章黃學派。王寧就曾指出《説文》對章黃學派有著至關重要的意義,其言:

> 章黃"小學"(太炎先生明確定稱爲"語言文字學")之中最富特色又極具光輝的,是他們的《説文》學。《説文》學是章黃語言文字學的核心,因而又是通向他們的哲學、歷史學、經學、文獻學、歷代文化學的樞紐。研究章黃國學的各個領域,大都需從以《説文》學爲核心的語言文字學尋根求源。[②]

黃侃全面繼承了其師章太炎研究《説文》的方法和目的,即研究《説

---

①《制言》半月刊第 25 期,1936 年 9 月 16 日。
②王寧,《論章太炎、黃季剛的〈説文〉學》,《漢字文化》,1990 年第 4 期。

文》不只爲文字學服務,還爲語源學服務;把《説文》中的9353個字視作一個系統,而不是一個個毫無關係的單一文字;通過研究《説文》之字,來弄清漢字變易孳乳之法。黄侃畢生致力於對《説文》的研究,其手批《説文》,在大徐本上記有數十萬言的案語,後黄焯據此編成《説文同文》;其又注重對《説文》條例的分析,總結規律,作《説文略説》。而《説文同文》和《説文略説》中最重要的一個相同點就是對語源的探索,《説文同文》是語源實踐的探索,《説文略説》是語源理論的探索。《説文同文》之於黄侃就如《文始》之於章太炎,而《説文略説》之於黄侃就如《語言緣起説》《轉注假借説》之於章太炎(當然還有《蘄春語》之於黄侃就如《新方言》之於章太炎),這樣的對應關係足可見章太炎對於黄侃治語源學影響之深。因爲下文我們還要重點研究《説文同文》中的同源詞,這裏就不展開論述了。

2. 黄侃對《爾雅》的研究

再看《爾雅》。《爾雅》在章太炎的學術體系中占據著相當重要的地位。章太炎早年在東京講學時,除了《説文》,另外一部重要典籍就是《爾雅》。許壽裳在《紀念先師章太炎先生》中就談到了章太炎講授《説文》與《爾雅》,其言:“民元前四年(一九〇八),我始偕朱蓬仙(宗萊)、龔未生(寶銓)、朱遏先(希祖)、錢中季(夏,今更名玄同,名號一致)、周豫才(樹人)啟明(作人)昆仲、錢均夫(家治),前往受業。……先師講段氏《説文解字注》、郝氏《爾雅義疏》等,精力過人,逐字講解,滔滔不絶。”[1]而在朱希祖的日記中也有多處關於章太炎講授《爾雅》的記載,如“午後,第一次上《爾雅義疏》,在大成學校”“下午,二時至五時,第二次上《爾雅義疏》”“下午,至大成學校聆聽《爾雅》”[2],以上所引材料足可見章太炎治《爾雅》用力之深。在章太炎的影響下,《爾雅》也成爲了章門一派中重要的研究對象,而黄侃的《爾雅略説》《手批爾雅義疏》(黄焯在黄侃《手批爾雅義疏》的基礎上整理出《爾雅音訓》三卷)和馬宗薌的《爾雅本字考》即爲其中之佼佼者。

我們以《爾雅音訓》中具體的一條同源詞系聯爲例,試比較黄侃和章太炎的語源學實踐的異同。

---

①陳平原、杜玲玲編,《追憶章太炎》,中國廣播電視出版社,1997年,57頁。
②詳見《朱希祖日記》1908年9月9日、12日、26日條,朱元曙、朱樂川整理,《朱希祖日記》,中華書局,2012年。

"康"組：

朱一：穅，省作康，米出曰康(空)。水出曰漮，室空曰寠，實皆康
之假借。段氏以康寠爲空之假借，非也，實康之引申耳。五達爲康
乃䢊之假借。由庚，庚即康聲轉耳。(章太炎《筆記·禾部》)[①]

朱二：穅，當作康，康既从米又加禾，不通。訓空者又有康、漮、
歁、寠。寠訓安，不可解。(章太炎《筆記·禾部》)[②]

錢一：歁，飢虛也。凡从康之字皆有虛義，如廉、歁、漮皆是。
(章太炎《筆記·欠部》)[③]

阬阬，虛也。阬與漮聲義盡同，阬字又作坑。與阬康聲轉者，有
歓、坎、科、渠，義皆略同，而語原於空。阬康對轉則爲虛。(黃侃《爾
雅音訓·釋詁》)[④]

按：在章太炎的《筆記》中，其系聯了"康∶穅∶漮∶歁∶康"這樣一
組同源詞；而在《爾雅音訓》中，黃侃系聯了"阬∶坑∶漮∶康∶歓∶坎∶科∶
渠"這樣一組同源詞。我們不難發現，《筆記》中的這組同源詞是以字形
(右文)進行系聯的，而《爾雅音訓》中的這組同源詞是以字的音義關係
進行系聯的。先看《筆記》中的同源詞。康，《詩經·小雅·賓之初筵》：
"酌彼康爵，以奏爾時。"鄭玄箋："康，虛也。"穅，《說文·禾部》："穅，穀
之皮也。"《段注》："穅之言空也，空其中以含米也。"漮，《說文·水部》：
"漮，水虛也。"歁，《說文·欠部》："歁，飢虛也。"康，《方言》卷十三：
"康，空也。"在義上，這五字的核義素皆爲"空虛"，在語音上，這五字上
古皆爲溪母陽部。再看《爾雅音訓》中的同源詞。在語音上，阬、坑、康、
康，上古皆溪母陽部；歓、坎，上古溪母談部；科，上古溪母歌部；渠，上古
羣母魚部。聲紐方面，溪、羣皆爲牙音。韻部方面，陽、魚對轉，歌、魚通
轉，陽、談通轉。故八字都是音同或音近的關係。在語義方面，黃侃明
確指出八字"語原於空"，即它們的核義素爲"空"。阬同坑，《玉篇·阜
部》："阬，亦作坑。"《說文·阜部》："阬，門也。"宋本"門"作"閬"。《段

①《章太炎說文解字授課筆記》，中華書局，2008年，298頁。
②《章太炎說文解字授課筆記》，中華書局，2008年，298頁。
③《章太炎說文解字授課筆記》，中華書局，2008年，363頁。
④黃侃箋識，黃焯編次，《爾雅音訓》，上海古籍出版社，1983年，31頁。

注》：“閬者，門高大之皃也。引申之凡孔穴深大皆曰閬。阬，《釋詁》云：
‘虚也。’地之孔穴虚處與門同，故曰閬也。”坑，《玉篇·土部》：“坑，塹
也，丘虚也，壍也。”漮，《説文·水部》：“漮，水虚也。”康，《詩經·小
雅·賓之初筵》：“酌彼康爵，以奏爾時。”鄭玄箋：“康，虚也。”坎，《説
文·土部》：“坎，陷也。”欿，同“坎”，《廣雅·釋水》：“欿，坑也。”科，
《廣雅·釋詁》：“科，空也。”《正字通·禾部》：“科，禾中空。”渠，《説
文·水部》：“渠，水所居。”水渠必有空義，其呈中空狀，不然不能輸水。
由上可知，黄侃系聯的“阬：坑：漮：康：欿：坎：科：渠”這組同族詞是可
信的。從表面上看，《爾雅音訓》系聯的“康”組同源詞要比《筆記》多
很多，因爲其跳出了字形（右文）的束縛。其實在章太炎的《文始》中也
對黄侃提及的這組同源詞多有所涉及，但《文始》是把這些同源詞放在
不同的語族下（即由不同的初文變易孳乳而來），如漮在“鹵”語族下，稴
在“京”語族下，康、阬在“亢”語族下，漮、欿在“丘”語族下，坎在“凵”
語族下，科在“禾”語族下，渠在“永”字族下。可以看出，《文始》中的
幾個語族不論在語義還是在語音上都相差較大，所以在理論上，甲語族
和乙語族中的詞的音義關係也會相差較遠，但我們從《筆記》和《爾雅音
訓》中都可以確定它們是同源的。所以如果光從《文始》入手，那麼有些
明顯的同源詞很可能會被忽略掉，因爲章太炎的《文始》是以初文（準初
文）作爲語根的，然後按照《成均圖》的韻轉規律進行系聯，所以往往會
忽視一些語根（初文、準初文）不同，或者相同右文的同源詞。就如黄侃
系聯的“阬：坑：漮：康：欿：坎：科：渠”這組同源詞。

（三）黄侃對章太炎語源學實踐的繼承與發展

可以説，黄侃是章門弟子中對章太炎語源學最直接也是最全面的
繼承者，而且，其對章太炎自身的語源學理論的完善也有著十分重要的
貢獻，因爲《文始》中的不少理論和實踐是章黄二人共同討論而完成的。
黄侃曾對此有所談及，其言：“聲義同條之理，清儒多能明之，而未有應
用以完全解説造字之理者。侃以愚陋，蓋嘗陳説于我本師；本師采焉以
造《文始》，於是轉注、假借之義大明；令諸夏之文，少則九千，多或數萬，
皆可繩穿條貫，得其統紀。”[①] 而黄侃在自己的語源學探索中，也非常重

[①]黄侃撰，《黄侃論學雜著·聲韻略説》，上海古籍出版社，1980年，94頁。

視對章太炎已有語源學成果的補充和修改,其中以手批《説文》和手批《文始》爲最重要的代表。以《説文同文》爲例,《説文同文》是黄焯根據其叔父黄侃手批《説文》依部輯録而成的,對進一步精確系聯《説文》中的同源詞以及完善章太炎的語源學理論都有重要意義。黄焯在《説文同文》前作一小序,對《説文同文》與《文始》的關係有很明確的説明,其言:

> 叔父季剛先生嘗就其(筆者注,即《説文》)音義之相同或相通者,類聚而比次之注云"某同某某",或云"某與某同",蓋據章君《文始》所列,並自下己意。其於文字孳生演變之迹,具爲彰顯。①

《説文同文》與《文始》關係甚密,王寧言:"根據陸宗達先生所作的《説文同文考證》,……《説文同文》與《文始》完全相同者占 67%,部分或某方面相同者占 21%,不同者占 12%。"② 下面我們將試舉《説文同文》中與《文始》完全相同和部分相同者,並作簡單分析,以窺《説文同文》對《文始》的繼承與發展。

1.《説文同文》與《文始》完全相同者

《説文同文》中絶大多數者系聯的同源詞都與《文始》相同,這有兩點原因:一是因爲《説文同文》(《黄侃手批説文解字》)與《文始》系聯的對象都是《説文》;二是因爲《説文同文》(《黄侃手批説文解字》)是在《文始》的基礎上進行的,其是黄侃對於章太炎語源學理論和實踐的補充,當然也是準備爲自己後來語源學著作的撰寫進行前期的材料積累。在下表中,左邊是《説文同文》中的實例,右邊是相應同源詞在《文始》中的實例,這樣有助於我們更爲直觀地發現二者相同的地方。

黄侃《説文同文》			章太炎《文始》
一部	元同兀、遠	二・陰聲隊部甲	兀①。然則隊次對轉寒兀變爲遠,遼也。……一在儿上,故轉寒別出元字,始也。
一部	丕同㔻	七・陰聲幽部甲	𣆪。丕又變易爲㔻,大也。

---

①黄侃箋識,黄焯編次,《説文箋識四種・説文同文》,上海古籍出版社,1983 年,1 頁。
②王寧,《論〈説文〉字族研究的意義——重讀章炳麟〈文始〉與黄侃〈説文同文〉》,《南京師範大學學報》(社會科學版),1986 年第 1 期。

續表

黄侃《説文同文》		章太炎《文始》	
上部	旁通溥、博、誧。	五·陰聲魚部甲	父。始冠稱甫，……（孳乳）爲誧，大也。爲博，大通也。爲溥，大也。……溥對轉陽變易爲旁，溥也。
中部	中同枝、莛、莖。或同壬。	三·陰聲至部甲	中。中本義與壬相類，壬者，物之挺生也。中、壬亦至、清次對轉，此初文之轉注也。……在支則變易爲枝，木別生條也。中對轉清則變易爲莛，莛又變易爲莖，艸木榦也。
八部	八同穴、必、分、攽、副、釛。	三·陰聲至部甲	八。變易爲穴，別也。……又變易爲必，分極也。……次對轉諄又變易爲分，爲攽，別也。……還至則變易爲釛，宰之也。雙聲轉之爲䨋，判也。篆文作副。
告部	告同誥、諭，又同叫。	七·陰聲幽部甲	万。万在本部孳乳……爲叫，呼也。……爲告，告人也。爲誥，告也。（告、誥旁轉侯則爲諭，告也。）
口部	口同欠、欽，又同凶。	九·陽聲談部乙	口。變易爲欠，張口氣悟也。……欠又旁轉侵變易爲欽，欠貌。……與凶相係。疑凶亦口之變易也。

（表十八）

　　從上表可以看出黄侃的《説文同文》與章太炎的《文始》在很多方面是完全一致的，這樣的例子還有很多，其在《説文同文》中占絕大多數。

　　2.《説文同文》與《文始》部分相同者

　　這裏説的“部分相同”，指的是《説文同文》中的同源詞條目有一部分是和《文始》中系聯的同源詞一致，而另一部分則對《文始》中的相關同源詞進行了補充或修正。我們謹舉四例進行比較。

黄侃《説文同文》		章太炎《文始》	
例一：			
人部	傲同嫯。又同㒓。	九·陰聲宵部甲	高①。……在本部又爲㒓，娬也。㒓又孳乳爲傲，倨也。爲嫯，侮易也。爲呆，高气也。
女部	嫯同傲。		

---

①　“兀”是該語族的初文（準初文），故列於該行條目之前。下同。
②　“高”是該語族的初文（準初文），故列於該行條目之前。下同。

續表

黄侃《説文同文》		章太炎《文始》	
例二：			
辵部	違同韋	二·陰聲脂部乙	回。……回又孳乳爲韋，相背也。爲𡪄，衺也。爲戁，戻也。爲遹，回避也。
韋部	韋同𡪄、戁、遹。同違。	二·陰聲脂部乙	癸。……（孳乳）爲違，離也。
例三：			
女部	嫵同好。好同孔。（肉好之好當作孔。）又同姣。見下①。同嫵。	六·陰聲侯部甲	谷。……谷本一切通孔之大名，對轉東亦孳乳爲孔，通也。……（孔）次對轉幽變易爲好，美也。
		九·陰聲宵部甲	爻。……孳乳爲姣，好也。對轉盍變易爲豔，……豔旁轉緝變易爲嬮，好也。嬮對轉幽則近好矣。
例四			
走部	趮當同尢、由。趨當同尢、由。	六·陽聲東部乙	从。……鯀又孳乳爲尢，婬婬行貌也。……趨亦訓行，皆鯀之孳乳字也。（趮亦訓行貌。）

（表十九）

按：先分析例一。　在《文始》中，章太炎以"高"爲初文，將枭、傲、婺、吿歸併到該語族中。但在《説文同文》中，黄侃只系聯了傲、婺、枭，而没有將吿放入該語族。枭，《説文·夲部》："枭，嫚也。"《段注》："嫚者，侮傷也。傲者，倨也。枭與傲音義皆同。"《筆記》朱希祖"枭"字條下記言："古只枭（嫚）字，後造傲字。雖敖从放聲可通，然古只作枭字。"傲，《説文·人部》："傲，倨也。"《段注》："古多假敖爲傲。女部又出婺字，侮傷也。"婺，《説文·女部》："婺，侮易也。"《段注》："字與傲别。今則傲行而婺廢矣。"由上述材料，我們可以發現枭、傲、婺同源是没有問題的。吿，《説文·口部》："吿，高气也。"其實吿與傲同源是可以肯定的，因爲在音韻上，吿上古爲羣母幽部，傲上古爲疑母宵部，羣、疑皆爲牙

---

① 《説文箋識四種·説文同文》此處作"同"（黄侃箋識，黄焯編次，《説文箋識四種·説文同文》，上海古籍出版社，1983年，68頁），然翻閲《黄侃手批説文解字》，原處黄侃批爲"見"（《黄侃手批説文解字》，中華書局，2006年，783頁），今改之。

音，幽、宵旁轉；在義上，兩字的核義素皆爲"高"，所以當爲同源字。但是黃侃没有把峇與槀、傲、熬放在一起，並不是説明它們不是同源字，而是峇與另外三字之間不存在變易的關係。因爲據學界研究，《説文同文》中的"同"講的多是變易關係。這也可以看出《説文同文》在《文始》的基礎上對其中的同源字的變易關係進行了進一步的驗證。

再分析例二。在《説文同文》中，黃侃認爲"違：韋：𡈼：𢼄：遹"同源。而相應的，在《文始》中，章太炎則把"回：韋：𡈼：𢼄：遹"和"癸：違"視作兩組同源詞，一組從初文"回"來，一組從初文"癸"來。韋，《説文·韋部》："韋，相背也。"違，《説文·辵部》："違，離也。"相背即相離，兩字又是同用一個右文"韋"，故爲同源詞則無疑。但是章太炎卻把"韋"與"違"放入兩個語族中，而没有把它們當作一組同源詞，這顯然是值得商榷的。

再分析例三。在《文始》中，"好"見於兩個語族中，一是"谷"語族，一是"爻"語族。在"谷"語族中"好"直接由"孔"變易而來，形成"孔：好"這組同源詞；在"爻"語族中，"好"直接由"嫛"變易而來，並和其他字形成"姣：豓：嫛：好"這組同源詞。在《説文同文》中，黃侃新加一個同源字即"嬌"。嬌，《説文·女部》："嬌，媚也。"《段注》："蘇林曰：'北方人謂眉好爲翻畜。'……孟子曰：'《詩》曰"畜君何尤。"'畜君者，好君也。《吕覽》曰：'《周書》曰"民善之則畜也，不善則讎也。"'高注：'畜，好也。'"《廣雅·釋詁一》："嬌，好也。"在音韻上，好上古爲曉母幽部，嬌上古爲曉母覺部，幽、覺對轉，故黃侃把"嬌"視作"好""姣"的同源詞當是正確的。從例二和例三可以看出，《説文同文》在客觀上對《文始》的同源詞系聯進行了補充。

最後分析例四。在《文始》中，章太炎把"尤：趡：趙"視作一組同源詞，該組同源詞的源詞爲"尤"，然後變易爲"趡"和"趙"。章太炎的系聯是没有問題的，尤，《説文·乙部》："尤，淫淫，行皃。"趡，《説文·走部》："趡，行也。"趙，《説文·走部》："趙，行皃。"與《文始》不同的是，黃侃在"尤：趡：趙"上加了"由"，這是合理的。由，《説文》不收，《廣韻·尤韻》："由，經也。"《廣雅·釋詁一》："由，行也。"《論語·泰伯》："民可使由之，不可使知之。"鄭玄注："由，從也。"這一例亦可以看作是《説文同文》對《文始》的補充。當然，"由"字《説文》不收，所以《文始》

没將"由"系聯進"尤：趡：趙"中；而黄侃收了"由"字，這也説明雖然名爲"説文同文"，但是也關注了《説文》以外的材料。

另外，在《説文同文》中也有對《文始》不作繼承的地方，北師大陳曉強碩士學位論文《〈説文同文〉研究》中以《文始一·歌泰寒》爲例，其發現"歌泰寒"類中共有變易的同源詞 98 組，其中《説文同文》未作繼承的有 17 組，而這 17 組是不是"變易"還值得商榷。這也足可説明《説文同文》並不是全面地繼承《文始》中所有的系聯（特別是變易類系聯）結果，而是黄侃經過自己的仔細思考後得出的結論。

雖然《説文同文》是對《文始》有選擇的繼承，但是兩書的關係是非常緊密的。北師大陳曉強碩士學位論文《〈説文同文〉研究》研究表明，《説文同文》和《文始》的關係十分密切，其中 79.24% 的《説文同文》跟《文始》有繼承關係，而《説文同文》在《文始》的基礎上新溝通的音義關係占《説文同文》總數的 20.73%，另外，《説文同文》在《文始》的基礎上新增的音義關係占《説文同文》總數的 20.76%[1]。以上數據足可證明《説文同文》對《文始》的繼承與發展的關係。而關於《説文同文》對於《文始》的繼承與發展，王寧進行過非常經典的總結，其言："章、黄的《説文》字族研究的大致方向是相同的。……《説文同文》採取更爲審慎的態度，在歸納字族時，僅取直接同源者而系聯之，比之《文始》的多字長段系聯，更容易準確而有説服力。……《説文同文》在聲音上，一般只取對旁轉、近旁轉與旁對轉，採用比較嚴格，在意義上，含有較爲清晰的義通條例。……總之，《説文同文》是對《文始》的重要補充和檢驗。"[2]

黄侃對於章太炎語源學理論實踐的繼承與發展，我們僅舉了《説文同文》中少數的幾則實例，其實在《黄侃手批説文解字》和《黄侃手批文始》中還有大量的例子。如《手批説文》中對《文始》中的初文和準初文的音義關係進行系聯，也對《文始》中一部分孳乳字的源詞提出不同看法。又如在《手批文始》中，黄侃"對《文始》中未系聯的同源詞加以系聯，在天頭批注'某同某'，共有 20 餘例"[3]。從黄侃留下的大量手批注語的材料，以及已經成文的《蘄春語》，都爲我們研究現代語源學的發展提

①詳見北師大陳曉強碩士學位論文《〈説文同文〉研究》，2003 年，34 頁。
②陸宗達、王寧，《訓詁與訓詁學》，山西教育出版社，1994 年，407—408 頁。
③王誠，《黄侃〈手批文始〉稿本述略》，《民俗典籍文字研究》，2013 年第 1 期，84 頁。

供了豐富的材料。

以上我們從黄侃對"變易""孳乳"語源學理論的深入研究、對《説文》和《爾雅》的重視以及對章太炎語源學實踐的繼承與發展三個方面來分析了章黄語源學之間的關係。在衆多章門弟子中，黄侃對於章太炎的語源學（當然也可以直接説小學）的繼承無疑是最全面的，不論對章太炎語源學理論還是語源學實踐，他都進行了深入的思考和補充，從而使章黄之學能朝著更科學、更細緻、更精確的方向前進。王寧曾在《論〈説文〉字族研究的意義——重讀章炳麟〈文始〉與黄侃〈説文同文〉》中對兩書的關係有過經典的總結，這裏我們稍作修改，把章太炎和黄侃對現代語源學的貢獻進行總結。我們認爲，黄侃對章太炎的語源學進行了重要的補充和檢驗。我國從訓詁學中發展出的傳統字源學，由章太炎和黄侃做了總結；同時，近現代的新字源學，也從他們二人起步。章太炎和黄侃在漢語語源學的發展上，是有承前啓後的作用的。

三　其他章門弟子對章太炎語源學的繼承和發展

上文中，我們重點討論了沈兼士和黄侃對章太炎語源學的繼承和發展，因爲無論從語源學理論還是語源學實踐，沈兼士與黄侃都對現代語源學做出了重要的貢獻。當然，章太炎的治學方法和精神深深影響了章門弟子，不論是專治小學者，還是治其他人文學科者，都或多或少在治學中使用了求根探源語源學思想，而這一部分我們會簡單討論章太炎的語源學思想對章門其他弟子的影響。

（一）朱宗萊

朱宗萊（1881—1919），字蓬仙，又字布宣，浙江海寧人。我國著名語言文字學家、教育家、圖書館事業家。1904，朱宗萊第二次赴日，入早稻田大學習文科。1908年，朱宗萊於國學講習會從章太炎學習，入章太炎門下。1912年2月，朱宗萊與其他章門弟子發起成立"國學會"，邀章太炎擔任會長。1917年入職北大，擔任預科教授和國文門研究所教員，教授三代秦漢之文學一科。1919年9月，朱宗萊患傷寒，旋病逝於北京協和醫院，年僅39歲。朱宗萊雖英年早逝，卻著述頗豐，有《蟄盧讀書記》《逸史徂》《説文解字敍補注》《文字學形義篇》《許書重文表》《轉注釋例》《文學述誼·正名篇》等，而其中的《文字學形義篇》是朱宗萊最經典的學術著述，它是朱宗萊在北大教授文字學課的講義，後於1918年由北大出版。《文字學形義篇》中有很多關於語源學的論述，而且有不少是和其師章太炎進行商榷的，我們在這裏對有關語源學的部分進行簡單的介紹。

　　《文字學形義篇》共分兩部分，一爲"形篇"、二爲"義篇"；"形篇"亦分兩部分，一爲"字形敘略"、二爲"六書釋例"；"義篇"不具體分章節，而以"訓詁舉要"爲名進行闡述。其中"形篇二"的"六書釋例"爲全書的最核心部分，本篇一分爲六，分別爲"象形釋例""指事釋例""會意釋例""形聲釋例""轉注釋例"與"假借釋例"。其中的"轉注釋例"有許多關於語源學的論述，而該部分也是整個《文字學形義篇》中最精彩的章節，特別是釋例之前的對歷代轉注學說的介紹和分析與後來沈兼士《右文說在訓詁學上之沿革及其推闡》中的右文"略史一、二、三"有異曲同工之妙，足可見研究者之功底深厚。朱宗萊把歷代研究轉注者分爲三類，一爲主形轉，二爲主聲轉，三爲主義轉，其中主義轉要強於前兩説，且影響也最大。主義轉始於南唐徐鍇《説文解字繫傳》，而後人又由其衍爲三派，第一派發展成轉注實屬形聲之一類；第二派以《説文》五百四十部之部爲"建類一首"之"首"，以"凡某之屬皆從某"爲"同意相受"；第三派以互訓爲轉注。然主義轉有弊端四，一爲轉注或爲形聲之附庸，二爲《説文》五百四十部不能盡與轉注相合，三爲互訓與"建類一首"無關，四爲籀篆不能相合。隨後朱宗萊引出其師章太炎的轉注學説，即"類"爲聲類，"首"爲語基，可見章太炎的轉注學説是爲他的語源學説服務的。同時朱宗萊亦對章師的轉注理論提出了兩點商榷："顧章先生之説，猶有可商者二事。一事：類爲聲類，首爲聲首，則建類與一首同義，不煩複舉；二事：轉注誠不爲《説文》設，然保氏教國子時又豈縣知古韻之宜分廿三部邪？"關於這兩點，朱宗萊的質疑是有問題的，針對"一事"，章太炎在《轉注假借説》中先後兩次對"建類一首"下定義，分別爲"何謂建類一首？類謂聲類。……首者，今所謂語基""類謂聲類，不謂五百四十部也；首謂聲首，不謂凡某之屬皆从某也"，可見"語基"和"聲首"是一回事，那麼"建類一首"就是"建立一個聲韻的類別，隸屬於這一類別中的字共有一個語根，這一語根的讀音稱作聲首"，這裏根本不存在什麽"複舉"的問題。針對"二事",轉注確實不是爲《説文》而設,保氏當然也不知道章太炎分古韻二十三部,但保氏一定知道聲韻的大致區別,否則當時的《詩經》的押韻也不可能這麽精確。但是朱宗萊這種對真理的追求,對老師的懷疑的治學態度是值得我們肯定的,這也是章黄學派之所以能始終充滿活力的最重要的原因。在對章太炎的轉注學説提出商榷後,朱宗萊提出了自己的轉注説,"余意'建類'之'類'爲物類,謂形也;'一首'即語基,謂音也;'同意相受'即數字共一義,謂義也",可見在其看來,轉注是形音義的統一。雖然説朱宗萊對章太炎的轉注學説提出了商榷,但我們不難發現,他自己的轉注説是源於章太炎的。最後朱宗萊把轉注分作三類,即疊韻轉注(標:杪)、雙聲轉注(顛:頂)、同音轉注(火:炬:燬),這樣的分類也是基於章太炎的《轉注假借説》而來的。

(二)馬宗薌

馬宗薌(1883—1959),字竟荃,遼寧開原人。我國著名經學家、史學家。1917年北京大學法科畢業,1919年北京大學國文研究所畢業,同年考取高等文官(中等人員),分發教育部。1935年,章太炎於蘇州成立"章氏國學講習會",馬宗薌爲發起人之一(發起人共45人),並擔任講習會講師,講授《莊子》。馬宗薌研究經史諸子,造詣甚深,而其講學也多涉及經史小學,如《尚書》《毛詩》《史記》《爾雅》《説文》,亦講授過《文選》《水經注》等。馬宗薌一生筆耕不輟,著有《爾雅本字考》一卷、《釋宮室》一卷、《訓詁略説》一卷、《毛詩集釋》三十卷、《尚書章氏學》二十八卷、《音韻學講義》四卷、《説文章氏學》十五卷、《水經注引用書目考》一卷、《太史公疑年考》一卷、《漢書地理志今釋》二卷等。其所著主要是弘揚其師章太炎的治學,均有較高的學術價值,而尤以《毛詩集釋》《爾雅本字考》《釋宮室》爲其中佼佼者。本部分我們將從《爾雅本字考》出發,來研究章太炎的語源學思想對馬宗薌的影響。

《爾雅本字考》於1939年刊印於齊魯大學國學研究院,後中華書局於2014年影印出版馬宗薌《毛詩集釋》,於書末附《爾雅本字考》一文。《本字考》對《爾雅·釋詁》進行了逐字逐條的意義考證,遇到借字則於《説文》中尋出本字,如《説文》中無本字則在其他先秦文獻中尋找,字字落實,功底深厚。馬宗霍在《本字考》書前自敘中明言自己的寫作目的爲"約以許君《說文》之義,明其本字,以見指歸,徵其通叚,以明流衍";而其之所以這麼重視文字的本字與通假,是因爲"不旆表本字,無以見語言文字之本原;不究尋通叚,無以免望文生義之謬見"。另一方面,我們也能看出馬宗霍的治學方法是深受其師章太炎的影響。章太炎在敘述自己作小學三書的目的時説道:"《文始》以明語原,次《小學答問》以見本字,述《新方言》以一萌俗",而其中"明語原""見本字"的思想在《本字考》中都有全面的體現。

在《爾雅本字考》中,我們可以從兩個方面研究章太炎的語源學對馬宗霍治學的影響,下面我們進行簡單的論述。

1.《爾雅本字考》引用大量章太炎關於《爾雅》本字的論述

在《爾雅本字考》中,我們發現馬宗霍引用了大量章太炎關於《爾雅》本字的論述,更值得注意的是,其中有很多論述不見於章太炎傳世文獻。袁行霈先生在其主編的《國學研究》(第八卷)中談及《本字考》的價值時指出:"書中時有'謹述師説'語,大量引用章太炎推跡本字和疏解故訓的言論,其中可能有些是章太炎刊行著作未嘗載録的文字,很值得重視。"事實的確如袁文所説那樣,在《本字考》中,馬宗霍引用了章太炎大量的治學言論,經統計共有169處之多,而多以"章先生曰"(亦言"章先生謂""章先生言""先生曰"等)作爲標誌。而在引用完章太炎言論後一定會標明文獻出處,如"以上章先生語見《新方言》""以上章先生語見《文始》""以上章先生見《小學答問》等等",這也爲我們按圖索驥提供了便捷。

當然還有另外一類引章太炎言論是值得我們重視的,那就是章太炎口述的內容,而往往這些內容都是不見於章太炎傳世文獻的,這一類以"以上章先生語""以上章先生口講""以上章先生語見某某文獻及口講"爲標誌。如在訓釋"矢"有陳義時,馬宗霍引章太炎語,其言:

> 章先生曰:矢本爲弓弩矢。引申凡有發義者皆稱矢。"矢直,故凡直出者皆言矢。"此矢訓陳,《詩傳》訓施,皆直出義。《説文》田訓陳者,以田之阡陌皆直出也。(以上章先生語見《文始》及口説。)

以《本字考》與《文始》相比,其多出"引申凡有發義者皆稱矢""《説文》田訓陳者,以田之阡陌皆直出也",可知此爲章太炎口述而未見於其刊行著作之文字,從而我們也可以進一步確立發、直、矢、田、陳在語義上的聯繫。

又如在訓釋"愷"有樂義時,馬宗薌亦引章太炎語,其言:

> 章先生曰:《説文》無凱字,凱即豈也。恐凱字是從譏字變之以來。譏爲訖事之樂,豈爲還師振旅之樂,其事一也。(以上章先生語。)

此爲章太炎口述之言論,未見載於其刊行之著作(包括其口述之《筆記》)。通過分析,我們可以發現豈、愷、凱、譏的同源關係,豈本義爲軍隊得勝歸來所奏的樂曲,有樂義;愷,本義安樂;凱,《説文》無,與豈同義;譏,本義燕饗接近結束時所奏的樂曲。章太炎的發現不在於同源,而在於凱恐是從譏變易而來的推斷,基本可信。

另外在《本字考》中除了引用了大量章太炎的考據材料外,還引用了同門黃侃的不少言論,其多以"同門黃侃云"的形式出現。這也可以看出在《本字考》中,馬宗薌亦吸取了黃侃的研究成果。這也可見在章門一派中,黃侃對於語源學的貢獻是眾弟子有目共睹的。

2. 利用聲首的概念,在求本字的同時系聯同族詞

"聲首"的概念是章太炎較早提出來並運用到治學實踐中的,而作爲章太炎弟子,馬宗薌在求《本字考》中也運用了這一方法。把握住聲首,則能把握住一批同源詞,這樣即求了本字,又完善了本字系統,以達到事半功倍的作用。經統計,《本字考》中有 25 處採用提取聲首的辦法來系聯同源詞,其標誌爲"用聲首也"。這 25 組同族字分別爲"胎:始:台""齯:兒""鮐:駘:台""誠:成""謔:虐""傲:敖""係:系""誥:告""碩:石""訏:于""蓆:席""徂:且""祥:羊""淑:俶:叔""价:介""悅:兌""愉:喻:俞""愷:豈""昪:弁""達:率""漠:謨:暮:莫""傭:庸""恒:亘""誼:宜""忞:旼:文"。其中除了"鮐:駘:台"是否爲同源詞還值得商榷以外,其他都是可信的同源詞。另外馬宗薌還提到了"語根"的概念,而語根其實也是章太炎較早提出並運用到語源實踐中的。章太炎的語根和聲首關係極爲密切,甚至可以看做相同的一對概念,兩者唯一的區別在於聲首是語根的語音形式,語根是聲首的文字載體,聲首的出現要早於語根。而馬宗薌在使用"語根"這一

概念的時候，似乎與章太炎有所區别，其在解釋"誕"訓大義時説："誕者,《説文》：'誕，詞誕也。从言延聲。'按：延訓長行，引申訓長，長大同義。誕之語根爲大，義自大衍，故誕可訓大。"又如在解釋"那"訓於時説道："那者,《説文》那爲西夷國名，無於義，訓於者當爲如之借。語根爲'于'。"如果按照章太炎的語根概念，誕、那的語根當爲"延""冄"，而馬宗霍卻言"誕之語根爲大""（如之）語根爲于"，那麽這裏的語根當作語源義或者核義素來講，而不是語根本身。可惜的是,《本字考》全書明確言"語根"的只有這兩處，所以我們不能肯定馬宗霍只借用了"語根"這一名稱，而在實際内涵上對其有所改變。但毋庸置疑的是，章太炎這種通過語源來求本字的方法對馬宗霍影響深遠。

以上我們討論了章門弟子中朱宗萊和馬宗霍對章太炎語源學的繼承和發展，這兩位弟子在章門中其實占據重要地位，但是被學術界論及較少，尤其在語源學界對他們的討論更是少之又少。這樣的研究現狀對全面研究現代語源學的發展史顯然是不夠的。其實在章門弟子中，除了我們上文詳細論述的沈兼士與黄侃，以及本部分討論的朱宗萊與馬宗霍以外，還有很多弟子在治學的過程中都受到了章太炎語源學思想的影響。比如汪東作《吴語》，該著述中對本字的探求多爲可信，而《吴語》與章太炎《新方言》、黄侃《蕲春語》都是章門中注重對方言語源探索的代表作。又比如吴承仕作《經籍舊音辯證》，該書非常注重字與字之間的同源關係，並利用同源來校勘歷代舊音中音近義通的字。又比如孫世揚作《傷寒論字詁》《金匱要略字詁》，其多求《傷寒論》和《金匱要略》中醫用字之本字，如"舌苔"之"苔"當作"涪"，"脈瞥瞥"之"瞥瞥"當作"潎潎"等等。所以系統地研究章門弟子的小學著述，當能發現很多語源學的成果，有的是理論上的，有的是實踐上的，還有的是觀念上的，這些都對現代語源學史有著積極的貢獻，所以理當認真研究之。

四　章太炎語源學對楊樹達之影響

楊樹達（1885—1956），湖南長沙人，字遇夫，號積微，我國著名語言學家、文字學家。楊樹達1905年赴日本留學，在日期間對"歐洲文字語源學 Etymology"① 產生了濃厚的興趣，但因其認爲"治歐洲語言及諸雜學"乃"當務之急"，故没有從章太炎問學。楊樹達雖未入章門，但是其與章太炎及眾章門弟子關係密切。楊樹達於 1921 年開始續補章太炎老師俞樾的《古書疑義舉例》，並於 1925 年完成《古書疑義舉例續補》，著此書期間，楊樹達就書中問題託章太炎弟子吳承仕求教於章太炎，章太炎謂其"用心審密"②。楊樹達在北京期間，曾先後任職於北京師範大學、清華大學等處，與章門弟子交遊甚密，常切磋學問③。楊樹達在語法學、修辭學、訓詁學、詞源學、文字學、經學等諸多領域都有重要建樹，著有《高等國文法》《詞詮》《中國修辭學》《論語疏證》等書，而有關語源學、文字學的研究成果多收於《積微居小學述林》及《積微居小學金石論叢》中。

　　楊樹達非常重視語源學的研究，這也是他學術旨趣之所在，同時也對他的治學有重要的影響，其在《積微居小學述林·自序》中對此就有很詳細的介紹，其言："我研究文字學的方法，是受了歐洲文字語源學Etymology 的影響的。少年時代留學日本，學外國文字，知道他們有所謂語源學。偶然翻檢他們的大字典，每一個字，語源都説得明明白白，心竊羨之。因此我後來治文字學，盡量地尋找語源。……這是我研究的思想來源。"④ 因爲在日本求學的經歷，以及回國後經常問學於章太炎，加之章、楊二人都對語源學非常重視，又因爲楊和章門弟子密切的交往，所以章太炎的語源學對楊樹達有著較深的影響。本部分將重點從章、楊二人對語源學觀念的異同入手，來研究章太炎的語源學對楊樹

①楊樹達，《積微居小學述林·自序》，中華書局，1983 年，5 頁。
②楊樹達，《積微居小學金石論叢·章太炎先生來書》，湖南教育出版社，2008 年，2 頁。
③此處摘引幾則《積微翁回憶錄》中楊樹達與章門交遊之記載，以窺其與章門關係之密切。"1921 年 2 月"條："二月，以錢玄同之介任北京高等師範學校國文法教員。""1924 年 10月"條："吳檢齋來，貽所著《唐寫本書舜典釋文箋》。""1924 年 11 月"條："在師大遇朱逖先。手持王懋竑《讀書記疑》十六卷，云書不易得。""1925 年 6 月"條："一日。訪吳檢齋，約其下年度到師大任教。……余既以《古書疑義舉例續補》貽諸友，後以一册託檢齋寄呈太炎先生求教。""1927 年 5 月"條："七日。檢齋招余至芳湖春飯莊午飯。""1927 年 12 月"條："三十一日。遇錢玄同。語余云：'欲定轉音爲四種：一，對轉；二，調轉（乃平、上之轉）；三，音近轉；四，雙聲轉。如此可掃除章先生旁轉、次旁轉等紛歧之説。'其説甚通。""1932年 3 月"條："廿八日。滬寧不靖，章太炎先生及黃季剛皆已來京。今日吳檢齋宴先生，邀余作陪。……季剛相見，問別後復有何著述。"楊樹達，《積微翁回憶錄》，北京大學出版社，2007年，10、16、17、18、22、23、42 頁。
④楊樹達，《積微居小學述林·自序》，中華書局，1983 年，5 頁。

達的影響。

　　我們認爲對語源學的觀念可分爲兩個部分，一是語源觀，二是方法論。總的來說，章、楊二人的語源觀非常接近，但是方法論確有較大的區別。

（一）章、楊二人語源觀的接近

　　章、楊二人語源觀的接近首先是源自他們治學的根基都是中國傳統的語言文字之學，章太炎自不必多説，楊樹達亦自青少年時就開始系統研讀小學經典著作，"予年十四五，家大人授以郝氏《爾雅》王氏《廣雅》二疏，始有志於訓詁之學。歲在攝提，年十八，從人假讀大徐本《説文》一周，心歆其美，未有得也。"①另外，章、楊二人也積極受到了西方語言及語源學的啟發，使得自己的語源學觀即傳統又現代。比如二人都積極吸取了西方語源學中語根的概念，首先我們來看章太炎的有關討論：

　　　　頃斯賓薩爲社會學，往往探考異言，尋其語根，造端至小，而所證明者至大。……中國尋審語根，誠不能繁博如歐洲，然即以禹域一隅言，所得固已多矣。

　　　　　　　　　　　　　　　　——章太炎《與吳君遂書·九》②

　　　　世人學歐羅巴語，多尋其語根，溯之希臘、羅甸；今於國語顧不欲推見本始，此尚不足齒於冠帶之倫，何有於問學乎？

　　　　　　　　　　　　　　　　　　——章太炎《新方言·序》③

　　而楊樹達關於語根的討論，除了上文已引《積微居小學述林·自序》中的内容以外，還有其他的論述，如：

　　　　語言之根柢，歐洲人謂 Etymology，所謂語源學也。蓋語根既明，則由根以及幹，由幹以及枝葉，綱舉而萬目張，領挈而全裘振，於是訓詁之學可以得一統宗，清朝一代極盛之小學可以得一結束。

　　　　　　　　　　　　　　　　——楊樹達《形聲字聲中有義略證》④

---

①楊樹達，《積微居小學金石論叢·自序》，湖南教育出版社，2008 年，15 頁。
②馬勇編，《章太炎書信集》，河北人民出版社，2003 年，64 頁
③《章太炎全集》（七），上海人民出版社，1999 年，3—4 頁。
④楊樹達，《積微居小學金石論叢》，湖南教育出版社，2008 年，78 頁。

俞敏曾比較過章太炎與德國人穆勒的“語根”説，其言：“章氏造《文始》……實出于德人牟拉（Max Müller）之《言語學講義》（*Lectures on the Science of Language*，1871）。持《國故論衡・語言緣起説》後半與牟書第二編中論語根之言相較，承沿之跡宛然。”[1] 語根這一概念是語言學家研究印歐語系諸語言後得出的共識，因該語系諸語言具有漢語不存在形態的變化，所以我國傳統小學没有這個概念。章太炎借鑒了這一概念，可以説這是他的創見。而楊樹達同樣借鑒了西方的語根説，並用於自己的語源學實踐。這樣的相同點足以説明二人的語源觀皆受到了西方語言學的影響，同時，也證明了語根這一“舶來品”完全有助於中國傳統語源學的健康發展，而不會因爲“水土不和”被我們所排斥。

最後，章、楊語源觀相似還有一個重要的原因，那就是二人明確了語源對於民族的重要性。章太炎始終秉持著以“中國獨有之學”來振興民族之文化，唤醒愛國之熱情，正所謂“用國粹激動種性，增進愛國的熱腸”。如面對巴黎留學生在《新世紀》[2] 提到中國當廢漢語、漢文，而改用萬國新語的言論時，章太炎作《駁中國用萬國新語説》進行駁斥，其言：

> 歐洲諸語，本自希臘、羅甸孳乳以成，波瀾不二。然改造者不直取希臘、羅甸之言，而必以萬國新語爲幟者，正由古今異撰，弗可矯揉。……必欲盡廢漢文而用萬國新語者，其謬則有二事：一、若欲統一語言，故盡用其語者，歐洲諸族，因與原語無大差違，習之自爲徑易。其在漢土，排列先後之異，紐母繁簡之殊，韻部多寡之分，器物有無之别，兩相徑挺。此其犖犖大者，强爲轉變，欲其調達如簧，固不能矣。……二、若謂象形不便，故但用其音者，文明野蠻，吾所不

---

①俞敏，《論古韻合帖屑没曷五部之通轉》，《燕京學報》34 期，1948 年。

②1908 年，巴黎留學生相集作《新世紀》，認爲中國當廢除漢語、漢文，而改用萬國新語。文中的觀點是非常激進的，比如：“欲求萬國彌兵，必先使萬國新語通行各國，蓋萬國新語，實求世界平和之先導也，亦即大同主義實行之張本也。”（醒，《萬國新語》，《新世紀》第 6 號，1907 年 7 月 27 日，3 頁。）又如：“苟吾輩而欲使中國日進于文明，教育普及全國，則非廢棄目下中國之文字，而採用萬國新語不可。”（醒，《續萬國新語之進步》，《新世紀》第 36 號，1908 年 2 月 29 日，2 頁。）當時，巴黎《新世紀》的編撰者們是一批激進的中國學者和留學生，主倡者爲吴稚暉。他們主張中國廢除漢語漢字，改用世界語。這批人其實在“政治上接近革命派，思想上多半崇仰無政府主義和烏托邦社會主義，有一定民族虚無主義傾向。他們對漢語言文字造詣不深，但很武斷，把事情看得簡單，對爭論對手，是以惡語相加”。（姚奠中、董國炎，《章太炎學術年譜》，山西古籍出版社，1996 年，122 頁。）

論,然言語文字者,所以爲別,聲繁則易別而爲優,聲簡則難別而爲劣。……計紐及韻,可得五十餘字,其視萬國新語以二十八字母含孕諸聲者,繁簡相去至懸遠也。①

而楊樹達也從漢字對於我國的重要性以及保留傳統文化對於我國的必要性的角度來進行論述,其言:

　　由余上方之所討論(筆者注:楊樹達在上文中對於形聲字聲中有義進行的討論),知吾祖先文字之製作實有極精之條貫存於其間。惟後人漫不經心,此種條貫塵翳數千年,不曾顯見於吾輩之目前。緣此,竟有人倡廢棄漢字之説。若吾人將此種條貫理會明白,使國人知祖宗製作之精,將油然生其愛國之心。……(方今外寇鴟張,黨人偷樂,國家在驚濤駭浪之中,吾人既不能執干戈以衛社稷,則整理文化留貽子孫,非吾輩任之而誰任之哉?)②

綜上所述,章、楊二人語源觀的接近源於以上三個原因,即二人治學的根基都是中國傳統的語言文字之學,同時又積極受到了西方語言學及語源學的啟發,另外二人都嘗試從語源學入手,來"用國粹激動種性,增進愛國的熱腸"。

(二)章、楊二人方法論的區別

這部分我們主要分析楊樹達對於章太炎系聯同源詞使用方法的討論,一是關於右文説的討論,一是關於所用文字材料的討論。

1. 章、楊二人對"右文"態度的不同

經過本書第四章"章太炎的右文學說"的研究,我們知道章太炎研究語源開始亦從右文出發,一開始篤信,後來發現右文説的漏洞,進而批判右文説,最終摒棄"八千餘形聲字自然之途徑",而"從廿三部成均圖假定之學說"來研究文字變易與孳乳。但是章太炎放著好好的體系不用,而以一個假定的學說(以《成均圖》韻轉理論爲主)作爲研究同源詞的依據,這樣的另起爐竈,顯然大費周章,並且在客觀上會出現同源詞系聯的錯誤。而楊樹達在系聯同源詞的時候,一般都是從右文(形聲字)入

①章太炎,《駁中國用萬國新語説》,文字改革出版社,1957年,1、5—9頁。
②楊樹達,《積微居小學金石論叢·形聲字聲中有義略證》,湖南教育出版社,2008年,78頁。

手的，他在《積微居小學述林·自序》中也談及他這麼做的原因，其言：
"語源存乎聲音，《説文解字》載了九千多字，形聲字佔七千多，佔許慎全
書中一個絕大部分；所以研究中國文字的語源應該拿形聲字做對象，那
是必須的。"[1] 對於《文始》中章太炎重聲轉而輕右文的方法論，楊樹達是
一直質疑的，如其在《積微居小學金石論叢·自序》中就説到：

> 初讀章君《文始》，則大好之，既而以其説多不根古義，又謂形聲
> 字聲不含義，則又疑之。蓋文字之未立，言語先之，文字起而代言，
> 肖其聲則傳其義。中土文書，以形聲字爲夥，謂形聲字聲不寓義，是
> 直謂中土語言不含義也，遂發憤求形聲字之説。[2]

從楊樹達的《自序》中能看出其對《文始》的質疑主要就在於章太
炎對右文（聲旁）的處理。章太炎不太關注右文的系聯，而是通過聲轉來
系聯同源詞。這是楊樹達從大的方面提出對章太炎系聯同源詞的方法
論，而就具體的語族，楊樹達也提出了質疑，其言：

> 柬聲及簡聲字皆含去惡存善之義，如瀾、湅、煉、鍊、練、漱、諫，
> 皆怡然理順。而《文始》不立柬爲綱者，有意避免義從聲類得也。[3]

當然，楊樹達的這段話是可以商榷的，我們可以把這部分一分
爲二，上半部分是對的，下半部分則有問題。楊樹達認爲"瀾、湅、
煉、鍊、練、漱、諫"爲同源詞，它們的右文是"簡／柬"，它們的核義素
是"去惡存善"，這些都是正確的。但是其認爲《文始》應該立"柬"
爲綱則有問題，因爲在《文始》中所言的"綱"是初文或準初文，然
後通過變易孳乳二大條例以及韻轉規律進行同源詞的系聯。章太炎
在《文始》開篇就明言初文和準初文的標準，即"刺取《説文》獨體，
命以初文""及合體象形、指事，與聲具而形殘，若同體複重者，謂之準
初文"。而"柬"，《説文·束部》："柬，分別簡之也。从束，从八。八，
分別也。"徐鍇《説文解字繫傳》："開其束而柬之也。會意。"從《説
文》和《繫傳》可以看出"柬"不符合章太炎選擇初文或準初文的標準，

所以在《文始》中，章太炎當然不會以"東"爲綱（初文或準初文）而進行語族的系聯的。我們知道，楊樹達研究語源學是從"右文"入手的，而他同源詞的系聯工作也主要是針對形聲字進行的，這樣無疑就忽略了形聲字以外的同源詞。這也是楊樹達語源學研究上的一個局限。

2. 章、楊二人對甲金文態度的不同

關於章、楊二人系聯同源詞方法論的不同，除了右文的使用以外，另外還有一點就是對於甲金文的態度。在上文比較章太炎與沈兼士的語源學時，我們就談及章太炎不信甲骨、排斥甲骨確實是其自身學術上的一大不足，同時我們也分析了章太炎不信甲金文是由於其自身的學術背景及時代局限造成的。當然，我們這裏並不是爲章太炎開脫，因爲不利用甲金文材料確實會對章太炎具體的語源研究有所影響，楊樹達就曾對此有所論及，其言："太炎不治甲文，不知匕爲祖妣之妣之初字，以陰器之匕出於牝牡之牝，余據其意推論之耳。"① 但我們要知道此則材料雖是楊樹達明言章太炎不信甲骨文，但並不是説章太炎關於"匕"講錯了，楊也承認章説解到位，即"太炎此義，最爲精諦"。而楊樹達關於"匕"的説解也是據章太炎之意"推論之耳"，同時加以甲金文的佐證，其言："《釋匕篇》據甲骨金文説爲妣字之初文，説固信而有徵矣。"② 充分結合甲骨文、金文材料，並爲自己的語源學服務，這是楊樹達的一大特點，也可以説是對傳統語源學的一大突破。卞仁海、曾昭聰在《歷史視角的近代語源學考察》中就説到："楊氏 180 多篇文字探源的文章，幾乎每篇都用到甲金文字形。"③ 章太炎研究語源以《説文》爲基礎，篤信許説；而楊樹達則既以《説文》，又以甲金文材料來研究語源，確實較之章太炎有一定的進步。但因爲兩者站的角度不同，加之時代背景的不同，所以我們不能説章、楊二人誰的成就更高。常耀華對此有過很精確的評價，其言："前者代表著傳統文字學的終結，並開啟用現代科學研究許學的風氣。後者在用現代科學研究許學的道路上走得更遠。"④

雖然説，楊樹達利用甲金文材料是系聯同源詞方法論一大突破，但

---

① 楊樹達，《積微居小學金石論叢·積微居小學述林後記》，湖南教育出版社，2008 年，404 頁。
② 楊樹達，《積微居小學金石論叢·積微居小學述林後記》，湖南教育出版社，2008 年，403 頁。
③ 卞仁海、曾昭聰，《歷史視角的近代語源學考察》，《勵耘語言學刊》，2019 年第 2 期。
④ 常耀華，《許學研究綜述》，《辭書研究》，1993 年第 4 期。

是他受《説文》影響之深是毋庸置疑的,所以他和章太炎一樣也會循許説之舊誤。比如章、楊二人就都沿許慎關於"也"字説解之誤了,下引《説文》、章太炎、楊樹達對"也"之説解:

許慎:

> 也,女陰也。象形。𠃌,秦刻石也字。(《説文·𠃌部》)

章太炎:

> 朱一:𠃌(流)、匜、也、池,皆一字。凡積水在内皆曰池。

> 錢二:𠃌(今作曳),流也。𠃝从𠃌,女陰也。匜,盛水器也。道書女陰作玉池。於此可知,从也聲字皆有積水意,故池可不必補入,作也、作匜皆可。(《筆記·水部》,458 頁)

> 錢一:也,今湖北猶稱女陰曰"也巴"。(《筆記·𠃌部》,526 頁)

> 《説文》:"也,女陰也。从𠃌,象形,𠃌亦聲。"此合體象形也。秦刻石作𠃌,孳乳爲地,重濁陰爲地,古文地當祇作也,猶天本訓顚,即古文顚字,引申爲蒼蒼之天。人體莫高於頂,莫下於陰,(足雖在下,然四支本可旁舒,故足不爲最下,以陰爲極。)故以題號乾坤。(《文始一·陰聲歌部甲》,170 頁)

楊樹達:

> 《説文·三篇下·攴部》云:"敀,敷也。从攴,也聲。讀與施同。"……从也者,也《説文》訓女陰,象形。據形求義,敀當爲人於女陰有所動作,蓋男子御女之義,許君訓敷,非初義也。……也訓女陰,宋元以來學者疑之,蓋以其猥褻,此腐儒拘墟不達之見也。吾先民於男女之事,並不諱言。……近世章太炎著《文始》,乃謂:"天本是顚,地本是也,人身莫高於頂,莫下於陰,故以此題號乾坤。"其説精鑿不磨,爲許君築一銅墻鐵壁之防線矣。(《積微居小學述林·釋敀》,32—33 頁)

首先,許慎關於"也"的説解就錯了,其不爲女陰,而爲蛇。也,金文作𠃌,容庚《金文編》:"也,與它爲一字。"章太炎講《説文》時沿許説之誤,並認爲"从也聲字皆有積水意",故系聯了"也:𠃌:池:匜"這樣一組同源詞。同時章太炎在《文始》中還討論了"也／地"與"天／顛"的關係。而楊樹達較之章太炎對甲金文的研究要深很多,但是他也循許説之舊誤,故將從也的"敀"認爲是以手(攴)有所動作於女陰(也)。另外值得注意的是,楊樹達明言章太炎《文始》此條"精鑿不磨",並以章太炎之説證自己之言論,這也可以從另一個側面看出章太炎對楊樹達語源學影響之深。

　　當然,除了上文我們比較章、楊二人的語源觀及方法論以外,兩人對於具體同源詞的系聯也有很多一致的地方。如楊樹達在《積微居小學述林・釋嗌》中將"嗌：搤：縊：隘：㔶：阨：咽：膉：嬰：膭：癭：纓"系聯一處,而在章太炎《筆記》的"貝部""糸部""虫部"以及《文始》的"膭"字條和"嗌"多對楊樹達提到的同源詞有所涉及。又如楊樹達在《積微居小學金石論叢・釋經》中以"巠""壬"爲右文,以"直"義爲核義素,系聯了"巠：壬：廷：頸：庭：挺：侹：脡：珽：徑：經：涇：脛：鋞：桯：梃：莖：頸"這組同源詞,而章太炎《文始》"壬"字條是一個龐大的語族,該語族除了不收"鋞""脡""涇"以外,涵蓋了楊樹達《釋經》中的所有同源詞。下面我們再舉一例,以窺章、楊二人對同源詞系聯結果的一致性。

　　　　《説文・十篇上・心部》云:"慈,愛也。从心,茲聲。"按以聲義求之,許君之訓乃泛言之。若切言之,當云愛子也。……嗟茲乎或作嗟子乎,此又茲子通作之證也。且慈从茲聲,假茲爲子,亦有文从子聲而假子爲茲者。《説文・十四篇下・子部》云:"孳,孳孳汲汲生也。从子,茲聲。"字从茲聲者,言子嗣之孳乳有如艸木之繁殖也,此正字也。然《三篇下・攴部》又云:"孜,孜孜汲汲也。从攴,子聲。"此文與孳音義皆同,而文从子聲,實假子爲茲也。(楊樹達《積微居小學金石論叢・釋慈》,1—2頁)

　　　　《説文》:"子,陽氣動,萬物滋,人以爲稱。象形。古文作㜽。籀文作𡊅。"尋子字本爲兒子,十二支以爲稱。……孳乳爲字,乳也。……又爲孳,伋伋生也。與之相係。爲慈,愛也。(章太炎《文始八・陰聲之部甲》,382頁)

　　楊樹達系聯了"慈：茲：子",而章太炎系聯了"子：字：孳：慈",

兩者系聯的結果雖有小異，但只是你多一個字、我少一個字的區別，所以兩者系聯的是同一語族。另外，楊樹達對許說提出了質疑，即許慎訓"慈"爲"愛"，此"愛"爲寬泛之愛，但析言之，則當爲"愛子"之"愛"，這也是"慈：茲：子"這一語族的核義素爲"子／滋生／繁殖"的原因。所以章太炎對楊樹達訓慈爲愛子的結論非常讚賞，其言："慈訓愛子，推其聲義於子，説甚塙。鄙意古祇有子字耳。愛子即曰子子[①]，猶敬老則曰老老，敬長則曰長長。《樂記》：'易直子諒之心油然生矣。'《中庸》：'子庶民也。'此皆今之慈字。"[②]

章太炎對楊樹達的學問是大加讚賞的，其曾對吳承仕説："遇夫心思精細，殆欲突過其鄉先輩矣。"而章太炎對於楊樹達的問學也耐心答之，楊對於此是非常感動的，在《積微居小學金石論叢·章太炎先生來書》後附有楊樹達的小記，其言："余撰《釋慈》《釋醇》及《詩音有上聲説》三篇，緘呈先生，得復書如右。蓋《釋醇》於先生《文始》之説有所獻疑，《詩音有上聲説》則所以難黄君季剛者，季剛固先生高第弟子也。而先生不以余爲侮，顧進而獎之，蓋先生局度之弘、是非之公如此。"[③]我們認爲楊樹達雖没正式拜師章太炎，但是因爲其經常問學章氏，同時又和章門弟子來往甚密，所以和一般弟子無二。另外，章太炎的語源學對楊樹達也影響深遠，我們可從二人的語源學觀以及二人的語源學的具體實踐中看出端倪。當然，楊樹達的語源學又有所發展，這和上文提到的沈兼士、黄侃、朱宗萊、馬宗薌等人一樣，雖然深受章太炎語源學的影響，但同時又有自己的精進。正是由於這樣的原因，現代語源學才能在由章太炎開端後迅速且健康地發展，並對當代語源學繼續產生深遠的影響。

第二節　章太炎語源學理論對當代語源學的影響

在上一節中，我們分析了沈兼士、黄侃、朱宗萊、馬宗薌、楊樹達對章

---

①湖南教育出版社本《積微居小學金石論叢·章太炎先生來書》此處作"愛子即曰子"，當作"愛子即曰子子"。

②楊樹達，《積微居小學金石論叢·章太炎先生來書》，湖南教育出版社，2008年，2頁。

③楊樹達，《積微居小學金石論叢·章太炎先生來書》，湖南教育出版社，2008年，2—3頁。

太炎語源學理論的繼承與發展,通過分析我們發現章太炎的語源學理論對現代語源學的發展有著極爲重要的影響。陸宗達、王寧曾言:"我們認爲傳統字源學是以平面系源爲主要目的,以形音義統一的方法爲基本方法,以探討同源詞之間的形音義關係爲理論内容的一門學問,它曾包含在訓詁學中,早已有獨立出來的趨勢,它屬於詞義學的範疇,而不屬詞彙史。"[①] 正是在章太炎及其他學者的共同努力下,傳統語源學(字源學)才能獲得長足的進步與巨大的發展,並逐漸從訓詁學中獨立出來。當然,除了對現代語源學的影響之外,章太炎的語源學理論對當代語源學也有著深遠的影響。本節將從徐復、陸宗達、王力三人對章太炎語源學的繼承與發展入手,以研究章太炎對當代語源學的影響。

一　徐復對章太炎語源學的繼承與發展

徐復(1912—2006),字士復,一字漢生,號鳴謙,江蘇武進人。我國著名語言學家、文獻學家。1929 年徐復就讀金陵大學,從黃侃攻文字、聲韻、訓詁之學。黃侃對其青睞有加,指示入門之徑,列出必讀之書,甚至在其畢業一年之後,還作對聯"舊學商量加邃密,新知培養轉深沉"以勉勵之。1935 年 9 月,徐復考入金陵大學,入國學研習班,從黃侃專攻《爾雅》《説文》《釋名》及《廣雅》,但因黃侃於徐復入學一個月後(10 月 8 日)不幸逝世,故未卒業。1936 年 2 月,徐復至蘇州章氏國學講習會,從國學大師章太炎問學,專治乾嘉以來樸學著作,深得我國傳統小學治學的旨趣和方法。新中國成立後,徐復任金陵大學中國語言文學系副教授、教授。1952 年院系調整,改任南京師範學院中文系教授及學術委員會委員。後任南京師範大學中文系教授、古文獻教研室主任。徐復歷任中國語言學會理事,中國訓詁學研究會副會長、會長、名譽會長,中國音韻學研究會顧問,江蘇省語言學會會長、名譽會長。徐復從事語言文字的教學和研究工作半個多世紀。自 17 歲起師承名家,研習中國古代文獻學,學有所成,造詣很深,頗多建樹。在訓詁學、校勘學、詞語研究、語源研究、蒙藏語文研究、古籍整理及方言纂述諸方面都有獨到的學術見解和貢獻。徐復著述等身,著有《徐復語言文字學叢稿》《徐復語言文

---

①陸宗達、王寧,《訓詁與訓詁學》,山西教育出版社,1994 年,388 頁。

字學論稿》《後讀書雜誌》《秦會要訂補》等，主編《廣雅詁林》，參與主編《辭海》（語詞分科）、《漢語大詞典》，晚年完成《〈尳書〉詳注》等，嘉惠學林。

　　雖然徐復正式從章太炎問學的時間很短，前後不到一年，但因爲之前一直拜黃侃門下，所以章太炎的治學方法對徐復的影響還是非常深遠的，其言："年在弱冠，入金陵大學深造，親炙名師，教以小學訓詁，乾嘉矩矱，至此學有蘄向，因得肆志爲考證之業矣。"① 章黃一派，語源學是重中之重，而徐復也非常重視對語源學的研究，同時在徐復的研究中，也能深深體會到章太炎對他的影響。本部分將從徐復對章太炎《成均圖》進行的疏證、以方言求語源的治學方法以及具體的語源學實踐三個方面來探索其對章太炎語源學理論的繼承與發展。

（一）對章太炎《成均圖》進行疏證

　　《成均圖》是章太炎上古韻部分部的重要成果，也是其語源學實踐中古韻通轉的依據和圭臬。雖然《成均圖》一直被人所詬病，尤其是《成均圖》的韻轉條例被人認爲過於寬泛，甚至被人説成"無所不通，無所不轉"。當然，《成均圖》被人詬病是有很多原因的，一是因爲其本身確實存在韻轉過寬的問題，二是因爲有的韻轉規律只有條例卻很難在文獻中找到用例，三是因爲不少學者對其有先入爲主的負面看法，以至還沒有讀懂它就已經開始排斥它。但毋庸置疑，《成均圖》的價值是巨大的，這一點我們在第五章"章太炎的音轉理論"中已經有過詳細的論述，這裏就不再討論。作爲章門弟子，同時作爲著名的語言學家，徐復對《成均圖》的理解顯然是要比他人深入的，所以他作的《章氏〈成韻圖〉疏證》一文可以看做對《成均圖》的進一步闡發，也可以看做其對學界有關《成均圖》提出的種種質疑的一次解釋。正是由於"徐注材料之豐富、精審，尤其是訓詁與音韻的緊密結合，又都是超邁同道的"②，徐復才能對章太炎的語源學理論有進一步的發展。

　　1. 援引諸家評論，從學術史的角度評價《成均圖》

　　徐復於 1977 年作《章氏〈成韻圖〉疏證》，距離章太炎作《成均圖》

---

① 徐復，《徐復語言文字學叢稿·前言》，江蘇古籍出版社，1990 年，1 頁。
② 李開，《學習徐復教授〈章氏成韻圖疏證〉》，《南京師範大學文學院學報》，2012 年第 2 期。

（1910 年）相隔 60 多年。章太炎的《成均圖》以及他的語源學理論在
這 60 多年中到底在學界讚許幾何、質疑幾何，這是值得進行研究的。而
徐復在《疏證》開頭就援引了五家評論，其中三家來自章黃一派，即胡以
魯、黃侃和錢玄同，另外還有兩家是楊樹達與王力，這五家的評論是很具
有代表性的，原因有二，一是立場的不同，二是時間的不同。關於立場的
不同，前三家來自章門內部，其言論可以看做章門自身對《成均圖》的反
思；而後兩家來自章門外部，可以看做整個學界對《成均圖》的態度。關
於時間的不同，胡以魯之評價發於 1912 年，錢玄同之評價發於 1917 年，
黃侃之評價發於 1923 年，楊樹達之評價發於 1935 年，王力之評價發於
1936 年。通過以上五家的評論，我們可以看出自《成均圖》出現以後的
20 多年間學界對它的態度。我們知道，學緣的遠近以及時間的發展是
構成學術史的兩個重要方面，而徐復《疏證》開篇的五家評論既有學緣
的角度，又有時間的脈絡，所以我們說《疏證》是從學術史的角度評價了
《成均圖》的價值，這是不同於以往學者的地方。

　　2. 爲《成均圖》中的韻轉條例積極尋找文獻佐證

　　我們在第五章"章太炎的音轉理論"比較章太炎與孔廣森二者韻轉
理論服務對象的不同時說到："孔廣森的韻轉理論是爲古韻分部服務的，
即單純地爲音韻學服務；而章太炎的韻轉理論不僅爲古韻分部而服務，
更爲訓詁學、語源學服務。前者必須精確地弄清陰陽對轉的關係，不然
古韻分部就會出現問題；後者則不必糾結於部與部之間的對轉關係是
否精確，而是通過韻轉來因聲求義，來分析文字的轉注與假借、變易與孳
乳，從而探討漢語的語源。"章太炎的《成均圖》既然更多爲訓詁學、語源
學服務，那麼反過來，訓詁學和語源學也當能證明《成均圖》的科學性。
怎麼證明？那就需要有充分的文獻作爲佐證。但是章太炎在作《成均
圖》時，重音理而輕文獻（當然這也和《成均圖》的性質有關[①]），這就需
要後代學者從汗牛充棟的文獻中找到符合《成均圖》韻轉條例的文獻。
在這一點上，徐復的《疏證》就做得很好。下面舉例：

---

①章太炎作《成均圖》重音理而輕文獻是可以理解的，因爲《成均圖》本身就是講韻轉規律的，
　而符合《成均圖》中韻轉規律的文獻在《文始》中大量的存在。《成均圖》是語源學理論著
　作，《文始》是語源學實踐著作，兩者的側重點不同，所以不必太過於苛責《成均圖》重音理而
　輕文獻的問題。

故陽部與陽侈聲、陽弇聲皆旁轉。（注：陽部轉東者，如《老子》以盲、爽、狂與聾爲韵；及決瀹音轉，伀鍾作章，是也。）

　　　　　　　　　　　　　——章太炎《國故論衡·成均圖》[①]

《老子》："五色令人目盲，五音令人耳聾，五味令人口爽，馳騁畋獵，令人心發狂，難得之貨，令人行妨。"朱駿聲《説文通訓定聲》豐部："聾，轉音，《老子》聾叶盲、爽、狂，讀如郎。"

《説文》："決，瀹也。从水，夬聲。於良切。"又云："瀹，雲氣起也。从水，翁聲。烏孔切。"《釋名·釋飲食》："盎齊，盎，瀹也。瀹瀹然濁色也。"李鏡蓉《成均圖釋》："《周禮》'盎齊'鄭注：'盎猶翁也。成而翁翁然，蔥白色，如今酇白矣。'見《周禮·酒正》注。"

《釋名·釋親屬》："夫之兄曰公。公，君也。君，尊稱也。俗間曰兄章。章，灼也。章灼敬奉之也。又曰兄伀，言是己所敬忌，見之恇伀，自肅齊也。俗或謂舅曰章，又曰伀，亦如之也。"《爾雅·釋親》："夫之兄爲兄公。"郭璞注："今俗呼兄鍾，語之轉耳。"《漢書·廣川惠王傳》"背尊章"顏師古注："尊章猶言舅姑也。今關中俗婦呼舅姑爲鍾，鍾者，章聲之轉也。"李鏡蓉《成均圖釋》："《漢書·百官公卿表》'東園主章'師古曰：'今所謂木鍾者，是章之轉耳。'"

　　　　　　　　　　　　——徐復《章氏〈成韻圖〉疏證》[②]

按：章太炎在分析陽部轉東部時，首先舉《老子》中"盲""爽""狂"與"聾"相押韻的例子，再舉"決瀹音轉，伀鍾作章"的例子，其實已經具有可信性了。而徐復《疏證》對《成均圖》中的例子進一步補充，讓陽東相轉的例子更加豐富。《疏證》首先將《成均圖》中《老子》之例完整列出，後用朱駿聲《説文通訓定聲》的例子補充了《成均圖》中的《老子》例。其次，《疏證》舉《説文》《釋名》《成均圖釋》的例子來分析"決瀹音轉"。最後，《疏證》舉《釋名》《爾雅》及郭璞注、《漢書》及顏師古注、《成均圖釋》的例子來分析"伀鍾作章"。《疏證》所舉之例多以古代文獻爲主，如《説文》《釋名》《爾雅》《漢書》等，但也有當代的例子，如李鏡蓉的《成均圖釋》（李鏡蓉亦爲章門弟子），所以徐復的《疏證》對闡發

①章太炎撰，龐俊、郭誠永疏證，《國故論衡疏證·成均圖》，中華書局，2008 年，37—38 頁。
②徐復，《徐復語言文字學叢稿》，江蘇古籍出版社，1990 年，54—55 頁。

《成均圖》的韻轉條例有重要的補充作用。可以説章太炎的《成均圖》是在宏觀層面指導語源學的實踐,而徐復的《疏證》則是在細微處補充章太炎的語源學實踐,故李開在談及《疏證》和《成均圖》的關係時總結道:"章氏宏議高標,抉發漢語語言世界的音轉、音理,並約舉實例明語音之理,學理思致趨形上,徐注微觀崇實,由例字、韻例入手,深入相關音轉、音理而具體之、同類擬比之、實證之,學理思致趨形下。"①

3. 用現代音理來爲《成均圖》賦予新的意義

清代是研究古音的高峰,而對古韻部的研究又是高峰中的高峰,可謂前不見古人後不見來者。王力在其《清代古音學》中就總結道:"清代古音學是中國學術史上的一件大事。特別是在古韻方面,清代學者的成就是輝煌的。"② 王國維亦言:"至古韻之學,謂之前無古人,後無來者可也。"③ 要想在清人韻學的基礎上有所突破,要麽出現新的材料,要麽出現新的方法,而徐復的《疏證》就在運用新的方法上給我們做出了很好的榜樣,同時也爲章太炎的韻轉理論賦予了新的意義。

所謂新的方法,很重要的就是描寫和擬音,徐復在《疏證》中分析《成均圖》的音理就大量採用了這兩種方法。我們以鼻音、侈音、弇音、軸音爲例,首先看《成均圖》中的分析:

> 然鼻音有三孔道,其一侈音。印度以西皆以半摩字收之,今爲談、蒸、侵、冬、東諸部,名曰撮脣鼻音。其一弇音。印度以西皆以半那字收之,今爲青、真、諄、寒諸部,名曰上舌鼻音。其一軸音。印度以映字收之。不待撮脣上舌,張口氣悟、其息自從鼻出,名曰獨發鼻音。
>
> ——章太炎《國故論衡·成均圖》④

從章太炎的分析來看,其用的還是傳統的方法。當然如"不待撮脣上舌,張口氣悟、其息自從鼻出",章太炎已經努力在描寫軸音的發音方法,但如"氣悟"還是稍顯抽象,這也是和傳統音韻學的局限性有關。自

---

①李開,《學習徐復教授〈章氏成韻圖疏證〉》,《南京師範大學文學院學報》,2012 年第 2 期。

②王力編著,《清代古音學》,中華書局,1992 年,244 頁。

③王國維,《觀堂集林》,中華書局,1959 年,394 頁。

④章太炎撰,龐俊、郭誠永疏證,《國故論衡疏證》,中華書局,2008 年,36 頁。

章太炎作《成均圖》到徐復作《疏證》，其間經過了 60 多年的時間，我國的音韻學得到了長足的進步，其借鑒了西方語音學的經驗和成果，從傳統走向了現代，這在徐復的《疏證》中就有充分的表現。如同樣是鼻音、侈音、弇音和軸音，徐復就疏證道：

> 鼻音，由鼻腔起共鳴作用的輔音。發音時，口腔裏形成阻礙的部分完全閉塞，軟腭下垂，使氣流從鼻腔通出。印度以西，泛指印歐語系。半摩字，即收 m 韻尾。撮脣鼻音，今稱雙脣鼻音。半那字，即收 n 韻尾。上舌鼻音，今稱舌尖鼻音。姎字，即收 ng 韻尾。悟，通悟，逆也。氣悟，謂氣流受到阻礙。獨發鼻音，今稱舌根鼻音。
>
> ——徐復《章氏〈成韻圖〉疏證》[1]

按：徐復此處在疏證章太炎的《成均圖》時，首先描寫了鼻音的發音方法，具體到發音部位、成阻、除阻，已經完全是現代語音學的描寫方式了。其次徐復在分析侈音（半摩字）、弇音（半那字）、軸音（姎字）時將其分別擬音爲 –m、–n、–ng，這顯然是用古音構擬的眼光來分析音值，這也是現代語音學的方法。另外，如將章太炎所言的“撮脣鼻音”“上舌鼻音”“獨發鼻音”對應解釋爲“雙脣鼻音”“舌尖鼻音”“舌根鼻音”也是和現代語音學的描寫相一致。同時，徐復將章太炎抽象描寫的“氣悟”解釋爲“氣流受到阻礙”，這樣就更加的具體和科學。可見經過徐復的疏證，章太炎的《成均圖》擁有了現代音理的意義，從而能更好地爲當代語源學進行服務。

（二）以方言求語源的治學方法

重視方言，以方言求語源是章門一派治語源學重要的方法。章太炎在《國故論衡·小學略說》中就說到：“《文始》以明語原，次《小學答問》以見本字，述《新方言》以一萌俗”，“明語原”“見本字”“一萌俗”都直接或間接地體現了他的語源學思想。而章門一派中除了章太炎（《新方言》《嶺外三州語》）以外，還有黃侃作《蘄春語》、汪東作《吳語》、李恭作《隴右方言發微》等等。而徐復亦遵循章黃之路，重視方言的研究，其言：

---

①徐復，《徐復語言文字學叢稿》，江蘇古籍出版社，1990 年，53 頁。

"章太炎先生《新方言》、黄季剛先生《蘄春語》,考釋殊語,涣若冰釋。余撰《方言溯源》一文,即遵循二先生之跡而爲之。方言以聲音變轉爲綱,而不合者鮮矣。邑賢胡文英撰《吴下方言考》,刊成於乾隆四十八年(公元 1783 年),其所闡述,間有可取。余與唐文君合寫引言,以廣其傳,使書不湮没,亦後學之責也。"① 我們以《方言溯源》和《〈方言〉補釋》爲例,一窺徐復用方言求語源的治學方法。

在《方言溯源》中,徐復舉章太炎《新方言》1 例,舉汪東《吴語》1 例;在《〈方言〉補釋》中,徐復舉章太炎《新方言》11 例、《嶺外三州語》1 例、《致伯仲書》1 例,舉黄侃《説文段注小箋》1 例,可見章門一派以方言求語源的治學方法對徐復影響之深。下謹舉數例,以窺一斑。

(1)"惡惢"條:

> 汪東先生《吴語》:"今謂猜疑嫌恨曰惡惢。音如穌。"復按《説文》:"惢,心疑也。从三心。讀若《易》旅瑣瑣。"段玉裁注:"今俗謂疑爲多心,會意。"惡惢,讀 wù sū。(《徐復語言文字學叢稿·方言溯源》218 頁)

> 《説文》:"惢,心疑也。讀若《易》云旅瑣瑣。"今蘇州謂猜疑嫌恨曰惡惢。(汪東《吴語》)

按:惢,徐鍇《説文解字繫傳》:"惢,疑慮不一也。"《段注》:"今俗謂疑爲多心。"《元包經·孟陰》:"内有惢,下有事。"李江注:"惢,疑也。謂進退不決。"而《漢語方言大詞典》② 中也引用了此條方言本字考,釋義爲"猜疑;怨恨"。對於汪東對"惡惢"的考證,章太炎是非常讚成的,其在爲《吴語》作序時説道:"(《吴語》)如惡惢、沫浴、目眺、韡裹子、碧瑕、狗蠅、蠿蛛等,或通語,或吴語,並余所素悉,而竟不能舉其字。此乃一一爲之證明,快哉!"而徐復亦用段注對汪東的"惡惢"進行了補充,同時還用漢語拼音爲"惡惢"進行標音。從這條就能看到從章太炎到汪東再到徐復對求方言本字的一脈相承。

(2)"欸"條

> 《説文》:"欸,歠也。呼合切。"復按今謂水漿入口,通謂之喝,

---

① 徐復,《徐復語言文字學叢稿·前言》,江蘇古籍出版社,1990 年,3 頁。
② 詳見《漢語方言大詞典》,4642 頁 "惡惢" 條。

即此欲字。武進人謂之呵,歌泰互轉也。(《徐復語言文字學叢稿·方言溯源》218頁)

　　錢一:欲,歠也。喝酒=欲酒。(《筆記·欠部》363頁)

按:此條徐復雖没明言受章太炎之影響,但我們不難發現二者的聯繫。章太炎在日本講授《説文》時已經談及此字,並明言"喝酒=欲酒",另外其在《文始八·陽聲緝部丁》中也把"欲"視作"及"的同源詞,並言"欲歠亦收也"。而徐復以常州武進方言作爲補充,證明了"欲"就是"喝"。

(3)"逭"條:

　　逭,轉也。逭,步也。　　郭璞音義:"逭,音換。亦音管。"復按:《新方言·釋言》:"今謂物轉於地,人在地轉皆曰逭。音轉如袞,俗作滾。"今亦謂斥人走開曰滾,皆即逭字。(《徐復語言文字學論稿·〈方言〉補釋》,20頁)

　　朱一:逭。俗云"你混"當即逭。打混(《唐韻》"逭,轉也")即打逭。

　　錢一:逭。滾蛋之滾,正即逭字。《方言》逭訓轉,此即打滾字,故打滾亦當作打逭,猶水滾當作涫。(《筆記·辵部》,86頁)

　　《詩·大雅》"薀隆蟲蟲",傳"蟲蟲而熱"。字亦作爞。《爾雅》"爞爞、炎炎,薰也",《釋文》音同。今人狀熱氣沸騰曰"熱爞爞",或曰"爞爞滾"。滾,俗字,本由涫字音轉,沸也。(汪東《吳語》)

按:從章太炎、汪東、徐復的分析,我們可以看出"逭:涫:滾"當爲一組同源詞。逭,本義爲逃、避。《爾雅·釋言》:"逭,逃也。"逃則轉,故引申爲轉動、周轉之義。《方言》卷十三:"逭,周也。"郭璞注:"謂周轉也。"錢繹《方言箋疏》:"旋轉與周匝同義,故逭又訓爲周。"涫,本義爲沸滾。《説文·水部》:"涫,䳚也。"《段注》:"《春秋繁露》'燔以涫湯',《韓詩外傳》作'沸湯'。然則涫、䳚一也。《周禮》注曰:'今燕俗名湯熱爲觀。'觀即涫。今江蘇俗語䳚水曰滾水,滾水即涫,語之轉也。"水沸則水周轉、旋轉。滾,本義爲大水奔流貌。《集韻·混韻》:"滾,大水流皃。"大水奔流,則水翻轉,故引申爲周轉、翻轉義,即打滾。又如《朱子語類·孟子三》:"譬如甑蒸飯,氣從下面滾到上面,又滾下,只管在裏面滾,便蒸得熟。"水溫達到沸點後水則翻滾,翻滾即周轉。而在音韻上,聲母方面,逳上古爲匣母,滾、涫上古爲見母,皆爲牙喉音;韻部方面,逳、涫上古皆爲元部,滾上古爲文部,元文旁轉。

從以上三則考方言本字的材料,我們不難發現徐復對以方言求語源的重視;而對比各則材料中章太炎、汪東、徐復著眼點的不同,我們也能發現章門一派的語源學是在不斷發展的,有的是考章太炎之未考(如"惡惢"例),有的是完善章太炎的結論(如"欲"例),有的是互爲補充(如"逳"例)。也正因爲如此,章太炎的語源學理論和實踐才能在當代語源學中也一直發揮著積極的作用。

(三)具體的語源學實踐

上文我們探討了《成均圖》以及以方言求語源的方法對徐復的影響,我們可以將《成均圖》歸納爲章太炎的語源學理論,將以方言求語源歸納爲章太炎的語源學方法論。理論有了,方法論有了,剩下的就是實踐了。而章太炎的語源學實踐是否亦對徐復產生重要的影響? 我們的答案是肯定的。下面我們以徐復釋"畐"的語源一窺章太炎對其的影響。

徐復曾作《釋"畐""爻"二字之語源》一文,其在文中明確談及章太炎有關二字之解對其作此文之影響,其言:"余讀餘杭章先生《文始》,推源畐字造字之本誼,用爲補苴焉。……往歲余在蘇州親聆餘杭章先生講解《說文部首》,曾言《說文》爻篆蓋即殽之本字,推論語源,其說是矣。"[①]下面我們比較章太炎與徐復對於"畐"語族的探尋:

錢一:福。古無輕唇音,讀福(入)如僕,故與備(去)爲聲訓。福从畐,畐訓滿,滿則備矣。古福、富義近,富爲人爲之福,福爲天降之福,故富、備義亦近。(《筆記・示部》,4頁)

朱三:腹从夏聲,夏从畐省,訓厚爲畐之借。(《筆記・肉部》,179頁)

錢一:富,備也,从畐聲。畐之去聲即爲備。(《筆記・宀部》,308頁)

①徐復,《徐復語言文字學叢稿》,江蘇古籍出版社,1990年,337、339頁。

《説文》：“畐，滿也。从高省，象高厚之形。”……變易爲富，備也。富又變易爲備，具也。孳乳爲服，用也。爲福，備也。爲畗，嗇也。……爲愊，慎也。爲愊，誠志也。……於地孳乳爲堛，凷也。……於布帛孳乳爲幅，布帛廣也。……於體孳乳爲腹，厚也。於器孳乳爲鍑，……鍑旁轉幽變易爲鏊，鍑屬也。旁轉魚變易爲鬴，鍑屬也。……於車孳乳爲輻，輪轑也。……於衣孳乳爲複，重衣也。其二百爲䡱，亦畐之孳乳矣。……畐又有畐迫之義，……故孳乳爲楅，以木有所畐束也。又孳乳爲榎，機持繒者。爲轐，車軸縛也。爲犕，……亦以鞻勒束之也。對轉蒸又孳乳爲絣，束也。其佩訓大帶，可孳乳於畐，亦可孳乳於服。（《文始八·陰聲之部甲》，390—391頁）

按：在《筆記》中，章太炎把“福：畐：備：富：腹”視作一組同源詞，在《文始》中，章太炎則系聯了一組更龐大的語族，即把“畐：富：備：服：福：畗：愊：堛：幅：腹：鍑：鏊：鬴：輻：複：䡱：楅：榎：轐：犕：絣：佩”視作一組同源詞，同時將“畐”視作這組同源詞的初文。而徐復在釋“畐”的語源時將“畐：膈：愊：餶：偪：簠：複：輻：福：幅：楅：䡱：堛：复：腹：鍑：蝮：馥：寝：複：復”視作一組同源詞。我們不難發現，徐復對該組同源詞的系聯與章太炎是比較接近的，但亦有三點不同：一是徐復對該語族的分析多出“膈”“餶”“簠”“福”“䡱”“复”“蝮”“馥”“寝”“復”9字，這是由於《文始》絶大部分收的是《説文》中的字，而徐復將這一範圍擴展到各種典籍當中，如“膈”“餶”“福”“䡱”見於《廣韻》，“偪”見於《方言》，“馥”見於《字林》，“簠”見於《竹譜》。二是徐復在分析每一個字時要比章太炎更加詳細，以“鍑”爲例，章太炎《文始》只言：“於器孳乳爲鍑，如釜而大口者。盛滿故衍於畐。”而徐復則詳細分析道：“《説文》金部：‘鍑，如釜而大口者。从金，复聲。’《方言》卷五：‘釜，自關而西，或謂之鍑。’郭璞注：‘鍑，釜屬也，音富。’按鍑字語源，謂金屬之釜，腹大可多容也。‘大口’之説，蓋屬後起，从复，亦畐字之假借。《廣韻》入聲一屋‘鍑，或作鍢。’得其實矣。”三是徐復積極利用了甲文、金文的材料來證明自己的語源分析，這一點較之章太炎是有進步的。如在分析“畐”的字形時就用甲金文與《説文》中的籀文進行比較，其言：“其中（筆者注：此處指《説文》)籒文有作𤼣者,與鼎彝及甲文所載,形體大略相同。如叔氏鐘作𤼣,而甲骨文亦作𤼣,皆取象尊形,與人體不類。……畐爲初文腹字,而以'十'符表腹中充實,金文,甲文則用'×'符,其取義當同。"[1]

通過比較章、徐二人對"畐"語源的探尋,我們發現徐復對章太炎的語源學實踐多有繼承和發展:一是對系聯結果的補充,其利用《説文》以及各類典籍補充章太炎在《文始》中的系聯結果。二是對證明過程的補充。章太炎《文始》中關於同源的證明主要在音和義上,音的關係按照《成均圖》的韻轉規律,而義的關係則多觀點而少論證,即文獻支撐不夠充分;而徐復針對這一點進行了很多的補充,讓論點清晰、論據充分。三是對文字材料的補充。章太炎在《文始》中鮮用甲金文材料,這是由於在當時甲金文的材料還沒後世那麼發達,同時由於章太炎自身也不信甲金文而篤信《説文》;而到了當代,大批甲金文材料出現,其可信度以及價值也越來越被學界肯定,所以徐復將這批材料運用到自己的語源學實踐中,而在客觀上也補充了章太炎的語源學實踐。

綜上所述,作爲章太炎晚期的重要弟子以及當代重要的語言文字學家,徐復全面地繼承了章太炎的語源學理論,並在很多方面有了進一步的發展,如其對章太炎的《成均圖》進行了詳細的補充以及適當的修正,同時用現代語音學的方法賦予了《成均圖》新的意義;再如其繼承了章黃學派以方言求語源的方法,並且對之前的結論有所補充;又如其在章太炎《文始》語族的基礎上進一步進行語源的探索,以更加豐富的文獻材料擴充了原本的語族,以更加豐富的文字材料讓原本的證明更加科學可信。

二　陸宗達對章太炎語源學的繼承與發展

陸宗達(1905—1988),字穎民,一作穎明,生於北京,祖籍浙江慈溪,我國著名語言學家、訓詁學家。1922年考入北京大學國文系預科,後升入本科,1926年經吳承仕、林損介紹認識黃侃,旋拜入黃侃門下。1927年陸宗達隨黃侃入東北大學,後因黃侃不適應東北的氣候及生活習慣,故於翌年南下南京。與黃侃相伴期間,陸宗達系統學習了《説文》

---

①徐復,《徐復語言文字學叢稿·釋"畐""爻"二字之語源》,江蘇古籍出版社,1990年,337頁。

學、音韻學,也學習了黃侃治古代文獻之法,這對其以後的治學大有裨
益。陸宗達後由北大國文系主任馬裕藻聘請,返北大教書,主教預科,
兼任本科的訓詁學。1931年後,陸宗達除北大外,還先後或同時在輔仁
大學、馮庸大學、女子文理學院、中國大學等校任教。1937年後,專在輔
仁大學和中國大學任教。1947年後,又專在北師大教學。"在這些大學
裏,他把國學的各個部門搬上講堂,一直到新中國成立初期文字、音韻、
訓詁學在大學的課堂上取消。"①1956年,陸宗達重新開始古代漢語的教
學,並在《中國語文》上發表《談談訓詁學》,翌年,將《談談訓詁學》擴充
爲《訓詁簡論》。1961年,陸宗達開始招收第一屆古代漢語研究生,其循
黃侃當日之舊法,讓學生點讀《說文解字注》,並用大徐本作《說文》的系
聯。上世紀70年代末80年代初,徐復在南京、陸宗達在北京先後主持
了第一、二屆訓詁學高級研討班,陸又於1981年開始擔任中國訓詁學會
首任會長。自1956年至80年代近30年的時間,陸宗達孜孜不倦,爲訓
詁學從復生到甦醒,從恢復元氣到健康成長,一直付出努力;同時也爲訓
詁學的普及做出了重要的貢獻。所以,陸宗達可以視作是章黃學派在當
代最重要的繼承人之一。

　　陸宗達對當代語源學的貢獻是巨大的,其主要表現在以下三個方面,
一是注重傳統語源學在當代的重生、普及與應用,二是始終秉持章太炎一
貫地以《說文》爲中心進行求根探源的方法,三是在章黃的基礎上對語源
學理論和同源詞系聯做進一步的深化。從這三點中都不難發現章太炎的
語源學理論對陸宗達的巨大影響。下面我們將對這三個方面進行討論。

(一)注重傳統語源學在當代的重生、普及與應用

　　新中國成立初期,以文字學、音韻學、訓詁學爲代表的傳統語言文字
學在大學課堂中消失,因爲它們具有"傳統"的性質而被視作封建的糟
粕。而作爲章黃學派在當代重要的傳承人,陸宗達始終有著讓傳統語言
文字學重生的責任感。王寧在《陸宗達先生與20世紀國學的傳播》中
說到:

　　　　國學被作爲封建文化的同義語受到冷落、受到排斥,是極"左"

①王寧,《陸宗達先生與20世紀國學的傳播》,《民俗典籍文字研究》,2013年第1期。

思潮在文化教育上的反映,這種思潮使幾代人没有了閱讀文言文的能力,無法接觸古代典籍,無由瞭解中國歷史,其實,他們是生活在半明半暗的世界裏。陸宗達先生在這種時代,從來没有放棄呼唤國學的復生。①

50、60年代,陸宗達在《談談訓詁學》和《訓詁淺論》中向當代社會介紹了訓詁學;70年代末80年代初,陸宗達又憑藉《説文解字通論》和《訓詁簡論》宣告了訓詁學在當代的復甦。而語源學正是伴隨著陸宗達對訓詁學不遺餘力的宣傳而得以獲得重生,比如在60年代初、70年代末,陸宗達開設了家庭課堂性質的國學傳播講習會。據王寧回憶,這樣的講習會前後共有6次,最長的一次是1979年講《説文》和章太炎的《文始》,一共持續了8個月。陸宗達的這種講學與章太炎在日本東京的國學講習會講授以《説文》爲代表的國學經典是如此的相似。也正因爲此,中斷了近30年的訓詁學及語源學能在民間重新得以傳播。另外,作爲訓詁大師的陸宗達深知當代訓詁學的任務與乾嘉時期和清末民初都有很大的不同,乾嘉時期在於單純的解經説字,清末民初在於以國粹激動種性,而當代訓詁學的任務在於普及、在於各個層面的應用。如何被普及、被應用,那就要有一系列行之有效又能被社會接受的方法。於是陸宗達就開始用盡量爲大家熟知的語料,加以人們能理解的語言,來進行訓詁學及語源學的宣傳。王寧在《紀念我的老師陸宗達先生》中説到:"《訓詁方法論》出版後,他又接受了我們的另一個意見:介紹訓詁學要注重用一般人能懂的語料來闡明理論方法。因而,用常用詞而不是生僻詞做實例,盡量把原理講透、方法説清,便成爲這一階段我們寫訓詁學文章的努力目標。"② 在這一目標的引領下,陸宗達寫下(其中有很多是同王寧合寫的)了一系列的有關訓詁學的著述,如《談訓詁學的理論建設》《論"段王之學"的繼承和發展》《章太炎與中國的語言文字學》《論章太炎、黄季剛的〈説文〉學》《訓詁學的普及和應用》等,其中和語源學密切相關的有《傳統字源學初探》《論字源學與同源字》《音轉原理淺談》

---

①王寧,《陸宗達先生與20世紀國學的傳播》,《民俗典籍文字研究》,2013年第1期。。
②陸宗達、王寧,《訓詁與訓詁學·紀念我的老師陸宗達先生——代本書序》,山西教育出版社,1994年,第4—5頁。

《論〈説文〉字族研究的意義——讀〈文始〉與〈説文同文〉》《同源詞與古代文獻閲讀》《訓詁學和現代詞語探源》^① 等。我們不難發現,在陸宗達的這些著述中,章太炎的訓詁學及語源學都是非常重要的一個部分,這可以看作是其對章太炎語源學的傳承,也可以看作是其用章太炎"用國粹激動種性"的精神在爲當代語源學的復甦所做出的貢獻。

我們以《論字源學與同源字》爲例,該文通過深入淺出的講解,從"同源詞的派生原理和音近義通説""同源字的形體關係和右文説""歷史的推源和平面的系源及傳統字源學的特點""對音近義通規律的探求和形音義統一的傳統系源方法"這四個方面入手,以達成該文開篇提到的"闡述這門學科的基本原理和方法特點,並指出它的局限,以便把這門有理論價值和實用價值的學科繼承下來,發展下去"的目的。比如在談及同源孳乳字取同一聲符標音這一概念時,陸宗達用平實的語言對"輼:愠:醖:蘊"進行説解,讓人們非常容易接受,其言:

> "輼"是臥車。這種車的特點是密閉,與開窗的輬車相對。"愠"是怨怒的情緒,古人以爲是積聚在心中之氣。"醖"是釀酒,酒發酵時都需密閉。"蘊"有積藏義。《左傳·隱公六年》:"艾蒦蘊崇之。"指將雜草積藏漚成緑肥,不使再生。四字義相通,都取"昷"作聲符。^②

如果我們拿章太炎《筆記》中對"蘊""愠"的説解進行比較,不難發現其對陸宗達的影響,如章太炎在講"宛"時,其言:

> 朱一:《左傳》"怨利生孽",怨、蘊、宛音義同,"内無怨女",内無蘊積之女也,與"無曠夫"對。宛積後作宛積。宛丘亦圓而可積聚之丘耳。《説文》:"夗,臥不伸也。"(《筆記·宀部》,312頁)

---

① 王寧在《紀念我的老師陸宗達先生——代本書序》中説到:"正因爲如此,在陸先生逝丗五周年的時候,我接受了幾位師兄弟的建議,把1980—1988年這8年間我和陸先生所寫的訓詁與訓詁學的論著加以選擇結集出版,來紀念我們的老師陸宗達先生逝世五周年。"(《訓詁與訓詁學》,第1—2頁)可見《訓詁與訓詁學》中的各篇文章是陸宗達與王寧合寫的,所以該書既能反映陸宗達的訓詁學思想,也能反映王寧的訓詁學思想,二者很難分離。基於本部分是專門討論陸宗達對章太炎語源學的繼承與發展的原因,故我們認爲陸、王二人合寫的著述中皆能體現陸宗達的語源學(訓詁學)觀念以及相關理論。
② 陸宗達、王寧,《訓詁與訓詁學·論字源學與同源字》,山西教育出版社,1994年,第372頁。

又如章太炎在講"鬱"時,其言:

> 錢一:鬱積。鬱本叢木,與菀(木積)音義皆同,蓋菀之入聲即
> 鬱字也。怨與鬱、菀音義皆同(愠、慰亦然)。鬱、菀、怨、愠、慰皆同。
> 古人造字,其最先者必爲器物,後乃造出精神狀態之字,故最初必只
> 有鬱字。(《筆記·林部》,258 頁)

通過比較,我們發現章太炎、陸宗達二人在處理與"蘊""愠"有關
的同源詞時,説解上都旁徵博引、深入淺出。而在具體系聯的過程中,雖
然側重點有所不同,章太炎是不拘形體,將"怨:蘊:宛:鬱:菀:愠:慰"
系聯爲一組同源詞,而陸宗達則是從右文出發,將同一聲符的"輼:愠:
醖:蘊"系聯爲一組同源詞。但是章、陸二人的這兩組同源詞是可以互
爲補充的;同時這兩組同源詞的核義素皆可歸納爲"積聚"(陸宗達已明
言"積聚",而章太炎雖未明言,但通過歸納推理亦不難得出"積聚"這一
核義素)。這些都可見章太炎的語源學對陸宗達的影響。

宋永培在《陸宗達、王寧先生學術的淵源、傳承與發展》中説到:"這
種對傳統字源學的基本原理、方法特點所做的深刻而明確的闡釋,在八十
年代振聾發聵,反響清越,有力地清掃了形式化方法在同源研究中造成的
淺薄、陳腐的風氣,爲衡量同源詞研究的是非得失提供了科學的理論根據
和判別標準。"[1]章太炎系統地進行語源學的現代革新在 1910 年左右,陸
宗達系統地進行語源學的當代革新在 1980 年左右,其間整整相隔了 70
年。章太炎在上世紀初通過語源學來喚醒人們愛國的熱情,陸宗達在上
世紀中後段通過語源學來讓優秀的傳統得以重生、普及和應用。章太炎
在《菿漢微言》中曾言:"自揣平生學術,始則傳俗成真,終乃回真向俗。"
而陸宗達也是對章太炎這句話在當代最好的傳承者與實踐者。

(二)秉持章太炎以《説文》爲中心進行求根探源的方法

从章太炎在東京講授《説文》、創作《文始》開始,《説文》就一直
是章黄學派治學的核心,而章黄治《説文》的核心又在於求根探源。陸
宗達、王寧在《論章太炎、黄季剛的〈説文〉學》中就説到:"語言的、歷

---

[1]宋永培,《陸宗達、王寧先生學術的淵源、傳承與發展》,《民俗典籍文字研究》,2016 年第
1 輯。

史的、民族的這三個特點，決定了章黃《説文》學的全部體系是源流相系，……這一體系的全部核心在求根探源。"[1] 同時，陸宗達也深諳章黃以《説文》來求根探源的方法，其言："《説文》所收之字及其所代之詞，是在這種歷史發展中積澱下來的。因而，需要縱向地系聯《説文》的字（詞），探討孳乳浸多的脈絡，以明確語必有根，字必有本，而其根本皆在先古。是謂求其源。《文始》（章）與《説文同文》（黃）就是這一方案的具體實踐。"[2] 在這段話中，"縱向地系聯《説文》的字"是章太炎系聯同源詞最重要的方法，"孳乳"是章太炎《文始》中同源詞派生最重要的條例之一，而"語必有根""字必有本""求其源"皆是章太炎作《文始》最重要的目的。下面我們簡單舉兩例來看看陸宗達是如何在實踐中繼承章太炎分析同源詞的方法的。

（1）"和：龢：盉"

陸宗達分析《説文》中的本字本義時選取了"和""龢""盉"三字，其先列出這三字在《説文》中的説解：和，《説文·口部》："和，相應也。"龢，《説文·龠部》："龢，調也。讀與和同。"盉，《説文·皿部》："盉，調味也。"這和章太炎《文始》中分析同族詞的變易與孳乳時先列《説文》的説解如出一轍。我們再看陸宗達對這三字的具體分析，其言："'唱和'的'和'本字應寫'和'，'調和'的'和'本字應寫'盉'，'和樂'、'和聲'的'和'本字應寫'龢'。它們各有據其詞義而造的形，分別從'口'、從'皿'、從'龠'。後世才都用'和'字。"[3] 而觀章太炎在東京講授《説文》時，也把這三字視作同源詞，如"和"：

> 朱一：和＝龢。
> 錢一：唱和。龢氣。調龢。
> 周二：唱和。調龢。（《筆記·口部》，65頁）

又如"龢"：

---

①陸宗達、王寧，《訓詁與訓詁學·論章太炎、黃季剛的〈説文〉學》，山西教育出版社，1994年，第342頁。
②陸宗達、王寧，《訓詁與訓詁學·論章太炎、黃季剛的〈説文〉學》，山西教育出版社，1994年，第343頁。
③陸宗達、王寧，《訓詁與訓詁學·〈説文解字〉與本字本義的探求》，山西教育出版社，1994年，第410頁。

朱一:調和也。唱和當作和。(《筆記·龠部》,98頁)

又如"盉":

朱一:調和當作盉,龢諧(音樂),今皆作和。

錢一:調盉。聲調＝龢。(《筆記·皿部》,211頁。)

而在《文始》中,章太炎則把"盉:禾"與"和:龢"視作不同的兩組同源詞,其言:

歌又孳乳爲和,相應也,謂和歌也。又孳乳爲龢,調也。(盉訓調味,則禾之孳乳。)(《文始一·陰聲歌部甲》,170—171頁)

禾可采食,故孳乳爲盉,調味也。(《文始一·陰聲歌部甲》,172頁)

我們暫且不討論是《筆記》把"和:龢:盉"視作一組同源詞正確,還是《文始》兩分正確,但從對這三字的説解來看,我們可以發現章太炎非常重視對本字的考察,也非常重視字與字之間的孳乳關係,而這些都影響著陸宗達。陸宗達也正是通過"探討孳乳浸多的脈絡"來分析"和""龢""盉"在本字與本義上的區別,並分析這三者的同源關係。

(2)"藩:屏"

陸宗達:

《説文·一下·艸部》:"藩,屏也。"《八上·尸部》:"屏,屏蔽也。"《詩經·大雅·板》:"价人維藩,大師維垣,大邦維屏,大宗維翰。"毛傳:"藩,屏也。"孔穎達疏:"藩者,圜圍之籬可以屏蔽行者,故以藩爲屏也。"《漢書·梁平王襄傳》:"天子外屏。"注:"屏謂當門之墻以屏蔽者也。"《釋宫·釋宫室》:"屏,自障屏也。""屏"的本義是屏蔽,當門之墻因屏蔽而命名。藩籬也因屏蔽行人的特點而得名。二字義通。"藩"聲"並"紐"寒"韻,"屏"聲"並"紐"唐"韻,二字紐同韻旁轉。(《訓詁與訓詁學·論字源學與同源字》,370—371頁)

章太炎:

朱一:藩、屏雙聲,音轉爲疊韻。《詩·采菽》:"平平左右",《左

傳·襄公十一年》："便蕃左右"。(《筆記·艸部》,49頁)

　　朱二:藩,古重唇音,讀爲蹯。浙人有"藩【叛】在那里",即屏蔽之義,乃藩之古音耳。(《筆記·艸部》,49頁)

　　《説文》:"市,韠也。从巾,象連帶之形。篆文作韍。"……對轉寒又孳乳爲藩,屏也。藩旁轉清變易爲屏、屏,皆蔽也。(《文始一·陰聲泰部乙》,188頁)

按:藩、屏同源。在音韻關係上,聲母方面:藩、屏上古皆爲並母;韻母方面:藩上古爲元部,屏爲耕部,元耕旁對轉。在意義關係上,藩,本義爲籬笆。《玉篇·艸部》:"藩,籬也。"即遮擋之物。後引申爲屏障、護衛。《詩經·大雅·板》:"价人維藩,大師維垣。"毛傳:"藩,屏也。"屏,本義爲當門的小墻,照壁。後引申爲屏障之物。《説文·尸部》:"屏,屏蔽也。从尸,并聲。"《詩經·大雅·板》:"大邦維屏,大宗維翰。"可見藩、屏皆有屏障義,且藩、屏互訓。用義素分析法公式可以表達爲:藩=/籬笆/+/遮擋/,屏=/小墻、照壁/+/遮擋/。通過上述分析,可知藩、屏是一組以"遮擋"爲核義素的同源詞。通過比較章太炎和陸宗達對"藩""屏"二字的説解,我們不難發現二人皆以《説文》爲根,同時都從韻轉、意義的角度分析了兩字的關係。而在具體的分析過程中,章太炎運用到了古今音的不同(古無輕唇音)和當今方言的比較(浙江方言[①]),而陸宗達使用的文獻更多,同時對兩字意義關係的分析更加具體明晰。可見章太炎的以《説文》爲中心來求根朔源的方法以及對同源詞具體的分析都對陸宗達影響深遠,同時陸對同源詞的具體分析也可以視作對章太炎已有結論的進一步補充。

(三)對語源學理論和同源詞系聯做進一步的深化

　　章黃的語源學成就之所以超越前人,不僅在於他們有大量的語源學實踐,同時這些實踐都是在相應的語源學理論指導下進行的。而作爲章黃學派當代最重要的繼承者之一,陸宗達也在語源學理論和同源詞系聯兩個方面都下了很大的工夫,從而使得其能在章黃的基礎上更進一步。本部分將試從理論和實踐兩個方面來探討章太炎的語源學對陸宗達的影響。

---

①這裏的"浙江方言"當指的是浙西方言,章太炎《新方言·釋言》:"《説文》:藩,屏也。屏爲屏蔽,亦爲屏臧。……近浙西嘉興、湖州謂逃隱屏臧爲藩,音如畔。'"

1. 陸宗達對章太炎語源學理論的當代深化

本書在討論"章太炎的轉注假借理論"（第二章）、"章太炎的變易孳乳理論"（第三章）、"章太炎的右文學説"（第四章）、"章太炎的音轉理論"（第五章）時就發現章太炎非常重視語源學的理論建設，其中尤以對語源學術語的界定爲重，而這也是其超越前人並被後世效法的地方。另外，上文我們通過比較章黃二人對"變易"與"孳乳"定義的異同，發現黃侃也非常重視對語源學相關術語的界定，並以此爲理論基礎指導其語源學實踐，全面繼承發展了章太炎的語源學理論。而作爲章黃學派重要的繼承者和語源學重要的傳播者，陸宗達也秉持了章黃對語源學理論建設高度重視的傳統；更難能可貴的是，陸宗達能結合時代的特殊性，對章太炎的語源學理論進行當代意義的深化，從而使語源學的復甦與普及得到了理論上的支持。

和章太炎一樣，陸宗達非常重視對語源學相關術語的定義，同時對相關概念賦予了當代的意義。如在《論字源學與同源字》中，陸宗達爲了説清同源字的派生原理，"先將有關字源原理的術語的定稱和定義明確下來"[①]。於是，陸宗達對"原生詞與派生詞""同源派生詞與非同源派生詞""根詞與源詞""孳乳和孳乳字""同源字""字根和源字""詞（字）族與 × 族詞（字）"這些語源學的概念進行了定稱與定義。又如在《訓詁方法論》一書中，陸宗達與王寧在書的最後附有《訓詁學名詞簡釋》，其中與語源有關的術語就有"詞族""同根詞""同源字""根詞（語根）""變易""孳乳""初文""準初文""同源通用字""轉注"等。下面我們嘗試比較章太炎與陸宗達對同一術語定義的異同，以發現陸宗達對章太炎語源學理論的繼承與發展。

（1）變易、孳乳

> 討其類物，比其聲均，音義相讎，謂之變易；（即五帝、三王之世改易殊體者。）義自音衍，謂之孳乳。

——章太炎《文始·敘例》

〔變易〕文字形體在使用中筆劃或構件發生變更，或者同一詞又

---

①陸宗達、王寧，《訓詁與訓詁學·論字源學與同源字》，山西教育出版社，1994 年，第 368—369 頁。

造出其他形體，叫作變易。變易只是字形本身的變化，不受語言發展變化的支配。變易產生異體字或廣義分形字。

〔孳乳〕源詞派生出新詞後，便要造一個記録新詞的新字。這種現象叫孳乳。孳乳是詞的派生在文字上的反映。

——陸宗達、王寧《訓詁方法論·訓詁學名詞簡釋》

在詞的派生推動下分化出新形、造出新字的過程叫孳乳。

——陸宗達、王寧《論字源學與同源字》

按：章太炎對於變易與孳乳的定義多是從直觀的角度出發進行定義，變易即"音義相讎""改易殊體"，孳乳即"義自音衍"。這樣的定義好處在於直觀，比如變易需要字音、字義相互匹配，字形上另造新字；孳乳需要幾個字在意義上出現分化。但缺點在於主觀，比如變易中"殊體"到底爲何？音義是否要完全"相讎"？是音與音"相讎"加上義與義"相讎"，還是音和義要"相讎"？再比如孳乳中意義分化的這幾個字同語源在音上的聯繫是什麼，彼此間音的聯繫又是什麼？這些章太炎都没有詳細論及。而陸宗達從當代語言學的角度出發，對變易與孳乳進行了再定義，力求做到既精確又通俗。從陸宗達的定義我們可以克服章太炎定義時出現的主觀性問題，解決了變易與孳乳形變的區别，即變易的形變是從文字形體本身的角度出發，"不受語言發展變化的支配"；而孳乳的形變是從詞的派生角度也就是語義變化的角度出發，是受語言發展變化支配的。當然，與章太炎的定義相比，陸宗達没有談到變易孳乳在音上的關係，所以我們如果將章、陸二人的定義結合在一起，無疑會讓學界對變易與孳乳的理解更加深入、更加科學，同時也更加通俗易懂。

（2）初文、準初文

刺取《説文》獨體，命以初文，其諸省變，（省者，如卂之省飛，朩之省木是也。變者，如反人爲𠤎，到人爲七是也。此皆指事之文，若廴從彳而引之，夭夨尣從大而詘之，亦皆變也。如上諸文，雖皆獨體，然必以他文爲依，非獨立自在者也。）及合體象形、指事，（合體象形如果、如朵，合體指事如叉、如叉。）與聲具而形殘，（如氏從乀聲，厹從九聲，乀、九已自成文，𠂔、𠃊猶無其字，此類甚少，蓋初有形聲時所作，與後來形聲皆成字者殊科。）若同體複重者，（二、三皆

從"一"積畫。屮、屮、舜皆從"屮"積畫,此皆會意之原,其収字從
ナ又,北字從人匕,亦附此科,非若止戈、人言之倫,以兩異字會意也。
二、三既是初文,其餘亦可比例。)謂之準初文,都五百十字,集爲
四百五十七條。

——章太炎《文始·敍例》

〔初文〕章太炎的《文始》把《説文解字》中的獨體字——即形
體不能再分析的字,叫作"初文"。傳統所謂的獨體象形、獨體指事,
都是"初文"。

〔準初文〕章太炎的《文始》,把《説文解字》中的合體象形及指
事、省變、兼聲、疊體這四種介於獨體和合體之間的文字叫準初文。
準初文一般由一個獨體加另一些字形構件而成。其内容如下表:

分　類		舉　例	例字形體分析
合體	合體象形	果(果)	米(獨體)+田(非字構件)
	合體指事	州(《《)(災)	川(獨體)+一(非字構件)
省變	省	不(不)(棐)	木省(木)
	變	匕(匕)(化)	人倒置
兼聲		齒(齒)	止(獨體聲母)+凶(構件)
疊體		舜(舜)	屮四重

——陸宗達、王寧《訓詁方法論·附録·訓詁學名詞簡釋》

按:章太炎對初文、準初文的定義可謂詳備,但是和對變易、孳乳的
界定一樣,章太炎多主觀的描寫而少科學的定義,這就需要後人對其定
義再進行深化,而陸宗達就進行了這方面的工作。章太炎言"刺取《説
文》獨體,命以初文",陸宗達則用當代科學化的學術語言把"獨體"描寫
爲"形體不能再分析的字",並在此基礎上將"初文"的範圍限定於"傳
統所謂的獨體象形、獨體指事"。章太炎言"及合體象形、指事,與聲具而
形殘,若同體複重者,謂之準初文",陸宗達則科學地將"準初文"的範圍
限定於《説文解字》中的合體象形及指事、省變、兼聲、疊體這四種介於
獨體和合體之間的文字",並將準初文的字形歸納爲"一個獨體"+"一
些字形構件"的形式。同時,陸宗達還製表將準初文的四大類六小類
進行了漢字構形意義上的拆分,當然這是受到了章太炎在《文始》中的
影響,其選取了三個在章太炎定義準初文時就已經涉及到的漢字,即

七、果、舜，同時增加了三個漢字，即巛、不、齒。而關於"果""巛""齒"的拆分則較章太炎更加具體，操作性也更明確，如陸宗達將"果"拆成木+⊕，將"巛"拆成巛+一，將"齒"拆成止+凵，而不是像章太炎所言的"合體象形如果、如朵，合體指事如叉、如叉"那樣只有敘述而少有分析。陸宗達的這些嘗試不僅讓章太炎使用的初文與準初文有了當代語言學的意義，同時也爲後來王寧的漢字構形學理論打下了堅實的基礎。

　　陸宗達的語源學理論是承上啟下的，其上承章太炎、黃侃之説，同時讓章黃二人的語源學理論有了當代語言學的意義；其下啟上世紀80年代以後直到今日的語源學研究，讓當代的語源學能夠更加健康、科學、規範地發展。

　　2. 陸宗達對章太炎的同源詞系聯做進一步的深化

　　除了上文所説的注重對章太炎的語源學理論賦予當代語言學的意義以外，陸宗達也非常重視對章太炎的同源詞系聯做進一步的深化，因爲其深知同源詞的具體實踐是一切理論的基礎。和章太炎一樣，陸宗達同源詞系聯的對象主要是《説文》，同時其參考了章太炎的《文始》和黃侃的《手批説文解字》中有關同源詞的内容（即黃侃《説文箋識四種》中的《説文同文》和《字通》爲主要内容）。陸宗達這樣的選擇是完全符合章黃學派堅持以《説文》爲核心的研究方法、以不斷完善理論體系爲目標的研究精神。在這一點上，黃侃已經爲陸宗達做出了很好的示範作用。作爲章太炎語言文字之學最重要亦最有成就的繼承者，黃侃在章太炎的語源學理論和實踐兩個方面都有重大的發展，比如黃侃手批《説文解字》時，將《文始》中未收入的《説文》同源字用批注的形式加以展示。黃侃的批文不僅是對章太炎《文始》中具體系聯的重要補充，也是對章太炎語源學理論的深化與完善。而陸宗達也遵循著黃侃的方法，將章、黃二人的語源學實踐同《説文》放在一起，作《〈説文解字〉同源字新證》，繼續深化與完善了章黃學派的語源學理論和實踐。誠如王寧在《〈説文解字〉同源字新證·序》中評價該書的價值時所言：

　　　　穎民師將它們① 與《文始》綜合在一起，加上自己的研究心得和

①　"它們"即指黃焯所編的黃侃《説文箋識四種》中的《説文同文》和《字通》。

見解,分條貫釋,寫成了這部手稿。可以説,《〈説文解字〉同源字新證》綜合了章太炎—黃季剛—黃耀老和穎民師三代章黃學人的學術思想,基本完善了《説文解字》同源字的考證,這些第一手的材料,是章黃學人研究漢語詞源學獨特的理論方法的實證,也是後代學人研究《説文》學和漢語詞源學的導引。①

《〈説文解字〉同源字新證》中對章太炎的語源學實踐的深化是全方位的,這是和陸宗達幾十年如一日對語源學孜孜不倦地探索分不開的,同時這也是和其充分重視章黃的語源學成果分不開的。章太炎的《文始》《新方言》《小學答問》等,陸宗達都精心比照研讀過,後來在上世紀 80 年代,陸宗達又見到了黃侃對各種典籍的手批本,當然也包含整理進《黃侃論學雜著》的諸文,所以《〈説文解字〉同源字新證》"應當是對太炎先生《文始》和他開創的上古漢語詞源學最全面的補充和闡發了"②。在該書中,我們經常能看到"太炎先生曰""季剛先生曰""季剛先生説"等等字樣,這都説明了章太炎和黃侃對陸宗達語源學的影響。本部分將舉兩例,一窺《〈説文解字〉同源字新證》一書中陸宗達對章太炎的同源詞系聯進行的深化工作。(因爲本部分重點討論章太炎對陸宗達語源學實踐的影響,所以對有關陸宗達繼承發展黃侃的部分,我們將不做討論。)

如:"礿:禴:鬻:汋:瀹"

章太炎:

> 錢一:礿。古者祭祀,春夏薄,秋冬厚,夏祭曰礿者,《説文·鬲部》有鬻字,義謂煮菜于湯。夏祭薄,故僅用煮菜。礿(經典亦作禴,同)即鬻字之變也。鬻亦作汋、瀹。(《筆記·示部》,6 頁)
>
> 《説文》:"勺,挹取也。象形。中有實,與包同意。"……勺則激水,故孳乳爲激,……變易爲汋,激水聲也。(《文始九·陰聲宵部甲》,402 頁)
>
> 《説文》:"炎,火光上也。從重火。"……烹煮亦炎引伸之義,對轉宵孳乳爲鬻,内肉及菜湯中薄出之也。……其礿爲夏祭,以新菜可

---

①陸宗達著,《〈説文解字〉同源字新證·序》(王寧序),學苑出版社,2019 年,第 3—4 頁。
②陸宗達著,《〈説文解字〉同源字新證·序》(王寧序),學苑出版社,2019 年,第 2 頁。

礿爲言,亦一義也。(《文始九·陽聲談部乙》,406—407 頁)

陸宗達:

> 礿,後出字作"禴"
>
> 《説文》:"礿,夏祭也。从示,勺聲。"《周易·革卦》《詩經·天保》《周禮·大宗伯》皆作"禴"。《爾雅·釋天》孫炎注曰"新菜可礿"(郭注同)。《十一上·水部》:"汋,激水聲也。井一有水一無水,謂之瀱^①汋。"皆非"新菜可汋"之義。汋正當作鬻,《説文·三下·䰜部》:"鬻,内肉及菜湯中薄出之。"鬻即北京土語沃雞子之沃。(《〈説文解字〉同源字新證》,15 頁)

按:在《筆記》中,章太炎分析了礿、鬻、禴、汋、瀹五字的關係,而在《文始》中,章太炎則把其分成了兩組同源詞,一是以"勺"爲初文的"勺:激:汋",二是以"炎"爲初文的"炎:鬻:礿"。因爲囿於初文的原因,章太炎將"汋"與"鬻:礿"分成不同的語族,其實是可以合併的。礿,本義祭名,夏、商兩代春祭曰礿,周代夏祭曰礿。鬻,本義爲把肉和菜放在沸湯中稍煮片刻取出。《説文·䰜部》:"鬻,内肉及菜湯中薄出之。"《段注》:"納肉及菜於鬻湯中而迫出之。"可見礿、鬻意義相連,皆有薄、不厚重之義。瀹,本義浸漬,《説文·水部》:"瀹,漬也。"後引申爲水煮。《玉篇·水部》:"瀹,煮也,肉菜湯中而出也。"《漢書·郊祀志下》:"杜鄴説(王)商曰:'東鄰殺牛,不如西鄰之瀹祭。'"顏師古注:"瀹祭,謂瀹煮新菜以祭。"可見"瀹祭"即"礿祭"。汋,同"瀹"。《集韻·藥韻》:"鬻,《説文》:'内肉及菜湯中薄出之。'通作瀹、汋。"《爾雅·釋天》:"夏祭曰礿",郭璞注:"新菜可汋。"陸德明《經典釋文》:"汋,燁菜也。"燁,即燒煮也。《段注》:"汋與礿疊韻,汋即《説文》鬻字。"禴,同"礿"。《説文》不收。《爾雅·釋天》:"夏祭曰礿"。陸德明《經典釋文》:"本或作禴"。黃侃《〈爾雅〉略説》:"(俞樾)釋禴祭爲通名。引干寶《易》注:'非時而祭曰禴。'"《詩經·小雅·天保》:"禴祠烝嘗,于公先王。"毛傳:"春曰祠,夏曰禴,秋曰嘗,冬曰烝。"在音韻上,礿、禴、瀹、鬻上古皆爲喻母藥部,汋,上古崇母藥部,喻、崇鄰紐。在義上,五字聯繫密切。故"礿:

---

① 《〈説文解字〉同源字新證》此處爲空格無字,當補入"瀱",

襘：鬻：汋：瀹”當爲同源詞。陸宗達的説解應當是從章太炎《文始》出發的，因爲在 80 年代陸宗達是没有看到《筆記》的内容的。《文始》將“汋”與“鬻：衟”分開，因爲“汋”的核義素在於“激水”，而“鬻：衟”的核義素在於“燒水”。陸宗達從這一點出發，對孫炎、郭璞注《爾雅》中的“新菜可汋”與《説文》所言的“激水聲也”加以區分，並把章太炎在《筆記》所言“衟（經典亦作襘，同）即鬻字之變也。鬻亦作汋、瀹”中的字際關係捋得更順暢了。更難能可貴的是，陸宗達還從現代方言的角度出發，將“鬻”在北京方言中對應的“沃雞子”的“沃”給找了出來。考現代北京方言仍有這樣的説法，“沃雞子”也就是“沃雞蛋”，即“煮雞蛋”之義。陸宗達的這一方法顯然也是受到了章太炎《新方言》和黄侃《蘄春語》的影響。

又如：“瑩：熒：炯：頴：炫”

章太炎：

> 錢一：暜。熒惑＝暜。（《筆記·目部》，153 頁）
>
> 錢一：頴，火光也。引申充實也。凡訓光明者皆可引申爲充實。（《筆記·火部》，412 頁）
>
> 朱一：炫。光炫即光爛字也。（《筆記·火部》，415 頁）
>
> 朱二：熒，引申爲熒惑。熒惑與眩惑音轉（耕部與元寒部相轉），猶熒或爲嬛，暜或爲環是也。（《筆記·焱部》，419 頁）
>
> 錢一：滎。小水曰滎，小火曰熒，故凡滎聲字皆有小意。螢，《説文》無。（《筆記·水部》，458 頁）
>
> 《説文》：“厂，抴也。明也。象抴引之形。虒字從此。”……厂對轉清又孳乳爲熒，屋下鐙燭之光也。爲炯，光也。爲頴，火光也。次對轉真爲炫，爛燿也。（《文始四·陰聲支部甲》，258—259 頁）
>
> 《説文》：“开，平也。象二干對構上平也。”……研，礦也。礦以取平，亦开之孳乳也。（礦瑩之瑩本當作研，研之乃有光明，故瑩訓玉色，亦與研相傅。）（《文始四·陽聲清部乙》，269—270 頁。）

陸宗達：

> 瑩與“熒”“炯”“頴”“炫”爲同根詞。瑩訓治磨乃“研”之借字。

　　《説文》"瑩，玉色。从玉，熒省聲。一曰石之次玉者。《逸論語》曰：'如玉之瑩。'"

　　《十下·焱部》："熒，屋下鐙燭之光也。从焱、冂。"

　　《十上·火部》："炯，光也。从火，冋聲。""潁，火光也。从火，頃聲。""炫，爛燿也。从火，玄聲。"

　　以上五字音義皆近。黄季剛先生説："案《倉頡篇》曰：'瑩，治也。'《釋鳥》郭注：'瑩刀。'《釋文》：'瑩，摩瑩也。'《周書·蘇綽傳》：'夫良玉未剖，與瓦石相類。及其剖而瑩之，玉石始分。'皆'研'之借。"案黄説極精。章太炎謂"瑩"爲"研"之孳乳字，未諦。《説文·九下·石部》："研，礦也。"（瑩研雙聲。）（《〈説文解字〉同源字新證》，22 頁）

　　按：首先看章太炎的《筆記》，因爲《筆記》隨堂講授的性質，所以如果遇到同源詞，一般都是進行少量的系聯，或者大略言之"凡从某聲皆有某義"。在以上所舉《筆記》材料中，章太炎明言同源者，唯"熒：營：眩"，另外又言"凡榮聲字皆有小意"。其次看《文始》，在上文引《文始》的材料中，有兩組同源詞，一是以"厂"爲初文的"厂：熒：炯：潁：炫"，一是以"开"爲初文的"开：研：瑩"。《説文》"厂"有二義，一爲"扺也"，一爲"明也"，"熒：炯：潁：炫"與"厂"意義上的聯繫是"明也"。熒，《説文·焱部》："熒，屋下鐙燭之光。"《廣韻·青韻》："熒，光也。"《集韻·清韻》："熒，火光。"炯，《説文·火部》："炯，光也。"《廣韻·迥韻》："炯，火明皃。"潁，《説文·火部》："潁，火光也。"《爾雅·釋詁下》："潁，光也。"郝懿行義疏："又通作炯。"《廣韻·迥韻》："潁，輝也。"炫，《説文·火部》："炫，耀耀也。"徐鍇《説文解字繫傳》："炫，爛燿也。"《段注》："爛燿，謂光爛燿明也。"《廣韻·霰韻》："炫，明也。"章太炎對這組同源詞的系聯顯然是没有問題的，而同樣从熒省聲的"瑩"，《文始》把其與初文"开"及"研"系聯爲一組同源詞，意義上的聯繫在於"平"。章太炎認爲"瑩"之所以訓"光亮"是因爲玉被研磨打磨，這顯然是牽强的，如果從右文的角度出發，"瑩"顯然和"熒""營"放在一起更爲合適，從而能和"炯""潁""炫"進一步系聯，所以這也體現了章太炎在進行語源學實踐時抛棄右文説這一做法的弊端。陸宗達在系聯這組同源詞時，首先就明言"瑩與'熒''炯''潁''炫'爲同根詞",而"瑩"與"研"的關係也認定爲假借。接著,陸宗達羅列各字在《説文》中的説解以及黃侃的研究來糾正章太炎謂"瑩"爲"研"之孳乳字的錯誤,可謂搞證。陸宗達的這則説解非常珍貴,因爲從中可以完全弄清從章太炎到黃侃再到陸宗達三代人對"瑩:熒:炯:潁:炫"這組同源詞的研究脈絡。對前人的觀點不斷地進行修正和完善,這也是章門語源學理論能不斷發展創新的重要原因。

綜上所述,作爲章黃學派在當代最重要的傳承者之一,陸宗達對當代語源學的發展做出了重大的貢獻。陸宗達在章太炎治語源學精神的影響下,非常注重傳統語源學在當代的重生、普及與應用。陸宗達又在章太炎治語源學理論的影響下,始終秉持章黃學派一以貫之地以《説文》爲中心進行求根探源的方法,並在章太炎的基礎上對同源詞系聯和語源學理論做了更進一步的深化。

三　王力對章太炎語源學的批判與肯定

王力(1900—1986),字了一,廣西博白人,我國著名語言學家、教育家、翻譯家、散文家和詩人,中國現代語言學的奠基人之一。1926 年王力考入清華國學研究院。1927 年冬赴法國留學,專攻實驗語音學。1931 年以論文《博白方音實驗錄》獲博士學位。1932 年回國,任教於清華大學,講授普通語言學和中國音韻學概要。在清華職教期間,先後完成《中國音韻學》《中國文法學初探》《上古韻母系統研究》等著述。1937 年抗戰爆發,王力南下,先後任教於長沙臨時大學、西南聯合大學,期間完成《中國現代語法》和《中國語法理論》。1946 年抗戰勝利後,王力被中山大學借聘爲文學院院長,1948 年又借聘於嶺南大學。1952 年嶺南大學併入中山大學,王力擔任中山大學語言學系主任,在此期間,王力先後完成《字史》《理想的字典》《了一字典初稿》《新訓詁學》《漢語詩律學》等文。1954 年,中山大學語言學系併入北大中文系,王力旋即調任北大,招收了首屆漢語史研究生,並開設漢語史課程。經過長時間的積累與思考,王力於 1957 年至 1958 年完成漢語史著作《漢語史稿》,此書對漢語史的研究意義巨大。從 1958 年完成《漢語史稿》到 1986

年去世，王力一直致力於漢語史的研究，1961 年主編教材《古代漢語》，1978 年修訂《漢語史稿》，1980 年完成《詩經韻讀》和《楚辭韻讀》，1982 年完成《同源字典》（1974 年 8 月到 1978 年 8 月間三易其稿）。《同源字典》是我國當代語源學最重要的實踐成果之一，而《同源字典》中的《同源字論》則是我國當代語源學最重要的理論成果之一。

　　章太炎的語源學理論之於王力，不同其之於章門弟子。章門弟子多是繼承與發展章太炎的相關學說，而王力則是批判與肯定兼有，並且批判多於肯定。當然，批判也是一種影響，至少在王力自己的語源學實踐中可以避免章太炎的這些錯誤，從而使得當代語源學得到更科學的發展。

　　王力對於章太炎語源學理論的批判是多方面的，當然也有肯定。不論批判還是肯定，大致都從以下三個方面進行，一是韻部相轉上的，二是詞義系聯上的，三是文字選用上的，當然中間也有交叉。下面我們就來看看王力對於章太炎語源學的批判與肯定。

（一）對於章太炎語源學中音韻相轉的批判與肯定

　　王力對於章太炎音韻學上的批判主要是《成均圖》，因為《成均圖》是章太炎語源學實踐中韻轉的理論標準，所以我們認為這也是對章太炎語源學理論的批判。王力在《清代古音學》中直接指出章太炎的《成均圖》的諸多問題，其言：

> 　　章氏的成均圖，是主觀臆測的產物。韻部的次序和地位，都是以意為之的，因此，由成均圖推出的結論往往是不可靠的。
>
> 　　在弇侈的問題上，章氏的錯誤很多。……
>
> 　　在陰陽對轉的問題上，章氏有錯誤。……他說隊脂諄對轉、至真對轉，則不甚妥。……他說侵冬緝與幽對轉，亦不甚妥。……
>
> 　　所謂近旁轉、次旁轉、正對轉、次對轉，原則上是可以成立的。在具體安排上，則有可議之處。例如魚支近旁轉、支至近旁轉，蒸談近旁轉、陽青近旁轉，是不合理的；魚至次旁轉、侯之次旁轉、陽侵次旁轉、魚青次對轉、支陽次對轉，等等，更是不合理的。
>
> 　　所謂交紐轉和隔越轉，更是荒唐的。前面說過，章氏成均圖的次序安排是任意的，所謂"比鄰相出入"，所謂"隔五相轉"也是任意

的,不可憑信的。有了交紐轉和隔越轉,則無所不通,無所不轉,就失掉通轉的意義了。①

　　從上面的文字不難發現王力對章太炎的《成均圖》,尤其是《成均圖》中展現的韻轉理論進行了較多的批判,特別是"無所不通,無所不轉"這八個字更是讓學界對《成均圖》形成了固有的看法。其實對章太炎《成均圖》及其韻轉理論的批判早已有之,如章門弟子黄侃、錢玄同、沈兼士、胡以魯等,其他學者如林語堂、楊樹達、羅常培等,這也從另一個側面證明了王力的質疑是有力的。毋庸諱言,《成均圖》被王力批判、被後人詬病是有多方面原因的,比如其本身確實存在韻轉過寬的問題,再比如有的韻轉規律只有條例卻很難在文獻中找到用例。王力爲了避免出現章太炎的韻轉過寬和有的同源詞鮮有文獻用例的弊端,其對音的限定是非常嚴格的,在《同源字論》中他就指出:"值得反覆强調的是,同源字必須是同音或音近的字。這就是説,必須韻部、聲母都相同或相近。如果只有韻部相同,而聲母相差很遠,如'共 giong''同 dong';或者只有聲母相同,而韻部相差很遠,如'當 tang''對 tuət',我們就只能認爲是同義詞,不能認爲是同源字。"②比如王力就批判了《文始二·陰聲隊部甲》③中"出:生:翠:鷸"被認定爲同源詞,"出"上古穿母物部,"生"上古山母耕部,聲音相差很遠;"翠"上古清母,"鷸"上古喻母,聲音也相差很遠。王力的批判當然是正確的,"出:生:翠:鷸"不爲同源,但是在《文始》中,章太炎本没有把"出""生"視作同源,其言"出、生同義",而且"出"和"生"是兩個初文,一個置於《文始二·陰聲隊部甲》(出),一個置於《文始四·陽聲清部乙》(生)。

　　但毋庸置疑,《成均圖》的價值也是巨大的,這一點我們在第五章"章太炎的音轉理論"中已經有詳細的論述,這裏就不再討論。而王力也肯定過《成均圖》中所展示的韻轉規律的價值,其言:

　　　　因此,初文的孳乳是建築在古音系統的基礎上的:他先定古韻

_____

①王力編著,《清代古音學》,中華書局,1992 年,第 237—238 頁。

②王力著,《同源字典·同源字論》,商務印書館,1982 年,第 20 頁。

③在商務印書館 1982 年版的《同源字典》中將"文始二"誤寫作"文始七"(第 40 頁),而在中華書局 2014 年版的《同源字典》中已將"文始七"删去(第 39 頁)。

爲二十三部，並作"成均圖"以明對轉、旁轉的道理，又定古聲母爲二十一紐。然後按初文分爲歌泰寒類、對脂諄類、至真類、支清類、魚陽類、侯東類、幽冬侵緝類、之蒸類、宵談盍類。這樣，所謂"孳乳"就不是亂來的，而是轉而不出其類的、或鄰韻相轉的。[①]

其實王力對章太炎的古韻劃分還是較爲肯定的，王力早年也把古韻分爲二十三部，雖然和章太炎的二十三部不盡相同，但還是受了不少的影響，比如王力當時採用了章氏晚年的主張，把東部併入侵部。另外，關於章太炎的隊部獨立，王力認爲不僅是對的，還是章氏最大的貢獻，同時把章氏隊部中的入聲字稱作"物部"。正是由於章太炎較爲正確的二十三部劃分，所以《成均圖》中的"近旁轉、次旁轉、次對轉原則上是可以成立的"。而章太炎《文始》中將初文劃分成九大類，其初衷也是好的。這樣一來，其同源詞之間的"孳乳"關係"就不是亂來的"，而是轉不出這九類，或者在鄰韻部中相轉。章太炎的韻轉規律的基礎是好的，即古韻二十三部；韻轉規律的方法是對的，即在九大類及鄰韻中相轉。但是好的基礎和對的方法在實際操作中出現了問題，其最主要的原因還是在於同源詞本身分析的困難以及章太炎韻轉標準確實過寬所致，所以王力在實際操作中"謹慎從事，把同源字的範圍縮小些，寧缺無濫，主要是以古代訓詁爲根據，避免臆測"[②]，即使有的字與字之間在音理上能找得出韻轉的聯繫，但因爲沒有訓詁上的佐證，所以王力不將它們視爲同源，就更不要說那些在《成均圖》中所謂的交紐轉和隔越轉了。

（二）對於章太炎語源學中詞義系聯的批判與肯定

王力是非常重視漢語詞彙的系統性的，他認爲"一種語言的語音的系統性和語法的系統性都是容易體會到的，唯有詞彙的系統性往往被人們忽略了"[③]。但其實詞與詞之間的關係是緊密相連的，而同源詞正是詞彙呈系統性的表現之一，這也是王力十分重視同源詞的重要原因之一。

詞彙的系統性與語音和語法的系統性有一定的區別，西方的歷史比較語言學非常重視語音的系統性和語法的系統性，因爲作爲拼音文字的

---

①王力著，《中國語言學史》，復旦大學出版社，2006年，第138頁。
②王力著，《同源字典·同源字論》，商務印書館，1982年，第43頁。
③王力著，《漢語史稿》，中華書局，2004年，第621頁。

印歐語系,這兩者的系統性都比較直觀,而即使在詞彙的角度,因爲是表音文字而不是表意文字,所以詞彙之間的系統關係給人的印象也有語音層面的。而以表意文字作爲載體的漢語,它詞彙的系統性更爲隱秘,這就需要大量的古代文獻作爲佐證,而不能僅憑臆測。王力也把自己判定同源詞的意義標準定爲"以古代訓詁爲根據,避免臆測"。上文我們在談到章太炎《成均圖》的問題時有一點就是"有的韻轉規律只有條例卻很難在文獻中找到用例",而這正和王力"以古代訓詁爲根據,避免臆測"的原則相違背,所以章太炎的《文始》中不少的詞義關係就受到了王力的批判。比如王力就批判了《文始一·陽聲寒部丙》中"臽:兌:隧:術:達:駃:戾"這組同源詞,其言:"從聲音方面看,'臽、兌、隧、術、達、駃、戾'相通是没有問題的;但是,從詞義方面看,則大有問題。山間陷泥地與湖澤大相逕庭,與隧道更是風馬牛不相及。至於孳乳爲達、爲駃、爲戾(户),更不知何所據而云然。"[1] 王力的批評是非常中肯的,臽,《説文·口部》:"臽,山間陷泥地。"兌,《易經·兌卦》:"象曰:麗澤,兌。"隧,《詩經·大雅·桑柔》:"大風有隧。"毛傳:"隧,道也。"達,《説文·辵部》:"達,行不相遇也。"駃,《説文·馬部》:"駃,馬行疾來皃。"戾,《説文·户部》:"戾,曲也。從犬出户下。"如果説臽、兌在義上是有聯繫的話,那麼其他幾個字確實和初文"臽"在詞義上没有什麼聯繫,這就是王力批判章太炎的"意義相差很遠,勉强加以牽合"[2]。

　　雖然説章太炎在一些具體的同源詞系聯上犯了臆測與少有文獻佐證的問題,但是其語源學實踐中所呈現的對漢語詞彙系統性的研究,王力是給予肯定的,其言:"章氏的這種做法,令人看見了詞彙不是一盤散沙,詞與詞之間往往有某種聯繫,詞彙也是有條理的。章氏這種做法,在原則上是詞源的研究或詞族的研究……"[3]

　　在本書第五章"章太炎的音轉理論"中,我們討論了章太炎語源學中韻轉理論和訓詁實踐的辨證關係,發現章太炎在具體的詞族系聯時,還是非常重視訓詁上的文獻佐證。所以章太炎的《文始》也並不像王力所説的"他的研究還是很粗糙的"以及"錯誤的東西比正確的東西多得

---

①王力著,《同源字典·同源字論》,商務印書館,1982年,第41頁。
②王力著,《同源字典·同源字論》,商務印書館,1982年,第40頁。
③王力著,《中國語言學史》,復旦大學出版社,2006年,第138頁。

多"。我們認爲章太炎的韻轉理論不僅爲古韻分部服務,更爲訓詁學、語源學服務。《文始》通過韻轉來因聲求義,來分析文字的轉注與假借、變易與孳乳,從而探討漢語的語源。所以我們如果從單純的音韻學角度去分析章太炎的《成均圖》及其韻轉理論會發現很多具體的問題,而且有不少是不符合韻理的,但如果從訓詁學的角度去分析,則會發現其價值所在,而且章太炎的很多看似不符合韻理的同源詞系聯實際是在有大量文獻作爲佐證的情況下得出的結論,是可信的。

(三)對於章太炎語源學中文字選用上的批判

王力對於章太炎語源學中文字選用的批判主要是兩個方面的,一是對初文的選擇,二是對《説文》的篤信和對甲金文的捨棄。

首先看王力對《文始》初文的批判。初文(亦包括準初文)是《文始》中同一語族形音義系聯的起點,它們和韻轉條例、變易與孳乳條例成爲搭建《文始》最重要的三個理論基礎。初文與準初文對應著語族的形的起點,韻轉條例對應著語族的音的相轉規律,變易與孳乳對應著語族的義的引申發展。章太炎這樣的設計是非常正確的,因爲漢字就是形音義的結合體,而漢語的語源問題當然也要從形音義三個角度進行研究。當然,在具體語源學實踐中,章太炎也確實出現了一些問題,比如王力就批判了他韻轉過寬以及有的同源詞少有文獻佐證的問題,而在初文的選取上,王力也對其進行了批判,其言:

> 語言遠在文字之先。可以想象,在原始社會千萬年的漫長歲月中,有語言而無文字,何來"初文"? 文字是人民群眾創造的,並且是不同時期的積累,決不是有個什麼倉頡獨力創造出一整套文字來。許慎距離中國開始創造文字的時代至少有二三千年,他怎能知道哪些字是"初文"?

> 即使是初文,也不能説明問題。何況最簡單的筆畫也不是初文,象丨、丿、乚之類,是不是獨體字還成問題。……他所定的初文是不可靠的。[①]

王力的的批判在於兩個方面,一是哪些字是初文、哪些字不是初文;

---

①王力著,《同源字典・同源字論》,商務印書館,1982年,第40頁。

二是簡單的筆劃是不是初文。章太炎以《說文》爲綱來進行語源學的研究在現代看來都是科學的,因爲《說文》本身就是一個完整的漢字系統,所以《文始》中的初文當然要在許慎的《說文》中去找,這是材料選取帶來的必然結果。當然,王力說的很對,許慎的初文肯定不是漢字的初文(也許章太炎的初文也不是許慎的初文),一是因爲許慎離造字之初尚有兩三千年的歷史,二是因爲先有語言後有文字,所以"何來'初文'"。但是章太炎顯然是受到西方語言學"語根"的影響,俞敏曾指出:"章氏造《文始》……實出於德人牟拉(Max Müller)之《言語學講義》(*Lectures on the Science of Language*, *1871*)。"[①] 而"語根"更是印歐語系的産物,而我國傳統小學在之前是没有這個概念的,因爲漢語是不存在形態變化的。章太炎借鑒了這一概念,並運用到實踐中去,雖然在具體操作中出現了問題,但他的開創之功是不能磨滅的。另外,關於簡單的筆劃是否爲初文的問題,這是非常值得思考的,因爲有的筆劃確實具有一定的意義,如"丨",《說文·丨部》:"丨,上下通也。引而上行讀若囟,引而下行讀若退。"這個時候,這種簡單的筆劃已經是形音義的結合體了,換句話說,它已經從筆劃變成了漢字。縱觀《文始》,裏面簡單的筆劃實際上都是形音義的結合體,而不僅僅停留在筆劃的層面,當這個字有了形音義,它當然可以去被系聯。同時我們發現,在《文始》中以這種簡單的筆劃作爲初文的一共是 11 條,這在攏共 463 條的初文與準初文中只占2.4%,實在少之又少,確實不能以此作爲攻擊《文始》初文選取的靶子。

　　其次看王力對章太炎篤信《說文》和捨棄甲金文的批判。王力在《同源字論》中批判道:

　　　　不簡單的合體字也不一定不是初文,例如"爲"字,甲骨文作🐘,以手牽象會意,應該是初文。……

　　　　由於迷信《說文》,章氏跟著許慎鬧笑話。"也"字本是"匜"的古文,許慎偏要說是"女陰也",章氏跟著錯,甚至說"地"字古文也當作"也",因爲重濁陰爲地。這種議論是站不住腳的。[②]

而在《中國語言學史》中,王力又批判道:

①詳見俞敏,《論古韻合帖屑沒曷五部之通轉》,《燕京學報》34 期,1948 年。
②王力著,《同源字典·同源字論》,商務印書館,1982 年,第 40 頁。

我們知道,《説文》是不可盡信的,而章太炎則崇信《説文》,以爲完全可以依從。章氏在序文中排斥銅器,就是怕人家以甲骨文與金文來批評他的初文。這種預防是徒勞的。[1]

章太炎研究語源以《説文》爲基礎,篤信許説,這確實有問題,但是實際上章太炎也對《説文》提出過不少質疑,比如在《筆記》中就能發現多處"許説誤"的記述。後世眾多語言學家既以《説文》又以甲金文來研究語源,確實較之章太炎有一定的進步,但因爲兩者所站角度之不同,時代背景之不同,所以我們很難説孰高孰低。另外,我們發現雖然不信甲金文,但是章太炎的有些論述是和甲金文材料暗合的,如《筆記·臣部》"臧"字條,錢玄同記載:"臧,《説文》訓善,當非本義。《莊子》之"臧穀"亦稱"臧獲",此是本訓,奴婢也,故從臣。(奴曰臧,婢曰獲。)"[2]臧,本義爲戰爭中被俘虜爲奴隸的人。臧,甲骨文作䇿,金文作䇿,爲以戈捉住臣貌。章太炎《筆記》中的這則材料不僅看出其對《説文》的質疑,同時也與甲骨中"臧"的字形多有暗合之處,這是在章太炎不信甲骨或没見到甲骨材料的情況下完成的,實屬不易。王力説"《説文》是不可以盡信的",但是他並没有説"《説文》是不可信的",《説文》至今仍然是研究漢字形音義系統最權威的著作,也是研究古文字之鈐鍵與津逮,所以《説文》的價值不容置疑。王力自己也説:"《説文解字》是中國古代語言學的寶藏,直到今天還没有降低它的價值。在體例上,我們今天的詞典自然比它更完善了,而在古代詞義的保存上,它是卓越千古的。自從有了甲骨文和金文出土,《説文解字》所誤解的一些地方得到了修正。但是我們可以説,假如没有《説文解字》作爲橋樑,我們也就很難接近甲骨文和金文。總之,這一部書的巨大價值是肯定了的。"[3]

我們不能用現代語言學、現代辭書學的標準去要求 2000 年前的字書《説文》;當然,我們也不能用當代語言學、當代文字學的標準去要求章太炎。同時,章太炎不信甲骨是和當時的時代背景分不開的。甲骨之學開始引起學術界關注之時章太炎正因"蘇報案"囚於獄中。出獄後,

①王力著,《中國語言學史》,復旦大學出版社,2006 年,第 138 頁。
②《章太炎説文解字授課筆記》,中華書局,2008 年,第 136 頁。
③王力著,《中國語言學史》,復旦大學出版社,2006 年,第 33—34 頁。

章太炎直接東渡日本，所以他一直没能全面地看到甲骨材料，或者説其看到的甲骨材料是十分有限的。另外，當時在國内僞造甲骨之風盛行，很多文物販子從中牟取暴利，董作賓就明確指出："僞刻之多，到處皆是，數量著實驚人。"[1] 與其用一個可能掺假，同時當時的研究還處於初始階段的新材料，還不如用一個系統完備，已經經過時代證明，並經過數千年研究的成熟材料。誰又能説《説文》的文化價值和含量就不如甲骨文呢？另外，我們也相信章太炎在作《文始》時排斥甲骨、排斥銅器，不是"怕人家以甲骨文與金文批評他的初文"，而是因爲《説文》系統確實比甲金文要完善成熟得多。

通過研讀王力的各類著述，我們發現比起對章太炎語源學在音韻上和詞義上的部分肯定不同，王力對章太炎語源學中的文字部分基本是持完全否定態度的。這是因爲其和章太炎所處的時代不同有關，而不是出於門户之見，只是出於純學術的探討。王寧在《紀念我的老師陸宗達先生》就談論了王力先生與章門是不可能存在門户之見的，其言："有一次，一位崇拜黃季剛先生的老師在會上發言批評王力先生的音韻學，之後，他徵求陸先生的意見，以爲陸先生會支持他。但陸先生卻説：'你的發言裏有好幾個地方把王力先生的古韻學觀點講錯了，你還没理解王力先生，怎麼可以去批評别人！'"[2]

第三節　章太炎語源學理論歷史地位的討論

如果要研究章太炎語源學理論的歷史地位，就一定要把其放入到當時的歷史背景中去研究。章太炎不是爲了研究語源學而研究語源學的，而是在中國即將面臨亡國亡種的危機時刻，其選擇用語言文字之學來喚醒人們愛國的熱情，所謂"用國粹激動種性，增進愛國的熱腸"。而章太炎語言文字之學最核心的部分就是他的語源學，因爲語源學本身就是研

①董作賓著，《甲骨學六十年》，載《中國現代學術經典·董作賓卷》，河北教育出版社，1996 年，198 頁。
②陸宗達、王寧，《訓詁與訓詁學·紀念我的老師陸宗達先生——代本書序》，山西教育出版社，1994 年，第 3 頁。

究字與詞起源發展的一門學問,它是我們中國固有之學,同中國歷史一樣,是不能取諸域外的。另外,章太炎的語源學有繼承、有創新、有高度、成系統,同時在一些理論問題上還顯得不太成熟,部分概念會出現模糊和混雜的現象。但不論成就還是不足,它們都是在那個特殊時期由章太炎先生的努力探索而形成的。只有明白了時代的背景,我們才能開始探討章太炎語源學的歷史地位。

　　章太炎的學術研究領域極爲廣泛,而語言學是他學術研究的重要組成部分。章太炎汲取了乾嘉學派的豐富營養,並在繼承前人優秀成果的同時,大膽質疑、小心探求,形成了自己的語言學理論,最終使小學從經學的附庸中獨立出來,形成了一門獨立的學科——語言文字學。他在《論語言文字之學》中談到:

　　　　合此三種(筆者按:文字學、訓詁學、音韻學),乃成語言文字之學。此固非兒童占畢所能盡者。然猶名小學,則以襲用古稱,便於指示。其實當名語言文字之學,方爲碻切。此種學問,《漢·藝文志》附入六藝。今日言小學者,皆似以此爲經學之附屬品。實則小學之用,非專以通經而已。①

　　任何研究都需要一個切入點,語言文字之學亦不例外。而章太炎明確地選擇了語源這一抓手,以此作爲突破口來研究語言文字之學。經過具體的實踐和時間的推移,我們越來越能肯定章太炎的這一嘗試是正確的、積極的。這是因爲“諸言語皆有根”,“字之未造,語言先之矣。以文字代語言,各循其聲”,只有從語源入手,才能發現漢語發展的規律。而章太炎的《文始》《新方言》《小學答問》《正言論》《小學略説》《轉注假借説》《語言緣起説》等諸多論著以及他的《成均圖》、古聲組韻部的劃分都是在探尋語源和語言的關係,從而運用到對漢語發展規律的研究當中去。它們各自獨立又互相關聯,一同構成了章太炎語源學理論體系。可以説,章太炎的語源學理論在系統性上是高於前人的,雖然在部分問題的解決上還存在著問題,但這並不影響他在語源學史中所占據的重要地位。

───────────

① 《國粹學報》,第二年(1907)第十二、十三號。

本書已從章太炎的語源學入手,系統研究了他的語源學理論,其中包括轉注與假借理論、變易與孳乳理論、音轉理論以及章太炎對右文説的認識與批判,同時我們對章太炎的諸多語源學著作進行了比較研究,最後還研究了章太炎的語源學理論對現當代語源學的影響。通過以上各部分的研究,同時結合時代的背景,我們最後要對章太炎語源學的歷史地位進行討論。我們認爲,章太炎語源學理論的歷史地位是由成就與不足一起組成的,成就固然確定了其"清代樸學的最後一人,又是近代學者的第一人"①的很高的歷史地位。而不足也能確定該理論的歷史地位,因爲這些不足往往不是通過個人的努力能解決和克服的,而是時代的局限性造成的。

章太炎語源學理論的成就與不足在本書之前的論述中都有所涉及,這裏我們將把它們集中起來進行總結,從而能更清晰地看出章太炎語源學理論的歷史地位。

一　章太炎語源學理論的成就

我們認爲,章太炎語源學理論的成就主要表現在以下六個方面:一是創新性、二是系統性、三是理論性、四是傳承性、五是有質疑、六是有高度。下面就這六點進行總結。

(一)創新性

章太炎的語源學理論之所以能優於前人,並獲得豐碩的成果,最終成爲"近代學者的第一人",這是和他理論本身的創新性分不開的,而他的創新性很大程度上表現在他對西方語言學理論的學習和借鑒。舉例如下:

首先,在章太炎的語源學研究中有了歷史比較語言學的影子。他在《小學略説》中通過比較漢語同梵語、拉丁(羅甸)語、阿拉伯(亞羅比耶)語,以及西洋各國語言的不同,得出漢語不適合使用拼音的結論。可見章太炎對於語源學的著眼點已經從單一走向多元,即從本身的語言走向比較的語言,有了歷史比較語言學的雛形。這在當時傳統的小學界是非常少有的,也是極其珍貴的。

①陸宗達、王寧,《訓詁與訓詁學》,山西教育出版社,1994年,333頁。

其次，關於語言（文字）的起源，章太炎借鑒了印度哲學中勝論派關於宇宙起源的學説，從實、德、業的角度分析了語言（文字）的起源，其中實指的是事物的本體，德指的是事物的屬性，業指的是事物的作用，三者密不可分，即“實、德、業三，各不相離”。所以章太炎認爲不論是人類早期先有實，再有德、業；還是後世先有德、業，再有實，對類似事物的起名往往來源一致。這表現在語音上往往爲音相近，表現在文字上（漢字）往往爲表音的構件相同，這也是章太炎設立語根並通過音轉來找尋漢語發展規律的重要理論依據。

再次，章太炎在韻轉理論中吸納了印度的悉曇，即：“印度以西皆以半摩字收之，今爲談、蒸、侵、冬、東諸部，名曰撮脣鼻音。其一弇音。印度以西皆以半那字收之，今爲青、真、諄、寒諸部，名曰上舌鼻音。”[1]悉曇是拼音文字，“摩”是 **म** [ma] 的對音，“半摩”就是去 [a] 留 [m]；“那”是 **न** [na]，“半那”就是去 [a] 留 [n]。由此可知，章太炎把韻尾收於 [-m]（撮脣鼻音）的稱作侈音，把韻尾收於 [-n]（上舌鼻音）的稱作弇音，以上爲陽聲侈弇的標準，而陰聲與陽聲的侈弇相互對應。這也是章太炎韻轉理論中和一般音韻學上的“侈弇”關係不同的原因所在。

最後，章太炎在轉注理論中對“語基”“聲首”的界定、在語源學實踐中對初文、準初文的設定，也是受到了西方語言學的影響。俞敏曾指出：“章氏造《文始》……實出于德人牟拉（Max Mùller）之《言語學講義》（*Lectures on the Science of Language, 1871*）。持《國故論衡·語言緣起説》後半與牟書第二編中論語根之言相較，承沿之跡宛然。”[2]而“語基”（即語根）更是印歐語系的産物，而我國傳統小學在之前是没有這個概念的，因爲漢語是不存在形態變化的。章太炎借鑒了這一概念，並運用到實踐中去，雖然在具體操作中出現了問題，但他的開創之功是不能磨滅的。

另外，章太炎對於“語源”（語原）、“同源”[3]等詞的較早使用也對語

①詳見章太炎撰，龐俊、郭誠永疏證，《國故論衡疏證·成均圖》，中華書局，2008 年，36—37 頁。
②詳見俞敏，《論古韻合帖屑没曷五部之通轉》，《燕京學報》34 期，1948 年。
③對於“語源”（語原）的使用，前文“‘語源’一詞的使用情況”中已涉及，兹不贅述。而對“同源”的使用，可見於《筆記·木部》“槷”字條（243 頁）朱__：“《考工記》‘槷椸’＝楔。楔子（酒瓶是木楔），或作椴，今作煞，又作櫼（音貞），與楔同源。”這則材料對於我們研究語源學史是有幫助的。

源學在中國的發展有著積極的影響。

（二）系統性

章太炎的語源學理論是自成體系的,這也是他高於前人,並且後人很難超越的重要原因。他的這一體系是以音轉理論作爲基礎,並吸取了右文説的合理成分;同時"經以同訓",注重字與字之間的意義關係,以變易、孳乳爲線索,追根溯源,系聯語族。而不是把字的音、形、義進行簡單的、孤立的、不成系統的研究。

以上是章太炎在研究方法上所表現出的系統性,而他的語源學論著(包括涉及到語源學的相關材料)也是成體系的。《小學略説》《語言緣起説》可以看做是綱領性的論著,它們不糾結於字與字之間具體的意義和語音的系聯,而關注於語言的一些最基本的問題,比如語言從何而來、語言的發展規律爲何、不同語言之間有何異同、漢語如何造字等等問題。而爲了解決這些問題便出現了《文始》《新方言》《小學答問》《轉注假借説》《古雙聲説》《二十三部音準》《成均圖》等等論著。它們各自獨立,比如《文始》側重於"明語原",《新方言》側重於"一萌俗",《小學答問》側重於"見本字",《轉注假借説》側重於同源詞音義關係理論的構建,《古雙聲説》《二十三部音準》側重於古聲韻體系的構建,《成均圖》側重於韻轉理論的構建。但是它們又相互聯繫,即爲了解決《小學略説》《語言緣起説》等論著中提出關於語言發展的規律性問題,比如在《轉注假借説》201 組轉注字中,在《筆記》中直接出現的就有 158 組,占78.6% ;《文始》中的 463 條初文準初文的材料,在《筆記》中直接出現的字頭就有 344 條,占 74%。這足可見章太炎語源學論著的系統性。

正是由於系統的研究方法和系統的理論、實踐論著,才使得章太炎的語源學理論在中國語源學史中占據重要的地位。

（三）理論性

研究如果没有理論進行支撐,那麼只會是零敲碎擊、不成體系。章太炎對漢語同源詞的研究可貴之處就在於用理論來指導實踐。《轉注假借説》《成均圖》《文始》就是章太炎語源學理論的集大成者,然而三者亦有所不同。《轉注假借説》偏向於字與字之間音義關係的純理論探討;《成均圖》偏向於對韻轉現象做出合理的解釋,並試圖探尋其中的規律;

《文始》則偏向於運用語源學理論來指導同源詞實踐。從《轉注假借説》中我們可以提煉出章太炎的轉注理論和假借理論，從《成均圖》中我們可以提煉出章太炎的韻轉理論，從《文始》中我們可以提煉出章太炎的變易理論、孳乳理論、初文與準初文理論、音轉理論等，而無論以上的哪一種理論都能爲章太炎的語源學實踐做出積極的貢獻。這也使得對漢語同源詞的研究從之前的一盤散沙而變得有系統、有規律。所以王力在《中國語言學史》中説到："章氏的這種做法，令人看見了詞彙不是一盤散沙，詞與詞之間往往有某種聯繫，詞彙也是有條理的。"①

　　其實不僅是《文始》，章太炎的其他語言學著作，如《新方言》《小學答問》《膏蘭室札記》《莊子解故》《管子餘義》等等都能看到語源學理論對他的影響，而這種影響有時不是刻意的，而是潛移默化的。

（四）傳承性

　　"章太炎是清代樸學的最後一人，又是近代學者的第一人"，這可以看做是對章太炎學術具有傳承性的最好注腳，而細化到語源學上表現爲：他不僅繼承了乾嘉學派嚴謹的治學態度，也繼承了乾嘉學派因聲求義、不限形體的治學方法。從經典《説文解字》出發來研究傳統的小學，並在系統性和理論性的支撐下，把小學從經學的附庸中獨立出來，成爲真正的語言文字之學。而從《文始》開始，原來"右文説""語轉説"偏重其一的研究方法也有了巨大的改變，使得漢語的語源學研究慢慢走上了康莊大道。

　　同時章太炎語源學理論的傳承還包括它的啟發性，在這一理論的啟發下，黃侃、沈兼士、朱宗萊、馬宗霍、徐復、楊樹達、陸宗達、王力等大家使得漢語語源學的研究不停地向前發展。更可貴的是他們也像章太炎對待乾嘉學派一樣，對章太炎的語源學理論有繼承和發揚，也有商榷和批判，從而使得語源學理論不斷更新與完善。

（五）有質疑

　　章太炎全面繼承和發展了以許慎和段玉裁爲代表的《説文》之學，而學術界給章太炎的語源學研究也貼上了"篤信《説文》"的標籤。其實

---

①王力著，《中國語言學史》，復旦大學出版社，2006 年，138 頁。

經過對章太炎語源學理論的系統研究,我們發現章太炎其實並沒有"篤信《説文》",而且經常對許、段之説提出質疑,比如在《筆記·臣部》中錢玄同就記録章太炎對《説文》的質疑:"臧,《説文》訓善,當非本義。《莊子》之"臧穀"亦稱"臧獲",此是本訓,奴婢也,故從臣。(奴曰臧,婢曰獲。)"[1] 章太炎認爲臧的本義並非像許慎所説爲"善",而當爲戰争中被俘虜爲奴隸的人。觀臧之古文便可知章太炎的質疑是正確的,臧,甲骨文作臤(菁八·一),金文作臤(白臧父鼎),爲以戈捉住臣貌,即抓獲、俘獲。章太炎的分析與甲骨中"臧"的字形多有暗合之處,這是在他不信甲骨或没見到甲骨材料的情況下完成的,實屬不易。另外在章太炎語源學的實踐中,我們經常能看見《説文》誤""段説誤""段説牽强"等語,如:《筆記·口部》:"朱一:局,《説文》'從口在尺下復局之'亦誤。"《筆記·肉部》:"朱二:膏,肥也,凡有膏油皆可稱肥。段云'肥當作脂',非。"等等。章太炎這種大膽質疑、小心求證的態度是值得我們學習的,而他的這一治學態度也影響著章門弟子,他們也對章的學説提出質疑並進行商榷,使得《説文》研究、語源研究不斷向前進步。

(六)有高度

所謂"有高度",即章太炎研究語源的目標是有高度的,這在本書緒論中已經談及,即他的研究目的不是簡單停留於單純的文字訓詁,而是以"一個民族最根本的東西來完成一個最高屋建瓴的設想"。"最根本的東西"是指中國語言文字之學,而其中又以語源學作爲最重要的組成部分;"最高屋建瓴的設想"是指振興民族之文化,唤醒愛國之熱情。這種高度就是"用國粹激動種性,增進愛國的熱腸",這顯然是乾嘉學派所不能比擬的(當然這也與時代背景分不開)。雖然這一理想實現起來非常困難,同時它是否完全正確還有待商榷,但章太炎爲此做出的努力和貢獻還是值得肯定的。

二 章太炎語源學理論的不足

從緒論到結語,關於章太炎語源學理論的成就我們已經説了很多,我們不想走入研究某人就視某人爲完人、研究某人的理論就視某人的理

①《章太炎説文解字授課筆記》,中華書局,2008年,136頁。

論爲圭臬的怪圈。毋庸諱言，章太炎的語源學理論確實存在著不少問題，所以在這一部分，我們想重點討論章太炎語源學理論的不足。他理論的不足主要表現在以下六個方面：

（一）對部分同源詞分析的失誤

章太炎對具體同源詞的分析是存在失誤的，其中很重要的原因是源自於他對《説文》部分字頭的理解出現了偏差，這就使得章太炎在對部分同源詞進行分析時顯得牽强，如

> 朱一：汧。千人夠用之水曰汧，百人夠用之水曰洦。（想當然詞。）（《筆記・水部》，451頁）

按：依章太炎分析，汧、千當爲同源詞，百、洦當爲同源詞。其實不然，章太炎所説較爲牽强。汧，《説文・水部》："汧，水也。"《玉篇・水部》："汧，水名。"洦，《説文・水部》："洦，淺水也。"《廣韻・陌韻》："洦，水淺兒。"可見，千、汧、百、洦在意義上不相連，不應視作同源詞。

> 錢一：鄘。凡从甫者皆有斜意，如鄘閣（見漢碑，有"鄘閣頌"），斜地也；晡，日夕斜也。但鄘閣不過是斜的意思，與鄘字本義無涉。（《筆記・邑部》，279頁）

按：章太炎認爲"凡从甫者皆有斜意"，似牽强。晡確有斜義，《廣韻・模韻》："晡，申時。"申時太陽漸漸西斜。但是不是凡从甫之字皆有斜義。如浦、埔、鄘、鋪、脯等从甫之字無斜義。而且甫字本身亦無斜義，甫甲骨文作𤰃（前四・四・二），从屮从田，像屮從田地中長出之形，故當爲圃之初文。後來甫表男子的美稱，（《説文・用部》："甫，男子美稱也。"）這是假借，而本義則用圃字替代。故章太炎的判斷是錯誤的。

> 朱一：池。乁（流）、匜、也、池，皆一字。凡積水在内皆曰池。（《筆記・水部》，458頁）

按：乁，本義爲移動。《説文・乁部》："乁，流也。从反厂。讀若移。"乁的核心義當爲移動，與積水義似難聯繫，最多引申爲水流動，由水流動再引申爲積水，似牽强。章太炎認爲"乁（流）、匜、也、池，皆一字"，把乁（流）與匜、也、池視爲同源詞，即使它們在音韻上有聯繫（池上

古爲定母歌部，ㄥ上古爲以母支部，定、以上古皆爲舌頭音，歌、支旁對傳），但因核心義相距甚遠，故不能視作同源關係。

這樣的例子還有很多，在上文我們也都一一例舉，茲不贅述。

（二）對甲骨文基本持否定的態度

不信甲骨、排斥甲骨，確實是章太炎學術上的一大不足，他在《國故論衡》中還專門寫了一篇《理惑論》來質疑甲骨文。而在他治學生涯中，不信甲骨（亦不信金文）相信《説文》而導致出錯最著名的例子，就是沿襲許慎的錯誤認爲"爲"的本義爲母猴、"也"的本義爲女陰。這樣的例子還有不少，如：

> 朱三：東，動也。西本鳥在巢上，引申爲西方，本動詞而變爲名詞。東爲日在木上，引申爲動，名詞變爲動詞。動本作東。東動西棲，東起西止。"（《筆記·東部》，257頁）

按：東、動非同源，更不是章太炎所言"東爲日在木上，引申爲動，名詞變爲動詞"，他依照《説文》舊訓，而没運用甲骨材料，實屬可惜。東甲骨文作🄳，爲布口袋、囊一類東西裝物且被兩端扎起之形，當爲"橐"的初文，而後代假借爲"東西方"之東，並非許慎所言"從日在木中"。章太炎依照舊訓進行分析，自然得出的結果就顯得牽强。

> 錢一：夕有邪義，多從重夕，故亦有邪義。而如哆、侈等從多之字，亦皆有邪義。（《筆記·部首》，7頁）

按，章太炎明顯把多的本義弄錯了，許慎認爲"多，從重夕"，其實這裏的夕不爲"夕陽"之夕，而爲"肉塊"，王國維認爲："多從二肉，會意。"徐中舒認爲："多，從二ㄗ，ㄗ象塊肉形。……古時祭祀分胙肉，分兩塊則多義自見。《説文》以爲從二夕，實誤。"[1]王、徐所言甚是。而肉，甲骨文作🄳（《甲骨文字典》468頁），"多"可視作刀從肉中切開，一分爲二，成爲兩個肉塊，故有了數量增多之義。許慎錯了，章太炎也跟著錯了。

> 《説文》："丰，艸蔡也。象艸生之散亂也。"變易爲薉，蕪也。爲

---

[1]徐中舒主編，《甲骨文字典》，四川辭書出版社，2006年，752頁。

蔡，艸也。本爲艸亂，亦即爲艸。（《文始一・陰聲泰部乙》，177 頁）

按：這條亦是章太炎不信甲骨而盲從《説文》的例子。《説文》認爲丯的本義是草芥，這是錯誤的，當爲契刻。在甲骨文中，丯作Ɜ、₤等形，于省吾在《甲骨文字釋林》中説：“甲骨文的丯字，就其構形來説，中劃直，三邪劃作彎環之勢，象以木刻齒形。”①這説明在商周之時，我們的先民還保有契刻的傳統。從字形上看出皆非“草芥”義，從用法上也能看出端倪。《孟子・萬章上》：“夫公明高以孝子之心，爲不若是恝。”《説文》作“忦”，《説文・心部》：“忦，忽也。从心，介聲。《孟子》曰：孝子之心，不若是忦。”介本義即爲劃，後作“界”，所謂界，田界也。人爲進行劃分得到一個區域，而區域的周邊所劃之處是爲界。以上材料都可以證明“丯”本義爲契刻，許慎在解釋“丯”時發生了錯誤，而不信甲骨、“篤信《説文》”的章太炎也跟著錯了。

當然，章太炎早年全盤否定甲骨、金文顯然是不妥的，但是我們也不必過分苛求前人。前人的很多失誤或錯誤是由於時代造成的，比如在當時就有僞造甲骨成風的情況，李濟也説：“在殷墟發掘以前，甲骨文字的真實性是假定的，就是没有章太炎派的置疑，科學的歷史家也不能把它當作頭等的材料看待。”②首先，在没有確定材料的真實性之前對材料本身存在質疑，這是正確的治學態度。其次，在當時無法確定甲骨可信的情況下，這是章太炎使自己的小學體系能在可控範圍内達到最嚴謹、最完整的最好辦法。況且在章太炎中晚期的學術研究中，對甲骨、金文的觀點是有所改變的，這當然也是值得肯定和贊許的。

（三）關於語根的建立有一定的問題

在分析章太炎的轉注理論時，我們發現他認爲的“建類一首”即指的是建立一個“聲首”，而聲首其實與“語基”（“首者，今所謂語基。”）在本質上是一致的③。“語基”即“語根”，在《文始》中，章太炎以初文與準初文爲語根，這顯然是受到了西方語言學的影響，這是值得肯定的。然而漢語畢竟不是印歐語，它缺少形態的變化，那麼哪些是語根就是一個

①于省吾著，《甲骨文字釋林》，中華書局，2009 年，354 頁。
②李濟，《李濟文集》卷五，上海人民出版社，2006 年，167 頁。
③“聲首”與“語基”的分析詳見本書第二章第二節“章太炎的轉注理論”。

很難確定的問題。雖然從漢字發展的規律來看,肯定是簡單的字早於複雜的字,但是不是所有簡單的字都比複雜的字更適合作語根。而且章太炎所定的初文有的只是簡單的筆劃,是否爲字都還有待商榷,到底何義也各説不一,這些是肯定不能作爲語根的。許慎距離造字之時已有兩三千年,他怎麽可能知道孰是初文、孰是準初文、孰又是語源(字源)呢?更不要説又晚於許慎近兩千年的章太炎了。所以章太炎這麽篤定地確立初文與準初文,其實是很危險的。王力發現了這一問題,也避免了這一問題,他在《同源字典・序》中説:"這部書之所以不叫做《語源字典》,而叫做《同源字典》,只是因爲有時候某兩個字,哪個是源,哪個是流,很難斷定。"[1] 這也是王力在《同源字典》中多討論流、而少討論源的原因所在。而在王力之前,不少學者也注意到這一問題,如瑞典漢學家高本漢,他在《漢語詞族》(1933)中就没有立"初文",也不多説孰是源孰是流。當然因爲他的漢語水平遠不如章太炎,故對許多漢字的系聯發生了錯誤。另外,章太炎的初文、準初文多是從文字學的角度出發,與其説是"語基",不如説"字基";然而《文始》又是討論語源學的專書,要解決的是語言學(詞義演變發展)的問題,這就有自相矛盾的嫌疑了。

　　另外因爲語根的本義可能由兩個或更多的義素組成,那麽對義素選擇的不同,則會帶來不同核義素的語族。比如《筆記》《文始》從同一語根 "ㄟ" 入手,卻系聯出兩組不同的語族,關鍵在於章太炎分析 "ㄟ" 的著眼點不同。ㄟ,本義爲水流動,這説明構成 "ㄟ" 本義的義素有二,即: ㄟ =/ 水 /+/ 流動 /。《筆記》著眼於 "水" 這一義素,而《文始》著眼於 "移動" 這一義素,自然就形成了兩組同源詞[2]。這也説明了一個值得重視的問題,即同一語根可能系聯出核義素不同的同源詞,關鍵在於對核義素的提取。如果没有對這類情況引起相當的重視,而只因爲語根相同就認爲從這一語根變易孳乳出的所有字核義素都相同,那必然造成錯誤。

　　再者,章太炎在處理語根和變易孳乳字的關係時,不能做到同一語族内所有的變易孳乳字都使用同一語根。比如在《文始》中以 "文" 爲語根的語族内有 "班"[3],這是有問題的,班的語根當爲 "八"(分),因爲

---

①王力著,《同源字典》,商務印書館,1982 年,1 頁。
②此例詳見本書第六章第二節對第一組字的分析。
③此例詳見本書第六章第二節對第二組字的分析。

班金文作𤔲，不論從字形還是字義上都可看出是"分玉"，故班的語根一定爲"八"（分），而不爲"文"。這也是章太炎設立語根的弊端之一，因爲語根不能統領所有漢字，特別是複雜的漢字。

（四）部分概念的模糊性和混雜性

章太炎的語源學理論中，對於部分概念的界定是具有模糊性的。如變易與孳乳："音義相讎，謂之變易；義自音衍，謂之孳乳。"什麼叫"相讎"？"衍"的標準又爲何？這樣的描述顯然沒有走出傳統訓詁的框架，只是以一些不太精確的語句來下定義。隨後的黃侃也有著和章太炎一樣的問題，他對變易孳乳的定義爲："變易者，形異而聲、義俱通；孳乳者，聲通而形、義小變""變易，譬之一字重文；孳乳，譬之一聲數字""孳乳者，譬之生子，血脈相連，而子不可謂之父"，這樣的定義顯然模糊不清，有的甚至用了打比方的方法，這對於嚴謹的語言學顯然是不行的。正因爲此，後人對於變易與孳乳的討論才莫衷一是，又一頭霧水。這和許慎對轉注的定義——"建類一首，同意相受"——是沒有本質區別的。

同時在章太炎的語源學理論中，部分概念是具有混雜性的，我們仍以變易舉例。"音義相讎，謂之變易（即五帝、三王之世改易殊體者）"，可見在章太炎的變易理論中，是既有詞彙意義，又有文字意義的。"音義相讎，謂之變易"，這顯然是把"變易"與"轉語"合在一起，屬於詞彙意義；"五帝、三王之世改易殊體者"則又關係到文字的問題，屬於文字意義。

另外章太炎在語音的處理上也具有模糊性和混雜性。比如"聲近"與"音近"沒有區別，皆是指漢字整個音節的讀音相近。"聲"在音韻學上有兩個概念，一爲"聲母"、一爲"漢字整個音節的讀音"，而"音"當指"漢字整個音節的讀音"。這樣的例子很多，如：

　　喬　朱二：遹與述聲近，喬與銶皆有穿意。譎者，善鑽縫也。（《筆記·肉部》，100 頁）

　　籑　朱二：㒜，一切具；饌，具食。籑、頣、偆與饌、僎聲近，皆訓具。《漢書》"箸撰"曰"籑"。（《筆記·食部》，218 頁）

　　璿　朱一："复求"＝營求（《尚書》），營，厶也。自營爲厶，自環爲厶。琁亦有圓環意，璿【規】（"立視五巂"）亦有員意，𤭖【橘】亦

有圓意,旋機[亦]圓,皆相通。況琁、瓊音近,故可通用。(《筆記·玉部》,14 頁)

粎 朱二:粎,撫也。無,古讀母,與米音近。(《筆記·攴部》,144 頁)

可見章太炎在進行語音處理時,不論是"聲近"還是"音近",都是指漢字整個音節的讀音相近,沒有任何區別。這顯然是不夠精確,也是能夠避免的。

(五)以《成均圖》爲代表的音轉理論有一定的問題

章太炎的音轉理論向來是爲人詬病最多的,而作爲他音轉理論最集中體現的《成均圖》理所當然就成爲了被人質疑最多的對象,而王力的那句"他無所不通,無所不轉,近於取巧的辦法"便是對他最經典的質疑。從音韻學的角度出發,王力的批判顯然是能站得住腳的,因爲從單純的音韻學角度去分析章太炎的《成均圖》及其韻轉理論會發現很多具體的問題,而且有不少是不符合韻理的。比如至部與宵部、至部與幽部相差較遠,按照傳統的音韻學,至部與宵部、至部與幽部之字是不能是爲同源詞的,然而在《文始三·陰聲至部甲》中便有至宵、至幽互爲同源的例子(如"至、銍、臻、迡、俶"同源)。同時這樣較爲寬泛的韻轉理論(也包括聲轉理論)顯然是導致不少聲音相差較大而只是意義偶合的字被章太炎視作同源的重要原因[1]。

但是如果從訓詁的角度出發,則會發現章太炎音轉理論的價值所在,因爲章太炎的很多看似不符合音理的同源詞系聯實際是在有大量文獻作爲佐證的情況下得出的結論,應當説是可信的[2]。所以雖然有譌音,有不合韻理者,但是如果能爲訓詁、爲求語源服務,那麼它就有自身的價值,而且這個價值是不能用傳統的音韻學去衡量的。

(六)部分語族的組成過於龐大和複雜

在《文始》中,我們經常會看見一些非常龐大且複雜的語族,如我們第六章分析的語族"且""丶""玄""丁",像這樣的語族還有

---

[1]而在《古雙聲説》中則表現爲部分聲紐的相轉亦較爲牽強。
[2]具體例子可參見本書第五章第四節"不符合音理的通轉例證"。

“夬”“單”“丨”“至”“午”等等。這類語族大致會帶來以下五個問題：

1. 理論上，語族裏的每個字都是從同一語根發展而來，那麼如此龐大的語族中的語根能否與其中所有字都産生變易或孳乳的關係，那就值得懷疑了。比如在以“丁”爲語根的同源詞中，出現了貞、楨、諦、媞等字；以“土”爲語根的同源詞中，出現了赭、赫、當、黨等字。這些顯然都是牽强的，不當使用同一語根，更不是一組同源詞。

2. 語族越大，所提取的核義素就越抽象，如在第六章第二節中分析以“六”爲語根的同源詞時，因爲語族的龐大，則定核義素爲“上升”，這就比“隆起”和“跳躍”義要抽象得多。正如任繼昉在其《漢語語源學》中“詞族的形成”一節中把“骨碌”分成圓形義、塊狀義、屈短義、圜全義、渾沌義、糊塗義、旋轉義、運行義、回還義、範圍義、拘律義、卷束義、糾結義、勾曲義、穹隆義、坑洞義、空疏義、曉靈義等語族，而這些語族的核義素都是非常抽象的。核義素越抽象就越會帶來一個問題，即區分度降低，如核義素“圓”和核義素“勾曲”“圜全”“旋轉”“回還”等就很難區分①，那這樣的核義素還有沒有意義，則是值得思考的。

3. 即使在核義素較爲明確的情況下，但因爲語族過大，内部的同源詞是否同用一個核義素也值得注意，如在分析“永”語族時，核義素明確歸納爲“長”，但是長具有“距離長”和“時間長”兩個語義指向②。又如《文始》在系聯以“且”爲語根的同源詞時③，核義素達到了八種（墊、阻攔、依據／依靠、請、苟且、粗疏、大、始）甚至更多；而《文始》在系聯以“玄”爲語根的同源詞時④，核義素也達到了三種（懸／牽、黑暗、急）。那麼這樣所系聯的同源詞的語義指向必然是不同的，如果我們不加區分的話，就犯了《爾雅》中“初、哉、首、基、肇、祖、元、胎、俶、落、權輿，始也”的老毛病。

---

① 以上所舉核義素皆來源於任繼昉《漢語語源學》一書。
② 其實這一點也可以通過與藏語的比較來證明我們的觀點。在藏語中“遠”（距離長）讀作 rgyang, rgyang-nıa，“永遠”（時間長）讀作 vgar-yang, nam-yang，可見在藏語中表距離長和時間長是有明顯區別的，但是它們又都共用一個語根 yang。這與漢語中表距離長的羨和表時間長的永共用一個語根“永”是非常相似的，而且永的讀音與 yang 也很相似。（藏語的記音來自施向東，《漢語和藏語同源體系的比較研究》，華語教學出版社，2000 年，92 頁。）
③ 此例詳見本書第六章第二節對“且”語族的分析。
④ 此例詳見本書第六章第二節對“玄”語族的分析。

4.龐大的語族必然帶來爲數衆多的同源詞,這些同源詞是否可信也值得懷疑。因爲在我們研究的過程中就發現語族越龐大,字與字音義偶合的情況就越多,那麼這些就不能視作同源詞,而只能視作近義詞。這種音義相近的關係就不是同源詞本身的音義特徵,而是近義詞在音義上的偶合了。

5.語族的龐大和複雜必定帶來同源詞系聯的牽强,其中不少同源詞就是在没有文獻佐證的情況下,只靠著理論上應該存在而被系聯(可參看第六章"永"組和"且"組),那麼這些同源詞就會被戴上"主觀臆想"的帽子。

其實語族過於龐大和複雜給我們進行語源學研究帶來的問題遠不止以上所説的五種(其中很多情況在第六章都有涉及,兹不贅述),所以在面對這一類語族時,我們要格外小心。

這部分我們重點討論了章太炎語源學理論的不足,我們認爲不足也是形成章太炎語源學理論歷史地位的重要部分,因爲這些不足很多是歷史的產物,比如對甲骨文金文的否定、對語根建立存在的問題以及部分概念的模糊和混雜。當時的語言學正處在新舊交替之時,很多新的理論正在湧入我國,很多新的材料也不斷出現,但是對於這些理論和材料的接受和利用還處於初始階段,當然不可避免地會出現很多問題。而也正是通過這些問題,我們才能更準確、更清晰地對章太炎的語源學理論的歷史地位進行定位。

在本書寫作過程中,我們發現關於章太炎語源學理論的研究能做的還有很多,比如《文始》同《新方言》《小學答問》的對比研究,《文始》同《轉注假借説》的對比研究,章太炎語源學理論的發展脈絡研究,章太炎的聲轉理論與復輔音的關係問題等等。這些一起組成了章太炎語源學理論,缺少任何一個都會使得對其理論的研究變得不完整。然而由於時間和篇幅的原因,我們無法在這裏一一進行分析和呈現,而這些也都將成爲我們以後努力研究的方向。

附録:《文始》《筆記》同源詞對照表 ①

	字頭	文始	筆記
1.	㞢	文始一·歌泰寒類·陰聲歌部甲 P168	
2.	戈	P169	部首 P24
3.	丫	P169	部首 P2
4.	凸	P169	
5.	果	P170	木部 P241
6.	瓦	P170	部首 P25
7.	乁	P170	水部 P458
8.	也	P170	乁部 P526
9.	㢄	P170	丂部 P203
10.	爲	P171	爪部 P219
11.	匕	P171	匕部 P346
12.	禾	P172	部首 P8、禾部 P295
13.	朮	P173	部首 P5
14.	它	P173	部首 P26、它部 561
15.	多	P174	部首 P7
16.	麗	P174	鹿部 P405
17.	𠂇	P175	𠂇部 P133
18.	又	P175	又部 P131
19.	恋	P176	部首 P21
20.	Ⴑ	文始一·歌泰寒類·陰聲泰部乙 P176	亅部 P530
21.	亅	P176	部首 P24
22.	乒	P176	氏部 P526
23.	巜	P177	部首 P21
24.	子	P177	了部 P612
25.	孓	P177	

---

①本表以《文始》字頭出現先後順序爲序，對《筆記》中是否也出現此字進行比較，以便翻檢查閱。《文始》爲《章太炎全集》本(上海人民出版社，1999 年)，《筆記》爲中華書局本(中華書局，2008 年)。表中所列之頁碼皆爲書中之頁碼。

續表

	字頭	文始	筆記
26.	丰	P177	部首 P2
27.	㞠	P177	土部 P564
28.	蕢	P178	艸部 P50
29.	乂	P178	
30.	支	P178	又部 P132
31.	貴	P179	
32.	月	P180	部首 P6
33.	乙	P180	部首 P22
34.	自	P180	自部 P154
35.	兂	P182	
36.	卢	P182	
37.	櫱	P183	木部 P255
38.	戌	P183	部首 P31、戌部 P618
39.	絶	P184	
40.	屮	P184	部首 P17
41.	大	P185	部首 P19
42.	少	P185	
43.	叕	P185	叕部 P603
44.	率	P185	部首 P25、率部 P551
45.	帶	P186	
46.	菫	P186	
47.	四	P186	部首 P28
48.	丙	P187	谷部 P100
49.	毳	P187	部首 P13
50.	末	P187	木部 P241
51.	貝	P187	部首 P6
52.	宋①	P187	部首 P4、宋部 P262
53.	朮	P188	部首 P11
54.	市	P188	
55.	址	P188	
56.	〈	文始一·歌泰寒類·陽聲寒部丙 P189	部首 P21
57.	冊	P189	部首 P7、冊部 P292
58.	干	P190	
59.	肩	P191	

①《筆記》中"宋"誤作"市"。

	字頭	文始	筆記
60.	犬	P191	部首 P18
61.	厂	P191	部首 P17
62.	卵	P192	部首 P16
63.	焉	P193	鳥部 P167
64.	吅	P193	
65.	幻	P194	予部 P170
66.	亘	P194	二部 P562
67.	嵩	P195	部首 P9、嵩部 P306
68.	旦	P195	
69.	丹	P195	丹部 P215
70.	單	P195	示部 P8、吅部 P72
71.	畕	P196	畕部 P154
72.	臥	P197	部首 P6
73.	今	P197	今部 P71
74.	叀	P197	叀部 P170
75.	玨	P198	玨部 P200
76.	卪	P198	
77.	山	P199	
78.	泉	P199	部首 P21
79.	羍	P199	部首 P30、羍部 P612
80.	彝	P199	
81.	華	P199	部首 P2
82.	采	P200	采部 P58
83.	片	P200	部首 P7、片部 P294
84.	兒	P200	兒部 P360
85.	虬	P201	
86.	面	P201	部首 P14、面部 P371
87.	反	P201	
88.	扶	P201	夫部 P425
89.	兀	文始二・隊脂諄類・陰聲隊部甲 P202	
90.	甶	P203	部首 P16
91.	虫	P204	虫部 P551
92.	曰	P204	
93.	屮	P205	
94.	曹	P205	
95.	云	P205	云部 P612

續表

	字頭	文始	筆記
96.	丨	P206	
97.	夊	P207	部首 P3、夊部 P229
98.	秫	P207	禾部 P296
99.	入	P207	入部 P221
100.	出	P208	部首 P4
101.	衰	P208	衣部 P353
102.	豕	P208	部首 P17
103.	乀	P209	丿部 P525
104.	勿	P209	
105.	白	P210	白部 P595
106.	隹	P210	隹部 P158
107.	靁	P211	玉部 P18
108.	冂	文始二·隊脂諄類·陰聲脂部乙 P212	冂部 P224
109.	禾	P212	禾部 P264
110.	气	P213	气部 P23
111.	口	P213	部首 P5
112.	回	P214	口部 P267
113.	癸	P216	癸部 P610
114.	火	P216	部首 P19、火部 P411
115.	炎	P217	部首 P2、焱部 P148
116.	夂	P218	
117.	菁	P219	部首 P14
118.	二	P219	部首 P26
119.	矢	P220	
120.	尸	P220	尸部 P354
121.	示	P220	示部 P3
122.	水	P221	部首 P21、水部 P441
123.	齊	P221	
124.	巿	P222	巿部 P263
125.	冎	P222	部首 P17
126.	次	P222	
127.	厶	P223	部首 P16
128.	匕	P224	部首 P2、部首 P11
129.	飛	P225	部首 P22
130.	非	P225	部首 P22
131.	未	P226	部首 P31、未部 P615

	字頭	文始	筆記
132.	米	P226	
133.	眉	P227	
134.	豊	P227	豊部 P208
135.	斤	文始二·隊脂諄類·陽聲諄部丙 P227	部首 P27、斤部 P588
136.	乚	P227	部首 P24
137.	雲	P228	部首 P22
138.	屯	P229	屮部 P25
139.	㲱	P229	
140.	舛	P230	舛部 P231
141.	舜	P230	舜部 P232
142.	寸	P230	
143.	川	P230	部首 P21
144.	本	P231	木部 P240
145.	文	P231	部首 P15、彣部 P373
146.	門	P232	部首 P23
147.	�	P232	
148.	盾	P232	
149.	一	文始三·至真類·陰聲至部甲 P233	部首 P1
150.	乙	P233	部首 P23
151.	屮	P235	屮部 P25
152.	至	P236	部首 P22、至部 P482
153.	日	P239	部首 P6
154.	瑟	P239	部首 24、琴部 P530
155.	所	P239	部首 P15
156.	七	P239	
157.	卪	P240	部首 P15、卪部 P377
158.	桼	P240	桼部 P266
159.	丿	P240	部首 P23、丿部 P525
160.	八	P241	八部 P55
161.	血	P242	
162.	巾	文始三·至真類·陽聲真部乙 P243	巾部 P324
163.	臣	P243	部首 P2、臣部 P136
164.	玄	P245	玄部 P170
165.	乀	P246	
166.	申	P247	部首 P31、申部 P615
167.	尹	P248	

續表

	字頭	文始	筆記
168.	淵	P249	水部 P455
169.	田	P249	部首 P26
170.	刃	P249	
171.	人	P250	部首 P11、人部 P329
172.	丨①	P250	
173.	凵	P251	部首 P20
174.	西	P252	部首 P23
175.	卂	P252	部首 P22
176.	丏	P254	部首 P14、丏部 P371
177.	宀	P255	部首 P9
178.	民	P255	部首 P23
179.	芇	P255	
180.	朮	P256	部首 P8
181.	圭	文始四·支清類·陰聲支部甲 P257	土部 P570
182.	巫	P258	
183.	厂	P258	部首 P23、厂部 P525
184.	氏	P259	部首 P23、氏部 P526
185.	匚	P260	部首 P24
186.	嗌	P261	
187.	易	P261	部首 P17、易部 P398
188.	兒	P262	
189.	厈	P262	部首 P9
190.	彳	P262	
191.	厽	P263	部首 P28、厽部 602
192.	鬲	P263	鬲部 P127
193.	秝	P264	部首 P8
194.	豸	P264	部首 P17
195.	希	P265	部首 P17
196.	鴈	P265	部首 P18
197.	束	P266	部首 P7
198.	冊	P267	
199.	只	P267	

①在"文始二·隊脂諄類·陰聲隊部甲"中亦有"丨",但兩者系聯出的同源詞其核義素不同，文始二中的爲"下"（《説文》：丨，下上通也。引而下行讀若復）；文始三中的爲"上"（《説文》：丨，下上通也，引而上行讀若囟）。

	字頭	文始	筆記
200.	厄	P267	
201.	辰	P267	部首 P22、辰部 P471
202.	宀	P267	部首 P10
203.	糸	P268	部首 P25、糸部 P539
204.	芈	P268	
205.	冂	文始四・支清類・陽聲清部乙 P268	冂部 P224
206.	开	P269	部首 P27、开部 P587
207.	賏	P270	貝部 P273
208.	壬	P270	部首 P12、壬部 P348
209.	丁	P272	部首 P29、丁部 P606
210.	霝	P274	雨部 P473
211.	正	P275	正部 P79
212.	井	P275	井部 P215
213.	生	P276	部首 P4
214.	晶	P277	部首 P6
215.	瓜	文始五・魚陽類・陰聲魚部甲 P278	
216.	車	P278	部首 P27
217.	吕	P279	部首 P9
218.	爪	P279	部首 P1、爪部 P129
219.	巨	P279	工部 P199
220.	筥	P280	竹部 P196
221.	父	P280	又部 P131
222.	亯	P281	部首 P3、亯部 P225
223.	兜	P282	部首 P14、兜部 P360、
224.	厶	P283	
225.	谷	P283	
226.	朙	P283	
227.	五	P284	部首 P28、五部 P604
228.	午	P284	部首 P31、午部 P614
229.	牙	P286	牙部 P93
230.	魚	P286	部首 P22、鱻部 P478
231.	烏	P286	
232.	亞	P287	部首 P28
233.	虍	P287	虍部 P208
234.	西	P287	部首 P10
235.	禹	P288	厹部 P605

續表

	字頭	文始	筆記
236.	于	P288	
237.	羽	P289	羽部 P156
238.	与	P289	勺部 P587
239.	予	P290	
240.	雨	P291	部首 P22
241.	亦	P291	部首 P19、亦部 P421
242.	户	P291	部首 P23、户部 P483
243.	丁	P292	
244.	朩	P292	木部 P247
245.	土	P292	部首 P26、土部 P563
246.	毛	P294	部首 P4、毛部 P264
247.	兔	P295	部首 P18
248.	宁	P295	部首 P28、宁部 P603
249.	旅	P295	扸部 P288
250.	鹵	P296	部首 P23
251.	女	P297	部首 P23、女部 P511
252.	畕	P298	
253.	焱	P298	部首 P4、焱部 P261
254.	石	P298	
255.	夕	P299	部首 P7、夕部 P291
256.	烏	P300	烏部 P167
257.	疋	P300	疋部 P97
258.	鼠	P301	部首 P19
259.	且	P301	部首 P19、且部 P588
260.	巴	P303	部首 P29
261.	白	P304	部首 P10、白部 P327
262.	夫	P305	部首 P20
263.	馬	P305	部首 P18、馬部 P401
264.	步	P305	步部 P77
265.	巫	P305	
266.	舜	P306	舜部 P54
267.	毋	P306	部首 P23
268.	磺	文始五·魚陽類·陽聲陽部乙 P307	石部 P393
269.	京	P307	京部 P225
270.	畕	P308	部首 P26
271.	亢	P308	亢部 P423

	字頭	文始	筆記
272.	囱	P310	部首 P7
273.	尢	P310	尢部 P422
274.	弜	P311	部首 P25、弜部 P537
275.	卯	P311	
276.	羊	P311	
277.	永	P312	部首 P21、永部 P471
278.	玉	P312	
279.	亯	P312	部首 P3、亯部 P225
280.	皀	P312	皀部 P216
281.	行	P313	
282.	从	P313	从部 P222
283.	良	P313	畐部 P227
284.	上	P314	
285.	象	P314	部首 P18
286.	爪	P314	爪部 P129
287.	刕	P314	刃部 P188
288.	皿	P315	
289.	黽	P315	部首 P26、黽部 P561
290.	匚	P315	部首 P24、匚部 P531
291.	方	P315	方部 P358
292.	丙	P316	部首 P29、丙部 P606
293.	网	P316	部首 P10、网部 P322
294.	冓	文始六·侯東類·陰聲侯部甲 P317	冓部 P169
295.	角	P318	
296.	口	P318	
297.	谷	P318	部首 P22
298.	曲	P320	曲部 P533
299.	玉	P321	
300.	彔	P321	彔部 P226
301.	瓜	P322	瓜部 P306
302.	后	P322	部首 P15、后部 P376
303.	斗	P324	
304.	鬥	P324	鬥部 P130
305.	豆	P325	豆部 P207
306.	鏗	P326	
307.	丶	P326	部首 P3、丶部 P213

	字頭	文始	筆記
308.	主	P327	、部 P213
309.	朱	P327	木部 P240
310.	亍	P328	
311.	豕	P328	
312.	彝	P329	
313.	彔	P329	部首 P8
314.	鹿	P329	部首 P18
315.	几	P330	几部 P139
316.	蜀	P330	虫部 P552
317.	丵	P331	部首 P1
318.	殳	P331	
319.	卜	P332	
320.	木	P332	部首 P4
321.	厈	P333	
322.	工	文始六・侯東類・陽聲東部乙 P333	
323.	廾	P334	
324.	共	P335	共部 P121
325.	鬲	P336	部首 P3、鬲部 P225
326.	凶	P337	部首 P8、凶部 P304
327.	从	P337	部首 P11、从部 P347
328.	囪	P338	部首 P19
329.	丰	P339	生部 P263
330.	丂	文始七・幽冬侵緝類・陰聲幽部甲 P341	丂部 P203
331.	丑	P343	部首 P30、丑部 P613
332.	手	P345	
333.	叉	P345	又部 P131
334.	九	P345	部首 P28
335.	裘	P346	部首 P13、裘部 P353
336.	臼	P346	部首 P8
337.	韭	P346	部首 P9
338.	丩	P346	丩部 P101
339.	幺	P347	
340.	丽	P348	
341.	酉	P349	部首 P31、酉部 P615
342.	甹	P352	弓部 P293
343.	竹	P352	竹部 P193

	字頭	文始	筆記
344.	卤	P352	部首 P7
345.	疇	P353	田部 P572
346.	舟	P353	
347.	州	P353	川部 P470
348.	百	P354	部首 P14
349.	未	P355	部首 P8、未部 P305
350.	肉	P355	
351.	六	P355	六部 P604
352.	隹	P355	隹部 P163
353.	艸	P355	
354.	牟	P355	牛部 P59
355.	矛	P355	部首 P27
356.	勹	P356	部首 P16
357.	缶	P357	
358.	卯	P357	部首 P31、卯部 P613
359.	曰	P357	部首 P10、曰部 P321 頁
360.	冃	P358	部首 P10、冃部 P321
361.	目	P359	
362.	自	P359	部首 P27
363.	邕	文始七・幽冬侵緝類・陽聲冬部乙①3P359	川部 P470
364.	中	P359	
365.	夅	P361	夂部 P233
366.	終	P361	糸部 P541
367.	琴	文始七・幽冬侵緝類・陽聲侵部丙 P362	部首 P24
368.	似	P362	部首 P12、似部 P348
369.	向	P362	
370.	林	P363	部首 P4
371.	壬	P363	部首 P30、壬部 P610
372.	羊	P364	干部 P100
373.	先	P365	部首 P14
374.	三	P365	
375.	彡	P365	部首 P15

---

① 《章太炎全集》（七）357—371 頁（奇數頁）左邊豎排小字全誤作 "幽東侵緝類"，當作 "幽冬侵緝類"。（上海人民出版社，1999 年。）

	字頭	文始	筆記
376.	心	P366	部首 P21
377.	品	P366	
378.	甲	文始七・幽冬侵緝類・陽聲緝部丁 P366	部首 P29、甲部 P606
379.	柙	P367	
380.	及	P368	
381.	邑	P369	部首 P6
382.	十	P369	
383.	入	P369	入部 P221
384.	廿	P369	
385.	羼	P370	馬部 P403
386.	立	P370	部首 P20、立部 P425
387.	㞢	P370	部首 P3、㞢部 P220
388.	䎓	P371	
389.	㗊	P372	
390.	帀	P372	部首 P4
391.	𦥑	P372	
392.	己	文始八・之蒸類・陰聲之部甲 P373	部首 P29、己部 P608
393.	久	P374	部首 P4、久部 P233
394.	克	P375	部首 P8
395.	龜	P376	龜部 P26
396.	棘	P376	束部 P294
397.	革	P376	
398.	丘	P377	丘部 P348
399.	箕	P377	
400.	丌	P378	部首 P2、丌部 P198
401.	牛	P378	牛部 P59
402.	弋	P378	厂部 P526
403.	巳	P380	部首 P31、巳部 P61
404.	亥	P381	部首 P31、亥部 P618
405.	子	P382	子部 P610
406.	臣	P382	部首 P23
407.	又	P382	
408.	而	P382	
409.	耳	P384	耳部 P487
410.	來	P384	來部 P228
411.	力	P384	部首 P27、力部 P575

續表

	字頭	文始	筆記
412.	之	P386	
413.	才	P387	才部 P259
414.	止	P388	止部 P75
415.	齒	P388	
416.	甾	P388	部首 P24
417.	巛	P388	川部 P479
418.	囟	P388	部首 P20
419.	絲	P389	部首 P25
420.	矢	P389	部首 P20
421.	不	P389	不部 P481
422.	北	P390	北部 P347
423.	富	P390	部首 P3、富部 P226
424.	皀	P391	皀部 P216
425.	母	P391	
426.	弓	文始八·之蒸類·陽聲蒸部乙 P392	部首 P25
427.	厷	P392	宀部 P3074①
428.	乃	P393	乃部 P202
429.	升	P393	斗部 P591
430.	鳳	P393	鳥部 P164
431.	夂	P394	部首 P22、夂部 P472
432.	高	文始九·宵談盍類·陰聲宵部甲 P395	
433.	㬗	P396	部首 P15、㬗部 P372
434.	爻	P396	
435.	交	P397	交部 P421
436.	樂	P397	
437.	夭	P398	
438.	刀	P398	刀部 P184
439.	鳥	P398	部首 P2
440.	龟	P399	部首 P18
441.	柹	P400	
442.	了	P401	部首 P30
443.	巢	P401	部首 P5

① "厷"雖没有作爲字頭在《筆記》中直接出現,但是却作爲聲符出現在"宏"字頭下,且有總結性的描述:"錢曰:屋深響也。段删響字,誤。空谷傳聲本有響應也。凡从厷聲字皆有深意。"(詳見《筆記》307—308 頁。)

續表

	字頭	文始	筆記
444.	爪	P401	
445.	勺	P402	部首 P27
446.	爵	P402	㔷部 P217
447.	小	P403	
448.	棗	P404	束部 P294
449.	兒	P404	部首 P14
450.	毛	P405	部首 P13
451.	广	文始九·宵談盍類·陽聲談部乙 P405	部首 P17
452.	凵	P406	凵部 P71
453.	炎	P406	部首 P19、炎部 P416
454.	马	P407	部首 P7、马部 P293
455.	函	P408	马部 P293
456.	甘	P408	甘部 P200
457.	丙	P409	谷部 P100
458.	冉	P409	冉部 P395
459.	夾	P410	
460.	㚒	P410	夂部 P230
461.	耴	文始九·宵談盍類·陽聲盍部丙 P410	耳部 P487
462.	鼠	P411	
463.	乏	P411	

主要引用和參考文獻

一 專著類

（注：清以前的專著以成書年代爲序，清以後的專著以著者姓氏拼音爲序。）

[1]（戰國）荀況著，（唐）楊倞注《荀子》，《諸子百家叢書》，上海：上海古籍出版社，1993 年。

[2]（西漢）司馬遷撰，（劉宋）裴駰集解，（唐）司馬貞索隱，（唐）張守節正義《史記》，北京：中華書局，1982 年第 2 版。

[3]（西漢）孔安國傳，（唐）孔穎達正義《尚書》，李學勤主編《十三經注疏》（標點本），北京：北京大學出版社，1999 年。

[4]（東漢）班固著，（唐）顏師古注《漢書》，北京：中華書局，1962 年。

[5]（東漢）鄭玄注，（唐）賈公彥疏《周禮》，李學勤主編《十三經注疏》（標點本），北京：北京大學出版社，1999 年。

[6]（東漢）鄭玄注，（唐）賈公彥疏《儀禮》，李學勤主編《十三經注疏》（標點本），北京：北京大學出版社，1999 年。

[7]（東漢）鄭玄注，（唐）孔穎達正義《禮記》，李學勤主編《十三經注疏》（標點本），北京：北京大學出版社，1999 年。

[8]（西漢）毛亨傳，（東漢）鄭玄箋，（唐）孔穎達正義《毛詩》，李學勤主編《十三經注疏》（標點本），北京：北京大學出版社，1999 年。

[9]（東漢）許慎撰，（宋）徐鉉校定《説文解字》，北京：中華書局，2005 年。

[10]（西晉）杜預《春秋左傳集解》，上海：上海人民出版社，1997 年。

[11]（西晉）陳壽撰，（劉宋）裴松之注《三國志》，北京：中華書局，1982 年第 2 版。

[12]（劉宋）范曄撰，（唐）李賢等注《後漢書》，北京：中華書局，1965 年。

[13]（北齊）顏之推,王利器集解《顏氏家訓集解》（增補本）,北京：中華書局,1993 年。

[14]（梁）蕭統編,（唐）李善注《文選》（上、中、下）,北京：中華書局,1997 年。

[15]（梁）顧野王《原本玉篇殘卷》,北京：中華書局,1985 年。

[16]（唐）房玄齡等《晉書》,北京：中華書局,1974 年。

[17]（唐）魏徵等《隋書》,北京：中華書局,1973 年。

[18]（唐）陸德明《經典釋文》,北京：中華書局,1983 年。

[19]（唐）李延壽《北史》,北京：中華書局,1974 年。

[20]（唐）李延壽《南史》,北京：中華書局,1975 年。

[21]（南唐）徐鍇《説文解字繫傳》,中華書局,1987 年。

[22]（北宋）丁度《集韻》（上、下）,上海：上海古籍出版社,1985 年。

[23]（北宋）陳彭年等編《宋本廣韻》,南京：江蘇教育出版社,2008 年。

[24]（遼）釋行均《龍龕手鏡》（高麗本）,北京：中華書局,1985 年。

[25]（南宋）洪興祖《楚辭補注》,北京：中華書局,1983 年。

[26]（明）楊慎《丹鉛雜録》,臺北：商務印書館,1969 年。

[27]（明）李時珍《本草綱目》（校點本上、下）,北京：人民衛生出版社,2005 年第 2 版。

[28]（明）梅膺祚,（清）吳任臣《字彙 字彙補》,上海：上海辭書出版社,1991 年。

[29]（明）張自烈《正字通》,北京：中國工人出版社,1996 年。

[30]（明）陳第《毛詩古音考》,北京：中華書局,1988 年。

[31]（明）顧炎武《音學五書》,北京：中華書局,1982 年。

[32]（清）黃生撰,（清）黃承吉合按,劉宗漢點校《〈字詁〉〈義府〉合按》,北京：中華書局,1984 年。

[33]（清）戴震《戴震集》,上海：上海古籍出版社,2009 年。

[34]（清）王念孫《廣雅疏證》,南京：江蘇古籍出版社,2000 年。

[35]（清）王念孫《讀書雜志》,南京：江蘇古籍出版社,2000 年。

[36]（清）程瑤田《果臝轉語記》,合肥：黃山書社,2009 年。

[37]（清）段玉裁《説文解字注》,上海：上海古籍出版社,1981 年。

[38]（清）王引之《經義述聞》,南京：江蘇古籍出版社,2000 年。

[39]（清）朱駿聲《説文通訓定聲》，北京：中華書局，1984 年。

[40]（清）桂馥《説文解字義證》，上海：上海古籍出版社，1987 年。

[41]（清）王筠《説文解字句讀》，上海：上海古籍出版社，1983 年。

[42]（清）王筠《説文釋例》，北京：中華書局，1987 年。

[43]（清）阮元等《經籍籑詁》，北京：中華書局，1982 年。

[44]（清）孔廣森《詩聲類》，北京：中華書局，1983 年。

[45]（清）郝懿行《爾雅義疏》，上海：上海古籍出版社，1983 年。

[46]（清）郝懿行《山海經箋疏》，北京：中國書店，1991 年。

[47]（清）錢繹《方言箋疏》，上海：上海古籍出版社，2017 年。

[48]（清）焦循《孟子正義》，北京：中華書局，2015 年。

[49]（清）劉臺拱《劉氏遺書》，光緒十五年，廣雅書局刊刻。

[50]（清）許瀚著，袁行雲編校《攀古小盧全集》，濟南：齊魯書社，1985 年。

[51]（清）鄭珍《説文逸字》，上海：商務印書館，1936 年。

[52]（清）郭慶藩《莊子集釋》（上、中、下），北京：中華書局，2012 年。

[53]（清）王先謙《釋名疏證補》，北京：中華書局，2008 年。

[54] 卜仁海《楊樹達訓詁研究》，廣州：中山大學出版社，2014 年。

[55] 陳建初《〈釋名〉考論》，長沙：湖南師範大學出版社，2007 年。

[56] 陳夢家《中國文字學》（修訂本），北京：中華書局，2011 年。

[57] 崔樞華《説文解字聲訓研究》，北京：北京師範大學出版社，2000 年。

[58] 古文字詁林編纂委員會《古文字詁林》，上海：上海教育出版社，1999—2004 年。

[59] 郭錫良《漢字古音手册》，北京：北京大學出版社，1986 年。

[60] 郝士宏《古漢字同源分化研究》，合肥：安徽大學出版社，2008 年。

[61] 何九盈《上古音》，北京：商務印書館，2001 年。

[62] 何九盈《中國古代語言學史》（新增訂本），北京：北京大學出版社，2006 年。

[63] 何九盈《中國現代語言學史》（修訂本），北京：商務印書館，2008 年。

[64] 洪治綱主編《章太炎經典文存》，上海：上海大學出版社，2003 年。

[65] 侯占虎主編《漢語詞源研究》（第一輯），長春：吉林教育出版社，2001 年。

[66] 胡繼明《〈廣雅疏證〉同源詞研究》，成都：巴蜀書社，2003 年。

[67] 黄金貴《古漢語同義詞辨釋論》,上海：上海古籍出版社,2002 年。

[68] 黄侃《黄侃論學雜著》,上海：上海古籍出版社,1980 年。

[69] 黄侃《黄侃手批爾雅義疏》(上、下),北京：中華書局,2006 年。

[70] 黄侃《黄侃手批説文解字》,北京：中華書局,2006 年。

[71] 黄侃著,黄延祖輯《黄侃日記》(上、中、下),北京：中華書局,2007 年。

[72] 黄侃述,黄焯編《文字聲韻訓詁筆記》,上海：上海古籍出版社,
1983 年。

[73] 黄侃箋識,黄焯編次《爾雅音訓》,上海：上海古籍出版社,1983 年。

[74] 黄易青《上古漢語同源詞意義系統研究》,北京：商務印書館,2007 年。

[75] 蔣冀騁、吳福祥《近代漢語綱要》,長沙：湖南教育出版社,1997 年。

[76] 蔣紹愚《古漢語詞彙綱要》,北京：商務印書館,2005 年。

[77] 李方桂《上古音研究》,北京：商務印書館,2003 年。

[78] 李濟《李濟文集》,上海：上海人民出版社,2006 年

[79] 李濟《中國民族的形成》,上海：上海人民出版社,2008 年。

[80] 李開、劉冠才主編《晚清學術簡史》,南京：南京大學出版社,2003 年。

[81] 李孝定編述《甲骨文字集釋》,臺北：臺北“中研院”史語所,1965 年。

[82] 梁啓超《飲冰室合集》(二、四),北京：中華書局,1989 年。

[83] 林語堂《語言學論叢》,載《林語堂名著全集》(第十九卷),長春：東
北師範大學出版社,1994 年。

[84] 劉鈞傑《同源字典補》,北京：商務印書館,1999 年。

[85] 劉鈞傑《同源字典再補》,北京：語文出版社,1999 年。

[86] 劉鈞傑、李行健《常用漢字意義源流字典》,北京：華語教學出版社,
2011 年。

[87] 劉夢溪編《中國現代學術經典·董作賓卷》,石家莊：河北教育出版
社,1996 年。

[88] 劉師培《劉申叔遺書》(上、下),南京：江蘇古籍出版社,1997 年。

[89] 劉師培著,萬仕國點校,《中國文學講義》,揚州：廣陵書社,2013 年

[90] 劉又辛《劉又辛語言學論文集》,北京：商務印書館,2005 年。

[91] 盧毅《章門弟子與近代文化》,南寧：廣西師範大學出版社,2009 年。

[92] 盧毅《整理國故運動與中國現代學術轉型》,北京：中共中央黨校出
版社,2008 年。

[93] 陸宗達《陸宗達語言學論文集》,北京:北京師範大學出版社,1996 年。

[94] 陸宗達《説文解字通論》,北京:北京出版社,1981 年。

[95] 陸宗達《説文解字通論》,北京:中華書局,2015 年。

[96] 陸宗達《〈説文解字〉同源字新證》,北京:學苑出版社,2019 年。

[97] 陸宗達、王寧《訓詁方法論》,北京:中國社會科學出版社,1983 年。

[98] 陸宗達、王寧《訓詁方法論》,北京:中華書局,2018 年。

[99] 陸宗達、王寧《訓詁與訓詁學》,太原:山西教育出版社,1994 年。

[100] 馬勇編《章太炎書信集》,石家莊:河北人民出版社,2003 年。

[101] 馬勇編《章太炎講演集》,石家莊:河北人民出版社,2004 年。

[102] 馬宗薌《爾雅本字考》,齊魯大學國學研究院,1939 年。

[103] 孟蓬生《上古漢語同源詞語音關係研究》,北京:北京師範大學出版社,2001 年。

[104] 錢基博《國學文選類纂》,上海:上海古籍出版社,2012 年。

[105] 錢玄同《錢玄同日記》(影印本),福州:福建教育出版社,2002 年。

[106] 錢玄同著,楊天石主編《錢玄同日記》(整理本),北京:北京大學出版社,2014 年。

[107] 錢玄同遺著,曹述敬選編《錢玄同音學論著選輯》,太原:山西人民出版社,1988 年。

[108] 裘錫圭《文字學概要》(修訂本),北京:商務印書館,2013 年。

[109] 任繼昉《漢語語源學》,重慶:重慶出版社,2004 年第 2 版。

[110] 沈兼士《廣韻聲系》(上、下),北京:中華書局,1985 年。

[111] 沈兼士《沈兼士學術論文集》,北京:中華書局,1986 年。

[112] 施向東《漢語和藏語同源體系的比較研究》,北京:華語教學出版社,2000 年。

[113] 司馬朝軍、王文暉《黃侃年譜》,武漢:湖北人民出版社,2005 年。

[114] 孫畢《章太炎〈新方言〉研究》,上海:華東師範大學出版社,2006 年。

[115] 孫雍長《轉注論》(增補本),北京:語文出版社,2010 年。

[116] 湯志鈞編《章太炎年譜長編》(上、下),北京:中華書局,1979 年。

[117] 湯志鈞編《章太炎年譜長編》(增訂本上、下),北京:中華書局,2013 年。

[119] 唐作藩《上古音手册》,南京:江蘇人民出版社,1982 年。

[120] 汪啓明《漢小學文獻語言研究叢稿》,成都:巴蜀書社,2003 年。

[121] 王國維《觀堂集林》,北京:中華書局,1959 年。

[122] 王國珍《〈釋名〉語源疏證》,上海:上海辭書出版社,2009 年。

[123] 王力《漢語詞彙史》,北京:商務印書館,1993 年。

[124] 王力《漢語史稿》,北京:中華書局,2004 年。

[125] 王力《漢語語音史》,北京:商務印書館,2008 年。

[126] 王力《漢語音韻學》,載《王力文集》(第四卷),濟南:山東教育出版社,1996 年

[127] 王力編著《清代古音學》,北京:中華書局,1992 年。

[128] 王力《同源字典》,北京:商務印書館,1982 年。

[129] 王力《中國語言學史》,上海:復旦大學出版社,2006 年。

[130] 王寧《漢字構形學導論》,北京:商務印書館,2015 年。

[131] 王寧《漢字構形學講座》,臺北:三民書局,2013 年。

[132] 王寧《訓詁學原理》,北京:中國國際廣播出版社,1996 年。

[133] 吳安其《漢藏語同源研究》,北京:中央民族大學出版社,2002 年。

[134] 伍鐵平《比較詞源研究》,上海:上海外語教育出版社,2011 年。

[135] 徐復《徐復語言文字學叢稿》,南京:江蘇古籍出版社,1990 年。

[136] 徐復《徐復語言文字學論稿》,南京:江蘇教育出版社,1995 年。

[137] 徐中舒主編《甲骨文字典》,成都:四川辭書出版社,2006 年。

[138] 許良越《章太炎〈文始〉同源字典》,北京,中國社會科學出版社,2018 年。

[139] 許良越《章太炎〈文始〉研究》,北京:中國社會科學出版社,2015 年。

[140] 許壽裳《章太炎傳》,天津:百花文藝出版社,2004 年。

[141] 嚴學宭《嚴學宭民族研究文集》,北京:民族出版社,1997 年。

[142] 楊光榮《詞源觀念史》,成都:巴蜀書社,2008 年。

[143] 楊樹達《積微居小學金石論叢》,長沙:湖南教育出版社,2008 年。

[144] 楊樹達《積微居小學述林全編》(上、下),上海:上海古籍出版社,2013 年。

[145] 楊樹達《積微翁回憶錄》,北京:北京大學出版社,2007 年。

[146] 姚奠中、董國炎《章太炎學術年譜》,太原:山西古籍出版社,

1996 年。

[147] 殷寄明《漢語同字詞叢考》,上海 : 東方出版中心,2007 年。

[148] 殷寄明《漢語語源義初探》,上海 : 學林出版社,1998 年。

[149] 殷寄明《語源學概論》,上海 : 上海教育出版社,2000 年。

[150] 殷寄明《中國語源學史》,長春 : 吉林人民出版社,2002 年。

[151] 俞敏《俞敏語言學論文集》,哈爾濱 : 黑龍江人民出版社,1989 年。

[152] 于省吾《甲骨文字釋林》,北京 : 中華書局,2009 年。

[153] 曾運乾《音韻學講義》,北京 : 中華書局,2004 年。

[154] 曾昭聰《魏晉南北朝隋唐五代詞源研究史略》,北京 : 語文出版社,
2010 年。

[155] 曾昭聰《形聲字聲符示源功能述論》,合肥 : 黃山書社,2002 年。

[156] 張博《漢語同族詞的系統性與驗證方法》,北京 : 商務印書館,
2003 年。

[157] 章太炎《膏蘭室札記》,載《章太炎全集》(一),上海 : 上海人民出
版社,1982 年。

[158] 章太炎《管子餘義》,載《章太炎全集》(六),上海 : 上海人民出版
社,1986 年。

[159] 章太炎《國故論衡》,載《章氏叢書》(上冊),臺北 : 世界書局,
1982 年。

[160] 章太炎《國學講義》,北京 : 海潮出版社,2007 年。

[161] 章太炎《訄書》(重訂本),載《章太炎全集》(三),上海 : 上海人民
出版社,1984 年

[162] 章太炎《文始》,載《章氏叢書》(上冊),臺北 : 世界書局,1982 年。

[163] 章太炎《文始》,載《章太炎全集》(七),上海 : 上海人民出版社,
1999 年。

[164] 章太炎《小學答問》,載《章氏叢書》(上冊),臺北 : 世界書局,
1982 年。

[165] 章太炎《小學答問》,載《章太炎全集》(七),上海 : 上海人民出版
社,1999 年。

[166] 章太炎《新方言》,載《章氏叢書》(上冊),臺北 : 世界書局,1982 年。

[167] 章太炎《新方言》,載《章太炎全集》(七),上海 : 上海人民出版社,

1999 年。

[168] 章太炎《莊子解故》,載《章太炎全集》(六),上海:上海人民出版
社,1986 年。

[169] 章太炎講演,曹聚仁整理《國學概論》,北京:中華書局,2009 年。

[170] 章太炎撰,龐俊、郭誠永疏證《國故論衡疏證》,北京:中華書局,
2008 年。

[171] 章太炎撰,龐俊、郭誠永疏證,董婧宸校訂《國故論衡疏證》,北京:
中華書局,2018 年。

[172] 章太炎講授,朱希祖、錢玄同、周樹人記錄,王寧整理《章太炎説文
解字授課筆記》,北京:中華書局,2008 年。

[173] 章太炎講演,諸祖耿、王謇、王乘六等記錄《章太炎國學講演録》,
北京:中華書局,2013 年。

[174] 張希峰《漢語詞族叢考》,成都:巴蜀書社,1999 年。

[175] 張希峰《漢語詞族續考》,成都:巴蜀書社,2000 年。

[176] 張希峰《漢語詞族三考》,北京:北京語言大學出版社,2004 年。

[177] 張亞蓉《〈説文解字〉的諧聲關係與上古音》,西安:三秦出版社,
2011 年。

[178] 張涌泉《漢語俗字研究》(增訂本),北京:商務印書館,2010 年。

[179] 趙克勤《古代漢語詞彙學》,北京:商務印書館,2005 年。

[180] 趙振鐸《中國語言學史》,石家莊:河北教育出版社,2000 年。

[181] 鄭張尚芳《上古音系》,上海:上海教育出版社,2003 年。

[182] 中國科學院語言研究所編《中國語言學論文索引》(甲編),北京:
商務印書館,1983 年。

[183] 鍾如雄《漢字轉注學原理》,成都:電子科技大學出版社,2007 年。

[184] 鍾如雄《轉注系統研究》,北京:商務印書館,2014 年。

[185] 周祖謨校箋《方言校箋》,北京:中華書局,2004 年。

[186] 朱希祖《朱希祖先生文集》,臺北:九思出版有限公司,1979 年。

[187] 朱希祖著,周文玖選編《朱希祖文存》,上海:上海古籍出版社,
2006 年。

[188] 朱希祖著,朱元曙、朱樂川整理《朱希祖日記》,北京:中華書局,
2012 年。

[189] 朱元曙、朱樂川編《朱希祖先生年譜長編》,北京：中華書局,2013 年。

[190] 朱宗萊《文字學形義篇》,北京：北京大學出版組,1936 年。

[191] 祝鴻熹《祝鴻熹漢語論集》,北京：中華書局,2003 年。

二　外文文獻

[1]（日）藤堂明保『漢字語源辭典』,東京：學燈社,昭和 40 年（1965 年）。

[2]（日）藤堂明保『學研漢和大字典』,東京：學習研究社,昭和 55 年（1980 年）。

[3]（日）藤堂明保『漢字の過去と未來』,東京：岩波書店,昭和 57 年（1982 年）。

[4]（日）諸橋轍次、鎌田正、米山寅太郎『廣漢和辭典』,東京：大修館書店,昭和 56 年（1981 年）。

[5]（美）William C. Stokoe. *Language in Hand.* Gallaudet University Press, Washington D.C. 2001。

三　論文類

[1] 白兆麟《轉注說源流述評》,安徽大學學報（哲學社會科學版）,1982 年第 1 期。

[2] 卞仁海、曾昭聰《歷史視角的近代語源學考察》,勵耘語言學刊,2019 年第 2 期。

[3] 陳建初《〈釋名〉同源詞疏考》,湖南師範大學社會科學學報,2007 年第 3 期。

[4] 陳建初《〈釋名〉同源詞疏證》,古漢語研究,2006 年第 3 期。

[5] 陳建初《〈釋名〉隱含語源線索探繹》,古漢語研究,2007 年第 2 期。

[6] 陳曉強、陳爍《論陸宗達、王寧先生漢語詞源學思想述學》,甘肅社會科學,2010 年第 5 期。

[7] 陳曉強《論〈文始〉的"變易"觀》,勵耘學刊（語言卷）,2009 年第 2 期。

[8] 崔樞華《讀黃季剛手批〈爾雅義疏〉——兼論〈爾雅義疏〉删節本》,北京師範大學學報（社會科學版）,1987 年第 5 期。

[9] 董婧宸《章太炎〈説文解字〉授課筆記史料新考》,北京師範大學學報(社會科學版),2017 年第 1 期。

[10] 董婧宸《章太炎〈新方言〉的版本與增訂内容》,文獻語言學,2018年第 1 期。

[11] 董婧宸《章太炎早期的語言文字實踐與理論——以〈章太炎説文解字授課筆記〉爲中心》,勵耘語言學刊,2017 年第 2 期。

[12] 董志翹《同源詞研究與語文辭書編纂——以"了孓"、"闌單"、"郎當"、"龍鐘"、"潦倒"、"落拓"爲例》,語言研究,2010 年第 1 期。

[13] 杜永俐《漢語同源字與同源詞》,煙臺師範學院學報(哲學社會科學版),2004 年第 3 期。

[14] 方環海《〈爾雅〉與漢語語源學研究方法》,徐州師範大學學報(哲學社會科學版),2002 年第 1 期。

[15] 馮寬平《〈説文同文〉辨證》,青海師範大學學報(哲學社會科學版),2015 年第 1 期。

[16] 馮蒸《〈説文〉聲訓型同源詞研究》,北京師範學院學報(社會科學版),1989 年第 1 期。

[17] 何書《〈説文解字注〉的同源詞研究》,南通師範學院學報(哲學社會科學版),2004 年第 2 期。

[18] 何新《章太炎晚年與甲骨文的一段公案》,讀書,1984 年第 5 期。

[19] 胡繼明《〈廣雅疏證〉同源詞的詞義關係類型》,樂山師範學院學報,2003 年第 2 期。

[20] 胡繼明《〈廣雅疏證〉中的同源詞研究》,西南民族大學學報(人文社會科學版),2004 年第 7 期。

[21] 胡繼明《〈説文解字注〉和〈廣雅疏證〉的右文説》,四川大學學報(哲學社會科學版),1993 年第 4 期。

[22] 胡世文《從〈手批爾雅義疏〉看黄侃系聯同族詞的方法》,寧波大學學報(人文科學版),2012 年第 1 期。

[23] 胡世文《黄侃〈手批爾雅義疏〉同族詞疏證》,語言研究,2007 年第 3 期。

[24] 黄焯《季剛先生生平及其著述》,武漢大學學報(人文科學版),1983年第 6 期。

[25] 黃德寬《漢字理論研究的重要進展——評孫雍長〈轉注論〉》,語文建設,1994 年第 7 期。

[26] 黃易青《論上古喉牙音向齒頭音演變及古明母音質兼與梅祖麟教授商榷》,古漢語研究,2004 年第 1 期。

[27] 黃易青《同源詞義素分析法——同源詞意義分析與比較的方法之一》,古漢語研究,1999 年第 3 期。

[28] 黃易青《同源詞意義關係的比較互證法》,古漢語研究,2000 年第 4 期。

[29] 經本植《有關漢語同源詞的幾個問題》,四川大學學報(哲學社會科學版),1981 年第 3 期。

[30] 黎千駒《歷代轉注研究述評》,湖南城市學院學報,2008 年第 4 期。

[31] 李國英《〈說文解字〉研究的現代意義》,《古漢語研究》,1995 年第 4 期。

[32] 李國英《論漢字形聲字的義符系統》,《中國社會科學》,1996 年第 3 期。

[33] 李開《論黃侃先生的字源學說和方法》,南京大學學報(哲學社會科學版),1986 年第 1 期。

[34] 李開《學習徐復教授〈章氏成韻圖疏證〉》,南京師範大學文學院學報,2012 年第 2 期。

[35] 李茂康、嚴嘉慧《〈說文·示部〉說解與同源詞研究》,古籍整理研究學刊,2006 年第 3 期。

[36] 李玉《漢語同源詞詞群考》,廣西師範學院學報(哲學社會科學版),2003 年第 2 期。

[37] 李運富《章太炎黃侃先生的文字學研究》,古漢語研究,2004 年第 2 期。

[38] 李子君《章炳麟的〈成均圖〉及"音轉理論"》,山西大學學報(哲學社會科學版),2004 年第 2 期。

[39] 劉精盛《王念孫〈釋大〉"大"義探微》,古漢語研究,2006 年第 3 期。

[40] 劉景耀《論"轉注"諸說之優劣——兼述筆者拙見》,承德師專學報(社會科學版),1990 年第 1 期。

［41］劉麗群《論〈文始〉“變易”的性質》,民俗典籍文字研究,2018 年第 2 期。

［42］劉麗群《〈文始〉初文、準初文内部關係探析》,民俗典籍文字研究, 2015 年第 1 期。

［43］劉麗群《章太炎〈文始〉研究綜述》,勵耘學刊(語言卷),2012 年第 1 期。

［44］劉又辛《“右文説”説》,語言研究,1982 年第 1 期。

［45］劉又辛、李茂康《漢語詞族(字族)研究的沿革》,古漢語研究,1990 年第 1 期。

［46］劉又辛、李茂康《章太炎的語言文字學研究》,西南師範大學學報 (哲學社會科學版),1990 年第 3 期。

［47］劉又辛、張博《釋“方”》,語言研究,1992 年第 2 期。

［48］盧烈紅《黄侃的語源學理論和實踐》,武漢大學學報(哲學社會科學 版),1995 年第 6 期。

［49］陸錫興《關於假借轉注的管見》,中國社會科學,1983 年第 5 期。

［50］陸忠發《〈説文段注〉的同源詞研究》,古漢語研究,1994 年第 3 期。

［51］陸宗達《“且”和它的同源詞釋證》,辭書研究,1987 年第 1 期。

［52］陸宗達、王寧《論求本字》,漢中師院學報,1983 年第 1 期。

［53］吕玲娜,王桂花《〈説文通訓定聲〉與同源詞研究》,現代語文,2007 年第 2 期。

［54］馬文熙《簡論右文之“義”的三個層面》,古漢語研究,1992 年第 1 期。

［55］孟蓬生《漢語同源詞芻議》,河北學刊,1994 年第 4 期。

［56］孟蓬生《論同源詞語音關係的雙重性》,古籍整理研究學刊,2000 年第 6 期。

［57］孟琢《論黄侃先生“系統條理之學”的内涵與淵源》,勵耘語言學 刊,2018 年第 1 期。

［58］孟琢、陳子昊《論章太炎的正名思想——從語文規範到語言哲學》, 杭州師範大學學報,2018 年第 5 期。

［59］孟琢、胡佳佳、陳子昊、張禕昀《章太炎研究數字資源庫的建設與開 發》,民俗典籍文字研究,2017 年第 1 期。

[60] 牛春生《論轉注及其與同源字的關係——與杜桂林先生商榷》,寧夏大學學報(社會科學版),1991 年第 4 期。

[61] 潘薇薇、黄偉嘉《〈漢語同源詞大典〉評議——兼論科學語源學研究核心問題》,語言研究集刊,2019 年第 2 期。

[62] 彭春凌《以"一返方言"抵抗"漢字統一"與"萬國新語"——章太炎關於語言文字問題的論爭(1906—1911)》,近代史研究,2008 年第 2 期。

[63] 朴興洙《從右文説看〈説文通訓定聲〉》,南京師範大學文學院學報,2001 年第 4 期。

[64] 沈懷興《〈同部首詞的構成和結構分析〉疑述》,中國語文,2007 年第 1 期。

[65] 沈晉華《章太炎〈成均圖〉對戴震〈轉語〉的繼承和發展》,蘇州教育學院學報,2002 年第 4 期。

[66] 石勇《從同源詞定義的嬗變看同源詞研究理論的進步》,廣西師範學院學報(哲學社會科學版),2007 年第 1 期。

[67] 宋永培《陸宗達、王寧先生學術的淵源、傳承與發展》,民俗典籍文字研究,2016 年第 1 期。

[68] 宋永培《論陸宗達、王寧的〈説文〉意義之學》,四川大學學報(哲學社會科學版),1996 年第 3 期。

[69] 孫畢《從方言詞的同詞異字現象看章太炎〈新方言〉的成就》,蘭州大學學報(社會科學版),2004 年第 2 期。

[70] 孫玉文《从上古同源詞看上古漢語四聲別義》,湖北大學學報(哲學社會科學版),1994 年第 6 期。

[71] 滕華英《近 20 年來漢語同源詞研究綜述》,江漢大學學報(人文科學版),2007 年第 6 期。

[72] 萬獻初《論章太炎語言文字學理論的性質及其形成的背景》,咸寧師專學報,1998 年第 1 期。

[73] 萬獻初《論章太炎轉注假借理論的實質》,咸寧師專學報,1995 年第 2 期。

[74] 萬獻初《章太炎在漢字理論上的貢獻》,長江學術,2006 年第 4 期。

[75] 汪啓明《試論章太炎的右文觀》,楚雄師專學報,1989 年第 1 期。

[76] 汪啓明《章太炎的轉注假借理論和他的字源學》(上),楚雄師專學報,1989 年第 2 期。

[77] 汪啓明《章太炎的轉注假借理論和他的字源學》(中),楚雄師專學報,1989 年第 4 期。

[78] 汪啓明《章太炎的轉注假借理論和他的字源學》(下),楚雄師專學報,1990 年第 1 期。

[79] 王誠《黄侃〈手批文始〉稿本述略》,民俗典籍文字研究,2013 年第 1 期。

[80] 王繼如《藤堂明保〈漢字語源辭典〉述評》,辭書研究,1988 年第 1 期。

[81] 王立軍《論章黄學派的漢字系統觀念》,聊城大學學報(哲學社會科學版),2002 年第 3 期。

[82] 王寧《關於漢語詞源研究的幾個問題》,古籍整理研究學刊,2001 年第 1 期。

[83] 王寧《漢語詞源的探求與闡釋》,中國社會科學,1995 年第 2 期。

[84] 王寧《陸宗達先生與 20 世紀國學的傳播》,民俗典籍文字研究,2013 年第 2 期。

[85] 王寧《論〈説文〉字族研究的意義——重讀章炳麟〈文始〉與黄侃〈説文同文〉》,南京師大學報(社會科學版),1986 年第 1 期。

[86] 王寧《論章太炎、黄季剛的〈説文〉學》,漢字文化,1990 年第 4 期。

[87] 王寧、黄易青《詞源意義與詞彙意義論析》,北京師範大學學報(人文社會科學版),2002 年第 4 期。

[88] 王藴智《同源字、同源詞説辨》,古漢語研究,1993 年第 2 期。

[89] 魏清源《"六書"轉注研究的歷史回顧》,史學月刊,2011 年第 10 期。

[90] 徐朝東《〈方言箋疏〉同族詞的研究方法及其評價》,古籍整理研究學刊,2000 年第 5 期。

[91] 徐朝東《同一聲符的反義同族詞》,古漢語研究,2001 年第 1 期。

[92] 徐莉莉《朱駿聲的"轉注"、"假借"説》,辭書研究,1988 年第 3 期。

[93] 許良越《論章太炎的"語言緣起説"》,西南石油大學學報(社會科學版),2015 年第 6 期。

[94] 許良越《數據庫環境下的〈文始〉研究》,勵耘語言學刊,2016 年第

1 期。

[95] 許良越《〈文始〉的音韻學價值》,西南民族大學學報(人文社會科學版),2011 年第 10 期。

[96] 許良越《〈文始〉〈説文〉數據庫的建構及意義》,西昌學院學報(社會科學版)2019 年第 1 期。

[97] 許良越《章太炎的古音學成就及其影響》,西昌學院學報(社會科學版),2012 年第 2 期。

[98] 嚴學宭《論漢語同族詞内部屈折的變換模式》,中國語文,1979 年第 2 期。

[99] 楊蓉蓉《段玉裁的轉注理論》,辭書研究,1985 年第 5 期。

[100] 楊潤陸《〈文始〉説略》,北京師範大學學報(人文社會科學版),1989 年第 4 期。

[101] 葉斌《〈章太炎説文解字授課筆記〉的時代氣息》,江西社會科學,2012 年第 1 期。

[102] 葉斌《〈章太炎説文解字授課筆記〉傳承與創新一例》,浙江學刊,2011 年第 6 期。

[103] 殷寄明《論同源詞的語音親緣關係類型》,復旦學報(社會科學版),1998 年第 2 期。

[104] 曾昭聰《從詞源學史看宋代“右文説”的學術背景》,古漢語研究,2002 年第 2 期。

[105] 曾昭聰《漢語詞源研究的現狀與展望》,暨南學報(哲學社會科學版),2003 年第 4 期。

[106] 曾昭聰《面向新時代的漢語詞源學研究》,湖南師範大學社會科學學報,2018 年第 3 期。

[107] 曾昭聰《同聲符反義同源詞研究綜述》,古漢語研究,2003 年第 1 期。

[108] 張標《章太炎〈文始〉〈成均圖〉的歷史地位與研究》,《燕趙學術》,2009 年第 2 期。

[109] 張博《歷史比較語言學理論與漢語同族詞研究》,載沈陽、馮勝利主編《當代語言學理論和漢語研究》,商務印書館,2008 年。

[110] 張虹倩《章太炎〈文始〉“初文”“準初文”若干問題研究》,古漢語

研究,2020 年第 2 期。

[111] 張蒙蒙《從〈説文解字授課筆記〉看章太炎對古音學理論的應用》,民俗典籍文字研究,2016 年第 1 期。

[112] 張蒙蒙《從〈章太炎説文解字授課筆記〉看章太炎對俞樾、孫詒讓二師的學術繼承》,齊齊哈爾大學學報,2015 年第 8 期。

[113] 張世禄《漢語同源詞的孳乳》,揚州師院學報,1980 年第 3 期。

[114] 周及徐《"於菟"之"菟"的同族詞及其同源詞》,民族語文,2001 年第 1 期。

[115] 周薦《同部首詞的構成和結構分析》,中國語文,2006 年第 2 期。

[116] 朱樂川《〈章太炎答朱希祖問古文疑事書〉考釋》,文獻,2013 年第 4 期。

[117] 朱樂川《〈章太炎説文解字授課筆記〉〈文始〉比較研究——以同族詞比較爲例》,民俗典籍文字研究,2016 年第 1 期。

[118] 朱樂川《章太炎與劉師培右文説之比較》,勵耘語言學刊,2015 年第 2 期。

[119] 朱樂川、董志翹《〈章太炎説文解字授課筆記〉學術價值初探》,南京社會科學,2013 年第 10 期。

[120] 朱元曙《章門"五王"軼事》,(中國臺北)傳記文學,2006 年第 2 期。

四　學位論文

[1] 陳建初《〈釋名〉考論》,湖南師範大學博士學位論文,2005 年。

[2] 陳偉《沈兼士字族理論研究》,西南大學碩士學位論文,2006 年。

[3] 陳曉强《漢語詞源與漢字形體的關係研究》,北京師範大學博士學位論文,2008 年。

[4] 陳曉强《〈説文同文〉研究》,北京師範大學碩士學位論文,2003 年。

[5] 陳以愛《學術與時代:整理國故運動的興起、發展與流衍》,(中國臺北)政治大學博士學位論文,2001 年。

[6] 董婧宸《章太炎詞源學研究》,北京大學博士學位論文,2016 年。

[7] 胡繼明《〈廣雅疏證〉同源詞研究》,四川大學博士學位論文,2002 年。

[8] 胡世文《黄侃〈手批爾雅義疏〉同族詞研究》,湖南師範大學博士學位論文,2008 年。

[9] 黄娟娟《章太炎〈文始〉研究》,華中科技大學碩士學位論文,2011 年。

[10] 賴金旺《劉申叔先生及其訓詁學研究》,(中國臺北)中國文化大學博士學位論文,2009 年。

[11] 李馨《〈説文解字繫傳〉同源詞研究》,南京師範大學碩士學位論文,2006 年。

[12] 劉麗群《章太炎〈文始〉研究》,北京師範大學博士學位論文,2009 年。

[13] 劉艷梅《章炳麟的古音學理論與應用研究》,南京大學博士學位論文,2007 年。

[14] 劉智鋒《〈文始・一〉同族詞詞源意義系統研究》,湖南師範大學碩士學位論文,2010 年。

[15] 唐七元《漢語方言同源詞研究》,復旦大學博士學位論文,2009 年。

[16] 田野《〈文始〉初文考》,北京語言大學碩士學位論文,2006 年。

[17] 許良越《章太炎〈文始〉研究》,四川大學博士學位論文,2012 年。

[18] 張蒙蒙《〈章太炎説文解字授課筆記〉學術考》,北京大學碩士學位論文,2013 年。

[19] 趙芳媛《沈兼士語言文字學研究》,北京大學博士學位論文,2017 年。

[20] 朱樂川《〈章太炎説文解字授課筆記〉同源詞研究》,南京師範大學碩士學位論文,2011 年。

[21] 朱瑞平《詞源學:章太炎與沈兼士》,北京師範大學碩士學位論文,1989 年。

後　記

在十年前的 2014 年，當我完成了博士學位論文後，我曾寫過一篇"後記"，那是對我整個求學生涯的回顧。十年過去了，又經歷很多事，認識了很多人，當然需要重新寫一篇"後記"了。

對章太炎先生最早的認識是從家裏的西鐵城老掛鐘開始的。這個鐘是章太炎送給我曾祖父朱希祖先生的，從記事起，我就記得它被掛在走道中最顯眼的位置。鐘擺不停地擺動著，發出沉穩的"嗒嗒"聲，每到整點還能報時，它成了我關於時間這一概念的最初認識。小時候我非常調皮，有一次在家玩球，一不小心把球踢到了掛鐘上，掛鐘的玻璃整個脫落了下來，而它本身也在牆上搖搖欲墜。從未對我動過怒的奶奶非常嚴厲地教育了我，當然說了什麼我幾乎已經全然忘記，但卻清楚地記得一句——"這是太炎先生送給你太爺爺的。"因爲這句話，我知道了兩個人，一個是章太炎，一個是朱希祖。然而他們倆有何關係，我卻一無所知。

上面的這個疑問直到有一次父親晾曬家中的字畫時才得到解決，因爲其中有一幅字正是章太炎先生的手跡，右書"木樨賦"三字，落款"章炳麟"。我問父親："章炳麟是誰？"父親說："就是送我們家掛鐘的章太炎。"我又問："章太炎和我們家有什麼關係，怎麼家裏有很多章太炎的東西？"父親說："章太炎是朱希祖的老師，又是朱希祖的表叔。"隨後父親打開他電腦中的一份材料讓我自己看，那是朱希祖女兒朱倩的一篇日記，時間是 1917 年 11 月 16 日，日記道："先生羈拘三載，誓死三次。方三年冬之絕粒也，呼家君至榻前，授以生平著述草稿，曰：'吾以是傳之也。'其後進食，家君悉以草稿檢還，先生乃以此自寫韻文一冊賜家君，以志患難相依之感云。"此冊韻文前有小序，序言："餘烈未殄，復遭姍議。險阻艱難，備嘗之矣。既抑鬱無與語，時假聲韻以寄悲憤。"原來1914 年章太炎被袁世凱軟禁後，朱希祖常陪侍其左右，並與其他章門弟子一道竭力營救。這足可見太炎先生昱昱之人格，也可見學生耿耿之忠心。只可惜那一册"假聲韻以寄悲憤"的韻文如今已不知下落,只有《木樨賦》一篇尚存家中。

如果説家裏的掛鐘和《木樨賦》讓我知道並關注太炎先生的話,那麽《章太炎説文解字授課筆記》一書則讓我真正在學術上走進了太炎先生的世界。隨父親整理朱希祖日記、年譜及其他材料時,我知道了朱希祖早年在日本入太炎先生門下學習小學,《説文》是其中最爲重要的一門課。對於一個研究漢語史的學生來説,《説文》的魅力是無法抗拒的,看到朱希祖這麽多關於《説文》的記載,更是令我嚮而往之,可惜一直無法看到他當年所記《説文》的筆記。幸運的是,中華書局於 2008 年年末出版了《章太炎説文解字授課筆記》一書,作爲朱希祖後人,我也被中華書局熱情地贈與了一套《筆記》。回寧以後,我就立志要好好研究這本書,一是因爲《筆記》中的每個字都有自己的故事,都有自己的歷史;二是因爲《筆記》中有曾祖父時而認真記錄、時而冥思苦想、時而欣喜若狂的身影,也有章太炎如數家珍地講解每字,並在激動時舞之蹈之的身影,這百年前的身影與我現在求索於中國傳統文字音韻訓詁之學的樣子是何其相似。是巧合? 是冥冥?

而對章太炎的語源學理論進行研究則是在業師董志翹先生的鼓勵下開始的。從大三開始學習音韻學就感受到老師的名師風度,讀研和讀博期間更有幸成爲老師的弟子。記得研二剛開學,當我把一個寒假關於《筆記》的讀書心得給老師過目,並把想以《筆記》的語言學研究作爲自己碩士的學位論文時,老師立刻同意,並指導我可以做《筆記》中的同源詞研究。於是我一步步做起了語源學研究。開始惴惴不安,不知何處下手,但在老師鼓勵和支持下,我漸漸摸到點了門路,並以《〈章太炎説文解字授課筆記〉同源詞研究》爲題完成了碩士學位論文。讀博期間我有幸依然在老師身邊求學,當時老師的國家社科基金重大項目"漢語史語料庫建設研究"時間緊、任務重,作爲老師的博士生,理應把自己的學位論文定位在與此課題密切相關的選題上,但老師不但没讓我這樣選題,還積極鼓勵我繼續作關於章太炎先生的語源學研究。正是在老師的支持下,博士三年我系統閱讀了太炎先生的《文始》《新方言》《小學答問》《國故論衡》等一系列小學著作,並惶惶地開始對太炎先生的語源學理論進行研究。這麽多年,我一直心存愧疚又心懷感激。

　　能更加系統和深入地了解章黄之學則要感謝我的博士後合作導師王寧先生。從 2008 年年末中華書局出版《章太炎説文解字授課筆記》一書時，先生就鼓勵我好好研究中國傳統語言文字之學。碩博士期間，雖然我身在南京師範大學，但是先生卻一直關心我的學習與生活。2014年夏，我有幸來到章黄研究的重鎮北京師範大學進行博士後的研究工作，並成爲了先生的學生。記得先生在贈我的《漢字構形學講座》中稱我"樂川世講"，這讓我感到受寵若驚，也讓我感到責任重大。博士後兩年的學習研究生活很快就過去了，能在先生的身邊系統學習"漢字構形學""詞彙語義學"《周易》導讀"《左傳》與歷史語言學研究方法"等課程，讓我收穫巨大；同時在先生身邊也讓我真正體會到了什麼叫"高山仰止，景行行止"。

　　一路求學，很多老師都給我提供了很大的幫助。徐師朝東把我帶入了古代漢語的大門，一晃已近二十年。在徐老師的課堂上，我知道了乾嘉學派、幫滂並明、《經籍籑詁》，也知道了何謂"亦師亦友"。劉師冠才，學識篤厚；何師亞南，治學嚴謹；化師振紅，風趣幽默；黄征老師，儒者風範；趙紅老師，笑容俊雅。學生愚頑，給老師們添了很多麻煩。我想説："我也許不是你們最好的學生，但你們一定是我最好的老師。"

　　南師同門，趙家棟、錢慧珍、姜黎黎、李穎、張俊之、吳松、邵天松、趙永明、洪曉婷、董守志、王曉玉、劉曉興，北師同門孟琢、王延模、孫述學、張蒙蒙、董婧宸、趙芳媛，與他們一起求學的生活是美好的，雖然歲月匆匆，卻讓我終身銘記。另外，還要感謝我的博士後戰友代海強、孫振虎、胡惕、徐暢、張久安，是他們給我枯燥的博士後生活帶來了美好的回憶。

　　當這部書稿即將呈現在大家面前時，我還要特別感謝中華書局的責任編輯楊延哲先生，他爲本書的編輯和出版付出了大量的心血。

　　最後還要感謝我的父母和愛人，是他們的默默付出才能讓我安心做學問，尤其是我的父親朱元曙。在我小的時候，父親就潛移默化地讓我知道了章黄學派中的很多人很多事，也讓我知道了他們不僅僅是存在於學術著作中的符號，更是一個個鮮活的生命，他們有自己的喜怒哀樂，有自己的悲歡離合，這也讓我對章太炎及其弟子的研究充滿了熱情與快樂。感謝我的父親，他對我的教育是非常民主的，鼓勵我做自己喜歡的事，讓我明白了什麼叫"多年父子成兄弟"；他對我的教育也是嚴格的，直到今天還經常提醒我要少貪玩多讀書；他對我的教育還是帶有鞭策性的，總是讓我作他文章的第一個讀者，還總是説：“看看你老子，都 70 歲了，還天天讀書寫文章，你呢？”

　　最後再回到章太炎贈朱希祖《木樨賦》的小序上，其中那句“假聲韻以寄悲憤”振聾發聵。太炎先生因被袁世凱軟禁，在抑鬱之時只能“假聲韻以寄悲憤”。“悲憤”在如今我已很難體會了，但這種“假聲韻”來寄託自己情懷與壯志的精神是我要繼承的。而這種精神正是章門薪火相傳的基礎，也是我爲之奮鬥終生的目標。

2014 年 5 月記於清溪村老宅
2024 年 1 月補記於南師隨園